KB246211

YoungJin.com **Y.**
영진닷컴

한권의 끝!
엑셀 & 파워포인트 2013

ISBN 978-89-314-4606-7

독자님의 의견을 받습니다
이 책을 구입한 독자님은 영진닷컴의 가장 중요한 비평가이자 조언가입니다. 저희 책의 장점과 문제점이 무엇인지, 어떤 책이 출판되기를 바라는지, 책을 더욱 알차게 꾸밀 수 있는 아이디어가 있으면 이메일, 또는 우편으로 연락주시기 바랍니다. 의견을 주실 때에는 책 제목 및 독자님의 성함과 연락처(전화번호나 이메일)를 꼭 남겨 주시기 바랍니다. 독자님의 의견에 대해 바로 답변을 드리고, 또 독자님의 의견을 다음 책에 충분히 반영하도록 늘 노력하겠습니다.

이메일 : support@youngjin.com
주 소 : (우)153-803 서울특별시 금천구 가산동 664번지 대륭테크노타운 13차 10층
대표전화 : 1588-0789

STAFF

저자 장경호 | **기획** 기획1팀 | **총괄** 김태경 | **진행** 성민
본문 디자인 고은애 | **표지 디자인** 임정원

PREFACE

엑셀과 파워포인트의 최신 버전이 포함되어 있는 마이크로소프트 오피스 2013은 스마트워크라는 새로운 작업 환경에서 활용할 수 있는 최적의 오피스 프로그램이자 데이터 관리를 비롯해 업무에서 활용할 수 있는 가장 강력한 프로그램입니다.

이 책은 대학생이나 직장인들이 반드시 배워야하는 엑셀이나 파워포인트를 한 권의 도서로 묶어 가장 효과적이면서도 완벽하게 공부할 수 있도록 구성되어 있습니다.

이 책은 아래 기준에 따라 집필했습니다.

▶ 오피스 2013의 추가된 기능이나 업그레이드된 기능을 충실히 반영할 것!
▶ 한 권의 도서로도 오피스를 완벽하게 마스터할 수 있도록 내용에 충실할 것!
▶ 각 프로그램 별로 동일하게 사용되는 기능은 중복 집필하지 말고, 연관 기능에 신경쓸 것!
▶ 분량 관계상 담지 못한 내용은 QR 코드로 안내하고 추가적으로 다룰 것!

필자는 20만 회원을 보유한 오피스 분야 국내 1위의 오피스 관련 카페를 비롯해 하루 수 천명이 방문하는 오피스 관련 블로그 및 오픈캐스트를 운영하고 있습니다. 도서를 통해 공부하다가 막히는 부분이나 추가적으로 알고 싶은 부분은 카페나 블로그, 오픈캐스트를 통해 얻어갈 수 있습니다. 필자가 운영하는 사이트에는 지금 이 시간에도 새로운 정보와 자료가 추가되고 있기에 이 책과 함께 활용하시면 많은 도움이 되리라 생각합니다.

▶ 오피스 실무카페 : http://cafe.naver.com/ppt
▶ 오피스 오픈캐스트 : http://opencast.naver.com/ms776
▶ 저자 블로그 : http://www.blog21.kr

시중에 많은 오피스 도서가 존재하지만 환상의 콤비 도서는 다양한 활용 예제를 바탕으로 최대한 알기 쉽게 구성하면서 중요한 기능과 핵심 활용 팁도 빠짐없이 포함하고 있습니다. 또한, 독자 여러분들과의 피드백도 소홀히 하지 않습니다.

한 권의 도서가 나오기 위해 물심양면으로 도움을 주신 영진닷컴 관계자 분들과 저자를 항상 배려해주는 김태경 차장님, 성민 대리님 고맙습니다. 그리고 옆에서 언제나 힘이 되어주는 아내 아내와 소연, 소희에게 고마운 마음 전합니다.

해운대에서..
장경호

Preview

이 책은 오피스, 엑셀, 파워포인트를 각각의 Part로 나누어 설명하고 있습니다. 각 Part는 Chapter 및 Section으로 구성되어 있으며, Section의 시작 부분에는 Intro 코너를 마련하여 해당 Section에서 다루는 전반적인 내용을 한눈에 파악할 수 있습니다. 따라하기 단계에서 필요한 부연 설명이나 주의해야 할 사항, 추가적인 정보는 'TIP', '꼭! 알고가기', 'QR 코드로 더 자세히' 등의 요소로 구성하였습니다. 'Special Page' 코너에서는 본문에서 다루지 못한 보다 유용한 정보들을 소개합니다.

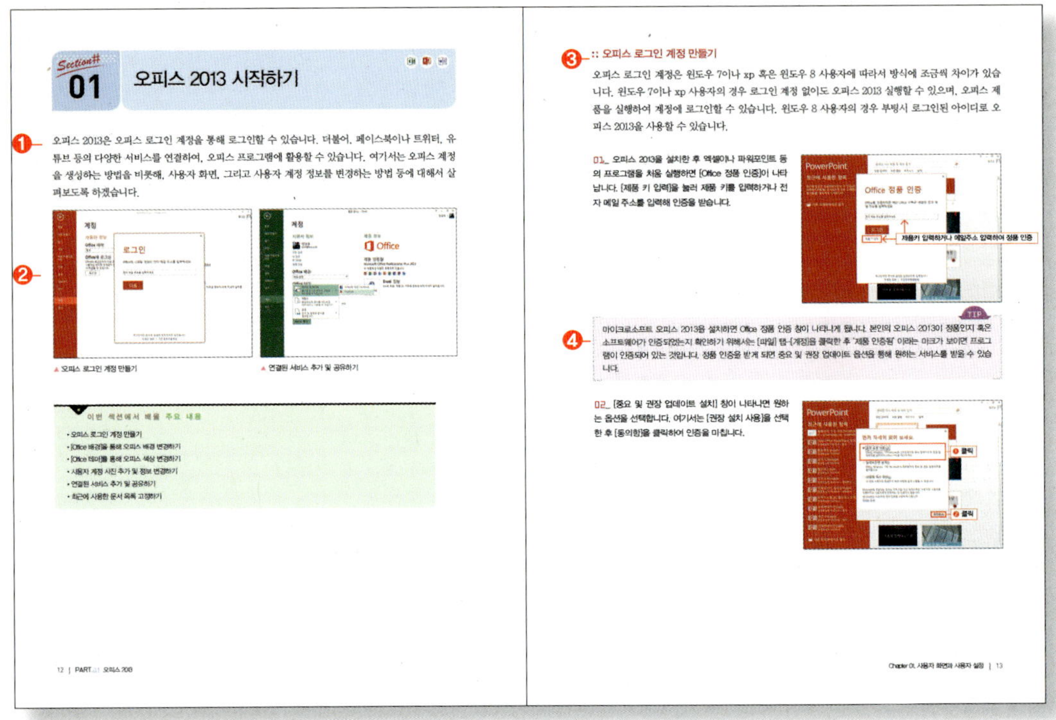

❶ Intro

각 섹션의 시작 부분에 배치하여 섹션 안에서 어떤 내용을 다루는지 한눈에 파악할 수 있습니다.

❷ Preview

각 섹션에서 배울 예제를 미리 보여줍니다.

❸ 따라하기 과정

각 과정을 하나하나 쉽게 따라할 수 있도록 자세하게 설명합니다.

❹ TIP

따라하기 과정과 관련해 주의 또는 참고해야 할 사항을 알려주거나, 저자만의 알짜배기 노하우를 공개합니다.

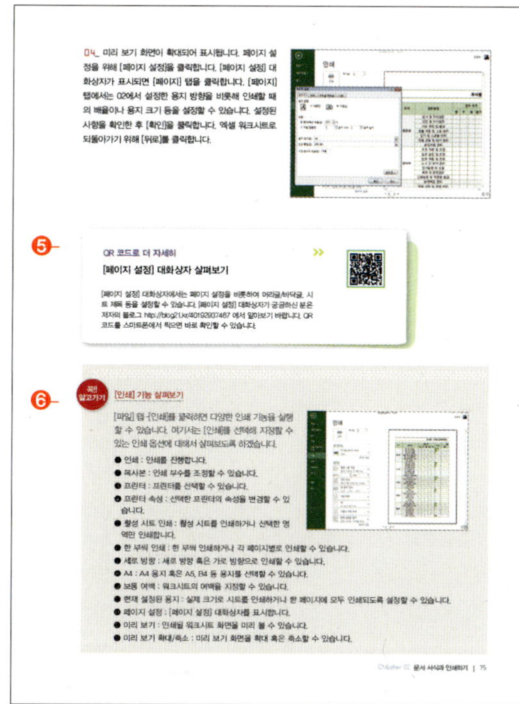

❺ QR 코드로 더 자세히

이 책에서 설명하는 내용과 연관된 기능이 소개된 저자의 블로그를 QR 코드를 통해 바로 이동할 수 있습니다.

❻ 꼭!! 알고가기

본문에서 설명하지 않은 내용 중에서 중요하거나 알아두면 좋은 내용, 또는 본문 내용 중에서 상세한 설명이 필요한 경우 해당 설명 등을 정리한 부분입니다.

❼ Special Page

작업하면서 꼭 필요한 설명들을 특별한 페이지에 따로 정리했습니다. 본문 내용과 연계하여 알아두면 좋은 유용한 정보들을 담고 있습니다.

❽ 체크해봐요!

따라하기에서 익힌 내용을 바탕으로 직접 예제를 풀어봅니다. 힌트에 있는 내용을 참고하면서 반복 및 심화 학습을 합니다.

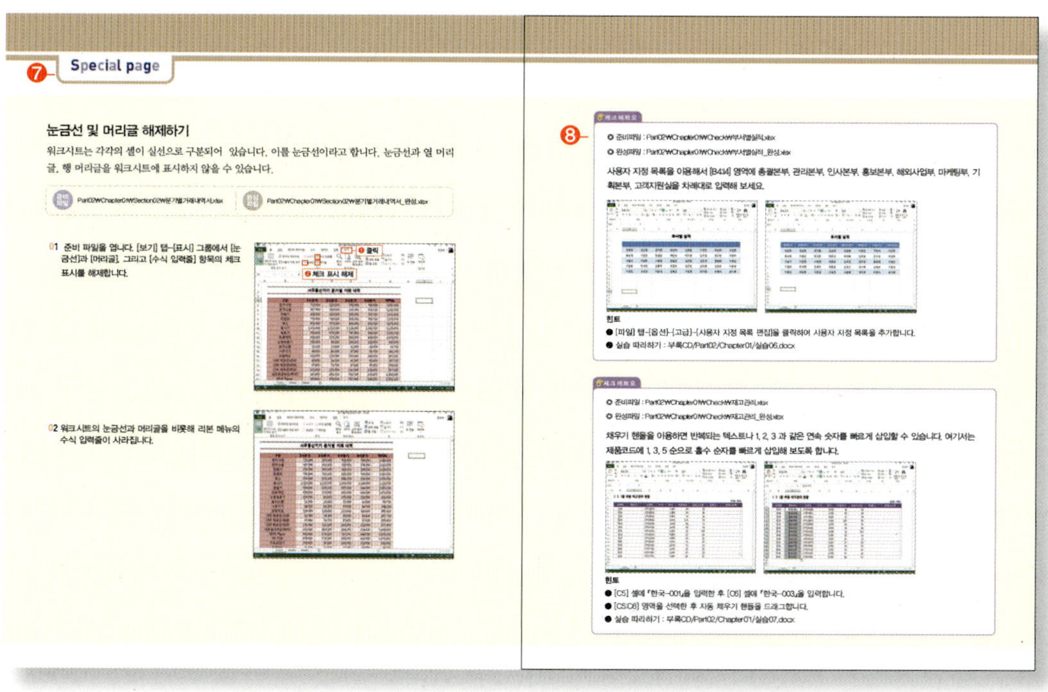

이 책의 구성

'환상의 콤비 엑셀&파워포인트 2013'은 더욱 강력해지고 편리해진 오피스 2013을 활용하여 어떻게 하면 실무에서 다양한 문서를 제작할 수 있는지에 대한 노하우를 설명하고 있습니다. 엑셀, 파워포인트 2013의 강력한 기능을 활용한 실전 문서 제작 비법부터 문서 작업 효율의 극대화를 위한 저자만의 노하우를 풍성하게 담고 있으며, 회사에서 꼭 필요한 핵심 기능과 실무 예제를 통해 독자들이 어떤 부분을 궁금해 하고 어려워하는지 정확하게 짚어주고 있습니다. 이 책은 오피스, 엑셀, 파워포인트 등 각 3개의 파트로 구성되며, 각각의 파트를 분권 처리하여 휴대성을 높이고 있습니다. 각각의 파트는 다음과 같이 구성됩니다.

PART·01 오피스 2013

마이크로소프트사에서 제공하는 오피스 제품에는 파워포인트를 비롯해 엑셀, 워드, 원노트, 아웃룩, 액세스, 퍼블리셔 등 다양한 제품이 있습니다. 이 중 대표적으로 사용하는 프로그램은 바로 이 책에서 다루고 있는 엑셀과 파워포인트라고 할 수 있습니다. 각각의 프로그램은 사용자 계정이라든지, 빠른 실행 도구 모음, 연결된 서비스 등 공통된 기능들이 다수 존재합니다. Part 01에서는 새롭게 출시된 마이크로소프트 오피스 2013의 공통 기능에 대해서 살펴봅니다.

PART·02 엑셀 2013

엑셀(Excel)이란, 마이크로소프트의 대표적인 스프레드시트(Spread Sheet) 프로그램입니다. 로터스 1-2-3, 쿼트로 프로, 한셀 등 많은 스프레드시트 프로그램이 존재하지만 엑셀은 데이터를 입력하거나 표를 계산하고 보고서를 작성하는데 최적화된 가장 대중화된 스프레드시트 프로그램입니다. Part 02에서는 엑셀 2013의 일반적인 계산 작업을 비롯해 데이터베이스 관리, 문서 작성, 그래프 작성 등 다양한 기능에 대해서 살펴봅니다.

PART·03 파워포인트 2013

성공적인 프레젠테이션을 진행하기 위해서 필수적인 프로그램이 바로 파워포인트입니다. 다른 프로그램보다 비교적 쉬운 프로그램이 파워포인트라고 말할 수 있지만 다루면 다룰수록 어려운 프로그램 또한 파워포인트라고 할 수 있습니다. Part 03에서는 파워포인트 2013의 기능 중에서 반드시 알고 있어야하는 핵심 기능 뿐 아니라 슬라이드 디자인 작업 시에 도움이 될만한 다양한 팁과 테크닉에 대해서 다룹니다.

예제 파일 살펴보기

본문에서 사용하는 예제 파일과 완성 파일, [체크해봐요] 풀이 과정을 제공하고 있습니다. 예제 파일들은 내 컴퓨터에 복사한 후에 사용할 것을 권장합니다.

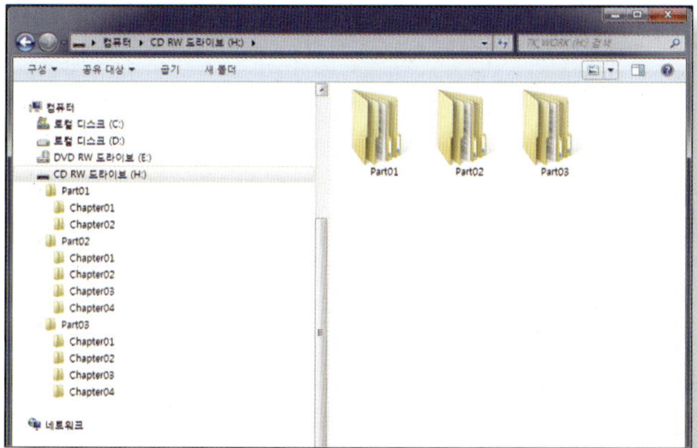

Part01 : Part 1. [오피스 2013] 편에서 사용되는 예제 파일과 작업 완성 파일, [체크해봐요] 풀이 과정 파일이 수록되어 있습니다.

Part02 : Part 2. [엑셀 2013] 편에서 사용되는 예제 파일과 작업 완성 파일, [체크해봐요] 풀이 과정 파일이 수록되어 있습니다.

Part03 : Part 3. [파워포인트 2013] 편에서 사용되는 예제 파일과 작업 완성 파일, [체크해봐요] 풀이 과정 파일이 수록되어 있습니다.

예제 파일은 영진닷컴 홈페이지(www.youngjin.com)의 도서 자료실에서 다운로드할 수 있습니다. 영진닷컴 홈페이지(www.youngjin.com)에 접속한 후 우측 하단의 [고객센터]–[도서자료실/CD다운로드]를 클릭하고 검색 창에서 '환상의 콤비 엑셀&파워포인트 2013'을 입력하면 됩니다.

Contents

Chapter 02. 문서 서식과 인쇄하기

Chapter 04. 데이터 관리하고 분석하기

Part 01

오피스 2013

새롭게 출시된 오피스 2013에는 엑셀, 파워포인트, 워드를 비롯해 아웃룩, 액세스, 퍼블리셔, 원노트 등 다양한 프로그램이 포함되어 있습니다. 이 중 대표적으로 사용하는 프로그램은 이 책에서 다루고 있는 엑셀, 파워포인트, 워드라고 할 수 있습니다. 각각의 프로그램은 사용자 계정이라든지, 빠른 실행 도구 모음, 연결된 서비스 등 공통된 기능들이 다수 존재합니다. 이번 파트에서는 오피스 2013의 공통 기능에 대해서 살펴보도록 하겠습니다.

Chapter 1

사용자 화면과 사용자 설정

마이크로소프트 오피스 2013이 기존 버전과 달라진 점 중 하나는 화면 색상이나 제목 표시줄의 배경을 사용자가 원하는 방식대로 변경할 수 있다는 점입니다. 또한, 화면의 오른쪽 상단에 사용자 계정 사진이나 정보를 표시하거나 변경할 수 있습니다. 여기서는 오피스 2013을 시작한 후 배경과 테마를 변경해보고 빠른 실행 도구 모음과 리본 메뉴를 사용자가 원하는 방식으로 변경하는 방법에 대해서 살펴보도록 하겠습니다.

Section 1. 사용자 환경 만들기

Section 2. 빠른 실행 도구 모음과 리본 메뉴

사용자 환경 만들기

오피스 2013은 오피스 로그인 계정을 통해 로그인할 수 있습니다. 더불어, 페이스북이나 트위터, 유튜브 등의 다양한 서비스를 연결하여 오피스 프로그램에 활용할 수 있습니다. 여기서는 오피스 2013을 제대로 활용하기 위해 사용자 환경을 설정하는 방법에 대해서 살펴보도록 하겠습니다.

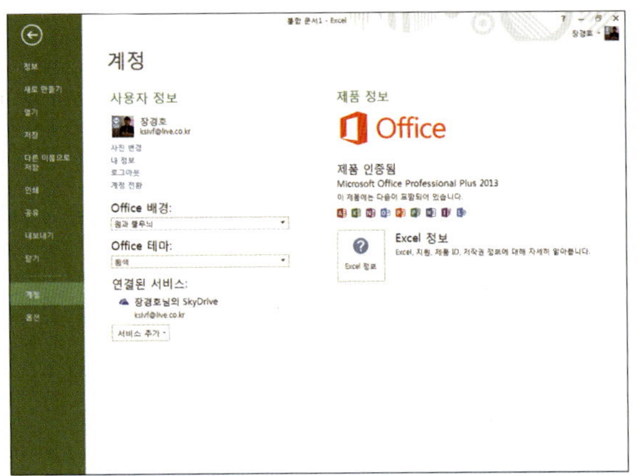

▲ 오피스 배경을 통해 배경 변경하기

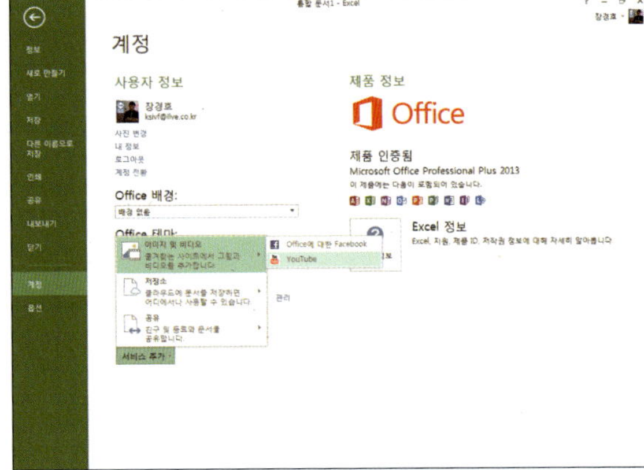

▲ 연결된 서비스 추가 및 공유하기

이번 섹션에서 배울 주요 내용

- [Office 배경]을 통해 오피스 배경 변경하기
- [Office 테마]를 통해 오피스 색상 변경하기
- 연결된 서비스 추가 및 공유하기

:: [Office 배경]을 통해 배경 변경하기

엑셀 2013 상단에 위치하는 제목 표시줄 및 리본 메뉴의 빈 여백을 [Office 배경] 메뉴를 통해 기호나 도형 등으로 꾸밀 수 있습니다.

01_ [파일] 탭–[계정]을 클릭합니다. [Office 배경] 드롭다운 단추를 클릭한 후 [원과 줄무늬]를 선택합니다.

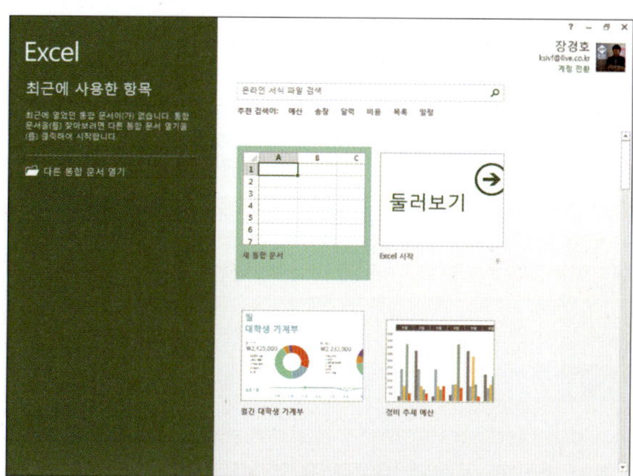
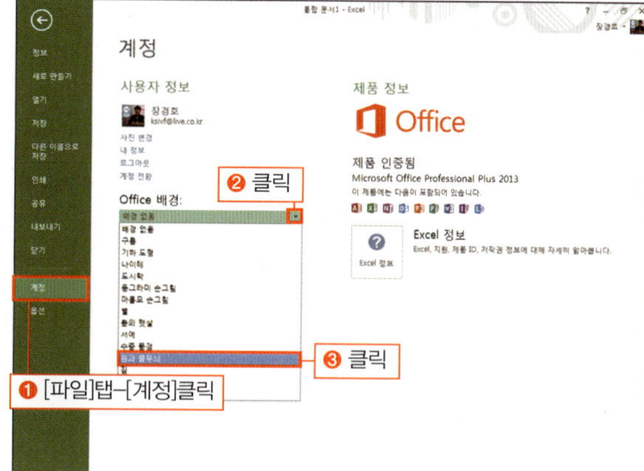

> **TIP** 여기서는 엑셀 2013을 기준으로 설명합니다. 파워포인트나 워드 2013도 동일하게 선택할 수 있습니다.

02_ 제목 표시줄의 오른쪽 상단에 변경된 배경을 확인할 수 있습니다. [이전] 단추를 클릭하여 변경된 배경을 확인할 수 있습니다.

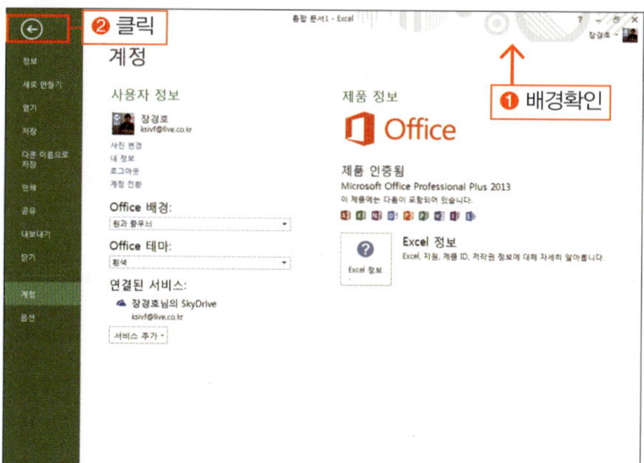
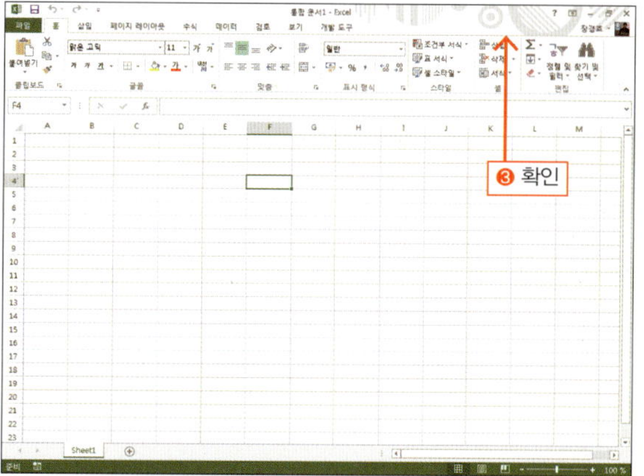

:: [Office 테마]를 통해 오피스 색상 변경하기

엑셀 2013 화면 색상은 2007이나 2010과는 다르게 흰색 배경의 다소 밋밋한 느낌이 듭니다. 이를 연한 회색, 어두운 회색 등 원하는 색상으로 변경할 수 있습니다.

01_ [파일] 탭을 클릭한 후 [계정]을 선택합니다. [Office 테마]의 드롭다운 단추를 클릭한 후 [어두운 회색]을 선택합니다.

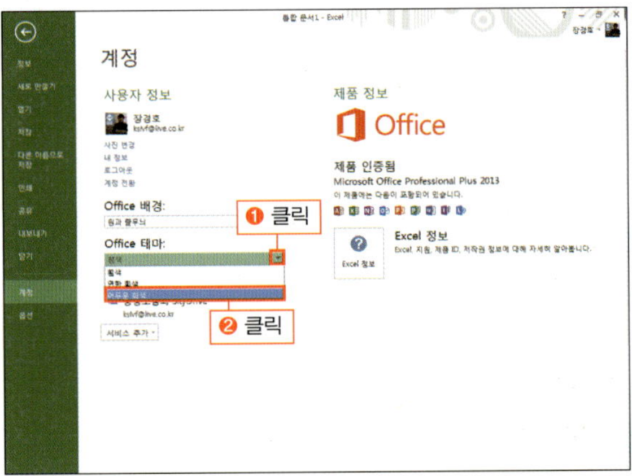

02_ 색상이 변경되면 [이전] 단추를 클릭합니다. 엑셀 2013 의 리본 메뉴를 비롯해 화면 색상이 어두운 회색으로 변경됩니다.

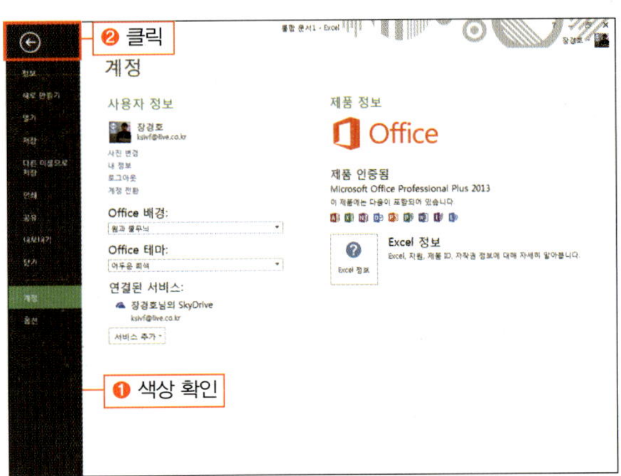

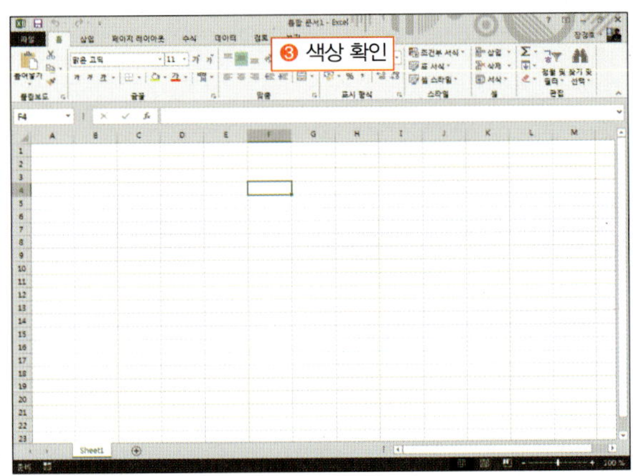

> **TIP** 다시 원래의 배경 및 테마를 변경하려면 [Office 배경]–[배경 없음], [Office 테마]–[흰색]을 선택합니다.

:: 연결된 서비스 추가 및 공유하기

엑셀 2013은 클라우드 저장 서비스인 '원드라이브'를 연결하여 오피스 파일을 비롯해 사진이나 이미지도 손쉽게 프로그램으로 가져올 수 있습니다. 원드라이브 이외에도 페이스북, YouTube 등의 다양한 서비스를 추가해 보겠습니다.

01_ [파일] 탭-[계정]을 클릭한 후 [연결된 서비스]에 보면 현재 연결된 서비스가 표시되어 나타납니다. 여기서는 동영상을 가져오기 위한 YouTube 서비스를 추가해 보겠습니다. [서비스 추가]-[이미지 및 비디오]-[YouTube]를 선택합니다.

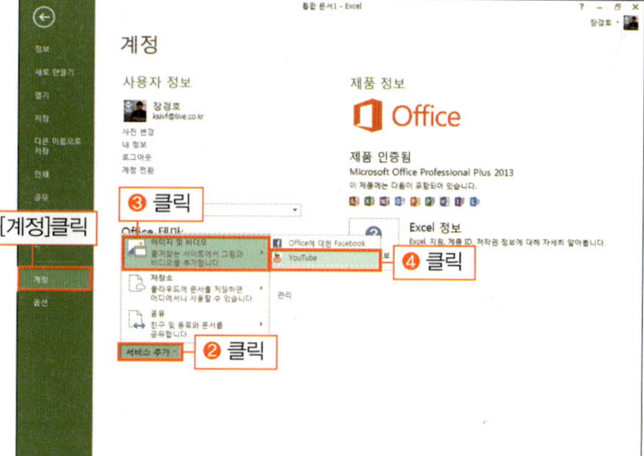

> **TIP**
>
> 마이크로소프트의 클라우드 저장 서비스인 '원드라이브'의 사용 방법은 34페이지에서 소개하고 있습니다.

02_ 잠시후 YouTube 계정이 연결됩니다. 이번에는 페이스북 계정을 연결하여 페이스북에 저장한 다양한 사진이나 이미지를 오피스 2013에 연결해 보겠습니다. [서비스 추가]를 클릭한 후 [이미지 및 비디오]-[Office에 대한 Facebook]을 선택합니다. [한곳에서 모든 사진 보기] 창이 뜨면 [연결]을 클릭합니다.

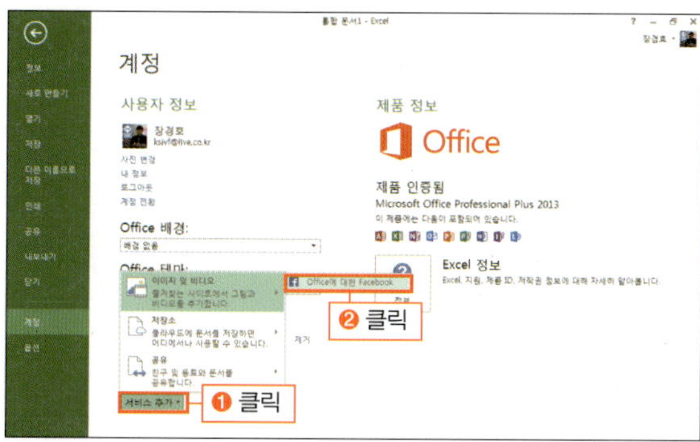

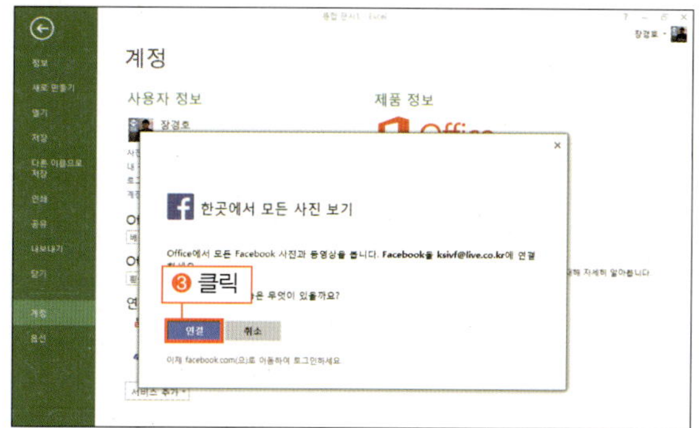

> **TIP**
>
> 페이스북 계정이 없다면 본 기능을 사용할 수 없습니다. 페이스북(http://www.facebook.com)에서 계정을 만든 후 사진이나 동영상 등을 업로드한 후 진행하도록 합니다.

03_ Facebook 계정을 사용하기 위해 페이스북 아이디 및 비밀번호를 입력한 후 [로그인]을 클릭합니다. 페이스북 로그인을 하면 [연결된 서비스]에 YouTube 계정 및 페이스북 계정이 추가된 것을 확인할 수 있습니다.

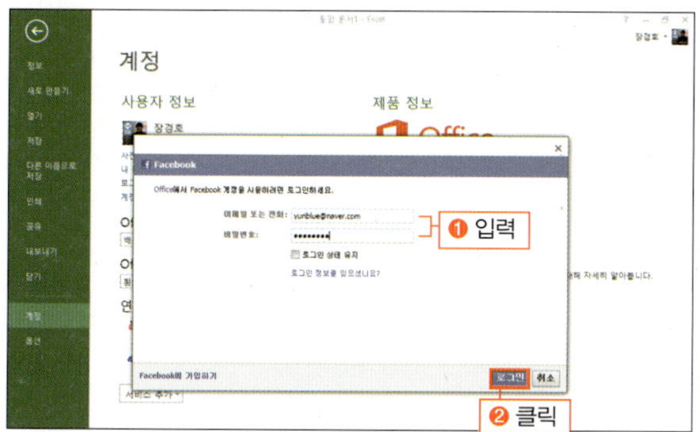

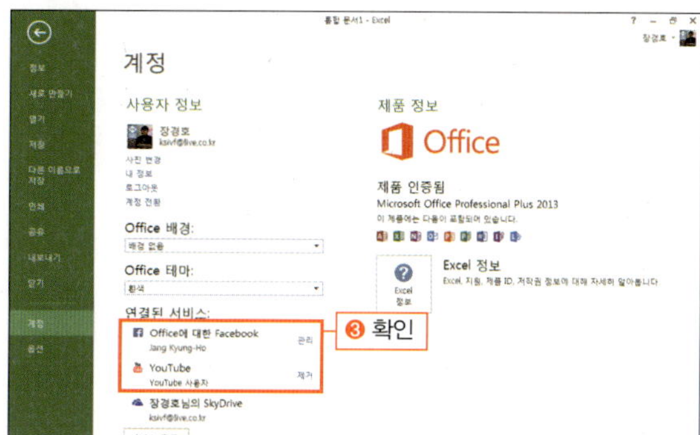

뉴 오피스와 오피스 365, 오피스 2013

뉴 오피스라는 명칭은 마이크로소프트가 출시한 오피스 365, 오피스 2013 등을 모두 통칭하는 용어입니다. 여기서는 뉴오피스를 비롯해 오피스 365와 오피스 2013의 개념에 대해서 살펴보도록 하겠습니다.

01 오피스 365와 오피스 2013

지금까지 마이크로소프트사의 오피스 제품의 경우 연도를 뒤에 붙여 오피스 2007, 오피스 2010으로 불려왔습니다. 하지만 이번 오피스 2013의 경우 뉴 오피스, 오피스 365, 오피스 2013 등 다양한 이름으로 불리고 있습니다.

용어는 오피스 제품이 내 컴퓨터에 설치해서 사용하는 설치형인지 아니면 매달 비용을 지불해서 사용하는 클라우드 중심의 구독형인지에 따라 달라집니다. 오피스 2013은 지금까지 나왔던 제품들과 동일하게 내 컴퓨터에 설치해서 사용하는 오피스 제품으로 비용을 지불하고 사용하는 설치형 오피스 프로그램입니다.

반면, 오피스 365의 경우 매달 비용을 지불해서 사용하는 구독형 제품으로 한 달에 1회, 혹은 매년 1회 단위로 사용료를 지불하는 오피스 제품을 말합니다. 오피스 365는 한 번의 구독으로 여러 장치에서 사용(최대 5대) 할 수 있다는 점과 지속적인 소프트웨어 업그레이드가 가능하다는 점이 특징입니다. 그리고, 뉴 오피스는 바로 오피스 2013과 오피스 365를 통합한 개념이라고 볼 수 있습니다.

❶ 오피스 2013 : 내 컴퓨터에 설치해서 사용하는 설치형 오피스 제품
❷ 오피스 365 : 매달 혹은 매년 사용료를 지불하고 사용하는 구독형 오피스 제품
❸ 뉴 오피스 : 오피스 2013과 오피스 365를 통합한 명칭

▲ 오피스 2013

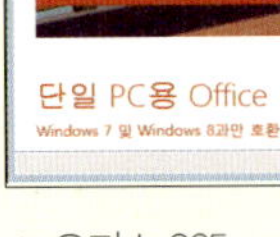

▲ 오피스 365

마이크로소프트사에서 제공하는 Office 제품에는 엑셀을 비롯해 파워포인트, 워드, 원노트, 아웃룩, 액세스, 퍼블리셔 등 다양한 제품이 있습니다. 이 중 대표적인 몇 가지 제품군 종류에 대해서 살펴보도록 하겠습니다.

워드 2013	워드프로세서 프로그램으로 다양한 문서 편집을 비롯하여 맞춤법 검사, 번역 기능 등 전문적인 문서를 작성할 수 있습니다.
엑셀 2013	국내에서 가장 많은 사용자를 보유한 스프레드시트 프로그램으로 강력한 데이터 분석을 비롯하여 데이터 관리 기능을 제공합니다.
파워포인트 2013	프레젠테이션을 위한 프로그램으로 이미지, 동영상 편집을 비롯하여 다양한 슬라이드 구성을 통해 최적의 프레젠테이션을 진행할 수 있습니다.
원노트 2013	메모를 효과적으로 저장하고 공유할 수 있으며, 화면 캡쳐, 오디오 녹음 및 비디오 녹화 등을 통해 강의나 세미나 장소 등에서 언제든지 활용할 수 있습니다.
아웃룩 2013	전자 메일을 취합하거나 일정 도구를 통해 언제든지 메일과 일정을 확인하며 효율적으로 스케줄및 메일을 관리할 수 있습니다.
링크 2013	실시간 메시징, 화상 회의, 음성 통화 등과 결합된 서비스로 익스체인지 이메일과 마이크로소프트 애플리케이션과도 통합, 관리할 수 있습니다.

체크해봐요

오피스 2013은 사용자 계정을 여러 개 추가하여 다중 사용자로 등록할 수 있습니다. 계정 전환을 통해 사용자 계정을 추가해 보고 자유롭게 계정을 이동해 보세요.

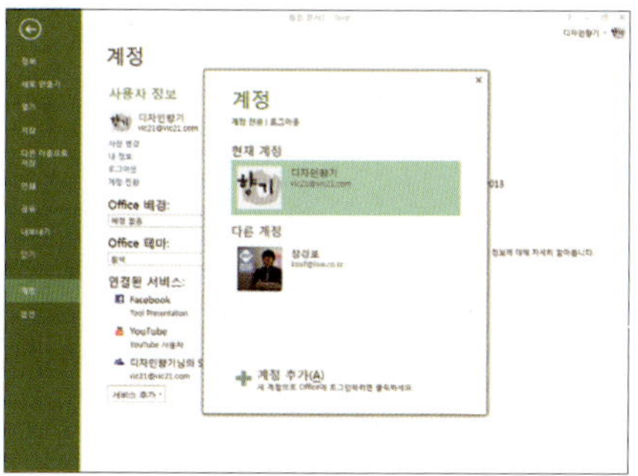

힌트

❶ [파일] 탭–[계정]을 클릭한 후 [계정 전환]을 선택합니다.

❷ 실습 따라하기 : 부록CD/Part01/Chapter01/실습01.docx

Section 02
빠른 실행 도구 모음과 리본 메뉴

빠른 실행 도구 모음은 사용자가 자주 사용하는 기능을 오피스 프로그램 상단의 제목 표시줄 왼쪽에 표시하여 리본 메뉴 및 탭을 클릭할 필요없이 한 번에 선택할 수 있는 편리한 도구 모음입니다. 리본 메뉴 역시 오피스 2013이 기본으로 제공하는 메뉴 이외에 사용자가 지정한 메뉴로 재편집하여 사용할 수 있습니다.

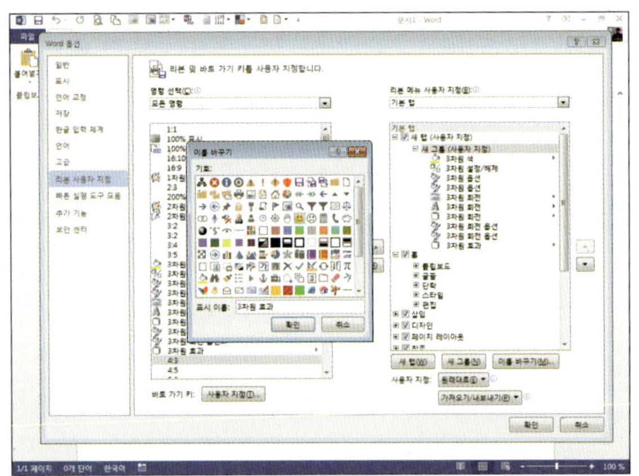

▲ 리본 메뉴 사용자 지정하기

▲ 빠른 실행 도구 모음에 터치/마우스 모드 추가하기

이번 섹션에서 배울 주요 내용

- 빠른 실행 도구 모음 설정하기
- 빠른 실행 도구 모음 위치 변경하기
- 리본 메뉴 사용자 지정하기
- 터치/마우스 모드 추가하기

:: 빠른 실행 도구 모음 설정하기

자주 사용하는 명령이나 단추를 빠른 실행 도구 모음에 추가할 수 있습니다. 빠른 실행 도구 모음은
자주 사용하는 기능들을 한 곳에 모아 놓고 활용할 수 있는 편리한 기능입니다.

01_ 엑셀 2013을 엽니다. 그리고 [새 통합 문서]를 클릭해 워크시트를 엽니다. [빠른 실행 도구 모음 사용자 지정](⬇)
단추를 클릭하면 다양한 메뉴가 나타납니다. 나타나는 메뉴 중 [기타 명령]을 선택합니다.

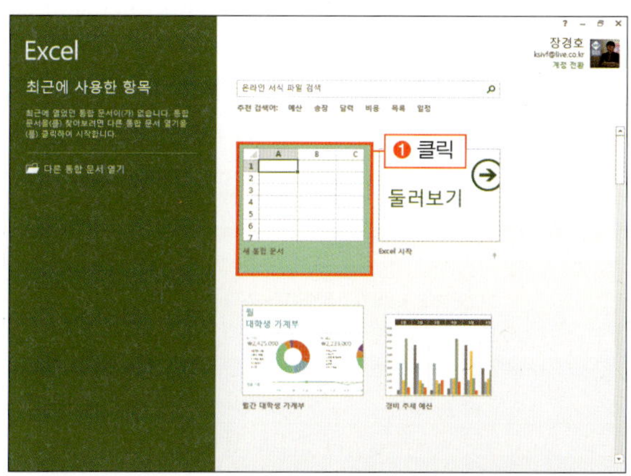

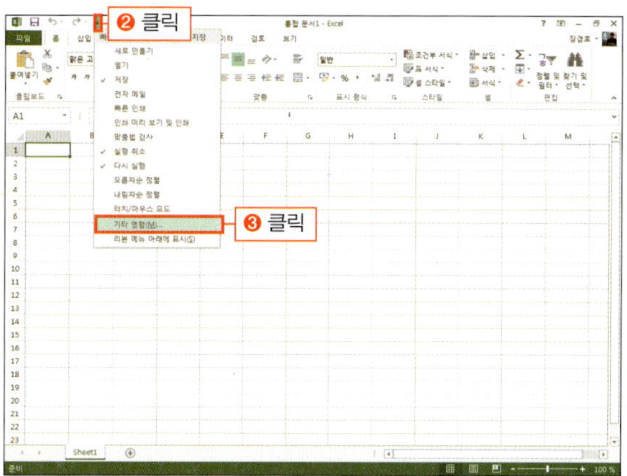

TIP

[파일] 탭–[옵션]을 클릭한 후 [빠른 실행 도구 모음]을 선택해도 됩니다.

02_ [Excel 옵션] 대화상자가 나타납니다. [명령 선택]–[모든 명령]을 선택한 후 [빠른 실행 도구 모음]에 추가하고 싶은
명령을 선택한 후 [추가]를 클릭합니다. [빠른 실행 도구 모음 사용자 지정]에 명령이 추가됩니다. [확인]을 클릭합니다.

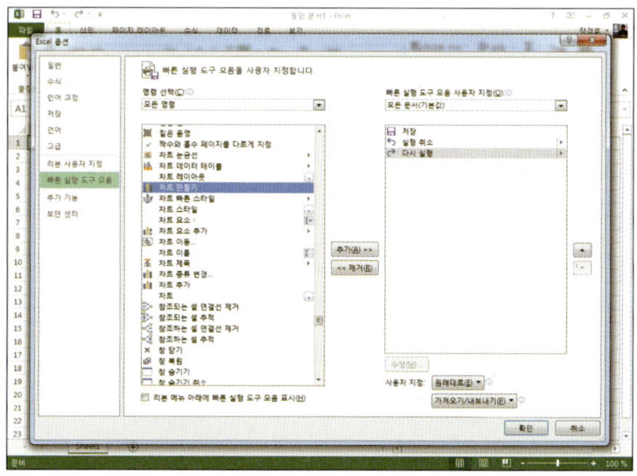

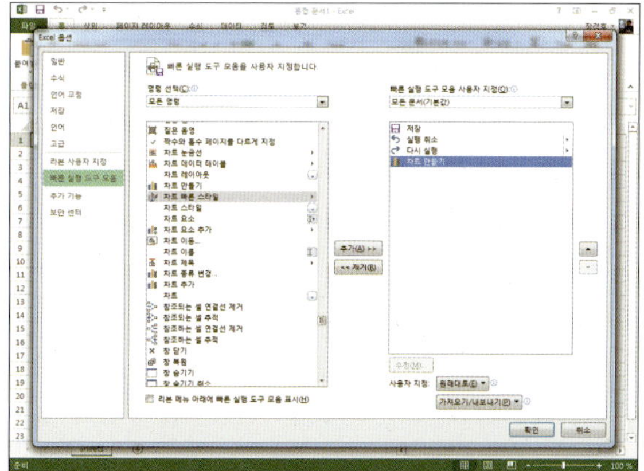

03_ 빠른 실행 도구 모음에 명령이 추가됩니다. 리본 메뉴에서도 바로 빠른 실행 도구 모음에 기능을 추가할 수 있습니다. 리본 메뉴에서 추가하고 싶은 기능을 선택한 후 마우스 오른쪽 단추를 클릭하여 [빠른 실행 도구 모음에 추가]를 선택합니다.

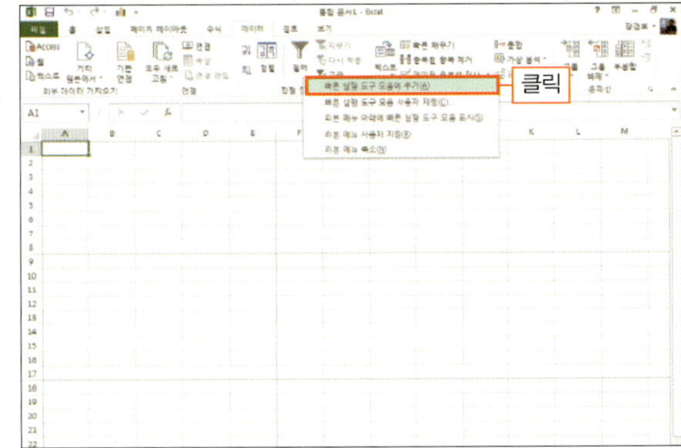

04_ 선택한 명령이 빠른 실행 도구 모음에 추가되는 것을 확인할 수 있습니다. 만일, 빠른 실행 도구 모음에 추가한 명령을 삭제하고 싶다면 삭제하고 싶은 단추를 마우스 오른쪽으로 클릭한 후 [빠른 실행 도구 모음에서 제거]를 선택합니다.

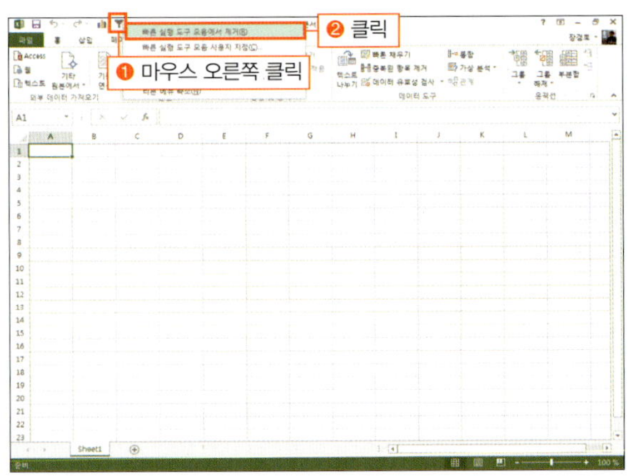

05_ 빠른 실행 도구 모음에서 선택한 단추가 삭제됩니다.

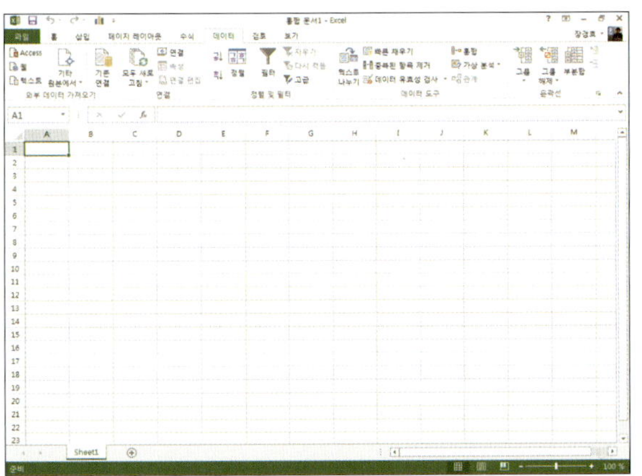

:: 빠른 실행 도구 모음 위치 변경하기

빠른 실행 도구 모음의 아이콘이 많아진다면 제목 표시줄에 모두 표시되지 않을 경우가 발생합니다.
이럴 때에는 빠른 실행 도구 모음의 상/하 위치를 이동하여 모두 표시할 수 있습니다.

01_ 여러 개의 빠른 실행 도구 모음을 추가한 후 제목
표시줄의 [빠른 실행 도구 모음 사용자 지정]( ) 단추를
클릭한 후 [리본 메뉴 아래에 표시하기]를 선택합니다.

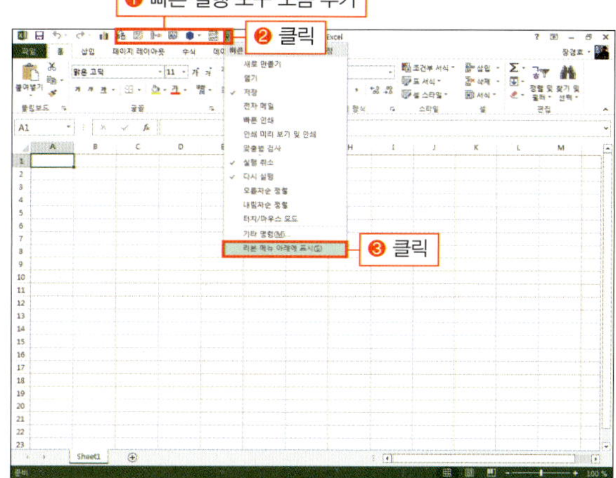

02_ 리본 메뉴 하단에 빠른 실행 도구 모음이 나타납니다.
다시 원래 자리로 되돌리고 싶다면 [빠른 실행 도구 모음
사용자 지정]( ) 단추를 클릭한 후 [리본 메뉴 위에 표시하
기]를 선택합니다.

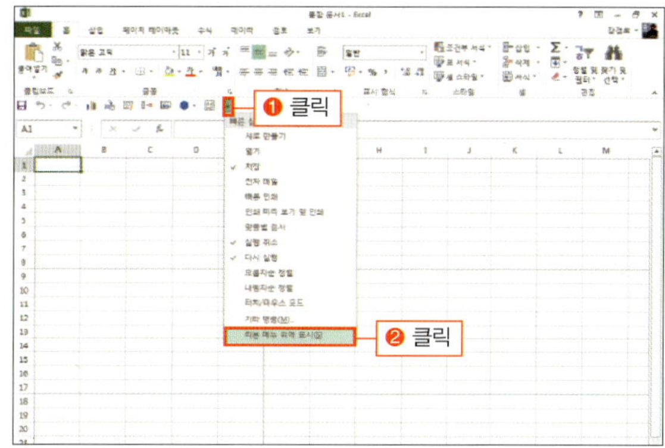

:: 리본 메뉴 사용자 지정하기

자주 사용하는 기능은 나만의 리본 메뉴를 추가하여 하나의 그룹으로 만들어 사용할 수 있습니다. 자주 사용하는 기능이 몇 가지 되지 않는다면 [빠른 실행 도구 모음]에 추가해서 사용하는 것이 편하지만, 자주 사용하는 기능이 많다면 나만의 리본 메뉴를 만들어 사용하는 것이 효율적입니다.

01_ [파일] 탭–[옵션]을 클릭하여 [Word 옵션] 대화상자를 불러옵니다. [리본 사용자 지정] 항목을 클릭한 후 [새 탭]을 클릭합니다.

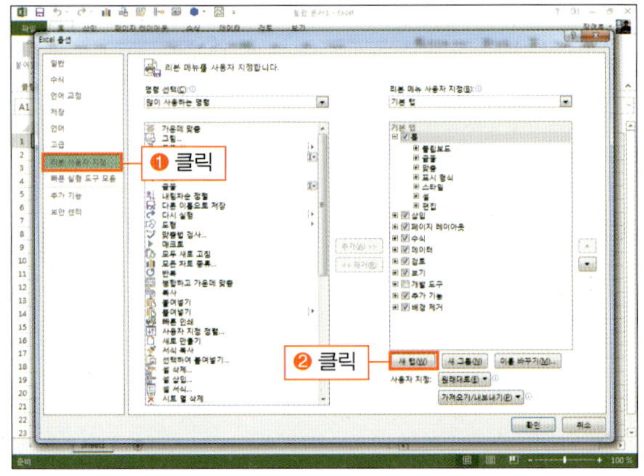

02_ [새 탭(사용자 지정)]과 [새 그룹(사용자 지정)]이 생성됩니다. 먼저, [새 탭(사용자 지정)]과 [새 그룹(사용자 지정)]의 탭 위치를 변경하기 위해 [위로 이동] 단추를 클릭하여 [홈] 탭 앞으로 이동합니다.

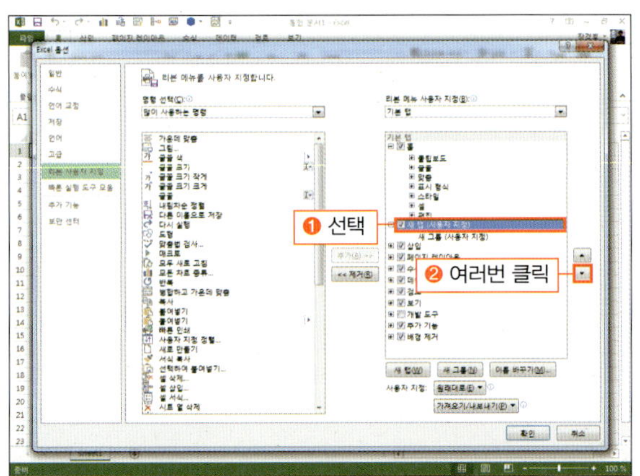

03_ [새 그룹(사용자 지정)]을 선택한 후 [명령 선택]–[모든 명령]을 클릭합니다. 원하는 명령을 선택한 후 [추가]를 클릭합니다. 명령이 [새 그룹(사용자 지정)]에 추가되면 여러 개의 명령을 계속 추가합니다. 여기서는 피벗 관련 기능을 모두 추가한 후 [확인]을 클릭합니다.

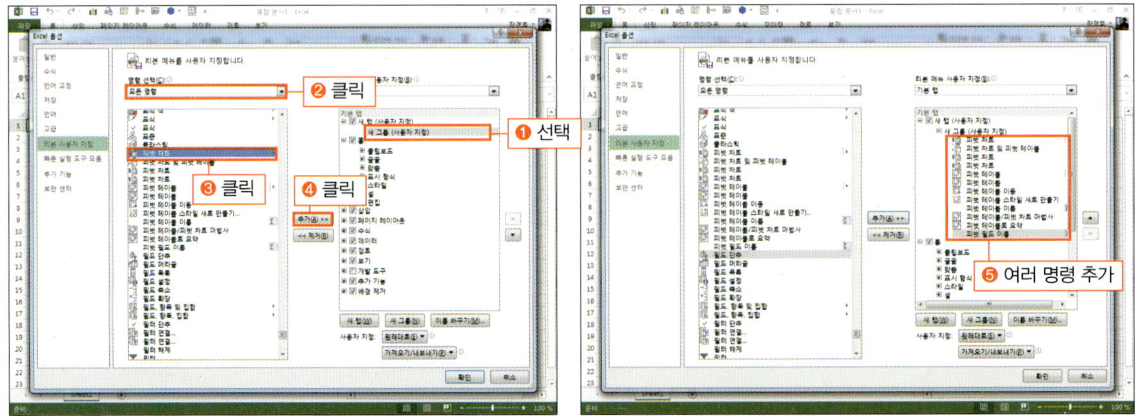

04_ 리본 메뉴에 [새 탭] 및 [새 그룹]이라는 리본 메뉴가
생성된 것을 확인할 수 있습니다.

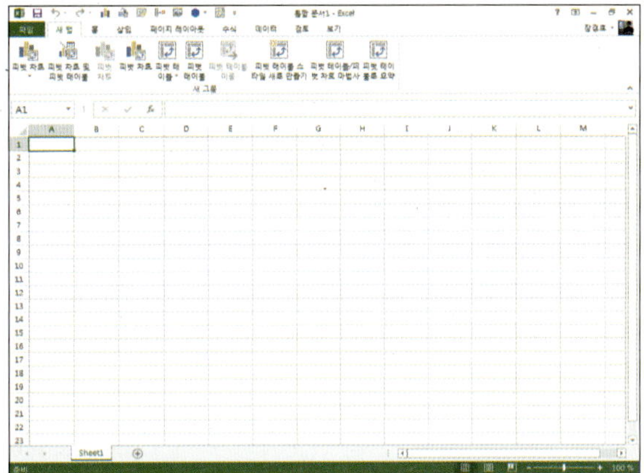

05_ 모든 리본 메뉴 및 빠른 실행 도구 모음을 원래대로 되돌리기 위해서는 [Excel 옵션]에서 [리본 사용자 지정]이나
[빠른 실행 도구 모음]을 선택한 후 [원래대로]–[모든 사용자 지정 다시 설정]을 클릭한 후 [확인]을 선택합니다. 경고창
이 나타나면 [예]를 클릭합니다.

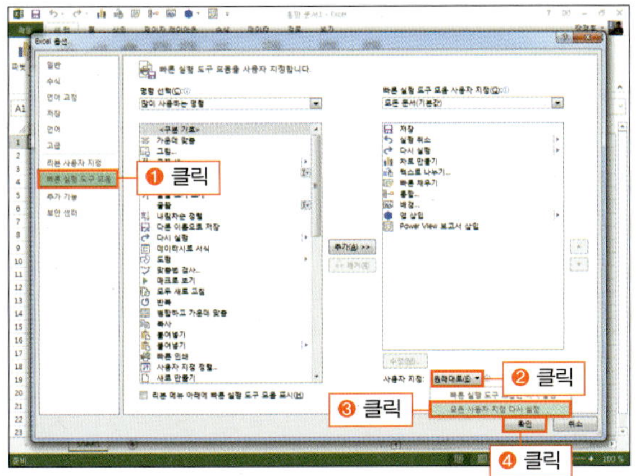

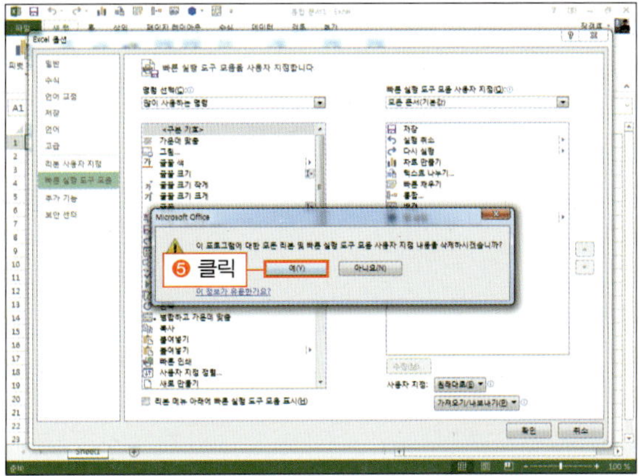

:: 터치/마우스 모드 추가하기

마이크로소프트 오피스 2013의 가장 큰 특징 중 하나는 손가락으로 리본 메뉴를 터치하여 사용할 수 있다는 점입니다. 터치 스크린이 지원되는 컴퓨터나 태블릿에서 엑셀 2013을 사용한다면 터치 모드를 사용할 수 있습니다.

01_ [빠른 실행 도구 모음](⏷) 단추를 클릭한 후 [터치/마우스 모드]를 클릭합니다.

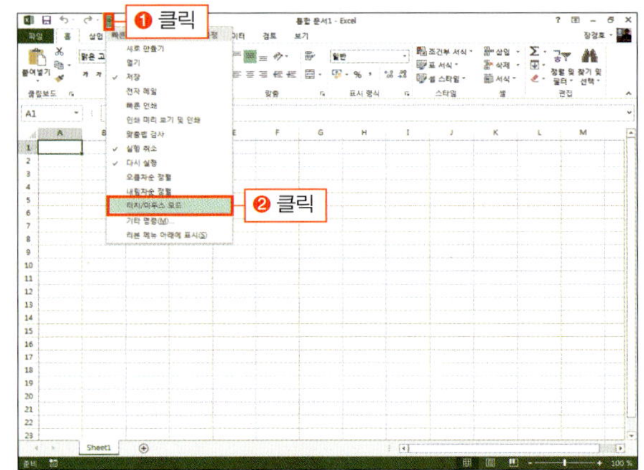

TIP

터치 모드를 사용하려면 빠른 실행 도구 모음에 명령을 추가해야 합니다. 즉, 지금처럼 [빠른 실행 도구 모음]에 [터치/마우스 모드]를 추가해야만 터치 모드를 사용할 수 있습니다.

02_ [터치/마우스 모드] 단추가 빠른 실행 도구 모음에 추가됩니다. [터치/마우스 모드] 단추를 클릭한 후 [터치]를 클릭합니다. 터치/마우스 모드로 변경됩니다. 리본 메뉴와 메뉴 사이의 간격이 넓어져 손가락으로 가볍게 터치하여 사용할 수 있습니다.

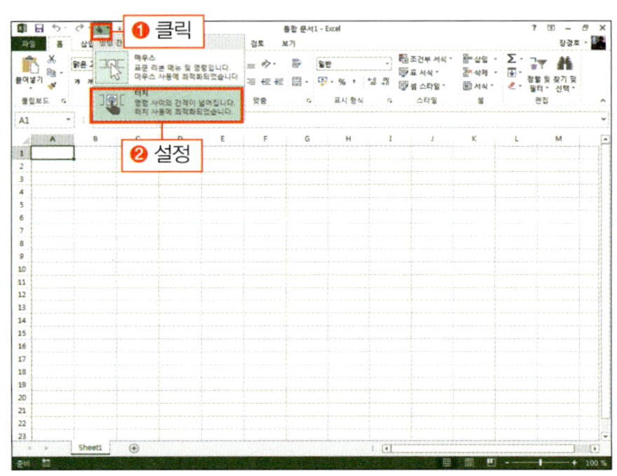

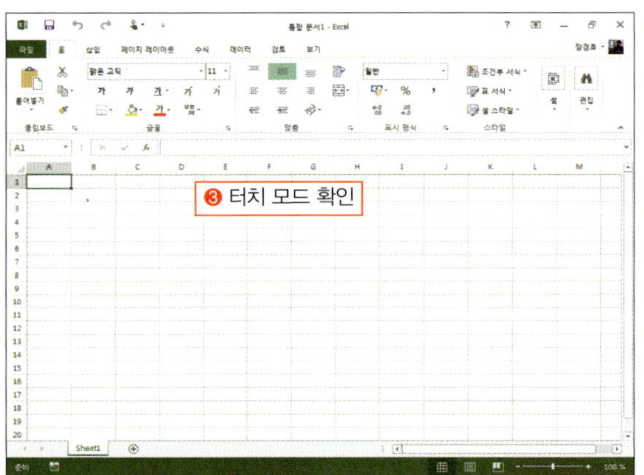

TIP

[마우스 모드]의 경우 마우스 활용에 최적화되어 리본 메뉴 크기가 설정되어 있으며, [터치 모드]의 경우 리본 메뉴와 메뉴 사이의 간격을 넓혀 손가락 터치가 가능하도록 설정되어 있습니다. [마우스 모드]로 되돌리기 위해서는 빠른 실행 도구 모음에서 [터치/마우스 모드] 단추를 클릭한 후 [마우스]를 클릭합니다.

리본 메뉴 표시 옵션

프로그램의 상단에 나열되어 있는 리본 메뉴는 직관적으로 기능을 설명해 주는 편리함이 있지만, 워크시트 작업 화면의 크기가 작게 줄어서 보여진다는 단점이 있습니다. 리본 메뉴 오른쪽 상단에 위치하고 있는 리본 메뉴 표시 옵션을 통해 리본 메뉴를 자동으로 숨길 수 있습니다.

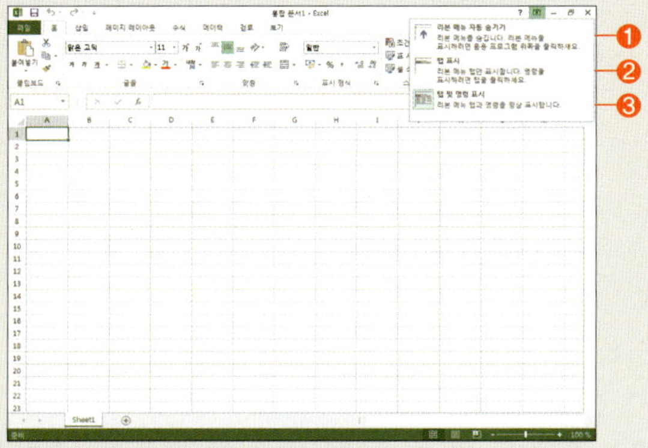

❶ 리본 메뉴 자동 숨기기 : 리본 메뉴 전체를 자동으로 숨깁니다.

❷ 탭 표시 : 리본 메뉴 탭만 표시합니다.

❸ 탭 및 명령 표시 : 리본 메뉴와 명령을 항상 표시합니다.

체크 해 봐요

빠른 실행 도구 모음이나 나만의 리본 메뉴를 통해 오피스 2013의 다양한 명령을 추가할 수 있습니다. 본인이 자주 사용하는 명령 5개를 빠른 실행 도구 모음으로 추가해 보세요.

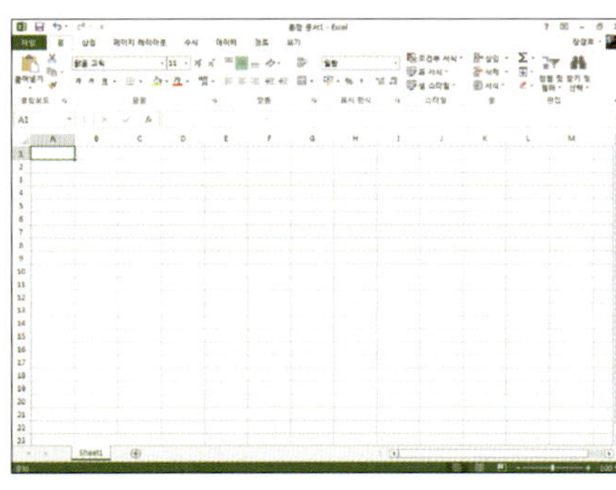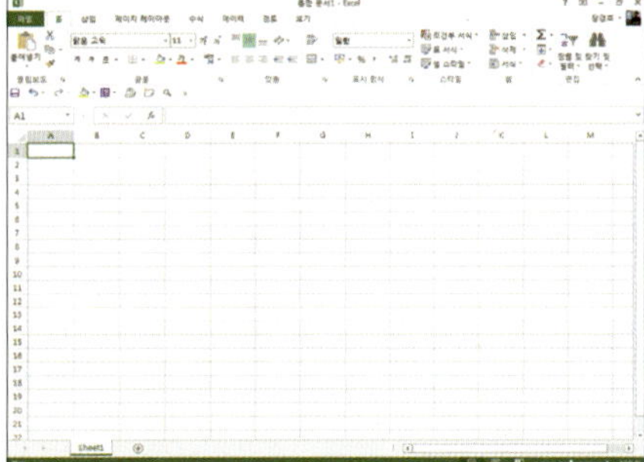

힌트

❶ 명령을 마우스 오른쪽으로 클릭한 후 [빠른 실행 도구 모음에 추가] 선택

❷ [빠른 실행 도구 모음 사용자 지정](⥥) 단추를 클릭한 후 [리본 메뉴 아래에 표시]를 선택

❸ 실습 따라하기 : 부록CD/Part01/Chapter01/실습02.docx

원드라이브와 오피스 온라인

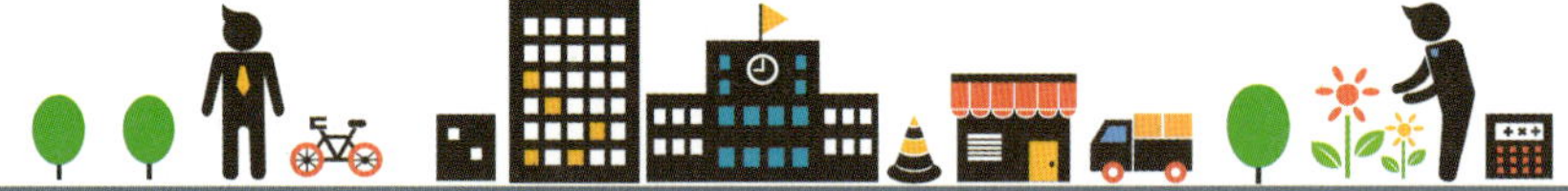

오피스 2013에는 마이크로소프트의 클라우드 서비스인 원드라이브
(OneDrive)에 바로 저장하거나 파일을 공유할 수 있습니다. 여기서는 원드라
이브를 비롯해 웹 오피스인 오피스 온라인에 대해서 살펴보도록 하겠습니다.
참고로, 원드라이브는 스카이드라이브의 새 이름이며, 오피스 온라인은 오피
스 웹 앱의 새 이름입니다.

Section 1. 클라우드 서비스 원드라이브

Section 2. 서식과 도움말이 가득한 오피스 온라인

클라우드 서비스 원드라이브

마이크로소프트 계정을 이용하여 작업한 파일을 원드라이브(OneDrive)라는 개인 클라우드에 저장할 수 있습니다. 또한, 오피스 온라인을 통해 손쉽게 액세스하거나 온라인상으로 편집, 혹은 다른 사람들과 공유할 수 있습니다. 원드라이브를 통해 오피스 파일 뿐 아니라 사진이나 동영상도 쉽게 공유하고 볼 수 있습니다.

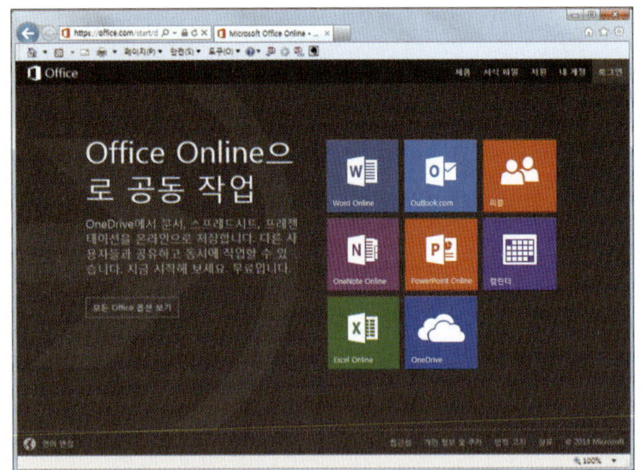

▲ 원드라이브에 접속하여 업로드 확인하기

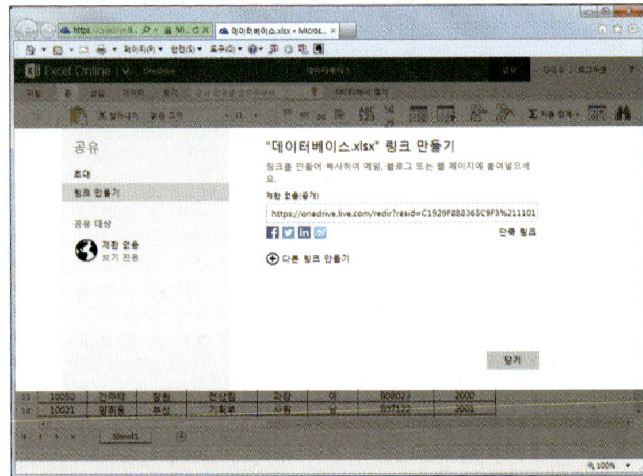

▲ 이메일이나 페이스북에 공유하기

이번 섹션에서 배울 **주요 내용**

- 원드라이브에 오피스 파일 저장하기
- 원드라이브 접속하여 업로드 확인하기
- 이메일이나 페이스북에 공유하기

:: 원드라이브에 오피스 파일 저장하기

마이크로소프트의 클라우드 서비스인 원드라이브에 엑셀 파일을 업로드 해보도록 하겠습니다. 원드라이브에 업로드하는 방법은 오피스 온라인 홈페이지를 통해 업로드하는 방법과 엑셀 2013 프로그램을 열어 업로드하는 방법이 있습니다.

01_ 여기서는 엑셀 2013을 열어 클라우드 서비스에 파일을 업로드해 보도록 하겠습니다. 예제 파일을 연 다음 [파일] 탭을 클릭합니다. [다른 이름으로 저장]-[OneDrive]-[Sign In]을 차례대로 클릭합니다.

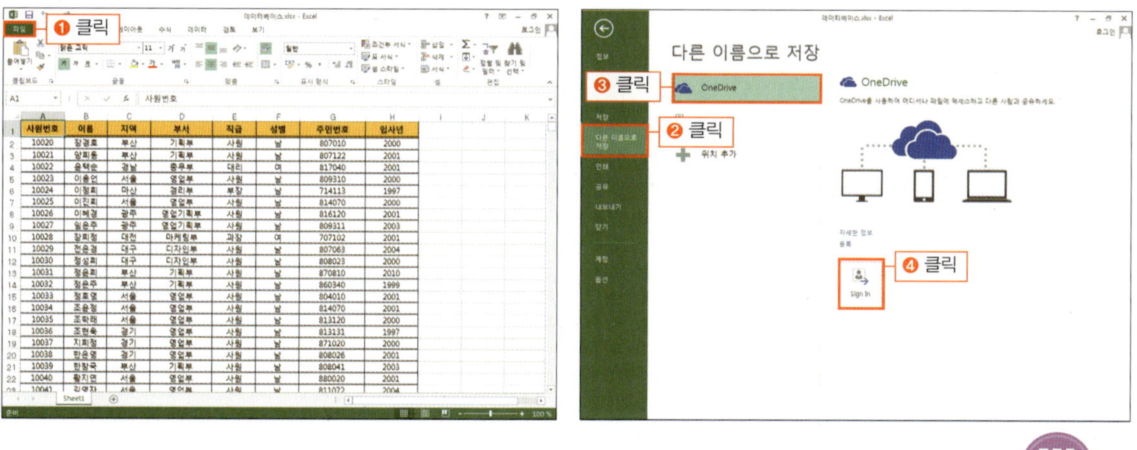

02_ [로그인] 창이 뜨면 사용자 이메일 주소를 입력한 후 [다음]을 클릭합니다. 사용자 암호 입력란이 나타나면 암호를 입력한 후 [로그인]을 클릭합니다.

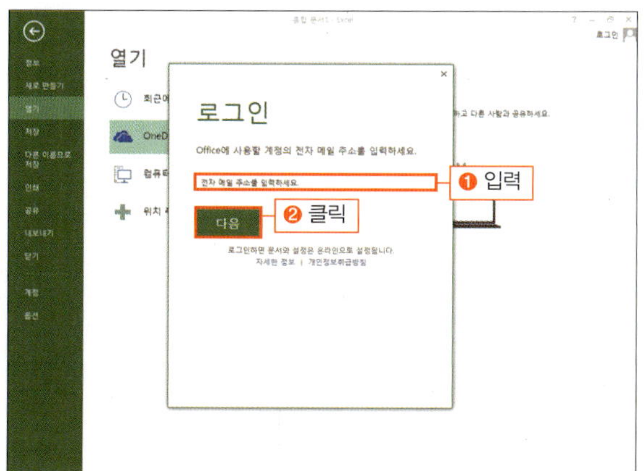

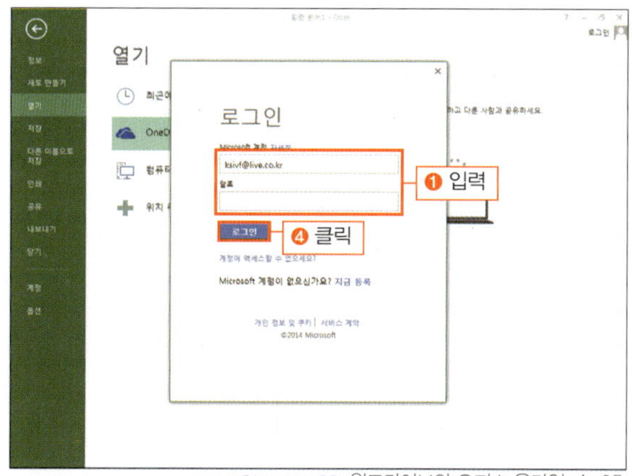

03_ 로그인하거나 이미 로그인되어 있다면 본인의
SkyDrive 계정이 열립니다. 최근 만들어진 폴더를 비롯해
파일을 확인할 수 있습니다. 여기서는 [찾아보기]를 클릭
합니다.

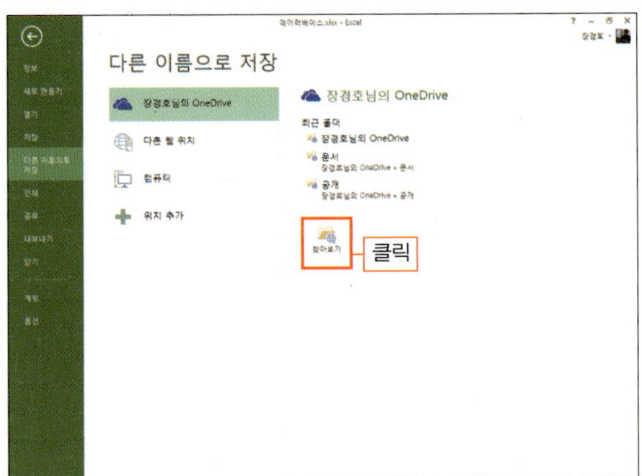

04_ [다른 이름으로 저장] 대화상자가 나타납니다. [파일
이름] 및 [저장 위치]를 선택한 후 [저장]을 클릭합니다.
[닫기]를 클릭해 엑셀 2013을 종료합니다.

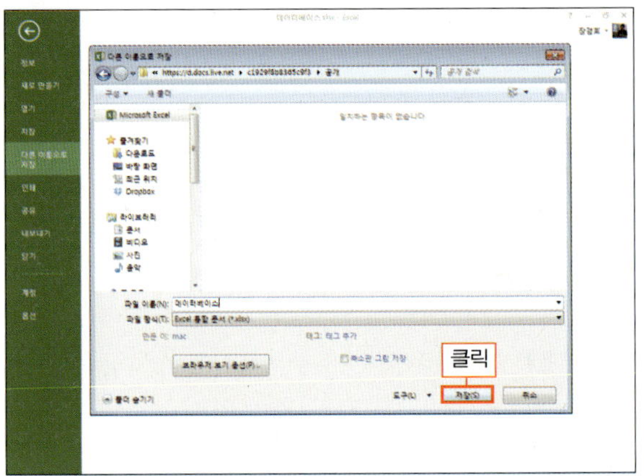

:: 원드라이브 접속하여 업로드 확인하기

원드라이브 홈페이지에 접속하면 Word Online을 비롯해 Outlook.com, 피플, OneNote Online, PowerPoint Online, 캘린더, Excel Online, OneDrive 등 업로드한 다양한 파일과 데이터를 확인하고 공유 혹은 열람할 수 있습니다.

01_ 클라우드 서비스인 원드라이브에 접속하여 파일이 정상적으로 업로드되었는지 확인해 보도록 하겠습니다. 'http://www.office.com' 에 접속한 후 [OneDrive]을 클릭합니다.

02_ OneDrive 로그인 및 패스워드 접속 페이지가 열립니다. 본인의 Microsoft 계정의 아이디 및 패스워드를 입력한 후 [로그인]을 클릭합니다.

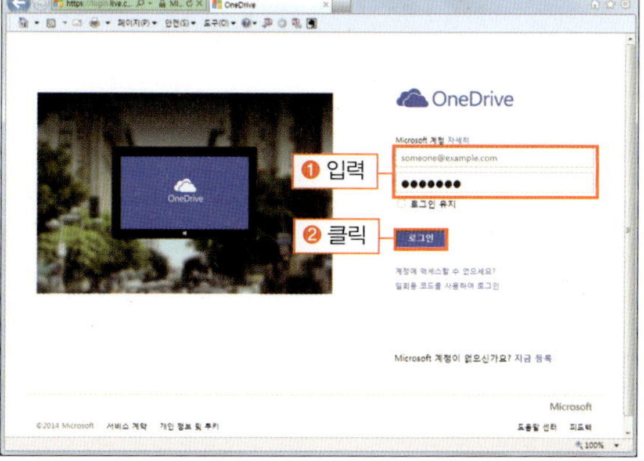

> **TIP**
>
> [열기]-[Excel에서 열기]를 선택하면 엑셀 2013 프로그램이 실행되면서 파일이 열립니다. [다운로드]를 선택하면 내 컴퓨터에 파일을 다운로드 받을 수 있습니다.

03_ 사용자의 OneDrive 계정에 접속되면 업로드한 '데이터베이스.xlsx' 파일이 존재하는 지 확인합니다. 위치를 찾기 어렵다면 [최근 문서] 항목을 클릭한 후 업로드한 파일을 찾습니다. 파일을 클릭합니다.

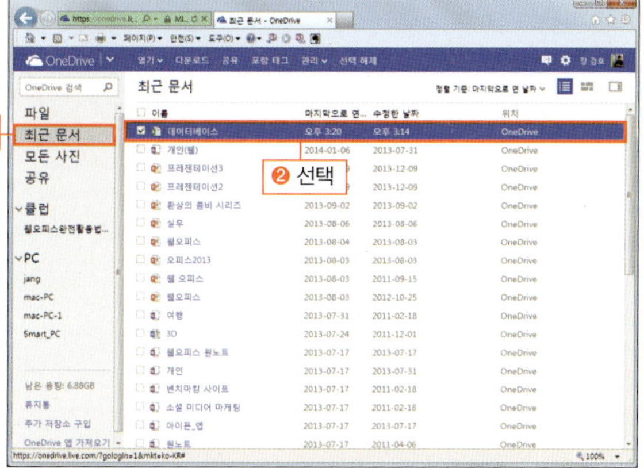

04_ ['Excel Online'에 접속되며 온라인 상에서 워크시트 파일이 열립니다. [홈] 탭을 비롯해 [삽입], [데이터], [보기] 등 다소 제한적이긴 하지만 편집을 진행할 수 있습니다. 여기서는 [H2] 셀을 클릭한 후 [데이터] 탭–[정렬] 그룹에서 [오름차순 정렬]을 클릭해 봅니다.

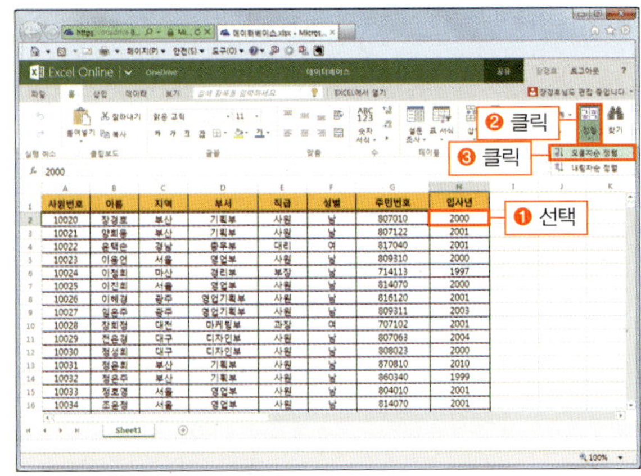

05_ [입사년] 필드가 오름차순으로 정렬됩니다. 문서 편집을 종료해 보겠습니다. 오피스 온라인에는 [저장] 단추가 따로 존재하지 않습니다. 실시간 작업한 내용이 클라우드에 저장되기에 작업을 완료했으면 [OneDrive]를 눌러 오피스 온라인에서 나오거나 로그아웃을 클릭해 작업을 종료할 수 있습니다. 여기서는 [Excel에서 열기]를 클릭해 엑셀 2013에서 작업을 이어서 진행해 보도록 하겠습니다. [Excel에서 열기]를 클릭합니다.

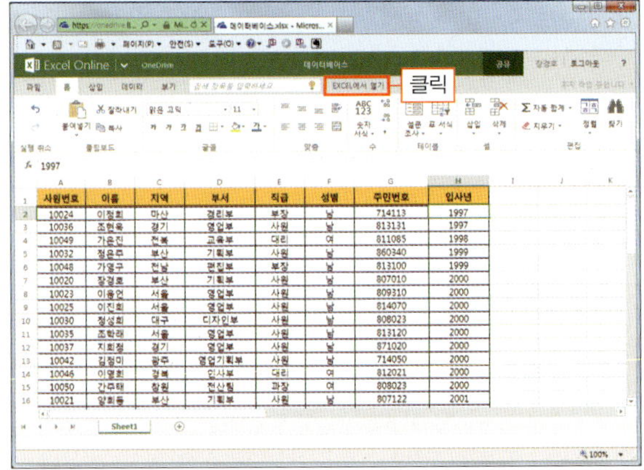

06_ [Internet Explorer 보안] 경고창이 뜨면 [허용]을 클릭합니다. [Microsoft Office] 경고창이 뜨면 [예]를 클릭합니다. 참고로, 사용자의 컴퓨터 환경에 따라서 경고창이 다를 수 있습니다. 오피스 온라인과의 원활한 연동을 위해 오피스 온라인 홈페이지를 닫습니다.

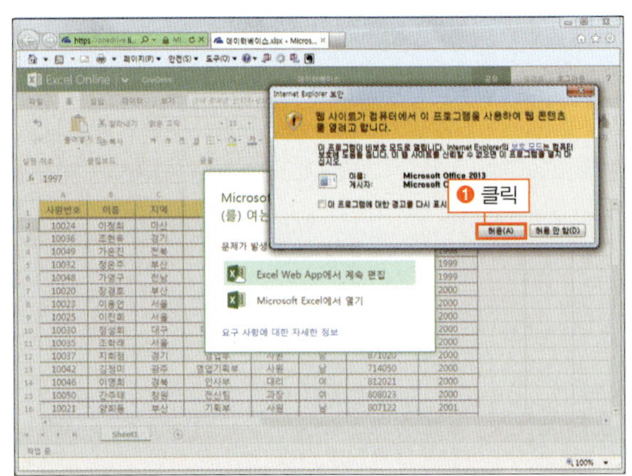

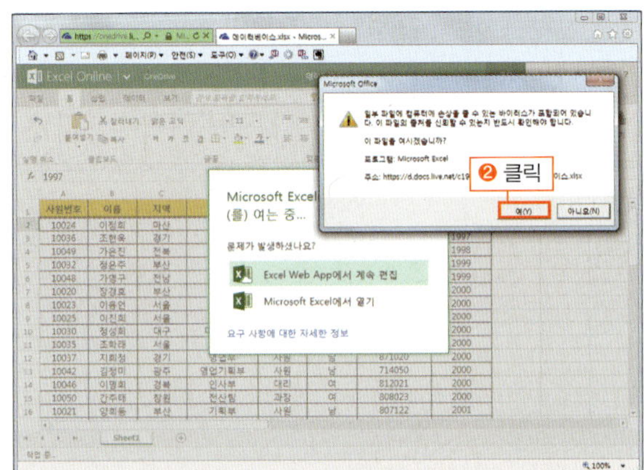

07_ [엑셀 2013 프로그램이 실행되면서 오피스 온라인에서 작업하던 워크시트 파일이 열립니다. 입사년이 오름차순 정렬되어 있는지 확인한 후 필드 영역의 색상을 변경한 후 다시 웹 앱에 업로드해 보겠습니다. [A1:H1] 영역을 드래그하여 선택한 후 [홈] 탭-[글꼴] 그룹에서 [채우기 색]을 클릭하여 필드 영역의 색상을 변경합니다. 빠른 실행 도구 모음의 [저장] 단추를 클릭합니다.

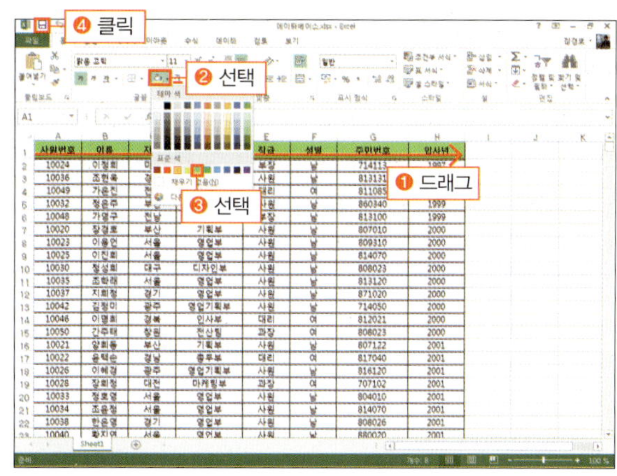

TIP

현재 파일은 원드라이브의 오피스 온라인과 연동되어 있습니다. 엑셀 2013에서 변경하거나 수정하는 내용을 저장하면 오피스 온라인의 파일도 함께 변경됩니다.

08_ OneDrive 상에 파일이 제대로 수정되어 있는지 확인하기 위해 [파일] 탭-[정보]를 클릭한 후 [OneDrive]-[파일 위치 열기]를 클릭합니다. 엑셀 2013 프로그램의 [닫기]를 클릭해 프로그램을 닫습니다.

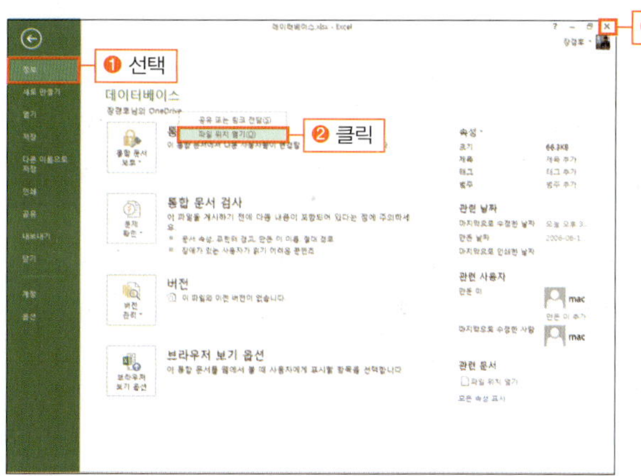

TIP

오피스 프로그램과 오피스 온라인을 동시에 열어서 작업을 할 경우 문제가 발생할 수 있습니다. 오피스 프로그램과 오피스 온라인을 연동하여 작업할 경우 반드시 하나의 프로그램은 종료한 후 작업을 진행하도록 합니다.

09_ 원하는 작업을 진행합니다. 작업한 파일을 외부의 다른 사람에게 공유하기 위해 [공유] 단추를 클릭합니다.

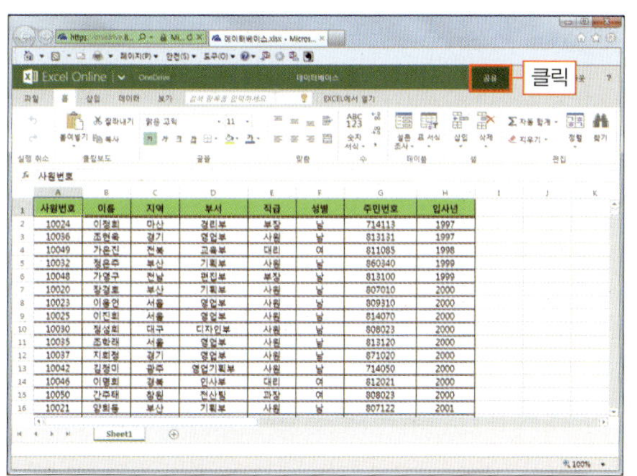

TIP

앞에서도 언급했지만 스카이드라이브라는 이름이 최근 원드라이브라는 이름으로 변경되었으며, 오피스 웹 앱이라는 이름이 오피스 온라인으로 변경되었습니다. 아직 업데이트 반영이 제대로 되지 않아 간혹 스카이드라이브(SkyDrive) 혹은 웹 앱(Web App)이라는 예전 이름으로 표기되기도 합니다.

:: 이메일이나 페이스북에 공유하기

원드라이브를 통해 엑셀 2013에서 작성한 문서를 열어 온라인 상으로 수정하거나 공유할 수 있습니다. 여기서는 공동 작업을 위해 엑셀 문서를 다른 사용자에게 공유해 보도록 하겠습니다.

01_ 엑셀 온라인에서 작성한 파일을 연 후 [공유]를 클릭합니다. [공유] 창이 뜨면 메일이나 블로그, 웹 페이지에 첨부하여 문서를 공유할 수 있습니다. [링크 만들기]를 클릭한 후 [옵션 선택]의 드롭다운 단추를 눌러 [제한 없음(공개)]를 선택합니다. [링크 만들기]를 클릭합니다.

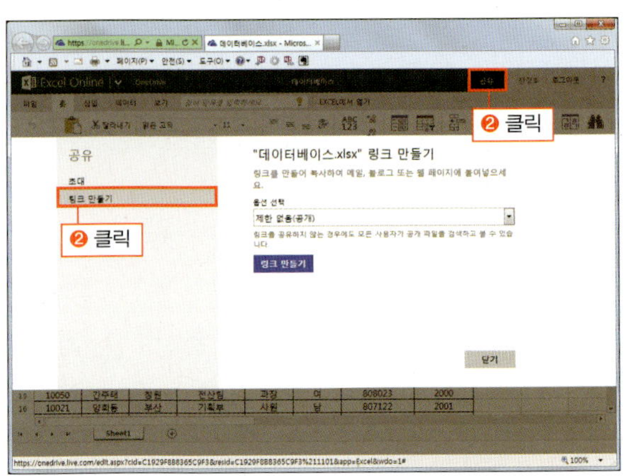

> **TIP**
>
> '제한 없음(공개)'를 선택하면 본 파일을 열람한 모든 사용자가 문서를 수정하거나 검색할 수 있습니다. '편집'을 선택하면 링크를 받은 사용자는 문서를 편집할 수 있습니다. '보기 전용'을 선택하면 링크를 받은 사용자는 편집은 불가능하며 단지 열람만 가능합니다.

02_ 링크가 만들어집니다. 해당 링크를 복사하여 본인의 이메일 계정을 열어 첨부하거나 네이트온 등의 채팅창을 통해 공유할 수 있습니다. 혹은 하단에 아이콘으로 진열되어 있는 페이스북, 트위터, 링크드인을 클릭해 문서를 공유할 수 있습니다.

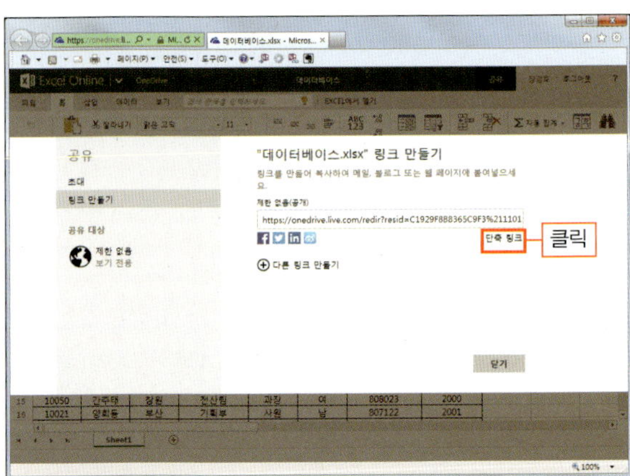

> **TIP**
>
> 단축 링크를 클릭하면 'http://1drv.ms/1gvyeBP' 와 같이 짧은 주소로 해당 링크가 축소되어 표시됩니다.

🔓 체크 해 봐요

원드라이브에 내 컴퓨터에 있는 사진을 업로드해보고 다른 사람들에게 공유해 보세요.

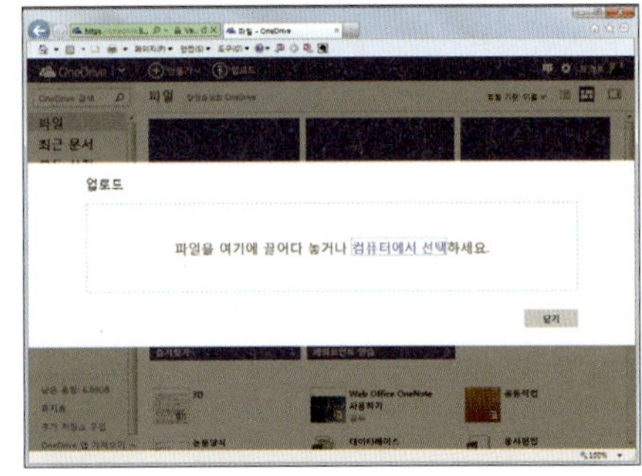

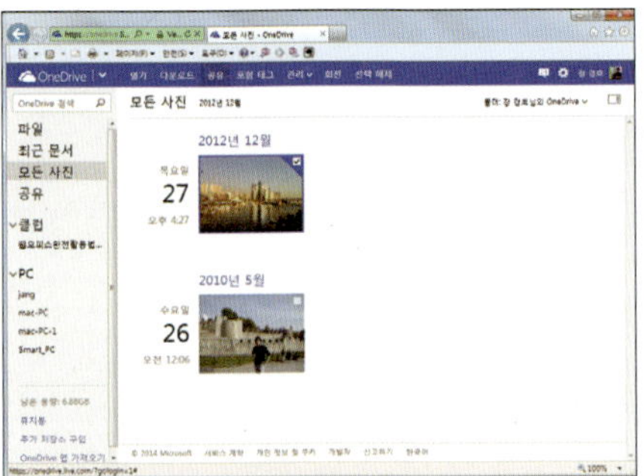

힌트

❶ 'http://www.office.com'에 접속하여 원드라이브를 선택합니다.

❷ 내 컴퓨터의 탐색기를 열어 사진이나 파일을 업로드합니다.

❸ 실습 따라하기 : 부록CD₩Part01₩Chapter02₩실습03.docx

Section # 02

서식과 도움말이 가득한 오피스 온라인

엑셀 작업시 가계부나 이력서, 납품서 등의 서식을 직접 만들거나 파워포인트 작업시 스토리에 부합하는 이미지나 멀티미디어적인 요소를 찾는 것은 쉽지 않습니다. 하지만 마이크로소프트사에서 제공하는 오피스 온라인을 통해 다양한 서식 파일이나 이미지 등을 손쉽게 찾고 무료로 사용할 수 있습니다. 또한, 종종 업데이트되는 도움말 기능을 통해 다양한 오피스 제품군에 대한 서비스를 제공받을 수 있습니다.

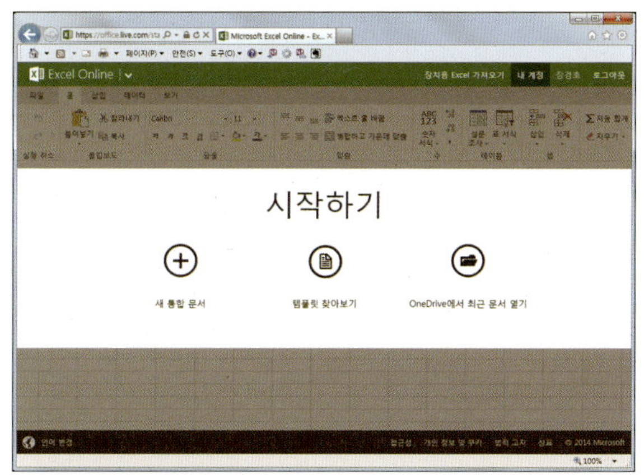

▲ 새 템플릿을 만들어 문서 작성하기

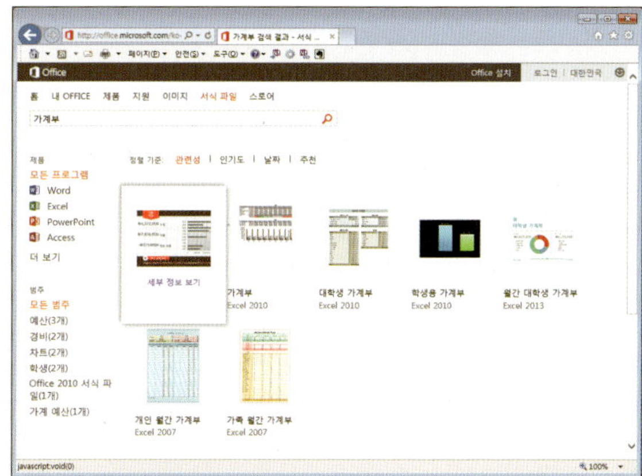

▲ 서식 및 템플릿 다운로드하기

이번 섹션에서 배울 주요 내용

- 새 템플릿을 만들어 문서 작성하기
- 서식 및 템플릿 다운로드하기

:: 새 템플릿을 만들어 엑셀 온라인 문서 작성하기

오피스 온라인을 통해 엑셀이나 파워포인트, 워드, 원노트 등 다양한 온라인 문서를 만들 수 있습니다. 여기서는 새로운 템플릿을 만들어 엑셀 온라인 문서를 작성해 보도록 하겠습니다.

01_ 오피스 온라인 홈페이지인 (http://www.office.com)
에 접속합니다. 다양한 온라인 메뉴 중에서 [Excel Online]
을 선택합니다.

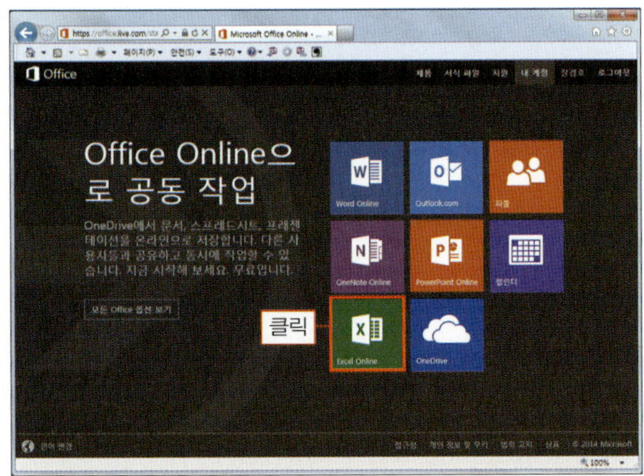

02_ [시작하기] 창이 뜨면 [새 통합 문서] 혹은 [템플릿
찾아보기]를 클릭해 원하는 형식을 선택합니다. 여기서는
[템플릿 찾아보기]를 클릭합니다.

TIP
'OneDrive에서 최근 문서 열기'를 선택하면 원드라이브에
저장한 엑셀이나 파워포인트 등의 문서를 열 수 있습니다.

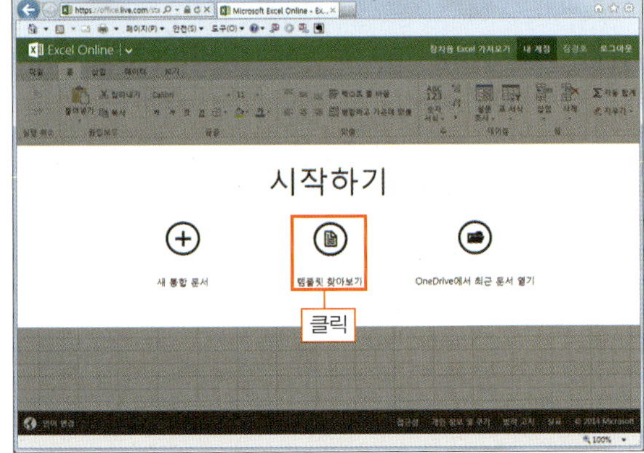

03_ 'Excel용 서식 파일' 페이지가 열리며 제품별 혹은 범
주별로 서식 파일을 찾을 수 있습니다. 여기서는 [수업 시
간표]를 선택합니다.

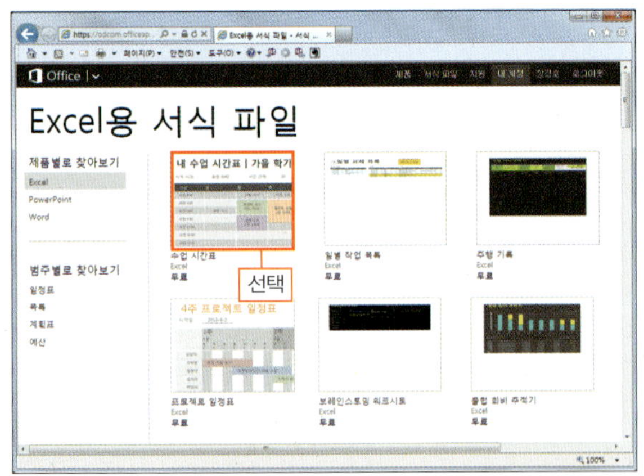

04_ '수업 시간표'에 관한 설명 및 스크린샷이 표시됩니다. [다음에서 열기 Excel(WAC) Online]을 클릭하여 템플릿 파일을 엽니다.

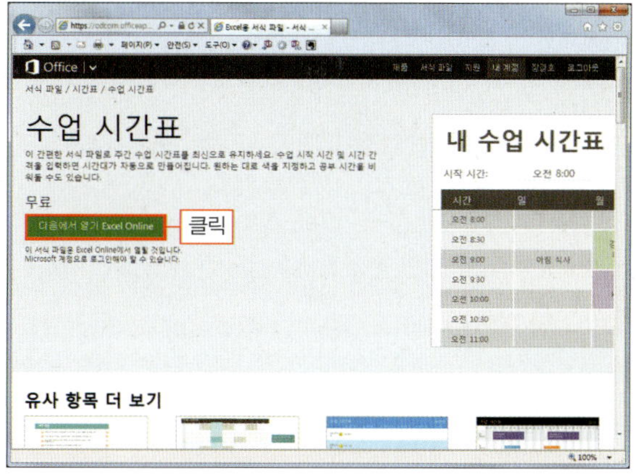

'오피스 온라인' 빠른 단추 살펴보기

기존에 작업 중이던 온라인 문서가 열려 있다면 상단 왼쪽의 [Excel Online] 단추를 클릭하면 오피스 온라인의 빠른 단추를 통해 메뉴를 열 수 있습니다. [Excel Online]을 비롯해 [PowerPoint Online] 혹은 [OneNote Online] 등 원하는 메뉴를 빠르게 선택할 수 있습니다.

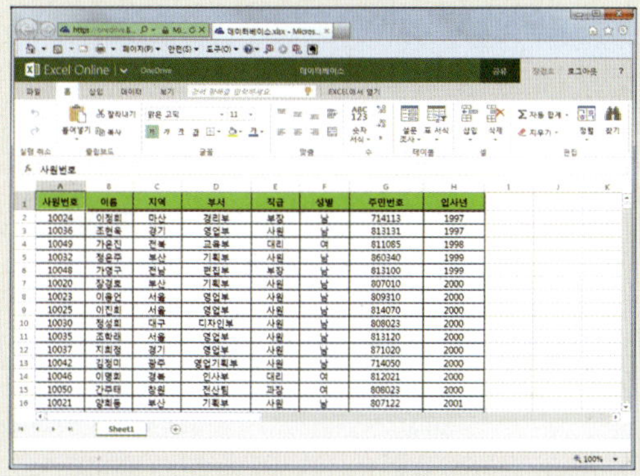

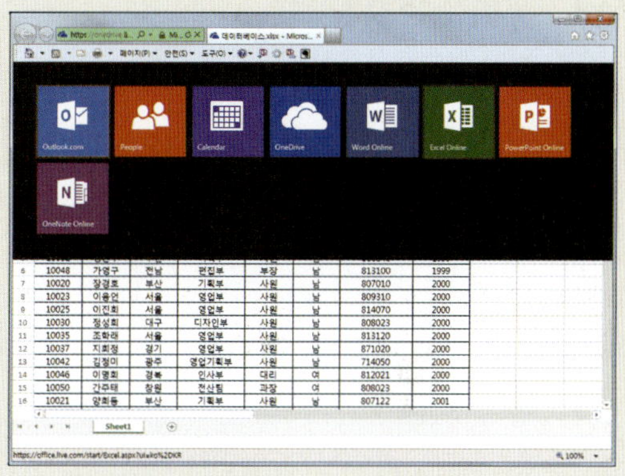

마이크로소프트사에서 제공해 주는 오피스 온라인을 통해 다양한 서식과 템플릿을 다운로드 받아 워크시트나 슬라이드에서 활용할 수 있습니다. Office.com에는 서식 파일을 비롯해 아이콘, 사진, 애니메이션 그리고 사운드까지 다양한 자료가 저장되어 있습니다.

01_ 오피스 온라인 홈페이지의 상단 오른쪽에 [서식 파일]을 클릭하거나 [모든 Office 옵션 보기]를 클릭합니다. 여기서는 서식 파일 뿐 아니라 이미지나 클립 아트 등을 모두 검색하기 위해 [모든 Office 옵션 보기]를 클릭합니다.

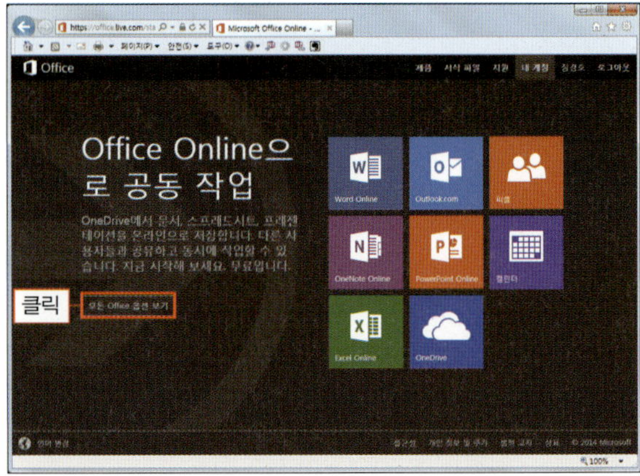

02_ 페이지가 열리면 [서식 파일]-[모든 서식 파일 검색]에 원하는 검색어를 입력합니다. 여기서는 『가계부』를 입력한 후 [검색]을 클릭합니다. 서식 파일이 검색되면 원하는 서식 파일을 클릭합니다.

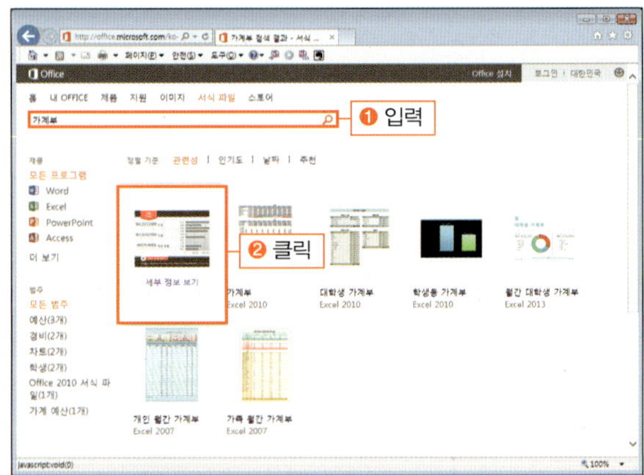

03_ 페이지가 열리면 [서식 파일]-[모든 서식 파일 검색]에 원하는 검색어를 입력합니다. 여기서는 『가계부』를 입력한 후 [검색]을 클릭합니다. 서식 파일이 검색되면 원하는 서식 파일을 클릭합니다.

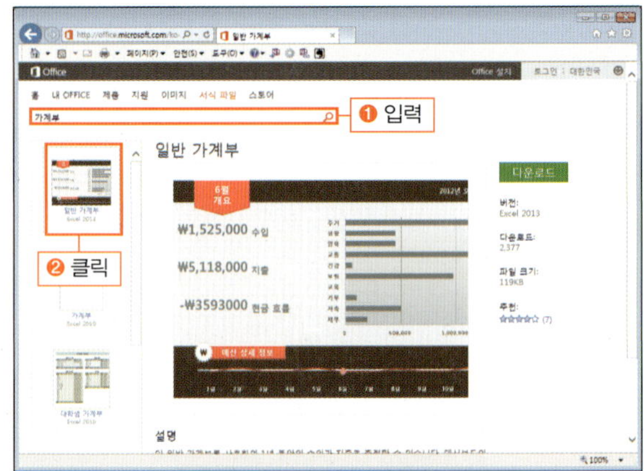

04_ 만일, [Microsoft 서비스 계약] 고지 사항이 나타나면 내용을 확인 후 [동의함]을 클릭합니다.

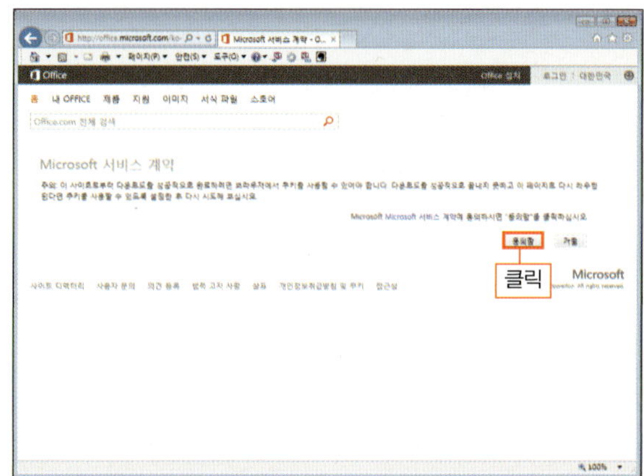

05_ 잠시 후, [다른 이름으로 저장] 대화상자가 표시됩니다. [저장]을 클릭합니다.

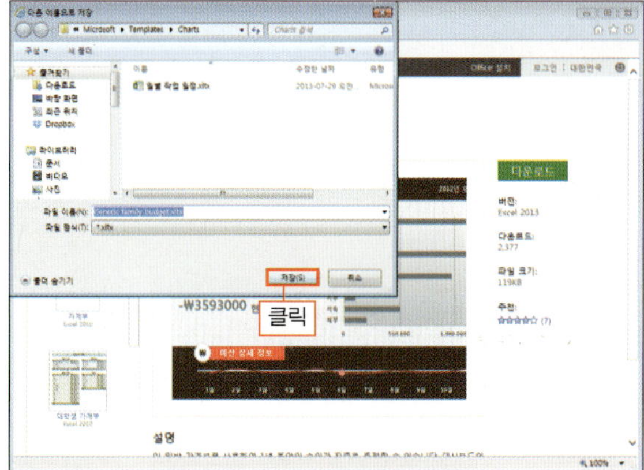

> **TIP**
> 컴퓨터 환경에 따라서 [다른 이름으로 저장] 대화상자 없이 바로 엑셀 2013이 실행되며 서식 파일이 열릴 수도 있습니다.

06_ 엑셀 2013이 실행되며 '가계부'라는 서식 파일이 열립니다. [편집 사용]을 클릭한 후 서식 파일을 활용합니다.

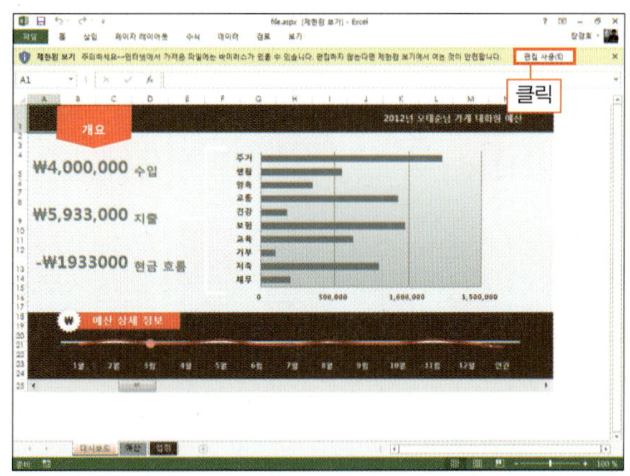

QR 코드로 더 자세히

아이콘이나 클립아트 가져오기

Office.com에 접속한 후 [이미지]를 클릭하면 사진, 애니메이션 그리고 사운드까지 다양한 멀티미디어적인 요소를 다운로드 받을 수 있습니다. 또한, 미국 계정이나 일본 계정으로 접속하여 검색하면 보다 다양한 아이콘이나 클립아트를 가져올 수 있습니다. 본 내용이 궁금하신 분은 저자의 블로그 http://blog21.kr/40207264674 에서 알아보시기 바랍니다. QR 코드를 스마트 폰에서 찍으시면 바로 확인할 수 있습니다.

체크 해 봐요

오피스 온라인(http://www.office.com)을 통해 서식이나 템플릿, 클립아트 뿐 아니라 빠른 시작 가이드 매뉴얼도 불러올 수 있습니다. 빠른 시작 가이드를 오피스 온라인에서 찾아보세요.

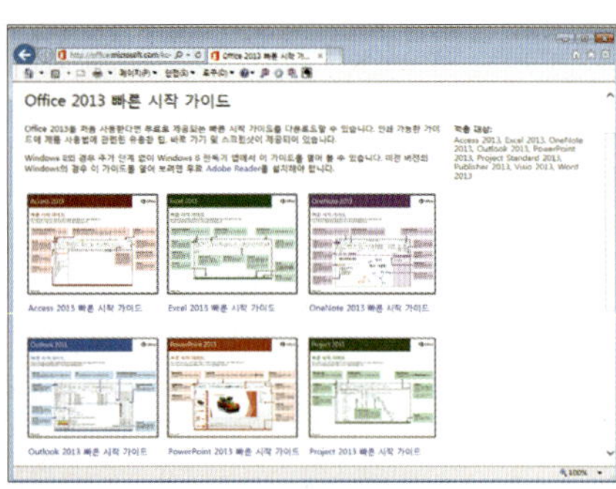

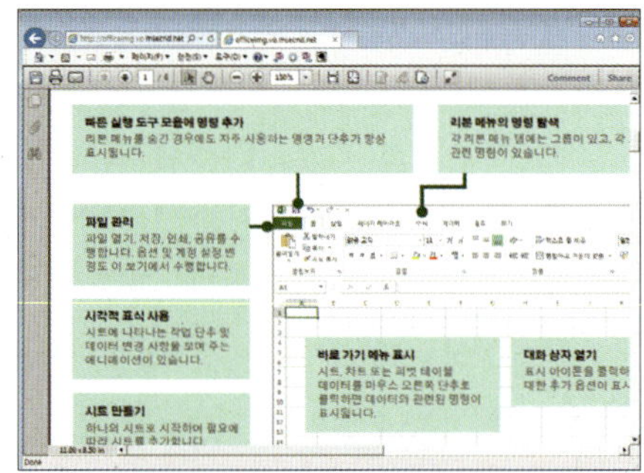

힌트

❶ Office.com에서 [모든 Office 옵션 보기]를 선택

❷ [지원]–[모든 Office 2013 빠른 시작 가이드]를 선택

❸ 실습 따라하기 : 부록CD₩Part01₩Chapter02₩실습04.docx

Part 02

엑셀 2013

엑셀(Excel)이란, 마이크로소프트(MicroSoft)사에서 개발한 스프레드시트 (Spread Sheet) 프로그램입니다. 로터스 1-2-3, 쿼트로 프로, 한셀 등 많은 스프레드시트 프로그램이 존재하지만 엑셀은 데이터를 입력하거나 표를 계산하고 보고서를 작성하는데 최적화된 스프레드시트 프로그램입니다. 이번 파트에서는 엑셀 2013의 일반적인 계산 작업을 비롯해 데이터베이스 관리, 문서 작성, 그래프 작성 등 다양한 기능에 대해서 배워보도록 하겠습니다.

기본 문서 만들기

엑셀은 대표적인 스프레드시트 프로그램입니다. 방대한 양의 데이터를 파악하고 분석할 수 있는 매우 강력한 도구이자 데이터 양이 많지 않더라도 간단한 데이터 계산을 비롯해 원하는 내용을 정리하고 정렬, 필터링하는 매우 유용한 도구이기도 합니다. 여기서는 기본적인 엑셀 문서 만드는 방법에 대해서 살펴보도록 하겠습니다.

Section 1. 엑셀 2013 시작하기

Section 2. 문서 작성하기

Section 3. 워크시트 편집하기

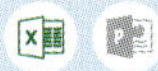

엑셀 2013 시작하기

엑셀 2013을 열면 전문가 수준의 디자인과 서식이 적용된 여러 워크시트 파일이 나타납니다. 원하는 서식 파일을 통해 보다 빠르게 작업을 진행할 수 있습니다. 여기서는 새 통합 문서를 시작해 보고, 서식 파일을 활용해 문서를 만드는 방법과 함께 엑셀의 화면 구성 등에 대해서 살펴보도록 하겠습니다.

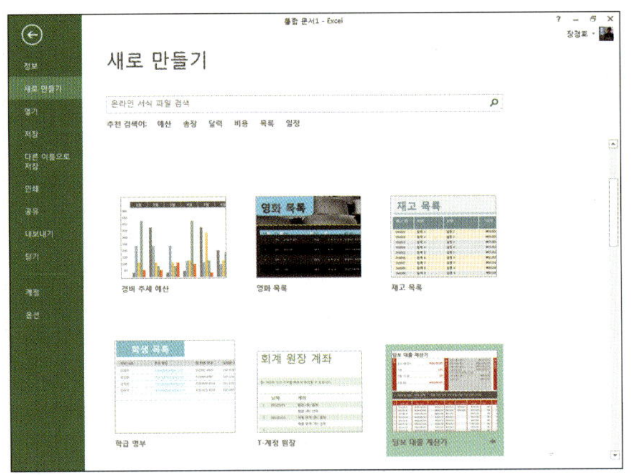

▲ 서식 파일 열고 저장하기

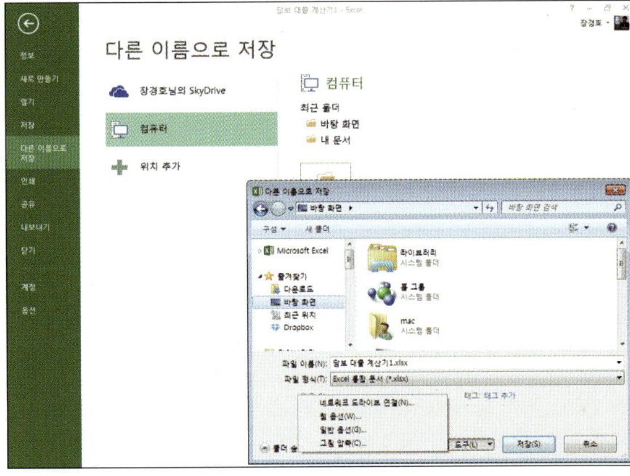

▲ 중요 문서에 암호 설정하기

이번 섹션에서 배울 주요 내용

- 새 통합 문서 시작하기
- 서식 파일 열고 저장하기
- 이전 통합 문서로 저장하기
- 엑셀 2003에서 엑셀 2013 문서 열기
- 엑셀 2013 화면 구성 살펴보기
- 리본 메뉴 살펴보기
- 중요 문서에 암호 설정하기

:: 새 통합 문서 시작하기

엑셀 2013은 기본적으로 XML(eXtensible Markup Language) 포맷으로 저장됩니다. 파일의 저장 형식이 XML 방식으로 변경되면서 엑셀 문서 작성 후 전반적인 파일 크기가 작아졌으며, 향상된 보안 기능과 호환을 위한 유연성이 향상되었습니다. 여기서는 새 통합 문서를 시작해 보도록 하겠습니다.

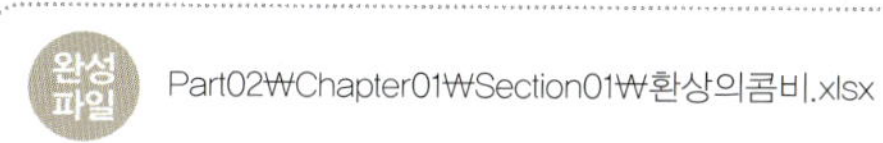

완성 파일 Part02₩Chapter01₩Section01₩환상의콤비.xlsx

01_ 엑셀 2013을 열면 다음과 같은 화면이 나타납니다. 빈 워크시트 화면을 불러오기 위해 [새 통합 문서]를 클릭합니다.

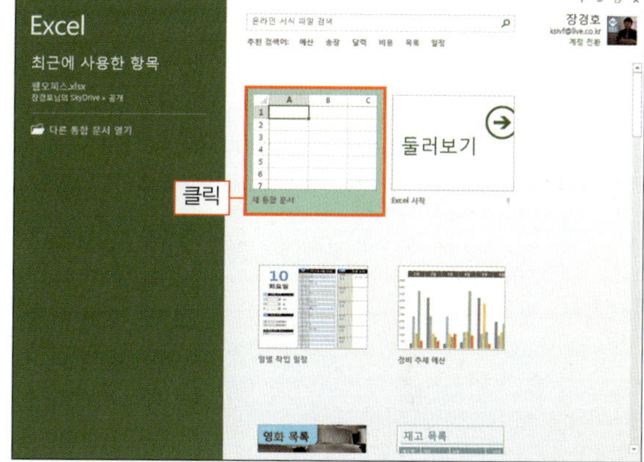

TIP

[새 통합 문서]는 **Ctrl** + **N** 을 눌러 불러올 수 있습니다.

02_ 새 통합 문서가 나타나면 [A1] 셀에 『엑셀 2013』을 입력합니다. 왼쪽 상단의 [저장]을 클릭합니다.

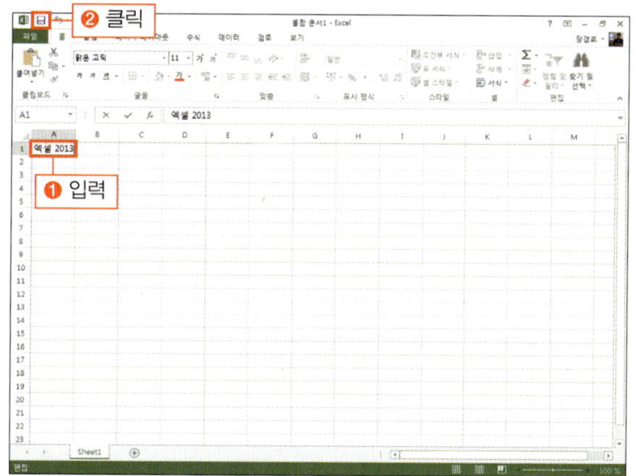

03_ [다른 이름으로 저장] 항목에서 [저장 위치]를 선택합니다. 여기서는 컴퓨터에 저장하기 위해 [컴퓨터]를 선택한 후 원하는 폴더를 클릭합니다. [찾아보기]를 선택합니다.

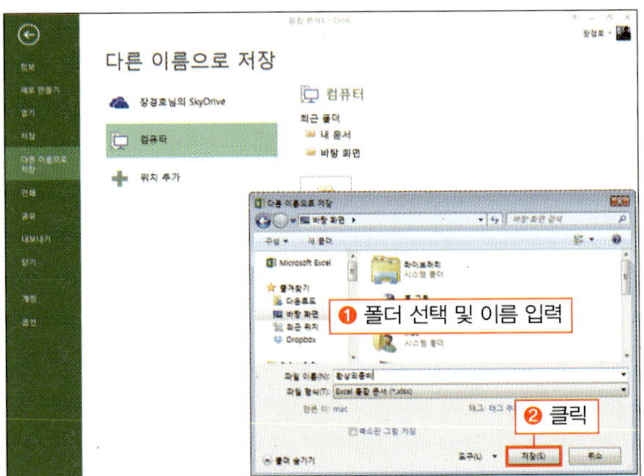

> **TIP**
>
> [저장] 단축키는 Ctrl + S 이며, [다른 이름으로 저장] 단축키는 F12 입니다.

04_ [다른 이름으로 저장] 대화상자가 나타나면 원하는 폴더를 선택한 후 [파일 이름]에 원하는 이름을 입력합니다. [저장]을 클릭합니다.

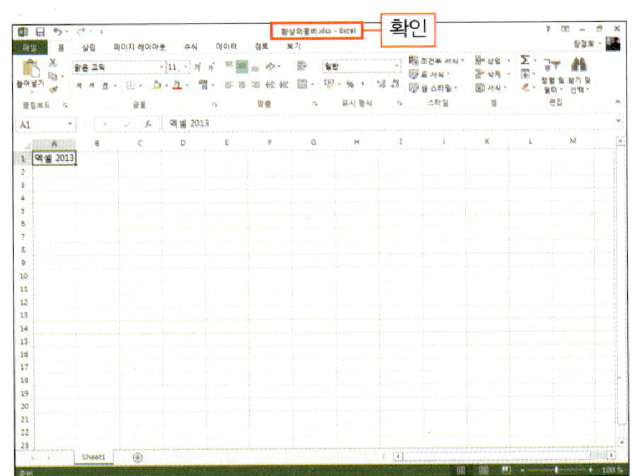

05_ 제목 표시줄에 저장한 파일명이 표시됩니다.

엑셀 파일 저장 형식 살펴보기

엑셀 파일은 다양한 확장자를 가지고 있습니다. 각각의 확장자별로 저장되는 방식이 다르므로 여기서 엑셀 파일의 저장 형식에 대해서 살펴보도록 하겠습니다.

저장형식	확장자	설명
Excel 통합 문서	.xlsx	엑셀 2013의 기본 저장 형식입니다.
Excel 매크로 사용 통합 문서	.xlsm	매크로 파일 형식입니다.
Excel 서식 파일	.xltx	엑셀 서식 파일 형식입니다.
Excel 바이너리 통합 문서	.xlsb	바이너리(이진) 파일 형식입니다.
Excel 97 – Excel 2003 통합 문서	.xls	엑셀 97~2003 버전의 파일 형식입니다
Excel 4.0 통합 문서	.xlw	Excel 4.0 파일 형식입니다.

:: 서식 파일 열고 저장하기

엑셀 2013에서 제공하는 다양한 서식 파일을 이용하여 다양한 양식의 문서를 쉽게 만들 수 있습니다. 보다 다양한 서식 파일을 원한다면 'http://www.office.com' 을 이용할 수 있습니다.

01_ [파일] 탭–[새로 만들기]를 클릭합니다. 서식 파일이 나타나면 원하는 서식 파일을 선택합니다. 여기서는 [담보 대출 계산기]를 선택합니다. 상세 페이지가 열리면 내용을 확인한 후 [만들기]를 클릭합니다.

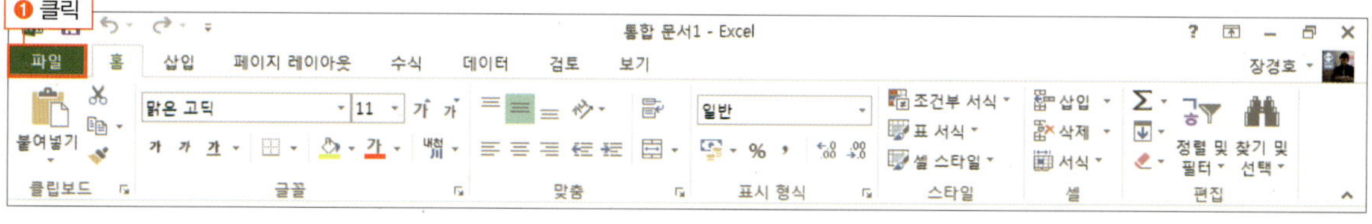

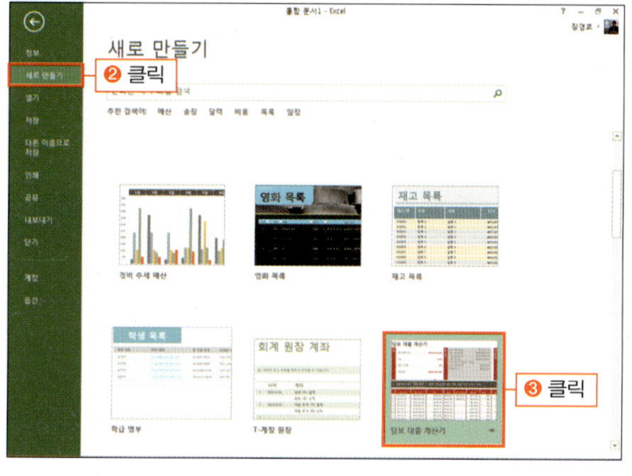

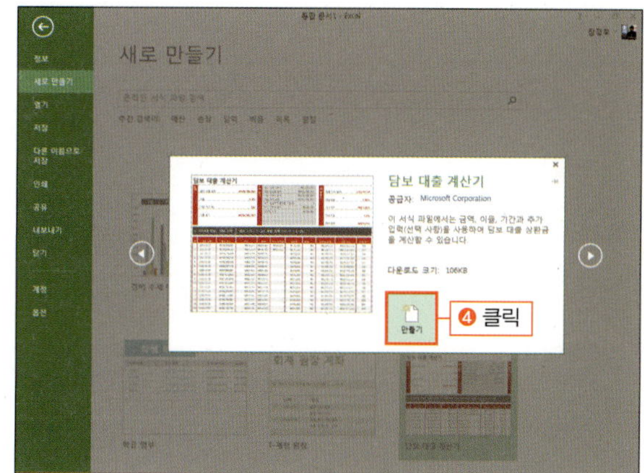

02_ 서식 문서가 열립니다. 서식 문서가 열리면 워크시트 내용을 수정하여 엑셀 문서를 만듭니다.

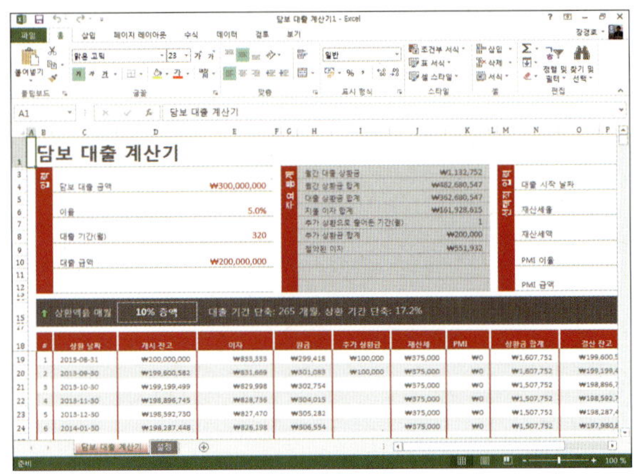

:: 이전 통합 문서로 저장하기

엑셀 2013은 최신 버전이기 때문에 엑셀 2003 등 예전 버전으로 엑셀을 사용하는 사람에게 문서를 공유해야 한다면 이전 통합 문서로 저장하는 것이 좋습니다.

01_ [파일] 탭–[내보내기]–[파일 형식 변경]을 클릭한 후 [Excel 97 – 2003 통합 문서]를 선택합니다. 아래에 있는 [다른 이름으로 저장]을 클릭합니다. [다른 이름으로 저장] 대화상자가 나타나면 [파일 형식]이 [Excel 97 – 2003 통합 문서]로 변경되어 있는지 확인한 다음 [파일 이름]에 원하는 이름을 입력한 후 [저장]을 클릭합니다.

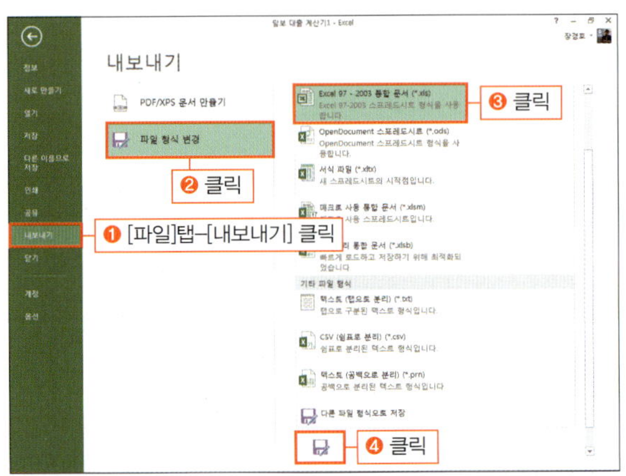

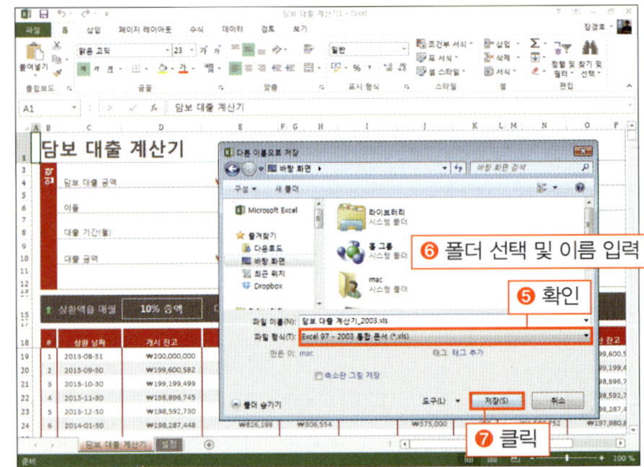

02_ [호환성 검사] 대화상자가 나타나면 [계속]을 클릭합니다. [이 통합 문서에 포함된 정의된 이름이나 수식을 이전 버전의 Excel에서 다시 계산하면 다음과 같은 경우 값이 다르게 표시될 수 있습니다.] 라는 경고창이 나타나면 [예]를 클릭합니다.

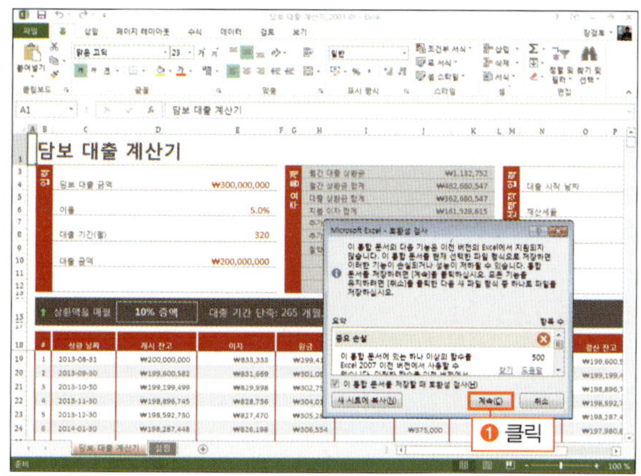
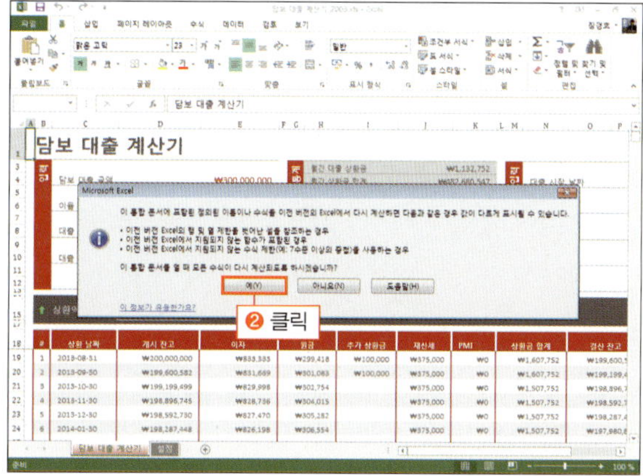

[호환성 검사] 대화상자는 이전 버전에서 지원하지 않는 기능이 포함된 경우에 나타나는 대화상자입니다. 이전 버전에서 호환이 가능하도록 기능이 변경되어 저장됩니다.

:: 엑셀 2003에서 엑셀 2013 문서 열기

이전 통합 문서로 저장하지 않더라도 호환 기능 팩을 설치하면 엑셀 2013 문서를 엑셀 2003에서 열 수 있습니다.

01_ 'http://www.office.com' 에 접속한 후 [모든 Office 옵션 보기]를 클릭합니다. 검색 입력란에 『호환 기능 팩』을 입력한 후 [검색하려면 클릭하십시오]를 클릭합니다.

02_검색 페이지가 뜨면 'Word, Excel, PowerPoint용 Microsoft Office 호환 기능 팩'을 선택합니다.

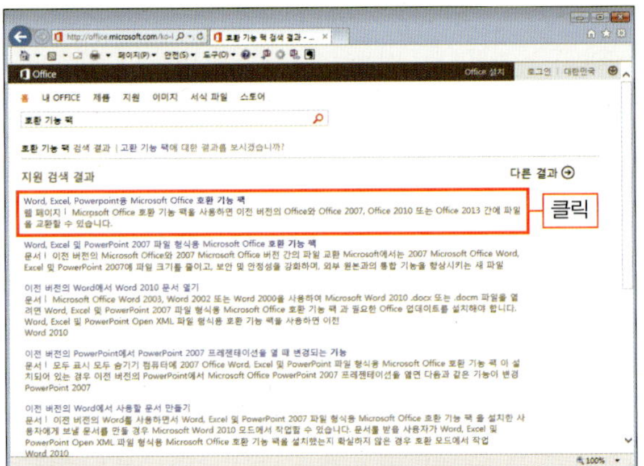

03_상세 페이지가 열리면 [호환 기능 팩 설치]-[다운로드] 링크를 클릭합니다.

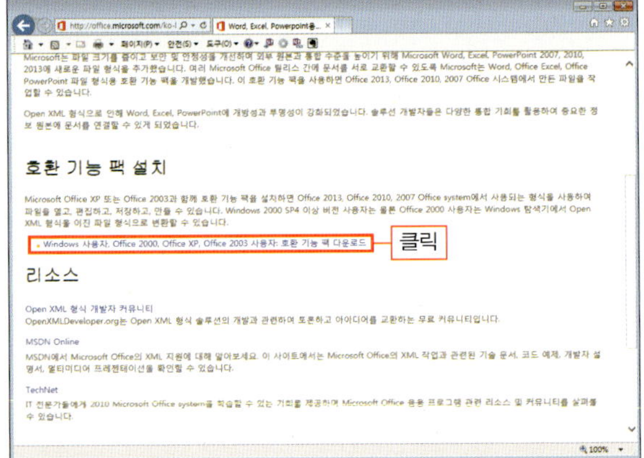

04_다운로드 페이지가 열리면 [다운로드]를 클릭하여 엑셀 2003이 설치된 컴퓨터에 호환 기능 팩을 설치합니다.

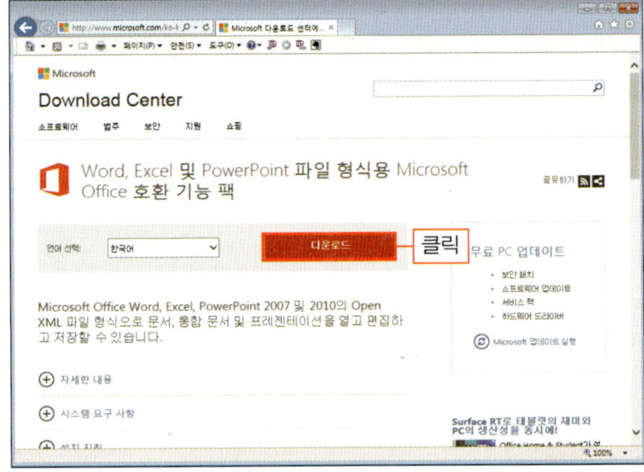

TIP

Office XP 혹은 Office 2003과 같은 이전 버전이 설치되어 있을 경우 상위 버전의 문서는 열리지 않습니다. 하지만 호환 기능 팩을 설치하면 Office 2013, Office 2010, 2007의 파일을 열고, 편집하고, 저장할 수 있습니다.

엑셀 2007부터 등장한 리본 메뉴와 상황별 탭, 그리고 그룹 메뉴는 이제 마이크로소프트 제품들에 공통적으로 사용되는 인터페이스가 되었습니다. 여기서는 엑셀 2013의 화면 구성을 자세히 살펴보 도록 하겠습니다.

화면 구성 살펴보기

엑셀 2013의 기본적인 구성은 엑셀 2007, 2010과 유사하지만 화면은 보다 심플하게 변경되었으며, 로그인 사용자 정보가 엑셀 워크시트에 표시된다는 특징이 있습니다. 여기서는 명칭에 대해서 살펴 보고 다음 페이지부터 엑셀의 화면구성에 대해서 자세히 살펴보도록 하겠습니다.

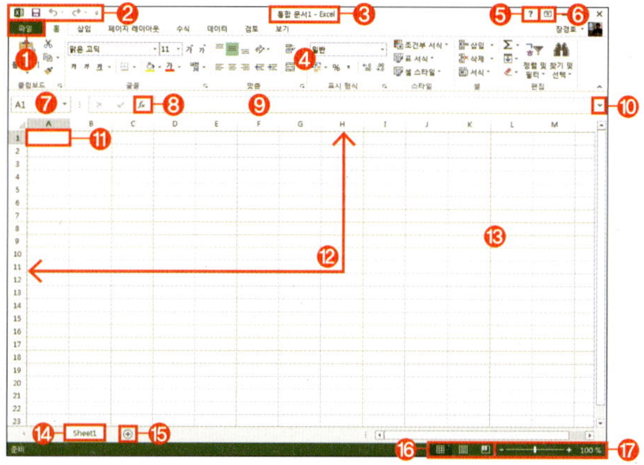

❶ **Microsoft Backstage 단추** : 엑셀 2003 버전의 [파일] 메뉴, 엑셀 2007 버전의 [Office 단추]를 대체하는 단추로 흔히 [파일] 탭 이라고 부릅니다. 이 메뉴는 새로 만들기, 열기, 저장, 인쇄 등의 메뉴와 옵션을 지정할 수 있는 [Excel 옵션]을 제공합니다.

❷ **빠른 실행 도구 모음** : 자주 사용하는 명령을 모아 놓은 도구 모음으로 원하는 명령을 추가하거나 삭제할 수 있습니다.

❸ **제목 표시줄** : 통합 문서의 파일명이 표시됩니다.

❹ **리본 메뉴** : 엑셀 2007부터 등장한 리본 메뉴는 [탭]과 [그룹]으로 모든 기능이 나열되어 있습니다. 각각의 그룹마다 비슷한 성격의 명령 단추를 클릭하여 기능을 실행할 수 있습니다.

❺ **도움말** : 엑셀 2013에서 제공하는 도움말을 볼 수 있습니다.

❻ **리본 메뉴 확대/축소 단추** : 화면을 넓게 사용하고 싶을 때 사용하거나 리본 메뉴를 나타나지 않도록 설정할 수 있습니다.

❼ **이름 상자** : 셀이나 범위의 이름이 나타나며, 이름을 지정하지 않으면 선택한 셀 주소가 나타납니다.

❽ **함수 삽입** : [함수 마법사] 대화상자를 불러와 원하는 함수를 빠르고 편리하게 선택할 수 있습니다.

❾ **수식 입력줄** : 입력된 데이터나 수식이 표시되며, 직접 수식을 입력할 수 있습니다.

❿ **수식 입력줄 확장 단추** : 수식 입력줄의 크기를 확장 및 축소할 수 있습니다.

⓫ **셀** : 행과 열이 교차되는 곳으로 수식과 데이터를 입력할 수 있습니다.

⓬ **행/열 머리글** : 열 머리글은 A, B, C 등으로 표시되며, 행 머리글은 1, 2, 3 등으로 표시됩니다.

⓭ **워크시트** : 데이터 작업이 이루어지는 공간을 말합니다.

⓮ **시트 탭** : 엑셀 작업이 이루어지는 페이지로 얼마든지 추가 및 삭제할 수 있습니다.

⓯ **새 시트** : [새 시트] 단추를 눌러 시트를 추가할 수 있습니다.

⓰ **여러 가지 보기 단추** : 문서의 화면 보기 형태를 다양하게 선택할 수 있습니다.

⓱ **화면 확대/축소 단추** : 화면의 배율을 원하는 배율로 조절할 수 있습니다.

제목 표시줄과 빠른 실행 도구 모음, 창 조절 단추

최상단에 나타나는 빠른 실행 도구 모음과 제목 표시줄, 창 조절 단추는 엑셀 문서의 컨트롤을 실질
적으로 관리하는 기능을 수행합니다. 빠른 실행 도구 모음을 통해 자주 사용하는 도구를 추가할 수
있으며, 저장이나 되돌리기 등 원하는 작업을 진행할 수 있습니다. 제목 표시줄에는 현재 작업 중인
파일의 이름이 나타나며, 제목 표시줄의 오른쪽에는 [창 조절] 단추가 표시되어 창 최소화, 창 최대
화, 창 닫기 등의 작업을 할 수 있습니다.

❶ **빠른 실행 도구 모음** : 자주 사용하는 도구를 추가 또는 제거할 수 있습니다.

❷ **제목 표시줄** : 현재 작업 중인 파일명이 표시됩니다.

❸ **도움말** : [도움말] 창을 열어 엑셀 관련 다양한 도움 글을 확인할 수 있습니다.

❹ **리본 메뉴 표시 옵션** : 리본 메뉴를 숨기거나 탭, 명령 표시 옵션을 설정할 수 있습니다.

❺ **최소화** : 현재 문서의 창을 최소화할 수 있습니다.

❻ **이전 크기로 복원** : 현재 문서의 창을 이전 크기로 복원할 수 있습니다.

❼ **닫기** : 엑셀 문서를 닫을 수 있습니다.

로그인 정보

엑셀 2013에는 사용자의 로그인 정보를 제공합니다. 이를 통해 현재 문서를 작업하는 작업자 및 사
용자 정보를 확인할 수 있습니다. 사용자 로그인에 대해서 보다 자세히 알고 싶다면 필자의 블로그
포스팅(http://blog21.kr/40207284882)을 참고하시기 바랍니다.

❶ **로그인 사용자** : 로그인한 사용자를 확인할 수 있습니다.

❷ **로그인 정보** : 사용자가 설정한 사진을 비롯해 이름, 이메일 정보를 확인할 수 있습니다.

❸ **사진 변경** : 사용자의 사진을 변경할 수 있습니다.

❹ **설명** : 내 프로필을 확인할 수 있습니다.

❺ **계정 설정** : [파일] 탭–[계정]을 열어 계정 설정을 변경할 수 있습니다.

❻ 계정 전환 : 현재 계정 이외의 다른 계정으로 전환할 수 있습니다.

리본 메뉴와 상황별 탭

사용자의 작업 중심으로 유사한 기능들을 하나의 탭과 그룹으로 묶어 원하는 작업을 쉽게 찾을 수 있도록 제공하는 것이 리본 메뉴입니다. 리본 메뉴에는 [파일] 탭을 비롯하여 [홈], [삽입], [페이지 레이아웃], [수식], [데이터], [검토], [보기] 탭, 그리고 개체에 따라 열리는 상황별 탭이 있습니다.

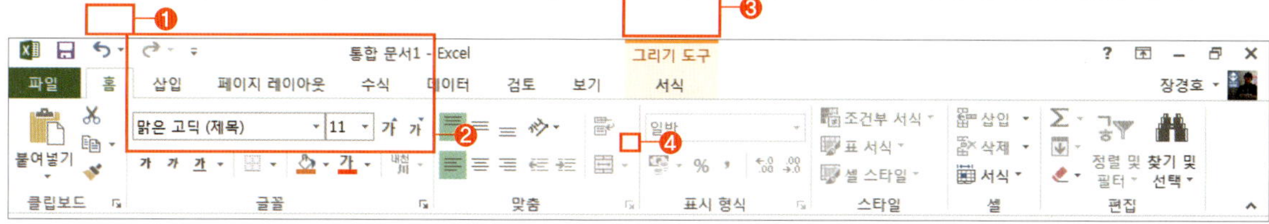

❶ [탭] : 리본의 상단에 표시되는 메뉴로서, 하나의 탭은 여러 그룹으로 묶여 있습니다.

❷ [그룹] : 여러 기능 중 유사한 기능들을 하나로 묶어 표시합니다.

❸ 상황별 탭 : 삽입한 개체를 편집할 때 나타나는 도구로서 개체를 삽입한 후 선택하면 상황별 탭이 나타납니다.

❹ 대화상자 및 옵션 창 표시 아이콘(⬛) : 각 그룹의 특성에 따라 나타나는 대화 상자 혹은 옵션 창 표시 아이콘(⬛)을 클릭하여 각종 옵션을 설정할 수 있습니다.

이름 상자와 수식 입력줄

[이름 상자]에는 현재 선택된 셀 포인터의 위치를 나타내는 셀 주소나 셀 이름이 표시됩니다. 그림과 같이 [H4] 셀을 선택하면 이름 상자에는 [H4]가 표시됩니다. 수식 입력줄을 통해 미리 입력한 데이터 등을 확인할 수 있고, 데이터를 수정할 수도 있습니다. [H4] 셀에는 '38'이 입력되어 있지만 실제로는 숫자가 입력된 것이 아니라 [수식 입력줄]에서 확인할 수 있다시피 '=AVERAGE(C4:F4)' 이 입

셀과 셀 포인트, 채우기 핸들

모눈종이처럼 표시되는 각각의 사각형을 엑셀에서는 '셀'이라고 합니다. 셀을 선택하면 다른 셀과 구분하기 위해 두꺼운 초록색의 선으로 표시되는데 이를 '셀 포인터'라고 합니다. 셀 포인터의 오른쪽 하단에 보면 검은 색의 정사각형(▣)이 나타나게 되는 데 이를 '채우기 핸들'이라고 합니다. '채우기 핸들'은 데이터를 연속적으로 입력하거나 수식을 복사할 때 유용하게 사용됩니다.

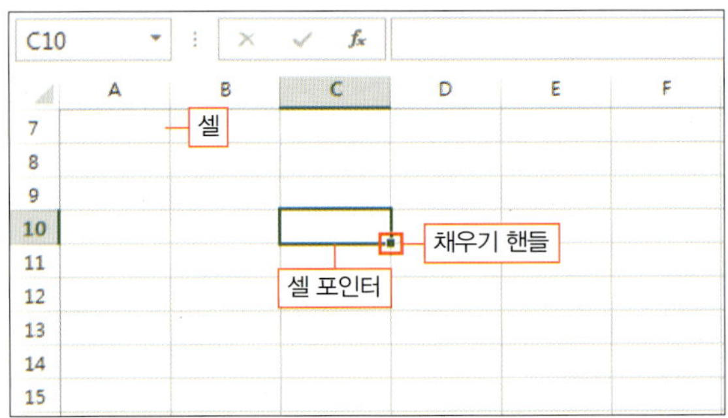

엑셀의 모든 작업은 워크시트에서 진행되는데 워크시트는 행(Row)과 열(Column)로 구성되며 각각의 셀(Cell)로 이루어져 있습니다. 셀은 데이터와 수식이 입력되는 공간이며 엑셀의 작업이 이루어지는 기본 공간으로, 하나의 셀에는 하나의 데이터 또는 수식이 입력됩니다.

행 머리글과 열 머리글

행 머리글은 워크시트의 행 번호를 표시하며, 열 머리글은 워크시트의 열 번호를 표시합니다. 행 머리글이나 열 머리글을 선택하면 행이나 열을 모두 선택할 수 있습니다. [4] 행 머리글을 선택하면 [4] 행 모두가 선택됩니다. [C] 열 머리글을 선택하면 [C] 열 모두가 선택됩니다.

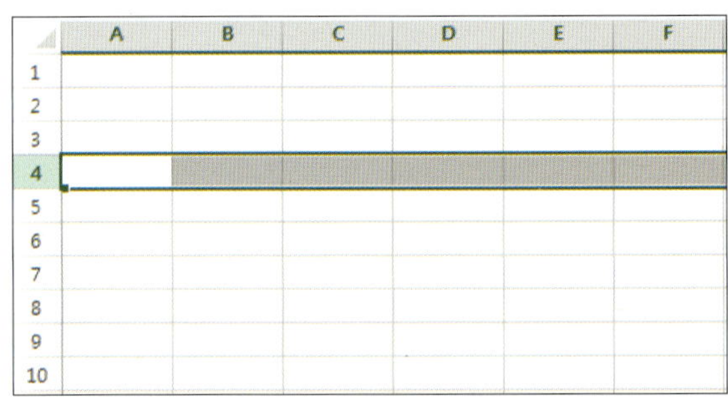

▲ 행 머리글　　　　　　　　　　　　▲ 열 머리글

시트 탭

현재 작업 중인 통합 문서의 시트명이 나타납니다. [새 시트](⊕) 단추를 눌러 시트를 추가할 수 있으며 이름 역시 변경할 수 있습니다. 시트 탭의 왼쪽에는 이동 버튼이 있는데 시트 개수가 많아서 시트 탭들이 다 보이지 않을 경우 다른 시트 탭으로 이동할 때 사용합니다.

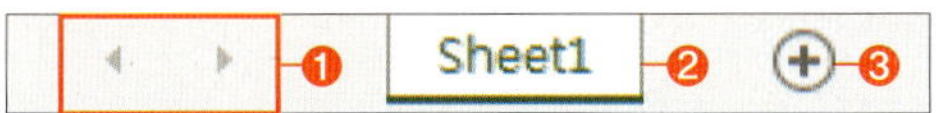

❶ [워크시트 이동] 단추 : 워크시트가 많을 경우 시트를 이동할 수 있습니다.

❷ [시트] 탭 : 통합 문서의 시트명이 나타나며 시트를 선택할 수 있습니다.

❸ [새 시트] 단추 : 새로운 시트를 추가할 수 있습니다.

[페이지 레이아웃] 단추와 [확대/축소] 단추

엑셀의 하단 오른쪽에는 [페이지 레이아웃] 단추와 [확대/축소] 단추가 표시되어 있습니다. 페이지 레이아웃이나 페이지 나누기 미리 보기 등을 실행할 수 있으며, [확대/축소] 대화 상자를 열거나 워크시트 화면을 확대 또는 축소할 수 있습니다.

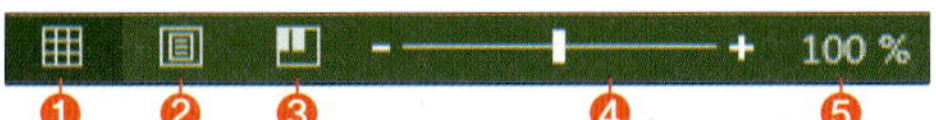

❶ [기본] 단추 : 워크시트의 기본 보기 단추입니다.

❷ [페이지 레이아웃] 단추 : 머리글이나 바닥글 등을 확인할 수 있습니다.

❸ [페이지 나누기 미리 보기] 단추 : 페이지를 구분선으로 구분하여 페이지 나누기를 할 수 있습니다.

❹ [확대/축소] 단추 : 마우스로 드래그하여 확인하며 확대/축소할 수 있습니다.

❺ [확대/축소] 대화상자 : 워크시트 화면을 확대/축소할 수 있습니다.

미니 도구 모음

셀을 마우스 오른쪽으로 클릭하면 바로가기 메뉴와 함께 [미니 도구 모음]이 표시되며, 글꼴 관련 작업을 비롯해 표시 형식 등 다양한 작업을 빠르게 설정할 수 있습니다.

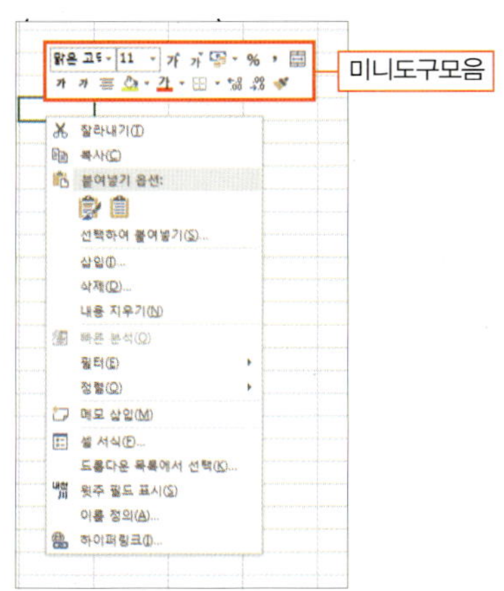

리본과 탭은 비슷한 기능으로 구성된 그룹 항목으로 묶여 있으며 아이콘을 클릭해 원하는 기능을 실행할 수 있습니다.

[파일] 탭

[파일] 탭은 엑셀 문서를 열거나 저장하는 등 다양한 파일 작업과 인쇄와 공유, 내보내기, 옵션 설정 등을 할 수 있습니다.

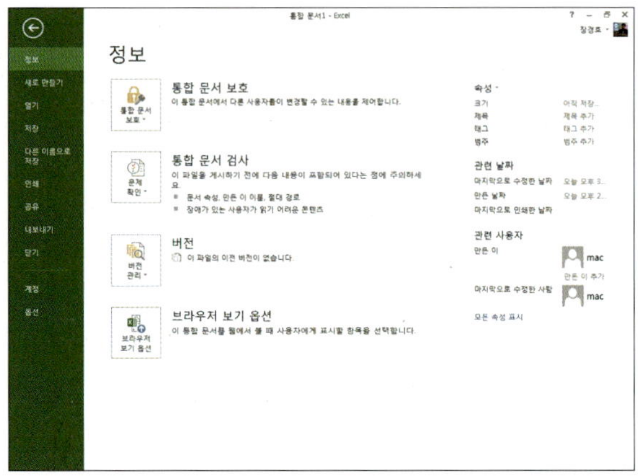

[홈] 탭

[홈] 탭은 엑셀 2013을 실행하였을 때 기본 설정되어 있는 탭으로, 텍스트 작업 등 편집 기능과 서식 설정 등을 할 수 있습니다.

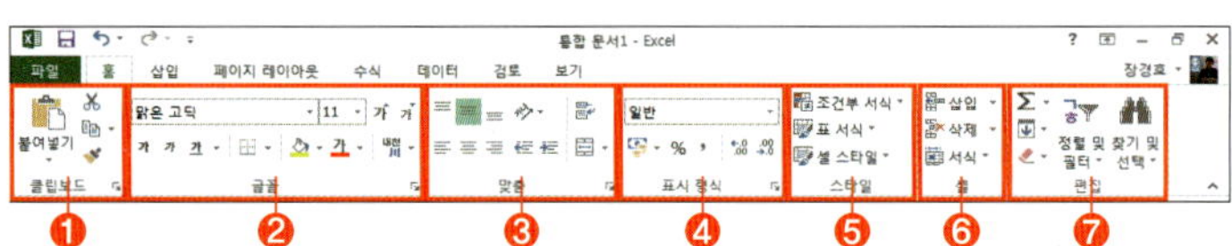

❶ **[클립보드] 그룹** : 선택한 영역을 복사하거나 잘라내고 다시 붙이는 등 클립보드를 이용한 작업을 할 수 있습니다.

❷ **[글꼴] 그룹** : 글꼴과 글꼴 크기를 비롯한 글꼴 작업과 배경 및 글꼴 색상 등의 작업을 할 수 있습니다.

❸ **[맞춤] 그룹** : 데이터를 정렬하거나 여러 셀을 병합하여 하나의 셀로 만드는 기능을 포함한 다양한 맞춤 관련 작업을 할 수 있습니다.

❹ **[표시 형식] 그룹** : 백분율이나 통화, 콤마 등 셀 데이터의 표시 형식을 설정하거나 변경할 수 있습니다.

❺ **[스타일] 그룹** : 조건부 서식을 비롯하여 표 서식 그리고 셀 스타일을 설정할 수 있습니다.

❻ **[셀] 그룹** : 행이나 열을 삽입하거나 삭제할 수 있으며 다양한 셀과 시트의 서식을 설정할 수 있습니다.

❼ **[편집] 그룹** : 자동 합계나 채우기, 정렬 및 필터 그리고 특정 텍스트나 서식을 찾을 수 있는 기능 등으로 구성되어 있습니다.

[삽입] 탭

[삽입] 탭은 표를 비롯하여 클립 아트나 도형 등의 개체를 삽입하거나 차트, 피벗 차트, Power View,
필터 등 다양한 삽입 관련 기능을 설정할 수 있습니다.

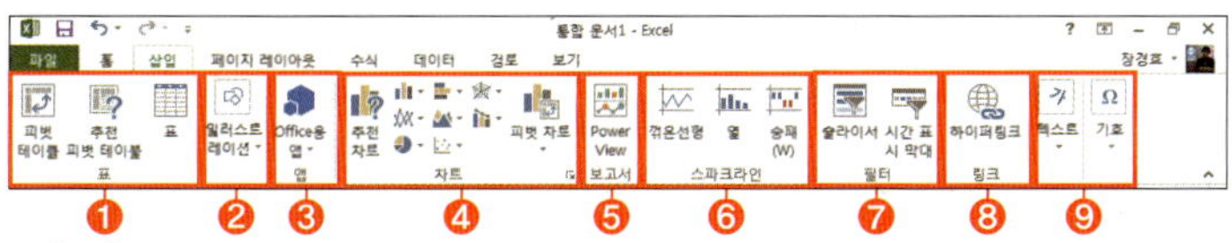

❶ **[표] 그룹** : 워크시트에 표와 피벗 테이블을 삽입하는 기능으로 구성되어 있습니다.

❷ **[일러스트레이션] 그룹** : 그림이나 클립 아트, 도형, 스마트아트 등을 삽입할 수 있으며, 화면을 캡처할 수 있는 스크린 샷 기
능 등의 작업을 할 수 있습니다.

❸ **[앱] 그룹** : 오피스 관련 앱을 설치하여 엑셀에서 활용할 수 있습니다.

❹ **[차트] 그룹** : 다양한 차트를 워크시트에 삽입할 수 있으며, 각각의 차트 항목을 선택하면 세부적인 차트를 다시 선택할 수
있습니다.

❺ **[보고서] 그룹** : Power View 보고서를 작성하여 보다 나은 엑셀 보고서나 문서를 만들 수 있습니다.

❻ **[스파크라인] 그룹** : 선택한 영역에 스파크라인 차트를 삽입할 수 있습니다.

❼ **[필터] 그룹** : 피벗 테이블의 데이터를 재구성할 수 있는 슬라이서 작업을 할 수 있습니다.

❽ **[링크] 그룹** : 워크시트에 하이퍼링크 등을 연결할 수 있습니다.

❾ **[텍스트], [기호] 그룹** : 셀에 텍스트나 수식이나 기호를 삽입할 수 있습니다.

[페이지 레이아웃] 탭

워크시트에 다양한 서식이 포함된 테마를 적용할 수 있으며, 인쇄를 위한 페이지 설정과 시트 옵션
등 다양한 인쇄 관련 기능을 비롯하여 개체들을 정렬할 수 있습니다.

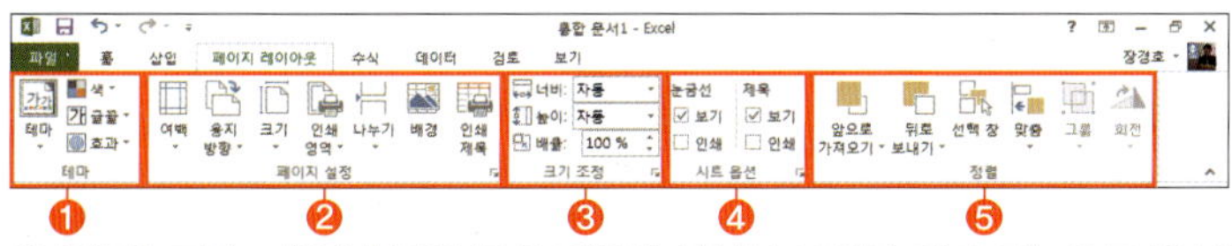

❶ **[테마] 그룹** : 색이나 글꼴 등의 다양한 서식이 포함된 테마 기능으로 작성한 워크시트를 한 번에 워크시트에 적용할 수 있으
며, 개별적으로 색이나 글꼴, 효과 등을 설정할 수 있습니다.

❷ **[페이지 설정] 그룹** : 페이지의 여백이나 용지의 방향, 크기 등을 설정할 수 있습니다.

❸ **[크기 조정] 그룹** : 최대 페이지 수에 맞게 너비나 높이를 조절하여 인쇄를 하거나 배율을 조절할 수 있습니다.

❹ **[시트 옵션] 그룹** : 인쇄할 때 시트의 눈금선 표시 방법을 변경하거나 시트 인쇄와 관련된 설정을 변경할 수 있습니다.

❺ **[정렬] 그룹** : 삽입한 개체의 순서를 변경하거나 개체의 정렬, 혹은 그룹, 회전 등을 설정할 수 있습니다.

[수식] 탭

[수식] 탭은 함수를 삽입하거나 수식을 분석하는 등 수식과 관련된 기능을 설정할 수 있습니다.

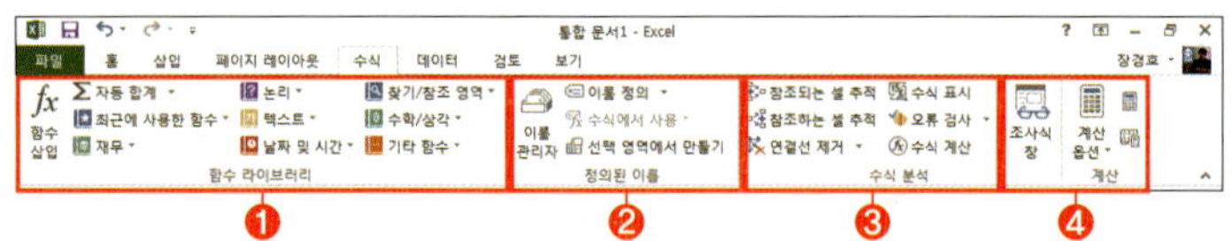

❶ **[함수 라이브러리] 그룹** : 여러 함수 형식을 선택하거나 세부적으로 함수를 선택할 수 있습니다.

❷ **[정의된 이름] 그룹** : 선택한 영역의 이름을 정의하고 정의된 이름을 관리하는 기능을 설정할 수 있습니다.

❸ **[수식 분석] 그룹** : 참조 셀을 표시하거나 수식을 표시하는 등 수식의 관계를 분석하고 관리하는 기능을 설정할 수 있습니다.

❹ **[계산] 그룹** : 수식을 계산할 시간을 설정하거나 현재 시트를 계산하는 기능 등으로 구성되어 있습니다.

[데이터] 탭

[데이터] 탭은 엑세스 데이터베이스나 웹 페이지 등의 외부 데이터를 가져오거나 데이터를 정렬 혹은
필터링하여 원하는 데이터만 추출할 수 있습니다.

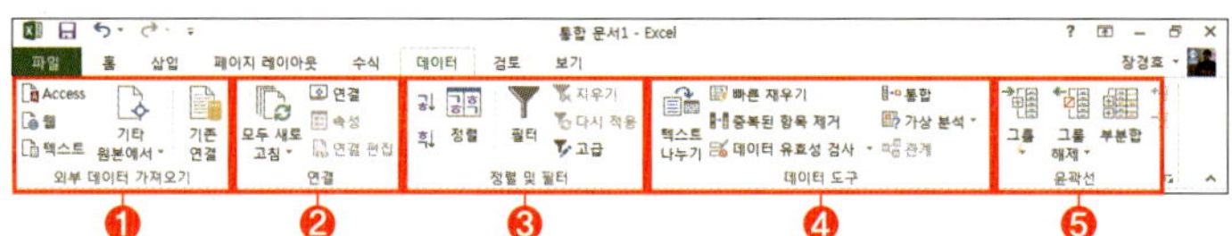

❶ **[외부 데이터 가져오기] 그룹** : 액세스 데이터베이스나 웹 페이지 등으로부터 외부 데이터를 가져올 수 있습니다.

❷ **[연결] 그룹** : 데이터 원본에서 가져온 모든 정보를 업데이트 하거나 새로운 외부 데이터를 연결하는 등의 작업을 할 수 있습
니다.

❸ **[정렬 및 필터] 그룹** : 데이터를 정렬하거나 필터링 등을 설정할 수 있습니다.

❹ **[데이터 도구] 그룹** : 텍스트를 나누거나 중복된 데이터를 제거, 유효한 데이터만 입력하게 하는 등 데이터 입력 및 관리를
할 수 있습니다.

❺ **[윤곽선] 그룹** : 선택한 셀들을 하나의 그룹으로 만들거나 부분합을 구할 수 있습니다.

[검토] 탭

[검토] 탭은 입력한 데이터의 맞춤법을 검사하거나 언어를 번역하는 등 언어를 교정할 수 있으며, 메
모를 입력하거나 시트를 보호 혹은 공유할 수 있습니다.

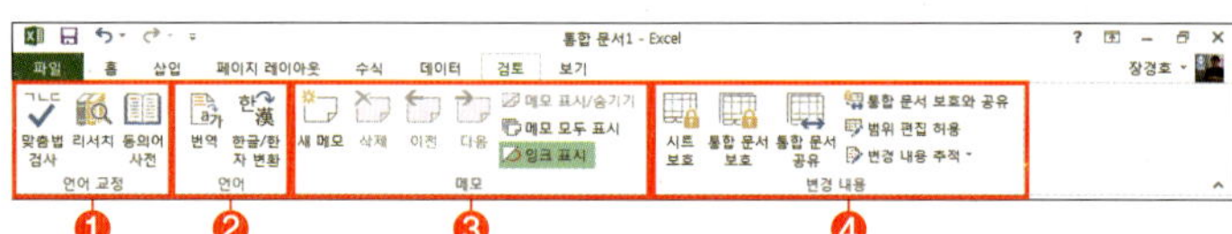

❶ **[언어 교정] 그룹** : 맞춤법 검사나 리서치, 동의어 사전 등 입력된 데이터를 교정할 수 있습니다.

❷ **[언어] 그룹** : 언어를 번역하거나, 한글을 한자로 변환할 수 있습니다.

❸ **[메모] 그룹** : 메모를 추가하거나 삭제하는 등 메모와 관련된 기능을 할 수 있습니다.

❹ **[변경 내용] 그룹** : 시트 보호나 통합 문서 보호, 공유 등을 할 수 있습니다.

[보기] 탭

[보호] 탭은 페이지 레이아웃을 변경하거나 페이지 나누기를 미리 보기할 수 있으며, 화면을 확대 혹은 축소하거나 매크로 등을 실행할 수 있습니다.

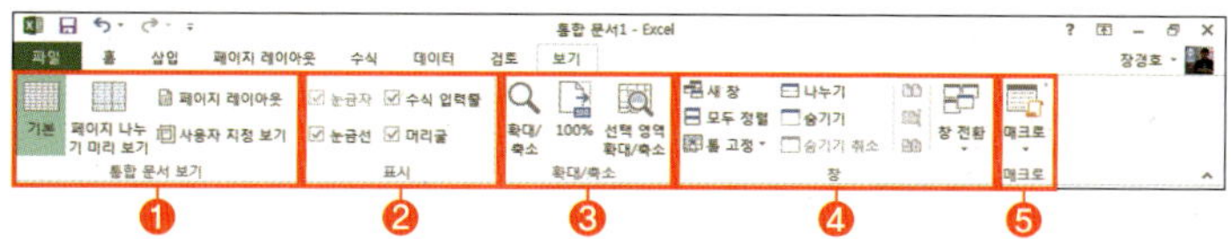

❶ **[통합 문서 보기] 그룹** : 페이지 레이아웃 화면이나 전체 화면 등으로 통합 문서 보기 방법을 변경하거나 워크시트의 페이지 나누기 등을 할 수 있습니다.

❷ **[표시] 그룹** : 눈금선이나 수식 입력 줄 등의 화면 표시 방법을 설정할 수 있습니다.

❸ **[확대/축소] 그룹** : 화면의 배율을 설정하거나 일부분을 확대할 수 있습니다.

❹ **[창] 그룹** : 창을 나누거나 다른 창으로 전환, 혹은 원하는 셀의 틀을 고정할 수 있습니다.

❺ **[매크로] 그룹** : 매크로 목록을 보거나 매크로를 실행, 작성, 제거할 수 있으며, 다른 매크로 옵션에 액세스 할 수 있습니다.

QR 코드로 더 자세히

상황별 탭 살펴보기

리본 메뉴에 포함되어 있는 메뉴의 대부분은 리본 메뉴를 확장해 사용할 수 있는 상황별 탭이 존재합니다. 상황별 탭에 대해서 궁금하신 분은 저자의 블로그 http://blog21.kr/40193328004 에서 알아보기 바랍니다. QR 코드를 스마트폰에서 찍으면 바로 확인할 수 있습니다.

:: 중요 문서에 암호 설정하기

암호는 쓰기 암호와 열기 암호로 구분해서 암호를 지정할 수 있는데 [일반 옵션] 대화상자를 통해 [백업 파일 항상 만들기]와 [읽기 전용 권장]을 선택할 수 있습니다.

01_ [파일] 탭–[다른 이름으로 저장]을 클릭한 후 [컴퓨터]–[찾아보기]를 선택합니다. [다른 이름으로 저장] 대화상자가 나타나면 [도구]–[일반 옵션]을 클릭합니다.

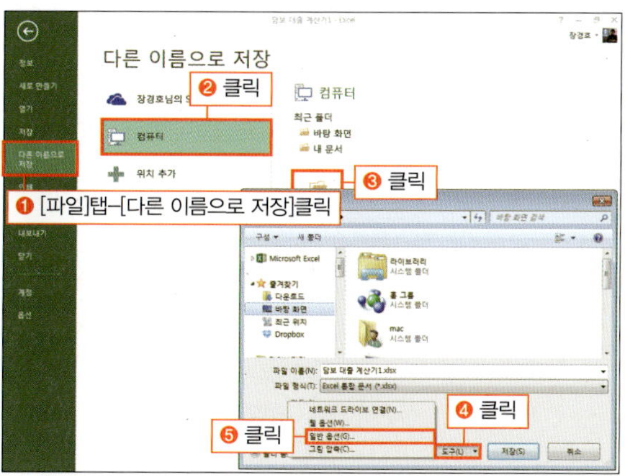

> **TIP**
> [파일] 탭–[정보]–[통합 문서 보호]–[암호 설정]으로도 암호를 설정할 수 있습니다.

02_ 원하는 항목에 암호를 입력합니다. 여기서는 [열기 암호], [쓰기 암호] 모두 입력해 보겠습니다. 여기서는 편의상 『1234』를 입력한 후 [확인]을 클릭합니다.

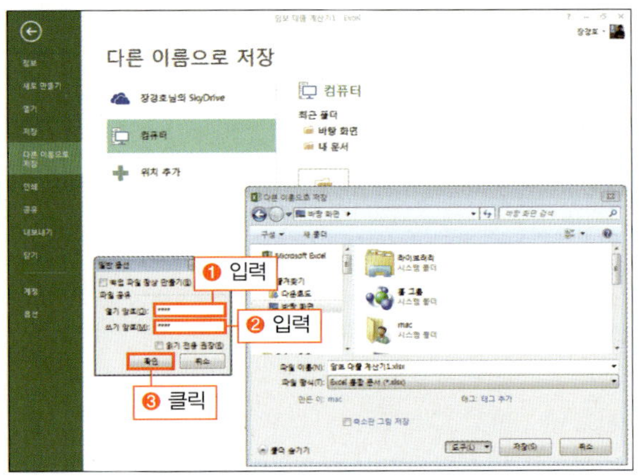

> **TIP**
>
> [백업 파일 항상 만들기]는 통합 문서를 저장할 때 백업 파일을 생성하는 기능이며, [읽기 전용 권장]은 문서를 불러올 때마다 읽기 전용으로 열리도록 설정하여 워크시트에 데이터를 입력할 수 없습니다.

03_ [암호 확인] 대화상자가 나타납니다. 입력했던 암호를 다시 입력합니다.

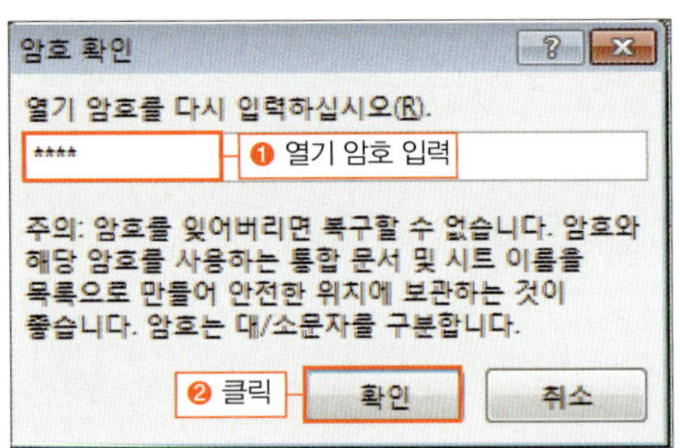

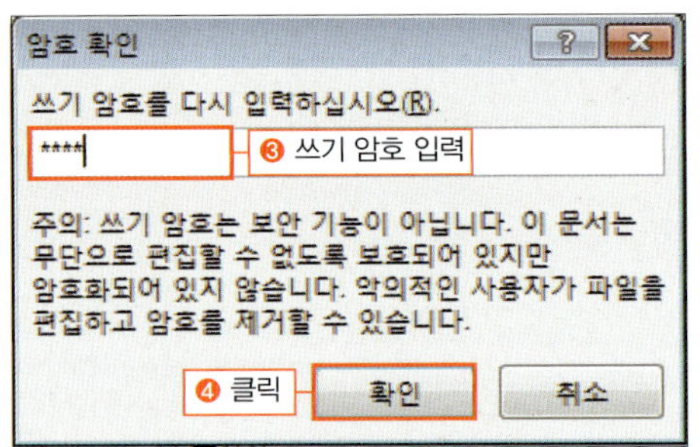

> **TIP**
>
> 참고로, 사용자가 지정하는 암호는 열기 암호와 쓰기 암호로 나누어지며, 열기 암호는 파일을 불러올 때, 쓰기 암호는 파일의 내용을 수정하거나 변경할 때 사용하는 암호입니다.

04_ 문서를 저장한 후 엑셀을 종료합니다. 저장한 문서를 다시 불러옵니다. [암호] 창이 뜹니다. [암호] 대화상자에 『1234』를 입력한 후 [확인]을 클릭합니다. 다시 [암호] 대화상자가 뜨면 다시 『1234』를 입력한 후 [확인]을 클릭합니다.

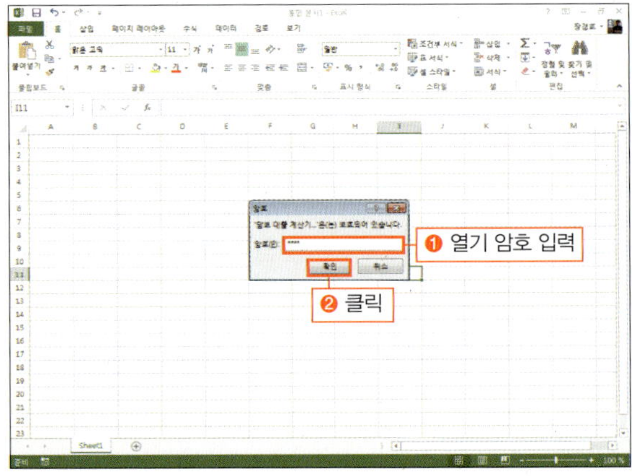

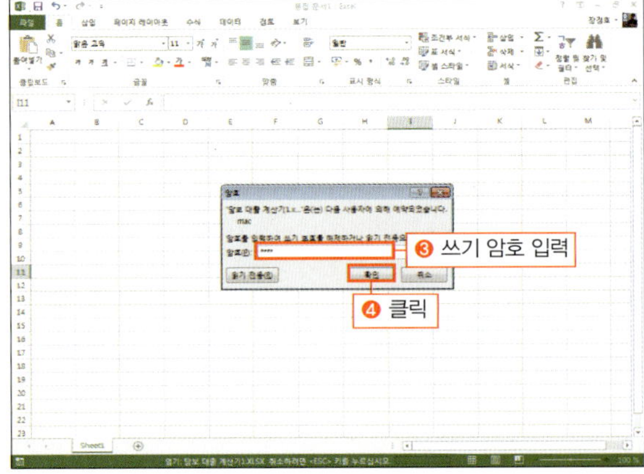

첫 번째 [암호] 대화상자는 열기 암호 대화상자로 열기 암호를 모르면 파일 자체가 열리지 않습니다. 두 번째 [암호] 대화상자는 쓰기 암호 대화상자로 쓰기 암호를 모르면 [읽기 전용]을 클릭해 읽기 전용으로 열 수 있습니다.

암호를 입력할 경우 기존 사용자에 의해 예약되었다는 메시지가 나타날 수 있습니다. 읽기 전용이나 쓰기 보호를 해제하여 문서를 엽니다.

꼭!! 알고가기 — 시작 옵션 지정하기 (엑셀, 파워포인트, 워드 2013 공통 기능)

엑셀 2010이나 엑셀 2007과 다르게 엑셀 2013은 실행시 워크시트 화면이 아닌 인트로 화면이 표시됩니다. 인트로 화면은 서식을 찾거나 기존 파일을 빠르게 열 때는 편하지만 때로는 불편할 수 있습니다. 인트로 화면을 열지 않으려면 [파일] 탭–[옵션]을 클릭하면 나타나는 [Excel 옵션] 대화상자에서 [시작 옵션]–[이 응용 프로그램을 시작할 때 시작 화면 표시]에 체크 표시를 해제합니다.

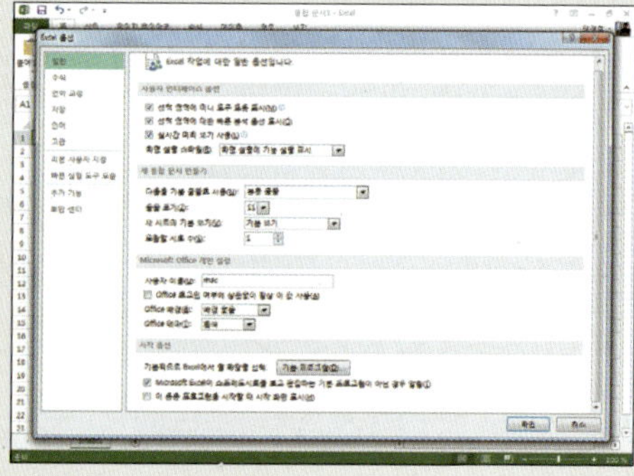

체크 해 봐요

서식 파일은 Office.com을 통해 다운로드 받아 불러올 수 있지만 엑셀을 실행한 후 온라인 서식 파일 검색을 통해서도 불러올 수 있습니다. 여기서는 '가계부' 서식 파일을 불러와 보세요.

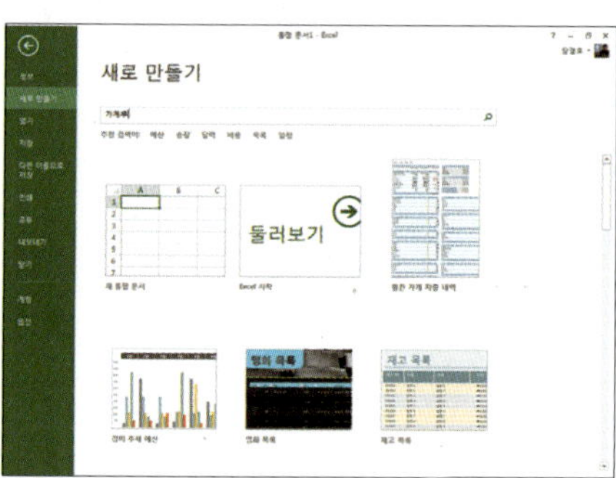

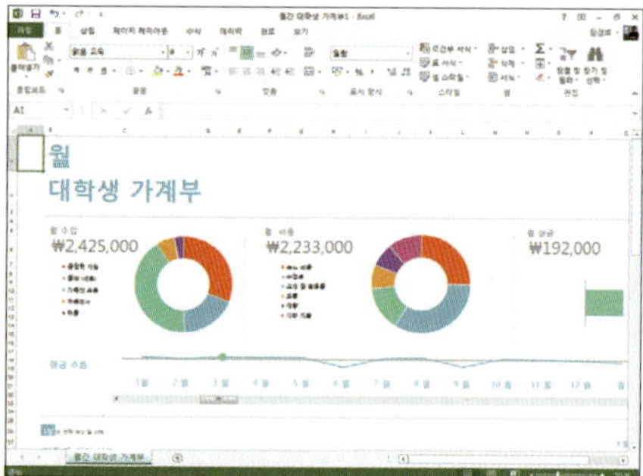

힌트

❶ [파일] 탭–[새로 만들기]를 클릭한 후 [온라인 서식 파일 검색] 입력란에 원하는 서식 파일 이름을 입력합니다.

❷ 실습 따라하기 : 부록CD/Part02/Chapter01/실습05.docx

Section 02

문서 작성하기

데이터를 처리하는 가장 기본 단위인 셀에는 숫자를 비롯해 텍스트, 수식, 함수 등 다양한 데이터를 입력할 수 있습니다. 여기서는 셀에 데이터를 입력해보고, 서식을 적용하여 문서를 작성하는 방법에 대해서 살펴보도록 하겠습니다.

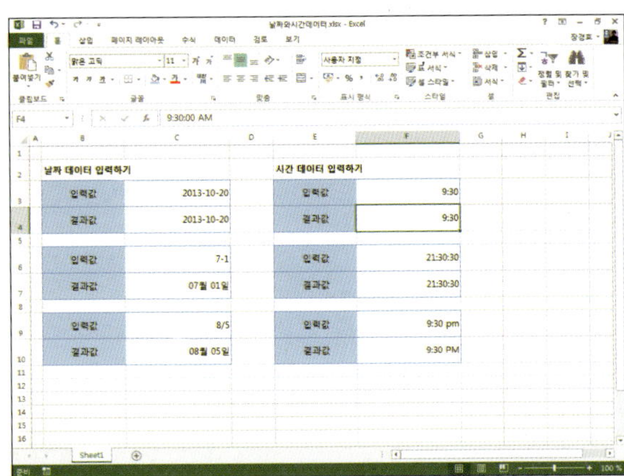

▲ 날짜와 시간 데이터 입력하기

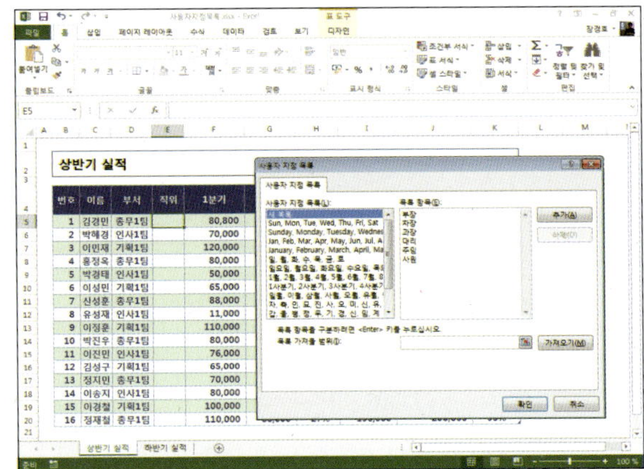

▲ 사용자 지정 목록 만들어 자동 채우기

이번 섹션에서 배울 주요 내용

- 문자와 숫자 데이터 입력하기
- 숫자를 문자로, 분수 데이터 입력하기
- 날짜와 시간 데이터 입력하기
- 텍스트 방향과 한 줄에 두 줄 입력하기
- 소수와 백분율 입력하기
- 한자와 기호 입력하기
- 채우기 핸들로 데이터 자동 채우기
- 사용자 지정 목록 만들어 자동 채우기

:: 문자와 숫자 데이터 입력하기

문자 데이터는 셀의 왼쪽에 정렬되며, 숫자 데이터는 셀의 오른쪽에 정렬됩니다. 문자와 숫자 데이터를 입력해 보고 문자와 숫자 데이터의 특징에 대해서 살펴보겠습니다.

 Part02₩Chapter01₩Section02₩제품주문목록.xlsx  Part02₩Chapter01₩Section02₩제품주문목록_완성.xls

01_ 먼저 문자 데이터를 입력해 보겠습니다. [C5] 셀을 선택한 후 『오피스스쿨』을 입력한 후 Enter 를 누릅니다. 데이터가 왼쪽에 정렬됩니다. [C6] 셀을 선택한 후 『오피스 실무카페 엑셀과 파워포인트』를 입력한 후 Enter 를 누릅니다.

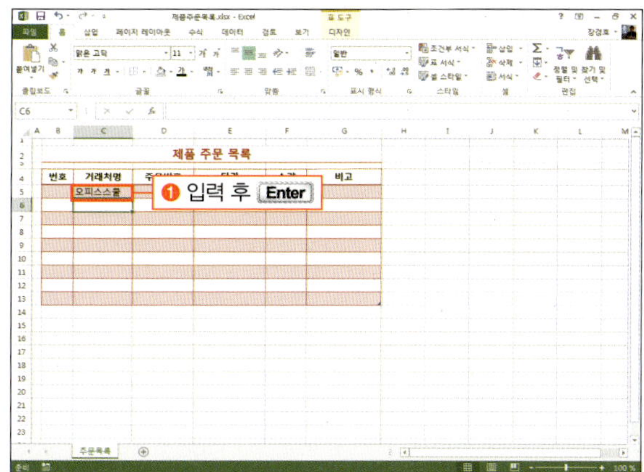

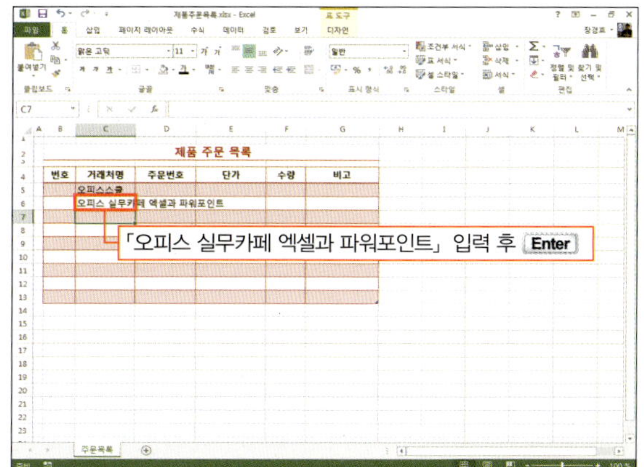

> 문자 데이터는 셀 영역 크기보다 많이 입력될 경우 셀 너비를 벗어나면서 입력됩니다.

02_ 숫자 데이터를 입력해 보겠습니다. [E5] 셀을 선택합니다. 『35000』을 입력한 후 Enter 를 누릅니다. 데이터가 오른쪽에 정렬됩니다. [E6] 셀을 선택한 후 『660123456789』을 입력합니다. 숫자 데이터는 12자리 이상 입력될 경우 지수 형태로 표시됩니다. [E7] 셀을 선택한 후 『660,123,456,789,000』을 입력한 후 Enter 를 누릅니다. '###########'으로 표시됩니다.

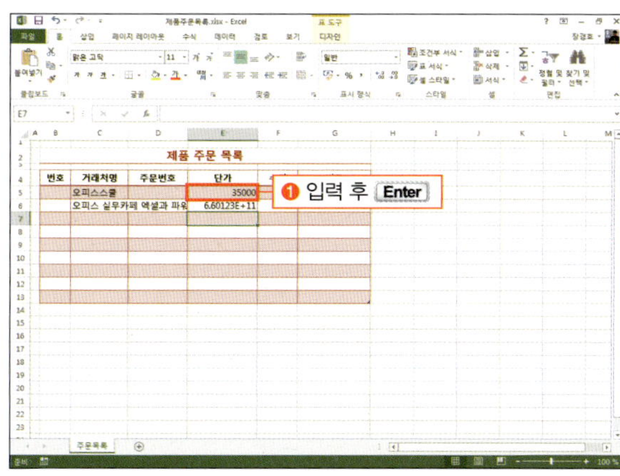

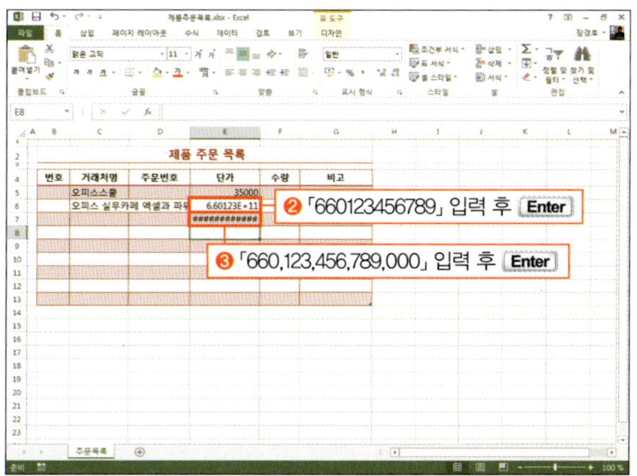

> 엑셀은 기본적으로 11자리까지를 인식하기 때문에 긴 숫자를 입력했을 경우 지수 형태나 '###'으로 데이터가 표시됩니다.
> 이 표시는 데이터의 오류가 아니기에 작업에 아무런 영향을 주지는 않으며 열 너비를 늘려주면 정상적으로 표시됩니다.

:: 숫자를 문자로, 분수 데이터 입력하기

숫자 데이터를 문자 데이터로 입력하여 계산에서 제외하거나 '1/2'와 같은 분수 데이터를 입력할 수 있습니다.

Part02₩Chapter01₩Section02₩문자및분수데이터.xlsx

Part02₩Chapter01₩Section02₩문자및분수데이터_완성.xlsx

01_ 준비 파일을 엽니다. 숫자 데이터를 숫자가 아닌 문자 데이터로 입력하고 싶을 경우에는 숫자 앞에 '(Apostrophe)를 입력한 다음 숫자 데이터를 입력합니다. 이렇게 입력하게 되면 엑셀은 숫자 데이터가 아닌 문자 데이터로 인식하게 됩니다. [C4] 셀을 선택한 후 『12345』를 입력한 후 Enter 를 누릅니다. 숫자 데이터가 문자 데이터로 입력됩니다.

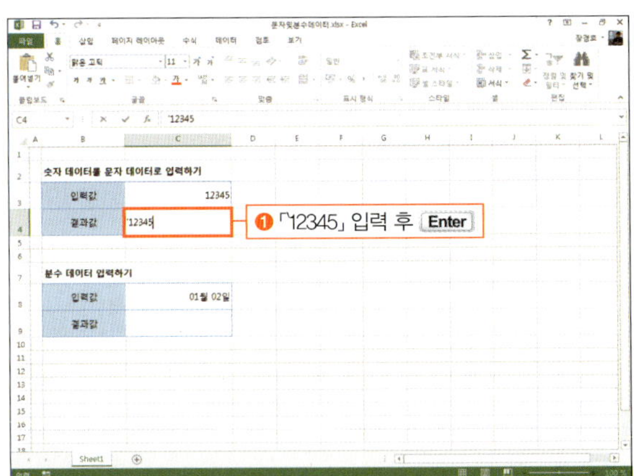

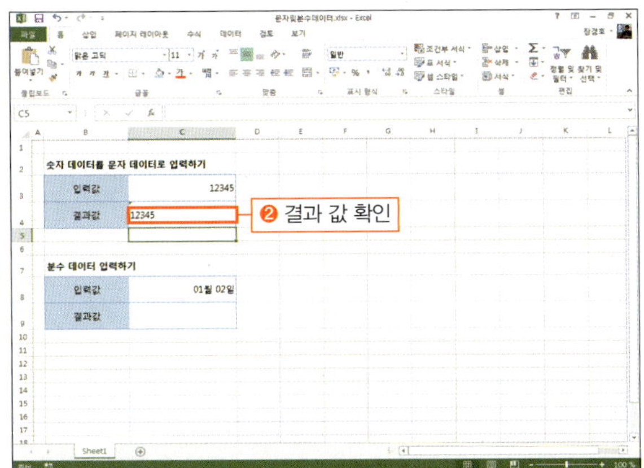

TIP

숫자 앞에 '(Apostrophe)를 입력한 다음 숫자 데이터를 입력하면 셀 왼쪽에 [오류 표시] 아이콘이 뜹니다. 오류 표시를 제거하고 싶다면 [오류 표시] 아이콘을 클릭한 후 [오류 항목] 아이콘을 다시 클릭하여 [오류 무시]를 선택합니다.

02_ 엑셀은 '1/2' 와 같은 분수 데이터를 입력하려면 분수가 아닌 날짜 데이터로 인식합니다. 분수 데이터를 입력하고 싶다면 0을 먼저 입력한 후 한 칸을 띄우고 1/2 와 같은 형태로 입력해야 합니다. [C9] 셀을 선택한 후 『0 1/2』를 입력한 후 Enter 를 누릅니다.

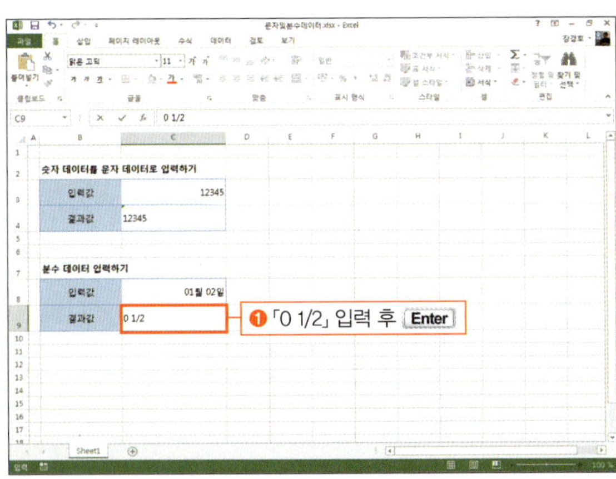

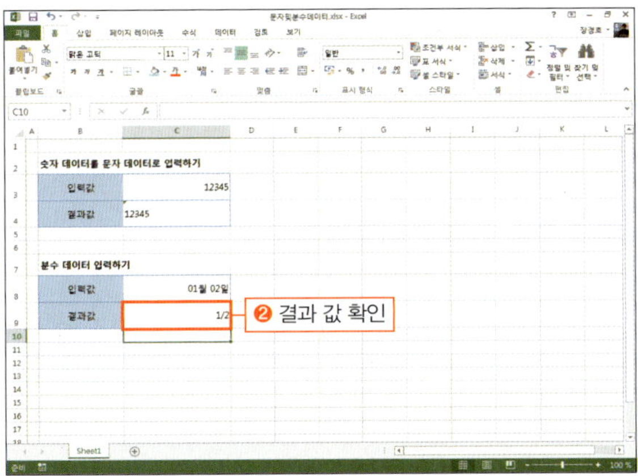

:: 날짜와 시간 데이터 입력하기

날짜 데이터는 슬래시(/)나 하이픈(−) 기호를 사용하여 입력하며, 시간 데이터는 콜론(:) 기호를 사용하여 입력합니다.

 Part02₩Chapter01₩Section02₩날짜와시간데이터.xlsx

 Part02₩Chapter01₩Section02₩날짜와시간데이터_완성.xlsx

01_ 준비 파일을 엽니다. '−'나 '/' 기호를 사용하면 엑셀은 날짜 데이터로 인식을 하게 됩니다. [C4] 셀을 선택한 후 『2013−10−20』을 입력한 후 Enter 를 누릅니다. 날짜 데이터가 입력됩니다. [C7] 셀을 선택한 후 『7−1』을 입력한 후 Enter 를 누릅니다. [C10] 셀을 선택한 후 『8/5』을 입력하고 Enter 를 누릅니다. 입력하는 방식은 모두 다르지만 날짜 데이터로 인식하는 점은 같습니다.

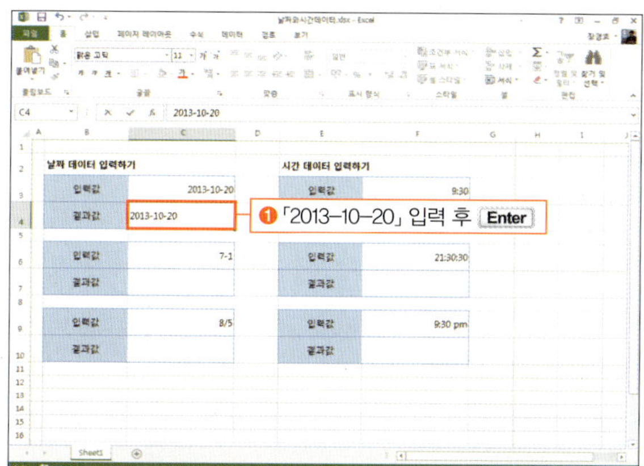

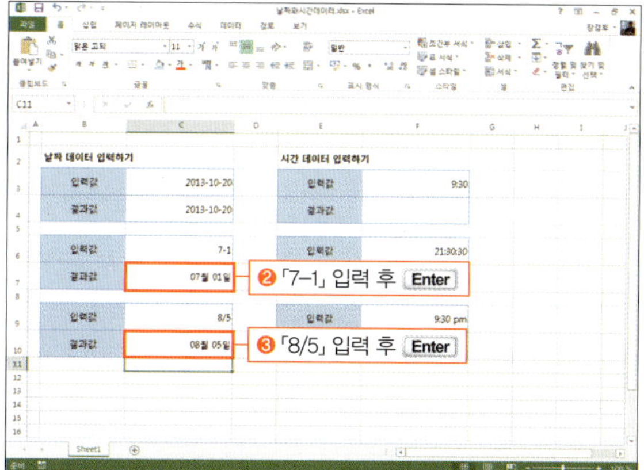

02_ ':' 기호를 사용하면 엑셀은 시간 데이터로 인식을 하게 됩니다. 또한, 시간 뒤에 'AM' 혹은 'PM'을 입력하여 오전, 오후를 지정할 수도 있습니다. [F4] 셀을 선택한 후 『9:30』을 입력한 후 Enter 를 누릅니다. 마찬가지로 [F7] 셀을 선택한 후 『21:30:30』을 입력한 후 Enter 를 누르고, [F10] 셀을 선택한 후 『9:30 pm』을 입력한 후 Enter 를 누릅니다. [F4] 셀을 선택한 후 [수식 입력줄]을 보면 '9:30:00 AM' 이라는 시간 데이터가 표시되는 것을 확인할 수 있습니다. 입력하는 방식은 다르지만 모두 시간 데이터로 인식됩니다.

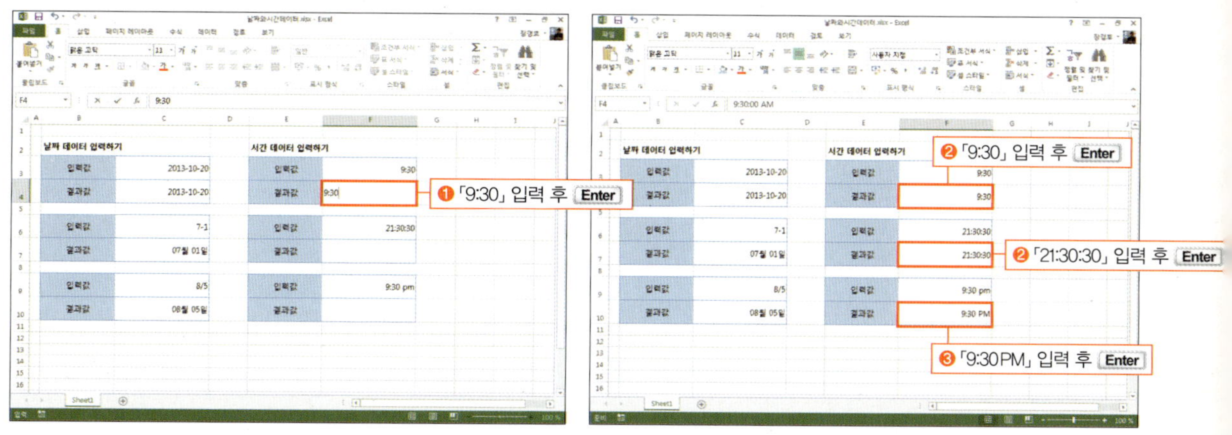

날짜 데이터와 시간 데이터는 1900년 1월 1일을 기준으로 데이터의 값을 할당하게 됩니다. 예를 들어, '1900년 1월 9일'을 입력하면 엑셀은 9의 값을 할당하여 기억하며, 오전 10시의 경우 0.41666667 의 값이 할당됩니다. 이런 데이터 값을 이해하고 있다면 날짜 데이터와 시간 데이터도 수식으로 얼마든지 연산이 가능합니다.

:: 텍스트 방향과 한 줄에 두 줄 입력하기

좁은 셀에 텍스트를 입력할 경우 텍스트 방향을 가로에서 세로로 변경하거나 한 셀에 두 줄의 텍스트를 입력해야 할 경우가 있습니다.

01_ 준비 파일을 엽니다. 텍스트를 입력한 후 텍스트 방향을 가로에서 세로로 변경해 보도록 하겠습니다. [B5] 셀을 선택한 후 [홈] 탭-[맞춤] 그룹에서 [방향]을 클릭한 후 [셀 서식 맞춤]을 선택합니다. [셀 서식] 대화상자가 나타나면 [방향]-[세로]를 선택합니다. [확인]을 클릭합니다.

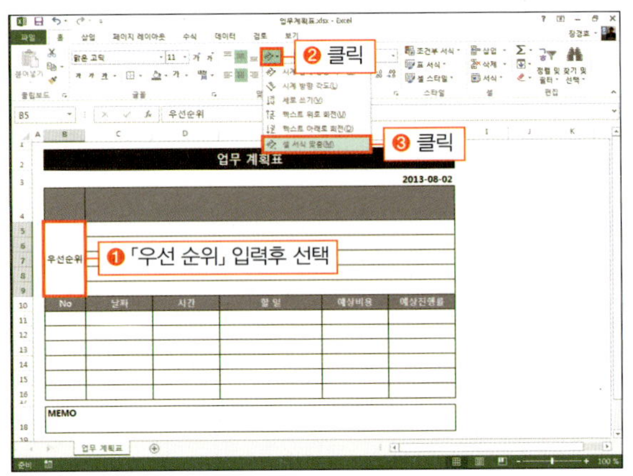

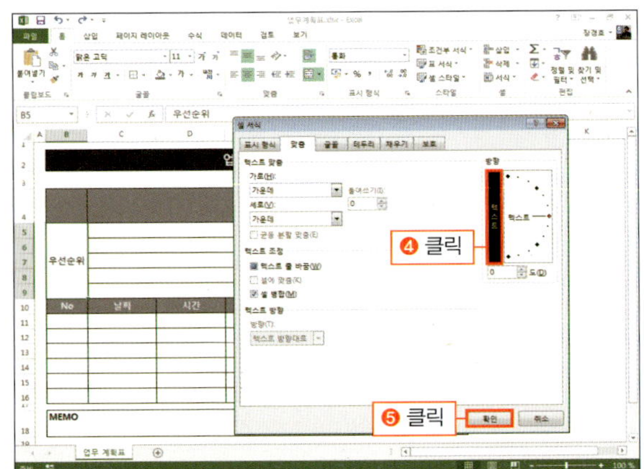

[셀 서식] 대화상자의 [맞춤] 탭-[방향]에서 각도를 직접 입력해 원하는 방향을 지정할 수 있습니다.

[홈] 탭-[맞춤] 그룹에서 [방향]을 클릭하면 [시계 방향 각도]를 비롯해 [세로 쓰기] 등을 선택할 수 있습니다. 또한, [셀 서식 맞춤]을 클릭해 [셀 서식] 대화상자의 [맞춤] 탭을 통해 보다 다양한 텍스트 맞춤이나 방향을 선택할 수 있습니다.

02_ 한 셀에 두 줄의 데이터를 입력하고 싶을 경우에는 [Alt] + [Enter]를 누르면 됩니다. [B4] 셀을 선택한 후 『금주의』라는 글자를 입력한 후 [Alt] + [Enter]를 누릅니다. 그런 다음 『목표』를 입력한 후 [Enter]를 누릅니다. 한 셀에 두 줄이 입력됩니다.

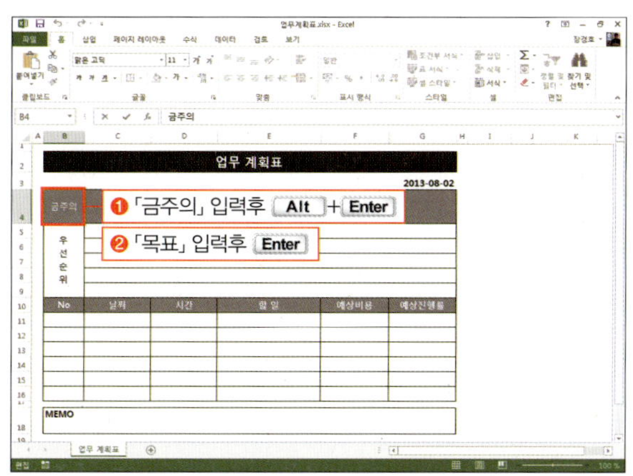

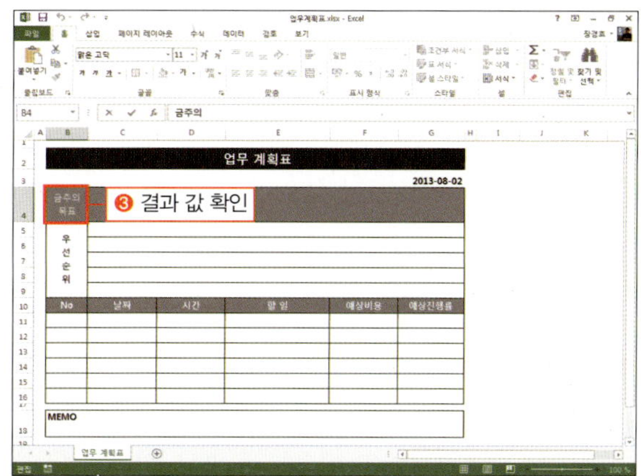

:: 소수와 백분율 입력하기

엑셀에 소수점이 포함된 데이터가 입력될 경우 [자릿수 늘림]( )이나 [자릿수 줄임]( )을 통해 소수점을 조절할 수 있습니다. 또한, [백분율 스타일](%)을 통해 백분율 표시도 할 수 있습니다.

01_ 준비 파일을 열거나 이어서 진행합니다. [G11] 셀에 『0.75』를 입력한 다음 [Enter]를 누릅니다. 다시 [G11] 셀을 클릭한 다음 [홈] 탭–[표시 형식] 그룹에서 [자릿수 줄임]( )을 클릭합니다. 마지막 자릿수가 반올림되어 나타납니다.

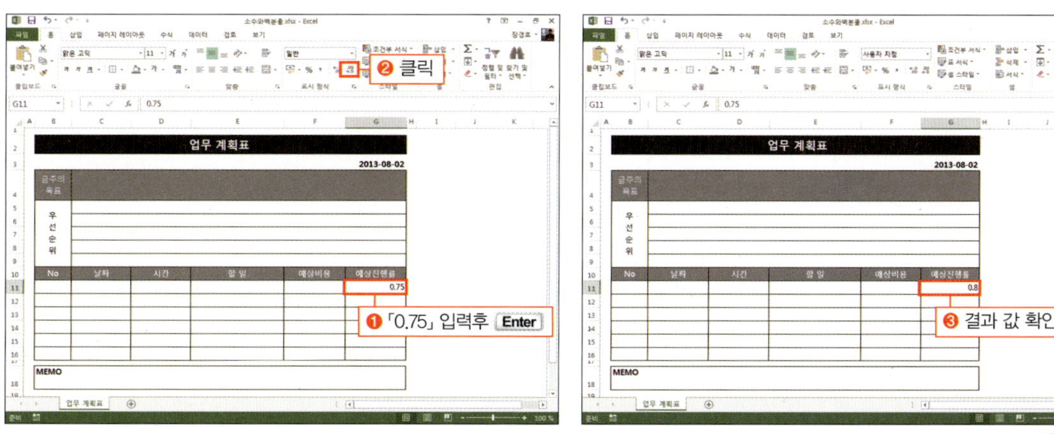

TIP

[자릿수 늘림]( ) 을 클릭하면 '0.750'처럼 소수점 자릿수가 늘어나고, [자릿수 줄임]( )을 클릭하면 '0.8'처럼 소수점 자리수가 줄어듭니다.

02_ 이번에는 소수를 백분율로 변경해 보겠습니다. [G11] 셀을 선택한 후 [홈] 탭–[표시 형식] 그룹에서 [백분율 스타일] (%)을 클릭합니다. 소수점으로 표시된 데이터가 백분율로 변경됩니다.

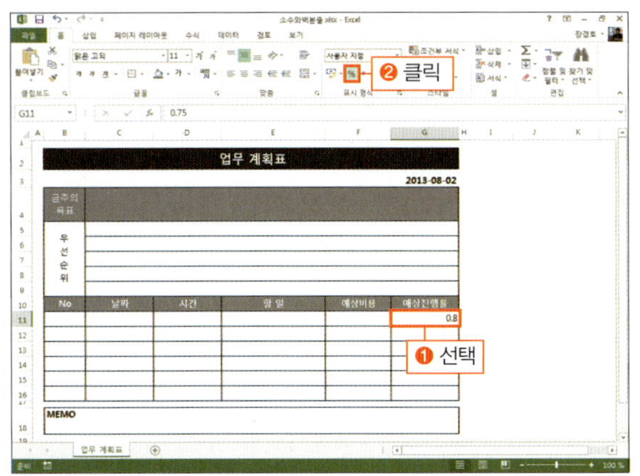

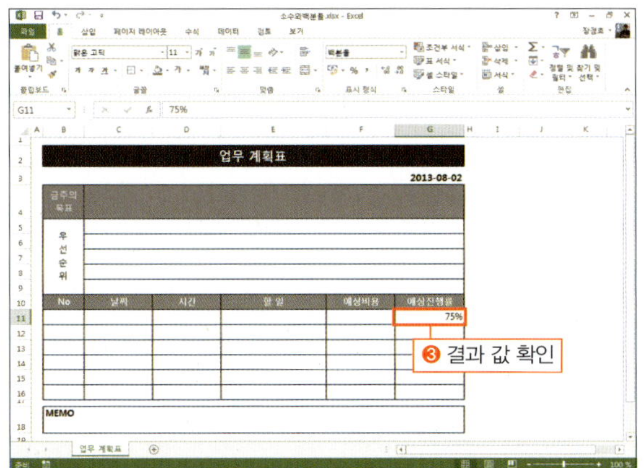

:: 한자와 기호 입력하기

한자는 한글을 입력하거나 선택한 후 [한자] 글쇠를 누르거나 [검토] 탭–[언어] 그룹의 [한글/한자 변환]를 선택해 지정할 수 있습니다. 기호는 [삽입] 탭–[기호] 그룹의 [기호]를 선택하거나 ㅁ + 한자 , ㅈ + 한자 등을 눌러 지정할 수 있습니다.

준비 파일 Part02₩Chapter01₩Section02₩한자와기호.xlsx

완성 파일 Part02₩Chapter01₩Section02₩한자와기호_완성.xlsx

01_ 준비 파일을 열거나 이어서 진행합니다. [B2] 셀에 입력되어 있는 '업무'라는 글자를 드래그하여 선택합니다. 한자 글쇠를 누릅니다. [한글/한자 변환] 대화상자가 나타나면 [한자 선택]에서 해당하는 한자를 선택한 후 [변환]을 클릭합니다.

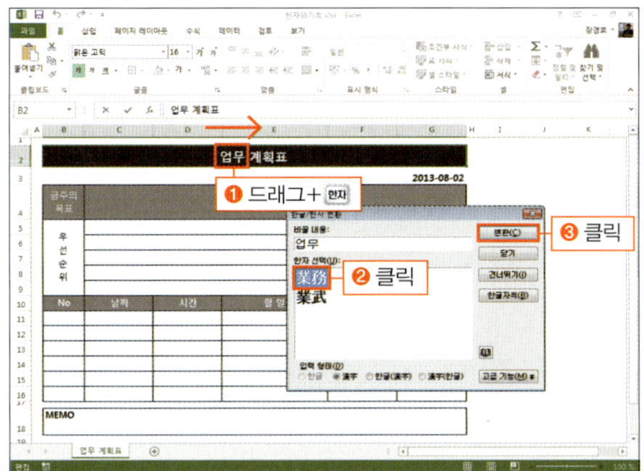

02_ 한글이 한자로 변환됩니다. 이번에는 한글과 한자를 함께 표시해 보겠습니다. [B2] 셀의 '계획표'를 드래그하여 선택한 후 [검토] 탭의 [언어교정] 그룹에서 [한글/한자 변환]을 클릭합니다. 변환할 한자를 선택한 다음 [입력 형태]에서 원하는 형식을 선택합니다. [한자 사전] 아이콘을 클릭합니다. [한자 사전] 창이 뜨면서 한자를 확인합니다. [확인], [변환]을 차례대로 선택합니다.

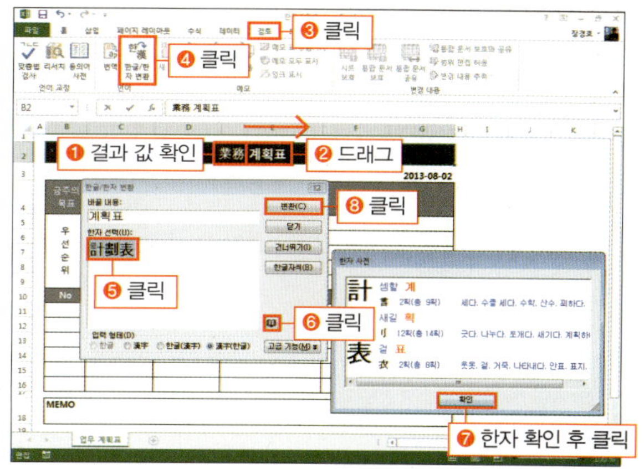

03_ 기호를 입력해 보도록 하겠습니다. [B2] 셀을 두 번 클릭하여 선택한 후 커서를 단어 앞으로 이동합니다. [삽입] 탭–[기호] 그룹에서 [기호]–[기호]를 선택합니다. [기호] 대화상자가 나타나면 [기호] 탭에서 [글꼴]의 화살표를 클릭한 후 [Wingdings 3]을 선택합니다. 원하는 기호를 선택한 후 [삽입]을 클릭합니다. [닫기]를 선택합니다.

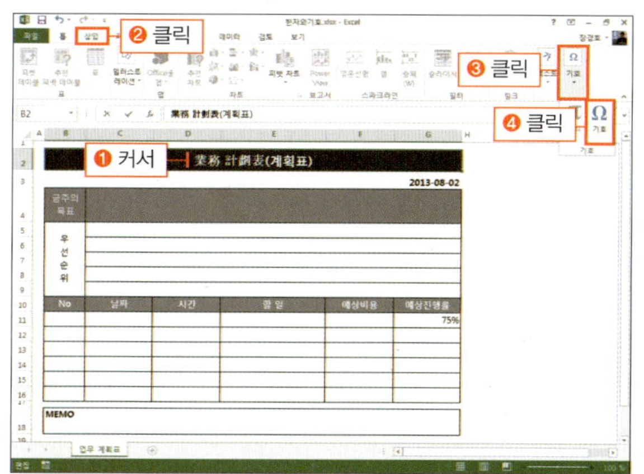

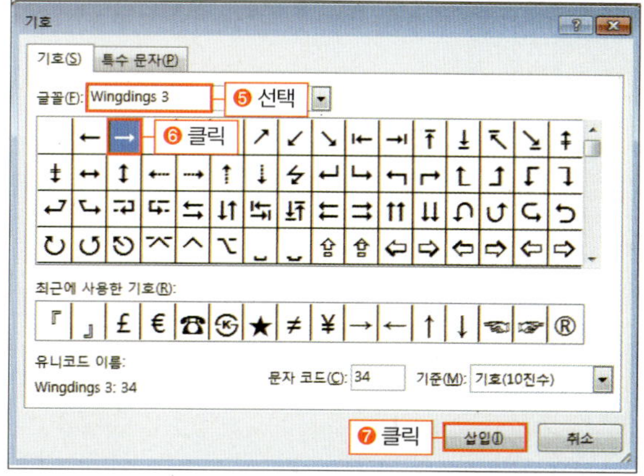

04_ 삽입된 기호를 확인합니다. □+한자, ㅈ+한자 등을 눌러 기호를 삽입할 수 있습니다. [C5] 셀을 선택한 후 [ㅇ]+[한자]를 누릅니다. 원하는 기호를 선택합니다. 여기서는 ①을 선택합니다. [C6]~[C9] 셀에도 같은 방법으로 기호를 선택하여 ②~⑤를 삽입합니다.

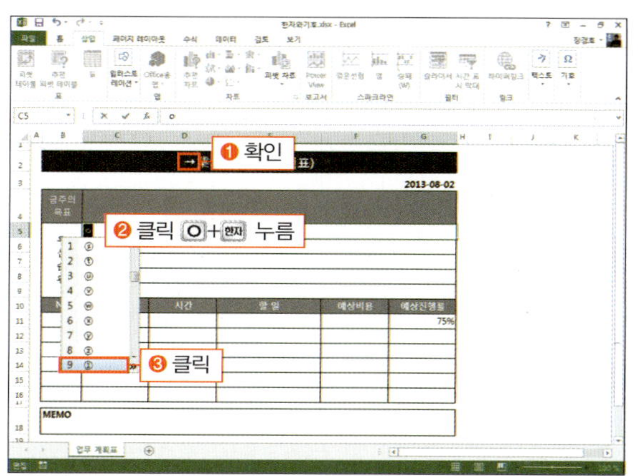

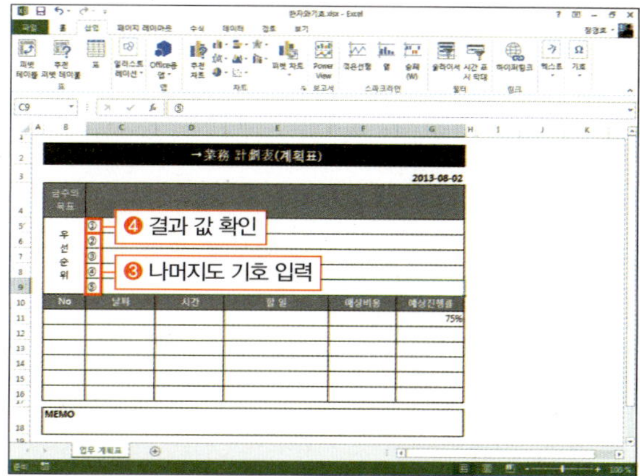

자음별 특수 문자 살펴보기

한글 자음[ㄱ]~[ㅎ]을 입력하고 키보드의 [한자] 글쇠를 함께 누르면 자음별 특수 문자를 만날 수 있습니다. 자음 목록에서 [»]를 클릭하면 확장된 기호 목록이 나타납니다. 자음별 특수 문자가 궁금하신 분은 저자의 블로그 http://blog21.kr/40194338737 에서 알아보기 바랍니다. QR 코드를 스마트폰에서 찍으면 바로 확인할 수 있습니다.

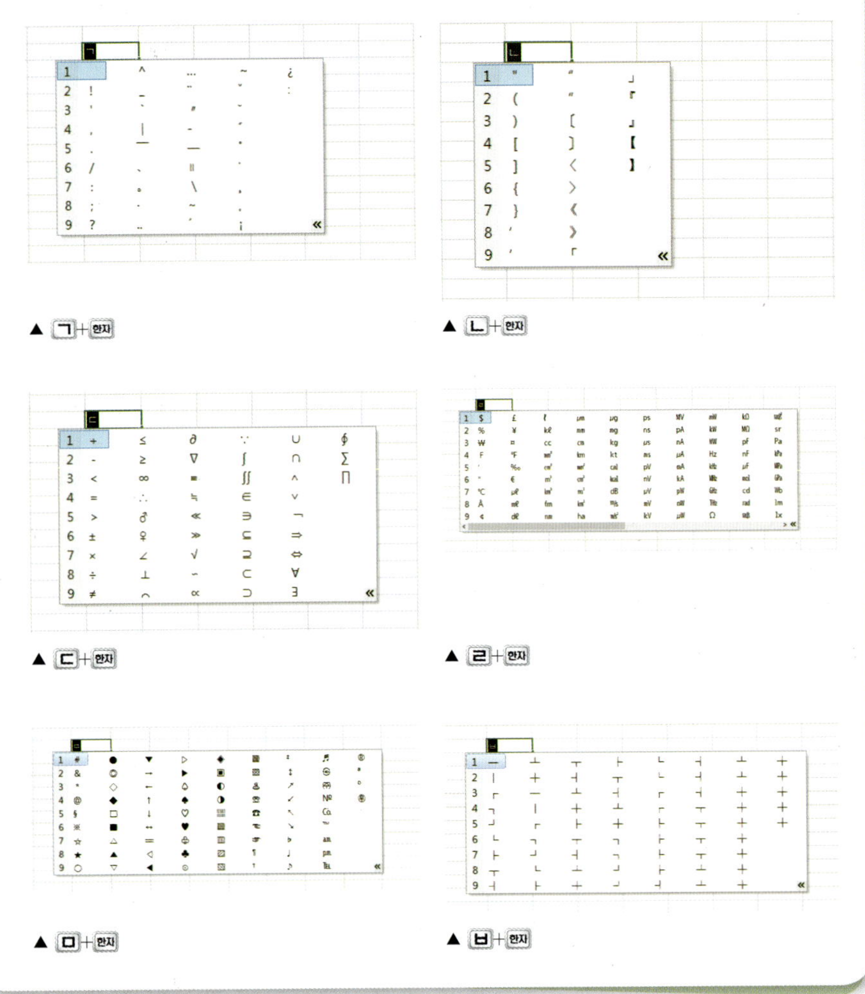

▲ [ㄱ]+[한자]   ▲ [ㄴ]+[한자]

▲ [ㄷ]+[한자]   ▲ [ㄹ]+[한자]

▲ [ㅁ]+[한자]   ▲ [ㅂ]+[한자]

:: 채우기 핸들로 데이터 자동 채우기

'1, 2, 3, ..'과 같이 연속적인 데이터는 채우기 핸들을 이용하여 쉽게 입력할 수 있습니다. 또한, [자동 채우기] 옵션을 통해 채우기 속성을 변경할 수 있습니다.

01_ 준비 파일을 엽니다. [B5] 셀을 클릭한 다음 『1』을 입력한 후 Enter 를 누릅니다. 채우기 핸들(┼)을 [B20] 셀까지 드래그합니다.

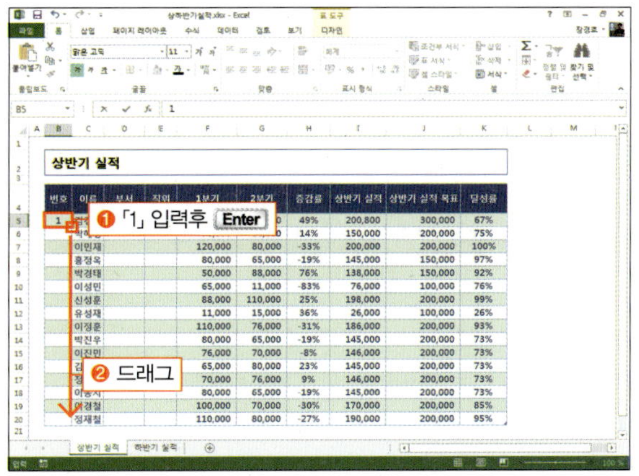

02_ '1' 이 복사되어 나타납니다. [자동 채우기 옵션](🔲)을 클릭한 다음 [연속 데이터 채우기]를 선택합니다. 숫자가 연속으로 증가되어 표시됩니다.

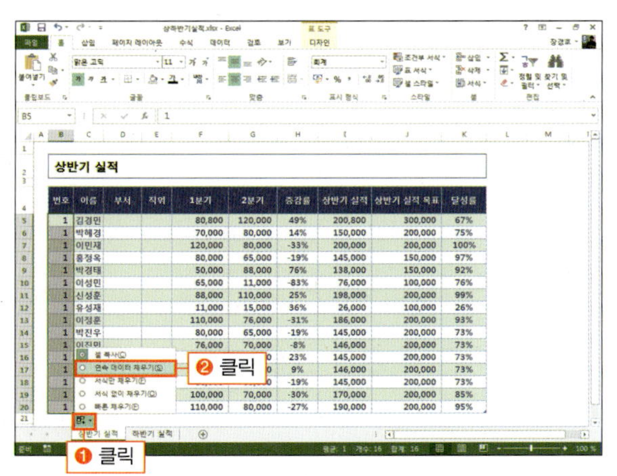

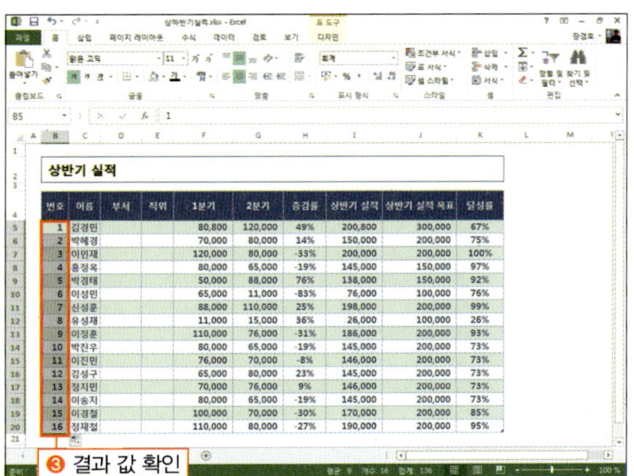

03_ **Ctrl** 을 누른 상태에서 채우기 핸들(╬)을 드래그하면 [자동 채우기 옵션]으로 속성을 지정하지 않더라도 연속 데이터가 입력됩니다. [하반기 설적] 시트를 클릭합니다. [B3] 셀을 선택한 후 『1』을 입력하고 **Enter** 를 누릅니다. **Ctrl** 을 누른 상태에서 채우기 핸들(╬)을 [B20] 셀까지 드래그합니다. 숫자가 자동으로 증가되어 표시됩니다.

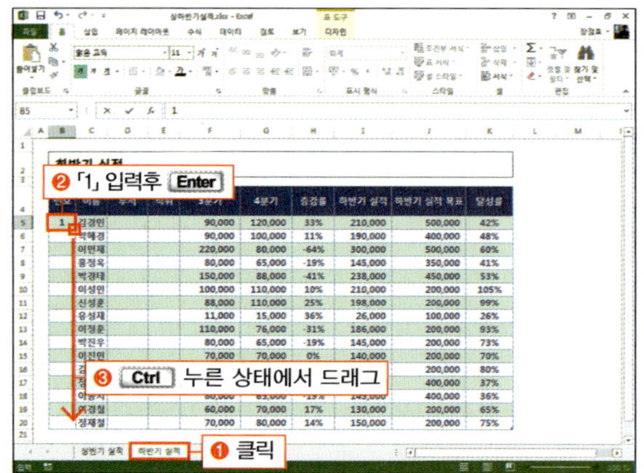

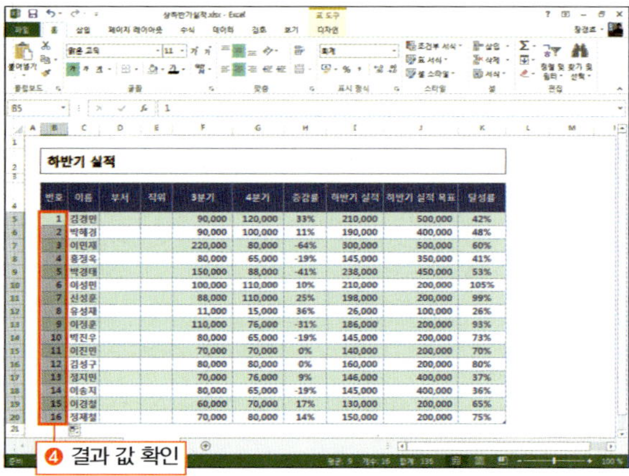

04_ 이번에는 문자와 숫자가 같이 있는 데이터를 입력해 보고 자동 채우기를 해보겠습니다. [상반기 실적] 시트를 클릭합니다. [D5] 셀을 클릭한 다음 『총무팀』, [D6] 셀을 클릭한 다음 『인사팀』, [D7] 셀을 클릭하고 『기획팀』을 입력합니다. [D5] 셀에서 [D7] 셀까지를 드래그하여 선택한 다음 채우기 핸들(╬)을 [D20] 셀까지 드래그합니다.

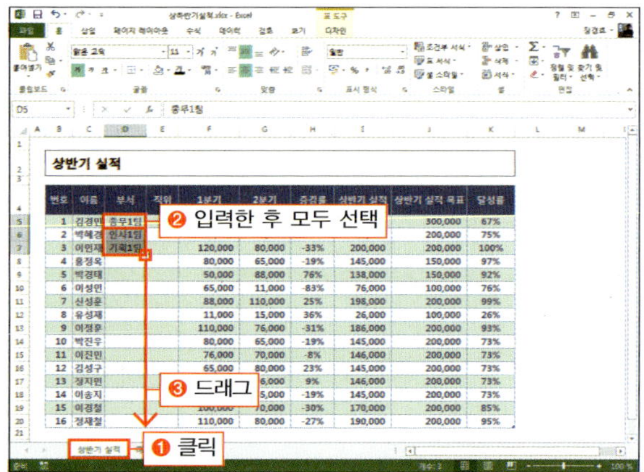

05_ 문자와 숫자가 자동으로 반복 및 증가되어 입력됩니다. 다만, 문자는 반복해서 입력되지만 숫자는 자동 증가되어 입력됩니다. 숫자도 반복해서 입력하기 위해 [자동 채우기 옵션](╩)을 클릭한 후 [셀 복사]를 선택합니다. 숫자가 증가가 아닌 반복해서 입력됩니다.

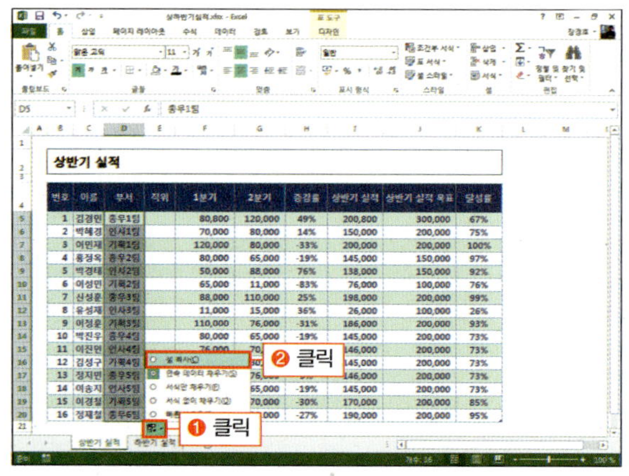

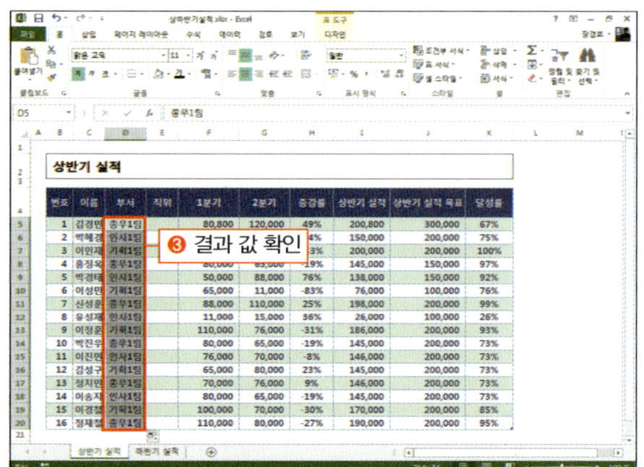

:: 사용자 지정 목록 만들어 자동 채우기

1월부터 12월, 혹은 월요일부터 일요일 같은 데이터는 엑셀이 자동으로 인식하여 연속 데이터로 자동 채우기 해줍니다. 하지만 부장, 과장, 대리, 사원 등은 사용자 지정 목록을 만들어 사용해야 합니다.

01_ 준비 파일을 열거나 이어서 진행합니다. 사용자 지정 목록을 만들면 원하는 내용을 자동 채우기를 할 수 있습니다. [파일]을 클릭한 다음 [옵션]을 선택합니다. [Excel 옵션] 대화 상자가 나타나면 [고급] 항목을 클릭한 다음 [사용자 지정 목록 편집]을 선택합니다. [사용자 지정 목록] 대화상자가 나타나면 [목록 항목]에 『부장』, 『차장』, 『과장』, 『대리』, 『주임』, 『사원』을 입력한 다음 [추가]를 클릭하여 [사용자 지정 목록]에 입력합니다. [확인]을 클릭하고, [Excel 옵션] 대화상자에서도 [확인]을 클릭합니다.

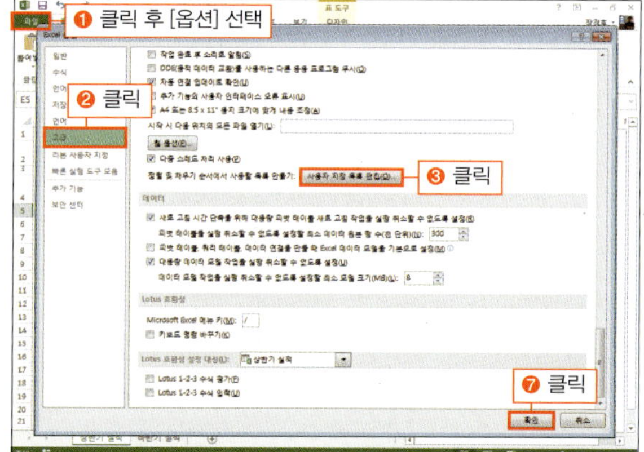

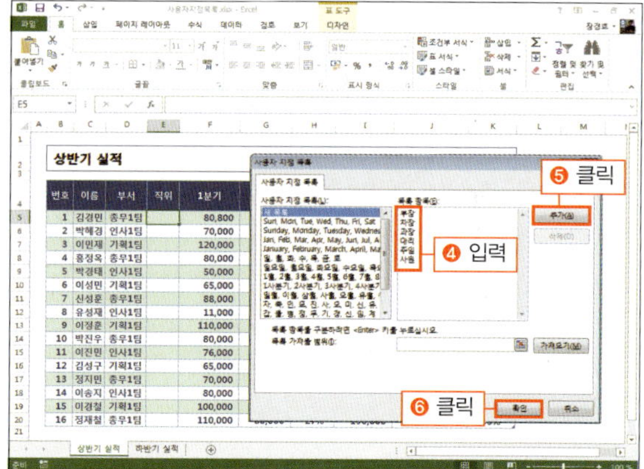

02_ 사용자 지정 목록이 제대로 입력되었는지 확인해 보겠습니다. [E5] 셀에 『부장』을 입력한 다음 채우기 핸들(十)을 [E20] 셀까지 드래그합니다. 지정한 목록이 순서대로 나타나는지 확인합니다.

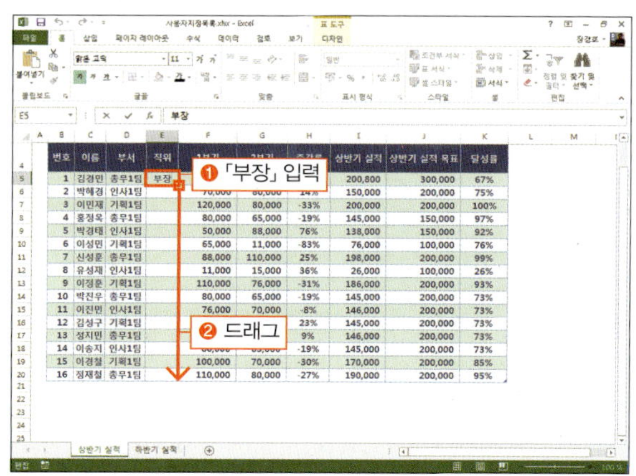

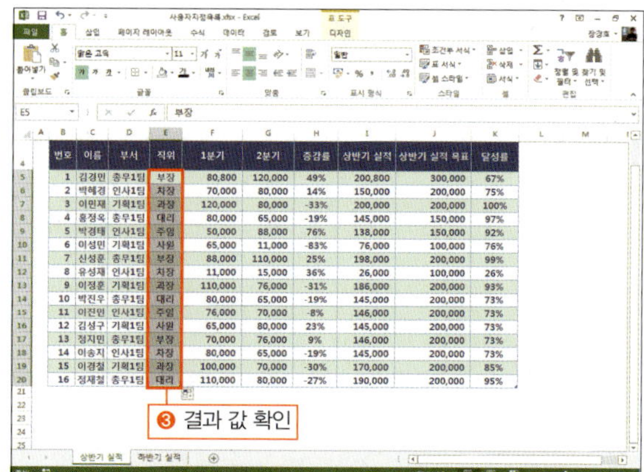

> **TIP**
> 만일, [사용자 지정 목록]의 [목록 항목]에 『부장』, 『차장』, 『과장』, 『대리』, 『주임』, 『사원』을 추가하지 않은 상태에서 [E5] 셀에 『부장』을 입력한 후 채우기 핸들(十)을 드래그하면 '부장'이라는 문자만 연속해서 채워집니다.

눈금선 및 머리글 해제하기

워크시트는 각각의 셀이 실선으로 구분되어 있습니다. 이를 눈금선이라고 합니다. 눈금선과 열 머리글, 행 머리글을 워크시트에 표시하지 않을 수 있습니다.

 준비 파일 Part02₩Chapter01₩Section02₩분기별거래내역서.xlsx

 완성 파일 Part02₩Chapter01₩Section02₩분기별거래내역서_완성.xlsx

01 준비 파일을 엽니다. [보기] 탭-[표시] 그룹에서 [눈금선]과 [머리글], 그리고 [수식 입력줄] 항목의 체크 표시를 해제합니다.

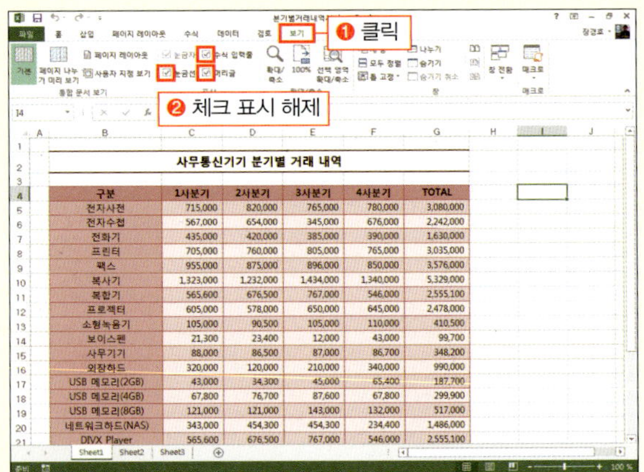

02 워크시트의 눈금선과 머리글을 비롯해 리본 메뉴의 수식 입력줄이 사라집니다.

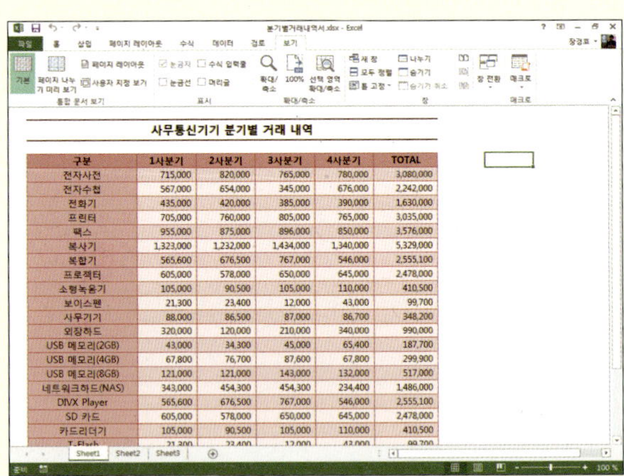

◎ 준비파일 : Part02₩Chapter01₩Check₩부서별실적.xlsx

◎ 완성파일 : Part02₩Chapter01₩Check₩부서별실적_완성.xlsx

사용자 지정 목록을 이용해서 [B4:I4] 영역에 총괄본부, 관리본부, 인사본부, 홍보본부, 해외사업부, 마케팅부, 기획본부, 고객지원실을 차례대로 입력해 보세요.

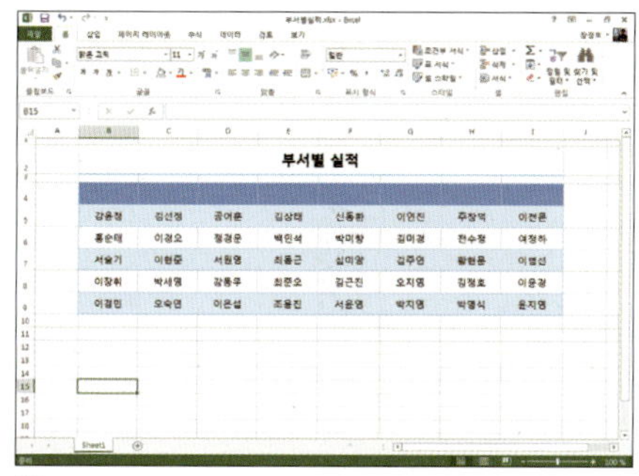 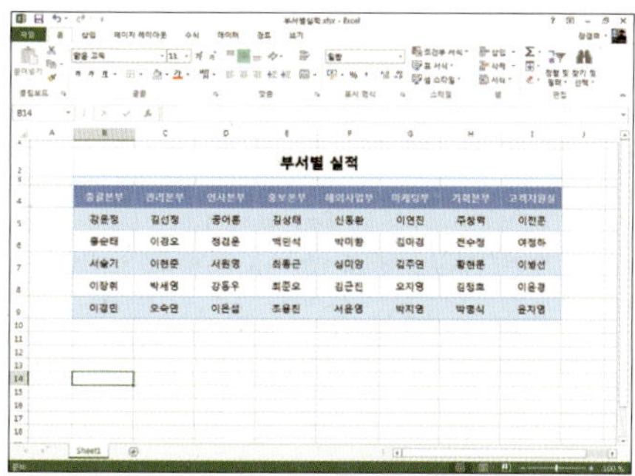

힌트

❶ [파일] 탭–[옵션]–[고급]–[사용자 지정 목록 편집]을 클릭하여 사용자 지정 목록을 추가합니다.

❷ 실습 따라하기 : 부록CD/Part02/Chapter01/실습06.docx

◎ 준비파일 : Part02₩Chapter01₩Check₩재고관리.xlsx

◎ 완성파일 : Part02₩Chapter01₩Check₩재고관리_완성.xlsx

채우기 핸들을 이용하면 반복되는 텍스트나 1, 2, 3 과 같은 연속 숫자를 빠르게 삽입할 수 있습니다. 여기서는 제품코드에 1, 3, 5 순으로 홀수 숫자를 빠르게 삽입해 보도록 합니다.

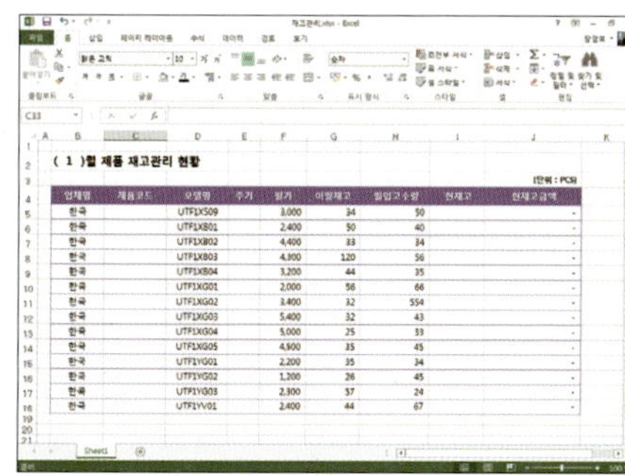 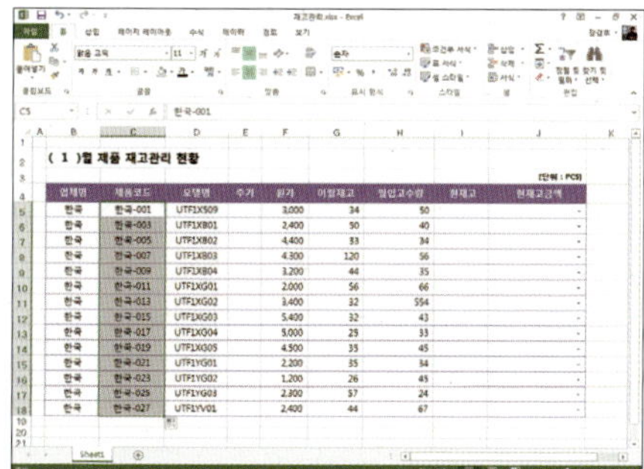

힌트

❶ [C5] 셀에 『한국–001』을 입력한 후 [C6] 셀에 『한국–003』을 입력합니다.

❷ [C5:C6] 영역을 선택한 후 자동 채우기 핸들을 드래그합니다.

❸ 실습 따라하기 : 부록CD/Part02/Chapter01/실습07.docx

03 워크시트 편집하기

엑셀의 작업이 이루어지는 워크시트는 행 머리글과 행(Row)과 열 머리글과, 열(Column)로 구성됩니다. 셀을 선택하면 [이름 상자]에 셀 주소가 표시되며, 수식이 존재한다면 수식 입력줄에 수식이 표시됩니다. 이번 섹션에서는 워크시트를 다루는 다양한 방법에 대해서 살펴보도록 하겠습니다.

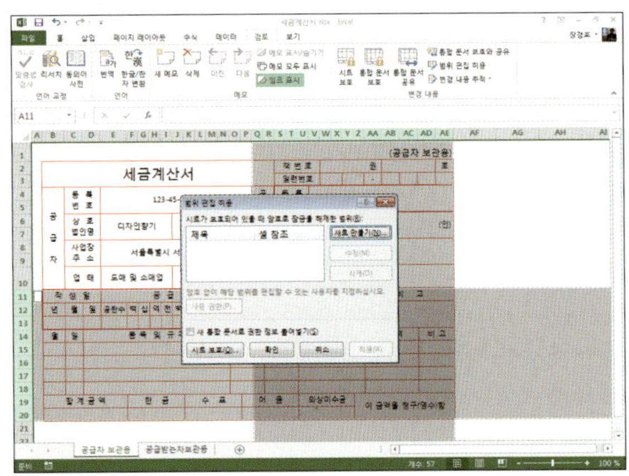

▲ 통합문서나 시트에 보안 설정하기

▲ 워크시트를 그림으로 붙여넣기

이번 섹션에서 배울 주요 내용

- 행의 높이와 열의 너비 조절하기
- 붙여넣기와 선택하여 붙여넣기
- 행과 열 숨기기와 취소
- 시트 이동과 복사하기
- 시트 이름과 색 변경하기
- 통합문서나 시트에 보안 설정하기
- 틀 고정과 창 나누기로 편리하게 보기
- 워크시트를 그림으로 붙여넣기

:: 행의 높이와 열의 너비 조절하기

행 머리글과 열 머리글의 경계선을 드래그하여 행의 높이와 열의 너비를 조절할 수 있습니다. 또한, 행 머리글이나 열 머리글의 경계선을 두 번 클릭하여 자동으로 너비를 조절할 수 있습니다.

01_ 준비 파일을 엽니다. 셀 너비는 열 머리글 사이의 경계선(✛)을 드래그하거나 두 번 클릭하여 조절할 수 있습니다. 먼저 경계선을 드래그하여 조절해 보도록 하겠습니다. [C] 열과 [D] 열 머리글 사이에서 경계선(✛)을 오른쪽으로 드래그하여 조절합니다. 이번에는 경계선을 자동을 조절해 보겠습니다. [D] 열과 [E] 열 머리글 사이를 두 번 클릭합니다.

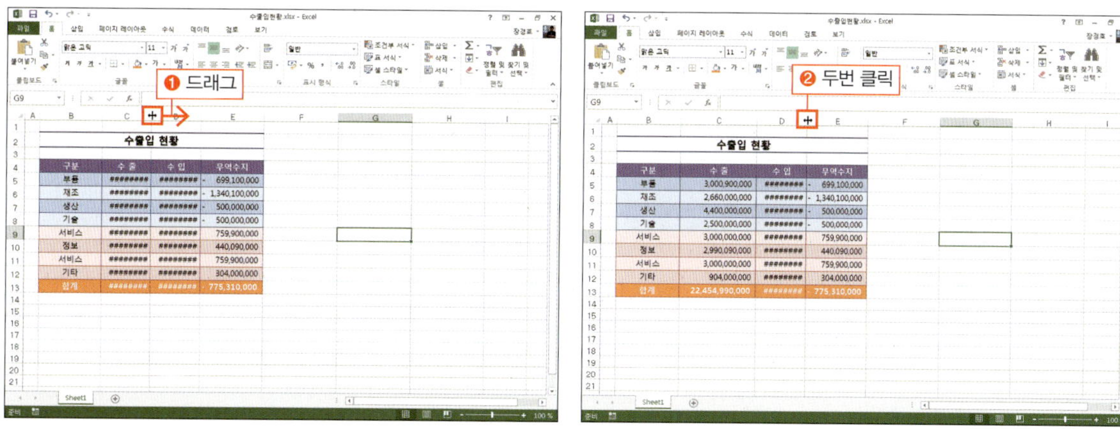

02_ 열 너비가 조절되었으면 이번에는 [열 너비] 대화상자를 통해 조절해 보겠습니다. [B] 열 머리글과 [E] 열 머리글을 Ctrl 을 누른 채 선택합니다. 열 머리글에서 마우스 오른쪽을 눌러 [열 너비]를 선택합니다. [열 너비] 대화상자가 나타나면 열 너비 수치를 직접 입력합니다. 여기서는 『18』을 입력한 후 [확인]을 클릭합니다.

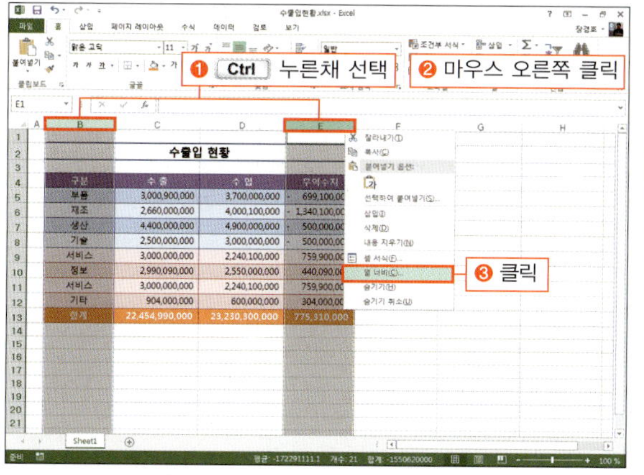

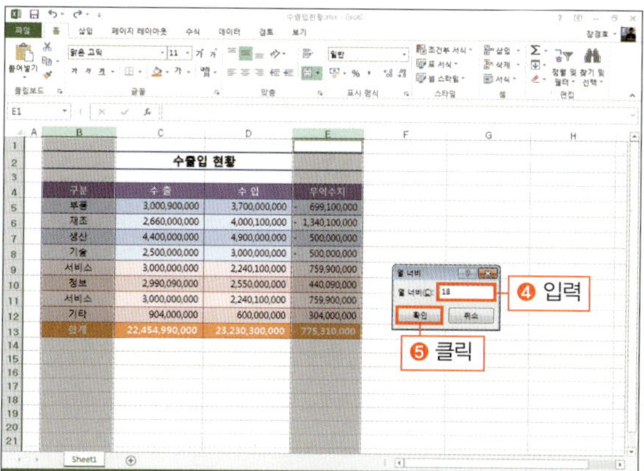

:: 붙여넣기와 선택하여 붙여넣기

선택하여 붙여넣기를 통해 수식이나 값, 서식 등을 붙여넣기 할 수 있으며, 수식을 제거하고 붙여넣기 하거나 붙여넣는 값에 데이터를 더하거나 곱할 수도 있습니다.

준비 파일 Part02\Chapter01\Section03\면접점수.xlsx

완성 파일 Part02\Chapter01\Section03\면접점수_완성.xlsx

01_ 준비 파일을 엽니다. 먼저, 열 머리글을 복사하여 붙여넣기해 보겠습니다. [H] 열 머리글을 선택한 후 마우스 오른쪽을 눌러 [복사]를 클릭합니다. [H] 열 머리글을 다시 선택한 후 마우스 오른쪽을 눌러 [복사한 셀 삽입]을 선택합니다.

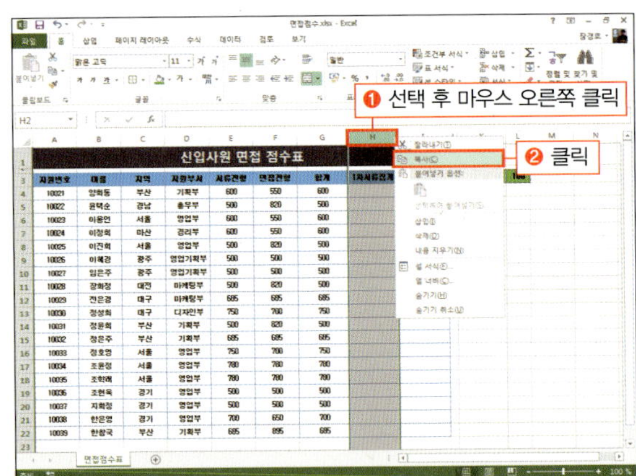

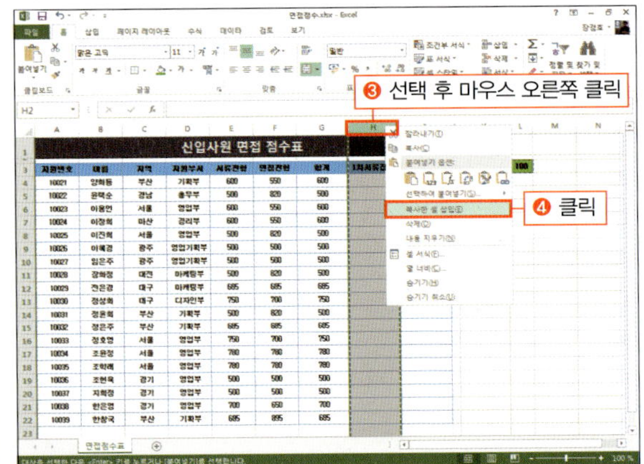

TIP [복사한 셀 삽입]을 누르면 선택한 셀의 왼쪽에 복사한 셀이 붙여넣기됩니다.

02_ 복사한 셀이 삽입됩니다. [H3] 셀의 이름을 『가산합계』로 변경합니다. [G4:G22] 영역을 마우스로 드래그하여 선택한 후 Ctrl + C 를 눌러 복사합니다. [G4:G22] 영역에는 수식이 입력되어 있습니다. 수식 없이 합계 점수만 붙여넣기 하기 위해 [H4] 셀을 선택한 후 [홈] 탭-[클립보드] 그룹의 [붙여넣기] 아랫부분을 클릭한 후 [값 붙여넣기]-[값]을 선택합니다.

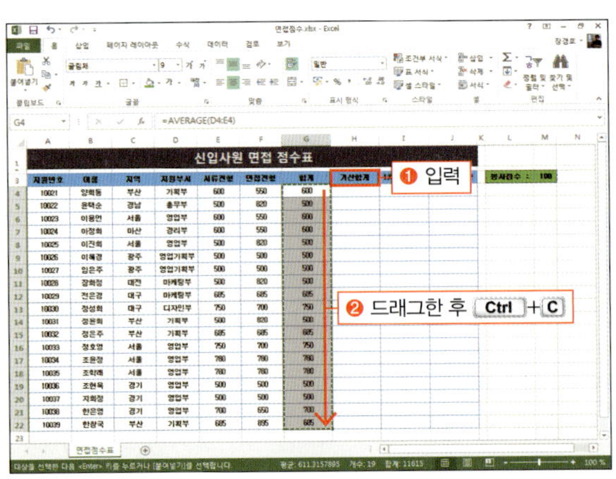

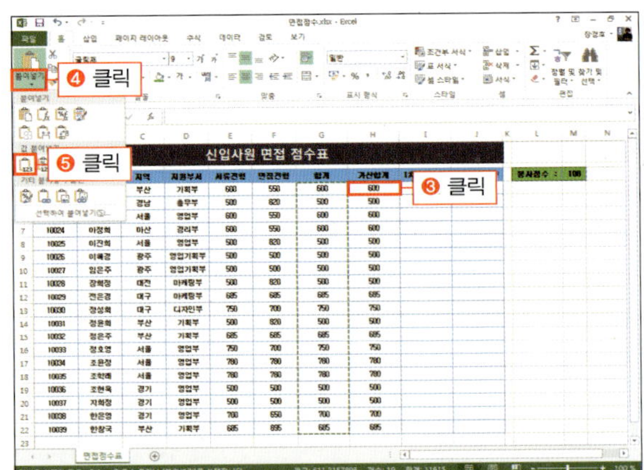

TIP 수식이 지정되어 있는 셀을 복사한 후 [홈] 탭-[클립보드] 그룹의 [붙여넣기] 아랫부분을 클릭하여 [값 붙여넣기]-[값]을 선택하면 수식을 제거한 후 붙여넣기할 수 있습니다.

03_ 합계 점수가 가산합계 점수에 붙여넣기됩니다. 이번에는 가산합계 점수에 봉사점수인 '100' 점을 포함해 붙여넣기 해보겠습니다. [M3] 셀을 선택한 후 Ctrl + C 를 눌러 복사합니다. [H4:H22] 영역을 드래그하여 선택한 후 [홈] 탭–[클립보드] 그룹의 [붙여넣기] 아랫부분을 클릭한 후 [선택하여 붙여넣기]를 선택합니다.

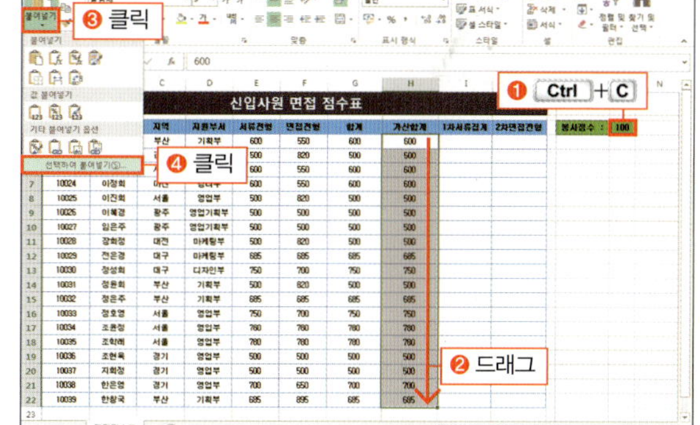

> **TIP**
> 결과값에 소숫점이 표시되면 [홈] 탭–[표시 형식] 그룹에서 [자릿수 줄임](《x001.tif》)을 눌러 소숫점을 제거할 수 있습니다.

04_ [선택하여 붙여넣기] 대화상자가 나타납니다. [붙여넣기]–[값]을 선택합니다. [연산]–[더하기]를 선택한 후 [확인]을 클릭합니다. 봉사점수가 가산합계 열에 추가되어 붙여넣기 됩니다.

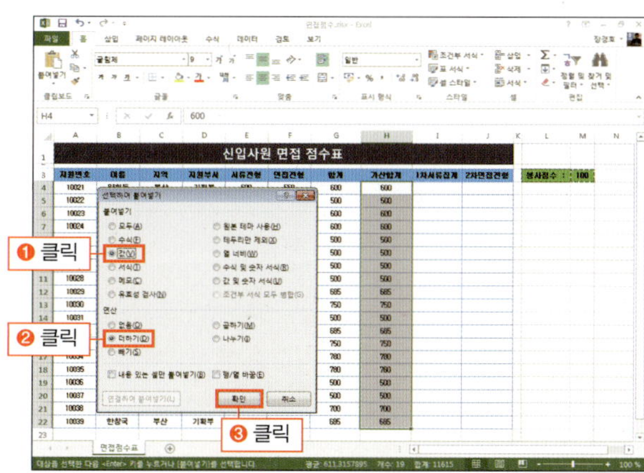

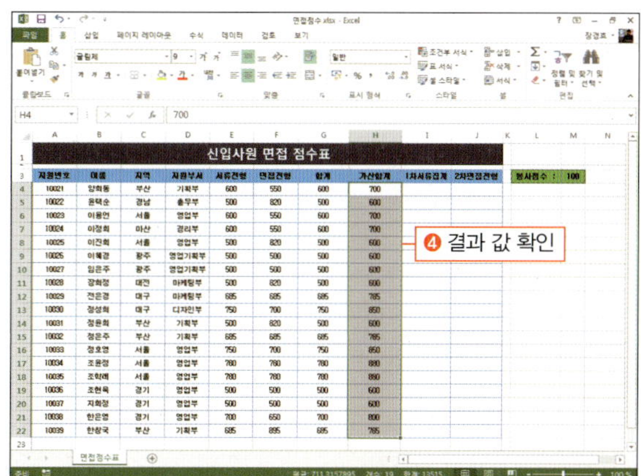

QR 코드로 더 자세히

[붙여넣기] 옵션 살펴보기

복사한 셀의 서식이나 속성에 따라 수식만 붙여넣기하거나 숫자 서식만 붙여넣기하는 등 다양한 옵션을 선택할 수 있습니다. [붙여넣기] 옵션이 궁금하신 분은 저자의 블로그 http://blog21.kr/40194356054 에서 알아보기 바랍니다. QR 코드를 스마트폰에서 찍으면 바로 확인할 수 있습니다.

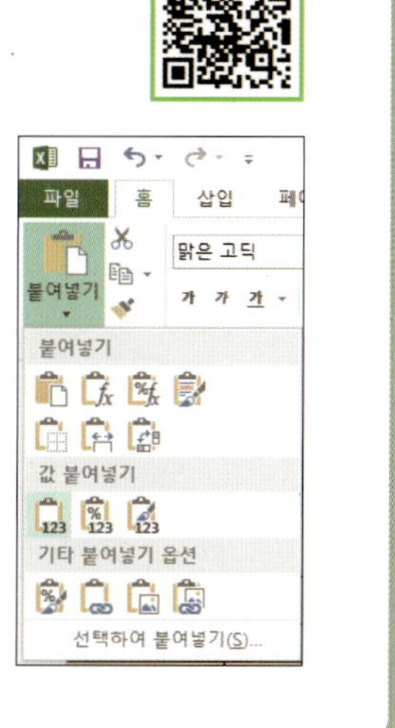

:: 행과 열 숨기기와 취소

행과 열 숨기기를 통해 행이나 열을 워크시트에 표시하지 않을 수 있습니다. 행/열을 숨기더라도 연산 작업이나 수식에는 전혀 지장 없이 계산됩니다.

준비파일 Part02\Chapter01\Section03\행과열.xlsx

완성파일 Part02\Chapter01\Section03\행과열_완성.xlsx

01_ 준비 파일을 열거나 이어서 진행합니다. [H] 열 머리글을 클릭한 후 Ctrl 을 누른 채 [L], [M] 열 머리글을 드래그하여 선택합니다. 마우스 오른쪽을 클릭하여 [숨기기]를 선택합니다.

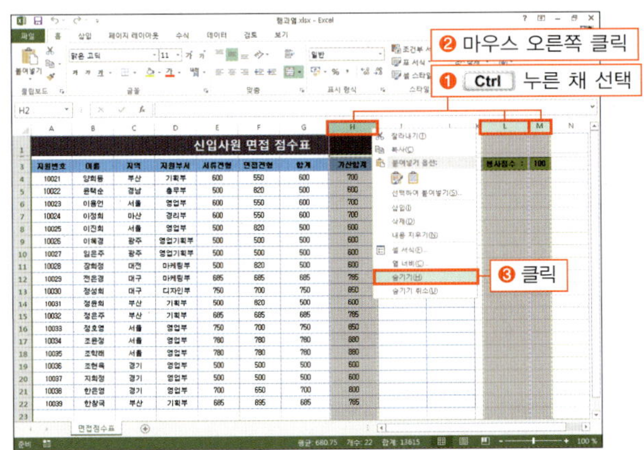

TIP

숨기기 명령을 사용하여 행이나 열을 숨길 수 있지만 행 높이나 열 너비를 '0'으로 변경하여 숨길 수도 있습니다.

02_ 선택한 열이 모두 숨기기가 적용됩니다. 숨기기를 취소하기 위해 [G] 열 머리글에서 [N] 열 머리글을 드래그하여 선택한 다음 마우스 오른쪽을 눌러 [숨기기 취소]를 선택합니다.

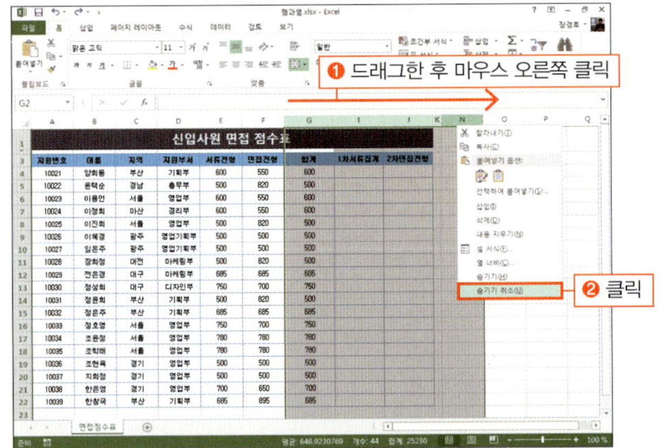

TIP

주민등록번호와 같이 남들에게 공유하거나 배포할 수 없는 항목은 행과 열 숨기기를 통해 숨긴 후 공유하거나 인쇄할 수 있습니다. 행과 열을 숨기더라도 연산이나 수식은 전혀 지장없이 계산됩니다.

:: 시트 이동과 복사하기

시트를 복사하거나 이동할 수 있습니다. 시트 이동 및 복사는 [이동/복사] 대화상자를 통해 할 수 있습니다.

01_ 준비파일을 열거나 이어서 진행합니다. 작업한 시트는 복사본을 만들 수 있습니다. [면접점수표] 시트를 선택한 다음 마우스 오른쪽을 클릭한 후 [이동/복사]를 선택합니다. [이동/복사] 대화상자가 나타나면 [다음 시트의 앞에] 항목에서 [(끝으로 이동)]을 선택합니다. [복사본 만들기]에 체크 표시를 한 후 [확인]을 클릭합니다.

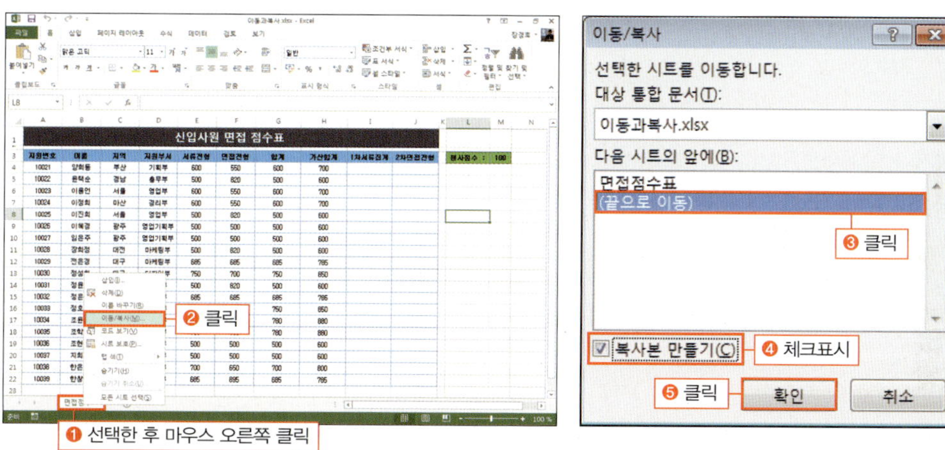

02_ [면접점수표] 시트가 복사되어 표시됩니다. [이동/복사] 대화상자를 통하지 않더라도 Ctrl 을 누른 채 원하는 위치로 이동을 하여도 워크시트가 복사할 수 있습니다. [면접점수표] 시트를 선택한 후 Ctrl 을 누른 채 [면접점수표 (2)] 시트 뒤로 드래그합니다. [면접점수표 (3)] 이라는 이름의 시트가 생성됩니다. 시트를 이동하려면 시트를 선택한 후 원하는 부분으로 드래그합니다. [면접점수표] 시트를 선택한 후 [면접점수표 (3)] 시트 뒤로 드래그합니다.

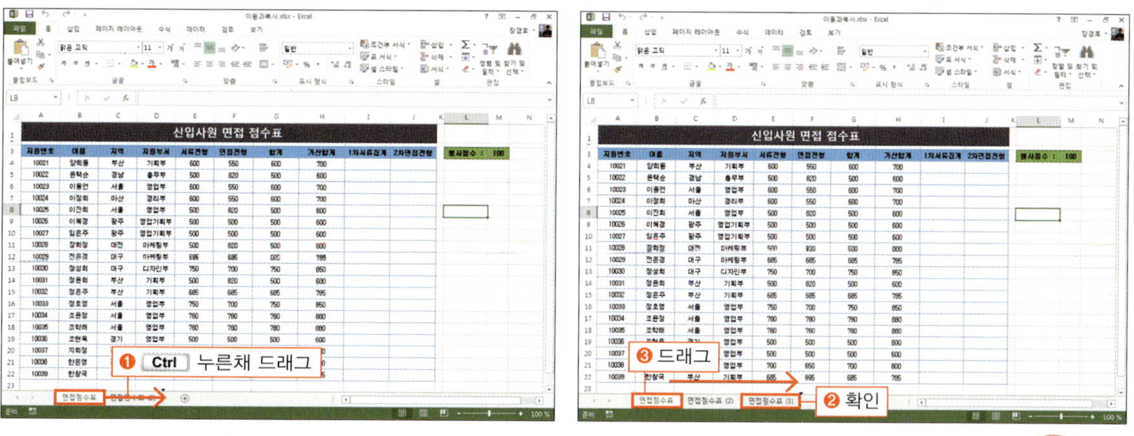

시트를 삭제하고 싶다면 시트를 마우스 오른쪽으로 클릭하여 [삭제]를 클릭합니다. 경고 창이 나타나면 [삭제]를 클릭합니다.

[이동/복사] 대화상자를 통해 시트를 이동할 수 있습니다. [면접점수표] 시트를 선택한 다음 마우스 오른쪽을 클릭한 후 [이동/복사]를 선택합니다. [이동/복사] 대화상자가 나타나면 [다음 시트의 앞에] 항목에서 원하는 위치를 선택한 후 [확인]을 클릭합니다.

:: 시트 이름과 색 변경하기

여러 개의 워크시트가 통합 문서에 존재할 경우 시트 이름을 변경하거나 색상을 변경해 보다 편하게 관리할 수 있습니다.

준비파일 Part02₩Chapter01₩Section03₩이름과색변경.xlsx

완성파일 Part02₩Chapter01₩Section03₩이름과색변경_완성.xlsx

01_ 준비 파일을 열거나 이어서 진행합니다. 워크시트의 이름을 변경하기 위해 [면접점수표] 시트 이름을 두번 클릭합니다. 시트명이 블록 설정되면 『신입사원면접점수표』를 입력한 다음 Enter 를 누릅니다.

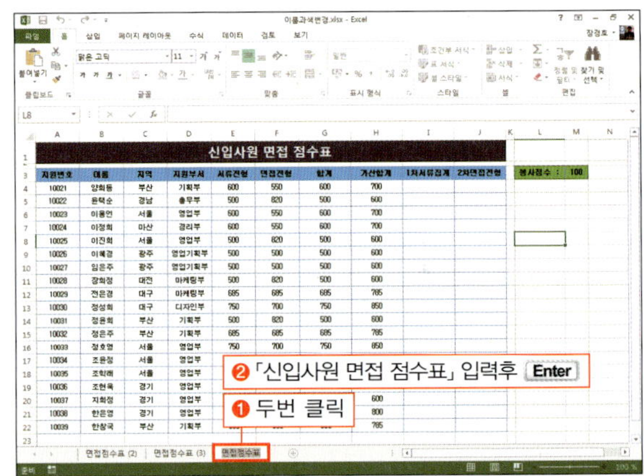

시트 이름을 마우스 오른쪽을 클릭한 다음 나타나는 목록 중 [이름 바꾸기]를 선택하여도 됩니다.

02_ 시트 탭의 색상을 변경해 보겠습니다. [신입사원면접점수표] 시트를 클릭한 다음 마우스 오른쪽을 클릭하여 [탭 색]-[연한 녹색]을 선택합니다. 시트의 색상이 변경됩니다.

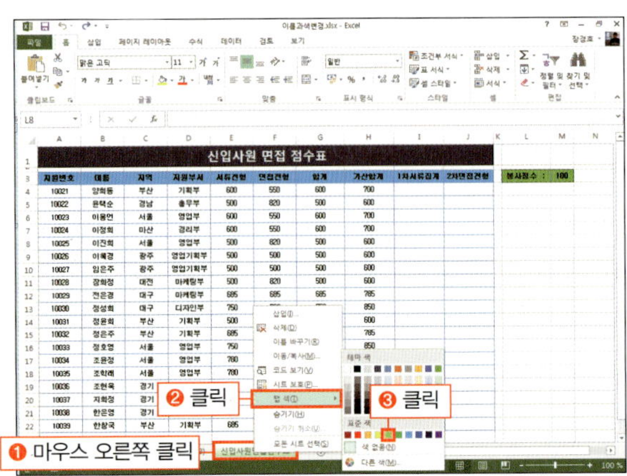

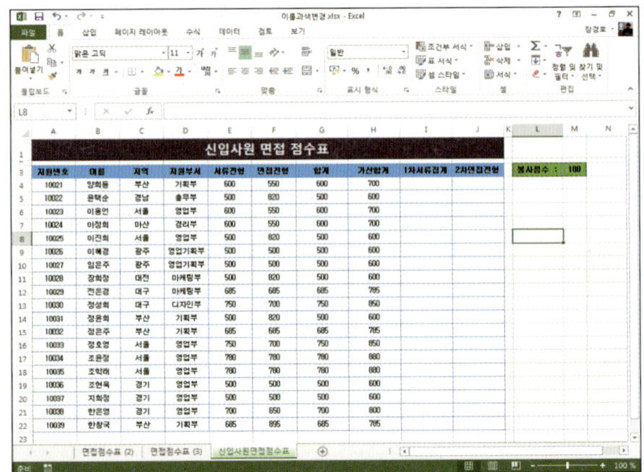

시트 탭에 적용한 색상을 없애려면 시트 탭을 마우스 오른쪽으로 선택한 다음 [탭 색]-[색 없음]을 클릭합니다.

:: 통합문서나 시트에 보안 설정하기

통합문서나 워크시트에 시트 보호를 통해 다른 사람들이 내용을 수정하지 못하도록 설정할 수 있습니다. 수정하면 안되는 부분을 선택하여 보안 설정해 보겠습니다.

01_ 준비 파일을 엽니다. 세금계산서 파일에서 공급자 부분을 보안 설정해 수정하지 못하도록 하겠습니다. 공급자 영역을 제외한 부분을 Ctrl 을 누른 채 선택합니다. [검토] 탭–[변경 내용] 그룹에서 [범위 편집 허용]을 클릭합니다.

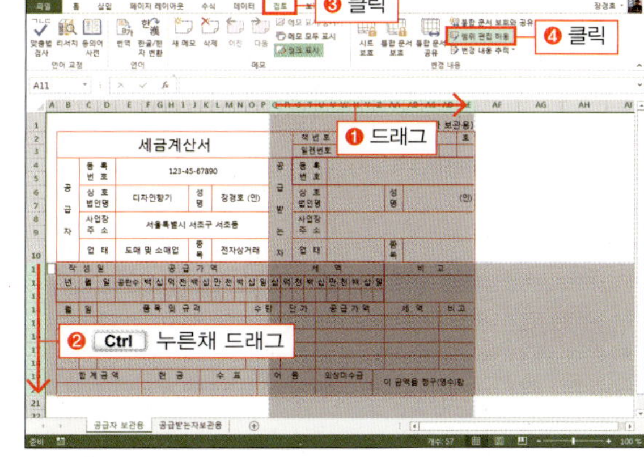

TIP

셀 영역을 선택한 후 [범위 편집 허용]을 선택하면 보안 설정을 하여도 편집이 가능합니다.

02_ [범위 편집 허용] 대화상자가 나타나면 [새로 만들기]를 클릭합니다. [새 범위] 대화상자가 나타나면 [제목]에 『공급받는자』를 입력한 후 [확인]을 클릭합니다. [범위 편집 허용] 대화상자에서도 [확인]을 클릭합니다.

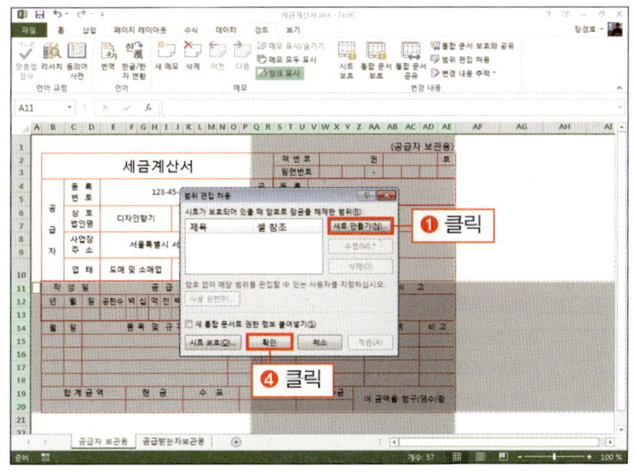

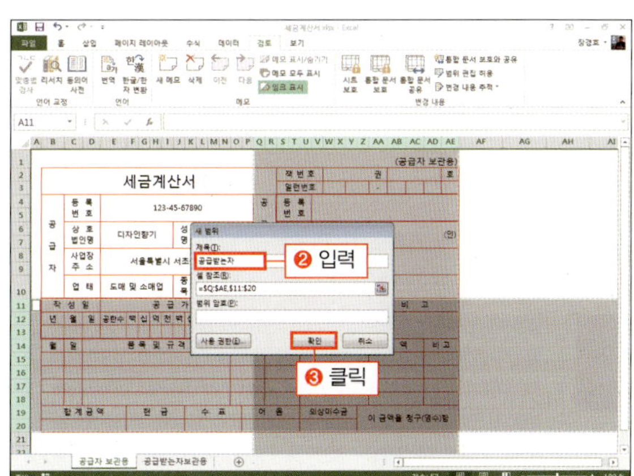

03_ 셀을 하나 선택합니다. [검토] 탭–[변경 내용] 그룹에서 [시트 보호]를 선택합니다. [시트 보호] 대화상자가 나타나면 [확인]을 클릭합니다.

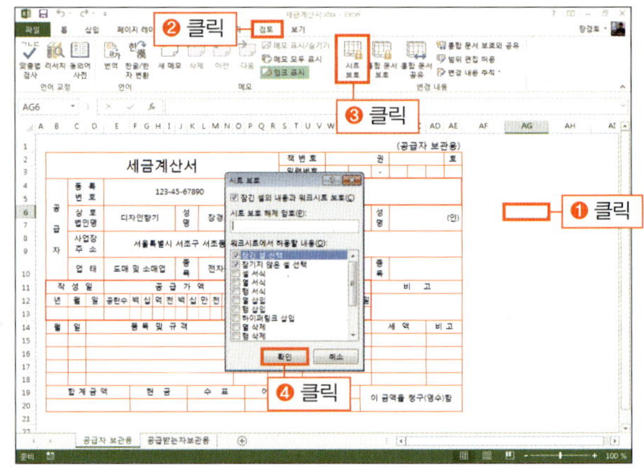

TIP

[시트 보호] 대화상자의 [시트 보호 해제 암호]는 선택 사항입니다. 암호를 지정하지 않으면 누구든지 시트 보호를 해제하고 보호된 요소를 변경할 수 있습니다.

04_ 공급자 부분의 셀을 클릭해서 수정이 가능한지 확인해 보겠습니다. [E4] 셀을 클릭합니다. 경고 창이 뜨면서 내용을 수정할 수 없습니다. 공급자 부분 이외의 셀을 클릭하면 내용을 수정할 수 있습니다.

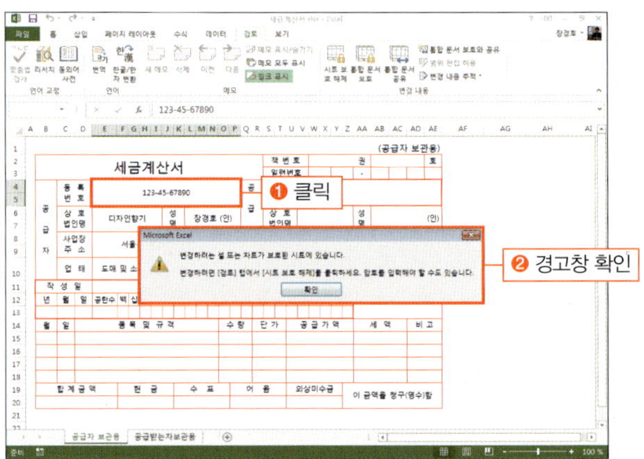

QR 코드로 더 자세히

워크시트 일부분만 보호 해제하기

[검토] 탭–[변경 내용] 그룹의 [범위 편집 허용]을 통해 워크시트를 보호하거나 일부분만 보호 해제할 수 있지만 다른 방법으로도 동일하게 설정할 수 있습니다. 다른 방법이 궁금하신 분은 저자의 블로그 http://blog21.kr/40194731280 에서 알아보기 바랍니다. QR 코드를 스마트폰에서 찍으면 바로 확인할 수 있습니다.

:: 틀 고정과 창 나누기로 편리하기 보기

틀 고정이나 창 나누기를 하기 위해서는 먼저 기준 셀을 선택해야 합니다. 특정한 영역을 틀 고정해 놓으면 시트가 움직이더라도 특정 영역은 워크시트 화면에 그대로 고정되어 있습니다.

 **준비 파일** Part02\Chapter01\Section03\부서별성적.xlsx    **완성 파일** Part02\Chapter01\Section03\부서별성적_완성.xlsx

01_ 준비 파일을 엽니다. 틀 고정을 원하는 [B3] 셀을 선택하고 [보기] 탭-[창] 그룹-[틀 고정]을 선택한 다음 [틀 고정]을 선택합니다.

> **TIP**
>
> 데이터의 양이 많은 시트는 한 화면에 전체 데이터를 모두 표시할 수 없습니다. 틀 고정을 해 놓으면 시트를 스크롤하는 동안 시트 일부가 고정되어 데이터를 확인하거나 입력할 때에 편리합니다.

02_ [B3] 셀을 기준으로 고정선이 생깁니다. 스크롤 바를 이동해 보면 고정선을 기준으로 셀들이 고정됩니다.

> **TIP**
>
> 하나의 행만 잠그려면 [보기] 탭-[창] 그룹-[틀 고정]을 클릭하여 [첫 행 고정]을 클릭하며, 하나의 열만 잠그려면 [첫 열 고정]을 클릭합니다.

03_ [보기] 탭-[창] 그룹-[틀 고정]을 선택한 다음 [틀 고정]-[틀 고정 취소]를 선택합니다.

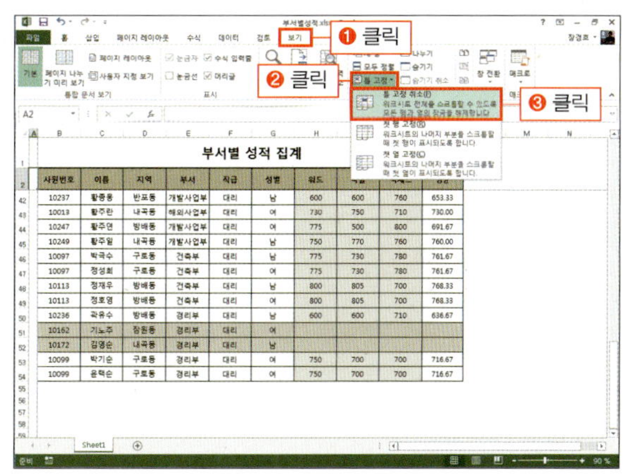

04_ 이번에는 창 나누기를 해 보겠습니다. [G7] 셀을 선택한 다음 [보기] 탭–[창] 그룹–[나누기]를 선택합니다.

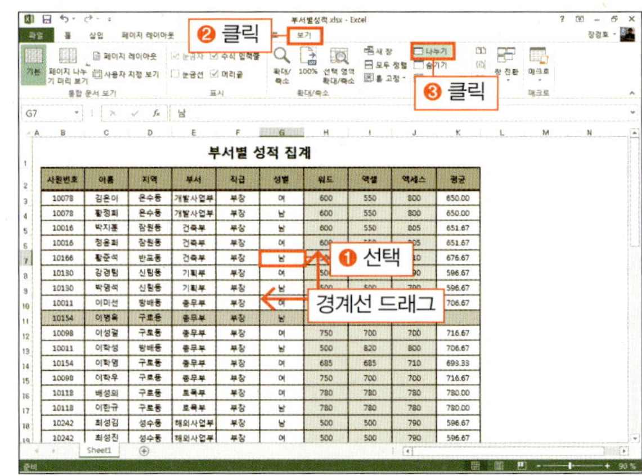

05_ 워크시트가 4개의 영역으로 분할됩니다. 각 영역별로 창이 나누어졌으며 경계선을 드래그하면 창 영역의 크기를 조절할 수 있습니다.

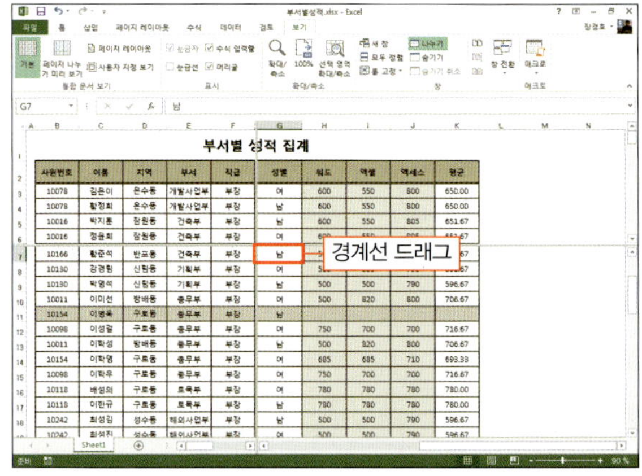

06_ 네 번째 창에서 원하는 영역을 선택하거나 드래그해 봅니다. 다른 창과의 셀 값을 서로 비교해 볼 수 있습니다.

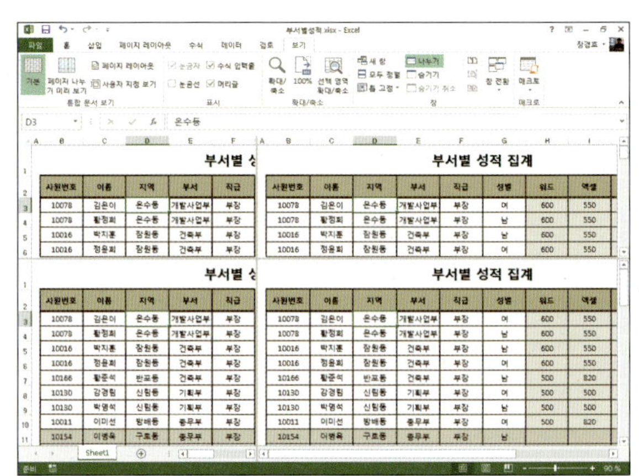

:: 워크시트를 그림으로 붙여넣기

워크시트의 표나 데이터를 그림 형식으로 지정할 수 있습니다. 일반적인 그림으로 붙여넣을 수 있으며 데이터를 연결하여 붙여넣을 수도 있습니다.

준비 파일 Part02\Chapter01\Section03\분기별판매량.xlsx

완성 파일 Part02\Chapter01\Section03\분기별판매량_완성.xlsx

01_ 준비 파일을 엽니다. [B3:G7] 영역을 드래그하여 선택합니다. [홈] 탭–[클립보드] 그룹에서 [복사]의 화살표를 클릭한 후 [그림으로 복사]를 클릭합니다. [그림 복사] 대화상자가 나타나면 [모양]–[화면에 표시된 대로]를 선택한 후 [확인]을 클릭합니다.

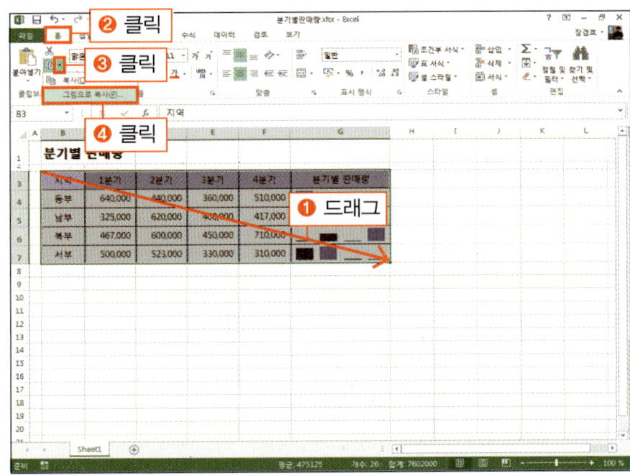

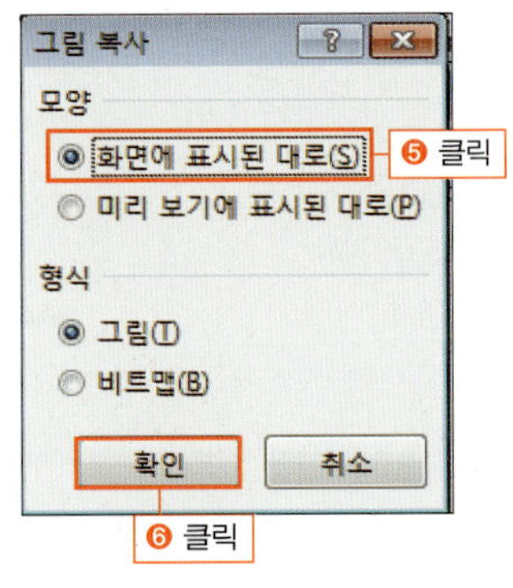

02_ [B9] 셀을 클릭한 후 [홈] 탭–[붙여넣기] 윗 부분을 클릭합니다. [B3:G7] 영역이 그림으로 붙여넣기 됩니다.

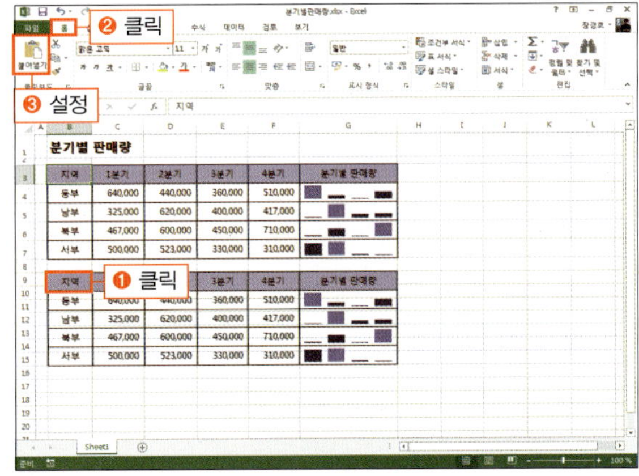

TIP

그림으로 붙여넣기를 하면 붙여넣기할 셀 영역에 상관없이 원본 셀 크기와 동일한 크기로 붙여넣기됩니다.

03_ 이번에는 연결된 그림 붙여넣기를 해 보겠습니다. [B3:G7] 영역을 드래그하여 선택한 후 [홈] 탭-[클립보드] 그룹에서 [복사]를 클릭하거나 Ctrl + C 를 누릅니다.

연결된 그림 붙여넣기의 경우 원본 데이터의 내용이 변경되면 붙여넣은 그림의 데이터도 함께 연동되어 변경됩니다.

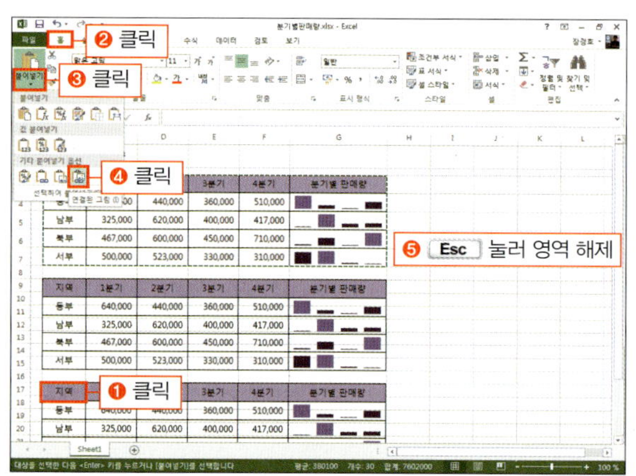

04_ [B17] 셀을 선택한 후 [홈] 탭-[클립보드] 그룹에서 [붙여넣기] 아랫부분을 클릭한 후 [선택하여 붙여넣기]-[기타 붙여넣기 옵션]에서 [연결된 그림]을 선택합니다. Esc 를 클릭해 영역을 해제합니다.

05_ 원본 데이터의 값을 변경해 보겠습니다. [C4] 셀의 값을 선택해 『800,000』을 입력합니다. [연결된 그림]으로 붙여넣은 그림에만 값이 변경되어 표시됩니다.

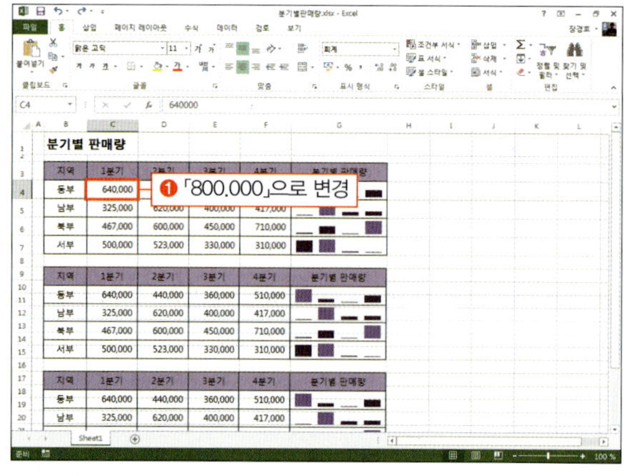

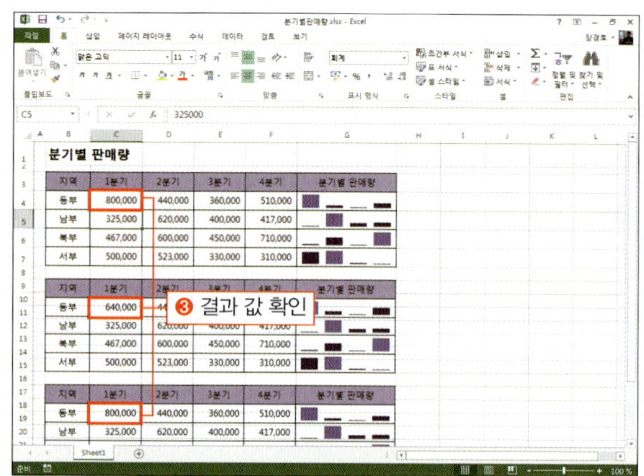

빠른 채우기로 셀 분리하기

빠른 채우기는 하나의 셀에 있는 데이터를 여러 개로 나눌 수 있는 기능입니다. 동일한 패턴으로 구성된 셀 값일 경우 셀에 데이터를 모두 입력하지 않아도 쉽게 데이터를 채워 넣을 수 있습니다.

 준비 파일 Part02₩Chapter01₩Section01₩빠른채우기.xlsx

 완성 파일 Part02₩Chapter01₩Section01₩빠른채우기_완성.xlsx

01 준비 파일을 엽니다. 여기서는 [B]열에 입력되어 있는 제품번호를 분리해 빠른 채우기를 통해 빠르게 채워 보도록 하겠습니다. 먼저 [B]열을 복사해 다른 열에 데이터 값만 붙여넣기해 보겠습니다. [B5:B20] 셀 영역을 드래그하여 선택한 후 Ctrl +C를 누릅니다. [I5] 셀을 클릭한 후 Ctrl +V를 누른 후 [붙여넣기 옵션]((Ctrl)▼)을 눌러 [값 붙여넣기]–[값]을 선택합니다.

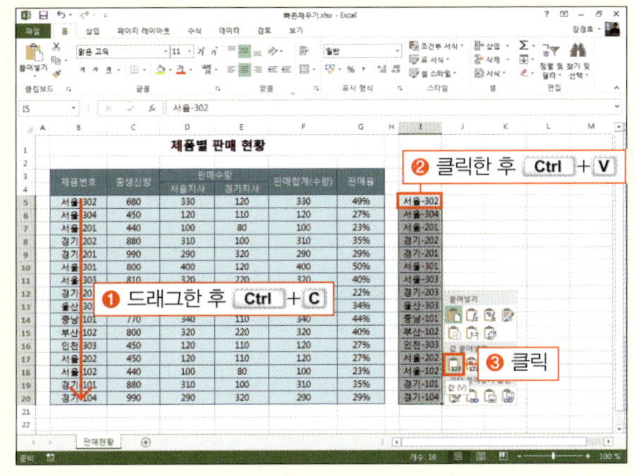

02 셀 서식이 모두 삭제된 채 셀 내용만 붙여넣기 됩니다. [J5] 셀을 선택한 후 『서울』을 입력한 후 Enter 를 누릅니다. [J6] 셀을 선택한 후 [데이터] 탭–[데이터 도구] 그룹–[빠른 채우기]를 클릭합니다.

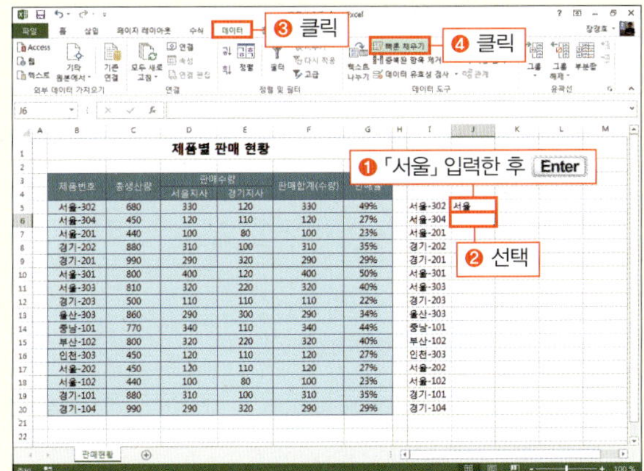

[빠른 채우기] 기능의 경우 입력된 문자의 개수나 패턴이 일정할 경우 정확한 결과를 반환하지만, 그렇지 못할 경우 정확한 결과가 반환되지 않습니다.

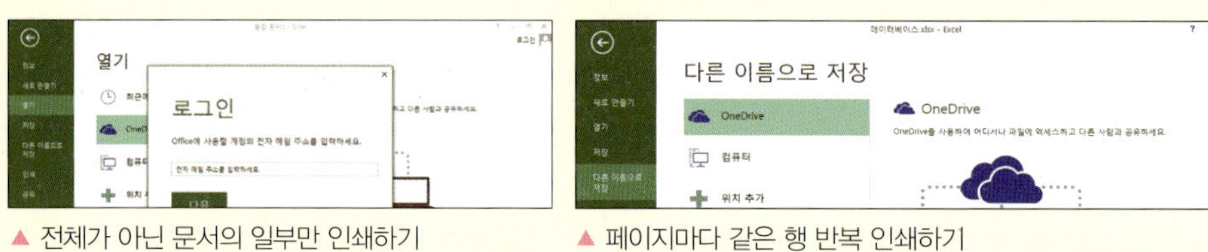

▲ 전체가 아닌 문서의 일부만 인쇄하기　　　　▲ 페이지마다 같은 행 반복 인쇄하기

03 데이터가 자동으로 채워집니다. 동일한 패턴으로 구성된 셀 값이 존재한다면 데이터를 모두 입력하지 않아도 데이터가 자동으로 채워집니다.

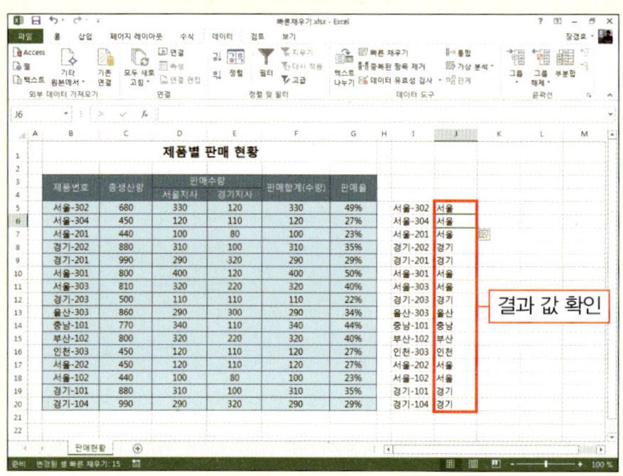

04 이번에는 [K5] 셀을 선택한 후 『302』를 입력한 후 Enter 를 누릅니다. [K6] 셀을 선택한 후 『3』을 입력하면 연관된 데이터가 자동으로 나타납니다. Enter 를 누릅니다.

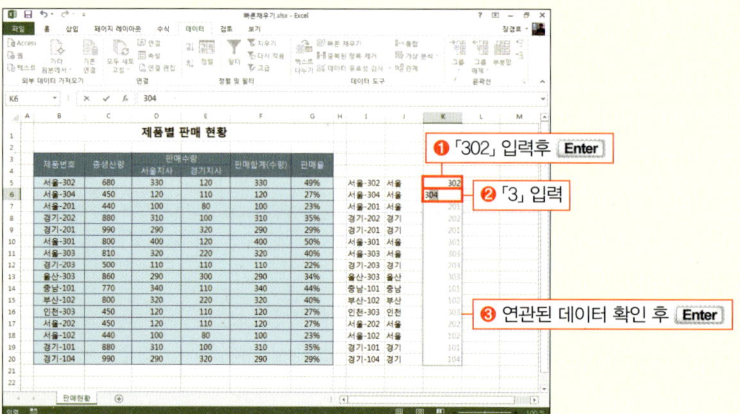

05 데이터가 자동으로 채워집니다.

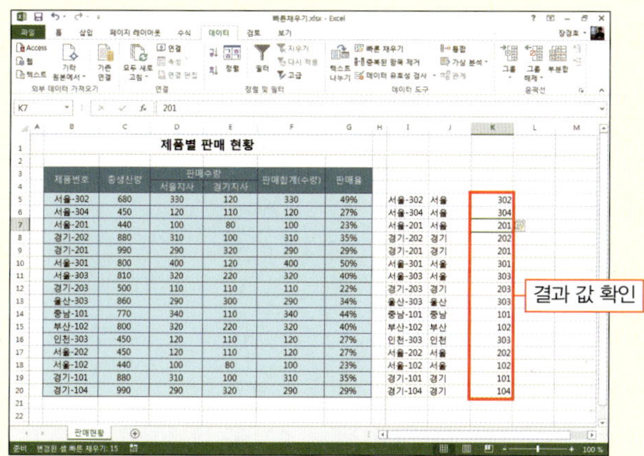

> **TIP**
>
> [빠른 채우기] 기능의 경우 입력된 문자의 개수나 패턴이 일정할 경우 정확한 결과를 반환하지만, 그렇지 못할 경우 정확한 결과가 반환되지 않습니다.

체크 해 봐요

◎ 준비파일 : Part02\Chapter01\Check\견적서.xlsx

◎ 완성파일 : Part02\Chapter01\Check\견적서_완성.xlsx

셀이나 표를 복사하면 다양한 붙여넣기 옵션을 설정할 수 있습니다. 여기서는 [공급자] 시트에 있는 공급자란을 복사하여 [견적서] 시트에 그림으로 붙여넣기 해 봅니다.

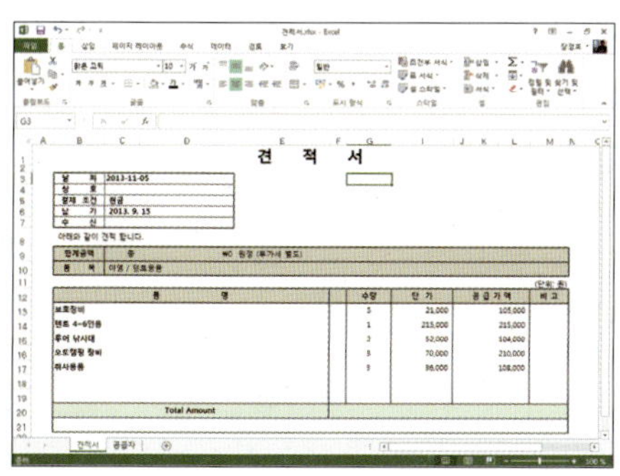

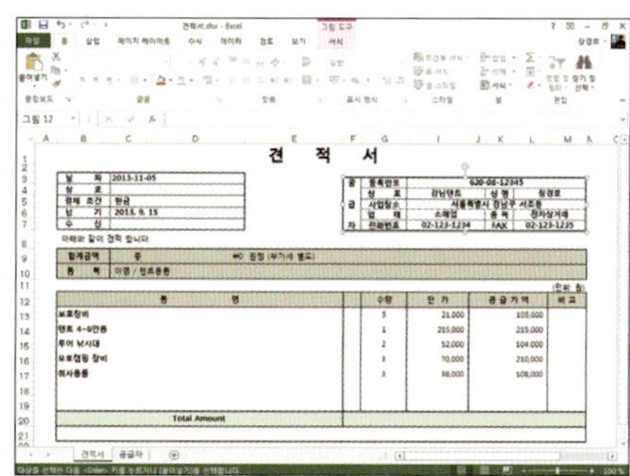

힌트

❶ 그림으로 붙여넣기할 셀 영역을 선택한 후 복사합니다.

❷ [홈] 탭–[클립보드] 그룹에서 [붙여넣기] 아랫부분을 클릭한 후 [그림으로 붙여넣기]를 선택합니다.

❸ 실습 따라하기 : 부록CD/Part02/Chapter01/실습08.docx

문서 서식과 인쇄하기

엑셀에는 다양한 셀 서식을 지정하거나 스타일을 변경할 수 있습니다. 또한, 조건부 서식을 지정하여 데이터를 강조하거나 서식 규칙을 지정하여 특정 영역에만 서식을 지정할 수 있습니다. 이번 챕터에서는 문서 서식을 지정하는 방법을 비롯해 인쇄 관련 기능에 대해서 살펴보도록 하겠습니다.

Section 1. 문서 서식 활용하기

Section 2. 페이지 레이아웃과 인쇄 살펴보기

문서 서식 활용하기

엑셀의 대부분의 서식은 [셀 서식] 대화상자를 이용하여 지정할 수 있습니다. [셀 서식] 대화상자를 통해 지정하지 않더라도 표 서식이나 테마 갤러리를 이용해 다양한 서식을 지정할 수 있습니다. 이번 섹션에서는 작성한 문서에 서식을 지정하는 방법에 대해서 살펴보도록 하겠습니다.

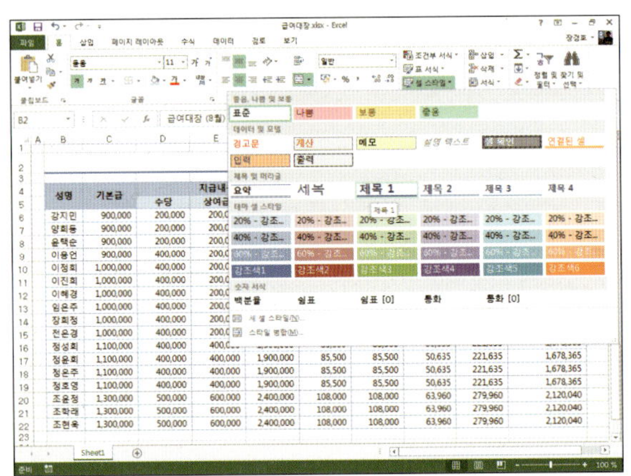

▲ 셀 병합하고 제목 꾸미기

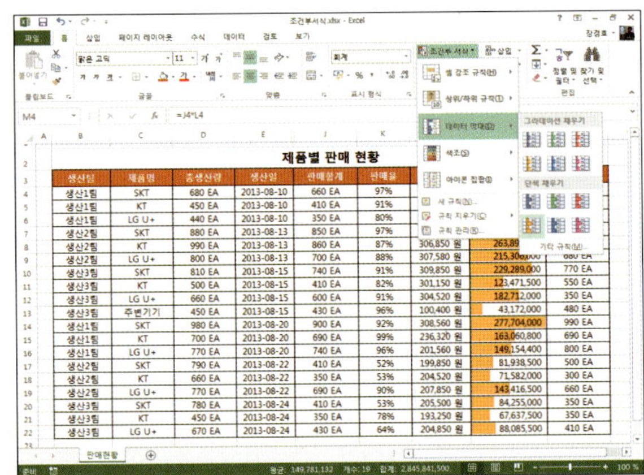

▲ 조건부 서식을 이용하여 데이터 강조하기

이번 섹션에서 배울 주요 내용

- 셀 병합하고 제목 꾸미기
- 표시 형식 변경하기
- 표 만들고 스타일 변경하기
- 셀 스타일과 테마 적용하기
- 표 서식을 일반 서식으로 변경하기
- 조건부 서식을 이용하여 데이터 강조하기
- 원하는 텍스트에 조건부 서식 지정하기
- 수식으로 조건부 서식 만들기

:: 셀 병합하고 제목 꾸미기

[병합하고 가운데 맞춤]을 클릭하면 여러 셀이 병합이 되어 하나의 셀로 만들어집니다. 또한, 셀 스타일을 통해 중요한 데이터를 시트에서 효과적으로 강조할 수 있습니다.

 준비 파일 Part02\Chapter02\Section01\급여대장.xlsx

 완성 파일 Part02\Chapter02\Section01\급여대장_완성.xlsx

01_ 준비 파일을 엽니다. 제목 셀을 병합하기 위해 [B2:K2]를 드래그하여 선택한 다음 [홈] 탭–[맞춤] 그룹–[병합하고 가운데 맞춤]을 클릭합니다.

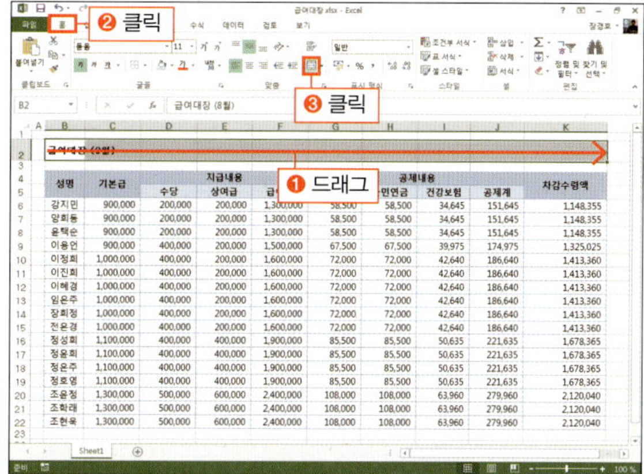

> **TIP**
>
> 셀 병합을 해제하려면 병합한 셀을 선택한 상태에서 [병합하고 가운데 맞춤]을 클릭하거나 [병합하고 가운데 맞춤] 화살표를 클릭하여 [셀 분할]을 선택합니다.

02_ 제목 셀이 병합됩니다. 제목 셀의 스타일을 변경하기 위해 [홈] 탭–[스타일] 그룹에서 [셀 스타일]을 클릭한 후 [제목 및 머리글]–[제목 1]을 선택합니다. 제목 셀의 스타일이 변경됩니다.

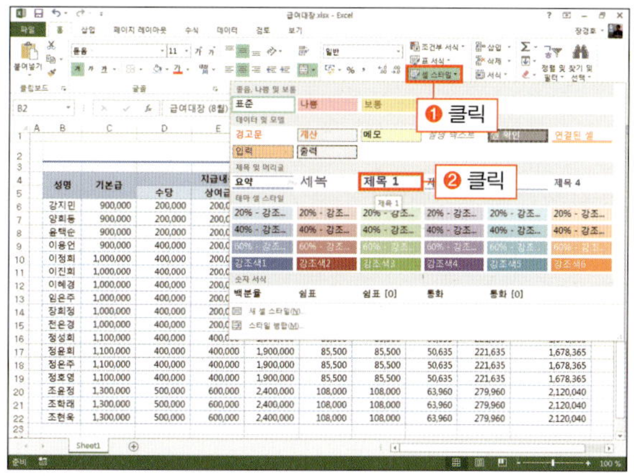

:: 표시 형식 변경하기

입력한 데이터는 백분율, 통화, 날짜나 회계 형식으로 변경할 수 있습니다. [표시 형식] 그룹이나 [셀 서식] 대화상자를 이용하면 다양한 형태의 표시 형식을 선택하고 변경할 수 있습니다.

01_ 준비 파일을 열거나 이어서 진행합니다. [C6:K22] 영역을 드래그하여 선택합니다. [홈] 탭–[표시 형식] 그룹에서 대화상자 표시 아이콘(▣)을 클릭합니다. [셀 서식] 대화상자가 나타나면 [범주]에서 [통화]를 선택합니다. [기호]의 화살표를 클릭한 후 [₩]를 선택합니다. [확인]을 클릭합니다.

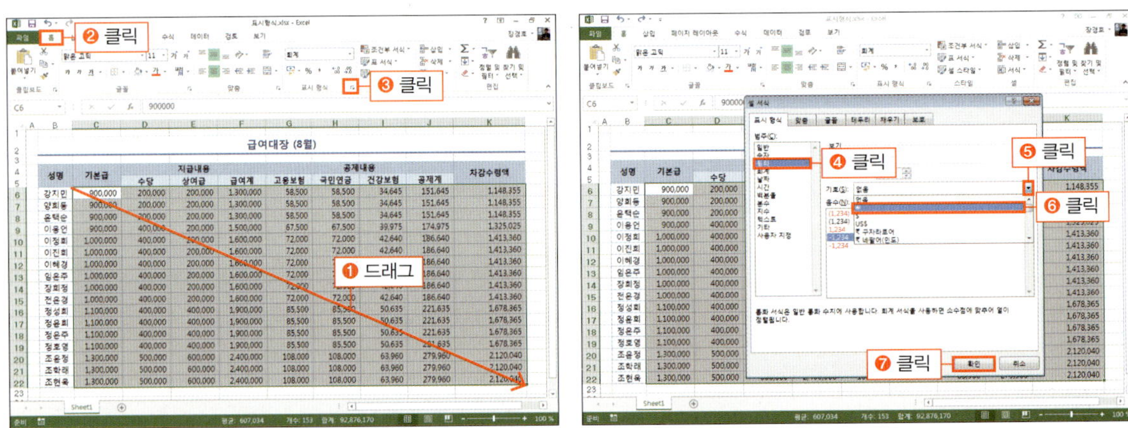

02_ 표시 형식이 통화 형식으로 변경됩니다. 이번에는 회계 표시 형식으로 변경해 보겠습니다. [홈] 탭–[표시 형식] 그룹에서 [통화]의 화살표를 클릭한 후 [회계]를 선택합니다. 변경된 표시 형식을 확인합니다.

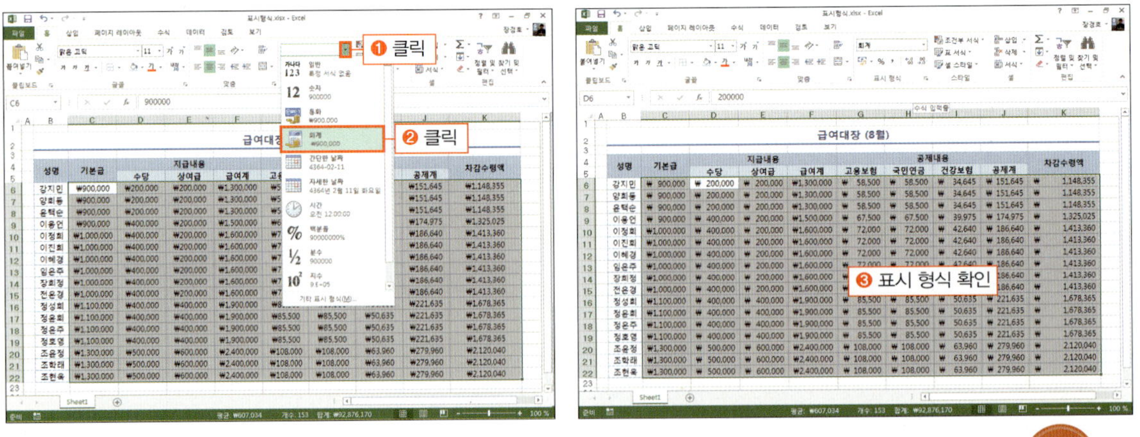

> **TIP**
>
> 통화 표시 형식은 일반 통화 수치에 사용됩니다. 회계 표시 형식을 사용하게 되면 소수점에 맞추어 열이 정렬됩니다. 그렇기에 급여대장과 같은 시트는 회계 표시 형식을 사용하는 것이 좋습니다.

:: 표 만들고 스타일 변경하기

표를 만든 후 스타일을 지정하면 [표 도구]의 상황별 탭인 [디자인] 탭이 나타납니다. [디자인] 탭에서는 보다 다양한 표 서식을 지정할 수 있습니다.

01_ 준비 파일을 엽니다. 데이터가 입력된 셀 하나를 선택한 후 [삽입] 탭-[표] 그룹에서 [표]를 클릭합니다. [표 만들기] 대화상자가 나타나면 셀 범위가 제대로 지정되어 있는지 확인한 후 [확인]을 클릭합니다.

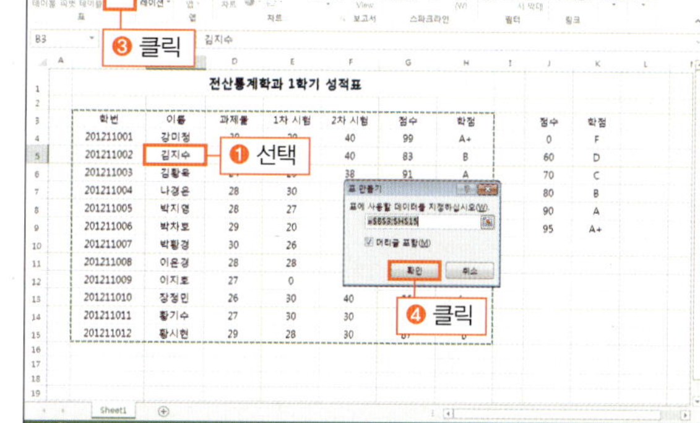

> **TIP**
> [표 만들기] 대화상자에서 [머리글 포함]을 체크 해제했을 경우, 머리글도 데이터로 인식하게 됩니다.

02_ 표 스타일이 적용됩니다. 표로 전환되면 표의 마지막 열에 데이터를 입력할 경우 표 스타일이 자동으로 적용됩니다. [B16]셀을 선택하고 『201211013』을 입력한 후 Enter 를 누릅니다.

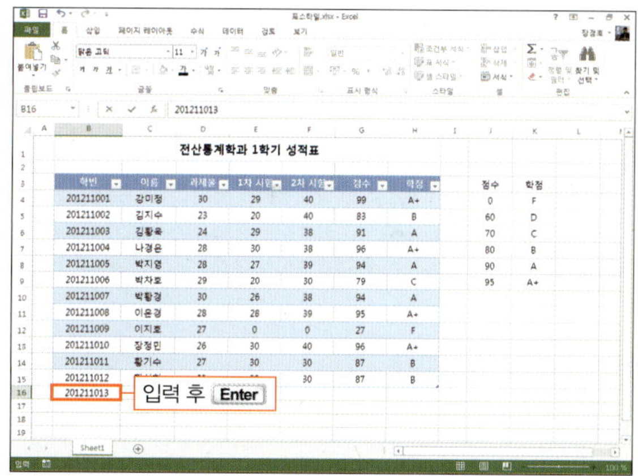

> **TIP**
> 표 스타일은 [홈] 탭-[스타일] 그룹의 [표 서식]을 클릭해도 지정할 수 있습니다.

03_ 자동으로 입력한 데이터가 표 영역에 포함되며, 셀 서식이 적용되는 것을 확인할 수 있습니다. [자동 고침 옵션](🗲)을 클릭하면 입력할 때 자동 서식을 지정할지 선택할 수 있습니다. [표 자동 확장 취소]나 [표 자동 확장 중지]를 클릭하면 데이터를 추가할 때 자동으로 셀 서식이 적용되지 않습니다.

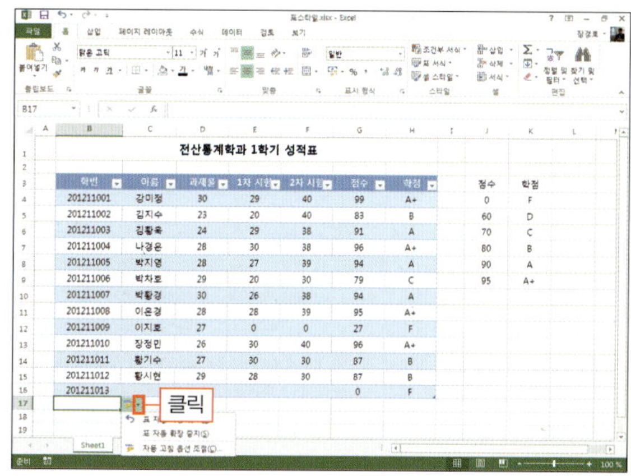

04_ 적용한 표 스타일은 얼마든지 다른 스타일로 변경할 수 있습니다. 표 안에 셀을 하나 선택한 후 [표 도구]-[디자인] 상황별 탭에서 [표 스타일] 그룹의 [자세히]를 클릭한 후 원하는 스타일을 선택합니다.

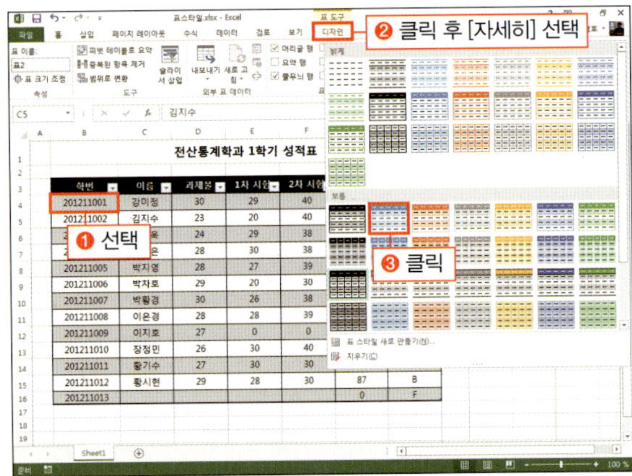

[자동 고침 옵션]()이 나타나지 않을 경우

[자동 고침 옵션](📋)에서 [표 자동 확장 중지]를 클릭했다면 [자동 고침 옵션](📋)이 앞으로 나타나지 않습니다. [파일] 탭-[옵션]을 클릭하여 [Excel 옵션] 대화상자를 불러옵니다. [언어 교정]을 클릭한 후 [자동 고침 옵션]을 눌러 [자동 고침] 대화상자를 불러옵니다. [입력할 때 자동 서식] 탭에서 [표에 새 탭 및 열 포함]에 체크표시를 한 후 [확인]을 클릭하면 [자동 고침 옵션]을 다시 불러올 수 있습니다.

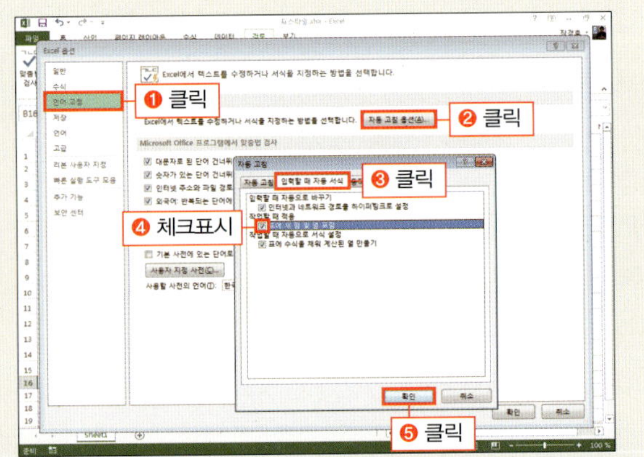

:: 셀 스타일과 테마 적용하기

표 스타일과 마찬가지로 셀에도 스타일을 지정할 수 있으며, 테마를 통해 전체 스타일을 한 번에 변경할 수 있습니다.

준비 파일 Part02₩Chapter02₩Section01₩셀스타일.xlsx

완성 파일 Part02₩Chapter02₩Section01₩셀스타일_완성.xlsx

01_ 준비 파일을 열거나 이어서 진행합니다. 셀 스타일을 변경하기 위해 [J3:K9] 영역을 마우스로 드래그하여 선택한 다음 [홈] 탭-[스타일] 그룹-[셀 스타일]을 클릭하고 [데이터 및 모델]-[계산]을 선택합니다. 셀 스타일이 적용됩니다.

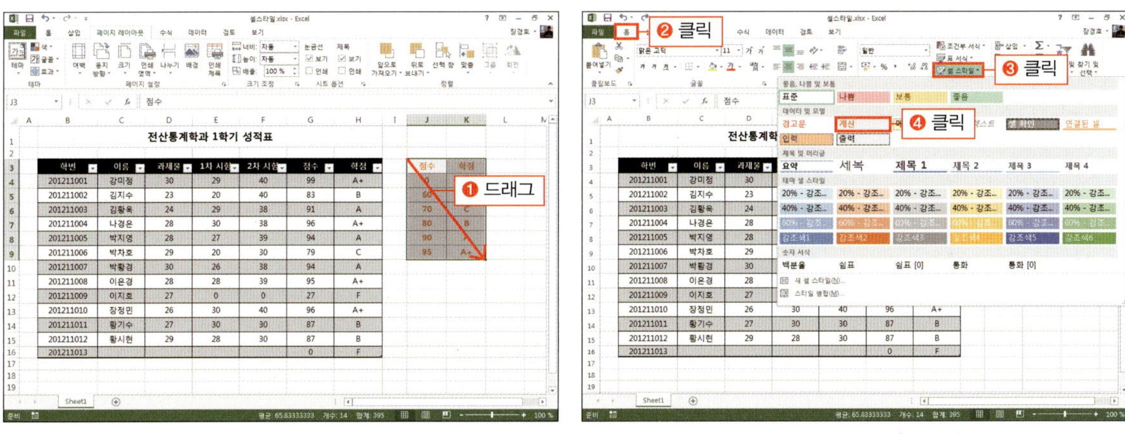

02_ 이번에는 시트 전체에 테마를 적용해 보겠습니다. [페이지 레이아웃] 탭-[테마] 그룹-[테마]를 클릭한 다음 [깊이]를 선택합니다. 글꼴이나 색상 등 표의 모든 서식이 한 번에 변경됩니다.

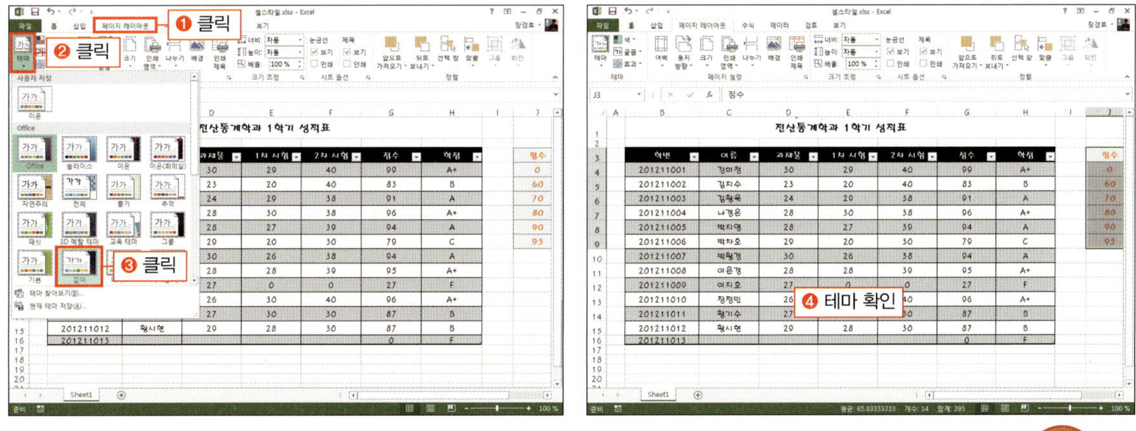

> **TIP**
>
> [테마] 그룹에는 [테마] 이외에도 [색]과 [글꼴], [효과]를 선택할 수가 있습니다. [테마]를 적용하면 한 번에 전체 스타일을 변경할 수 있지만 [색], [글꼴], [효과]를 선택하면 각각의 서식을 개별적으로 지정할 수 있습니다.

> **TIP**
>
> [테마] 기능은 엑셀, 파워포인트, 워드 등 오피스 2013의 공통 기능이므로 [테마] 그룹에 대해서 더 자세히 알고 싶다면 Part 3. 파워포인트 편의 150페이지를 참조하시기 바랍니다.

:: 표 서식을 일반 서식으로 변경하기

표 서식을 적용하면 표가 확장되어도 자동으로 서식이 적용되어 편리하지만 때에 따라서는 일반 서식이 편리할 때가 있습니다. 일반 서식으로 변경되어도 적용하였던 표 서식은 그대로 남아 있습니다.

 준비
파일 Part02₩Chapter02₩Section01₩일반서식.xlsx

완성
파일 Part02₩Chapter02₩Section01₩일반서식_완성.xlsx

01_ 준비 파일을 엽니다. 표 서식이 지정된 임의의 셀을 선택한 다음 [표 도구]–[디자인] 상황별 탭에서 [도구] 그룹에서 [범위로 변환]을 클릭합니다. [표를 정상 범위로 변환하시겠습니까?] 라는 경고 창이 나타나면 [예]를 클릭합니다.

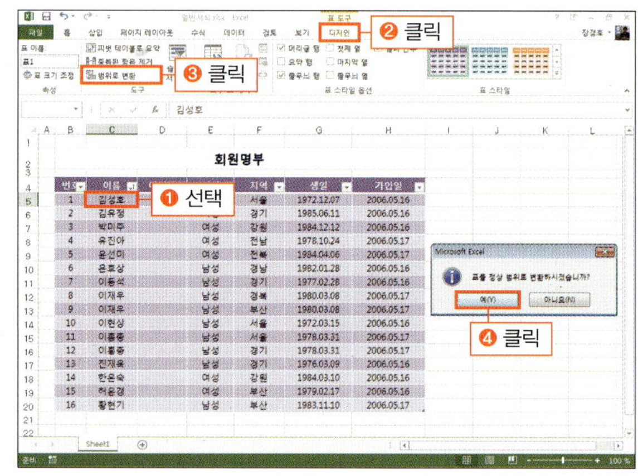

02_ 표가 범위로 변환됩니다. 즉, 일반 서식으로 변경되어 표시됩니다.

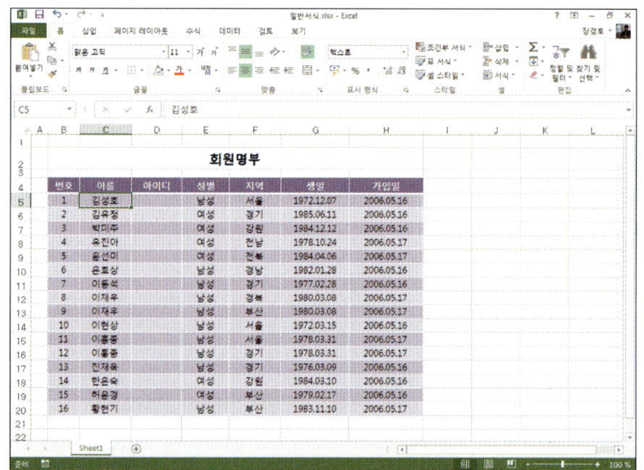

TIP

표 서식과 일반 서식의 가장 큰 차이점은 표 서식의 경우 [표 도구]–[디자인] 상황별 탭이 표시되어 다양한 표 관련 서식을 지정할 수 있지만 일반 서식은 상황별 탭이 표시되지 않습니다.

:: 조건부 서식을 이용하여 데이터 강조하기

조건부 서식을 적용하면 특정 조건에 해당하는 셀이나 셀 범위가 시각적으로 표시되어 패턴을 분석하거나 원하는 사항을 쉽게 확인할 수 있습니다.

Part02₩Chapter02₩Section01₩조건부서식.xlsx

Part02₩Chapter02₩Section01₩조건부서식_완성.xlsx

01_ 준비 파일을 엽니다. [M4:M22] 셀을 드래그하여 선택하고 [홈] 탭–[스타일] 그룹–[조건부 서식]을 클릭한 다음 [데이터 막대]–[그라데이션 채우기]–[주황 데이터 막대]를 선택합니다.

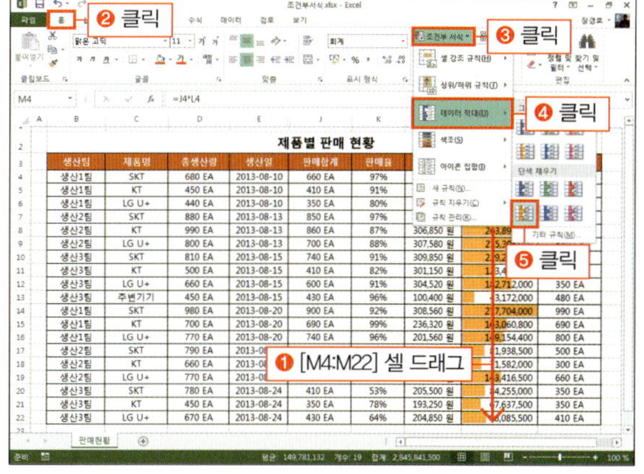

02_ 데이터 막대가 표시됩니다. 이번에는 새 규칙을 적용하여 특정 값에 다른 조건부 서식을 적용해 보도록 하겠습니다. [홈] 탭–[스타일] 그룹–[조건부 서식]을 클릭한 다음 [새 규칙]을 선택합니다.

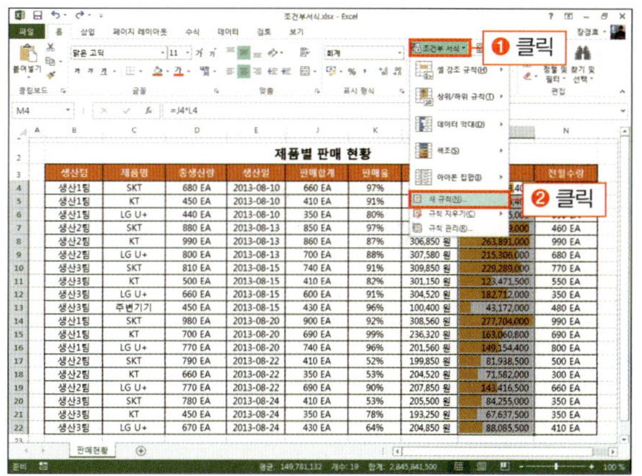

03_ [새 서식 규칙] 대화상자가 나타나면 [규칙 유형 선택]에서 [상위 또는 하위 값만 서식 지정]을 선택한 다음 [규칙 설명 편집]을 [상위]를 선택하고 『30』을 입력한 다음 [% 이내]에 체크 표시를 합니다. [서식]을 클릭합니다. [셀 서식] 대화상자가 나타나면 [글꼴] 탭에서 [색] 화살표를 클릭한 후 [빨강]을 선택한 다음 [확인]을 클릭합니다.

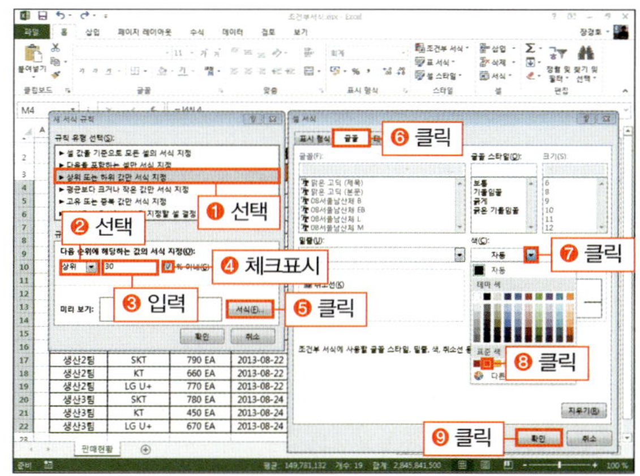

04_ [새 규칙 서식] 대화상자의 미리 보기 항목에 서식이 지정된 것을 확인한 다음 [확인]을 클릭합니다.

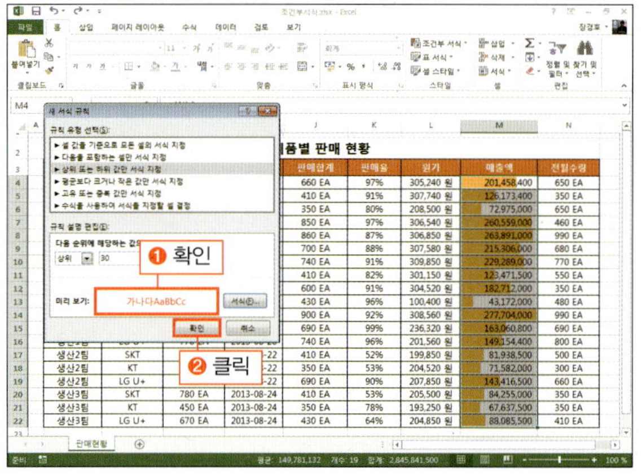

05_ 상위 10% 안에 드는 매출액에 서식이 적용되는 것을 확인할 수 있습니다.

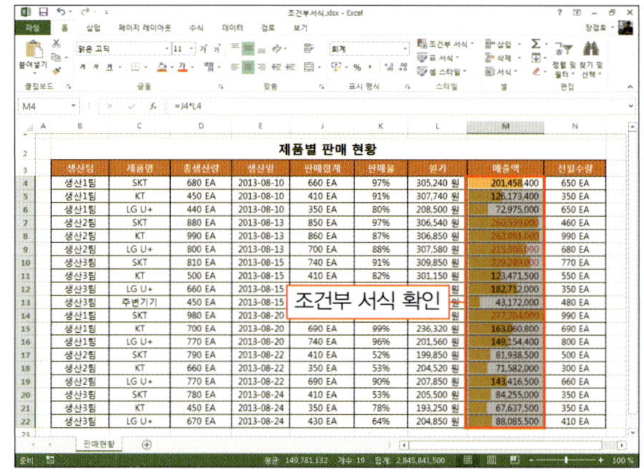

:: 원하는 텍스트에 조건부 서식 지정하기

셀 강조 규칙의 텍스트 포함 항목을 통해 셀에 포함된 텍스트에 조건부 서식을 지정할 수 있습니다.

 준비 파일 Part02₩Chapter02₩Section01₩조건부서식_텍스트.xlsx　　 완성 파일 Part02₩Chapter02₩Section01₩조건부서식_텍스트_완성.xlsx

01_ 준비 파일을 열거나 이어서 진행합니다. [B4:B22] 영역을 마우스로 드래그하여 선택한 후 [홈] 탭–[스타일] 그룹에서 [조건부 서식]–[셀 강조 규칙]–[텍스트 포함]을 차례대로 선택합니다.

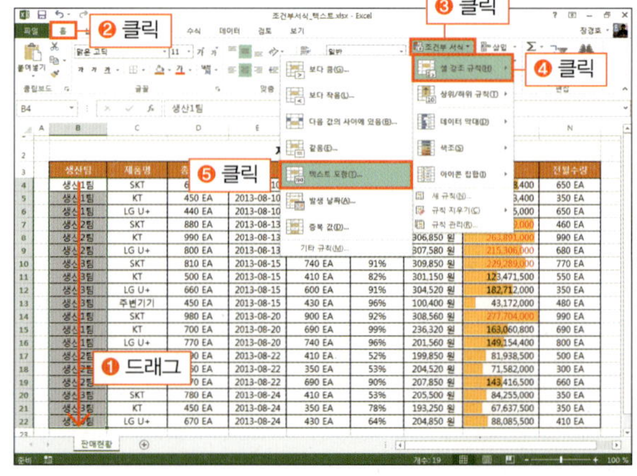

02_ [텍스트 포함] 대화상자가 표시되면 [셀 항목]에 『생산2팀』을 입력합니다. [적용할 서식]에 [진한 빨강 텍스트가 있는 연한 빨강 채우기]를 선택한 후 [확인]을 클릭합니다. '생산2팀'이라는 텍스트에 조건부 서식이 지정됩니다.

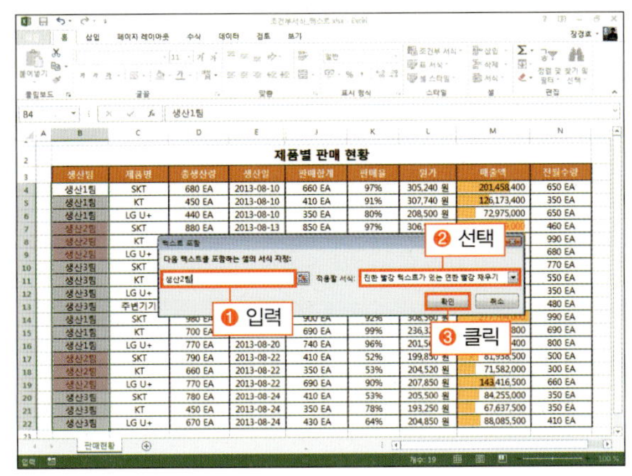

:: 수식으로 조건부 서식 만들기

수식을 이용하여 조건부 서식을 만들면 해당하는 값이 특정 조건을 넘으면 자동으로 서식을 지정되게 만들 수 있습니다. 예를 들어, 판매율이 90% 이상인 항목에만 조건부 서식을 지정할 수 있습니다.

 준비파일 Part02₩Chapter02₩Section01₩조건부서식_수식.xlsx　　 완성파일 Part02₩Chapter02₩Section01₩조건부서식_수식_완성.xlsx

01_ 준비 파일을 열거나 이어서 진행합니다. [K4] 셀을 선택한 다음 Ctrl + Shift + ↓ 을 눌러 범위를 지정합니다. [홈] 탭–[스타일] 그룹–[조건부 서식]을 클릭한 다음 [새 규칙]을 선택합니다.

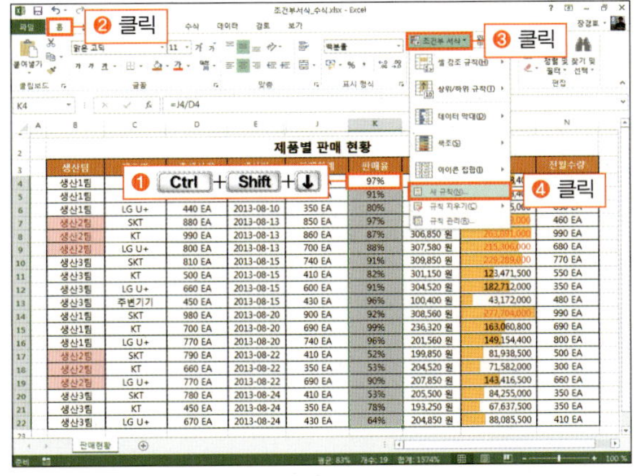

> **TIP**
> 연속된 셀 범위는 마우스로 드래그하여 셀 범위를 지정하지 않더라도 Ctrl + Shift + ↓ , Ctrl + Shift + → 등을 눌러 지정할 수 있습니다.

02_ [새 서식 규칙] 대화상자가 나타나면 [규칙 유형 선택]에서 [수식을 사용하여 서식을 지정할 셀 결정]을 선택합니다. [다음 수식이 참인 값의 서식 지정]에 『=K4>=0.9』을 입력한 후 [서식]을 클릭합니다.

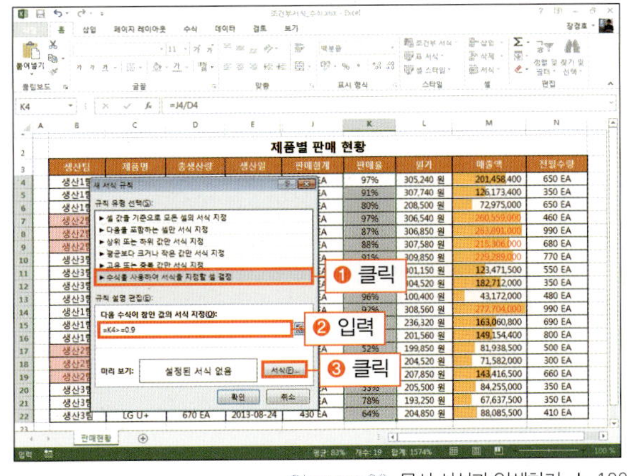

03_ [셀 서식] 대화상자가 나타나면 [채우기] 탭을 클릭한 후 원하는 색상을 선택한 후 [확인]을 클릭합니다. [서식 규칙 편집] 대화상자에서도 [확인]을 클릭합니다.

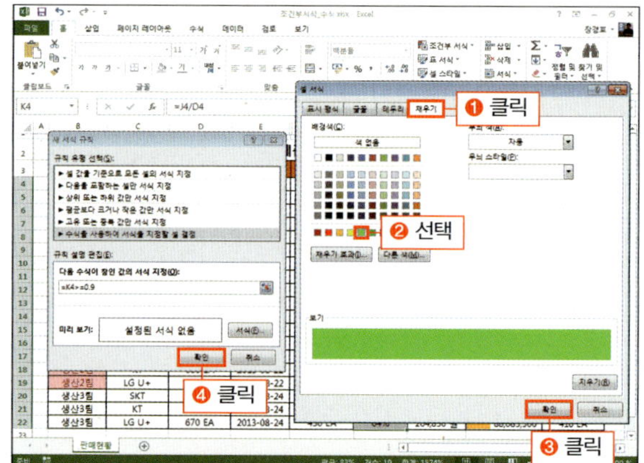

04_ 판매율이 90% 이상인 셀 영역에 조건부 서식이 지정됩니다.

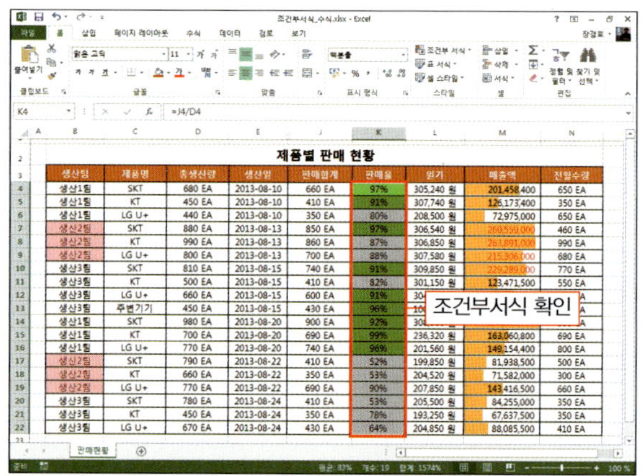

꼭!! 알고가기

조건부 서식이 지정된 모든 셀 찾기

데이터가 많은 워크시트의 경우 조건부 서식이 지정된 셀을 찾기가 힘든 경우도 발생합니다. 이럴 경우 [찾기 및 선택]을 이용하여 조건부 서식이 지정된 모든 셀을 찾을 수 있습니다. [홈] 탭-[편집] 그룹-[찾기 및 선택]-[조건부 서식]을 선택합니다. 조건부 서식이 지정된 모든 셀이 검색됩니다.

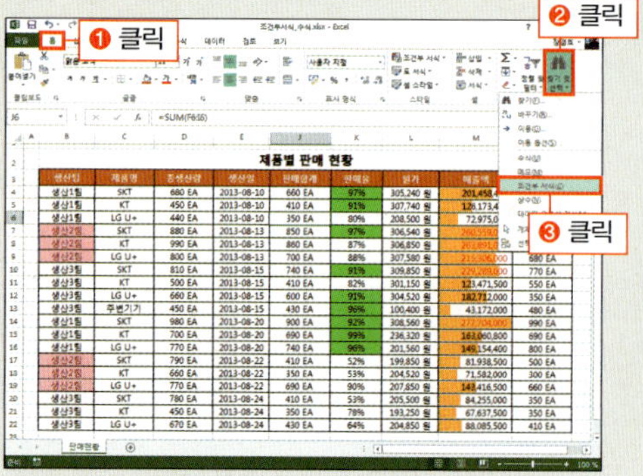

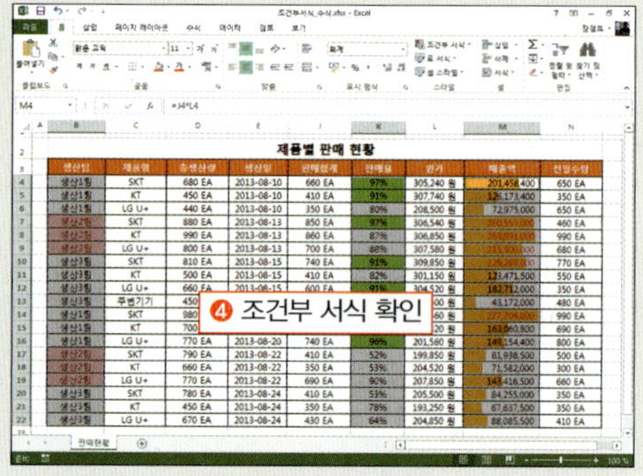

빠른 분석 도구를 통해 조건부 서식 지정하기

엑셀 2013에 새롭게 등장한 빠른 분석 도구를 통해 조건부 서식을 빠르게 적용할 수 있습니다. 데이터 범위를 선택하면 자동으로 빠른 분석 도구가 선택한 범위 하단 오른쪽에 표시되며, 이를 통해 조건부 서식이나 차트, 표, 스파크라인 등을 선택할 수 있습니다.

준비파일 Part02₩Chapter02₩Section01₩빠른분석도구.xlsx

완성파일 Part02₩Chapter02₩Section01₩빠른분석도구_완성.xlsx

01 준비 파일을 엽니다. [D5:G13] 영역을 드래그하여 선택하면 데이터 하단에 [빠른 분석](🔳) 아이콘이 표시됩니다. [빠른 분석](🔳) 아이콘을 클릭합니다.

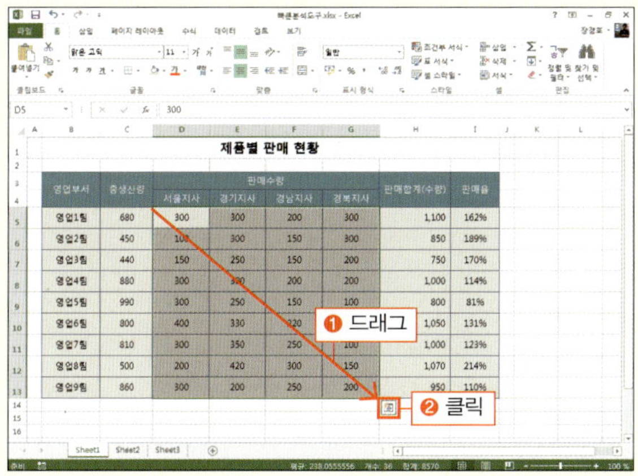

02 다양한 분석 도구가 나타나면 [서식] 탭의 [아이콘 집합]을 클릭합니다.

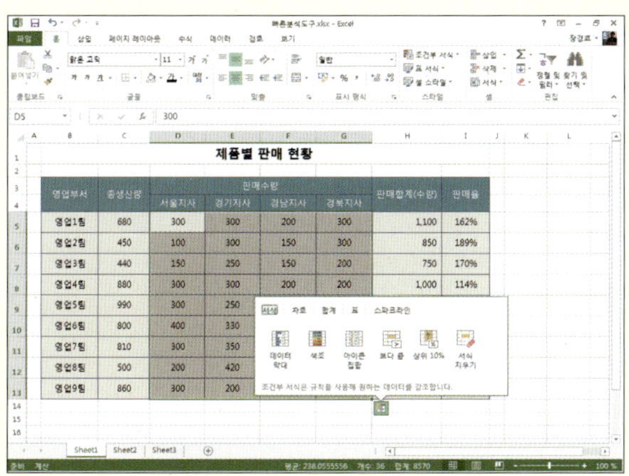

03 선택한 영역에 아이콘 집합 서식이 적용됩니다.

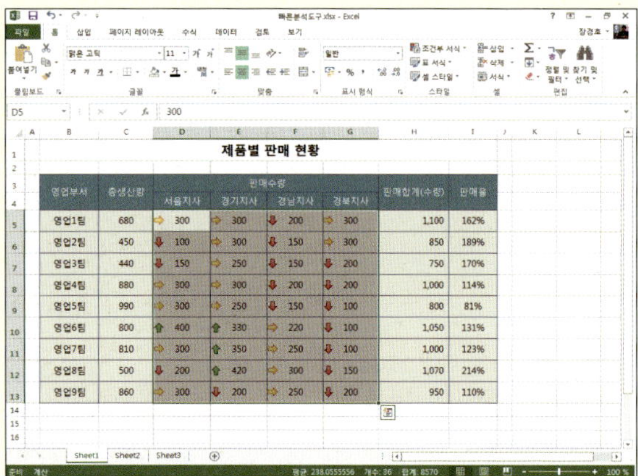

🔒 **체크해 봐요**

◎ 준비파일 : Part02₩Chapter02₩Check₩합격자명단.xlsx

◎ 완성파일 : Part02₩Chapter02₩Check₩합격자명단_완성.xlsx

1차 합격자 명단 중에서 특정 셀에 조건부 서식을 지정하여 다른 색상이나 표식을 지정할 수 있습니다. 여기서는 평균 점수가 90점 이상인 셀에 조건부 서식을 지정해 보세요.

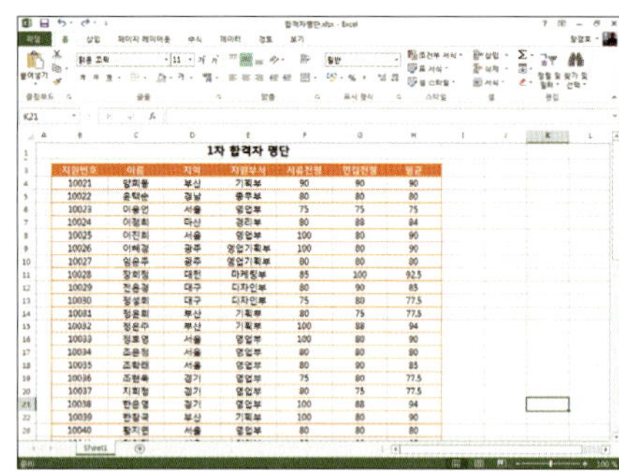

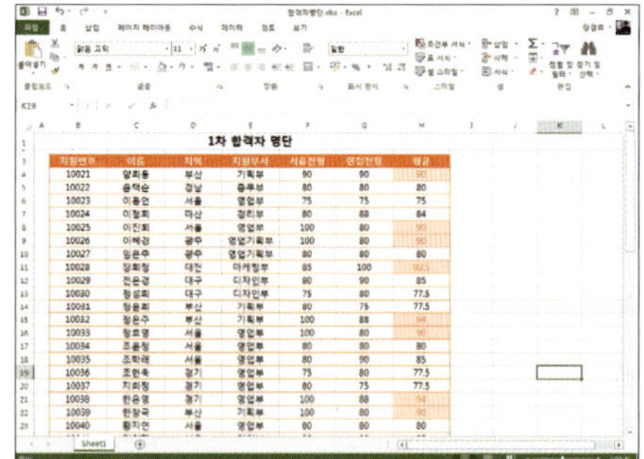

힌트

❶ 조건부 서식을 지정할 셀 영역을 선택한 후 [홈] 탭–[조건부 서식]을 클릭한 후 원하는 조건부 서식 형식을 선택합니다.

❷ 실습 따라하기 : 부록CD/Part02/Chapter02/실습09.docx

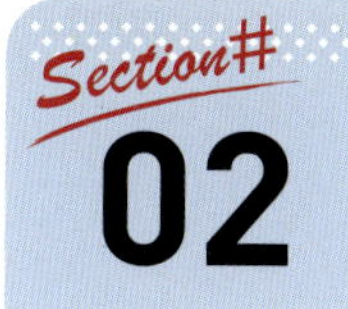

페이지 레이아웃과 인쇄 살펴보기

인쇄를 하기 전 반드시 인쇄 미리 보기를 통해 확인하는 것이 좋습니다. 인쇄와 관련된 기능은 [파일] 탭-[인쇄]에서 설정할 수 있습니다. 용지의 방향, 여백 그리고 인쇄 배율 등을 조정할 수 있으며, 미리 보기 화면을 통해 확대 혹은 축소하여 워크시트 내용을 확인할 수 있습니다.

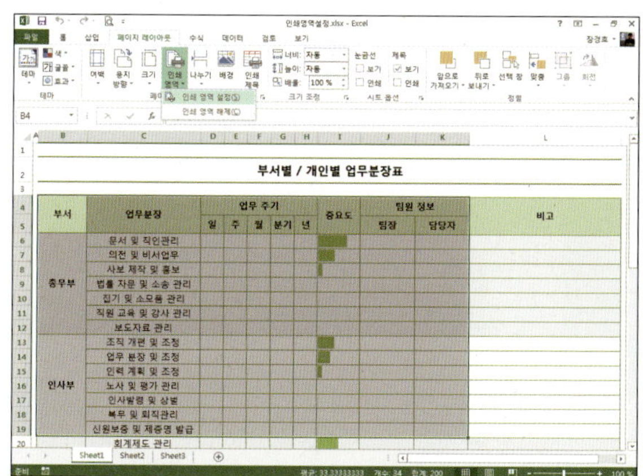

▲ 전체가 아닌 문서의 일부만 인쇄하기

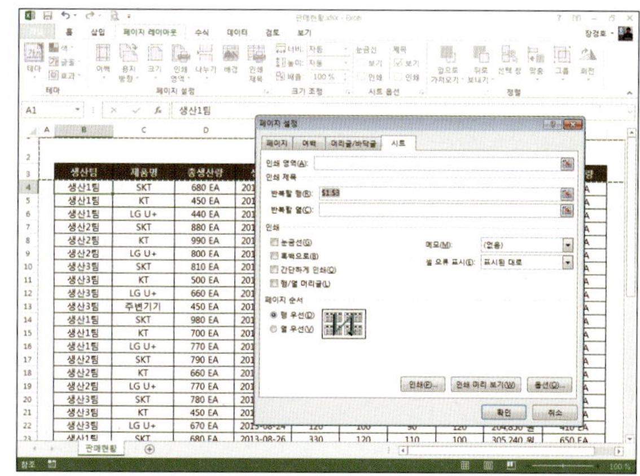

▲ 페이지마다 같은 행 반복 인쇄하기

이번 섹션에서 배울 주요 내용

- 인쇄 미리보기와 [페이지 설정] 대화상자
- 전체 화면 인쇄 미리 보기 추가하기
- 머리글 / 바닥글 설정하기
- 전체가 아닌 문서의 일부만 인쇄하기
- 페이지마다 같은 행 반복 인쇄하기

[파일] 탭–[인쇄]를 클릭하면 워크시트 문서를 인쇄할 수 있습니다. 여기서는 워크시트 문서를 인쇄해보고, 인쇄 미리보기 화면을 통해 다양한 인쇄 옵션에 대해서 살펴보도록 하겠습니다.

 준비 파일 Part02₩Chapter02₩Section02₩업무분장표.xlsx

 완성 파일 Part02₩Chapter02₩Section02₩업무분장표_완성.xlsx

01_ 준비 파일을 엽니다. 인쇄 미리보기 화면을 보기 위해 [파일] 탭–[인쇄]를 클릭합니다. [프린트] 항목을 통해 프린트를 선택할 수 있으며, [설정] 항목을 통해 인쇄할 페이지를 비롯해 방향이나 여백 등을 설정할 수 있습니다. [프린터]를 클릭한 후 프린터를 선택합니다. [복사본] 항목에서 인쇄할 부수를 지정할 수 있습니다. [복사본] 항목에 인쇄할 부수를 지정합니다. '2'를 입력하면 총 2부가 인쇄됩니다.

TIP

[프린터]–[프린터 속성]을 클릭해 내 컴퓨터에 연결된 프린터의 속성을 설정할 수 있습니다.

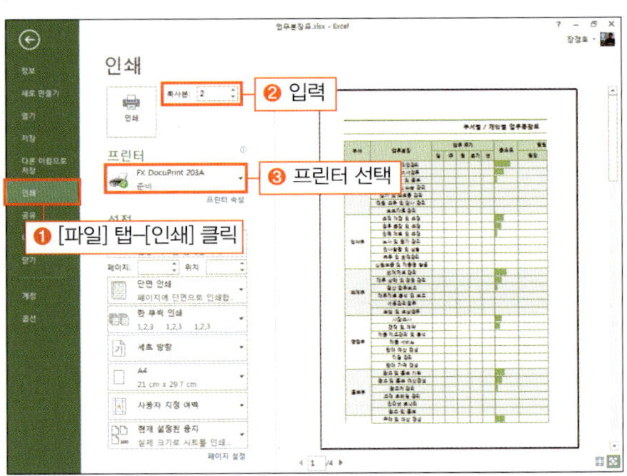

02_ [설정] 항목에서는 인쇄할 방향을 가로, 세로 방향으로 설정할 수 있으며, 여백을 지정할 수 있습니다. 여기서는 [세로 방향]을 클릭해 [가로 방향]을 선택합니다. 이 외에 원하는 설정을 클릭해 변경한 후 [인쇄]를 클릭합니다. 잠시 후 인쇄가 진행됩니다.

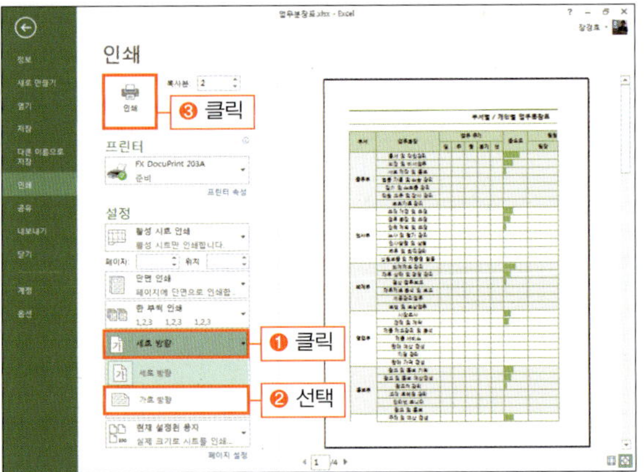

03_ 이번에는 미리 보기 화면을 확대 혹은 축소해 보도록 하겠습니다. 오른쪽 하단에 위치하고 있는 [페이지 확대/축소]를 클릭합니다.

TIP

[페이지 확대/축소]를 한번 더 누르면 미리 보기 화면이 축소되어 표시됩니다.

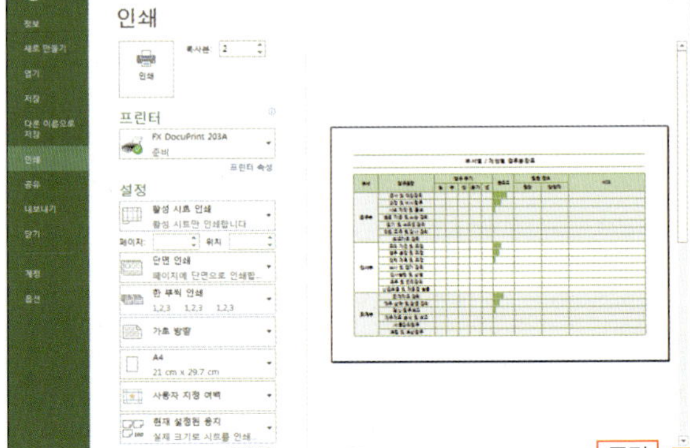

04_ 미리 보기 화면이 확대되어 표시됩니다. 페이지 설정을 위해 [페이지 설정]을 클릭합니다. [페이지 설정] 대화상자가 표시되면 [페이지] 탭을 클릭합니다. [페이지] 탭에서는 02에서 설정한 용지 방향을 비롯해 인쇄할 때의 배율이나 용지 크기 등을 설정할 수 있습니다. 설정된 사항을 확인한 후 [확인]을 클릭합니다. 엑셀 워크시트로 되돌아가기 위해 [뒤로]를 클릭합니다.

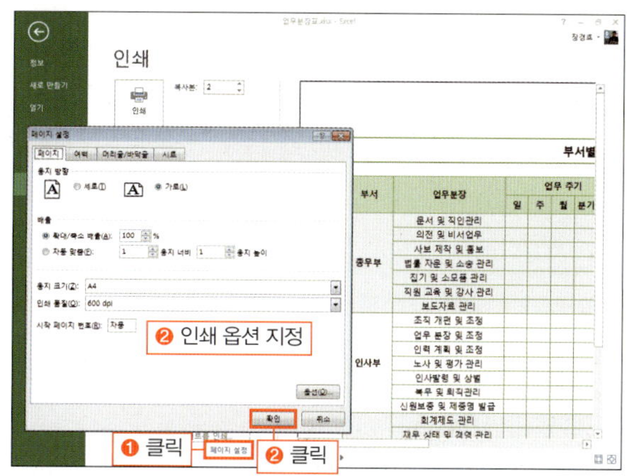

QR 코드로 더 자세히

[페이지 설정] 대화상자 살펴보기

[페이지 설정] 대화상자에서는 페이지 설정을 비롯하여 머리글/바닥글, 시트 제목 등을 설정할 수 있습니다. [페이지 설정] 대화상자가 궁금하신 분은 저자의 블로그 http://blog21.kr/40192937467 에서 알아보기 바랍니다. QR 코드를 스마트폰에서 찍으면 바로 확인할 수 있습니다.

꼭!! 알고가기

[인쇄] 기능 살펴보기

[파일] 탭–[인쇄]를 클릭하면 다양한 인쇄 기능을 실행할 수 있습니다. 여기서는 [인쇄]를 선택해 지정할 수 있는 인쇄 옵션에 대해서 살펴보도록 하겠습니다.

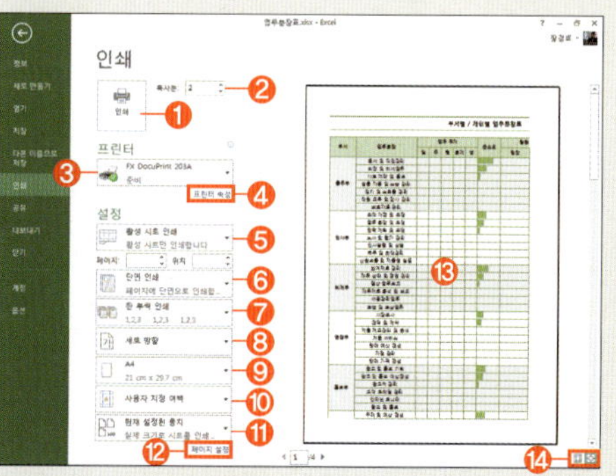

❶ 인쇄 : 인쇄를 진행합니다.

❷ 복사본 : 인쇄 부수를 조정할 수 있습니다.

❸ 프린터 : 프린터를 선택할 수 있습니다.

❹ 프린터 속성 : 프린터의 속성을 변경할 수 있습니다.

❺ 활성 시트 인쇄 : 활성 시트를 인쇄하거나 선택한 영역만 인쇄합니다.

❻ 단면 인쇄 : 단면, 양면 등을 설정합니다.

❼ 한 부씩 인쇄 : 한 부씩 인쇄하거나 각 페이지별로 인쇄할 수 있습니다.

❽ 세로 방향 : 세로 방향 혹은 가로 방향으로 인쇄할 수 있습니다.

❾ A4 : A4 용지 혹은 A5, B4 등 용지를 선택할 수 있습니다.

❿ 보통 여백 : 워크시트의 여백을 지정할 수 있습니다.

⓫ 현재 설정된 용지 : 실제 크기로 시트를 인쇄하거나 한 페이지에 모두 인쇄되도록 설정할 수 있습니다.

⓬ 페이지 설정 : [페이지 설정] 대화상자를 표시합니다.

⓭ 미리 보기 : 인쇄될 워크시트 화면을 미리 볼 수 있습니다.

⓮ 여백 표시, 미리 보기 확대/축소 : 미리 보기 화면을 확대 혹은 축소할 수 있습니다.

:: 전체 화면 인쇄 미리 보기 추가하기

파워포인트 2013의 인쇄 미리 보기 화면은 [파일] 탭–[인쇄]에서 확인할 수 있습니다. 하지만 예전 버전의 엑셀 미리보기 화면이 익숙하다면 [전체 화면 인쇄 미리 보기] 단추를 빠른 실행 도구 모음에 추가하여 불러올 수 있습니다.

준비
파일
Part02₩Chapter02₩Section02₩전체화면.xlsx

01_ 준비 파일을 열거나 이어서 진행합니다. [파일] 탭–[옵션]을 클릭하여 [Excel 옵션] 대화상자를 불러옵니다. [빠른 실행 도구 모음]–[모든 명령]–[전체 화면 인쇄 미리 보기]를 선택한 후 [추가]–[확인]을 클릭합니다.

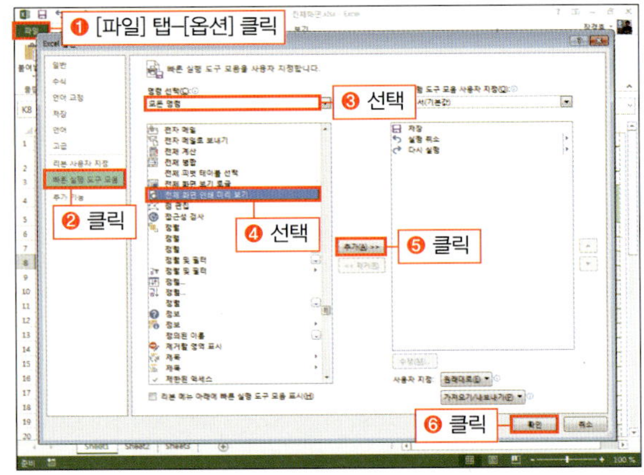

02_ 빠른 실행 도구 모음에 [전체 화면 인쇄 미리 보기]( )가 추가되면 [전체 화면 인쇄 미리 보기]( ) 단추를 클릭합니다. [인쇄 미리 보기] 탭이 생성되면서 워크시트 화면에 미리보기 화면이 나타납니다. [미리 보기] 그룹에서 [인쇄 미리 보기 닫기]를 클릭하여 워크시트로 되돌아옵니다.

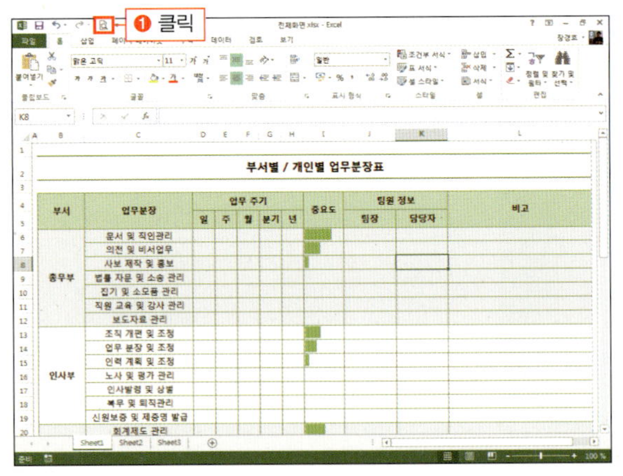

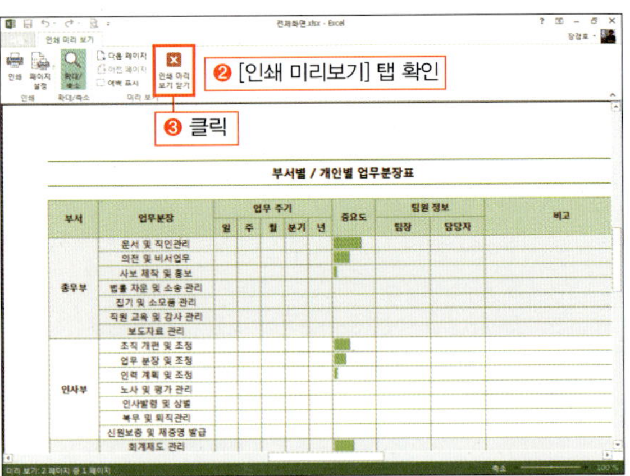

TIP

[전체 화면 인쇄 미리 보기]( )를 클릭하면 나타나는 [인쇄 미리 보기] 탭에서도 인쇄를 비롯해 페이지 설정, 확대/축소 등 인쇄 관련 기능을 실행할 수 있습니다.

:: 머리글 / 바닥글 설정하기

머리글이나 바닥글에는 문서의 제목을 비롯하여 페이지 번호, 날짜와 시간 등을 추가할 수 있습니다.

준비파일 Part02\Chapter02\Section02\머리글바닥글.xlsx

완성파일 Part02\Chapter02\Section02\머리글바닥글_완성.xlsx

01_ 준비 파일을 열거나 이어서 진행합니다. 머리글이나 바닥글을 삽입하기 위해 [삽입] 탭–[텍스트] 그룹–[머리글/바닥글]을 클릭합니다.

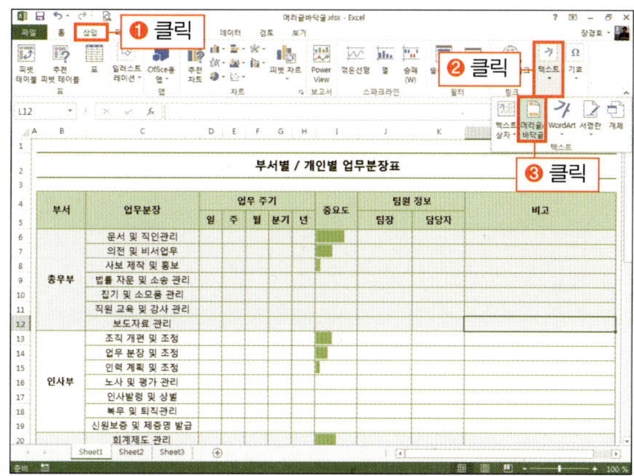

> **TIP**
>
> [보기] 탭–[통합 문서 보기] 그룹–[페이지 레이아웃]을 클릭해도 머리글/바닥글을 지정할 수 있습니다.

02_ 페이지 레이아웃 보기 모드로 전환되면서 머리글이나 바닥글을 삽입할 수 있는 공간이 나타납니다. 머리글의 중간 영역에 『업무분장표』라고 입력합니다.

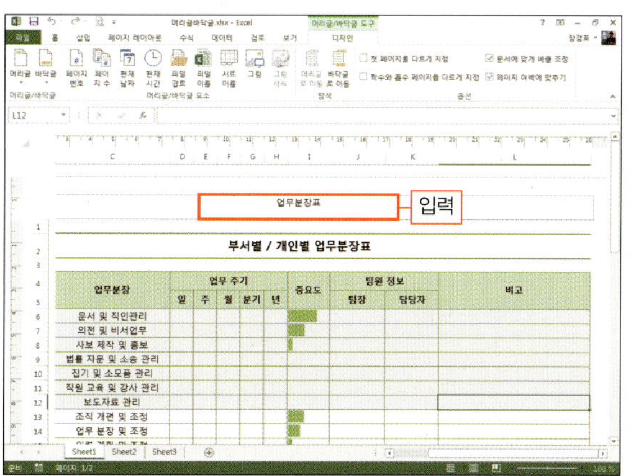

03_ 머리글의 왼쪽 영역을 선택한 후 [머리글/바닥글 도구]–[디자인] 상황별 탭에서 [현재 날짜]를 선택합니다.

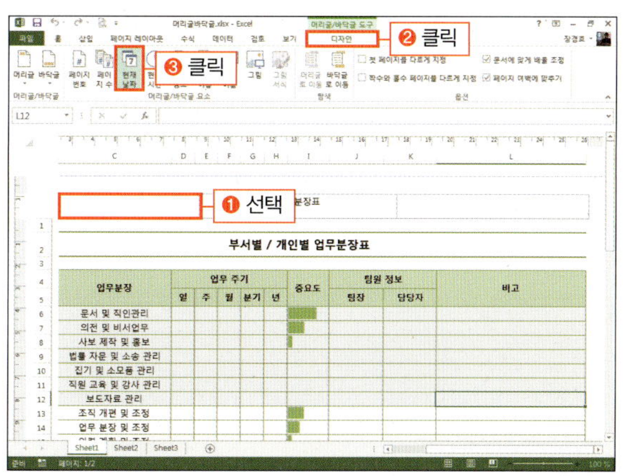

04_ [머리글/바닥글 도구]–[디자인] 상황별 탭에서 [탐색] 그룹–[바닥글로 이동]을 클릭합니다. 바닥글로 이동이 되면 바닥글의 중간 영역을 클릭한 후 [머리글/바닥글 요소] 그룹에서 [페이지 번호]를 클릭한 후 『/』를 입력합니다. 다시 [페이지 수]를 클릭합니다. 머리글과 바닥글 이외의 부분을 클릭하여 머리글, 바닥글 지정을 종료합니다.

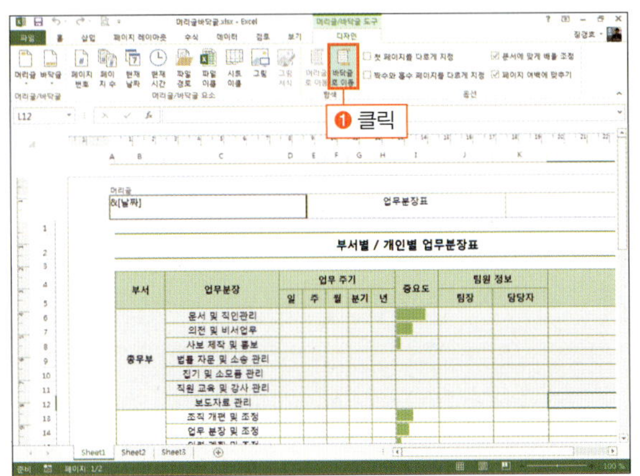

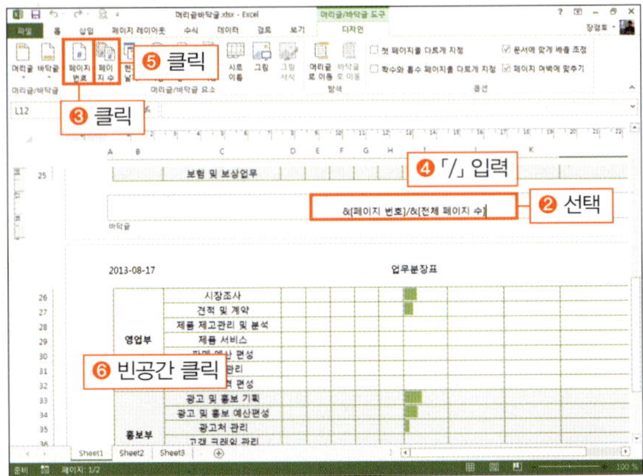

05_ 빠른 실행 도구 모음의 [전체 화면 인쇄 미리 보기](🔍)를 클릭해 머리글과 바닥글이 제대로 삽입되었는지 확인합니다. 확인이 되었으면 [미리 보기] 그룹의 [인쇄 미리 보기 닫기]를 클릭합니다.

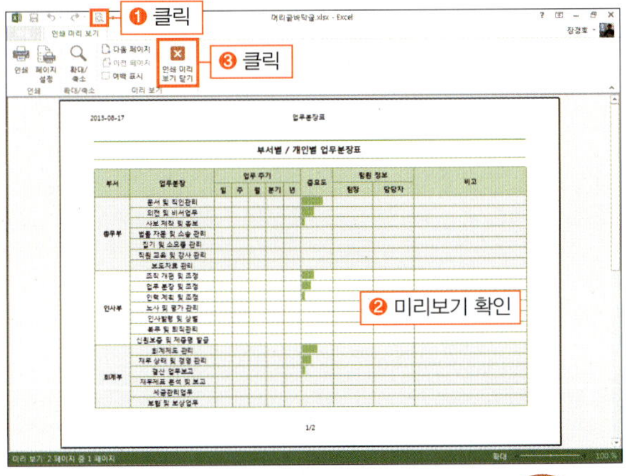

:: 전체가 아닌 문서의 일부만 인쇄하기

인쇄 영역을 설정하면 워크시트의 전체 페이지가 아닌 문서의 일부만을 인쇄할 수 있습니다.

 Part02₩Chapter02₩Section02₩인쇄영역설정.xlsx    Part02₩Chapter02₩Section02₩인쇄영역설정_완성.xlsx

01_ 준비 파일을 열거나 이어서 진행합니다. 인쇄할 영역을 드래그하여 지정합니다. 여기서는 [B4:K19] 영역을 드래그하여 선택합니다. [페이지 레이아웃] 탭–[페이지 설정] 그룹에서 [인쇄 영역]–[인쇄 영역 설정]을 클릭합니다.

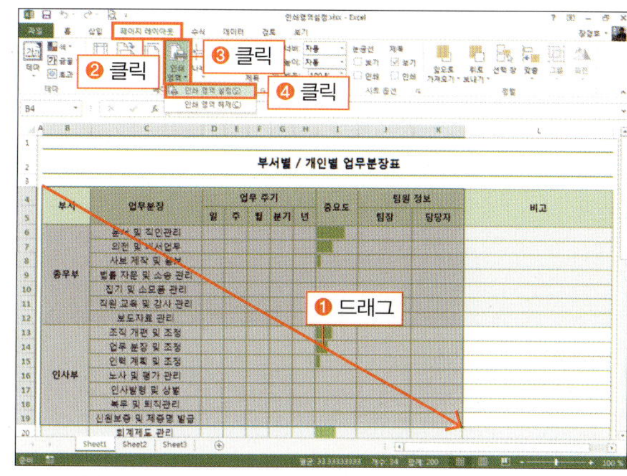

02_ 빠른 실행 도구 모음의 [전체 화면 인쇄 미리 보기]( )를 클릭해 인쇄될 화면을 확인합니다. 인쇄될 내용이 표시됩니다. [페이지 가운데 맞춤]을 통해 문서 내용을 페이지 중앙에 표시해 보도록 하겠습니다. [인쇄] 그룹에서 [페이지 설정]을 선택합니다.

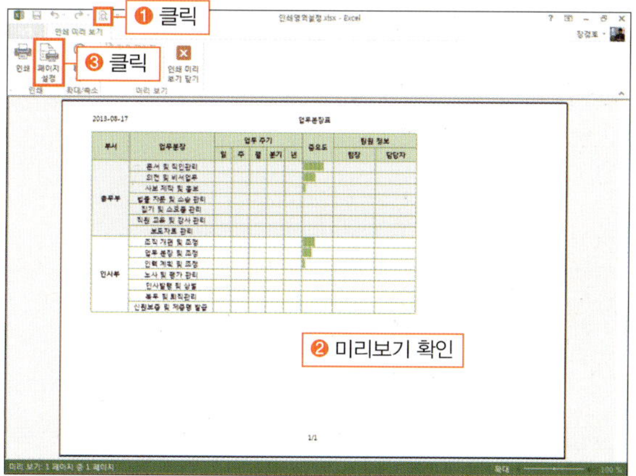

03_ [페이지 설정] 대화상자가 표시되면 [여백] 탭을 클릭합니다. [여백] 탭을 통해 위쪽, 아래쪽, 왼쪽, 오른쪽 등의 여백을 조절할 수 있습니다. 여기서는 [페이지 가운데 맞춤]에서 [가로]와 [세로]에 체크 표시를 한 후 [확인]을 클릭합니다.

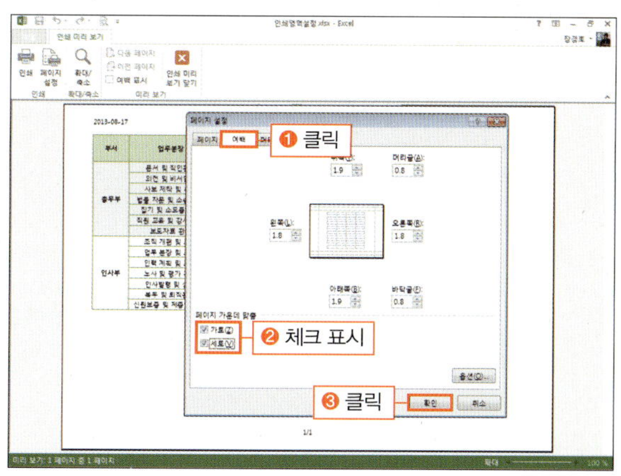

04_ 문서 내용이 가운데 정렬됩니다. [인쇄] 그룹의 [인쇄]를 클릭해 문서를 인쇄하거나 [미리 보기] 그룹에서 [인쇄 미리보기 닫기]를 클릭합니다.

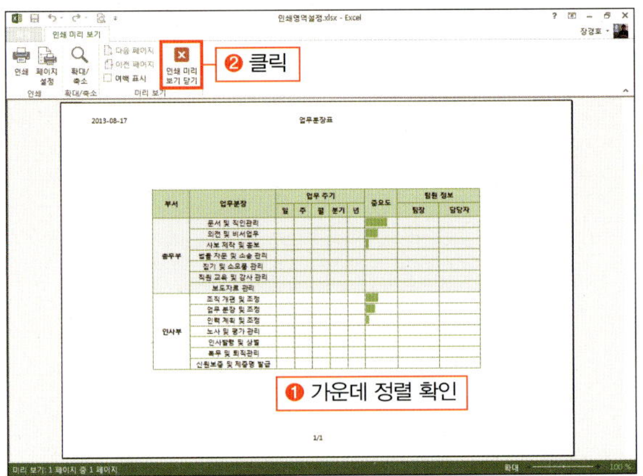

인쇄 영역을 해제할 때에는 [페이지 레이아웃] 탭–[페이지 설정] 그룹–[인쇄 영역]–[인쇄 영역 해제]를 클릭합니다. 해제할 때에는 인쇄 범위를 지정하지 않아도 인쇄 영역이 해제됩니다.

QR 코드로 더 자세히

[페이지 레이아웃] 탭 살펴보기

인쇄는 [페이지 레이아웃] 탭의 다양한 기능을 통해 설정할 수 있습니다. [페이지 레이아웃] 탭 기능이 궁금하신 분은 저자의 블로그 http://blog21. kr/40193329158 에서 알아보기 바랍니다. QR 코드를 스마트폰에서 찍으면 바로 확인할 수 있습니다.

인쇄할 페이지 설정하기

사용자가 원하는 셀 영역만큼 인쇄할 수 있습니다. 인쇄하고 싶은 셀 영역은 [페이지 나누기 미리보기]를 통해 지정할 수 있습니다. [보기] 탭–[통합 문서 보기] 그룹–[페이지 나누기 미리 보기]를 클릭합니다. 페이지를 구분하는 점선과 실선이 표시되면 영역을 드래그하여 인쇄할 영역을 선택합니다.

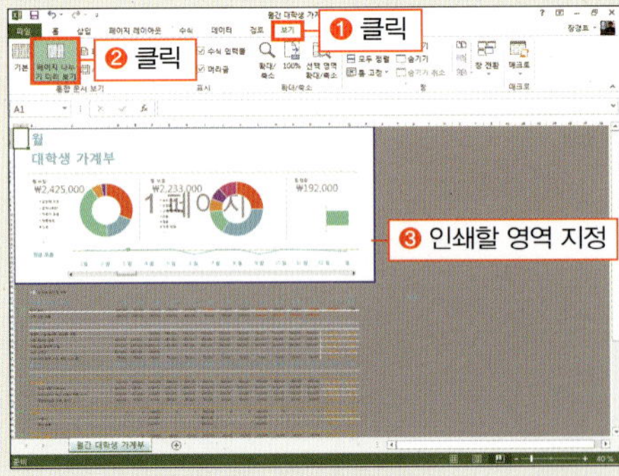

:: 페이지마다 같은 행 반복 인쇄하기

제목이나 필드 영역은 첫 번째 페이지에만 표시되고 두 번째 페이지부터는 표시되지 않습니다. 여기서는 인쇄할 때 페이지마다 같은 행을 반복해서 인쇄하는 방법에 대해서 살펴보도록 했습니다.

 준비파일 Part02₩Chapter02₩Section02₩판매현황.xlsx

 완성파일 Part02₩Chapter02₩Section02₩판매현황_완성.xlsx

01_ 준비 파일을 엽니다. [페이지 레이아웃] 탭-[페이지 설정] 그룹-[인쇄 제목]을 클릭합니다.

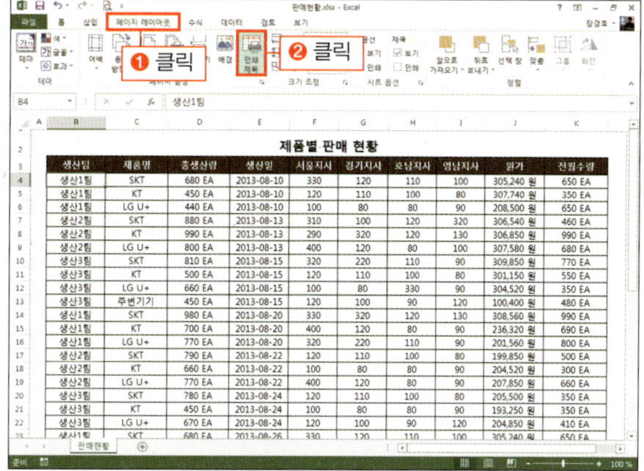

02_ [페이지 설정] 대화상자의 [시트] 탭이 나타나면 [반복할 행]의 오른쪽 끝에 있는 대화상자 축소 단추를 클릭합니다.

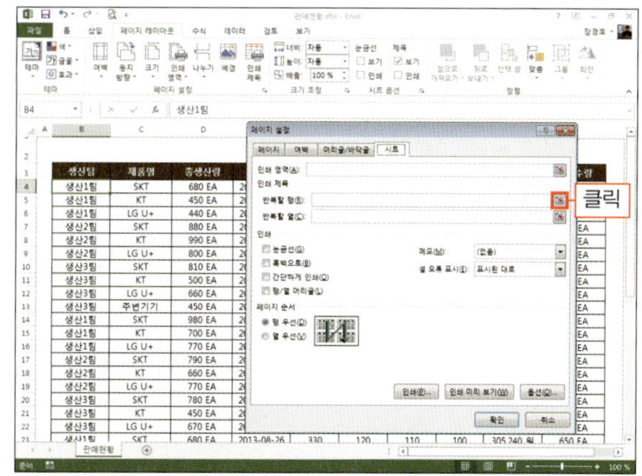

03_ 반복 인쇄할 영역을 드래그하여 선택합니다. 다시 대화상자 축소 단추를 클릭하여 [페이지 설정] 대화상자로 되돌아갑니다.

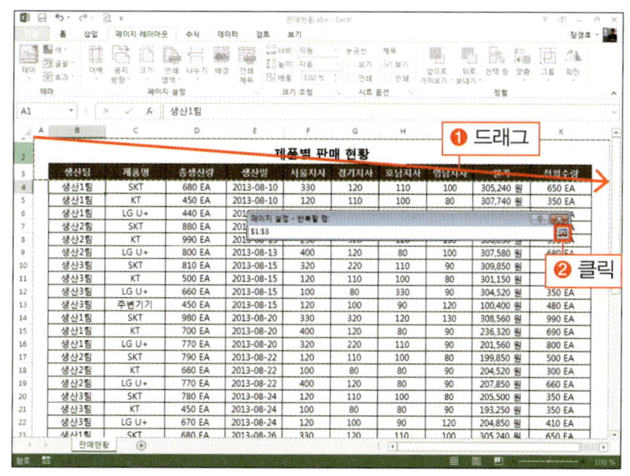

04_ [인쇄 제목]–[반복할 행]에 '$1:$3' 가 입력되어 있는
것을 확인한 후 [인쇄 미리 보기]를 클릭합니다.

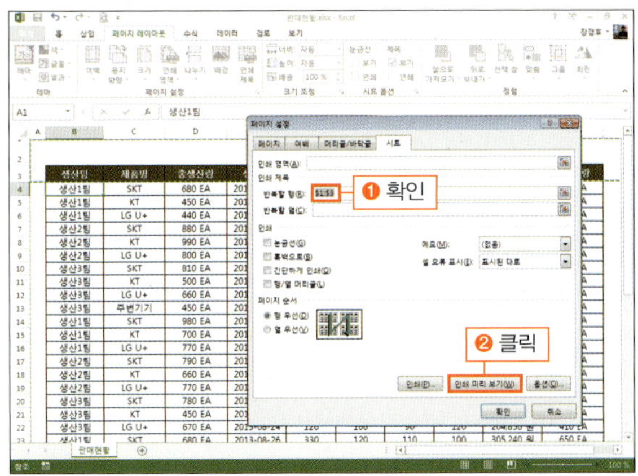

05_ [인쇄] 페이지가 열리면 [다음 페이지]를 클릭합니
다.

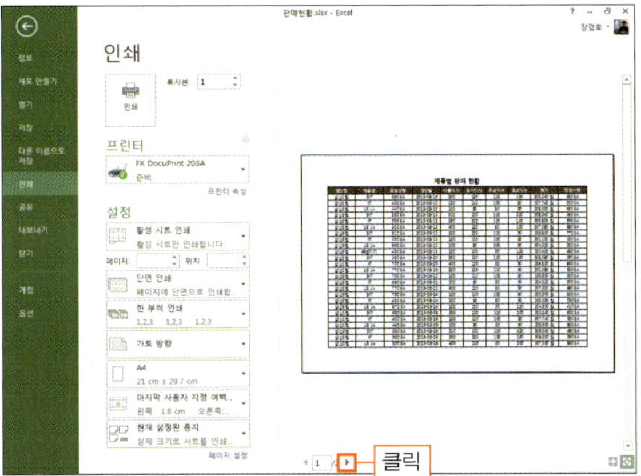

06_ 설정한 영역이 다음 페이지에도 반복되어 표시되는
것을 확인할 수 있습니다.

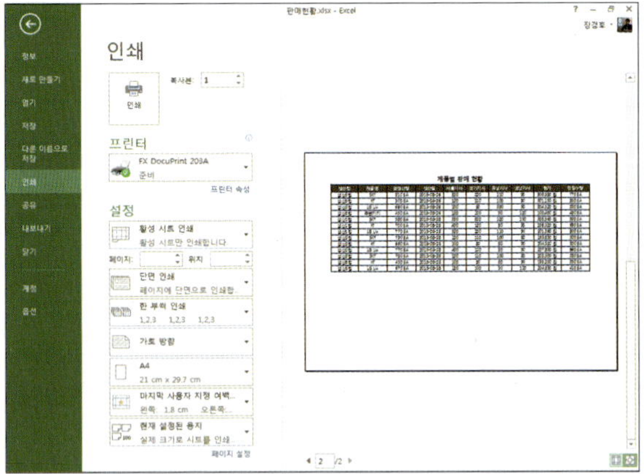

통합 문서 보기의 다양한 옵션

엑셀의 작업 화면은 기본, 페이지 레이아웃, 페이지 나누기 미리 보기, 인쇄 미리 보기 화면으로 나눌 수 있습니다. 엑셀에서 가장 많이 보는 화면이 기본 보기 모드이지만 이 외에도 옵션을 통해 다양한 화면 보기를 제공합니다.

[보기] 탭-[통합 문서 보기] 그룹에서 원하는 문서 보기 형식을 선택할 수 있습니다. 또는 상태 표시줄의 기본, 페이지 레이아웃, 페이지 나누어 미리 보기 등을 클릭해 원하는 문서 보기 형식을 선택할 수 있습니다.

기본 (▦)	다양한 리본 탭을 비롯하여 일반적으로 흔히 사용하는 편집을 위주로 한 화면 보기 형식입니다.
페이지 레이아웃 (▤)	머리글과 바닥글을 수정할 수 있는 인쇄를 위주로 한 화면 보기 형식입니다.
페이지 나누기 미리 보기 (▥)	인쇄할 영역을 페이지 구분선으로 나누어 한 페이지에 인쇄될 내용을 미리 볼 수 있으며 편집도 가능한 화면 보기 형식입니다.
사용자 지정 보기 (▣)	문서의 종류나 형식에 따라 사용자가 미리 지정한 사용자 지정 보기 형식으로 전환해 볼 수 있습니다.
인쇄 미리 보기 (🔍)	예전 버전의 엑셀 미리보기 화면을 빠른 실행 도구 모음을 통해 불러올 수 있습니다.

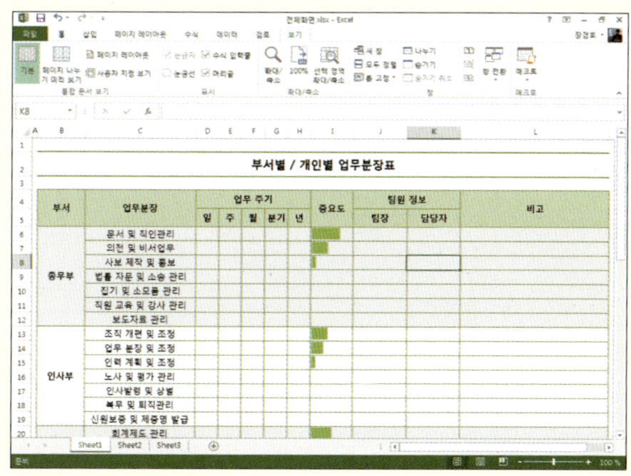

▲ 기본 (▦)

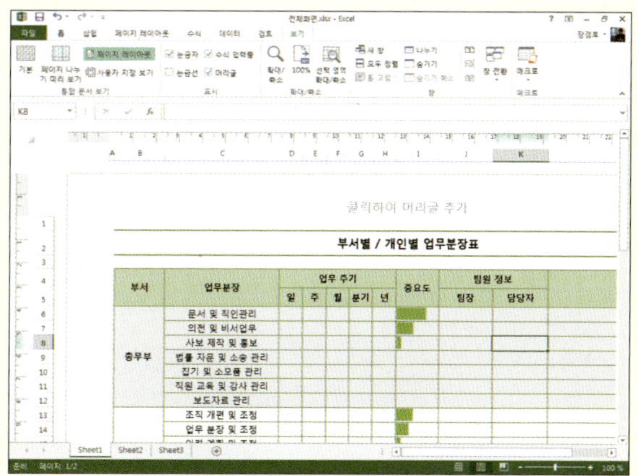

▲ 페이지 레이아웃 (▤)

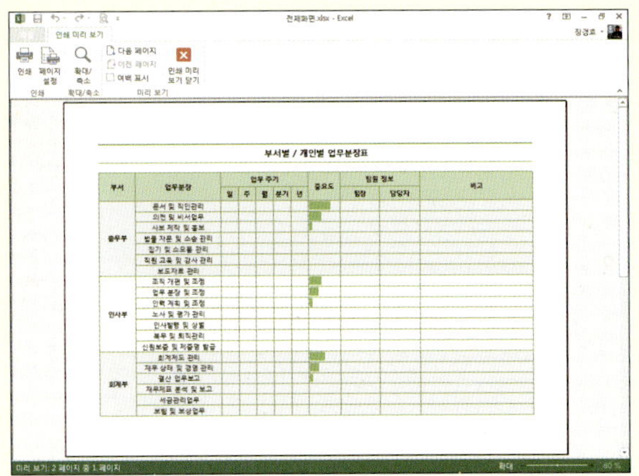

▲ 인쇄미리 보기(🔍)

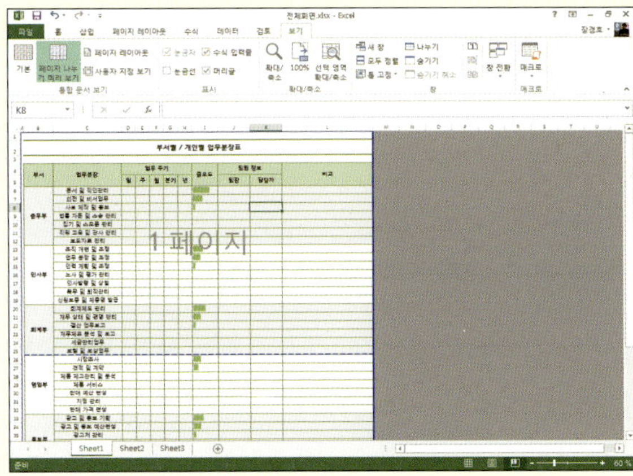

▲ 페이지 나누기 미리보기(📖)

◎ 준비파일 : Part02₩Chapter02₩Check₩방문객출입현황.xlsx

◎ 완성파일 : Part02₩Chapter02₩Check₩방문객출입현황_완성.xlsx

워크시트를 인쇄할 때 원하는 열이나 행을 반복해서 모든 페이지에 인쇄할 수 있습니다. 여기서는 [B] 열 전체를 모든 페이지에 반복 인쇄해 보세요.

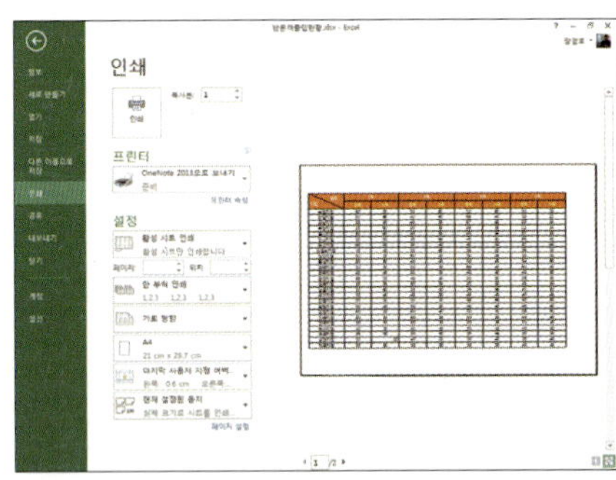

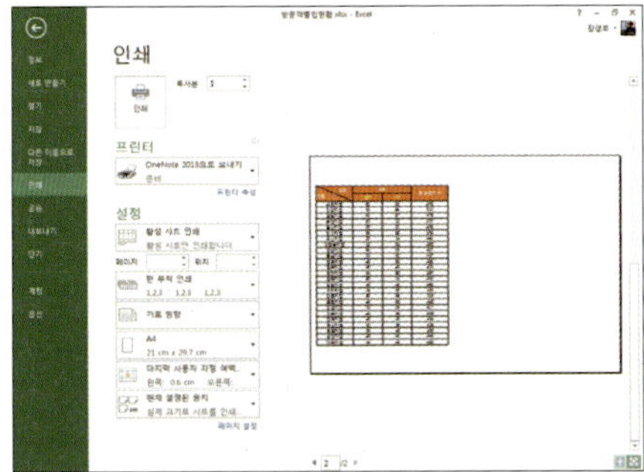

힌트

❶ [페이지 레이아웃] 탭-[페이지 설정] 그룹에서 [인쇄 제목]을 클릭한 후 [반복할 열]을 지정합니다.

❷ 실습 따라하기 : 부록CD/Part02/Chapter02/실습10.docx

수식과 함수 활용하기

더하기, 빼기, 곱하기, 나누기 등 보통의 수식 계산을 비롯해 반복적이고 복잡한 계산을 하고 싶을 때에도 수식과 함수를 통해 쉽게 처리할 수 있습니다. 여기서는 수식을 입력하는 방법과 더불어 함수의 다양한 종류와 사용 방법에 대해서 살펴보도록 하겠습니다.

Section 1. 수식 사용하기

Section 2. 필수 함수와 실무 함수 익히기

수식 사용하기

수식이란 등호(=)로 시작하여 숫자나 셀 주소를 참조하여 계산식을 만드는 과정을 말하며, 함수란 반복적이고 복잡한 계산 과정을 정해 놓은 수식을 말합니다. 엑셀에서의 수식은 등호와 피연산자 그리고 연산자의 조합으로 구성되는데 여기서는 수식 구조를 비롯해 상대 참조, 절대 참조, 그리고 자동 합계 등에 대해서 살펴보도록 하겠습니다.

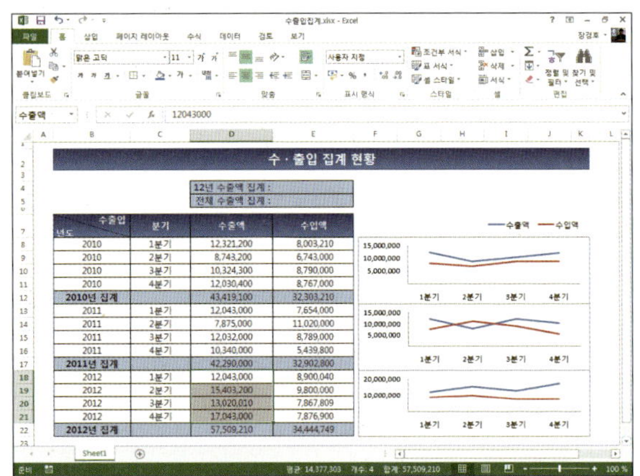

▲ 이름을 정의하여 수식 계산하기

▲ 구조적 참조를 이용하여 한 번에 계산하기

이번 섹션에서 배울 주요 내용

- 엑셀 수식 구조 이해하기
- 상대 참조로 수식 계산하기
- 절대 참조로 수식 계산하기
- 다른 워크시트와 다른 파일의 셀 참조하기
- 이름을 정의하여 수식 계산하기
- 구조적 참조를 이용하여 한 번에 계산하기
- 요약 행 설정하기
- 엑셀 수식 구조 이해하기

:: 엑셀 수식 구조 이해하기

엑셀은 계산기를 이용하는 것보다 더 쉽고 빠르게 수식을 사용할 수 있지만 수식 입력시 꼭 등호(=)를 사용하여야 한다는 점과 더불어 엑셀 수식을 위한 규칙이 있습니다.

수식의 조합

엑셀에서의 수식은 등호와 피연산자 그리고 연산자의 조합으로 구성됩니다.

등호	피연산자	연산자	피연산자
=	10	+	20
=	A1	+	B1
=	F4	−	150

❶ **등호** : 수식을 입력할 때 앞에 꼭 등호(=)를 입력해야 합니다.
❷ **피연산자** : 피연산자라는 10과 같은 숫자나 A1 이나 F4 와 같은 셀 주소를 말합니다.
❸ **연산자** : 곱하기(*), 나누기(/), 더하기(+), 빼기(−) 등의 부호를 사용할 수 있습니다.

워크시트에서 입력하는 수식은 보통 아래와 같은 형식으로 작성됩니다. 더하기, 빼기, 곱하기, 나누기 등의 산술 연산자를 비롯해 다양한 함수로도 수식을 작성할 수 있습니다.

=10+5X3	5와 3의 곱에 10을 더합니다.
=A1+A2+A3	A1, A2, A3 셀의 값을 더합니다.
=TODAY()	오늘 날짜를 구합니다.
=RANK.EQ(A1, $A$1:$A$10)	A1에서 A10 셀의 순위를 구합니다.

연산자의 종류

엑셀에서 사용하는 연산자에는 산술 연산자와 비교 연산자, 참조 연산자, 결합 연산자 등이 있습니다. 산술 연산자는 더하기, 빼기, 곱하기, 나누기와 같이 계산식에서 사용하는 연산자를 말합니다.

연산자	의미	예
+	더하기	=3+2
−	빼기	=3−2
*	곱하기	=3*2
/	나누기	=3/2
%	백분율	=3%
^	제곱	=3^2

TIP

제곱(^) 연산자는 엑셀에서는 '3^2' 식으로 계산합니다. 즉 '3X3'과 같은 의미로 연산됩니다.

비교 연산자는 두 값을 비교할 때 사용합니다. 비교 연산자는 보통 함수들과 사용되는데 비교 연산자를 이용하여 두 값을 비교할 경우 결과는 TRUE나 FALSE로 나타냅니다.

연산자	의미	예
=	같다	A1=A2
〉	크다	A1〉A2
〈	작다	A1〈A2
〈〉	같지 않다	A1〈〉A2
〉=	크거나 같다	A1〉=A2
〈=	크거나 같다	A1〉=A2

비교 연산자를 이용하여 두 값을 비교할 경우 결과값은 참(TRUE)과 거짓(FALSE)으로 나타냅니다.

결합 연산자는 여러 문자열을 연결하고 싶을 때 자주 사용됩니다. 결합 연산자는 &를 사용합니다.

연산자	의미	예
& (앰퍼샌드)	두 개 이상의 문자열을 연결하여 하나로 만듭니다.	="엑셀" & "2013"

참조 연산자는 연산자를 사용하여 계산에 필요한 셀 범위를 결정합니다. 즉, 참조 연산자는 셀 주소를 참조할 때 사용되는 연산자입니다.

연산자	의미	예
:(콜론)	두 참조와 그 사이의 모든 셀의 범위를 지정합니다. 예의 결과는 A1, A2, A3 셀의 값을 모두 더한다는 의미입니다.	=SUM(A1:A3)
,(콤마)	각각의 셀 범위를 지정합니다. 즉, 여러 참조를 하나의 참조로 결합하는 연산자입니다. 예의 결과는 A1과 A3 셀의 값을 더한다는 의미입니다.	=SUM(A1, A3)

연산자 우선 순위

하나의 수식에서 여러 개의 연산자를 사용하면 아래 표에 표시된 순서대로 연산이 수행됩니다. 즉, 곱하기와 더하기 연산자가 함께 포함되어 있다면 우선 순위대로 곱하기부터 연산됩니다.

순위	연산자	설명
1	( )	괄호
2	:	참조 연산자
3	.	참조 연산자
4	−	음수
5	%	백분율
6	^	거듭제곱
7	× 및 /	곱하기와 나누기
8	+ 및 −	더하기와 빼기
9	&	결합 연산자
10	= 〈 〉 〈= 〉= 〈〉	비교 연산자

셀 참조 방법 살펴보기

수식 작성시 값이 입력된 셀 주소를 이용하여 계산하는 방법을 셀 참조라고 합니다. 셀 참조에는 상대 참조, 절대 참조, 혼합 참조가 있습니다.

셀 참조 방법	형식	설명
상대 참조	A1	셀을 참조하는 위치에 따라 셀 주소가 자동으로 변경됩니다.
절대 참조	$A$1	셀을 참조하는 위치에 상관없이 셀 주소가 변경되지 않고 고정됩니다.
혼합 참조	A$1, $A1	상대 참조와 절대 참조를 혼합하여 사용됩니다. − A$1 : 행이 고정되는 혼합 참조 − $A1 : 열이 고정되는 혼합 참조

처음 셀을 선택하면 'A1' 과 같이 상대 참조로 표시되지만 F4 를 누르면 '$A$1'과 같이 절대 참조로, 다시 F4 를 누르면 'A$1' 과 같이 행 고정 혼합 참조, 다시 F4 를 누르면 '$A1' 과 같이 열 고정 혼합 참조로 변경됩니다.

A1 → $A$1 → A$1 → $A1 → A1

:: 상대 참조로 수식 계산하기

셀을 참조하는 위치에 따라 셀 주소가 자동으로 변경되는 참조를 '상대 참조'라고 합니다.

 준비 파일 Part02₩Chapter03₩Section01₩거래처집계.xlsx

 완성 파일 Part02₩Chapter03₩Section01₩거래처집계_완성.xlsx

01_ 준비 파일을 엽니다. 상대 참조로 상반기와 하반기 매출액 합계를 구해보겠습니다. [F5] 셀을 마우스로 클릭한 다음 『=D5+E5』를 입력한 후 Enter 를 누릅니다.

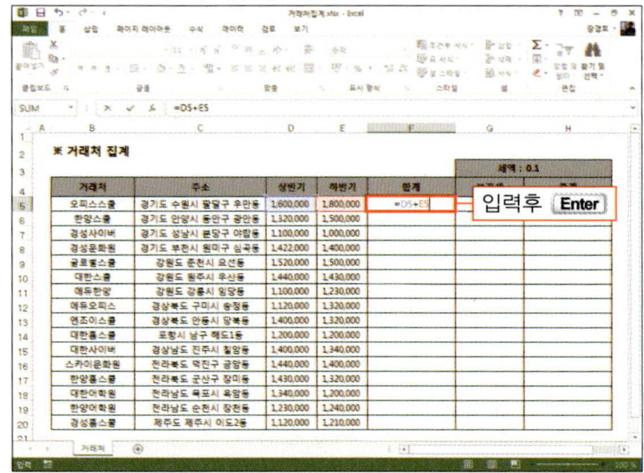

02_ [F5] 셀을 클릭한 후 [채우기 핸들]을 [F20] 셀까지 드래그합니다. 수식이 채워집니다. [F20] 셀을 클릭해 보면 수식이 '=D20+E20'으로 변경되어 있는 것을 확인할 수 있습니다.

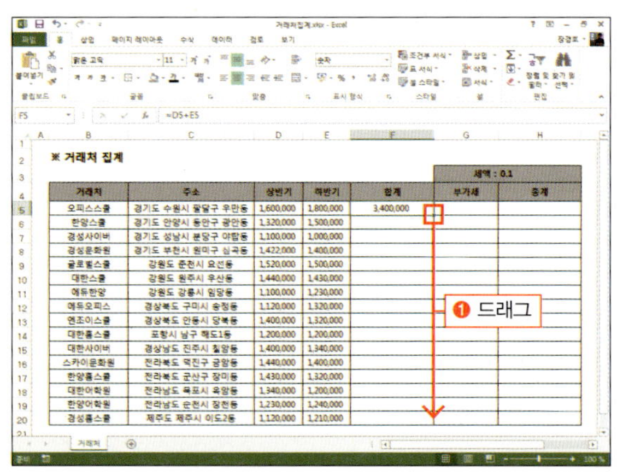

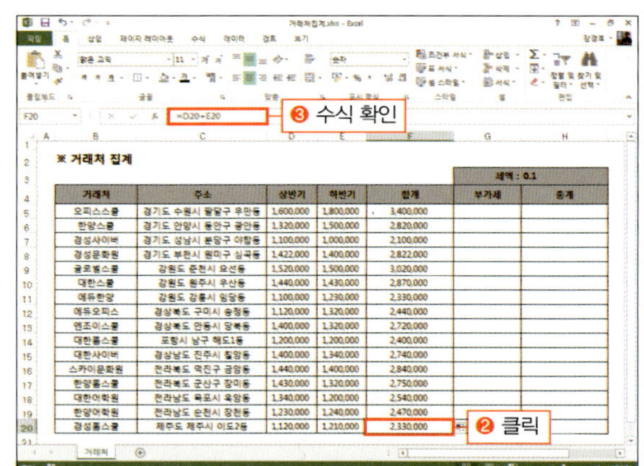

TIP

[채우기 핸들]을 통해 수식을 채워넣으면 셀 위치에 따라 참조한 셀 주소도 함께 변경됩니다. 이를 상대 참조라고 합니다.

:: 절대 참조로 수식 계산하기

셀을 참조하는 위치에 상관없이 셀 주소가 변경되지 않고 고정되는 참조를 '절대 참조'라고 합니다.
'절대 참조'는 행 머리글이나 열 머리글 앞에 '$' 기호가 붙습니다.

 Part02₩Chapter03₩Section01₩거래처집계_절대참조.xlsx　　 Part02₩Chapter03₩Section01₩거래처집계_절대참조_완성.xlsx

01_ 준비 파일을 열거나 이어서 진행합니다. 이번에는 절대 참조 방식으로 수식을 입력해 보겠습니다. [G5] 셀을 선택한 다음 『=SUM(F5*H3)』을 입력한 후 Enter 를 누릅니다.

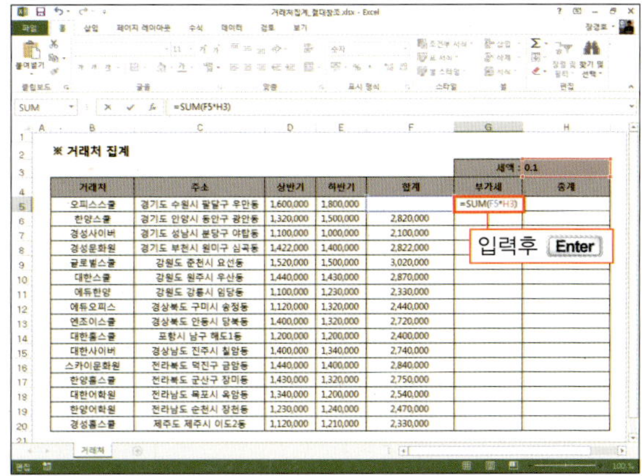

02_ 상대 참조를 절대 참조 방식으로 변경하기 위해 [G5] 셀을 클릭한 후 수식 입력줄의 'H3'을 드래그하여 선택합니다. F4 를 누릅니다.

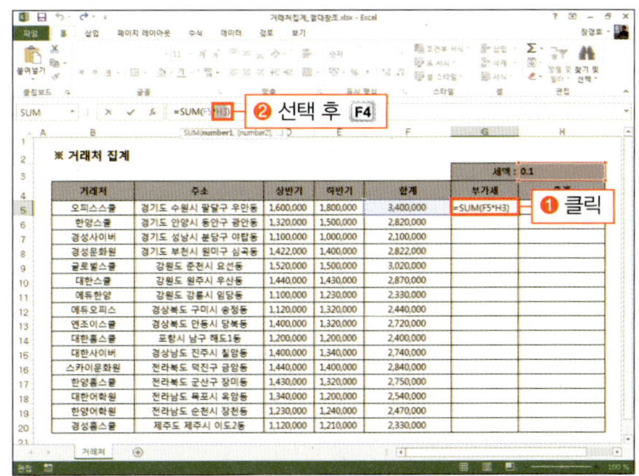

03_ 수식 입력줄의 수식이 절대 참조로 변경됩니다. Enter 를 누릅니다.

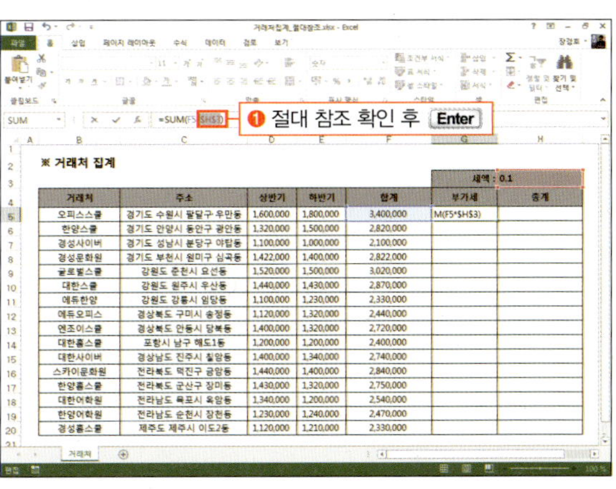

'$H$3' 와 같이 절대 참조를 지정하면 채우기 핸들을 통해 수식을 채워 넣어도 [H3] 셀이 변경되지 않고 수식이 적용됩니다

04_ [G5] 셀을 클릭한 후 [채우기 핸들]()을 [G20] 셀 까지 드래그합니다.

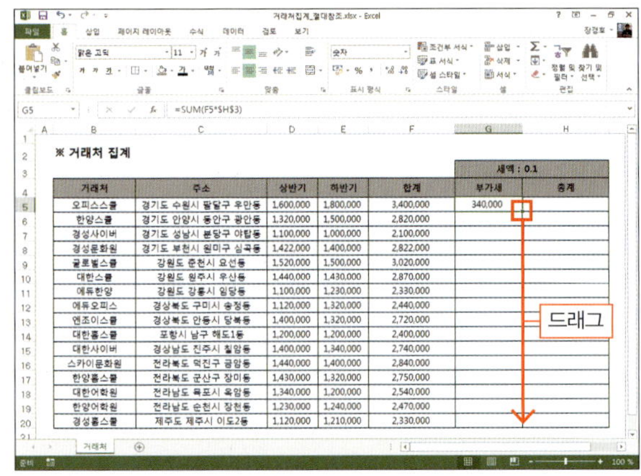

05_ 수식이 채워집니다. [G20] 셀을 클릭해 보면 수식이 '=SUM(F20*$H$3)'으로 변경되어 있는 것을 확인할 수 있습니다. 즉, 절대 참조로 변경한 셀 주소는 변경되지 않고 그대로 고정되어 있는 것을 확인할 수 있습니다.

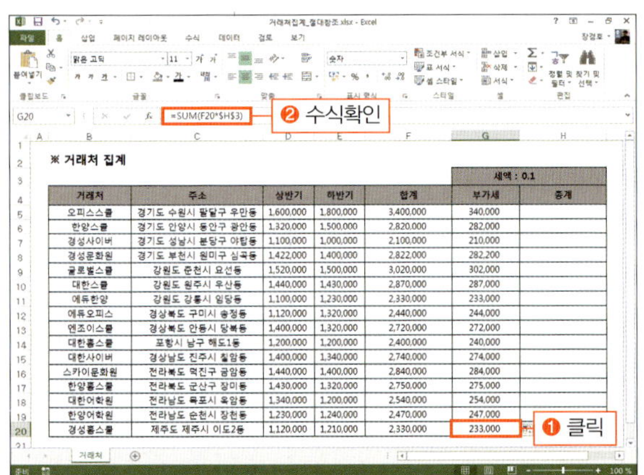

QR 코드로 더 자세히

상대 참조와 절대 참조, 혼합 참조

엑셀에서 수식을 입력할 때 셀을 참조할 수 있는데 셀 주소를 이용하여 셀의 데이터를 연결하는 것을 셀 참조라고 합니다. 참조에 대해서 자세히 알고 싶으신 분은 저자의 블로그 http://blog21.kr/40193329345 에서 알아보기 바랍니다. QR 코드를 스마트폰에서 찍으면 바로 확인할 수 있습니다.

:: 다른 워크시트와 다른 파일의 셀 참조하기

수식을 입력할 때 다른 워크시트의 셀을 참조하거나 다른 엑셀 파일의 셀을 참조할 수 있습니다.

 **준비 파일** Part02₩Chapter03₩Section01₩판매실적_2012년.xlsx, 판매실적_2013년.xlsx

 **완성 파일** Part02₩Chapter03₩Section01₩판매실적_2013년_완성.xlsx

01_ 준비 파일을 엽니다. '판매실적_2012년.xlsx'과 '판매실적_2013년.xlsx' 파일을 함께 엽니다. 먼저 다른 워크시트의 셀을 참조해 보겠습니다. '판매실적_2013년.xlsx' 파일에서 [2사분기] 시트 탭을 클릭하고 [F5] 셀에 『=E5-』를 입력한 다음 [1사분기] 시트 탭을 클릭합니다.

02_ [1사분기] 시트 탭에서 [E5] 셀을 클릭한 다음 Enter 를 누릅니다.

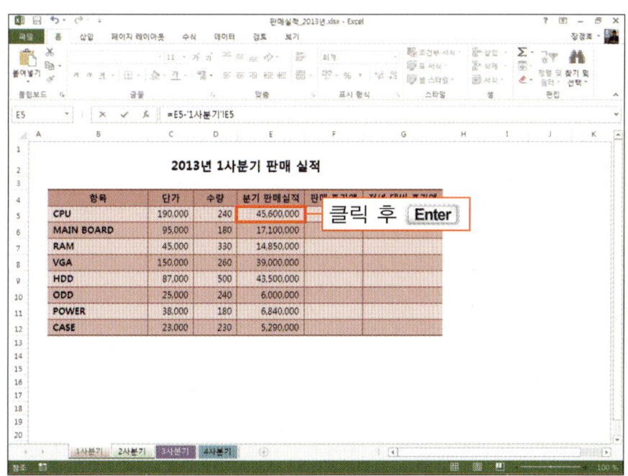

03_ [2사분기] 시트로 넘어가면 [F5] 셀을 선택합니다. 수식 입력줄에 '=E5–'1사분기'!E5' 수식이 입력되어 있는 것을 확인합니다. [F5] 셀에서 채우기 핸들(┛)을 [F12] 셀까지 드래그합니다. [자동 채우기 옵션](┛)을 클릭하여 [서식 없이 채우기]를 선택합니다.

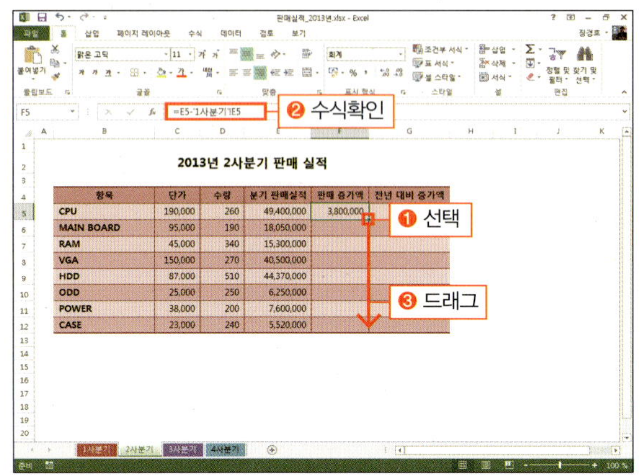

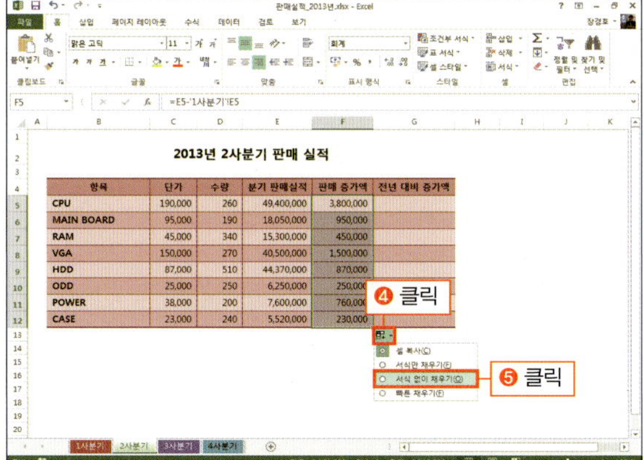

TIP

식 입력줄의 '=E5–'1사분기'!E5'에서 "1사분기'!E5"는 [1사분기] 시트의 [E5] 셀을 참조했다는 것을 의미합니다.

04_ 이번에는 다른 파일의 셀을 참조해 보겠습니다. G5 셀에 『=F5–』를 입력한 다음 [보기] 탭–[창] 그룹에서 [창 전환]을 클릭한 다음 '판매실적_2012년.xlsx'을 선택합니다.

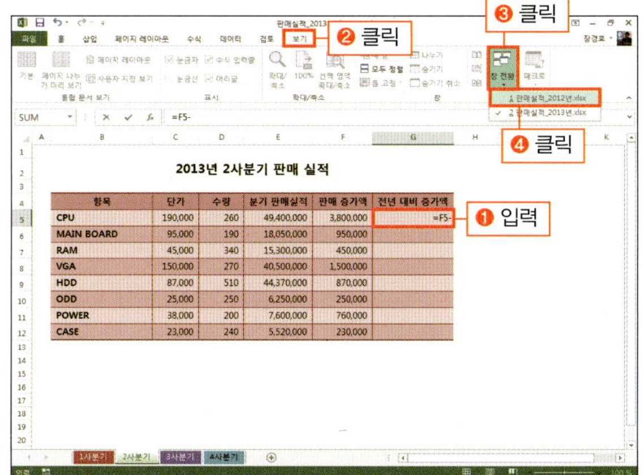

05_ '판매실적_2012년.xlsx' 문서가 나타납니다. [2사분기] 시트 탭을 클릭한 후 [F5] 셀을 클릭한 다음 Enter 를 누릅니다.

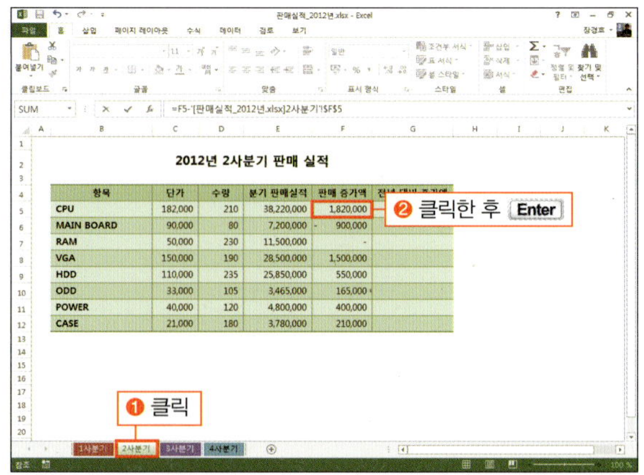

06_ 다른 파일의 셀을 참조하면 기본적으로 절대 참조 형식으로 참조됩니다. 다른 셀에도 해당 셀 주소를 참조해야 하므로 상대 참조로 형식을 변경하겠습니다. [G5] 셀을 선택하여 [수식 입력줄]의 '$F$5'을 선택한 후 F4를 3번 눌러 상대 참조인 'F5'로 수정합니다. 즉, 수식 입력줄의 수식이 '=F5-'[판매실적_2013년.xlsx]2사분기'!F5' 으로 변경되었는지 확인합니다.

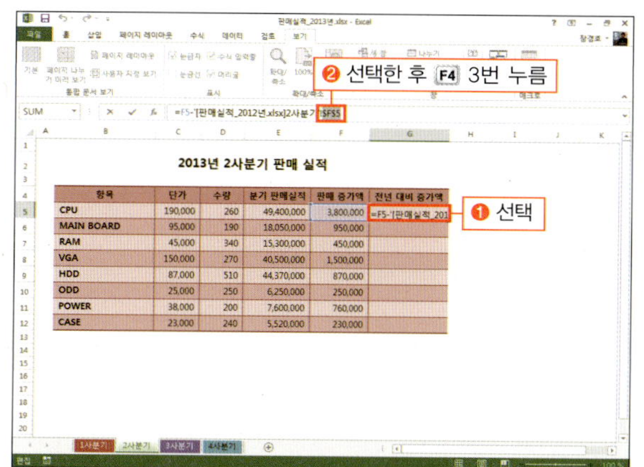

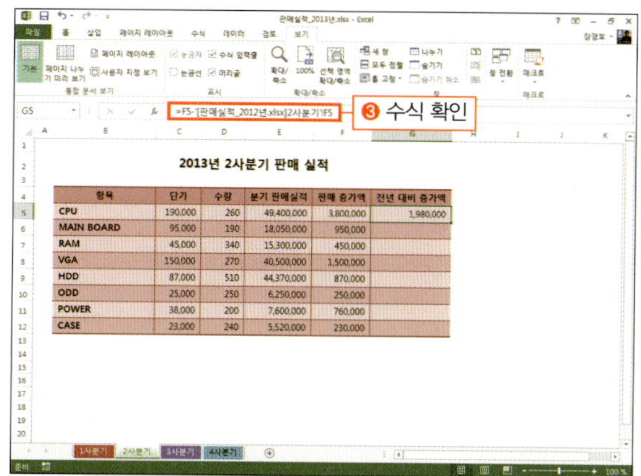

F4를 누르기 전 [G5] 셀을 클릭한 후 수식 입력줄을 보면 '=F5-'[판매실적_2009년.xlsx]2사분기'!$F$5' 가 나타납니다. 여기서 대괄호([])는 다른 파일의 셀을 참조하였다는 것을 알려줍니다.

07_ [G5] 셀을 선택한 다음 채우기 핸들(+)를 [G12] 셀까지 드래그합니다. [자동 채우기 옵션](🔲)을 클릭하여 [서식 없이 채우기]를 선택합니다.

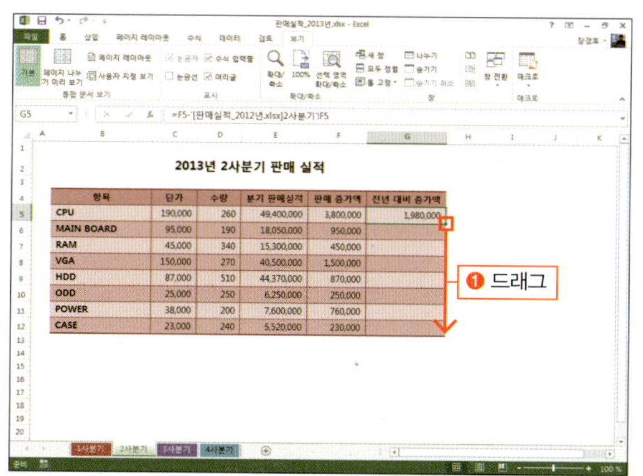

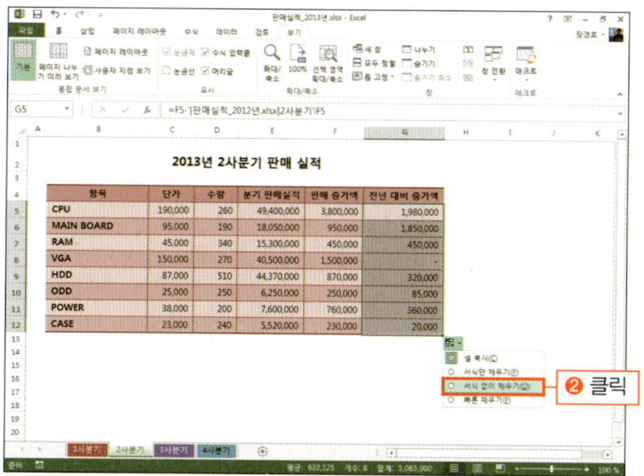

꼭!! 알고가기 — 다른 통합 문서의 셀 범위에 대한 외부 참조 만들기

외부 파일의 셀을 참조하는 것을 외부 참조라고 합니다. 외부 참조는 셀 참조와 비슷하지만 다른 여러 통합 문서에 분산되어 있는 많은 양의 데이터를 병합하고 원본이 변경되면 외부 참조 역시 함께 변경되므로 편리하게 문서를 통합 관리할 수 있습니다. 참조할 엑셀 파일이 열려 있으면 외부 참조에는 대괄호([ ])로 묶은 통합 문서 이름과 느낌표(!)와 함께 워크시트 이름, 그리고 참조하는 셀이 순서대로 나타납니다.

```
=F5-'[판매실적.xlsx]2사분기'!F5
```

```
=F5-'C:₩해당파일경로₩[판매실적.xlsx]2사분기'!F5
```

:: 이름을 정의하여 수식 계산하기

이름을 정의할 때에는 첫 글자는 반드시 한글이나 영문 등의 문자로 시작해야 하며, 특수 문자나 띄어쓰기를 사용할 수 없습니다.

준비 파일 : Part02₩Chapter03₩Section01₩수출입집계.xlsx

완성 파일 : Part02₩Chapter03₩Section01₩수출입집계_완성.xlsx

01_ 준비 파일을 엽니다. 이름을 정의하기 위해 [D18] 셀을 클릭한 후 [D21] 셀까지 드래그하여 선택한 후 [이름 상자]에 『수출액』이라고 입력합니다. 를 누릅니다.

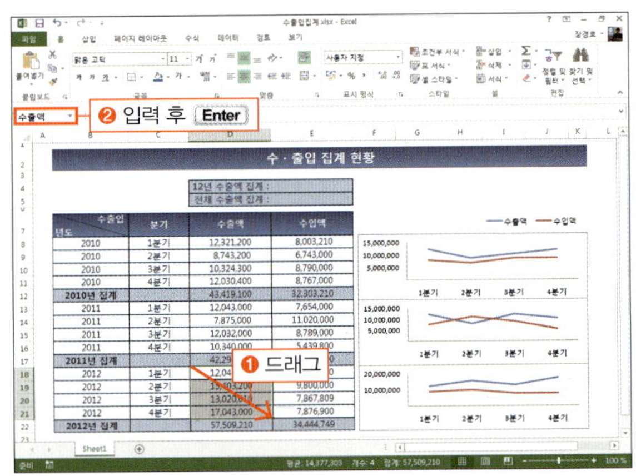

02_ 각각의 셀들이 떨어져 있어도 하나의 이름으로 정의할 수 있습니다. [D12] 셀을 선택한 다음 을 누른 상태에서 [D17] 셀과 [D22] 셀을 선택합니다. [수식] 탭-[정의된 이름] 그룹-[이름 정의]를 클릭합니다. [새 이름] 대화상자가 나타나면 '이름'에 『전체수출액』이라고 입력한 다음 [확인]을 누릅니다.

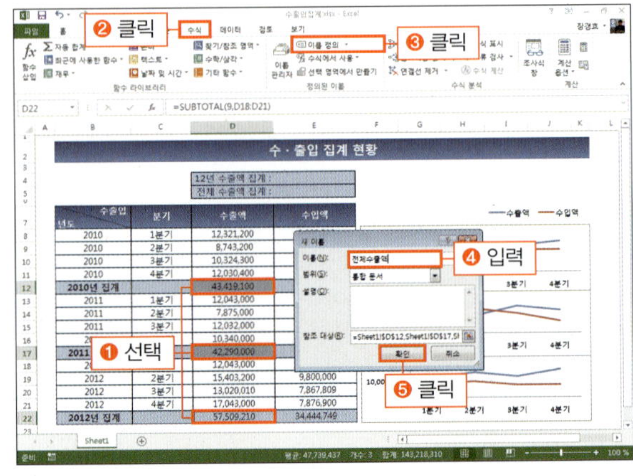

03_ 정의한 이름으로 수식을 계산해 봅니다. [E4] 셀을 선택한 다음 수식 입력줄에 『=SUM(수출액)』이라고 입력한 다음 Enter 를 누릅니다.

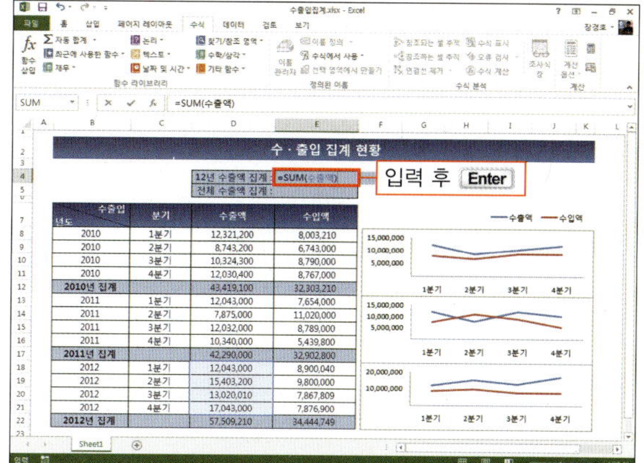

TIP

'수출액' 이라는 이름을 정의하지 않았을 경우 '=SUM(D18:D21)' 과 같이 셀 범위를 지정하여야 합니다.

04_ 12년도 수출액이 집계됩니다. 이번에는 전체 수출액을 집계하기 위해 [E5] 셀을 선택한 다음『=SUM(전체수출액)』이라고 입력한 다음 Enter 를 누릅니다. 전체 수출액이 구해집니다.

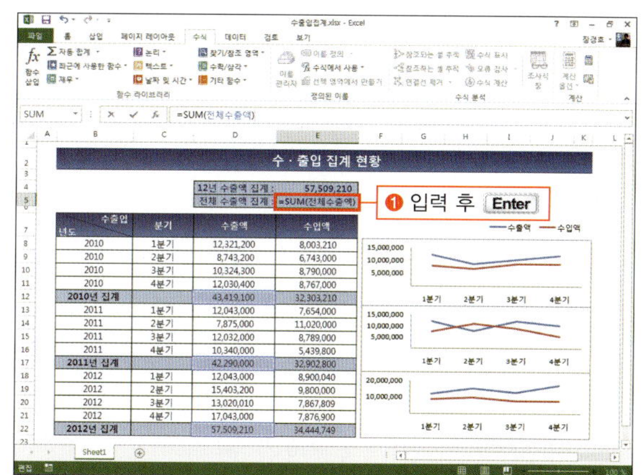

꼭!! 알고가기

정의된 이름 삭제 및 변경하기

[이름 관리자] 대화상자에서 정의한 이름의 셀 범위를 변경하거나 정의된 이름을 삭제할 수 있습니다. [수식] 탭-[정의된 이름] 그룹에서 [이름 관리자]를 클릭합니다. [이름 관리자] 대화상자가 나타나면 편집할 이름이나 삭제할 이름을 선택한 다음 [편집] 혹은 [삭제]를 클릭합니다.

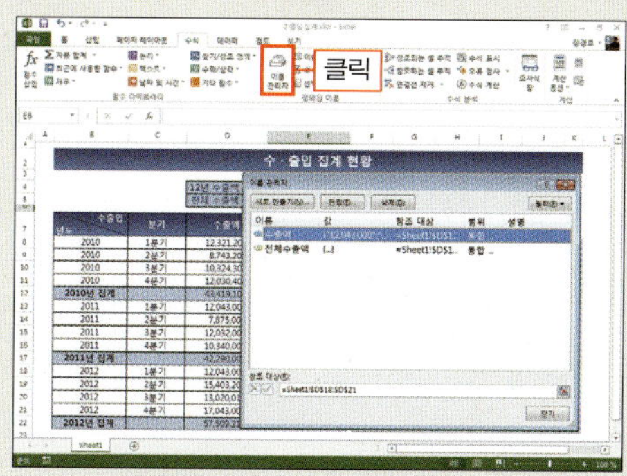

TIP

[이름 관리자] 대화상자를 불러오는 단축키는 Ctrl + F3 입니다.

:: 구조적 참조를 이용하여 한 번에 계산하기

구조적 참조란 표의 이름과 표의 열 머리글 등을 활용하여 수식을 작성하는 것으로 쉽게 수식을 작성할 수 있습니다.

 Part02₩Chapter03₩Section01₩봉사표.xlsx

 Part02₩Chapter03₩Section01₩봉사표_완성.xlsx

01_ 준비 파일을 엽니다. 데이터 범위를 표로 지정하기 위해 임의의 셀을 선택한 후 [삽입] 탭–[표] 그룹–[표]를 클릭합니다. [표 만들기] 대화상자가 나타나면 [머리글 포함]에 체크가 되어 있는지 확인한 후 [확인]을 클릭합니다.

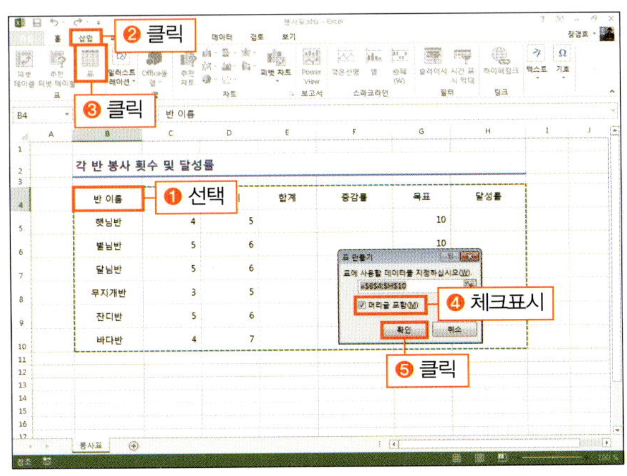

TIP

[머리글 포함]에 체크를 할 경우 첫째 행을 제목 행으로 인식하게 됩니다. 체크를 하지 않을 경우 열1, 열2, 열3과 같은 제목 행이 자동으로 삽입됩니다.

02_ 표가 만들어지면 구조적 참조 표현식을 작성해 보겠습니다. [E5] 셀을 선택한 다음 『=』을 입력합니다. [C5] 셀을 클릭한 후 『+』를 입력합니다. 다시 [D5] 셀을 클릭한 후 Enter 를 누릅니다.

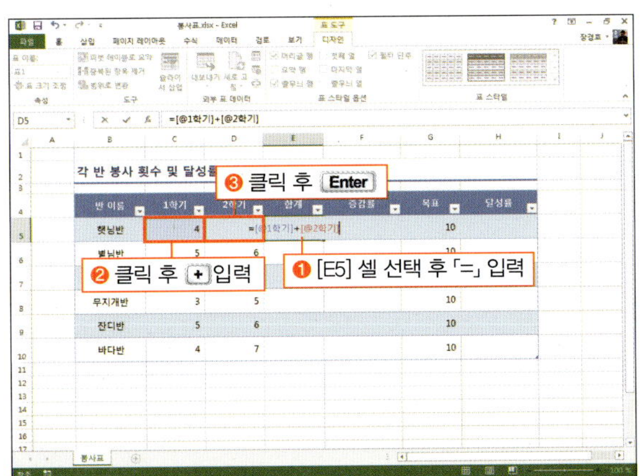

03_ 상반기 성과가 자동으로 계산됩니다. 이번에는 표의 구성 요소를 이용하여 구조적 참조를 표현해 보겠습니다. [H5] 셀을 클릭한 다음 『=[』를 입력합니다. 자동으로 열 머리글 목록이 나타납니다. '합계'를 선택한 다음 [Tab]을 누르거나 두번클릭합니다.

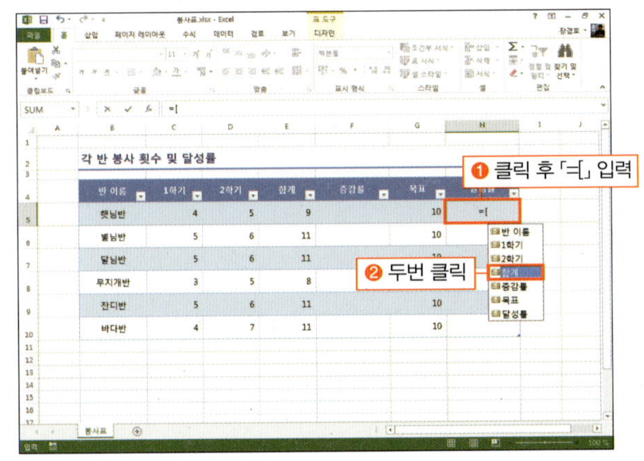

04_ 이어서 『/』를 입력한 다음 나타나는 열 머리글 목록에서 '목표'를 선택한 다음 [Tab]을 누르거나 두번 클릭합니다.

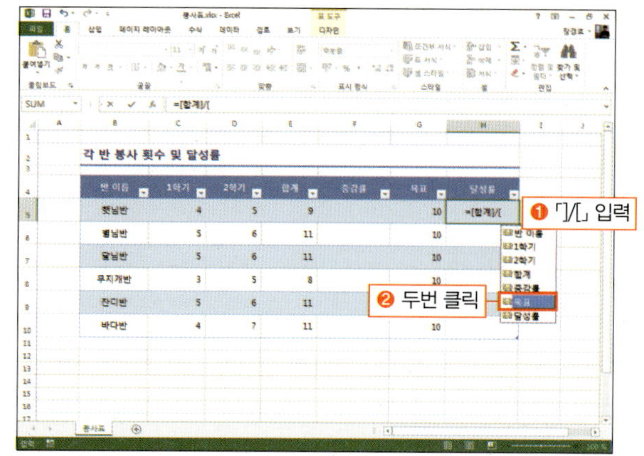

05_ 『]』을 입력한 다음 [Enter]를 누릅니다.

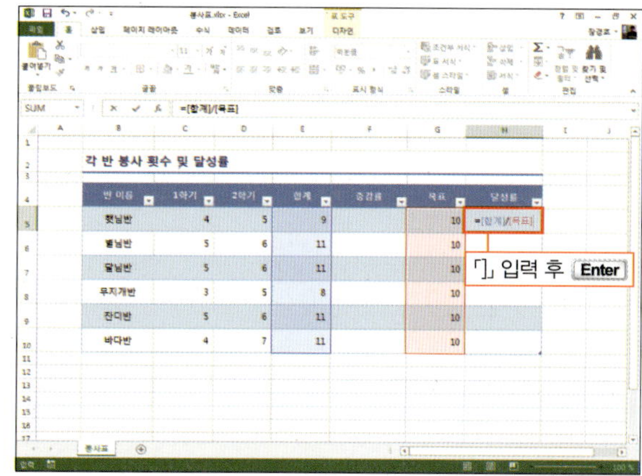

TIP

표의 일부 또는 전체를 참조하는 수식을 사용할 때 구조적 참조를 사용하면 간편하게 작업할 수 있습니다. 특히 표의 데이터 범위가 자주 변경되고 표에서 행과 열을 추가 및 삭제할 때나 외부 데이터를 새로 고칠 때 수식을 다시 작성할 필요가 없어 편리합니다.

06_ 상반기 성과 달성률이 자동으로 계산되어 표현됩니다.

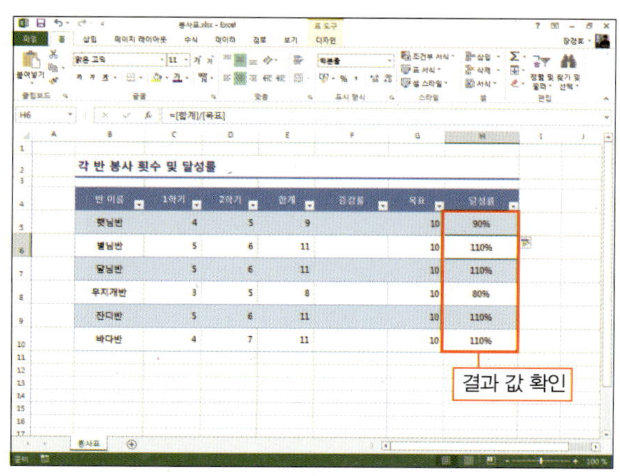

:: 요약 행 설정하기

요약 행을 추가하면 별도로 합계나 평균 등의 수식을 지정하지 않아도 평균, 최대값, 최소값, 합계 등
표의 요약한 결과값을 표시할 수 있습니다.

01_ 준비 파일을 열거나 이어서 진행합니다. 먼저 행을 하나 추가해 보겠습니다. [B11] 셀을 선택한 다음 『하늘반』을 입력한 다음 Tab 을 누릅니다. 자동으로 표가 확장되면서 행이 추가됩니다. 행 높이를 조절한 후 셀 내용을 입력합니다.

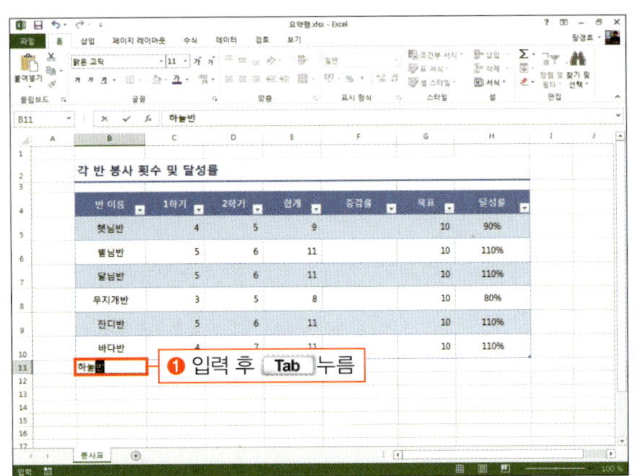

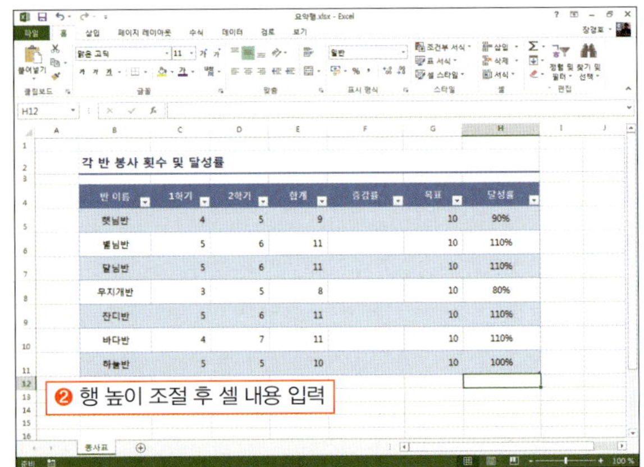

02_ 요약 행을 설정하기 위해 표 안의 임의의 셀을 선택한 후 [표 도구]–[디자인] 상황별 탭의 [표 스타일 옵션] 그룹에서 [요약 행]을 클릭하여 체크 표시합니다. 요약 행이 표의 맨 끝에 삽입되면 [C12] 셀의 화살표를 클릭한 후 [평균]을 선택합니다. 행 높이를 조절한 후 나머지 요약 행에도 [평균]이나 [합계] 등을 선택해 요약 행을 완성합니다.

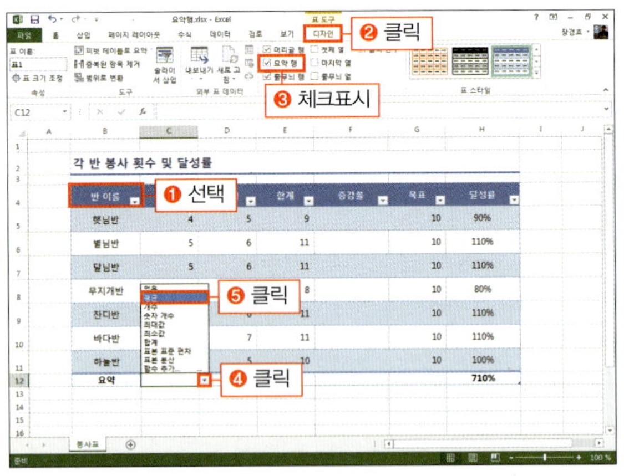

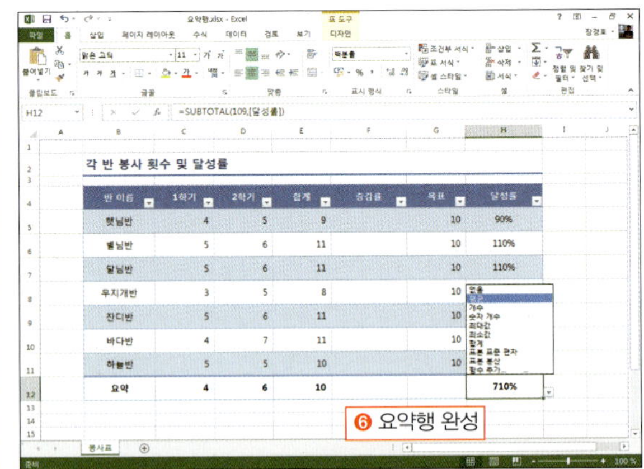

TIP

요약 행을 클릭하면 나타나는 화살표를 선택한 후 '함수 추가'를 클릭하면 평균이나 합계 등 목록으로 나타나는 함수 이외에도 다양한 함수를 사용할 수 있습니다.

수식 삽입으로 수식 작성하기

엑셀 2007 이하 버전에서는 Microsoft Equation 3.0 추가 기능 또는 Math Type 추가 기능을 별도로 설치해야 수식을 삽입할 수 있었지만 엑셀 2013에서는 바로 사용할 수 있습니다.

완성
파일 　Part02₩Chapter03₩Section01₩수식작성_완성.xlsx

01 [삽입] 탭–[기호] 그룹에서 [수식]의 화살표를 누르면 많이 사용되는 수식들이 나타납니다. 이 중 [합계 전개식]을 선택합니다.

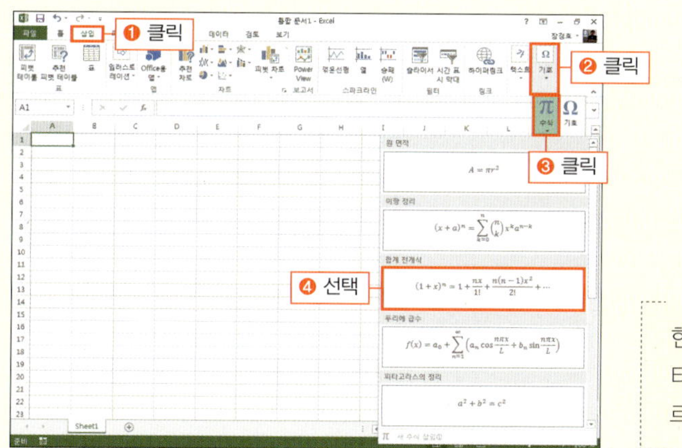

> **TIP**
> 현재 보이는 화면은 '1024*768' 해상도로 본인의 모니터 해상도 크기에 따라서 리본 메뉴의 모양이 조금 다르게 표시될 수 있습니다.

02 수식이 삽입됩니다. 수식의 크기를 조절하기 위해 수식을 마우스로 드래그하여 선택합니다. [홈] 탭–[글꼴] 그룹에서 [글꼴 크기]의 화살표를 클릭하여 '20'pt를 선택합니다. 수식의 크기가 조절됩니다.

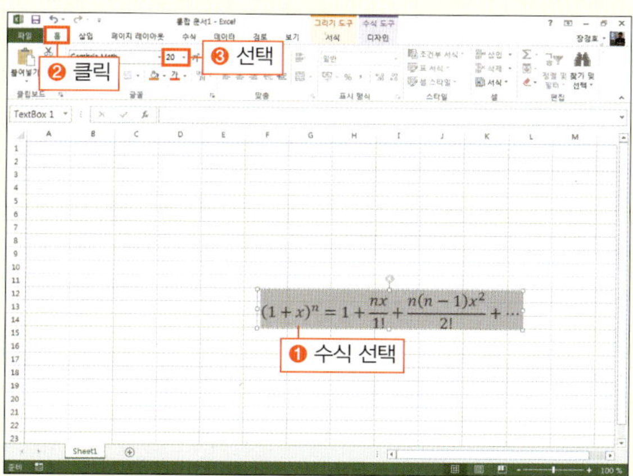

03 이번에는 텍스트 상자에 직접 수식을 입력해 보겠습니다. [삽입] 탭–[텍스트] 그룹에서 [텍스트 상자]의 아랫부분을 클릭한 다음 [가로 텍스트 상자]를 선택합니다.

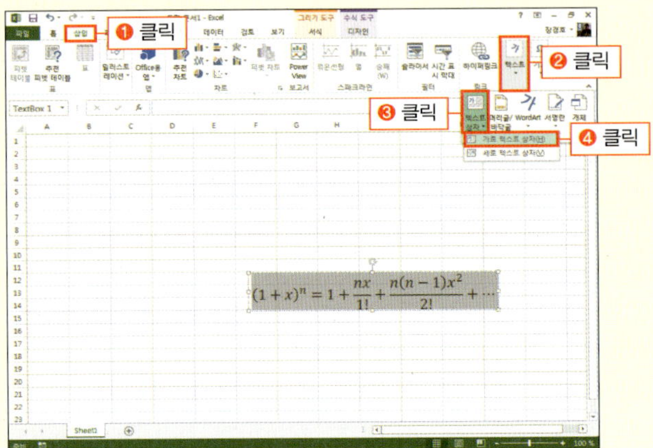

04 마우스로 워크시트에서 드래그하여 텍스트 상자를 삽입합니다. [삽입] 탭–[기호] 그룹에서 [수식]의 화살표를 클릭하여 [새 수식 삽입]을 선택합니다.

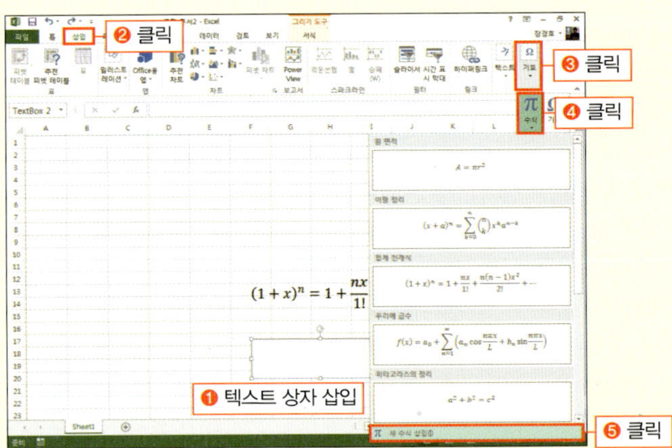

05 [수식 도구]–[디자인] 상황별 탭에서 [구조] 그룹에서 [극한 및 로그]를 클릭한 다음 [일반 함수]의 [극한 예제]를 선택합니다.

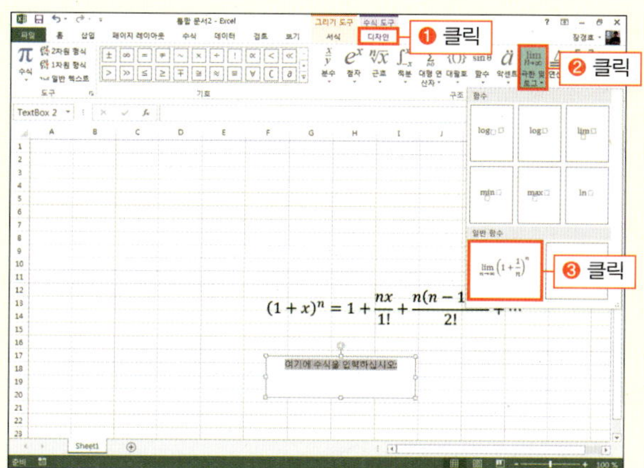

TIP

[수식 도구]–[디자인] 상황별 탭의 [구조] 그룹에서 여러 수식을 조합하여 새로운 수식을 만들 수 있습니다.

체크 해 봐요

◎ 준비파일 : Part02₩Chapter03₩Check₩성적평가표.xlsx

◎ 완성파일 : Part02₩Chapter03₩Check₩성적평가표_완성.xlsx

요약 행을 추가하면 평균이나 최대값, 최소값, 합계 등을 표시할 수 있습니다. 여기서는 표의 마지막 행에 요약 행을 추가해 보도록 합니다.

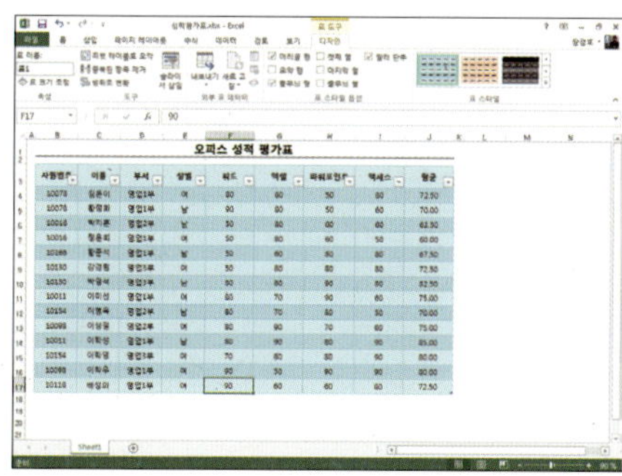

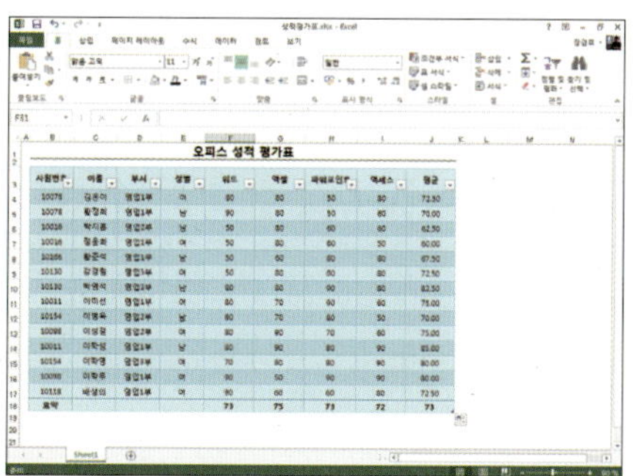

힌트

❶ [표 도구]–[디자인] 상황별 탭의 [표 스타일 옵션] 그룹–[요약 행]에 체크 표시를 합니다.

❷ 실습 따라하기 : 부록CD/Part02/Chapter03/실습11.docx

필수 함수와 실무 함수 익히기

엑셀에서 제공하는 함수를 이용하면 아무리 복잡하고 어려운 수식도 한 번에 빠르고 편리하게 처리할 수 있습니다. 함수에는 논리 함수, 통계 함수, 텍스트 함수, 날짜/시간 함수 등 범주별로 다양한 함수가 존재하는데 여기서는 함수의 기본 형식을 비롯해 필수 함수와 실무 함수를 익혀보도록 하겠습니다.

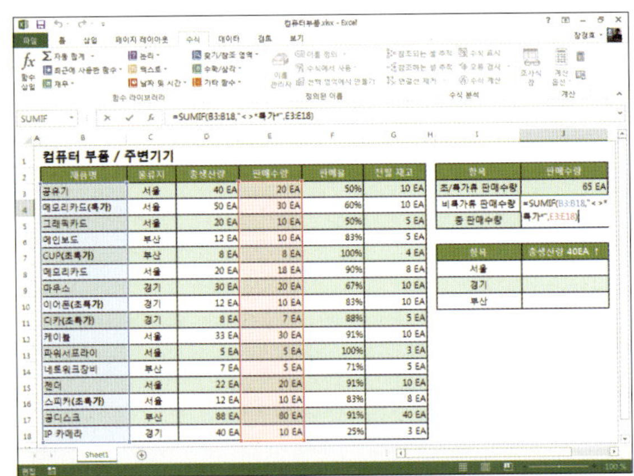

▲ SUMIF, SUMIFS 함수로 판매 수량 구하기

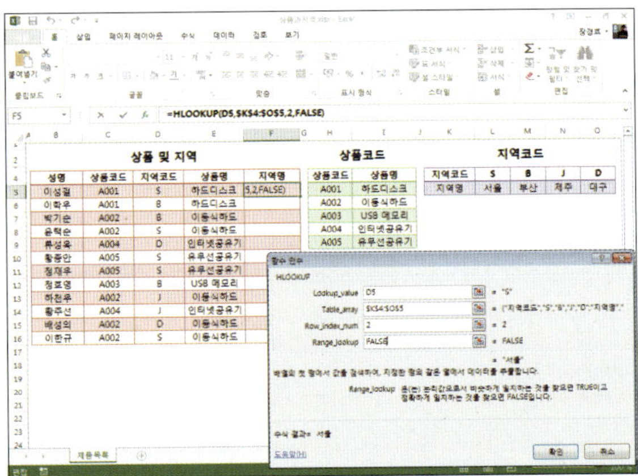

▲ VLOOKUP, HLOOKUP 함수로 상품명과 지역명 입력하기

이번 섹션에서 배울 주요 내용

- 함수의 기본 형식과 구성 요소
- 함수 입력 방법과 수식의 오류
- SUM, AVERAGE, MAX, MIN, COUNT 함수로 결과값 구하기
- SUMIF, SUMIFS 함수로 판매 수량 구하기
- AVERAGE, AVERAGEA 함수로 지역별 커피 평균 구하기
- COUNT, COUNTBLANK 함수로 응시자, 미응시자 구하기
- COUNTIF, COUNTIFS 함수로 조건에 맞는 셀 개수 구하기
- MAX, MIN 함수로 최고, 최저점 구하기
- ROUND, ROUNDUP, ROUNDDOWN 함수로 자릿수 지정하기
- TODAY, YEAR, MONTH 함수로 초과 근무 시간 구하기
- RANK.EQ, RANK.AVG 함수로 1학기 성적 순위 구하기
- IF, MID 함수로 성별 구분하기
- 중첩 IF 함수로 학점 등급 나누기
- VLOOKUP, HLOOKUP 함수로 상품명과 지역명 입력하기
- FREQUENCY 함수로 빈도수 구하기
- REPLACE 함수로 주민등록번호 뒷자리 감추기
- TRIM 함수로 주소 공백 제거하기
- DSUM, DAVERAGE 함수로 부서별 합계, 평균 구하기

아무리 복잡한 데이터라 하더라도 쉽고, 효율적으로 처리할 수 있는 것이 바로 엑셀의 함수 기능입니다. 엑셀에서 제공하는 함수는 아무리 복잡한 데이터도 쉽게 풀어낼 수 있습니다.

함수의 기본 형식

함수란 반복적이고 복잡한 계산을 정해진 수식에 따라 계산되도록 만들어진 기능입니다. 셀의 양이 적으면 쉽게 할 수 있는 계산도 셀의 양이 많아지거나 복잡한 계산의 경우에는 어렵기 마련인데, 함수를 이용하면 쉽고 편리하게 작업을 수행할 수가 있게 됩니다.

예를 들어 대학교 중간고사의 3과목의 평균 점수를 구하기 위해서는 A과목, B과목, C과목 점수를 합계하여 평균을 구해야 합니다. 이때, 평균을 구해주는 함수인 AVERAGE 함수를 이용하면 간편하게 계산을 할 수 있습니다. 즉 '=AVERAGE(A1:C1)' 혹은 '=AVERAGE(A1, B1, C1)' 으로 나타낼 수 있습니다.

❶ **등호** : 수식을 입력할 때와 마찬가지로 함수를 입력할 때에도 함수 왼쪽 앞에 등호를 입력합니다.
❷ **함수명** : 엑셀에서 제공하는 함수명을 입력할 수 있습니다. 함수명에 따라 사용되는 함수식이 달라집니다.
❸ **괄호** : 사용된 함수의 인수를 괄호를 통해서 묶어주게 됩니다.
❹ **인수** : 함수 계산에 필요한 데이터로 함수에 따라 달라집니다.
❺ **콤마** : 함수에서 인수와 인수를 구분할 때 사용하는 기호입니다.

대표적인 함수

함수는 필요한 인수를 지정하기만 해도 복잡한 계산을 쉽게 풀어낼 수가 있습니다. 이러한 엑셀 함수는 각종 계산을 위해 홀로 사용될 수도 있고, 함수의 인수로 숫자나 셀 주소 이외에 다른 함수를 입력하는 등 중첩 형식으로 사용할 수도 있습니다.

엑셀에서 사용하는 함수 중 특히 사용 빈도가 높은 함수는 다음과 같습니다. 계산식이 간단할 경우 수식을 입력하는 것이 편리하지만 복잡한 계산식이라면 함수를 이용하는 것이 편리합니다.

NO	범주	대표 함수	대표적인 용도
1	수학 함수	SUM, SUMIF, ...	수학적인 계산을 할 때 사용
2	날짜/시간 함수	DAY, YEAR, ...	날짜와 시간이 필요할 때 사용
3	통계 함수	AVERAGE, COUNT, ...	통계를 사용할 때 사용
4	텍스트 함수	LEFT, RIGHT, MID, ...	문자열과 관련된 역할
5	논리 함수	IF, ...	값을 비교하여 참 거짓 판정
6	찾기/참조 함수	INDEX, HLOOKUP, ...	특정한 값을 추출
7	재무 함수	FV, PMT, ...	재무 관련 계산을 할 때 사용

:: 함수 입력 방법과 수식의 오류

엑셀의 함수는 함수 마법사나 자동 합계, 혹은 함수 라이브러리나 직접 함수식을 입력하여 작성할 수 있습니다.

함수 입력 방법

01_ 직접 입력

함수의 종류와 입력되는 인수를 셀에 직접 입력하는 방법입니다. 함수의 사용방법을 알면 가장 쉽게 입력할 수 있으며, 수식 자동 완성 기능으로 함수식을 완성할 수 있습니다.

02_ 자동 합계 이용

[수식] 탭-[함수 라이브러리] 그룹-[자동 합계]를 클릭하거나 [홈] 탭의 [합계] 단추(Σ·)를 클릭하여 엑셀에서 가장 많이 사용되는 합계, 평균, 숫자 개수, 최대값, 최소값 등의 함수식을 삽입할 수 있습니다.

03_ 함수 라이브러리 사용

[수식] 탭-[함수 라이브러리] 그룹의 메뉴들을 이용하여 함수식을 삽입할 수 있습니다. 각각의 범주마다 사용되는 함수가 다르기 때문에 빠르게 찾아 입력할 수 있습니다.

04_ 함수 마법사 사용

수식 입력줄의 [함수 삽입](f_x) 단추를 클릭하거나 [수식] 탭-[함수 라이브러리] 그룹-[자동 합계]를 클릭한 다음 함수를 선택하는 방법으로 함수를 잘 모르더라도 마법사가 정해주는 구성요소에 따라 쉽게 작성할 수 있습니다.

수식의 오류

엑셀에서 함수를 작성하다보면 가끔 의도와는 다르게 #DIV/0!, #N/A, #NAME?, #NULL!, #NUM!, #REF!, #VALUE! 와 같은 알 수 없는 오류 메시지가 나타날 경우가 있습니다. 엑셀이 표시하는 오류 메시지를 잘 파악하면 쉽게 수식을 수정할 수가 있습니다.

오류	설명
#####	열 너비가 좁아 셀의 일부 문자를 표시할 수 없거나 셀에 음수로 된 날짜 또는 시간 값이 포함된 경우 이 오류가 나타납니다.
#DIV/0!	값이 포함되지 않은 셀이나 어떤 값을 '0'으로 나눌 때 이 오류가 나타납니다.
#N/A	사용할 수 없는 함수나 수식에 값을 참조했을 때 이 오류가 나타납니다.
#NAME?	수식의 텍스트를 인식할 수 없는 경우 이 오류가 나타납니다. 즉, 범위 이름이나 함수 이름을 잘못 입력한 경우에 나타납니다.
#NULL!	존재하지 않는 값을 사용했을 때 이 오류가 나타납니다.
#NUM!	수식이나 함수에 잘못된 숫자 값이 포함되어 있을 경우 이 오류가 나타납니다.
#REF!	셀 참조가 유효하지 않으면 이 오류가 나타납니다. 즉, 수식에 참조된 셀이 없어졌을 때 나타납니다.
#VALUE!	수식에 여러 데이터 형식이 포함된 셀이 있는 경우 이 오류가 표시될 수 있습니다. 즉, 값이 잘못되었을 때 나타납니다.

:: SUM, AVERAGE, MAX, MIN, COUNT 함수로 결과값 구하기

가장 기본이 되는 함수를 통해 다양한 엑셀 함수를 입력하는 방법에 대해서 살펴보도록 하겠습니다.

01_ 준비 파일을 엽니다. 먼저 자동 합계를 통해 함수를 삽입해 보겠습니다. [G5] 셀을 선택한 다음 [홈] 탭–[편집] 그룹에서 [자동 합계]의 화살표를 클릭하여 [평균]을 선택합니다. 자동으로 수식이 삽입됩니다. 수식이 맞는지 확인한 후 Enter 를 누릅니다.

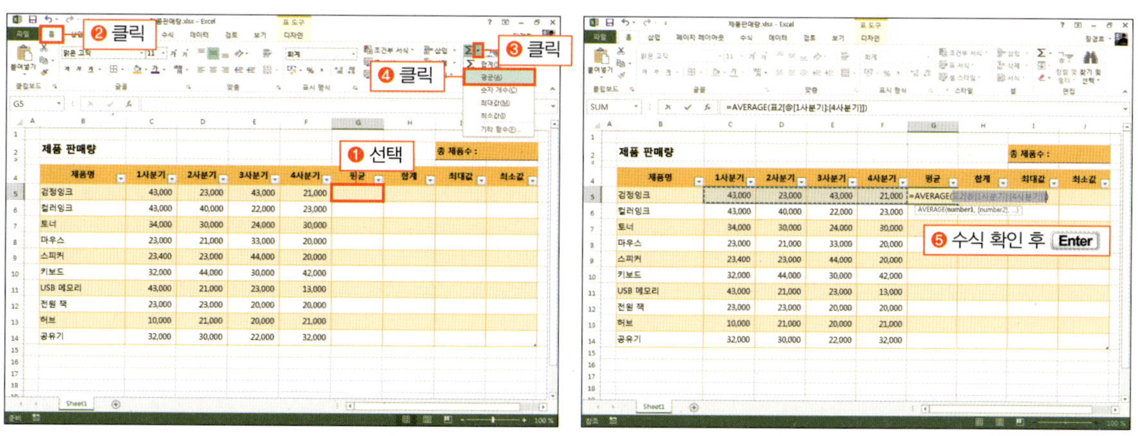

TIP

자동 합계는 합계와 평균처럼 가장 많이 사용하는 함수를 손쉽게 선택하여 자동으로 계산해주는 기능입니다.

02_ 이번에는 함수를 직접 입력해 보겠습니다. [H5] 셀을 선택한 후 『=S』를 입력합니다. 해당 문자로 시작하는 함수 목록이 나타나면 [SUM]을 두 번 클릭합니다. [C5] 셀에서 [F5] 셀을 드래그하여 선택한 후 『)』를 입력합니다. **Enter** 를 누릅니다.

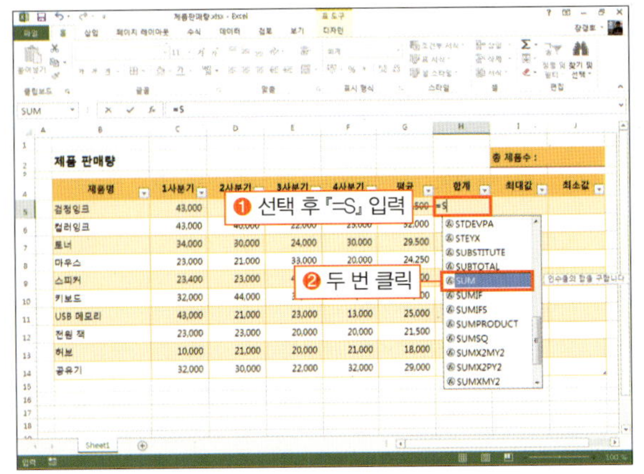

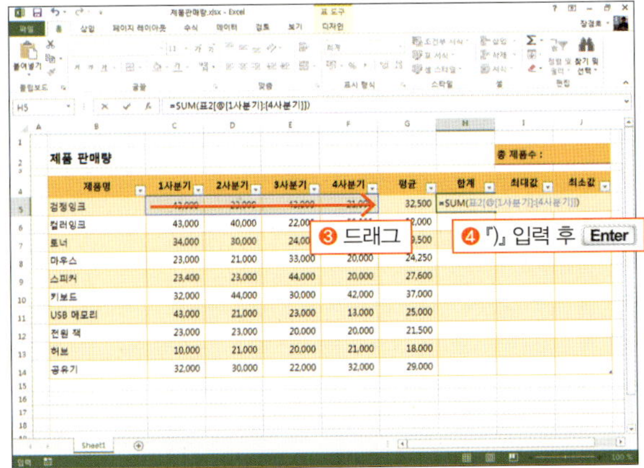

> **TIP**
>
> 셀에 함수를 직접 입력할 경우 함수 이름을 정확히 알지 못하여도 첫 글자만 입력하면 해당 문자로 시작하는 함수 목록이 나타나 원하는 함수를 쉽게 선택할 수 있습니다.

03_ 이번에는 함수 라이브러리를 통해 수식을 완성해 보겠습니다. [I5] 셀을 선택한 후 [수식] 탭–[함수 라이브러리] 그룹–[기타 함수]–[통계]를 선택한 다음 [MAX]을 클릭합니다. [함수 인수] 대화상자가 나타나면 [Number1] 항목에 『C5:F5』를 입력한 후 [확인]을 클릭합니다.

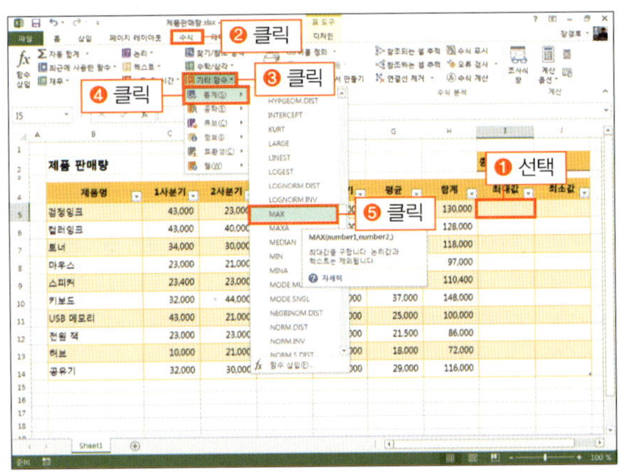

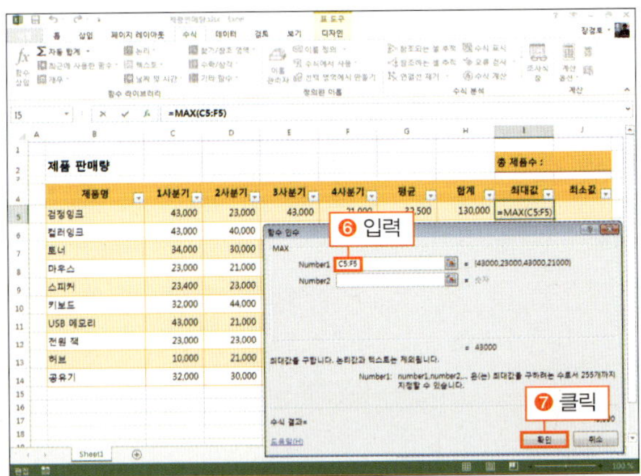

> **TIP**
>
> 재무, 논리, 텍스트, 날짜 및 시간 등 다양한 함수식을 함수 라이브러리에서 선택할 수 있습니다. 선택한 함수는 [함수 인수] 대화상자를 통해 수식 완성을 도와줍니다.

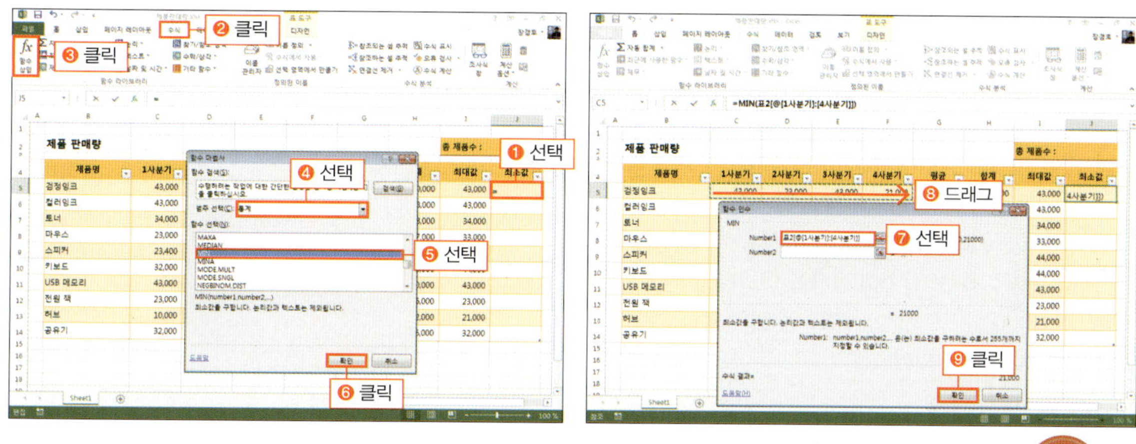

TIP

수식 입력줄의 [함수 삽입] 단추를 클릭하거나 [수식] 탭–[함수 라이브러리] 그룹–[함수 삽입]을 클릭하여 함수를 작성할 수 있습니다.

05_ 수식 입력줄의 [함수 삽입] 단추를 통해서도 함수를 입력할 수 있습니다. [J2] 셀을 선택한 후 수식 입력줄의 [함수 삽입] 단추를 클릭합니다. [함수 마법사] 대화상자가 표시되면 이번에는 [함수 검색] 항목에 『비어있지 않은 셀 개수』를 입력한 후 [검색]을 클릭합니다. [함수 선택]에 다양한 함수가 검색되면 『COUNTA』를 선택한 후 [확인]을 클릭합니다. [함수 인수] 대화상자가 나타나면 [Value1] 항목을 선택한 상태에서 [B5] 셀에서 [B14] 셀까지 드래그한 후 [확인]을 클릭합니다.

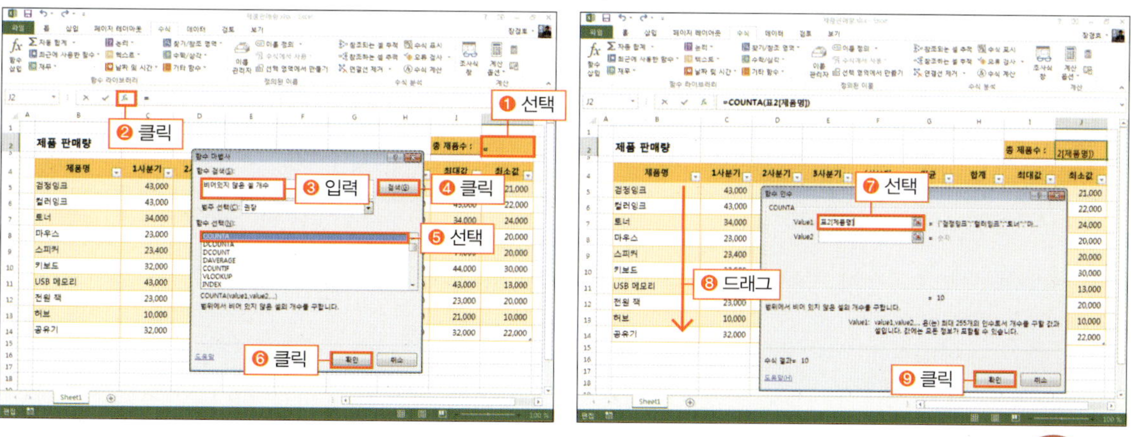

TIP

[함수 마법사] 대화상자의 [함수 검색] 입력란에는 함수를 모를 경우 간단한 설명을 입력해 유사한 기능을 가진 함수를 찾을 수 있습니다.

:: SUMIF, SUMIFS 함수로 판매 수량 구하기

SUMIF 함수는 특정 조건에 해당하는 숫자를 더하고자 할 때 사용하는 함수이며, SUMIFS 함수는 여러 조건을 만족하는 경우에 사용할 수 있는 함수입니다.

 Part02₩Chapter03₩Section02₩컴퓨터부품.xlsx

 Part02₩Chapter03₩Section02₩컴퓨터부품_완성.xlsx

01_ 준비 파일을 엽니다. 특가라는 단어가 포함된 모든 제품의 판매 수량을 구하기 위해 [J3] 셀을 선택합니다. [수식] 탭–[함수 라이브러리] 그룹에서 [함수 삽입]을 클릭합니다. [함수 마법사] 대화상자가 나타나면 [범주 선택]–[수학/삼각]을 선택한 후 [함수 선택]–[SUMIF]를 선택합니다. [확인]을 클릭합니다.

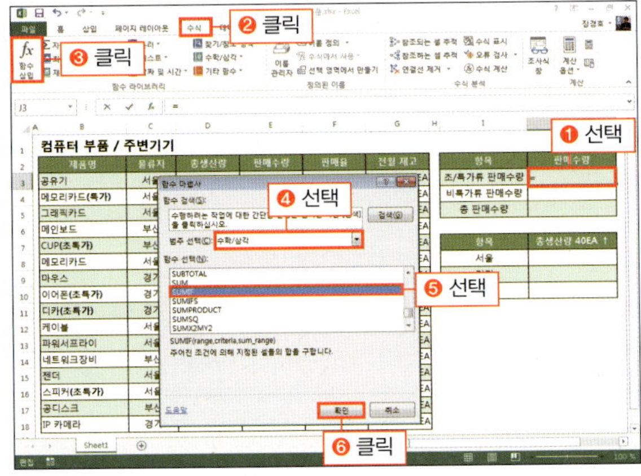

02_ [함수 인수] 대화상자가 나타나면 [Range] 입력란을 클릭한 다음 [B3] 셀에서 [B18] 셀을 드래그하여 선택합니다. [Criteria] 입력란을 클릭한 다음 『*특가*』를 입력합니다. [Sum_range] 입력란을 클릭한 다음 [E3] 셀에서 [E18] 셀을 드래그하여 선택하고 [확인]을 클릭합니다.

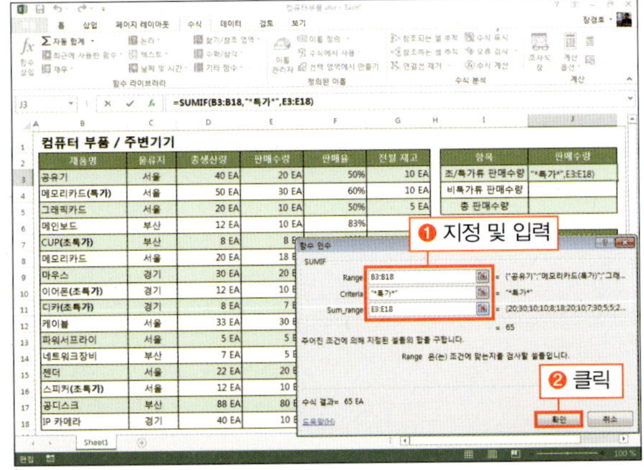

> **TIP**
>
> 수식에 사용되는 셀 범위를 입력란에 직접 입력하는 것보다 셀 범위를 마우스로 드래그하여 지정하는 것이 더 효율적입니다.

[J3] 셀에 들어가는 완성 수식 : =SUMIF(B3:B18,"*특가*",E3:E18)

03_ [J3] 셀에 '특가'가 포함된 모든 제품명의 판매 수량이 집계됩니다. 이번에는 특가가 포함되지 않은 제품의 판매 수량을 구해 보도록 하겠습니다. [J4] 셀을 클릭한 후 『=SUMIF(B3:B18,"〈〉*특가*",E3:E18)』을 입력합니다. **Enter**를 누릅니다. 특가류와 비특가류 제품의 모든 판매 수량을 합산하기 위해 [J5] 셀을 클릭한 후 [수식] 탭-[함수 라이브러리] 그룹의 [자동 합계]-[합계]를 선택합니다. 자동으로 영역이 지정되면 **Enter**를 누릅니다.

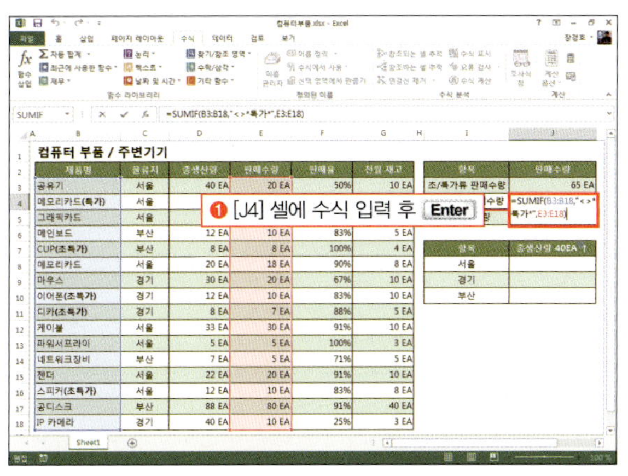

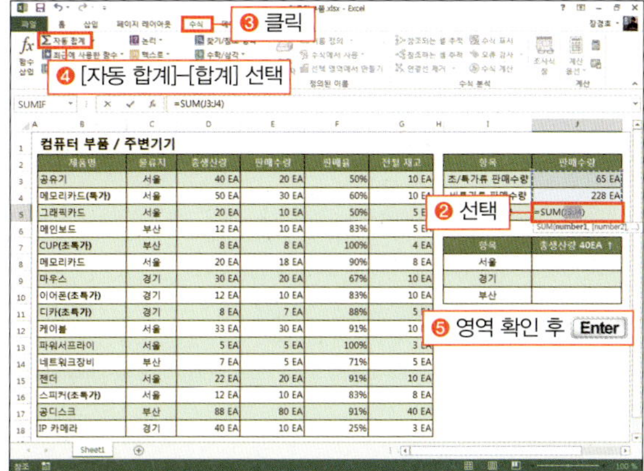

> [J4] 셀에 들어가는 완성 수식 : =SUMIF(B3:B18,"〈〉*특가*",E3:E18)
> [J5] 셀에 들어가는 완성 수식 : =SUM(J3:J4)

04_ 이번에는 SUMIFS 함수를 이용해 물류지가 서울이면서 총생산량이 40EA 이상인 제품의 판매 수량을 구해보도록 하겠습니다. [J8] 셀을 선택한 후 [수식] 탭-[함수 라이브러리] 그룹에서 [수학/삼각]-[SUMIFS]를 선택합니다. [함수 인수] 대화상자가 나타나면 다음과 같이 인수를 입력한 다음 [확인]을 클릭합니다.

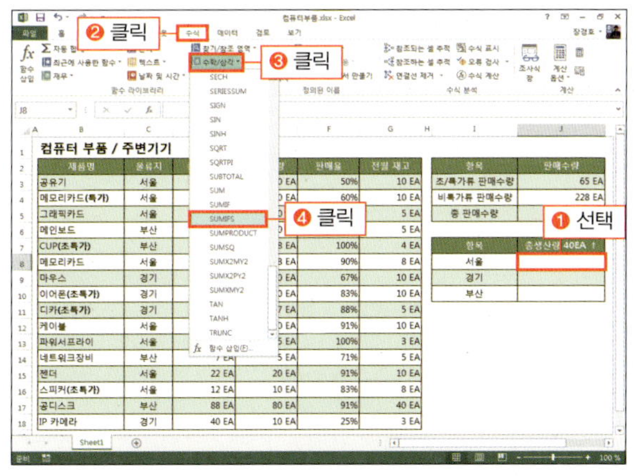

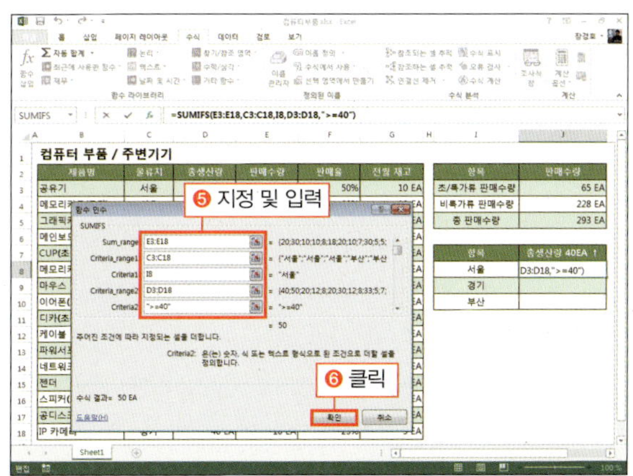

> SUMIF 함수와 SUMIFS 함수는 인수 순서가 서로 다릅니다. 특히, sum_range 인수는 SUMIFS의 첫 번째 인수이지만 SUMIF 에서는 세 번째 인수입니다.

> [J8] 셀에 들어가는 완성 수식 : =SUMIFS(E3:E18, C3:C18, I8, D3:D18, "〉=40")

05_ 같은 방법으로 물류지가 경기이면서 총생산량이 40EA 이상인 제품의 판매 수량과 물류지가 부산이면서 총생산량이 40EA 이상인 제품의 판매 수량도 구해 보도록 합니다.

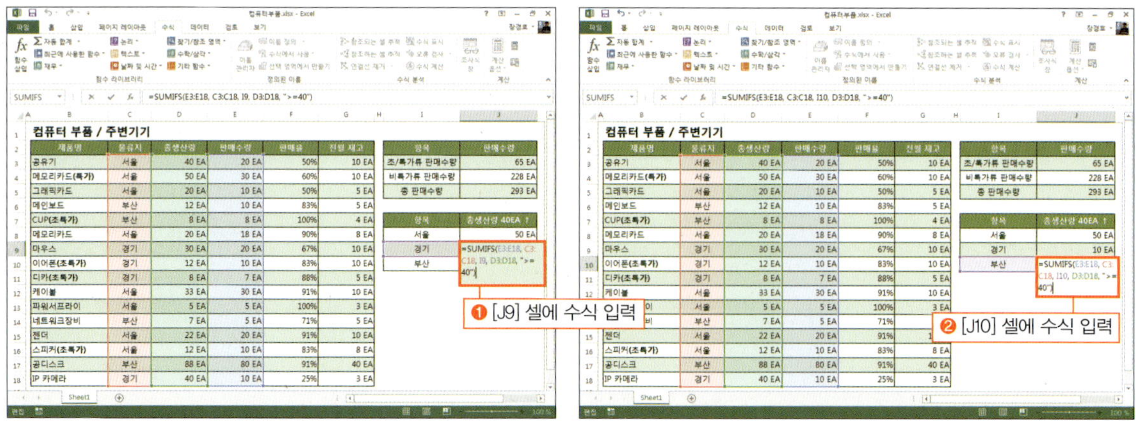

[J9] 셀에 들어가는 완성 수식 : =SUMIFS(E3:E18, C3:C18, I9, D3:D18, ">=40")
[J10] 셀에 들어가는 완성 수식 : =SUMIFS(E3:E18, C3:C18, I10, D3:D18, ">=40")

TIP

TIP

SUMIFS 함수는 엑셀 2007부터 추가된 함수이므로 엑셀 2003 이하에서는 'NAME?' 오류가 발생합니다.

:: AVERAGEIF, AVERAGEIFS 함수로 지역별 커피 평균 구하기

평균을 구할 때 조건이 한 가지라면 AVERAGEIF 함수를, 조건이 여러 가지일 경우에는 AVERAGEIFS 함수를 이용할 수 있습니다.

준비 파일   Part02₩Chapter03₩Section02₩커피판매량.xlsx

완성 파일   Part02₩Chapter03₩Section02₩커피판매량_완성.xlsx

01_ 준비 파일을 엽니다. 먼저, AVERAGEIF 함수를 통해 제품명에 따른 판매 수량 평균을 구해 보겠습니다. [J3] 셀을 클릭한 후 [수식 입력줄]의 [함수 삽입](fx) 단추를 클릭합니다. [함수 마법사] 대화상자가 나타나면 [범주 선택]−[통계], [함수 선택]−[AVERAGEIF]를 선택한 후 [확인]을 클릭합니다. [함수 인수] 대화상자가 나타나면 [Range]에 『$C$3:$C$20』, [Criteria]에 『I3』, [Average_range]에 『$F$3:$F$20』를 입력한 후 [확인]을 클릭합니다.

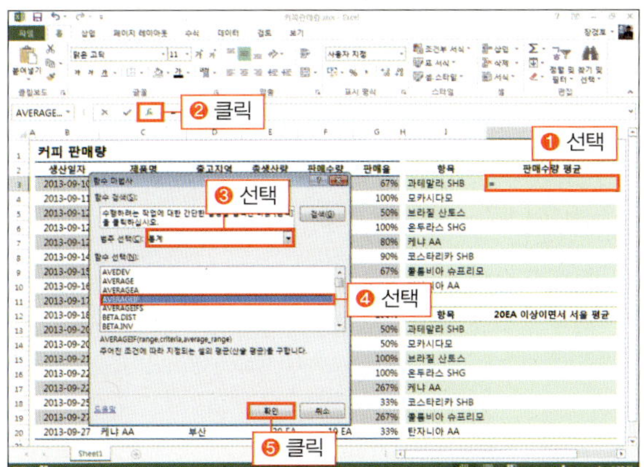

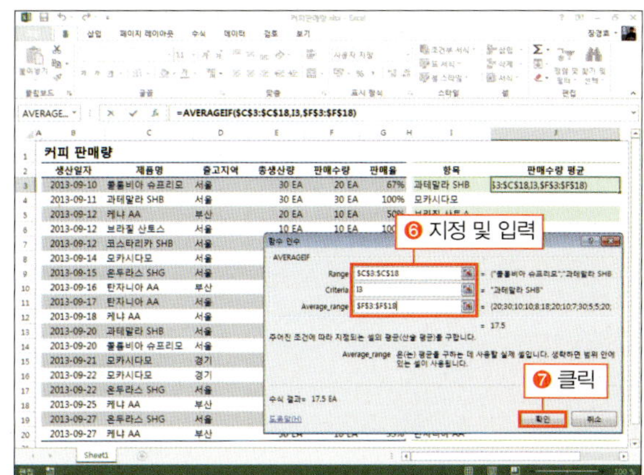

02_ [J3] 셀에 값이 구해집니다. [J3] 셀의 채우기 핸들을 [J10] 셀까지 드래그합니다. [자동 채우기 옵션](📋)을 클릭하여 [서식없이 채우기]를 선택합니다.

> **TIP**
>
> [J3] 셀에 들어가는 완성 수식 : =AVERAGEIF($C$3:$C$18,I3,$F$3:$F$18)

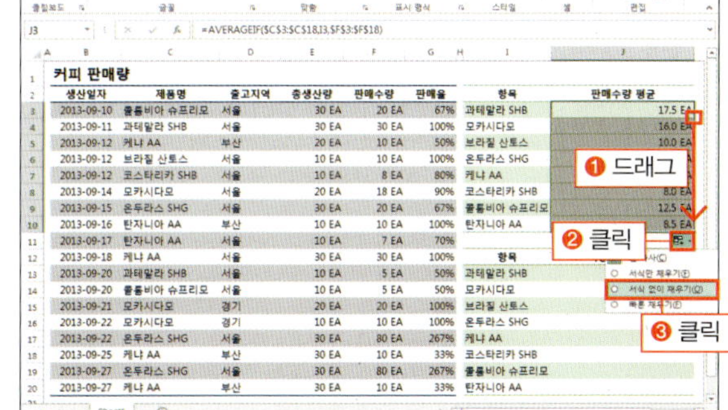

03_ 이번에는 AVERAGEIFS 함수를 통해 20EA 이상이면서 출고 지역이 서울인 판매 수량의 평균을 구해 보도록 하겠습니다. [J13] 셀에 『=AVERAGEIFS(』를 입력한 후 Ctrl + A 를 누릅니다.

> **TIP**
>
> 함수를 입력한 후 Ctrl + A 를 누르면 [함수 인수] 대화상자를 불러올 수 있습니다.

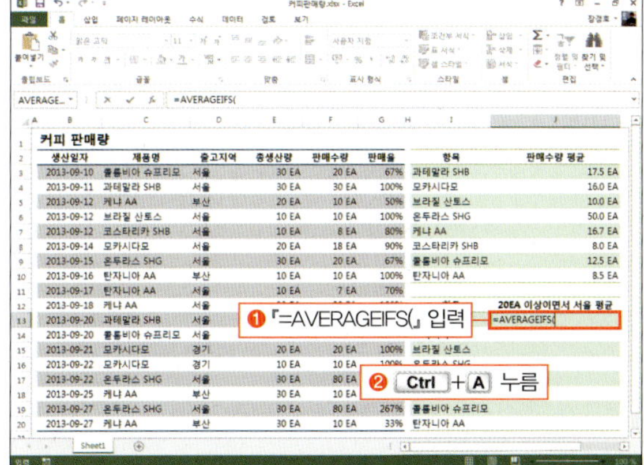

04_ [함수 인수] 대화상자가 나타나면 [Range]에 『$F$3:$F$20』, [Criteria_range1]에 『$D$3:$D$20』, [Criteria1]에 『서울』, [Criteria_range2]에 『$C$3:$C$20』, [Criteria2]에 『I13』을 입력한 후 [확인]을 클릭합니다.

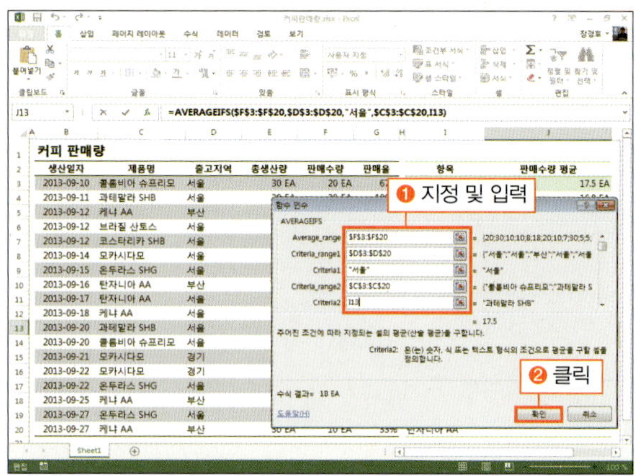

> TIP
> [J13] 셀에 들어가는 완성 수식 : =AVERAGEIFS($F$3:$F$20,$D$3:$D$20,"서울",$C$3:$C$20,I13)

05_ [J13] 셀에 값이 구해집니다. [J13] 셀의 채우기 핸들을 [J20] 셀까지 드래그합니다. [자동 채우기 옵션]()을 클릭하여 [서식없이 채우기]를 선택합니다.

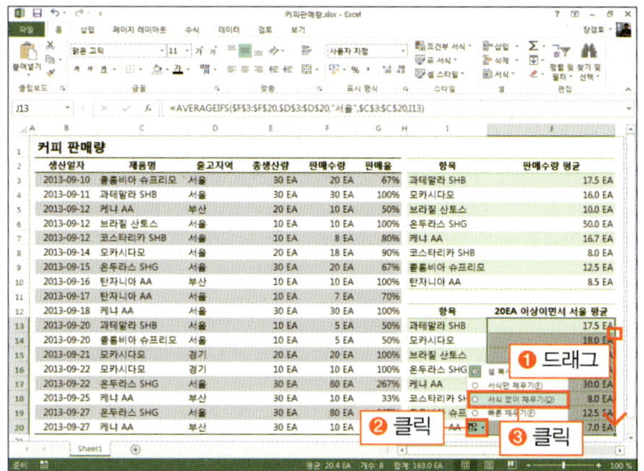

:: COUNT, COUNTBLANK 함수로 응시자, 미응시자 구하기

COUNT 함수는 숫자로 구성된 셀의 개수를 구하는 함수이며, COUNTA 함수는 문자든 숫자든 상관없이 빈 셀을 제외한 셀의 개수를, COUNTBLANK 함수는 빈 셀의 개수를 구하는 함수입니다.

준비파일 Part02\Chapter03\Section02\성적집계.xlsx

완성파일 Part02\Chapter03\Section02\성적집계_완성.xls

01_ 준비 파일을 엽니다. COUNT 함수로 부서별 응시자 수를 구해 보겠습니다. [M8] 셀을 클릭한 후 수식 입력줄에 『=COUNT(F7:F59)』을 입력한 후 **Enter** 를 누릅니다. [M8] 셀에 결과값이 '0'으로 표시됩니다.

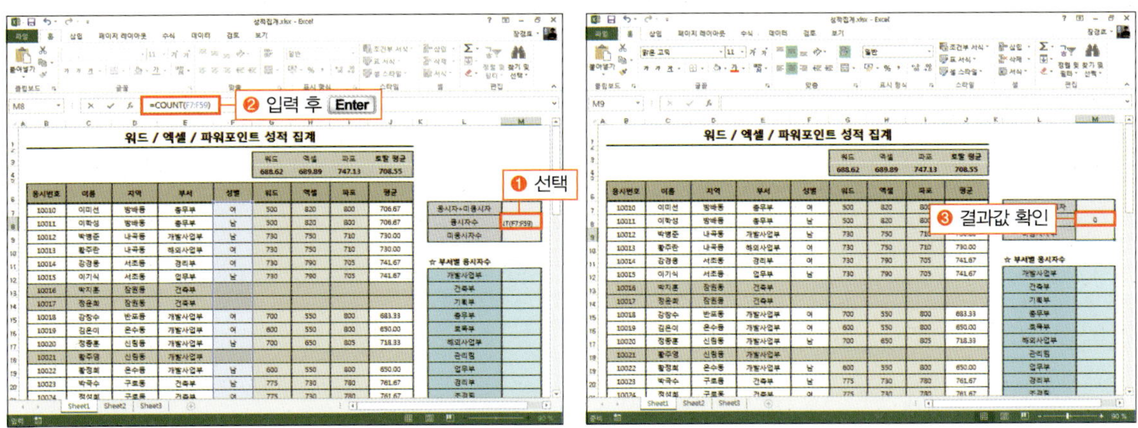

02_ 응시자 수가 구해지지 않는 이유는 지정된 셀 범위가 숫자가 아닌 문자이기 때문입니다. COUNT 함수는 숫자로 구성된 셀의 범위를 구하는 함수이므로 [M8] 셀에 『=COUNT(J7:J59)』로 수정한 후 Enter 를 누릅니다. 응시자 수를 확인합니다.

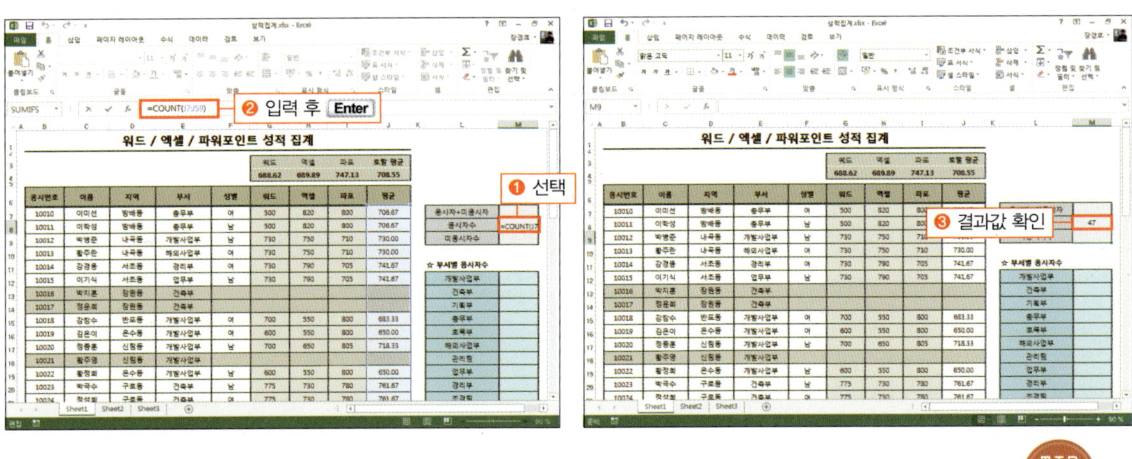

COUNT 함수는 숫자로 구성된 셀의 범위를 구하는 함수입니다.
[M8] 셀에 들어가는 완성 수식 : =COUNT(J7:J59)

03_ COUNTA 함수를 통해서도 응시자 수를 구할 수 있습니다. [M8] 셀을 다시 클릭한 후 수식 입력줄에 『=COUNTA(F7:F59)』을 입력한 후 Enter 를 누릅니다.

TIP

COUNTA 함수는 숫자든 문자든 상관없이 지정한 셀 범위에서 비어 있지 않은 셀의 개수를 구하는 함수입니다.

TIP

[M8] 셀에 들어가는 완성 수식 : =COUNTA(F7:F59)

04_ 응시자 수가 구해집니다. 이번에는 값이 입력되어 있지 않은 미응시자 수를 구해 보도록 하겠습니다. [M9] 셀을 클릭한 후 수식 입력줄에 『=COUNTBLANK(J7:J59)』을 입력한 후 Enter 를 누릅니다.

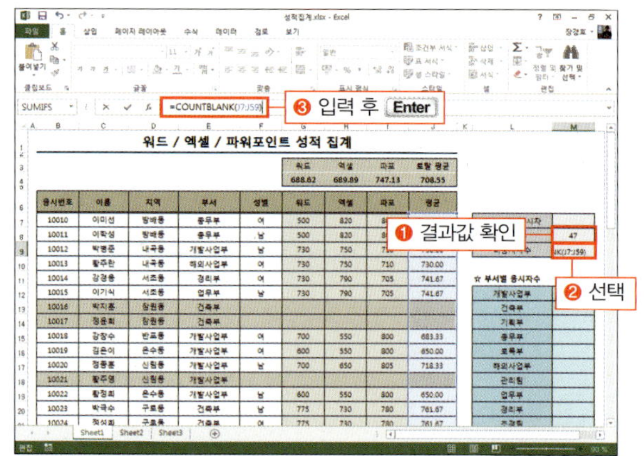

TIP

COUNTBLANK 함수는 빈 셀의 개수를 구하는 함수입니다.
[M9] 셀에 들어가는 완성 수식 : =COUNTBLANK(J7:J59)

05_ 결과값을 확인합니다. 이번에는 COUNT 함수와 COUNTBLANK 함수를 함께 사용하여 응시자 수와 미응시자 수 모두를 구해보겠습니다. [M7] 셀을 클릭한 후 수식 입력줄에 『=COUNT(J7:J59)+COUNTBLANK(J7:J59)』를 입력한 후 Enter 를 누릅니다. 응시자 수와 미응시자 수가 구해집니다.

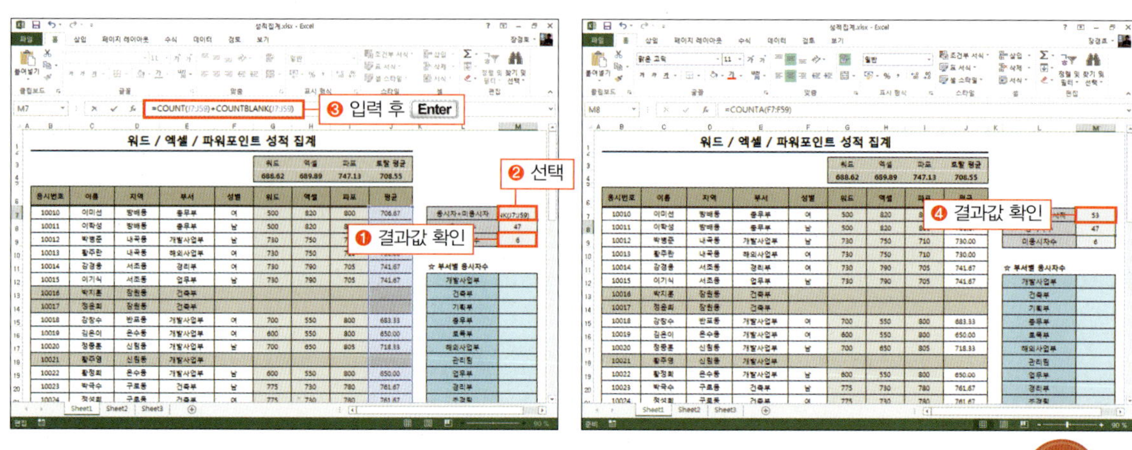

TIP

[M9] 셀에 들어가는 완성 수식 : =COUNT(J7:J59)+COUNTBLANK(J7:J59)

:: COUNTIF, COUNTIFS 함수로 조건에 맞는 셀 개수 구하기

COUNTIF 함수를 통해 특정 조건에 맞는 셀의 개수를 구할 수 있으며, COUNTIFS 함수를 통해 여러 조건에 맞는 셀의 개수를 구할 수 있습니다.

준비
파일
Part02₩Chapter03₩Section02₩성적집계_조건.xlsx

완성
파일
Part02₩Chapter03₩Section02₩성적집계_조건_완성.xlsx

01_ 준비 파일을 열거나 이어서 진행합니다. 부서별 응시자 수를 구하기 위해 [M12] 셀을 선택합니다. 수식 입력줄의 [함수 삽입] 단추를 클릭합니다. [함수 마법사] 대화상자가 표시되면 이번에는 [함수 검색] 항목에 『COUNTIF』를 입력한 후 [검색]을 클릭합니다. [함수 선택]에 다양한 함수가 검색되면 『COUNTIF』를 선택한 후 [확인]을 클릭합니다.

> **TIP**
> COUNTIF 함수는 한 개의 조건에 맞는 셀의 개수를 구하는 함수로서 여기서는 부서별로 응시자 수를 구합니다.

02_ [함수 인수] 대화상자가 나타나면 [Range] 입력란을 클릭한 다음 『E7:E59』를 입력하여 부서가 입력되어 있는 영역을 지정합니다. [Criteria] 입력란을 클릭한 다음 『L12』를 입력한 후 [확인]을 클릭합니다.

> **TIP**
> [M12] 셀에 들어가는 완성 수식 : =COUNTIF(E7:E59,L12)

03_ 부서별 응시자 수를 구하기 위해 [M12] 셀에서 [M21] 셀을 드래그하여 선택합니다. 수식 입력줄에 입력되어 있는 수식 중 'E7:E59'을 드래그하여 선택한 후 F4 를 눌러 절대 참조로 변경합니다. 즉, 『=COUNTIF($E$7:$E$59,L12)』로 절대 참조로 변경해 줍니다. Ctrl + Enter 를 눌러 [M12] 셀에서 [M21]까지 수식을 복사합니다.

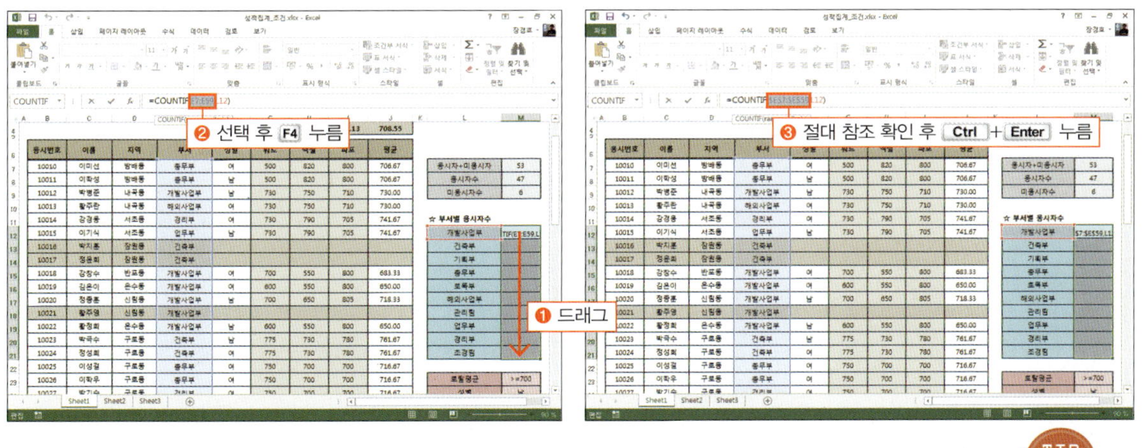

> **TIP**
> 영역을 지정하여 수식을 입력한 다음 Ctrl + Enter 를 누르면 지정한 영역에 한 번에 수식이 채워집니다.

04_ [M12] 셀에서 [M21] 셀까지 응시자 수가 집계됩니다. 이번에는 평균이 700점 이상인 남성 응시자를 구하기 위해 [M25] 셀을 선택합니다. 수식 입력줄에 『=COUNTIFS(J8:J59,M23,F8:F59,M24)』을 입력한 후 **Enter** 를 누릅니다.

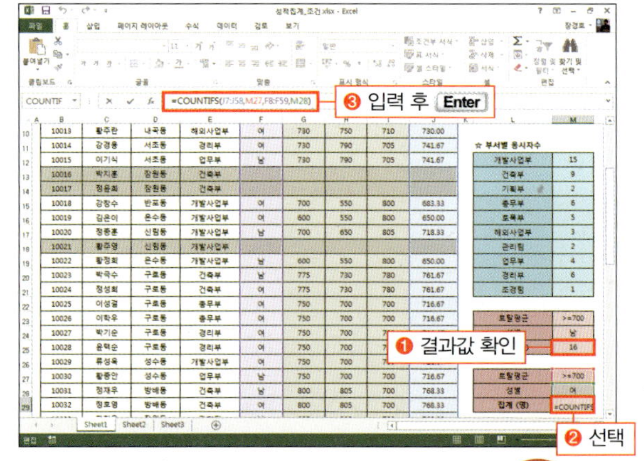

> **TIP**
> COUNTIFS 함수는 COUNTIF 함수와 비슷하나 여러 개의 조건에 맞는 셀의 개수를 구할 때 사용합니다. 여기서는 평균 700점 이상과 성별에 따른 집계를 구합니다.

[M25] 셀에 들어가는 완성 수식 : =COUNTIFS(J8:J59,M23,F8:F59,M24)

05_ 평균이 700점 이상이면서 성별이 남자인 집계가 구해집니다. 이번에는 평균이 700점 이상이면서 성별이 여자인 집계를 구하기 위해 [M29] 셀을 선택합니다. 수식 입력줄에 『=COUNTIFS(J7:J58,M27,F8:F59,M28)』을 입력한 후 **Enter** 를 누릅니다.

> **TIP**
> 범위를 지정할 수 있는 [Criteria_range]와 조건을 지정할 수 있는 [Criteria]은 최대 127개까지 지정할 수 있습니다.

[N29] 셀에 들어가는 완성 수식 : =COUNTIFS(J7:J58,M27,F8:F59,M28)

:: MAX, MIN 함수로 최고, 최저점 구하기

데이터 값 중에서 최고 점수와 최저 점수를 구하기 위해서는 MAX 함수와 MIN 함수를 이용합니다.

01_ 준비 파일을 엽니다. 최고판매량을 구하기 위해 [I5] 셀을 선택합니다. [수식] 탭–[함수 라이브러리] 그룹–[기타 함수]–[통계]를 클릭한 다음 [MAX]를 선택합니다. [함수 인수] 대화상자가 나타나면 [Number1] 입력란에 『E5:E44』을 입력한 다음 [확인]을 클릭합니다.

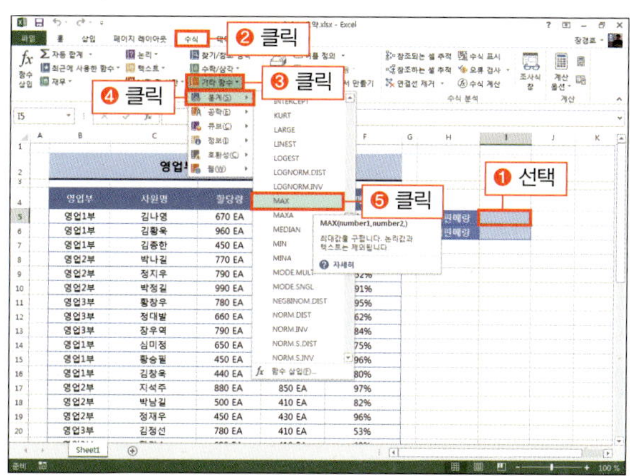

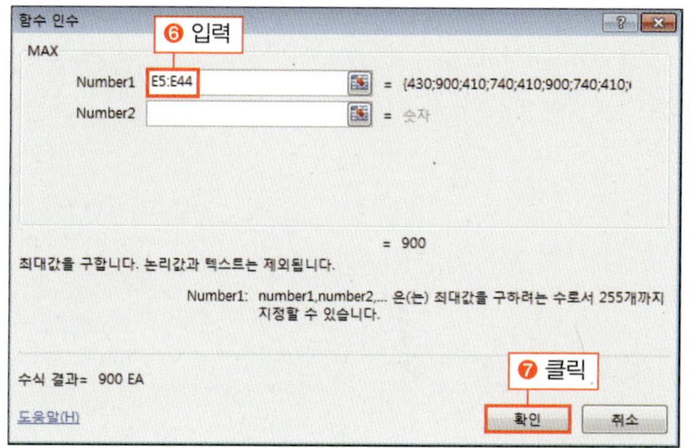

[I5] 셀에 들어가는 완성 수식 : =MAX(E5:E44)

02_ 최저판매량을 구하기 위해 [I6] 셀을 선택합니다. [수식] 탭–[함수 라이브러리] 그룹–[기타 함수]–[통계]를 클릭한 다음 [MIN]를 선택합니다. [함수 인수] 대화상자가 나타나면 [Number1] 입력란에 『E5:E44』을 입력한 다음 [확인]을 클릭합니다.

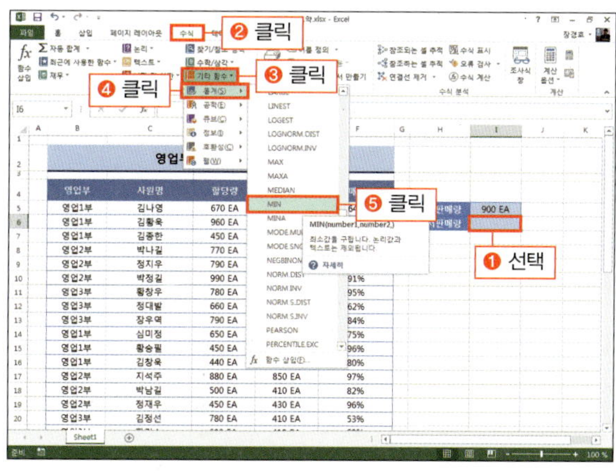

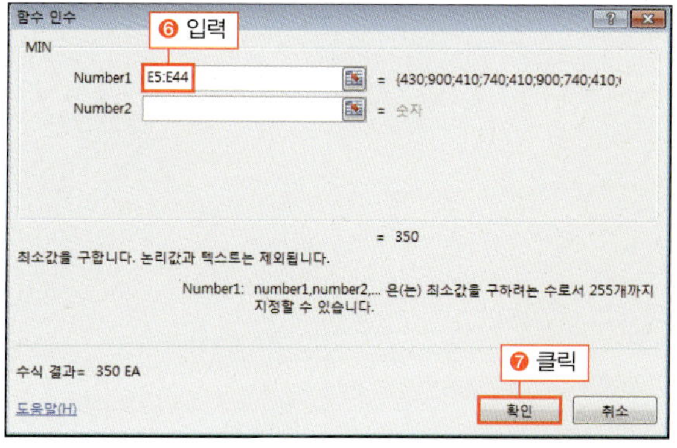

[I6] 셀에 들어가는 완성 수식 : =MIN(E5:E44)

:: TODAY, YEAR, MONTH 함수로 초과 근무 시간 구하기

시작 시간과 종료 시간을 계산하여 초과 근무 시간을 TODAY, YEAR, MONTH 함수를 이용하여 구할 수 있습니다.

 준비 파일 Part02₩Chapter03₩Section02₩초과근무시간.xlsx

 완성 파일 Part02₩Chapter03₩Section02₩초과근무시간_완성.xlsx

01_ 준비 파일을 엽니다. 금일 날짜를 입력하기 위해 [F2] 셀을 선택합니다. [수식] 탭-[함수 라이브러리] 그룹-[날짜 및 시간]을 클릭한 다음 [TODAY]를 선택합니다.

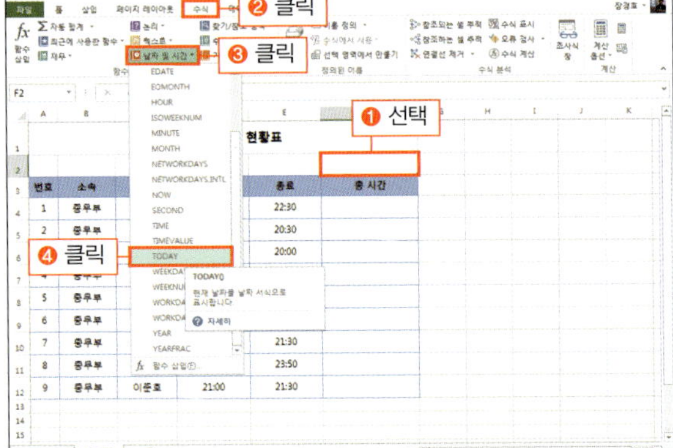

TIP

[F2] 셀을 선택한 다음 『=TODAY()』를 입력하고 Enter 를 눌러도 됩니다.

02_ [함수 인수] 창이 나타나면 [확인]을 클릭합니다.

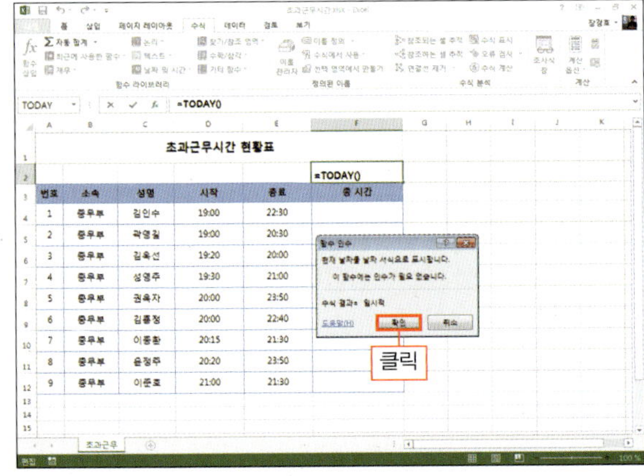

TIP

[F2] 셀에 들어가는 완성 수식 : =TODAY()

03_ 초과 근무 시간을 구하기 위해 [F4] 셀을 선택합니다. [수식] 탭–[함수 라이브러리] 그룹–[날짜 및 시간]을 클릭한 다음 [HOUR]를 선택합니다. [함수 인수] 대화상자의 [Serial_number] 입력란에 『E4–D4』를 입력하고 [확인]을 클릭합니다.

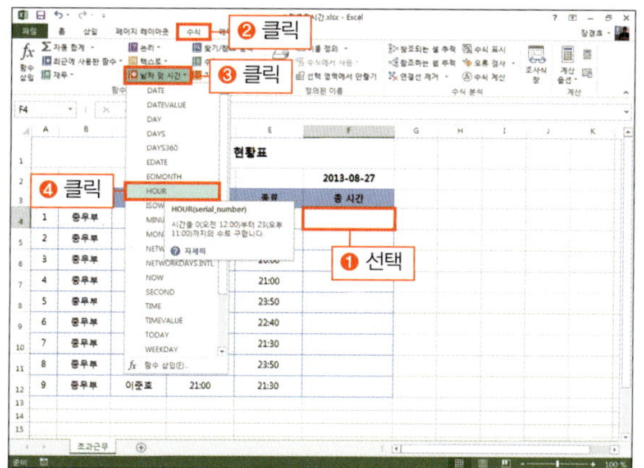
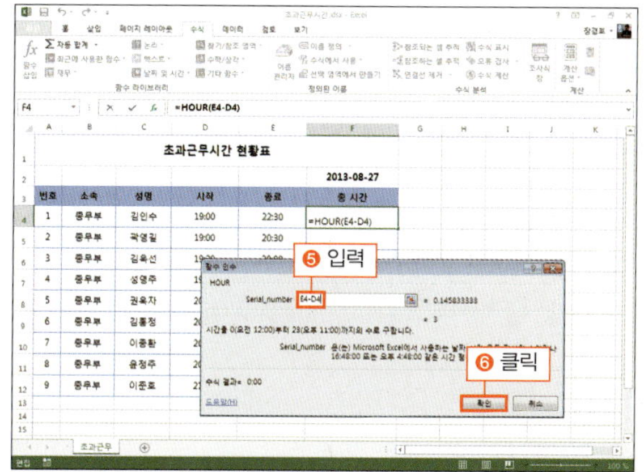

04_ 수식 입력줄을 클릭하여 '=HOUR(E4–D4)' 뒤에 『& " 시간" & MINUTE(E4–D4) & "분"』을 입력한 다음 Enter 를 누릅니다.

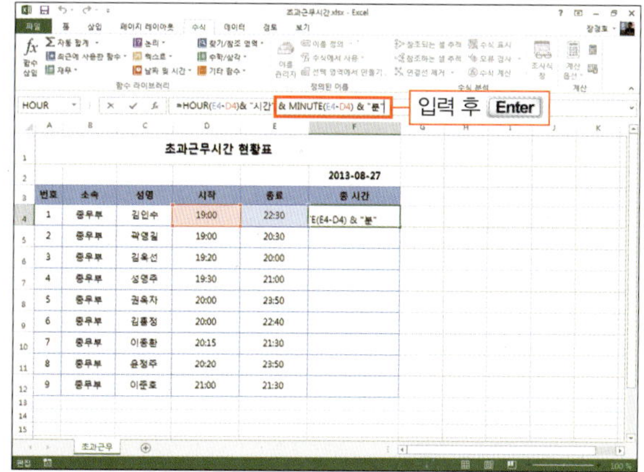

05_ [F4] 셀의 채우기 핸들을 [F12] 셀까지 드래그하여 완성합니다.

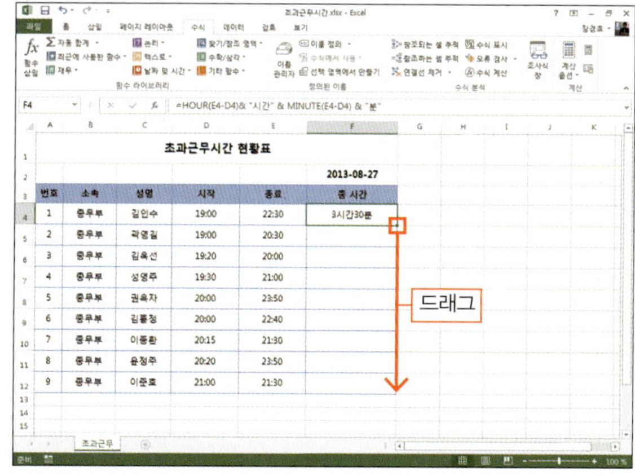

TIP

[F4] 셀에 들어가는 완성 수식 : =HOUR(E4–D4)& "시간" & MINUTE(E4–D4) & "분"

:: RANK.EQ, RANK.AVG 함수로 1학기 성적 순위 구하기

RANK.EQ 함수는 기존 RANK 함수와 마찬가지로 둘 이상이 순위가 동일하면 동일한 순위를 구하며, RANK.AVG 함수는 순위가 동일하면 평균 순위를 구하는 함수입니다.

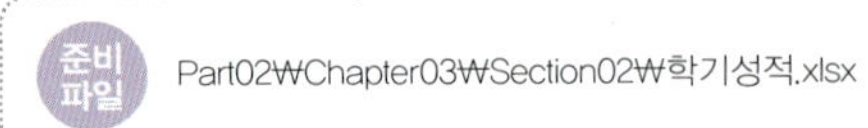

01_ 준비 파일을 엽니다. RANK.EQ 함수를 이용하여 순위를 구해 보도록 합니다. [E17] 셀을 클릭한 다음 [수식] 탭–[함수 라이브러리] 그룹–[기타 함수]–[통계]를 클릭하여 [RANK.EQ]를 클릭합니다. [함수 인수] 대화상자가 나타나면 [Number] 입력란에 『E16』, [Ref] 입력란에 『$E$16:$I$16』을 입력한 다음 [확인]을 클릭합니다.

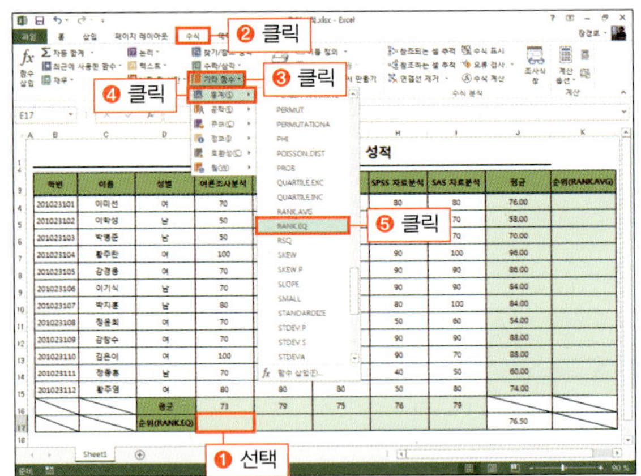

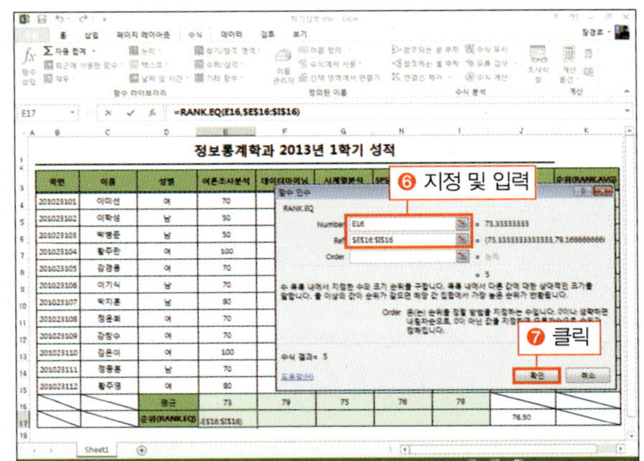

> **TIP**
>
> [Order] 입력란에는 순위 결정 방법을 지정하는 수를 입력합니다. 0이거나 생략하면 내림차순으로, 0이 아니면 오름차순으로 정렬됩니다.

> **TIP**
>
> [KI4] 셀에 들어가는 완성 수식 : =RANK.EQ(E16,$E$16:$I$16)

02_ [E17] 셀에 과목별 순위가 구해집니다. 채우기 핸들을 [I17] 셀까지 드래그하여 과목별 순위를 구합니다.

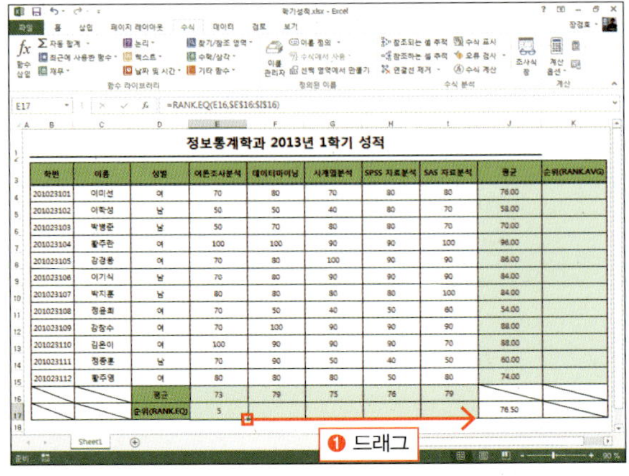

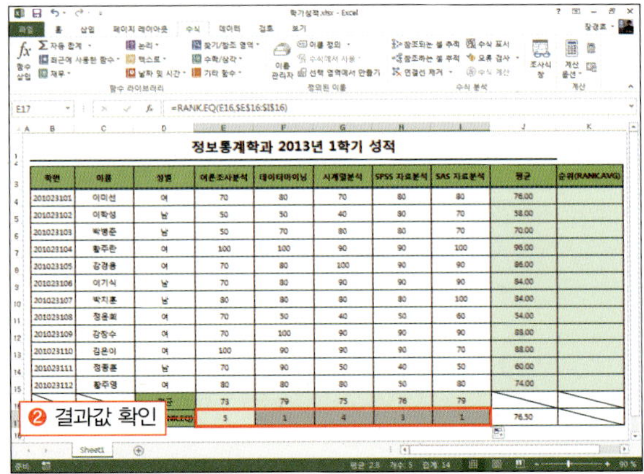

03_ 이번에는 RANK.AVG 함수를 이용하여 순위를 구해 보도록 합니다. [K4] 셀을 클릭한 다음 [수식] 탭–[함수 라이브러리] 그룹–[기타 함수]–[통계]를 클릭하여 [RANK.AVG]를 클릭합니다. [함수 인수] 대화상자가 나타나면 [Number] 입력란에 『J4』, [Ref] 입력란에 『$J$4:$J$15』를 입력한 다음 [확인]을 클릭합니다.

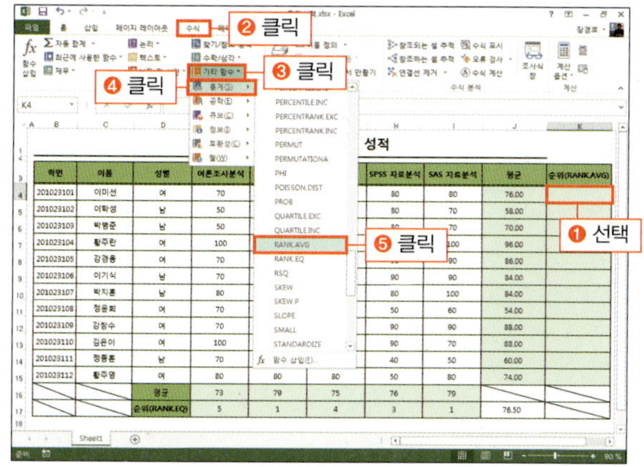
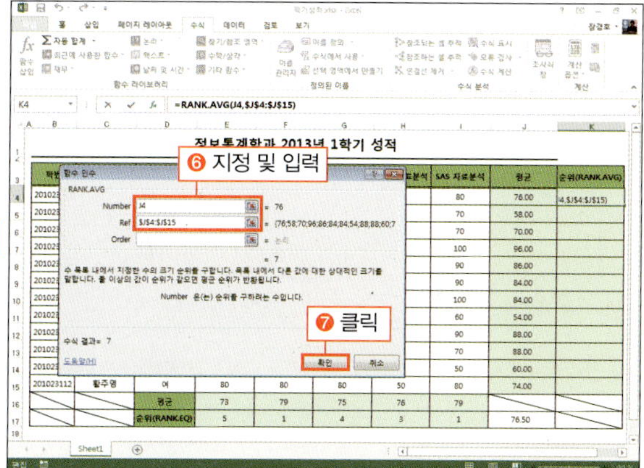

TIP

[K4] 셀에 들어가는 완성 수식 : =RANK.AVG(J4,$J$4:$J$15)

04_ [K4] 셀에 학생별 순위가 구해집니다. 채우기 핸들을 [K15] 셀까지 드래그하여 학생별 순위를 구합니다.

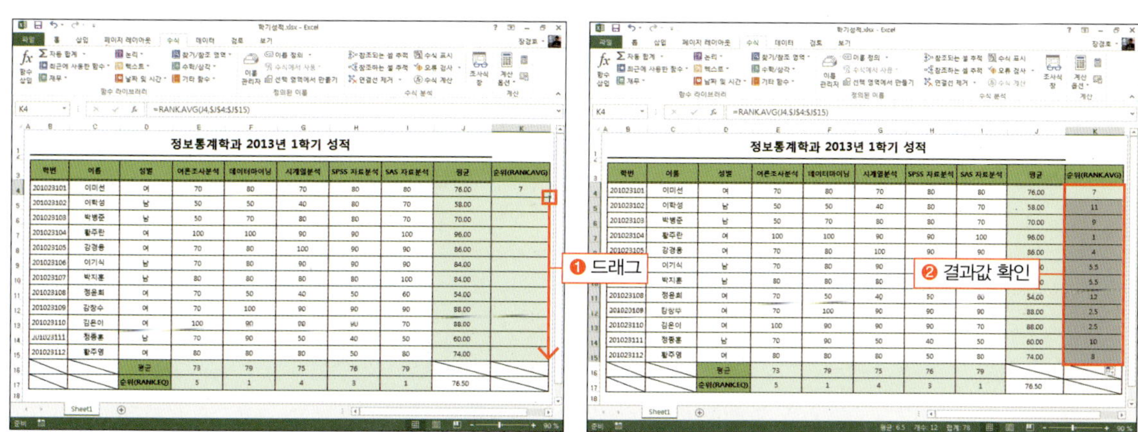

TIP

[수식] 탭–[함수 라이브러리] 그룹–[기타 함수]–[통계]를 클릭하면 이전 버전에 존재하던 RANK 함수를 찾을 수 없고, RANK.EQ 함수와 RANK.AVG 함수만 찾을 수 있습니다. 만일 기존에 사용하던 RANK 함수를 찾고 싶으면 [수식] 탭–[함수 라이브러리] 그룹–[기타 함수]–[통계]–[호환성]을 클릭한 후 RANK 함수를 선택합니다.

개선된 함수

개선된 함수는 새롭게 정의된 함수이거나 추가된 함수로, 함수 뒤에 '.'이 붙어 있습니다. 예를 들어, RANK.EQ 함수와 RANK.AVG 함수의 경우 이전 버전에서 제공되던 RANK 함수를 새롭게 개선하여 추가된 함수입니다.

함수	용도
RANK 함수	순위를 구하는 함수로 엑셀 2007 이전에 사용하던 함수입니다.
RANK.AVG 함수	순위를 구하는 함수로 순위가 같은 수가 여러 개이면 평균 순위를 반환합니다.
RANK.EQ 함수	이전 버전에서 사용하던 RANK 함수와 마찬가지로 순위가 같은 수가 여러 개이면 가장 높은 순위를 반환합니다.

:: IF, MID 함수로 성별 구분하기

IF 함수는 지정한 조건이 참인지 거짓인지를 판단하여 결과값을 반환하는 함수이며, MID 함수는 지정한 위치로부터 지정한 개수의 문자를 표시하는 함수입니다.

 준비파일   Part02\Chapter03\Section02\성별구분.xlsx

 완성파일   Part02\Chapter03\Section02\성별구분_완성.xlsx

01_ 준비 파일을 엽니다. 주민등록번호를 이용하여 성별을 추출해 보겠습니다. [F3] 셀을 선택한 후 [수식] 탭–[함수 라이브러리] 그룹–[논리]를 클릭한 다음 [IF]를 선택합니다.

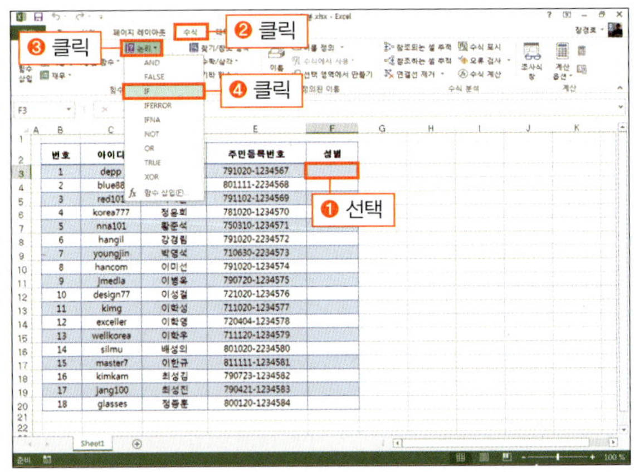

02_ 주민등록번호 뒷자리의 첫 번째 숫자가 "1"이면 "남자", "2"이면 "여자"로 표시하기 위해 [함수 인수] 대화상자가 나타나면 [Logical_test] 입력란을 클릭한 다음 『MID(E3, 8, 1)="1"』을 입력합니다. [Value_if_true] 입력란을 클릭한 다음 『"남자"』를 입력합니다. 마지막으로 [Value_if_false] 입력란을 클릭하고 『"여자"』를 입력한 다음 [확인]을 클릭합니다.

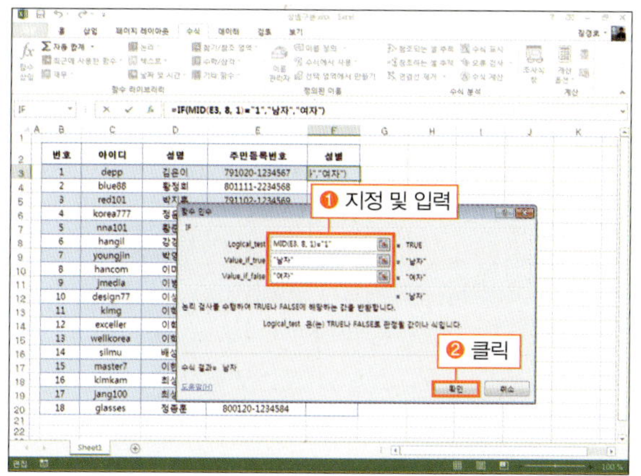

03_ 성별이 표시됩니다. [F3] 셀의 채우기 핸들을 [F20] 셀까지 드래그합니다. [자동 채우기 옵션]–[서식 없이 채우기]를 선택합니다.

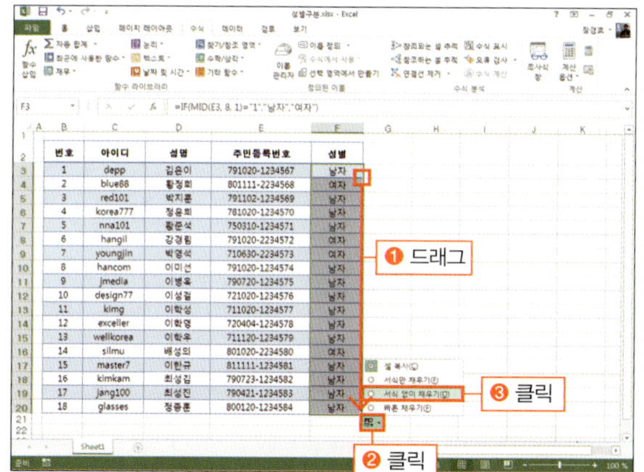

> **TIP**
>
> MID 함수는 문자열의 지정한 위치를 기준으로 지정한 개수만큼의 글자를 표시하는 기능을 합니다. 예를 들어 '=MID(A1, 2, 4)'라고 한다면 A1에 입력되어 있는 텍스트의 두 번째부터 시작하여 4자리를 표시합니다. A1에 'ABCDEF'가 입력되어 있다면 두 번째인 'B'부터 4자리까지인 'BCDE'가 표시됩니다.

> **TIP**
>
> IF 함수는 지정된 조건이 참 또는 거짓에 따라 각각 다른 값을 반환합니다. 예를 들어, '=IF(A2)=80,"합격","불합격")'라고 한다면 A2의 숫자가 80보다 크거나 같으면 수식에서 "합격"이 표시되고, 80보다 적으면 "불합격"이 표시됩니다. '=IF(A2)89,"A",IF(A2)79,"B", IF(A2)69,"C",IF(A2)59,"D","F"))))' 와 같이 IF 함수 속에 IF 함수를 중첩해서 사용하면 보다 많은 조건식을 만들 수 있습니다.

> **TIP**
>
> [F3] 셀에 들어가는 완성 수식 : =IF(MID(E3, 8, 1)="1","남자","여자')

나머지를 구하는 MOD 함수로 성별 구분하기

주민등록번호는 앞에 6자리, 뒤에 7자리로 구성되어 있습니다. 여기서 뒤에 있는 7자리 중 첫 번째는 성별을 나타내는데 1900년도에 태어났을 경우 1은 남자, 2는 여자입니다. 하지만 1800년도에 태어났을 경우 남자는 9, 여자는 0이며, 2000년도에 태어났을 경우 남자는 3, 여자는 4로 구성되어 있습니다. 즉, 주민등록번호의 일곱 번째 숫자가 9, 1, 3이면 남자, 0, 2, 4이면 여자로 주문등록번호에서 남과 여를 구분하기 위해서는 MOD 함수를 이용할 수 있습니다.

```
=IF(MOD(VALUE(MID(A1, 8, 1)), 2)=1, "남", "여")
```

IF 함수를 사용하되, MID 함수로 남, 여에 따른 필요한 숫자를 추출하고 MOD 함수를 이용하여 2로 나눈 나머지가 1이면 "남", 1이 아니면 "여"가 입력되도록 만들 수 있습니다. MOD 함수는 나머지를 구하는 함수인데 주민등록번호에서 8번째 자리의 숫자를 가져와 이를 2로 나누면 나머지가 홀수이면 1, 짝수이면 0으로 나오게 됩니다. 이럴 때 1이면 "남", 1이 아니면 "여"라고 생각할 수 있습니다. 참고로, VALUE 함수는 문자, 날짜, 상수 등을 숫자로 변환하는 함수입니다.

:: 중첩 IF 함수로 학점 등급 나누기

중첩 IF 함수는 여러 조건을 함께 비교하여 64개까지 중첩하여 사용할 수 있습니다. 여기서는 중첩 IF 함수로 우수, 일반, 초보 등급을 구해 보도록 하겠습니다.

Part02₩Chapter03₩Section02₩회원등급.xlsx

Part02₩Chapter03₩Section02₩회원등급_완성.xlsx

01_ 준비 파일을 엽니다. 카페 회원 등급을 '우수', '일반', '초보' 등급으로 나누어 보겠습니다. [I4]셀을 선택한 후 [수식] 탭-[함수 라이브러리] 그룹에서 [논리]-[IF]를 선택합니다.

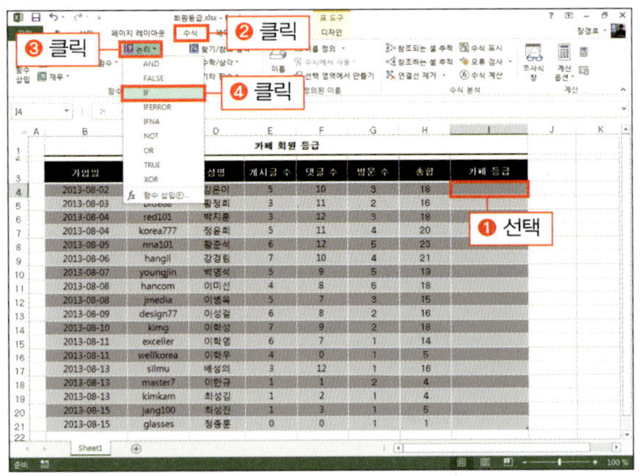

02_ [함수 인수] 대화상자가 나타나면 [Logical_test] 입력란에 『H4>=20』을 입력합니다. [Value_if_true] 입력란에 『우수』를 입력합니다.

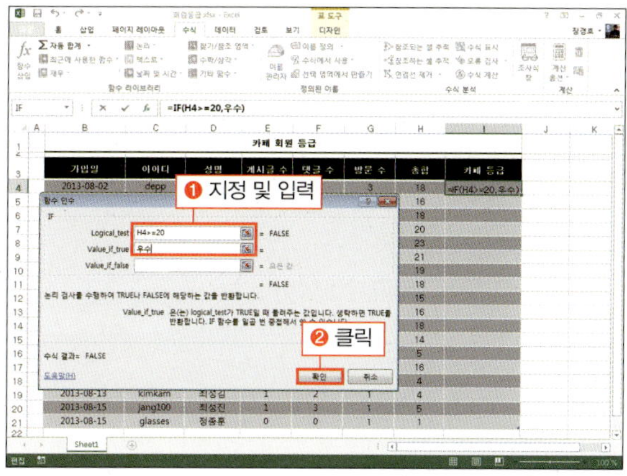

03_ [Value_if_false] 입력란을 클릭하고 중첩 함수를 사용하기 위해 [이름 상자]의 화살표를 클릭한 후 [IF]를 선택합니다.

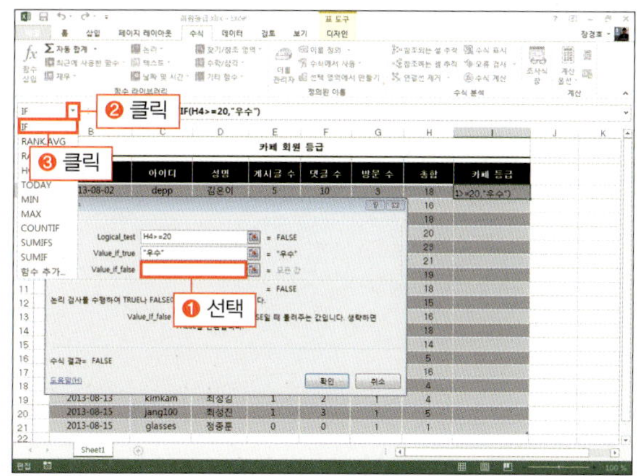

04_ [함수 인수] 대화상자가 다시 나타나면 [Logical_test] 입력란에 『H4>=10』을, [Value_if_true] 입력란에 『일반』을, [Value_if_false] 입력란에 『초보』를 입력한 후 [확인]을 클릭합니다.

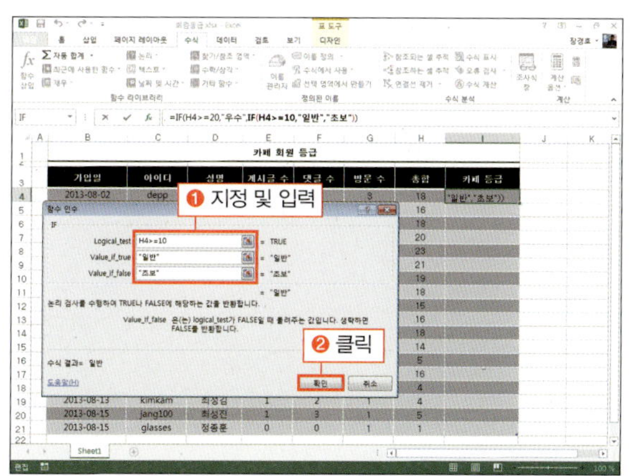

05_ 자동으로 표 구조가 확장되어 삽입됩니다.

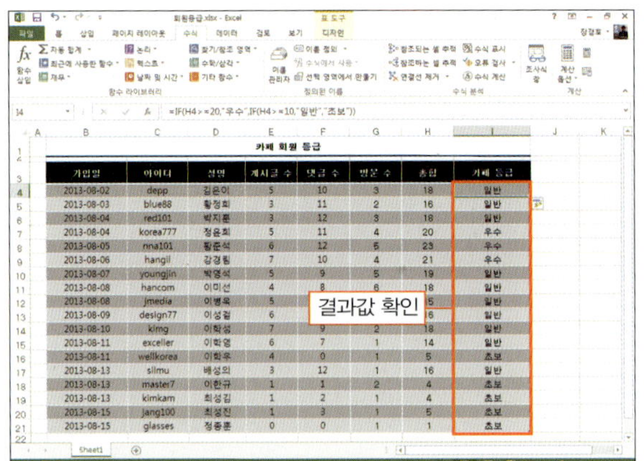

> **TIP**
> [I4] 셀에 들어가는 완성 수식 : =IF(H4>=20,"우수",IF(H4>=10,"일반","초보")

:: LOOKUP, HLOOKUP 함수로 상품명과 지역명 입력하기

참조하는 표의 머리글이 열 순서대로 나열되어 있으면 VLOOKUP 함수를 사용하고, 행 순서대로 나열되어 있으면 HLOOKUP 함수를 사용합니다.

준비파일 Part02₩Chapter03₩Section02₩상품과지역.xlsx

완성파일 Part02₩Chapter03₩Section02₩상품과지역_완성.xlsx

01_ 준비 파일을 엽니다. 상품코드를 보면 표의 머리글이 열 순서대로 나열되어 있습니다. VLOOKUP 함수를 이용하기 위해 [E5] 셀을 선택하고 [수식 입력줄]의 [함수 삽입](fx) 단추를 클릭합니다. [함수 인수] 대화상자가 나타나면 [범주 선택]-[찾기/참조 영역]을 선택한 후 [함수 선택]에서 [VLOOKUP] 함수를 선택합니다. [확인]을 클릭합니다.

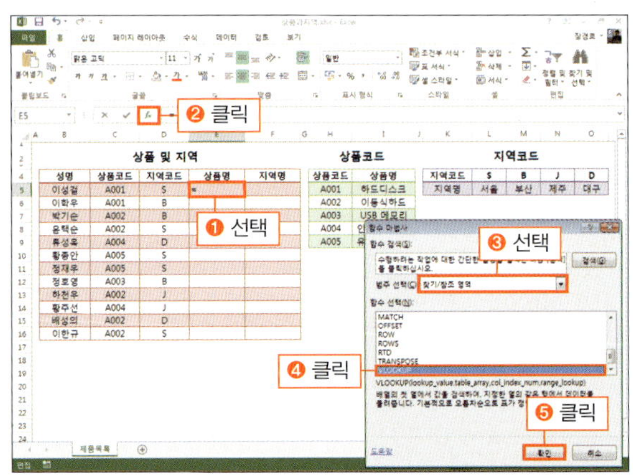

02_ [함수 인수] 대화상자가 나타나면 [Lookup_value]에 『C5』, [Table_array]에 『$H$5:$I$9』, [Col_index_num] 입력란에 『2』, [Range_lookup] 입력란에 『FALSE』을 입력한 다음 [확인]을 클릭합니다.

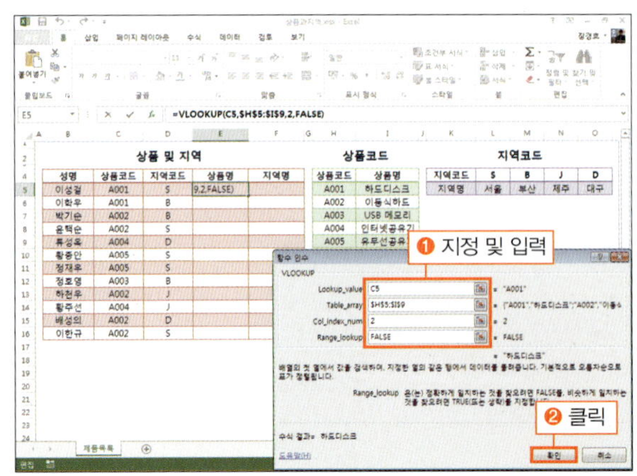

03_ [E5] 셀의 자동 채우기 핸들을 [E16] 셀까지 드래그
하여 자동 채우기 합니다. [자동 채우기 옵션]( )을 클릭
하여 [서식없이 채우기]를 선택합니다.

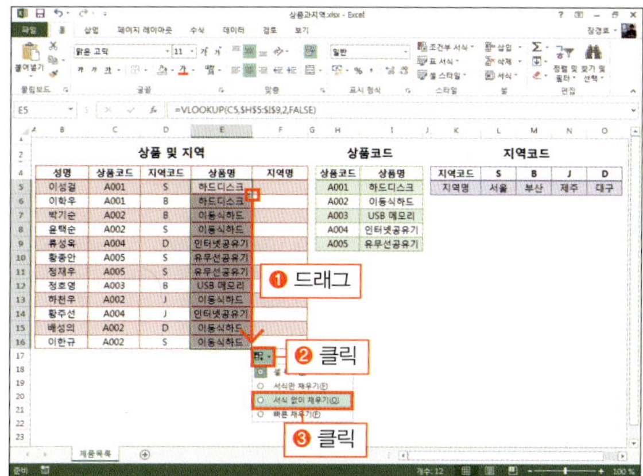

TIP

[E5] 셀에 들어가는 완성 수식 : =VLOOKUP(C5,$H$5:
$I$9,2,FALSE)

04_ 지역코드를 보면 표의 머리글이 행 순서대로 나
열되어 있습니다. 즉, 가로로 나열되어 있을 경우에는
HLOOKUP 함수를 사용할 수 있습니다. [F5] 셀을 선택하
고 [수식 입력줄]의 [함수 삽입](fx) 단추를 클릭합니다.
[함수 인수] 대화상자가 나타나면 [범주 선택]–[찾기/참조
영역]을 선택한 후 [함수 선택]에서 [HLOOKUP] 함수를
선택합니다. [확인]을 클릭합니다.

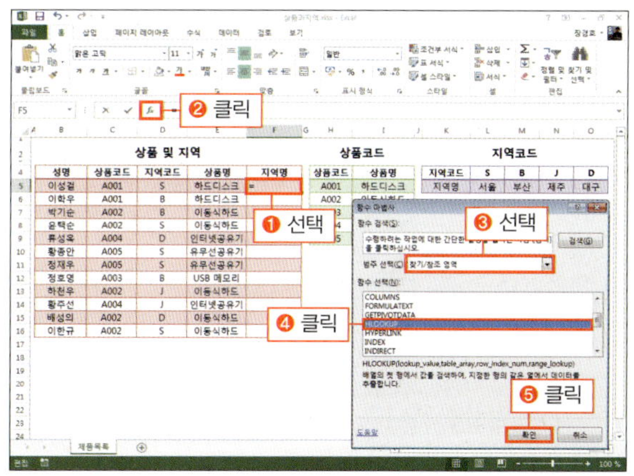

05_ [함수 인수] 대화상자가 나타나면 [Lookup_value]에 『D5』, [Table_array]에 『$K$4:$O$5』, [Col_index_num] 입력란에
『2』, [Range_lookup] 입력란에 『FALSE』을 입력한 다음 [확인]을 클릭합니다. [F5] 셀에 값이 입력됩니다. 자동 채우기 핸
들을 [F16] 셀까지 드래그하여 자동 채우기합니다. [자동 채우기 옵션]( )을 클릭하여 [서식없이 채우기]를 선택합니다.

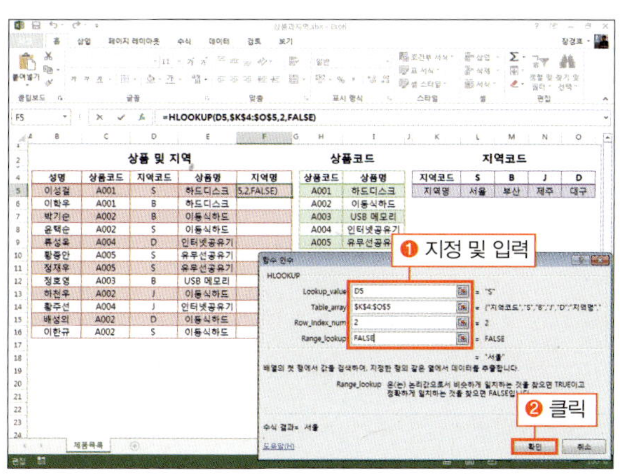

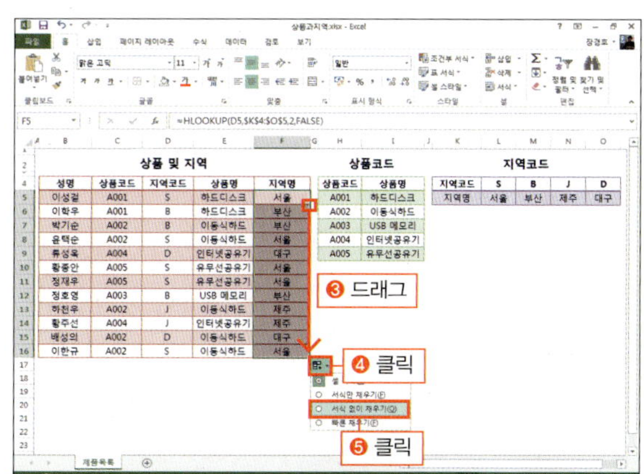

TIP

[F5] 셀에 들어가는 완성 수식 : =HLOOKUP(D5,$K$4:$O$5,2,FALSE)

:: FREQUENCY 함수로 빈도수 구하기

FREQUENCY 함수는 값의 범위 내에서 해당 값의 발생 빈도를 계산하여 세로 배열 형태로 반환하는 함수입니다.

 준비
파일 Part02₩Chapter03₩Section02₩이벤트통계.xlsx

 완성
파일 Part02₩Chapter03₩Section02₩이벤트통계_완성.xlsx

01_ 준비 파일을 엽니다. [I5:I9] 영역을 선택한 다음 수식 입력줄에 『=FREQUENCY(E5:E54,H5:H9)』를 입력한 후 Ctrl + Shift + Enter 를 누릅니다.

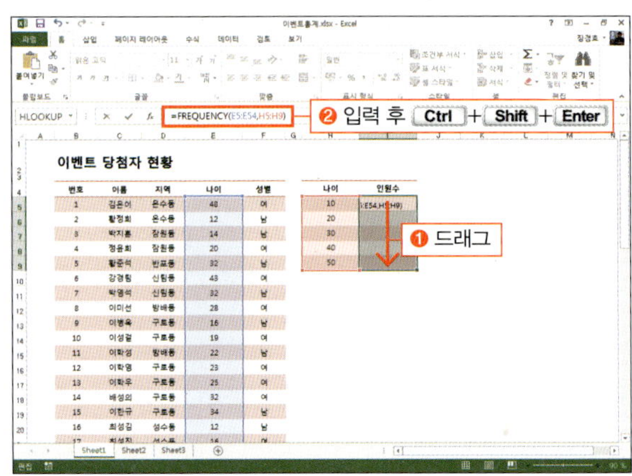

> **TIP**
>
> [I5:I9] 영역에 들어가는 완성 수식 : {=FREQUENCY (E5:E54,H5:H9)}

02_ 수식에 자동으로 중괄호({})가 삽입되어 배열 수식으로 변경됩니다. 데이터 범위에서 값의 발생 빈도가 산출됩니다.

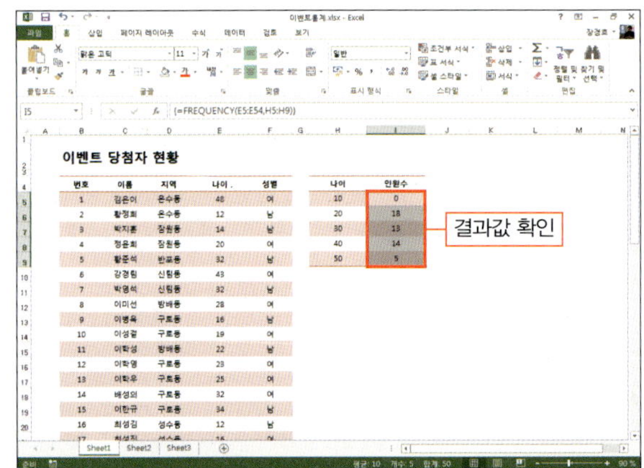

> **TIP**
>
> 배열 수식이란, 배열에 있는 하나 이상의 항목에서 여러 계산을 수행할 수 있는 수식을 말합니다. 배열 수식을 이용하면 셀 범위에 포함된 문자 수 계산이나 특정 조건을 만족하는 숫자의 합계, 혹은 값 범위에서 n번째 값의 합계 등 보다 정교한 연산을 수행할 수 있습니다.

> **TIP**
>
> 배열 수식을 사용할 경우 Ctrl + Shift + Enter 를 눌러 입력합니다. 배열 수식을 입력하면 전체 수식이 중괄호({})로 묶여 배열 수식으로 인식하게 됩니다.

:: REPLACE 함수로 주민등록번호 뒷자리 감추기

REPLACE 함수는 지정한 문자 수에 따라 텍스트 문자열의 일부를 다른 텍스트 문자열로 바꾸는 함수입니다.

 준비 파일 Part02₩Chapter03₩Section02₩인사이동.xlsx

 완성 파일 Part02₩Chapter03₩Section02₩인사이동_완성.xlsx

01_ 준비 파일을 엽니다. [사원인사이동] 시트를 클릭한 다음 [E4] 셀을 선택합니다. [수식] 탭-[함수 라이브러리] 그룹-[텍스트]-[REPLACE]를 클릭합니다. [함수 인수] 대화 상자가 나타나면 [Old_text] 입력란을 선택한 후 [사원연명부] 시트를 클릭한 후 [E4] 셀을 클릭합니다. [Start_num] 입력란에 『8』을, [Num_chars] 입력란에 『7』을, 마지막으로 [New_text] 입력란에 『*******』을 입력한 다음 [확인]을 클릭합니다.

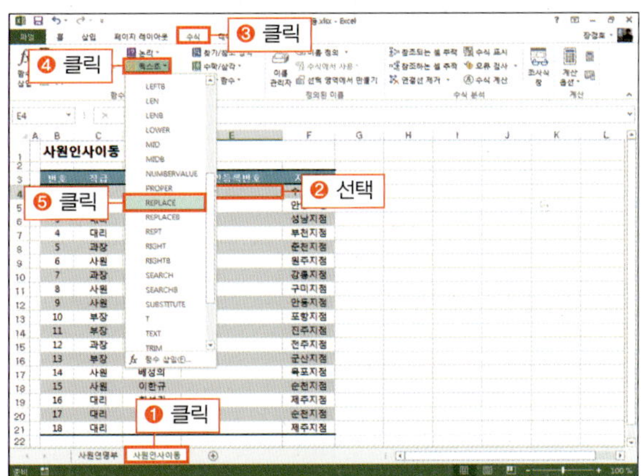

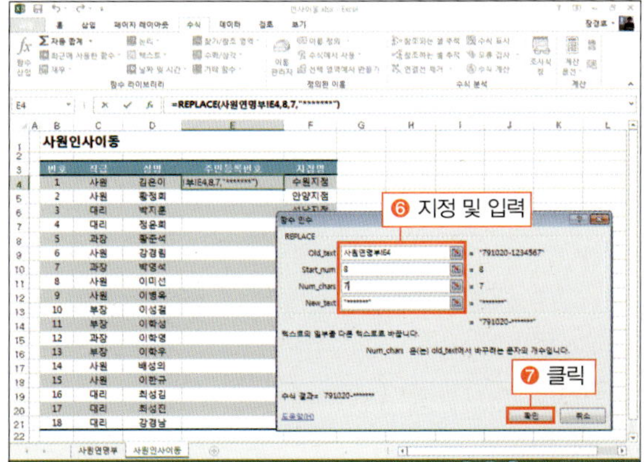

주민등록번호와 같이 개인의 인적사항이 노출될 우려가 있을 경우 간단히 정보를 감출 필요가 있을 경우 REPLACE 함수를 사용합니다.

02_ [E4] 셀의 채우기 핸들을 [E26] 셀까지 드래그합니다. [자동 채우기 옵션]-[서식 없이 채우기]를 선택합니다.

[E4] 셀에 들어가는 완성 수식 : =REPLACE(사원연명부!E4,8,7,"*******")

:: TRIM 함수로 주소 공백 제거하기

TRIM 함수는 문자의 앞뒤에 불필요한 공백이 발생했을 경우 공백을 제거하고 표시해주는 함수입니다.

 Part02₩Chapter03₩Section02₩주소록.xlsx

 Part02₩Chapter03₩Section02₩주소록_완성.xlsx

01_ 준비 파일을 엽니다. [E14:E21] 영역을 선택한 다음 [수식 입력줄]에 『=TRIM(E4)』를 입력하고 **Ctrl** + **Enter** 를 누릅니다.

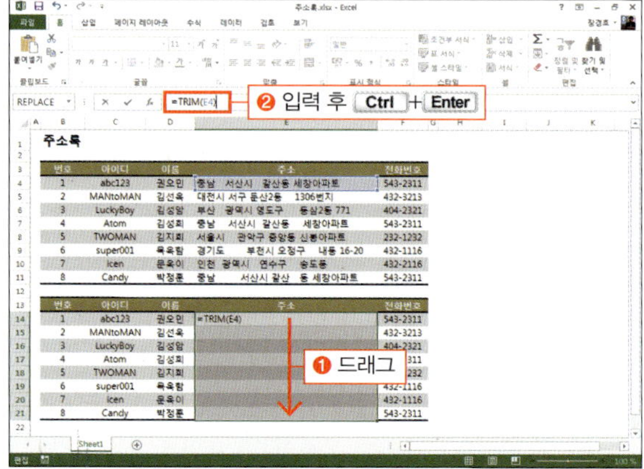

02_ 단어 사이사이에 있던 공백이 하나를 제외하고 모두 제거됩니다.

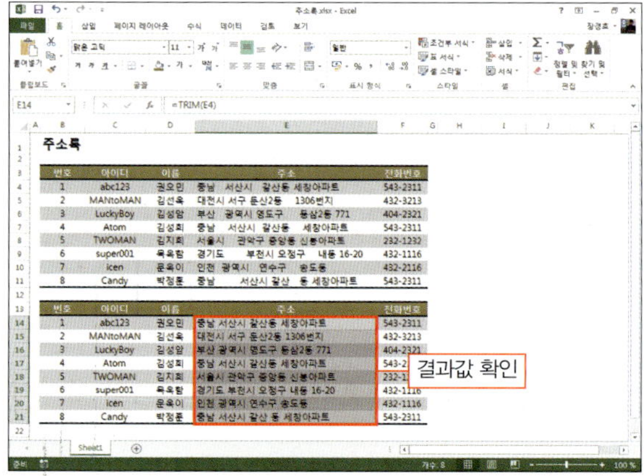

> **TIP**
> [E14] 셀에 들어가는 완성 수식 : =TRIM(E4)

:: DSUM, DAVERAGE 함수로 부서별 합계, 평균 구하기

DSUM 함수는 범위를 데이터베이스로 지정하고 조건에 맞는 필드의 값을 찾아서 합계를 구하는 함수이며, DAVERAGE 함수는 평균을 구하는 함수입니다.

 준비파일 Part02\Chapter03\Section02\부서집계.xlsx

 완성파일 Part02\Chapter03\Section02\부서집계_완성.xlsx

01_ 준비 파일을 엽니다. '총무팀' 의 점수 합계를 구하기 위해 [M3] 셀을 선택한 다음 『=DSUM(』을 입력하고 Ctrl + A 를 누릅니다.

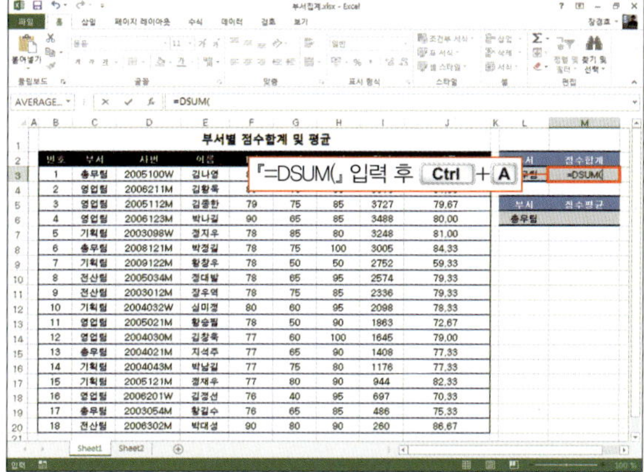

02_ [함수 인수] 대화상자가 나타나면 [Database] 입력란에 『B2:J20』, [Field] 입력란에 『7』, [Criteria] 입력란에 『L3:L4』를 입력한 다음 [확인]을 클릭합니다.

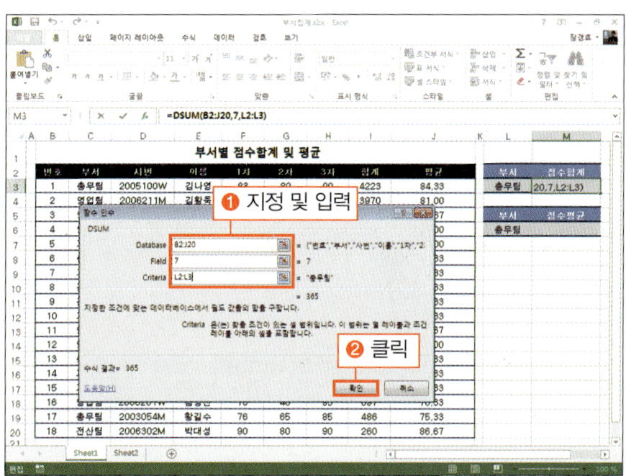

03_ [M3] 셀에 총무팀의 점수 합계가 구해집니다. [L3] 셀을 클릭하여 목록 단추를 클릭해 [영업팀]을 선택합니다. 영업팀 점수 합계를 확인합니다.

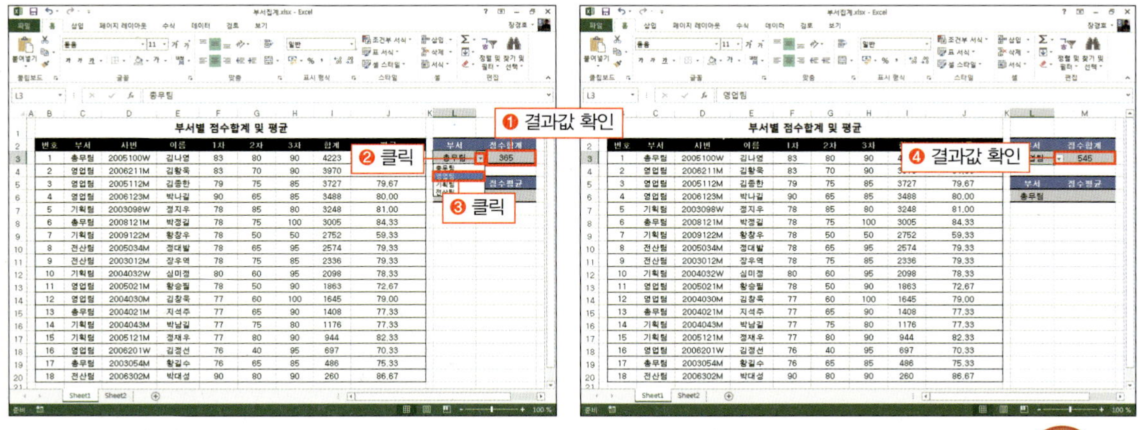

> **TIP**
> 데이터베이스 함수는 보통 전체 범위에서 원하는 조건에 대한 결과값을 구하는 함수로써 함수 앞 글자에 'D'가 붙어 데이터베이스 함수인지를 쉽게 확인할 수 있습니다.

> **TIP**
> [M3] 셀에 들어가는 완성 수식 : =DSUM(B2:J20,7,L2:L3)

04_ '총무팀' 의 점수 평균을 구하기 위해 [M6] 셀을 선택한 다음 『=DAVERAGE(』를 입력한 다음 [Ctrl]+[A]를 누릅니다. [함수 인수] 대화상자가 나타나면 [Database] 입력란에 『B2:J20』, [Field] 입력란에 『7』, [Criteria] 입력란에 『L5:L6』를 입력한 다음 [확인]을 클릭합니다.

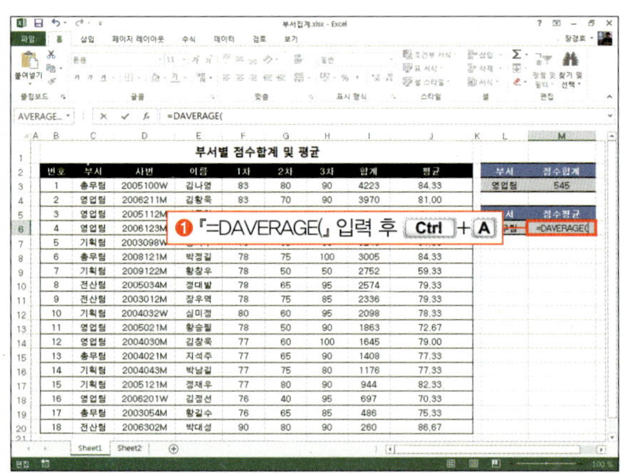

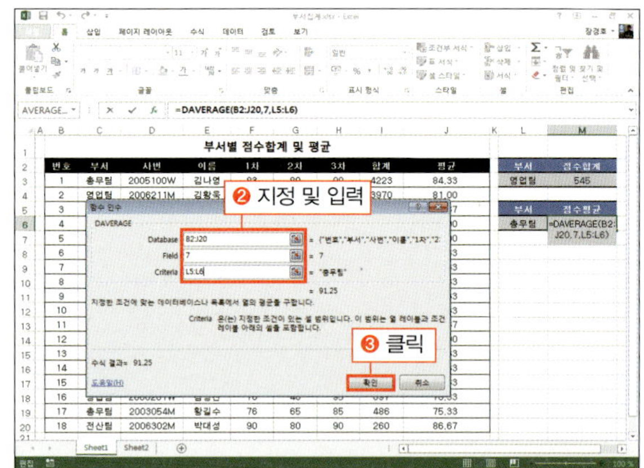

> **TIP**
> DAVERAGE 함수는 목록이나 데이터베이스의 레코드 필드(열)에서 지정한 조건에 맞는 값들의 평균을 구하는 함수로써 Database 인수는 데이터베이스나 목록으로 지정할 셀 범위, Field 인수는 합계를 구할 열의 번호를, Criteria 인수는 지정한 조건이 있는 셀 범위입니다.

05_ [M6] 셀에 총무팀의 점수 평균이 구해집니다. [L6] 셀의 목록 단추를 클릭해 다른 부서의 평균도 확인합니다.

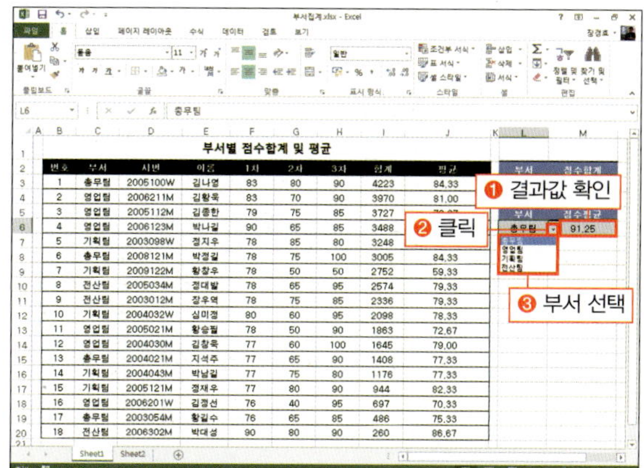

TIP

[M6] 셀에 들어가는 완성 수식 : =DAVERAGE (B2:J20,7,L5:L6)

:: DCOUNT 함수로 조건에 맞는 응시자, 합격자 구하기

DCOUNT 함수는 데이터베이스에서 숫자가 있는 셀의 개수를 계산합니다.

준비 파일 Part02₩Chapter03₩Section02₩부서별통계.xlsx

완성 파일 Part02₩Chapter03₩Section02₩부서별통계_완성.xlsx

01_ 준비 파일을 엽니다. 지원부서별로 응시인원과 합격인원을 구해 보겠습니다. 먼저 응시인원을 구하기 위해 [L4] 셀을 선택한 다음 수식 입력줄의 [함수 삽입](f_x)을 클릭합니다. [함수 마법사] 대화상자가 나타나면 [범주 선택]에서 [데이터베이스]를 선택하고, [함수 선택]에서 [DCOUNT]를 선택한 다음 [확인]을 클릭합니다. [함수 인수] 대화상자가 나타나면 [Database] 입력란에 『B2:I19』, [Field] 입력란에 『B2』, [Criteria] 입력란에 『K3:K4』을 입력한 다음 [확인]을 클릭합니다.

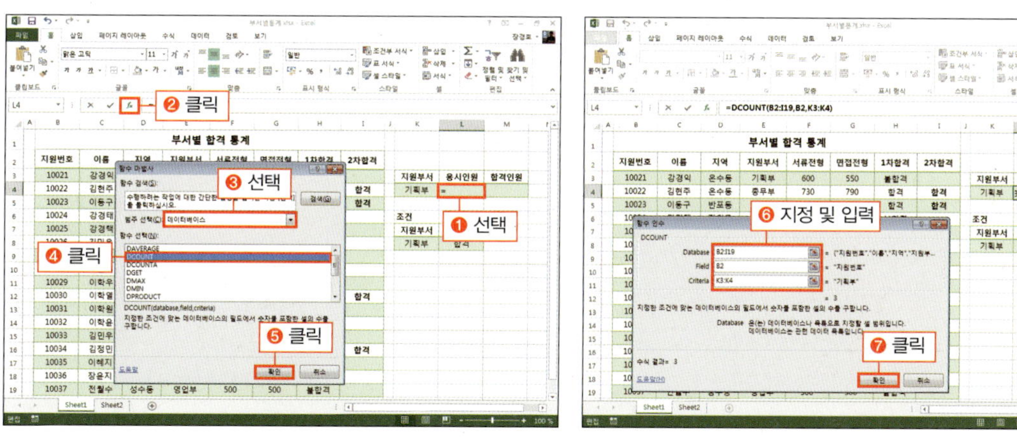

TIP

DCOUNT 함수는 목록이나 데이터베이스의 레코드 필드(열)에서 지정한 조건에 맞는 숫자가 들어 있는 셀의 개수를 구하는 함수로써 Database 인수는 데이터베이스나 목록으로 지정할 셀 범위, Field 인수는 합계를 구할 열의 번호입니다. Field 인수를 생략하면 데이터베이스에서 조건에 맞는 모든 레코드 개수가 구해집니다. Criteria 인수는 지정한 조건이 있는 셀 범위를 의미합니다.

[L4] 셀에 들어가는 완성 수식 : =DCOUNT(B2:I19,B2,K3:K4)

02_ 이번에는 합격인원을 구해 보겠습니다. [M4] 셀을 선택한 다음 수식 입력줄의 [함수 삽입](f_x)을 클릭합니다. [함수 마법사] 대화상자가 나타나면 [범주 선택]에서 [데이터베이스]를 선택하고, [함수 선택]에서 [DCOUNT]를 선택한 다음 [확인]을 클릭합니다. [함수 인수] 대화상자가 나타나면 [Database] 입력란에 『B2:I19』, [Field] 입력란에 『B2』, [Criteria] 입력란에 『K7:L8』을 입력한 다음 [확인]을 클릭합니다.

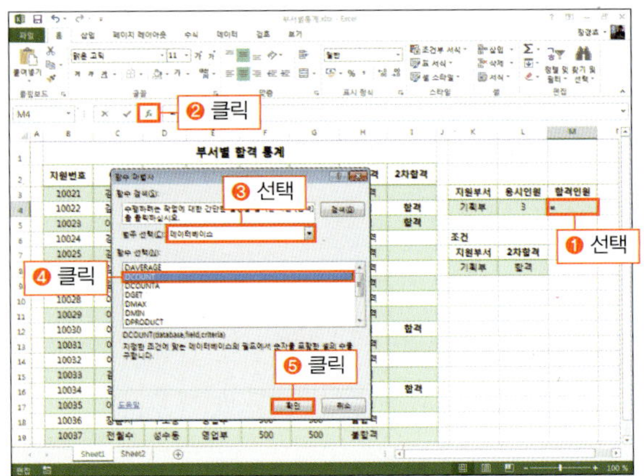
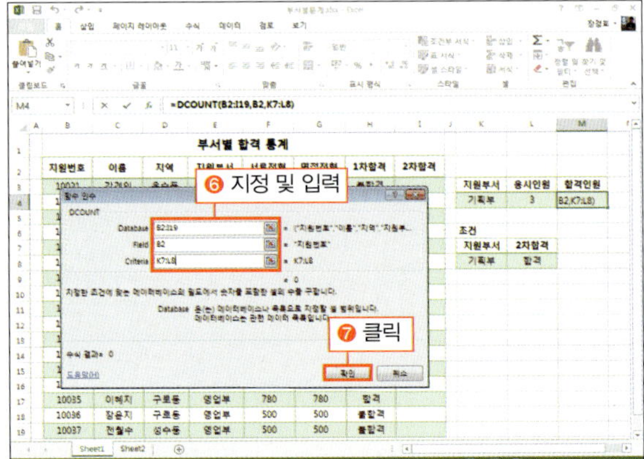

[M4] 셀에 들어가는 완성 수식 : =DCOUNT(B2:I19,B2,K7:L8)

03_ 지원부서별로 응시인원과 합격인원이 구해집니다. [K4] 셀의 화살표를 클릭하여 다른 지원부서를 선택해 응시인원과 합격인원이 제대로 구해지는지 확인합니다.

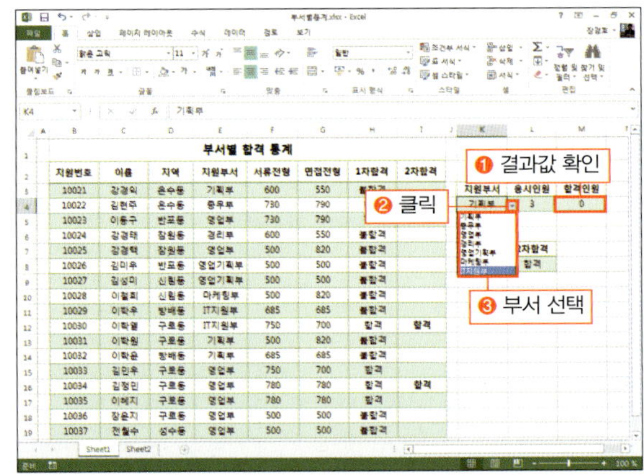

함수 종류 살펴보기

엑셀에서 제공하는 함수를 모두 알 필요는 없습니다. 하지만 제공하는 함수를 알고 있으면 수식 계산 시 많은 도움이 됩니다. 본 내용은 http://www.office.com에서 제공하는 'Excel 함수' 페이지를 참조했습니다.

01 공학 함수 – 이진수를 10진수로 변환하거나 10진수를 16진수로 변환하는 함수입니다.

함수	설명
BIN2DEC 함수	이진수를 10진수로 변환합니다.
BIN2HEX 함수	이진수를 16진수로 변환합니다.
BIN2OCT 함수	이진수를 8진수로 변환합니다.
DEC2BIN 함수	10진수를 이진수로 변환합니다.
DEC2HEX 함수	10진수를 16진수로 변환합니다.
DEC2OCT 함수	10진수를 8진수로 변환합니다.
DELTA 함수	두 값이 같은지 검사합니다.
ERF 함수	오차 함수를 반환합니다.
HEX2BIN 함수	16진수를 이진수로 변환합니다.
HEX2DEC 함수	16진수를 10진수로 변환합니다.
HEX2OCT 함수	16진수를 8진수로 변환합니다.
IMABS 함수	복소수의 절대 값(계수)을 반환합니다.
OCT2BIN 함수	8진수를 이진수로 변환합니다.
OCT2DEC 함수	8진수를 10진수로 변환합니다.
OCT2HEX 함수	8진수를 16진수로 변환합니다.

02 통계 함수 – 데이터의 평균이나 개수, 최대값, 최소값, 순위 등을 계산하는 함수입니다.

함수	설명
AVEDEV 함수	데이터 요소 평균에서 절대 편차의 평균을 반환합니다.
AVERAGE 함수	인수의 평균을 반환합니다.
AVERAGEA 함수	숫자, 텍스트, 논리값을 비롯한 인수의 평균을 반환합니다.
AVERAGEIF 함수	범위 내에서 주어진 조건을 만족하는 모든 셀의 평균(산술 평균)을 반환합니다.
AVERAGEIFS 함수	여러 조건을 만족하는 모든 셀의 평균(산술 평균)을 반환합니다.
COUNT 함수	인수 목록에서 숫자의 개수를 반환합니다.
COUNTA 함수	인수 목록에서 값의 개수를 반환합니다.
COUNTBLANK 함수	범위 내에서 비어 있는 셀의 개수를 반환합니다.
COUNTIF 함수	범위 내에서 주어진 조건을 만족하는 셀의 개수를 반환합니다.

COUNTIFS 함수	범위 내에서 여러 조건을 만족하는 셀의 개수를 반환합니다.
FREQUENCY 함수	빈도 분포값을 세로 배열로 반환합니다.
LARGE 함수	데이터 집합에서 k번째로 큰 값을 반환합니다.
MAX	함수 인수 목록에서 최대값을 반환합니다.
MAXA 함수	숫자, 텍스트, 논리값 등이 포함된 인수 목록에서 최대값을 반환합니다.
MEDIAN 함수	주어진 수 집합의 중간값을 반환합니다.
MIN 함수	인수 목록에서 최소값을 반환합니다.
MINA 함수	숫자, 텍스트, 논리값 등이 포함된 인수 목록에서 최소값을 반환합니다.
PROB 함수	값이 두 한계값 사이에 있을 확률을 반환합니다.
RANK.AVG 함수	수 목록에서 지정한 수의 크기 순위를 반환합니다.
RANK.EQ 함수	수 목록에서 지정한 수의 크기 순위를 반환합니다.
SMALL 함수	데이터 집합에서 k번째로 작은 값을 반환합니다.
STDEV.P 함수	전체 모집단의 표준 편차를 계산합니다.
STDEV.S 함수	표본의 표준 편차를 예측합니다.
STDEVA 함수	숫자, 텍스트, 논리값을 비롯한 표본의 표준 편차를 예측합니다.
STDEVPA 함수	숫자, 텍스트, 논리값을 비롯한 전체 모집단의 표준 편차를 계산합니다.
VAR.P 함수	모집단 전체의 분산을 계산합니다.
VAR.S 함수	표본의 분산을 예측합니다.
VARA 함수	숫자, 텍스트, 논리값을 비롯한 표본의 분산을 예측합니다.
VARPA 함수	숫자, 텍스트, 논리값을 비롯한 전체 모집단의 분산을 계산합니다.
Z.TEST 함수	z-검정의 단측 검정 확률값을 반환합니다.

03 호환성 함수 – 엑셀의 이전 버전과의 호환성을 위해 제공되는 함수입니다.

CONFIDENCE 함수	모집단 평균의 신뢰 구간을 반환합니다.
MODE 함수	데이터 집합에서 가장 많이 나오는 값을 반환합니다.
PERCENTILE 함수	범위에서 k번째 백분위수를 반환합니다.
PERCENTRANK 함수	데이터 집합의 값에 대한 백분율 순위를 반환합니다.
RANK 함수	수 목록에서 지정한 수의 크기 순위를 반환합니다.
STDEV 함수	표본의 표준 편차를 예측합니다.
STDEVP 함수	전체 모집단의 표준 편차를 계산합니다.
VAR 함수	표본의 분산을 예측합니다.
VARP 함수	전체 모집단의 분산을 계산합니다.
ZTEST 함수	z-검정의 단측 검정 확률값을 반환합니다.

성능이 향상된 함수들의 이전 버전 함수를 '호환성'으로 분류하여 표시하고 있습니다. '호환성' 함수를 워크시트에 입력할 경우 함수 이름 앞에 노란색 삼각형()이 표시됩니다.

04 수학 및 삼각 함수 – 절대 값을 비롯하여 합계, 곱셈, 제곱근 등 수학에 관련된 함수입니다.

함수	설명
ABS 함수	절대 값을 반환합니다.
AGGREGATE 함수	목록 또는 데이터베이스의 집계를 반환합니다.
COS 함수	코사인 값을 반환합니다.
EVEN 함수	가장 가까운 짝수로 올림합니다.
EXP 함수	e를 주어진 수만큼 거듭제곱한 값을 반환합니다.
INT 함수	가장 가까운 정수로 내림합니다.
LOG 함수	지정된 밑의 로그값을 반환합니다.
MOD 함수	나누기의 나머지를 반환합니다.
POWER 함수	거듭제곱한 결과를 반환합니다.
PRODUCT 함수	인수를 곱합니다.
RAND 함수	0과 1 사이의 임의의 수를 반환합니다.
ROUND 함수	지정된 자릿수로 반올림합니다.
ROUNDDOWN 함수	0에 가까워지도록 내림합니다.
ROUNDUP 함수	0에서 멀어지도록 올림합니다.
SQRT 함수	양의 제곱근을 반환합니다.
SUM 함수	인수를 더합니다.
SUMIF 함수	주어진 조건에 따라 지정된 셀을 더합니다.
SUMIFS 함수	범위 내에서 여러 조건을 만족하는 셀을 더합니다.
SUMPRODUCT 함수	해당 배열 구성 요소의 곱을 합한 값을 반환합니다.
TRUNC 함수	수의 소수점 이하를 버리고 정수로 변환합니다.

05 재무 함수 – 이자율을 비롯하여 수익률, 투자액의 현재 가치 등을 구하는 함수입니다.

함수	설명
ACCRINT 함수	정기적으로 이자를 지급하는 유가 증권의 경과 이자를 반환합니다.
CUMPRINC 함수	두 기간 사이에 납입하는 대출금 원금의 누계액을 반환합니다.
DB 함수	정율법을 사용하여 특정 기간 동안 자산의 감가 상각액을 반환합니다.
DISC 함수	유가 증권의 할인율을 반환합니다.

EFFECT 함수	실질적인 연이율을 반환합니다.
FV 함수	투자액의 미래 가치를 반환합니다.
IRR 함수	일련의 현금 흐름에 대한 내부 수익률을 반환합니다.
NOMINAL 함수	명목상의 연이율을 반환합니다.
NPER 함수	투자에 대한 투자 기간 수를 반환합니다.
PMT 함수	연금에 대한 정기 불입액을 반환합니다.
PV 함수	투자액의 현재 가치를 반환합니다.
RATE 함수	이자 지급 기간당 이율을 반환합니다.
YIELDMAT 함수	만기 시 이자를 지급하는 유가 증권의 연 수익률을 반환합니다.

06 텍스트 함수 – 문자와 관련된 함수로서 텍스트 값을 다른 값으로 변경하거나 추출할 때 사용되는 함수입니다.

ASC 함수	문자열에서 영문 전자(더블바이트)나 가타가나 전자를 반자(싱글바이트)로 바꿉니다.
CHAR 함수	코드 번호에 해당하는 문자를 반환합니다.
CLEAN 함수	인쇄할 수 없는 문자를 텍스트에서 모두 제거합니다.
CODE 함수	텍스트 문자열의 첫 문자를 나타내는 코드 값(숫자)을 반환합니다.
WON 함수	₩(원) 통화 형식을 사용하여 숫자를 텍스트로 변환합니다.
FIND, FINDB 함수	텍스트 값에서 다른 텍스트 값을 찾습니다(대/소문자 구분).
LEFT, LEFTB 함수	텍스트 값에서 맨 왼쪽의 문자를 반환합니다.
LEN, LENB 함수	텍스트 문자열의 문자 수를 반환합니다.
LOWER 함수	텍스트를 소문자로 변환합니다.
MID, MIDB 함수	텍스트 문자열의 지정한 위치로부터 지정한 개수의 문자를 표시합니다.
PROPER 함수	텍스트 값에 있는 각 단어의 첫 글자를 대문자로 바꿉니다.
REPLACE, REPLACEB 함수	텍스트 내의 문자를 바꿉니다.
REPT 함수	텍스트를 지정한 횟수만큼 반복합니다.
RIGHT, RIGHTB 함수	텍스트 값에서 맨 오른쪽의 문자를 반환합니다.
SEARCH, SEARCHB 함수	텍스트 값에서 다른 텍스트 값을 찾습니다(대/소문자 구분 안 함)
SUBSTITUTE 함수	텍스트 문자열에서 기존 텍스트를 새 텍스트로 바꿉니다.
TEXT 함수	숫자 표시 형식을 지정하고 텍스트로 변환합니다.
TRIM 함수	텍스트에서 공백을 제거합니다.
UPPER 함수	텍스트를 대문자로 변환합니다.
VALUE 함수	텍스트 인수를 숫자로 변환합니다.

07 정보 함수 – 입력된 데이터의 기본적인 정보를 추출하는 등에 사용되는 함수입니다.

CELL 함수	셀의 서식 지정이나 위치, 내용 등에 대한 정보를 반환합니다.
ERROR.TYPE 함수	오류 유형에 해당하는 숫자를 반환합니다.
ISBLANK 함수	값이 비어 있으면 TRUE를 반환합니다.
ISERR 함수	#N/A를 제외한 오류 값의 경우 TRUE를 반환합니다.
ISERROR 함수	오류 값의 경우 TRUE를 반환합니다.
ISNUMBER 함수	값이 숫자이면 TRUE를 반환합니다.
ISTEXT 함수	값이 텍스트이면 TRUE를 반환합니다.
N 함수	숫자로 변환된 값을 반환합니다.

08 데이터베이스 함수 – 데이터베이스 안에서 조건에 만족하는 데이터를 분석하는 함수입니다.

DAVERAGE 함수	선택한 데이터베이스 항목의 평균을 반환합니다.
DCOUNT 함수	데이터베이스에서 숫자가 있는 셀의 개수를 계산합니다.
DCOUNTA 함수	데이터베이스에서 비어 있지 않은 셀의 개수를 계산합니다.
DMAX 함수	선택한 데이터베이스 항목 중에서 최대값을 반환합니다.
DMIN 함수	선택한 데이터베이스 항목 중에서 최소값을 반환합니다.
DPRODUCT 함수	데이터베이스에서 조건에 맞는 특정 레코드 필드의 값을 곱합니다.
DSTDEV 함수	선택한 데이터베이스 항목으로 이루어진 표본 집단의 표준 편차를 예측합니다.
DSTDEVP 함수	선택한 데이터베이스 항목으로 이루어진 전체 모집단의 표준 편차를 계산합니다.
DSUM 함수	데이터베이스에서 조건에 맞는 레코드 필드 열에 있는 값의 합을 계산합니다.

09 날짜 및 시간 함수 – 날짜나 시간 등을 관리하는 함수입니다.

DATE 함수	특정 날짜의 일련 번호를 반환합니다.
DATEVALUE 함수	텍스트 형태의 날짜를 일련 번호로 변환합니다.
DAY 함수	일련 번호를 지정한 달의 날짜로 변환합니다.
DAYS360 함수	1년 360일을 기준으로 두 날짜 사이의 날짜 수를 계산합니다.
HOUR 함수	일련 번호를 시간으로 변환합니다.
MINUTE 함수	일련 번호를 분으로 변환합니다.
MONTH 함수	일련 번호를 월로 변환합니다.
NETWORKDAYS 함수	두 날짜 사이의 전체 업무일 수를 반환합니다.
NETWORKDAYS.INTL 함수	주말인 요일과 날짜 수를 나타내는 매개 변수를 사용하여 두 날짜 사이의 전체 업무일 수를 반환합니다.
NOW	함수 현재 날짜와 시간의 일련 번호를 반환합니다.

TODAY 함수	오늘 날짜의 일련 번호를 반환합니다.
WEEKDAY 함수	일련 번호를 요일로 변환합니다.
WEEKNUM 함수	일련 번호를 해당 주가 일 년 중 몇 번째 주인지 나타내는 숫자로 변환합니다.
WORKDAY 함수	지정한 업무일 수 이전 또는 이후 날짜의 일련 번호를 반환합니다.
WORKDAY.INTL 함수	주말인 요일과 날짜 수를 나타내는 매개 변수를 사용하여 지정한 업무일 수 이전 또는 이후 날짜의 일련 번호를 반환합니다.
YEAR 함수	일련 번호를 연도로 변환합니다.

10 논리 함수 – 조건의 참 혹은 거짓을 판단하여 결과를 추출하는 함수입니다.

AND 함수	인수가 모두 TRUE이면 TRUE를 반환합니다.
IF 함수	수행할 논리 검사를 지정합니다.
IFERROR 함수	수식에서 결과를 제대로 계산할 수 없으면 지정한 값을 반환하고 그렇지 않으면 수식의 결과를 반환합니다.
OR 함수	인수가 하나라도 TRUE이면 TRUE를 반환합니다.

11 조회 및 참조 함수 – 주어진 조건 내에서 조회를 하거나 값을 찾을 때 사용하는 함수입니다.

ADDRESS 함수	참조를 워크시트의 한 셀에 대한 텍스트로 반환합니다.
CHOOSE 함수	값 목록에서 값을 선택합니다.
HLOOKUP 함수	배열의 첫 행을 찾아 표시된 셀의 값을 반환합니다.
HYPERLINK 함수	네트워크 서버, 인트라넷 또는 인터넷에 저장된 문서를 열 수 있는 바로 가기나 이동 텍스트를 만듭니다.
INDEX 함수	인덱스를 사용하여 참조나 배열의 값을 선택합니다.
MATCH 함수	참조나 배열에서 값을 찾습니다.
OFFSET 함수	주어진 참조로부터 파생된 참조를 반환합니다.
ROW 함수	참조의 행 번호를 반환합니다.
ROWS 함수	참조의 행 수를 반환합니다.

QR 코드로 더 자세히

엑셀 함수 범주별로 살펴보기

엑셀에서 제공하는 함수를 더 자세히 알고 싶은 분은 http://www.office.com 에서 제공하는 엑셀 함수 페이지를 참조하면 됩니다. http://office.microsoft.com/ko-kr/excel-help/HA102752955.aspx?CTT=1 에서 참조할 수 있으며, QR 코드를 스마트폰에서 찍으면 바로 확인할 수 있습니다.

새롭게 추가된 함수

함수 정확도 향상. 함수의 개념을 명확히 하기 위한 함수 이름 재정의 등 엑셀 2013에서는 일부 함수가 새롭게 추가되거나 업그레이드되었습니다.

함수	설명
ACOT 함수	아크코탄젠트 값을 반환합니다.
ACOTH 함수	하이퍼볼릭 아크코탄젠트 값을 반환합니다.
ARABIC 함수	로마 숫자를 아라비아 숫자로 변환합니다.
BASE 함수	숫자를 지정된 기수의 텍스트 표현으로 변환합니다.
BINOM.DIST.RANGE 함수	이항 분포를 사용한 시행 결과의 확률을 반환합니다.
BITAND 함수	두 숫자의 '비트 단위 And'를 반환합니다.
BITLSHIFT 함수	shift_amount 비트씩 왼쪽으로 이동한 값. 숫자를 반환합니다.
BITOR 함수	두 숫자의 비트 단위 'OR'을 반환합니다.
BITRSHIFT 함수	shift_amount 비트씩 오른쪽으로 이동한 값. 숫자를 반환합니다.
BITXOR 함수	두 숫자의 비트 단위 '배타적 OR'을 반환합니다.
CEILING.MATH 함수	가장 가까운 정수 또는 가장 가까운 significance의 배수로 올림합니다.
COMBINA 함수	주어진 개체 수로 만들 수 있는 조합의 수(반복 포함)를 반환합니다.
COT 함수	각도의 코탄젠트 값을 반환합니다.
COTH 함수	숫자의 하이퍼볼릭 코사인을 반환합니다.
CSC 함수	각도의 코시컨트 값을 반환합니다.
CSCH 함수	각도의 하이퍼볼릭 코시컨트 값을 반환합니다.
DAYS 함수	두 날짜 사이의 일 수를 반환합니다.
DECIMAL 함수	주어진 기수의 텍스트 표현을 10진수로 변환합니다.
ENCODEURL 함수	URL로 인코딩된 문자열을 반환합니다.
FILTERXML 함수	지정된 XPath를 사용하여 XML 콘텐츠의 특정 데이터를 반환합니다.
FLOOR.MATH 함수	가장 가까운 정수 또는 가장 가까운 significance의 배수로 내림합니다.
FORMULATEXT 함수	주어진 참조 영역에 있는 수식을 텍스트로 반환합니다.
GAMMA 함수	감마 함수 값을 반환합니다.
GAUSS 함수	표준 정규 누적 분포값보다 0.5 작은 값을 반환합니다.
IFNA 함수	식이 '#N/A'로 계산되면 지정한 값을 반환하고. 그렇지 않으면 식의 결과를 반환합니다.
IMCOSH 함수	복소수의 하이퍼볼릭 코사인 값을 반환합니다.
IMCOT 함수	복소수의 코탄젠트 값을 반환합니다.
IMCSC 함수	복소수의 코시컨트 값을 반환합니다.

함수	설명
IMCSCH 함수	복소수의 하이퍼볼릭 코시컨트 값을 반환합니다.
IMSEC 함수	복소수의 시컨트 값을 반환합니다.
IMSECH 함수	복소수의 하이퍼볼릭 시컨트 값을 반환합니다.
IMSINH 함수	복소수의 하이퍼볼릭 사인 값을 반환합니다.
IMTAN 함수	복소수의 탄젠트 값을 반환합니다.
ISFORMULA 함수	수식을 포함하는 셀에 대한 참조가 있으면 TRUE를 반환합니다.
ISOWEEKNUM 함수	지정된 날짜에 따른 해당 연도의 ISO 주 번호를 반환합니다.
MUNIT 함수	지정된 차원에 대한 단위 행렬을 반환합니다.
NUMBERVALUE 함수	텍스트를 숫자로 변환합니다.
PDURATION 함수	투자 금액이 지정된 값에 도달할 때까지 필요한 기간을 반환합니다.
PERMUTATIONA 함수	전체 개체에서 선택하여 주어진 개체 수(반복 포함)로 만들 수 있는 순열의 수를 반환합니다.
PHI 함수	표준 정규 분포의 밀도 함수 값을 반환합니다.
RRI 함수	투자 수익에 해당하는 이자율을 반환합니다.
SEC 함수	각도의 시컨트 값을 반환합니다.
SECH 함수	각도의 하이퍼볼릭 시컨트 값을 반환합니다.
SHEET 함수	참조된 시트의 시트 번호를 반환합니다.
SHEETS 함수	참조 영역에 있는 시트 수를 반환합니다.
SKEW.P 함수	모집단을 기준으로 분포의 왜곡도를 반환합니다. 왜곡도란 평균에 대한 분포의 비대칭 정도를 의미합니다.
UNICHAR 함수	주어진 숫자 값이 참조하는 유니코드 문자를 반환합니다.
UNICODE 함수	텍스트의 첫 문자에 해당하는 숫자(코드 포인트)를 반환합니다.
WEBSERVICE 함수	웹 서비스에서 데이터를 반환합니다.
XOR 함수	모든 인수의 논리 '배타적 OR'을 반환합니다.

◎ 준비파일 : Part02₩Chapter03₩Check₩인원수.xlsx
◎ 완성파일 : Part02₩Chapter03₩Check₩인원수_완성.xlsx

응시생을 비롯해 미응시생, 총인원을 함수를 활용해 구할 수 있습니다. 여기서는 COUNTA 함수와 COUNT 함수를 이용해 총인원과 응시생을 구해 보세요.

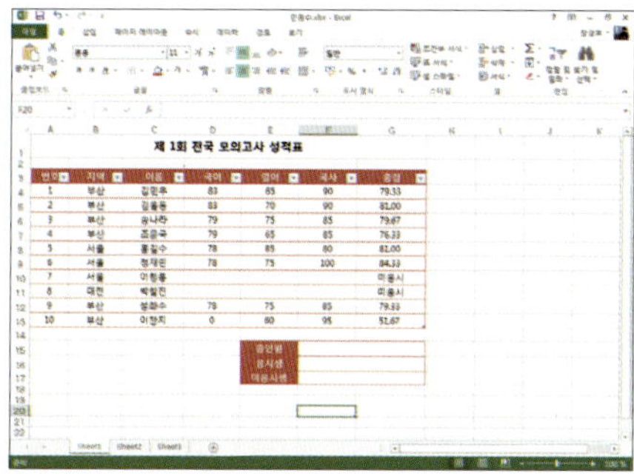
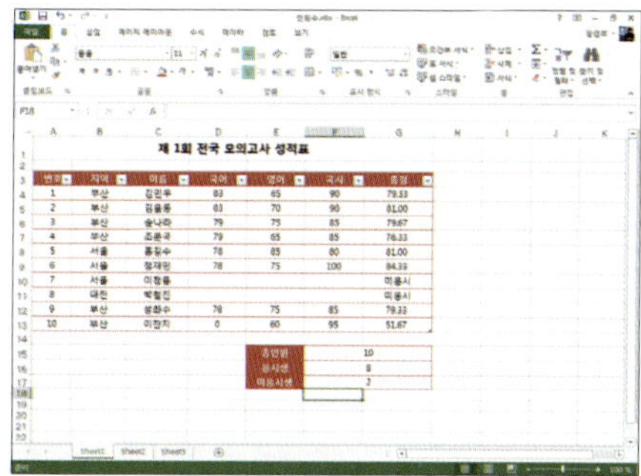

힌트

❶ 총인원은 COUNTA 함수를 통해 구할 수 있으며, 응시생은 COUNT 함수를 통해 구할 수 있습니다.

❷ 실습 따라하기 : 부록CD/Part02/Chapter03/실습12.docx

◎ 준비파일 : Part02₩Chapter03₩Check₩성적표.xlsx
◎ 완성파일 : Part02₩Chapter03₩Check₩성적표_완성.xlsx

점수에 따라서 A, B, C, D, E, F 학점을 구하기 위해서는 IF 함수를 활용할 수 있지만 VLOOKUP 함수를 이용해서도 구할 수 있습니다. 여기서는 VLOOKUP 함수를 이용해 1학기 학점을 구해 보세요.

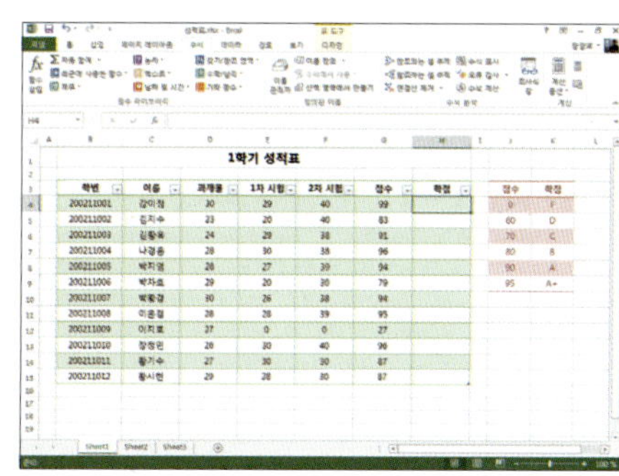
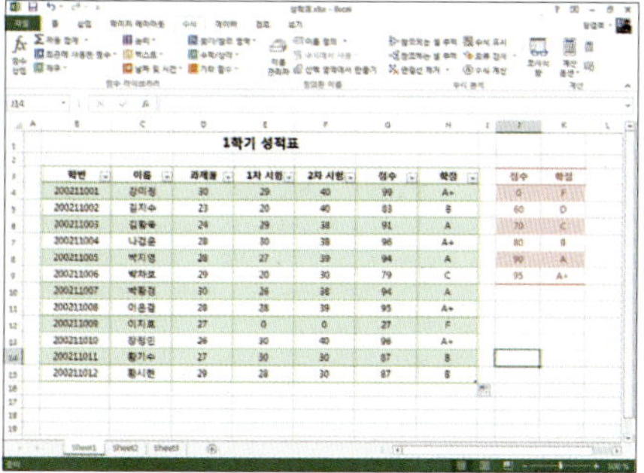

힌트

❶ VLOOKUP 함수는 찾기/참조 함수입니다. [수식] 탭–[함수 라이브러리] 그룹–[찾기/참조 영역]을 클릭한 후 VLO-OKUP 함수를 선택합니다.

❷ 실습 따라하기 : 부록CD/Part02/Chapter03/실습13.docx

Chapter 4

데이터 관리하고 분석하기

워크시트에 작성된 데이터는 다양한 방법으로 관리하고 분석할 수 있습니다. 내용이 복잡하거나 한눈에 들어오지 않을 경우 차트를 이용하여 보다 쉽게 표현할 수 있고, 수 천 행의 데이터를 한눈에 정리할 수 있는 데이터 관리 기법을 활용하여 정확한 분석 결과를 도출할 수도 있습니다. 또한, 매크로 기능을 이용하여 단순 작업을 보다 빠르게 처리할 수도 있습니다.

Section 1. 차트 만들기

Section 2. 데이터 관리하기

Section 3. 데이터 요약하기

Section 4. 가상 분석과 매크로

차트 만들기

차트는 여러 수치 데이터를 비교하거나 분석하는데 가장 효과적인 도구입니다. 엑셀에는 데이터를 효과적으로 분석할 수 있는 차트라는 기능이 제공되는데 막대 그래프, 꺾은 선 그래프, 원 그래프 등 다양한 차트 종류와 레이아웃을 제공하여 초보자도 쉽게 차트를 만들 수 있습니다.

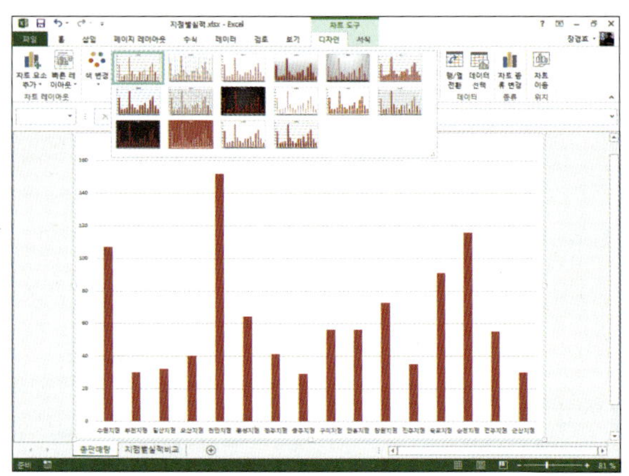

▲ 차트 삽입하고 스타일 변경하기

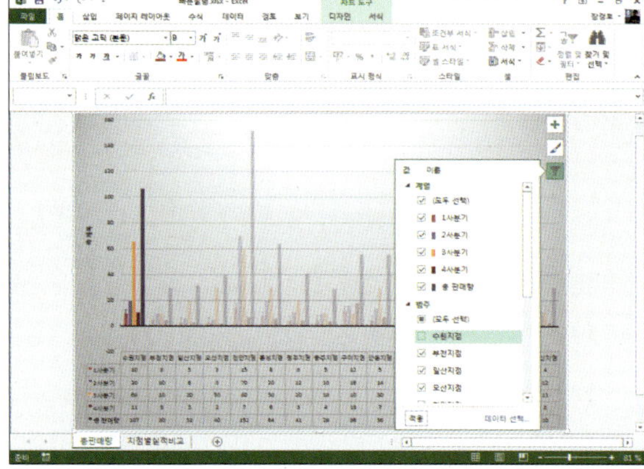

▲ 빠른 실행 단추로 차트 변경하기

✦ 이번 섹션에서 배울 **주요 내용**

- 차트 기초 다지기
- 차트 삽입하고 스타일 변경하기
- 레이아웃 변경하고 차트 요소 추가하기
- 데이터 선택으로 차트 데이터 추가하기
- 빠른 실행 단추로 차트 변경하기
- 혼합(콤보) 차트 만들기
- 차트 배경 편집하기
- 추천 차트로 만들고 차트 변경하기
- 빠른 분석 도구로 차트 만들기
- 원형 차트에 데이터 설명선 삽입하고 분리하기
- 원형 차트 안에 보조 원형 차트 만들기
- 스파크라인으로 셀 안에 차트 만들기
- 스파크라인 차트 종류 변경하기

워크시트에 작성한 수치 데이터를 차트로 만들어 한 눈에 데이터를 비교할 수 있으며 데이터의 성격
에 맞추어 적절한 차트의 종류를 선택하여 그 추세를 볼 수 있습니다.

차트의 구성요소

차트를 배우기 전 차트의 구성요소를 알고 있으면 서식을 변경하거나 레이아웃을 변경할 때 편리하
게 지정할 수 있습니다.

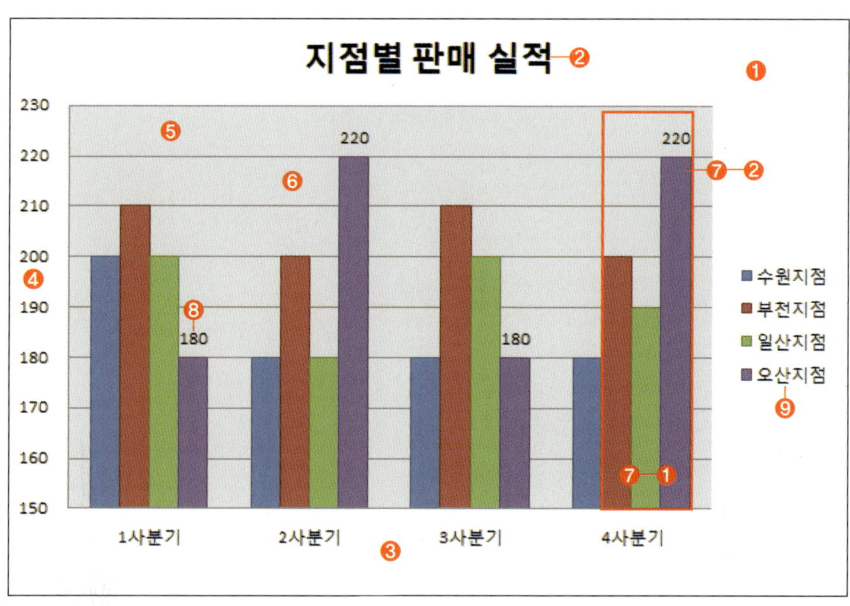

❶ **차트 영역 :** 차트의 전체 부분을 말합니다.

❷ **차트 제목 :** 차트의 제목을 말합니다.

❸ **가로 (항목) 축 :** X축의 항목이 표시되는 부분입니다.

❹ **세로 (값) 축 :** Y축의 값이 표시되는 부분입니다.

❺ **그림 영역 :** 차트가 직접 그려진 그래프 그림을 말합니다.

❻ **눈금 영역 :** 각 데이터의 측정 단위를 말합니다.

❼ **데이터 영역 :** 데이터가 표현되는 모든 데이터 영역을 말합니다.

　❶ **데이터 계열 :** 데이터 영역 중 한 가지 종류를 데이터 계열이라고 합니다.

　❷ **데이터 요소 :** 데이터 계열 중 하나를 데이터 요소라고 합니다.

❽ **데이터 레이블 :** 데이터 계열 또는 요소의 값이나 이름을 표시합니다.

❾ **범례 영역 :** 각 차트를 구별해주는 참조 영역을 말합니다.

차트 종류와 용도

엑셀에서 제공되는 차트의 종류는 11개로써 70여개의 하위 차트를 선택할 수 있습니다.

차트 종류	설명	예
세로 막대형	시간의 경과에 따른 데이터 변동을 표시하거나 항목별 비교를 나타내는 데 유용	
꺾은 선형	연속적인 데이터를 표시하거나 일정 간격에 따라 데이터의 추세를 표시하는 데 유용	
원형	열이나 행에 있는 데이터를 원형으로 나타내며, 데이터 요소는 원형 전체에 대한 백분율로 표시	
가로 막대형	여러 열이나 행에 있는 데이터를 가로 막대형 차트로 나타내는 데 유용	
영역형	여러 열이나 행에 있는 데이터를 나타내며, 시간에 따른 변동의 크기나 합계 값을 추세와 함께 살펴볼 때 사용	
분산형	여러 데이터 계열에 있는 숫자 값 사이의 관계를 표시	
주식형	주가 변동을 나타내는 데 주로 사용	
표면형	두 데이터 집합 간의 최적 조합을 찾을 때 유용	
방사형	여러 데이터 계열의 집계 값을 비교	
콤보	계열이 두 개 이상일 경우 두 개의 차트를 하나의 차트에 표시	

 **:: 차트 삽입하고 스타일 변경하기**

워크시트의 데이터를 클릭 한 번으로 다양하고 세련된 디자인의 차트를 만들 수 있습니다.

| 준비 파일 | Part02₩Chapter04₩Section01₩지점별실적.xlsx | 완성 파일 | Part02₩Chapter04₩Section01₩지점별실적_완성.xlsx |

01_ 준비 파일을 엽니다. 차트로 만들고 싶은 데이터 영역을 먼저 선택합니다. 여기서는 [A3:A19] 셀을 드래그하여 선택한 다음 **Ctrl** 을 누른 상태에서 [F3:F19] 셀을 드래그합니다. [삽입] 탭-[차트] 그룹-[세로 막대형 차트 삽입]-[묶은 세로 막대형]을 클릭합니다.

> **TIP**
> 데이터 영역을 선택한 상태에서 **F11**을 누르면 'Chart1' 이라는 새로운 시트에 차트가 삽입됩니다.

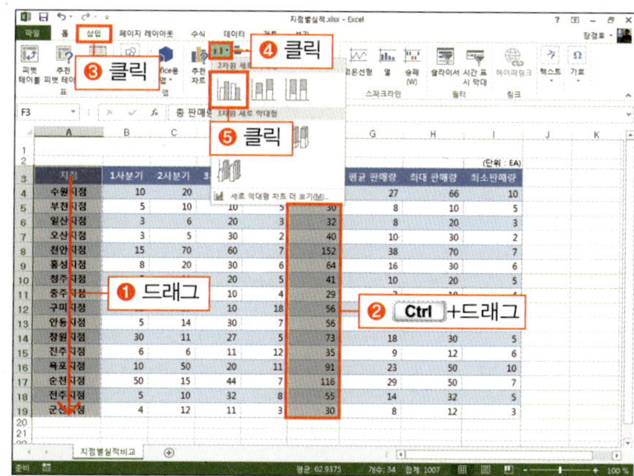

02_ 워크시트에 차트가 삽입됩니다. 차트가 삽입되면 [차트 도구] 상황별 탭이 생성됩니다. 차트를 이동한 후 크기 조절 핸들을 드래그하여 크기를 조절합니다. 이번에는 차트를 새로운 시트에 옮겨보겠습니다. 차트가 선택된 상태에서 [차트 도구]-[디자인] 상황별 탭에서 [위치] 그룹-[차트 이동]을 클릭합니다.

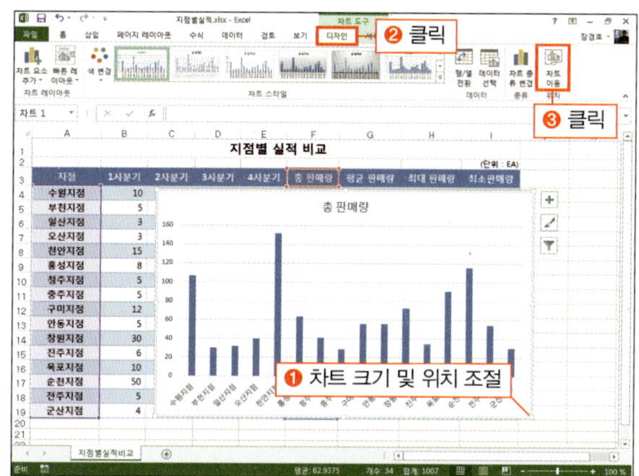

03_ [차트 이동] 대화상자가 나타나면 [새 시트]를 선택합니다. 입력란에 『총판매량』을 입력한 후 [확인]을 클릭합니다.

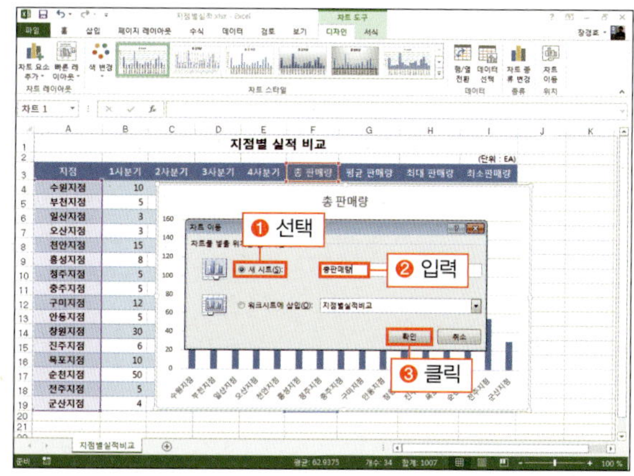

04_ [총판매량]이라는 시트가 삽입됩니다. 차트의 색상을 변경하기 위해 [차트 도구]–[디자인] 상황별 탭에서 [차트 스타일] 그룹–[색 변경]을 클릭한 후 원하는 색상을 선택합니다.

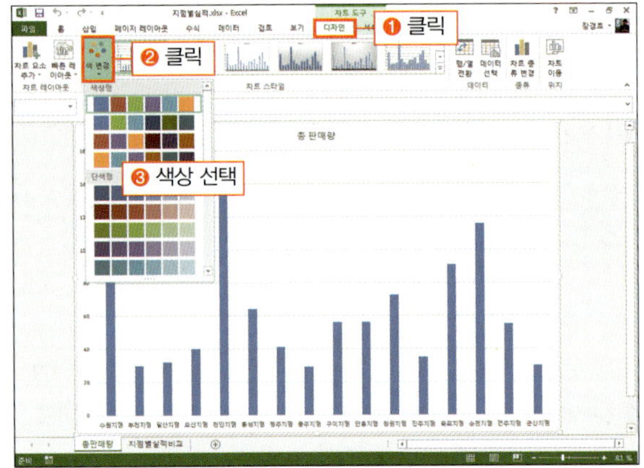

05_ 이번에는 차트 스타일을 변경하기 위해 [차트 도구]–[디자인] 상황별 탭에서 [차트 스타일] 그룹–[자세히]를 클릭한 후 원하는 차트 스타일을 선택합니다. 여기서는 [스타일 5]를 선택합니다. 차트의 스타일이 변경됩니다.

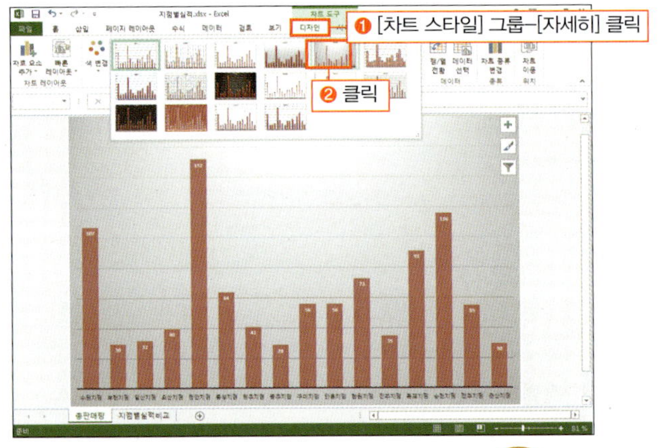

TIP

'차트 5'는 차트의 그림 영역에 그라데이션 이미지를 비롯해 데이터 레이블까지 표시해주는 차트 스타일입니다. 차트 스타일은 스타일마다 각기 다른 차트 구성을 지니고 있습니다.

:: 레이아웃 변경하고 차트 요소 추가하기

엑셀에서 제공하는 스타일과 레이아웃 뿐 아니라 원하는 형식으로 변경하려면 빠른 레이아웃이나 차트 요소 추가를 통해 변경할 수 있습니다.

 준비파일 Part02₩Chapter04₩Section01₩차트레이아웃.xlsx

 완성파일 Part02₩Chapter04₩Section01₩차트레이아웃_완성.xlsx

01_ 준비 파일을 열거나 이어서 진행합니다. 차트가 선택된 상태에서 [차트 도구]-[디자인] 상황별 탭에서 [차트 레이아웃] 그룹에서 [빠른 레이아웃]을 클릭합니다. 원하는 차트 레이아웃을 선택합니다. 여기서는 '레이아웃 5'를 선택합니다.

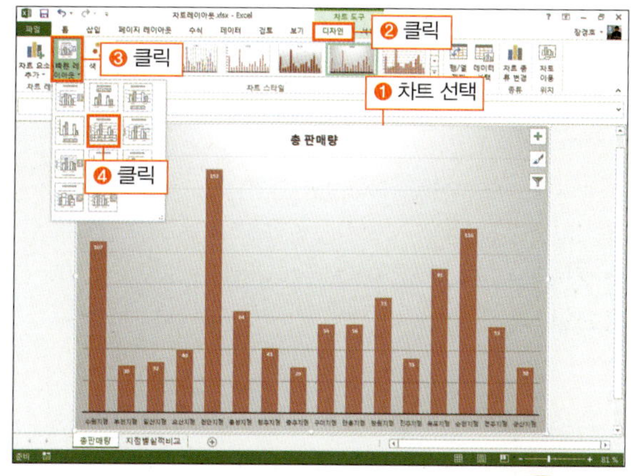

> **TIP**
> [빠른 레이아웃] 단추는 차트 제목, 축이나 범례 등을 각기 다른 모양으로 제공합니다. '레이아웃 5'의 경우 차트의 수치 데이터를 표시하는 데이터 표를 차트에 표시해 줍니다.

02_ 이번에는 보다 다양한 차트 구성요소를 추가하거나 삭제하기 위해 [차트 도구]-[디자인] 탭-[차트 레이아웃] 그룹에서 [차트 요소 추가]를 클릭합니다. 다양한 차트 구성 요소가 나타나는데 여기서는 [오차 막대]-[표준 오차]를 선택합니다.

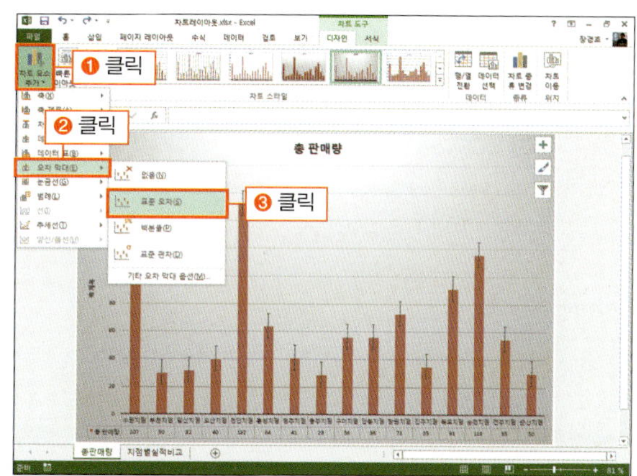

:: 데이터 선택으로 차트 데이터 추가하기

차트는 셀 영역을 선택해 지정할 수 있습니다. 한번 지정한 셀 영역이라고 하더라도 [데이터 선택]을 통해 차트의 모양이나 영역을 변경할 수 있습니다.

준비 파일 Part02₩Chapter04₩Section01₩데이터선택.xlsx

완성 파일 Part02₩Chapter04₩Section01₩데이터선택_완성.xlsx

01_ 준비 파일을 열거나 이어서 진행합니다. 차트를 선택한 후 [차트 도구]-[디자인] 상황별 탭에서 [데이터]-[데이터 선택]을 클릭합니다.

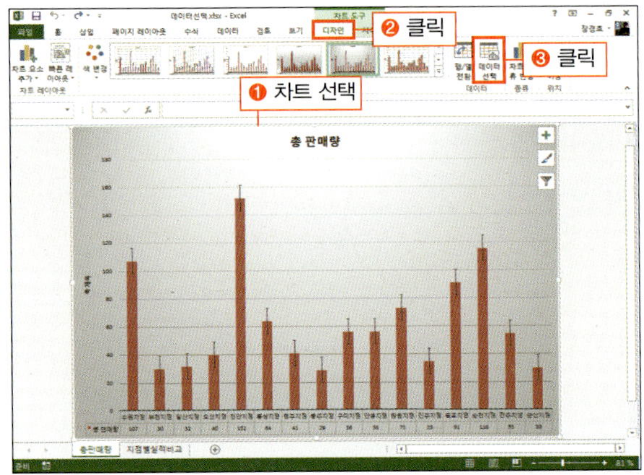

02_ [데이터 원본 선택] 대화상자가 뜨면서 차트를 지정한 워크시트가 열립니다. [A3:I19] 영역을 드래그하여 선택한 후 [확인]을 클릭합니다. 차트에 표시되는 데이터 범위가 변경됩니다.

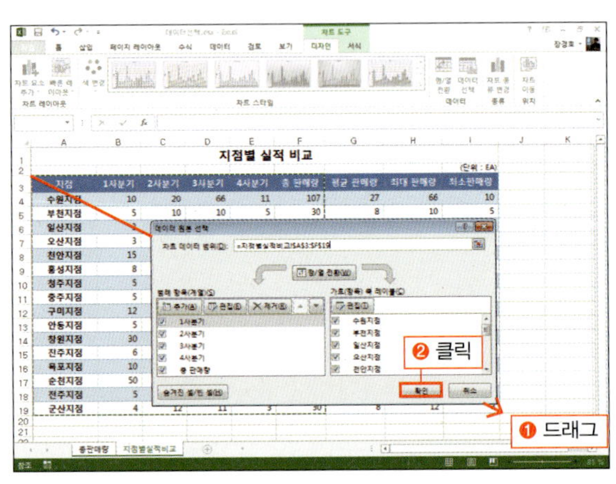

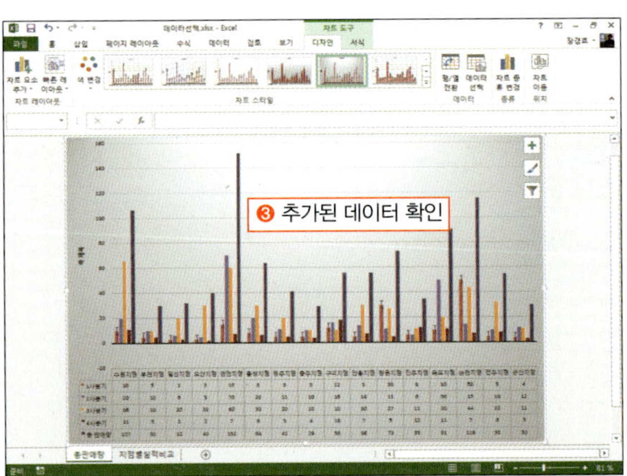

> [데이터 원본 선택] 대화상자를 통해 데이터 범위를 다시 지정하거나 범례 항목(계열)의 순서를 변경하거나 가로(항목) 축 레이블의 값을 편집할 수 있습니다. 또한, 행/열 전환을 통해 가로와 세로 축 항목을 전환할 수 있습니다.

:: 빠른 실행 단추로 차트 변경하기

엑셀 2013에서는 차트 오른쪽 상단에 빠른 실행 단추라는 새로운 기능을 통해 원하는 차트 요소나
스타일, 색 등을 보다 빠르게 수정할 수 있습니다.

 준비파일 Part02₩Chapter04₩Section01₩빠른실행.xlsx

 완성파일 Part02₩Chapter04₩Section01₩빠른실행_완성.xlsx

01_ 준비 파일을 열거나 이어서 진행합니다. 차트를 선택하면 차트 오른쪽에 빠른 실행 단추가 나타납니다. 먼저, [필터]를 통해 필요한 부분만 남겨두고 나머지 부분은 숨겨보도록 하겠습니다. 세 번째 단추인 [필터]를 클릭한 후 [값]–[범주]에서 [수원지점]의 체크 표시를 클릭해 체크 표시를 해제합니다. 나머지 범주 중에서도 필요없는 범주는 체크 표시를 클릭해 체크 표시를 해제합니다. [적용]을 클릭합니다.

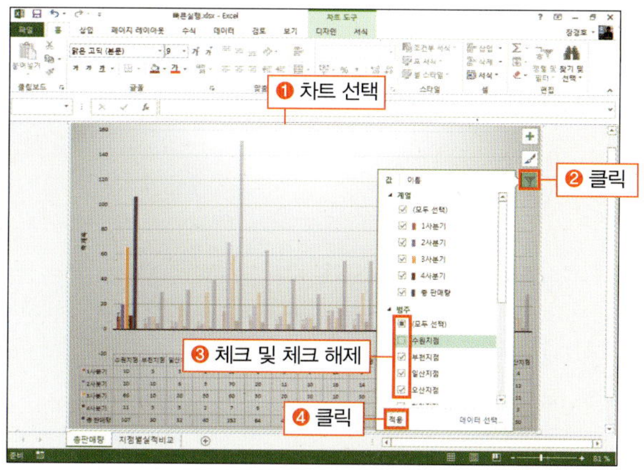

TIP

차트에 표시할 데이터 요소 및 항목은 [차트 필터] 기능을 통해 원하는 부분만 표시하거나 수정할 수 있습니다. [필터] 단추를 통한 [값]–[계열]이나 [값]–[범주]의 체크 표시를 해제한다고 해서 차트에 범주가 삭제되는 것은 아닙니다. 다시 체크 표시에 체크를 하면 차트에 표시됩니다.

02_ 차트에 선택한 범주가 사라집니다. 이번에는 차트의 요소를 추가하거나 삭제하기 위해 [차트 요소]를 클릭한 후 [데이터 표], [오차 막대]에 체크 표시를 해제합니다. [범례]에는 체크 표시를 합니다.

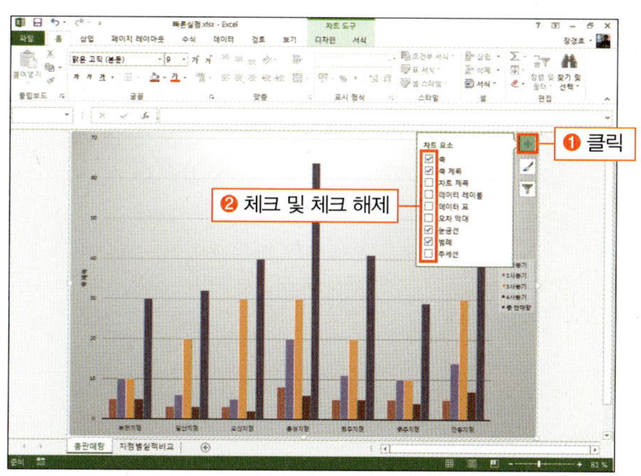

03_ 차트에 데이터 표, 오차막대가 사라지고, 범례가 표시됩니다. 이번에는 차트 스타일을 통해 차트 스타일을 변경해 보겠습니다. 두 번째 단추인 [차트 스타일]을 클릭합니다. [스타일] 탭에서 [스타일 14]를 선택합니다.

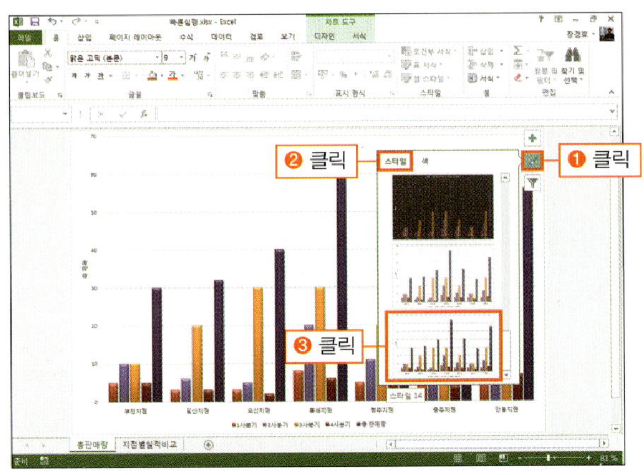

'스타일 14'를 선택하면 차트 색상을 비롯해 오른쪽에 표시되던 범례가 차트의 하단에 표시됩니다.

04_ 이번에는 [차트 스타일]-[색]을 클릭합니다. [색상형]-[색 2]를 선택합니다.

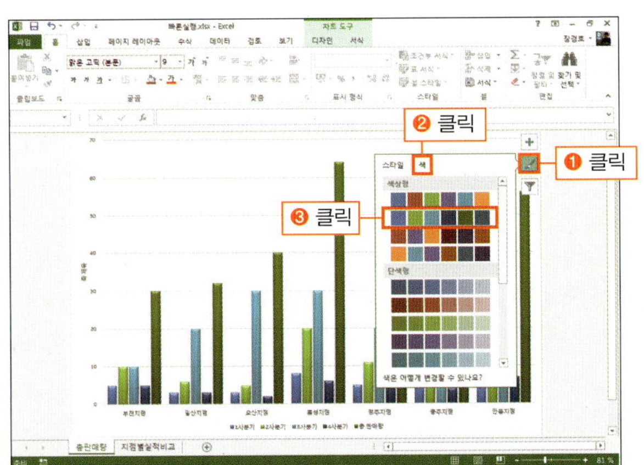

05_ 차트가 완성됩니다. 빠른 실행 단추를 통해 차트의 요소를 비롯해 스타일, 색상 등을 보다 빠르게 수정할 수 있습니다.

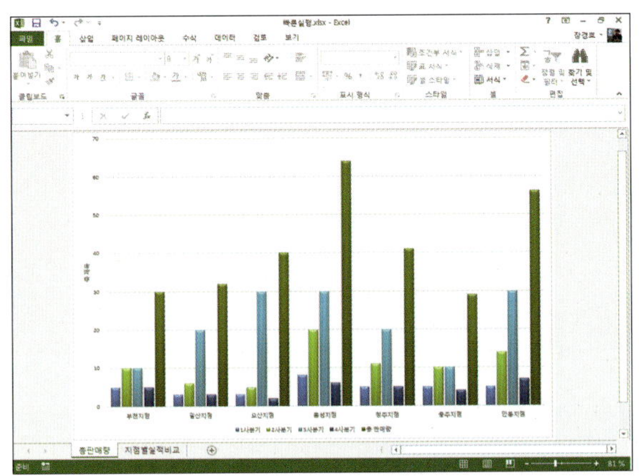

:: 혼합(콤보) 차트 만들기

엑셀 2013은 혼합(콤보) 차트를 만들기가 이전 버전에 비해 쉬워졌습니다. 지정한 차트와 더불어 다른 차트 모양과 함께 사용하고 싶을 경우 콤보 차트를 선택합니다.

 Part02₩Chapter04₩Section01₩콤보차트.xlsx

 Part02₩Chapter04₩Section01₩콤보차트_완성.xlsx

01_ 준비 파일을 열거나 이어서 진행합니다. 이중 축 차트, 즉 콤보 차트로 변경해 보도록 하겠습니다. 차트를 선택한 상태에서 [차트 도구]-[디자인] 상황별 탭에서 [종류]-[차트 종류 변경]을 선택합니다.

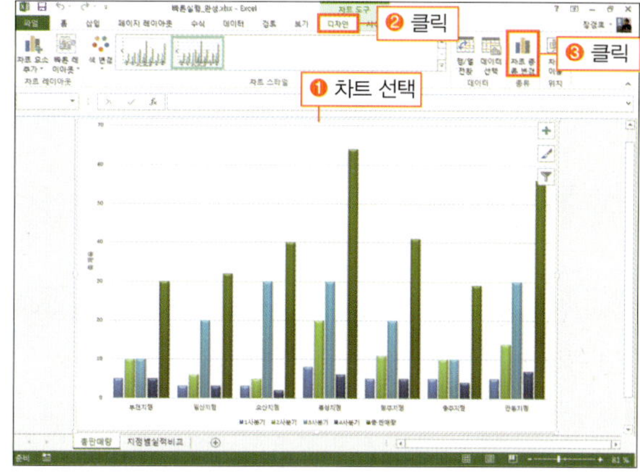

02_ [차트 종류 변경] 대화상자가 나타나면 [콤보]-[묶은 세로 막대형 – 꺾은 선형]을 선택합니다.

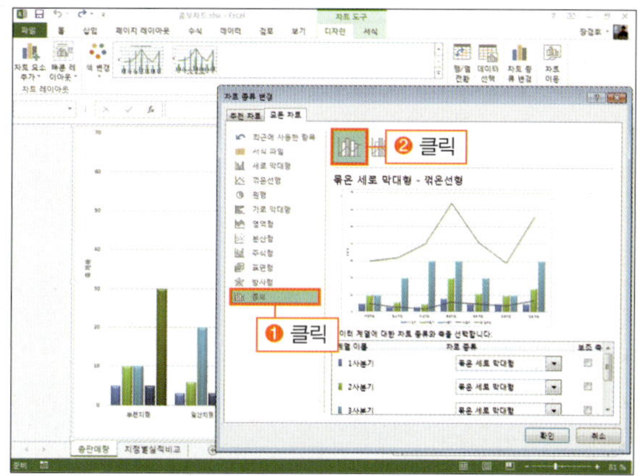

03_ 1사분기, 2사분기, 3사분기, 4사분기의 차트 종류는 [묶은 세로 막대형]을, 총판매량은 [표식이 있는 누적 꺾은 선형]을 선택합니다. [보조 축] 항목이 체크한 후 [확인]을 클릭합니다.

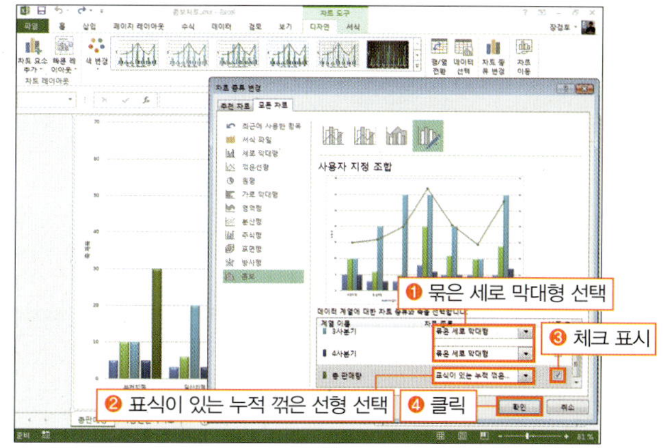

04_ 총 판매량 계열이 표식이 있는 누적 꺾은 선형으로 변경됩니다. 꺾은 선형의 서식 및 스타일을 변경하기 위해 꺾은 선형을 선택합니다. [차트 도구]–[서식] 상황별 탭에서 [도형 스타일] 그룹–[도형 윤곽선]을 클릭합니다. [표준 색]–[주황]을 선택한 후 [두께]–[3pt]를 선택합니다.

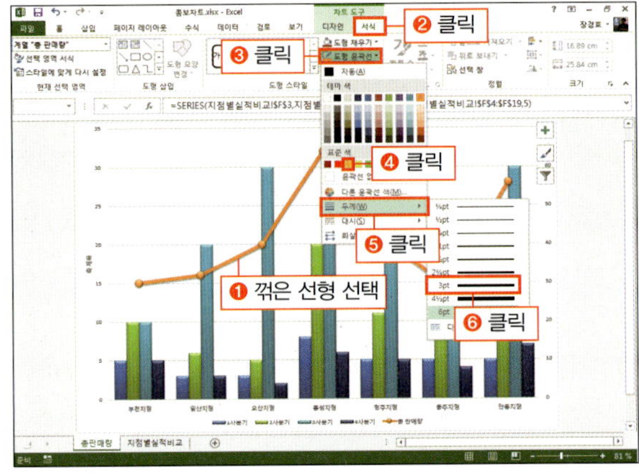

05_ 혼합(콤보) 차트가 완성됩니다.

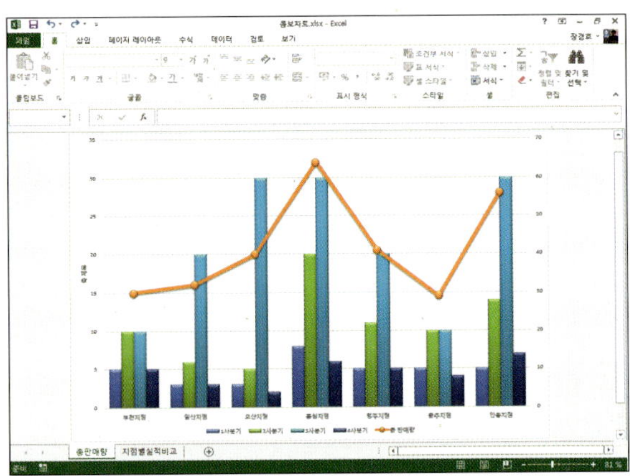

시트 탭 빠르게 선택하기

지금처럼 시트 탭이 몇 개 되지 않을 경우는 상관없지만, 시트 탭이 여러 개 될 경우에는 [활성화] 대화상자를 열어 시트 탭을 선택하는 것이 좋습니다. 시트 탭 왼쪽에 있는 [시트 이동] 단추를 마우스 오른쪽으로 클릭한 후 [활성화] 대화상자가 열리면 원하는 시트를 선택합니다.

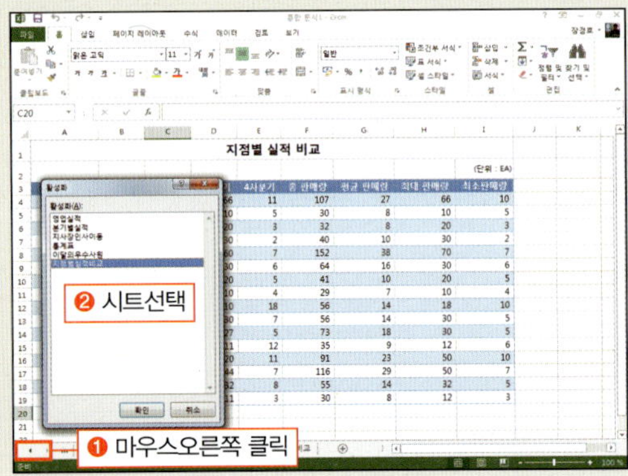

:: 차트 배경 편집하기

그림 또는 클립 아트를 차트 영역뿐만 아니라 그림 영역, 데이터 영역에도 삽입할 수 있습니다.

 준비 파일 Part02₩Chapter04₩Section01₩차트배경.xlsx, bg.jpg　　 완성 파일 Part02₩Chapter04₩Section01₩차트배경_완성.xlsx

01_ 준비 파일을 열거나 이어서 진행합니다. 차트 영역을 선택한 후 [차트 도구]–[서식] 상황별 탭에서 [현재 선택 영역] 그룹의 [선택 영역 서식]을 클릭합니다. [차트 영역 서식] 창이 나타나면 [채우기]–[그림 또는 질감 채우기]–[파일]을 클릭합니다. [그림 삽입] 대화상자가 나타나면 부록 CD의 'bg.jpg'을 선택한 다음 [삽입]을 클릭합니다. [차트 영역 서식] 창의 [닫기]를 클릭합니다.

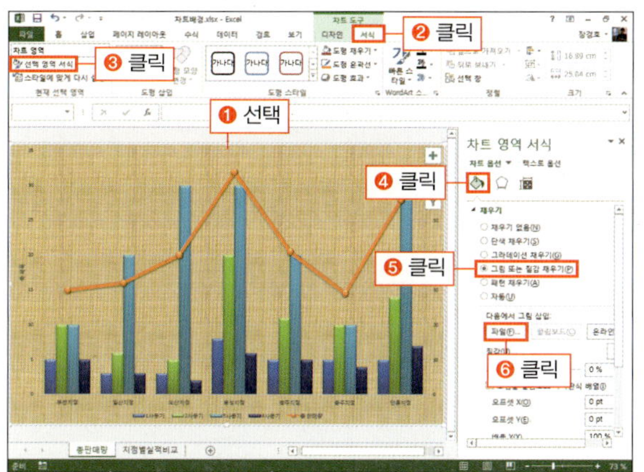
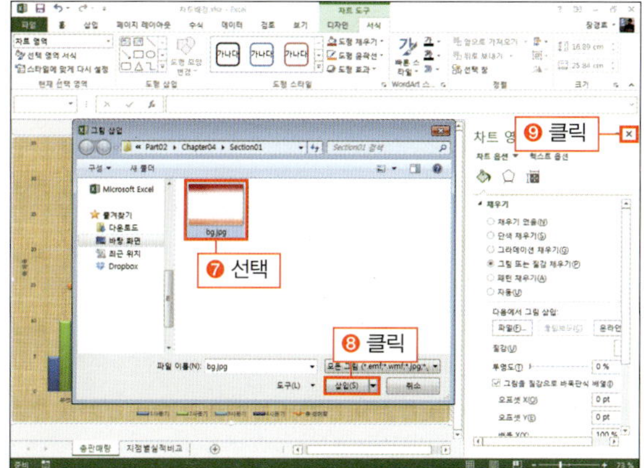

02_ 선택한 그림이 차트의 배경으로 삽입됩니다. 이 외에도 패턴이나 질감 등으로 차트의 배경을 삽입할 수 있습니다.

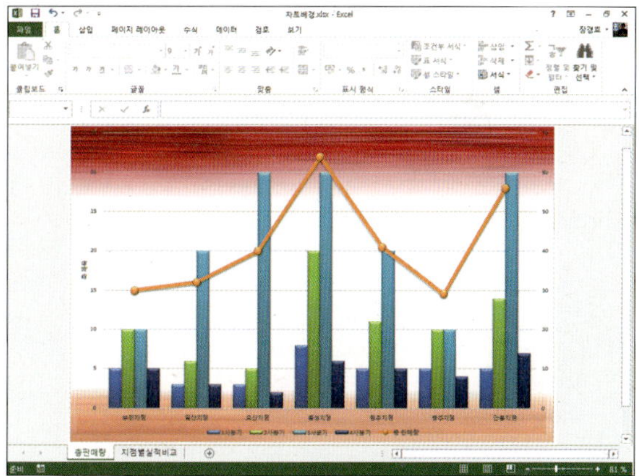

:: 추천 차트로 만들고 차트 변경하기

엑셀 2013에서는 선택한 표나 셀에 적합한 차트를 추천 차트라는 이름으로 표시해 줍니다. 적합한 차트를 찾기 어려울 경우 손쉽게 차트를 표시할 수 있습니다.

01_ 준비 파일을 엽니다. 추천 차트로 만들 표의 셀을 선택한 후 [삽입] 탭–[차트] 그룹–[추천 차트]를 선택합니다. [차트 삽입] 대화상자가 나타나면 [추천 차트] 탭에서 표에 적합한 추천 차트를 표시해 줍니다. 적합한 차트를 선택한 후 [확인]을 클릭합니다.

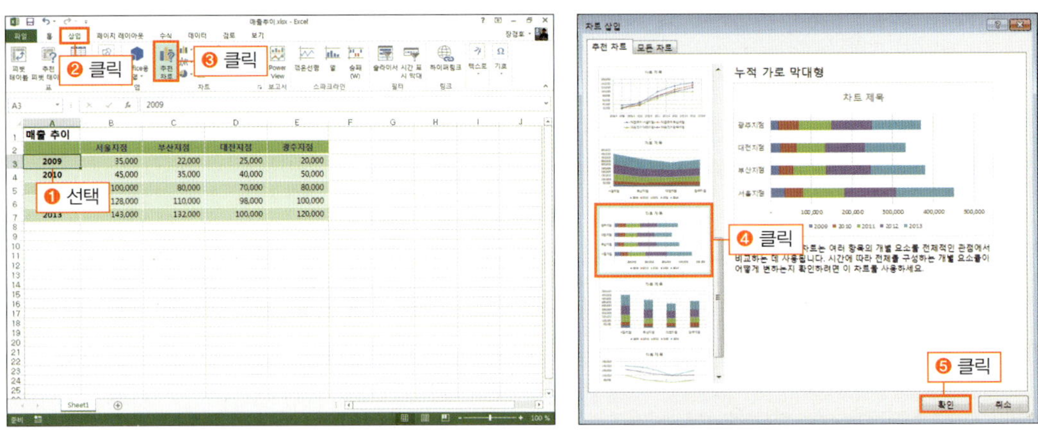

02_ 선택한 차트가 삽입됩니다. 한번 선택한 차트도 차트 종류 변경을 통해 다른 차트로 쉽게 변경할 수 있습니다. [차트 도구]–[디자인] 상황별 탭에서 [종류] 그룹–[차트 종류 변경]을 선택합니다. [차트 종류 변경] 대화상자가 나타나면 변경할 차트를 선택합니다. 여기서는 [세로 막대형]–[3차원 묶은 세로 막대형]을 선택합니다. [확인]을 클릭합니다.

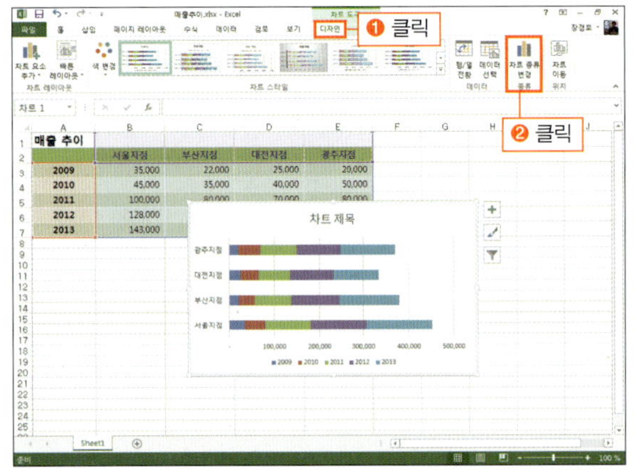
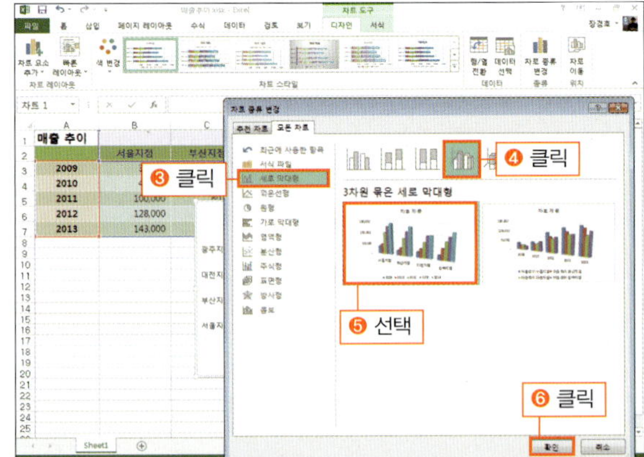

:: 빠른 분석 도구로 차트 만들기

셀 영역을 드래그하여 선택하면 하단에 빠른 분석 도구 아이콘이 표시됩니다. 이를 클릭해 서식이나 차트, 표, 스파크라인을 빠르고 쉽게 만들 수 있습니다.

 준비 파일 Part02₩Chapter04₩Section01₩빠른분석도구.xlsx

 완성 파일 Part02₩Chapter04₩Section01₩빠른분석도구_완성.xlsx

01_ 준비 파일을 엽니다. [A2:C7] 영역을 드래그하여 선택합니다. 셀 오른쪽 하단에 [빠른 분석 도구](📊)가 나타납니다. [빠른 분석 도구](📊)를 클릭한 후 [차트]-[묶은 세로 막대형]을 선택합니다.

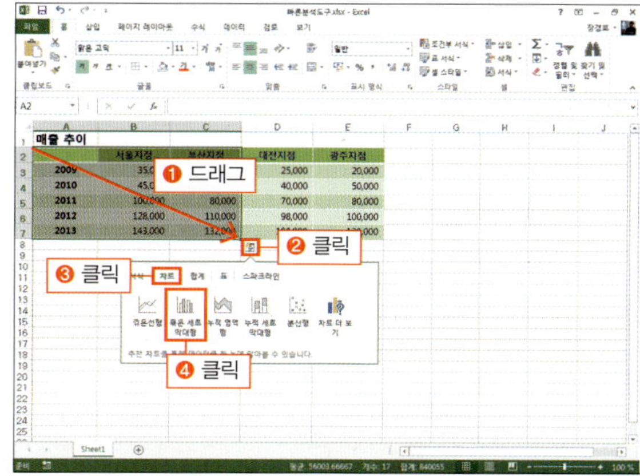

02_ 묶은 세로 막대형 차트가 만들어집니다. 차트를 선택하여 크기 및 위치를 적절히 조정합니다.

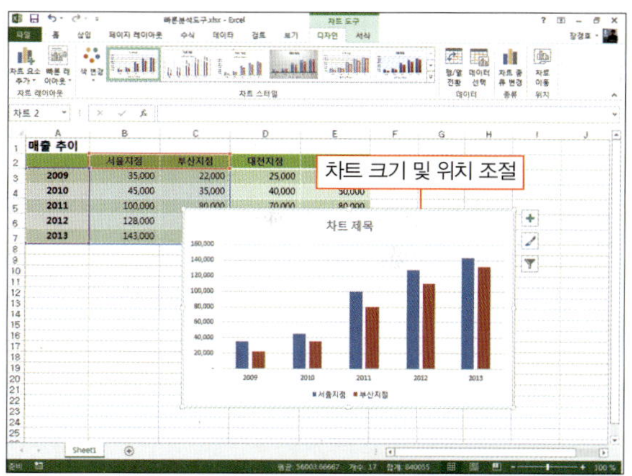

:: 원형 차트에 데이터 설명선 삽입하고 분리하기

원형 차트는 전체 데이터에 대한 계열의 구성 비율을 보여줍니다. 그렇기에 항목이 많은 경우보다 적을 때 효과적입니다. 원형 차트로 만드는 항목은 5~6개가 적당합니다.

 **준비 파일** Part02₩Chapter04₩Section01₩실적비율.xlsx

 **완성 파일** Part02₩Chapter04₩Section01₩실적비율_완성.xlsx

01_ 준비 파일을 엽니다. 원형 차트를 만들기 위해 [A2:A12] 영역을 선택한 후 **Ctrl** 을 누른 채 [F2:F12] 영역을 선택합니다.

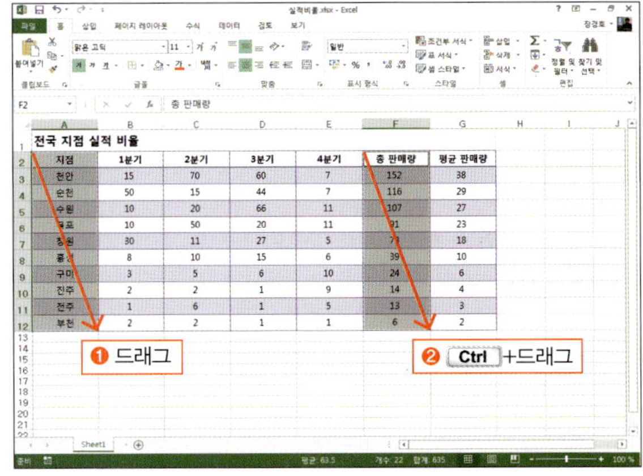

TIP

원형 차트는 5~6개의 항목이 적당하나 지금처럼 항목 수가 많을 경우에는 데이터가 작은 원형 조각을 분리하여 원형 대 원형 차트로 구성할 수 있습니다. 이는 166page에서 다루고 있습니다.

02_ [삽입] 탭-[차트] 그룹-[원형]을 클릭합니다. [3차원 원형]을 선택합니다.

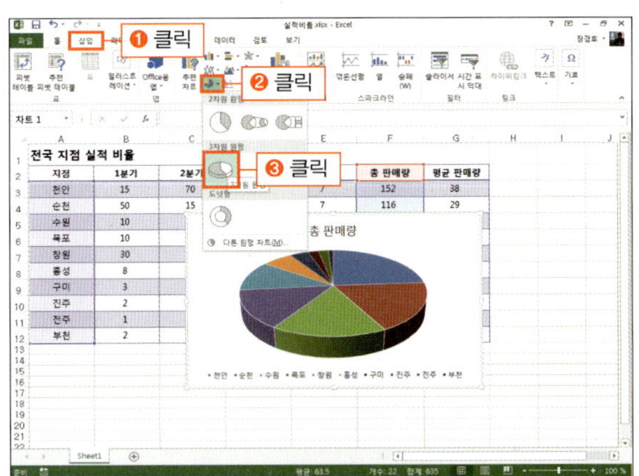

03_ 차트 크기 및 위치를 조절한 후 [차트 도구]-[디자인] 상황별 탭에서 [차트 스타일] 그룹의 [자세히]를 클릭한 다음 [스타일 7]을 선택합니다.

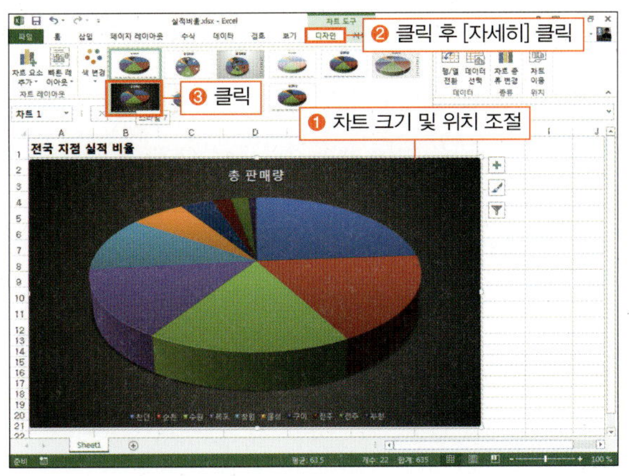

04_ 차트의 상단 오른쪽에 위치하는 [차트 요소]를 클릭합니다. [데이터 레이블]의 화살표를 클릭한 후 [데이터 설명선]을 선택합니다.

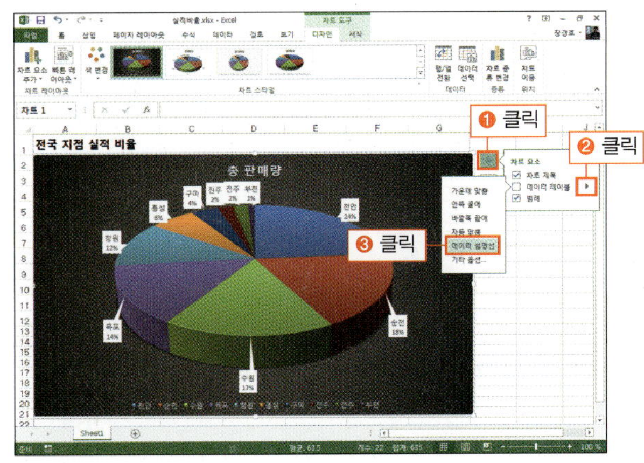

05_ 원형 차트에 데이터 레이블이 표시됩니다. 원형 차트를 원하는 위치로 회전시키고, 조각을 분리해 보겠습니다. [차트 도구]-[서식] 상황별 탭에서 [현재 선택 영역] 그룹에서 [선택 영역 서식]을 선택합니다. [데이터 계열 서식] 창이 나타나면 [계열 옵션]에서 [첫째 조각의 각]과 [쪼개진 원형]에 각각 『10』을 입력합니다. 첫째 조각의 각이 회전되고, 조각이 쪼개지면 [데이터 계열 서식] 창의 [닫기]를 클릭합니다.

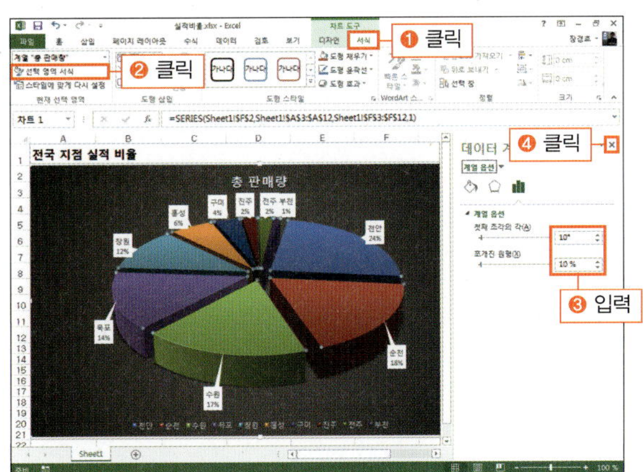

항목이 의도와 다르게 많이 포함되었을 경우 데이터가 작은 조각을 분리하여 원형 대 원형 차트로 구성할 수 있습니다.

 Part02₩Chapter04₩Section01₩원형대원형.xlsx   Part02₩Chapter04₩Section01₩원형대원형_완성.xlsx

01_ 준비 파일을 열거나 이어서 진행합니다. 원형 차트 안에 또 다른 원형 차트를 삽입하기 위해 차트를 선택한 상태에서 [차트 도구]–[디자인] 상황별 탭에서 [종류] 그룹–[차트 종류 변경]을 클릭합니다. [차트 종류 변경] 대화상자가 나타나면 [원형]–[원형 대 원형]을 클릭한 다음 [확인]을 선택합니다.

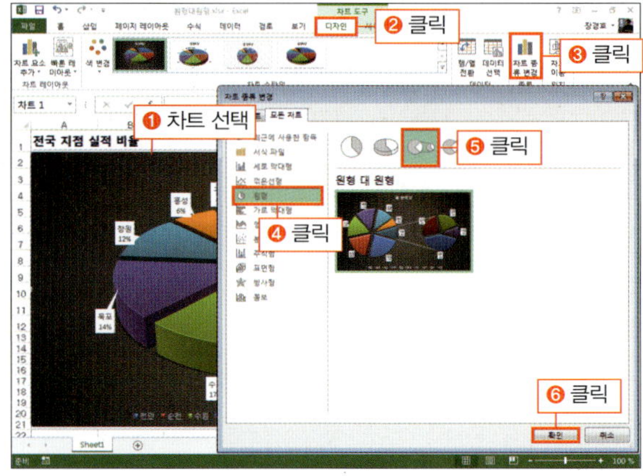

02_ 원형 차트 안에 또다른 원형 차트가 삽입되는 원형 대 원형 차트가 완성됩니다.

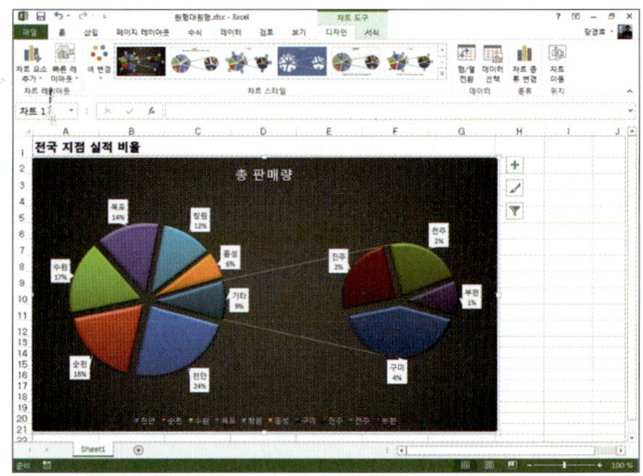

:: 스파크라인으로 셀 안에 차트 만들기

스파크라인은 데이터를 시각적으로 표시하는 셀 안에 삽입하는 작은 차트입니다. 스파크라인을 이용하여 셀 안에 차트를 만들어 활용할 수 있습니다.

Part02₩Chapter04₩Section01₩컴퓨터부품.xlsx

Part02₩Chapter04₩Section01₩컴퓨터부품_완성.xlsx

01_ 준비 파일을 엽니다. [B4:F11] 영역을 드래그하여 선택합니다. [삽입] 탭-[스파크라인] 그룹-[열]을 클릭합니다. [스파크라인 만들기] 대화상자가 열리면 [G4:G11] 영역을 드래그한 다음 [확인]를 클릭합니다.

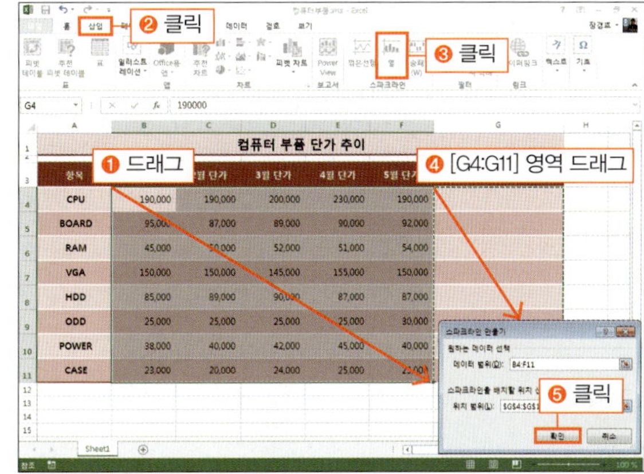

02_ 단가가 가장 높았던 월에 다른 색상을 지정하기 위해 [스파크라인 도구]-[디자인] 상황별 탭에서 [표시] 그룹에서 [높은 점]에 체크 표시합니다. 스파크라인의 디자인을 변경하기 위해 [디자인] 탭에서 [스타일] 그룹의 [자세히]를 클릭한 후 원하는 스타일을 선택합니다.

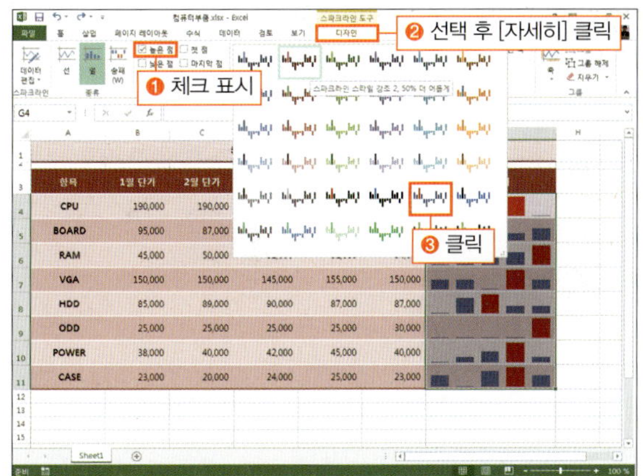

:: 스파크라인 차트 종류 변경하기

스파크라인으로 생성한 차트도 일반적인 차트와 마찬가지로 종류를 쉽게 변경할 수 있습니다. 차트 종류를 변경해 보고, 스파크라인 색과 두께를 변경해 보도록 하겠습니다.

 준비파일 Part02\Chapter04\Section01\스파크라인변경.xlsx

 완성파일 Part02\Chapter04\Section01\스파크라인변경_완성.xlsx

01_ 준비 파일을 열거나 이어서 진행합니다. 스파크라인이 그려진 [G4:G11] 영역을 드래그하여 선택한 후 [스파크라인 도구]-[디자인] 상황별 탭에서 [종류] 그룹-[선]을 클릭합니다.

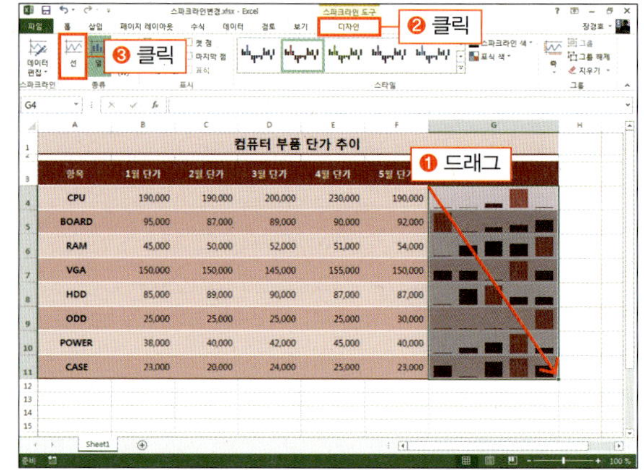

02_ 스파크라인의 종류가 '열'에서 '선'으로 변경됩니다. 스파크라인의 색상을 변경하기 위해 [스타일] 그룹에서 [스파크라인 색]을 클릭한 후 [표준 색]-[빨강]을 선택합니다. 두께를 변경하기 위해 [두께]-[3pt]를 선택합니다.

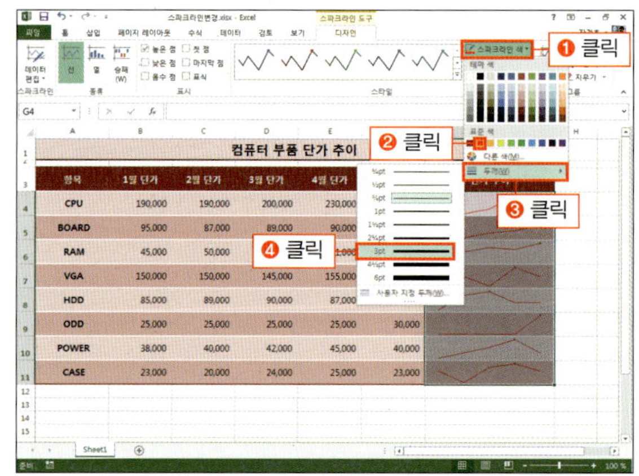

> **TIP**
>
> [디자인] 탭의 [스타일] 그룹-[표식 색]을 클릭하면 높은 점을 비롯해 낮은 점이나 첫번째 점, 혹은 마지막 점의 색상을 변경할 수 있습니다.

데이터 영역에 클립 아트 삽입하기

엑셀에서 차트를 만들 때 데이터 영역에 각종 그림이나 클립 아트를 삽입하면 원하는 데이터를 보다 쉽게 설명할 수 있습니다.

 준비 파일　Part02₩Chapter04₩Section01₩총판매량.xlsx

 완성 파일　Part02₩Chapter04₩Section01₩총판매량_완성.xlsx

01 준비 파일을 엽니다. 데이터 계열에 색상 대신 Office.com의 클립 아트를 삽입할 수 있습니다. 데이터 계열을 마우스 오른쪽으로 선택한 후 [데이터 계열 서식]을 클릭합니다.

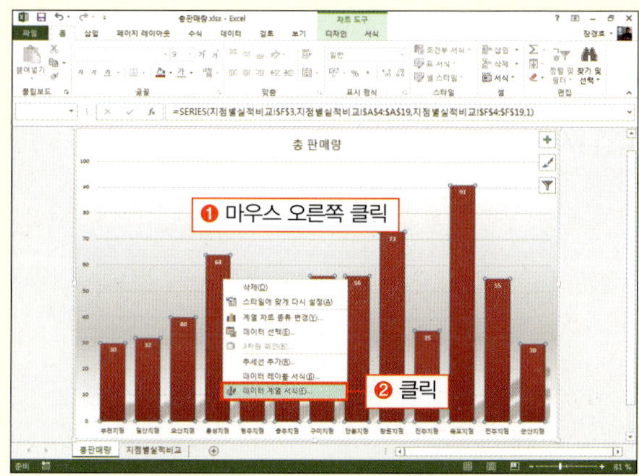

02 [데이터 계열 서식] 창이 나타나면 [채우기 및 선] 항목을 클릭한 후 [채우기]–[그림 또는 질감 채우기]를 선택한 후 [온라인 그림]을 클릭합니다. [그림 삽입] 창이 뜨면 [Office.com 클립 아트]에서 『자동차』를 입력합니다. [검색]을 클릭합니다.

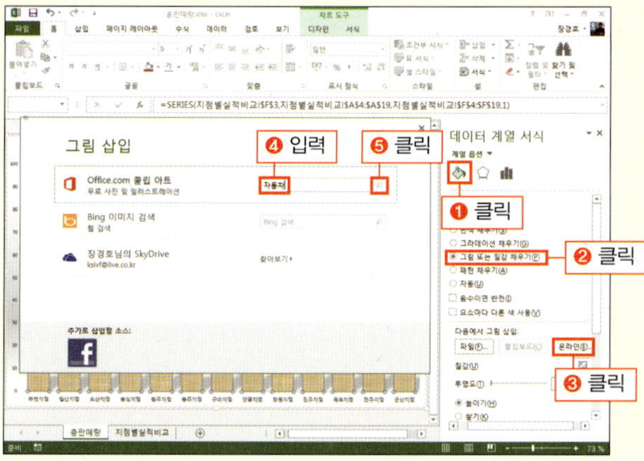

03 클립 아트가 검색됩니다. 원하는 클립 아트를 선택한 후 [삽입]을 클릭합니다.

04 클립 아트가 삽입됩니다. 클립 아트의 형식을 변경해 보도록 하겠습니다. [데이터 계열 서식] 창에서 [쌓기]를 클릭합니다. 클립 아트가 데이터 계열의 높이만큼 쌓여지면서 삽입됩니다.

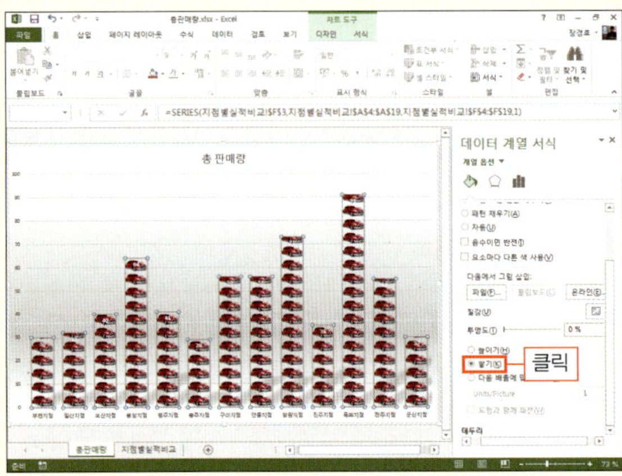

05 클립 아트의 크기를 조금 크게 지정해 보겠습니다. [다음 배율에 맞게 쌓기]를 선택한 후 [Units/Picture]의 입력란에 『10』을 입력합니다. 데이터 계열의 클립 아트 크기가 변경되면 [데이터 계열 서식] 창의 [닫기]를 클릭합니다.

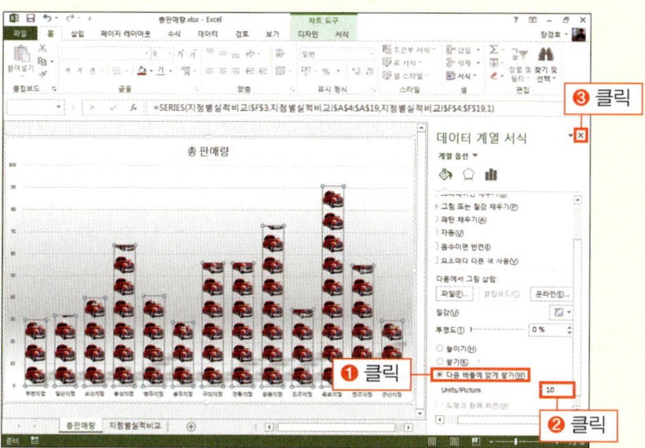

06 차트의 데이터 레이블을 데이터 설명선으로 변경하기 위해 차트를 선택합니다. 빠른 실행 단추의 [차트 요소]를 클릭한 후 [데이터 레이블]–[데이터 설명선]을 선택합니다.

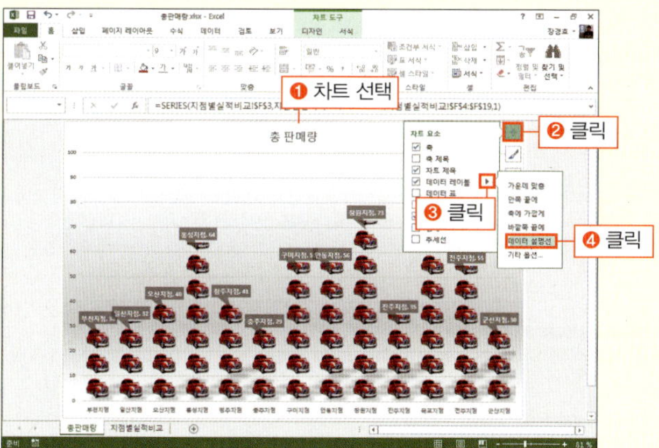

07 데이터 레이블이 데이터 설명선으로 변경됩니다.

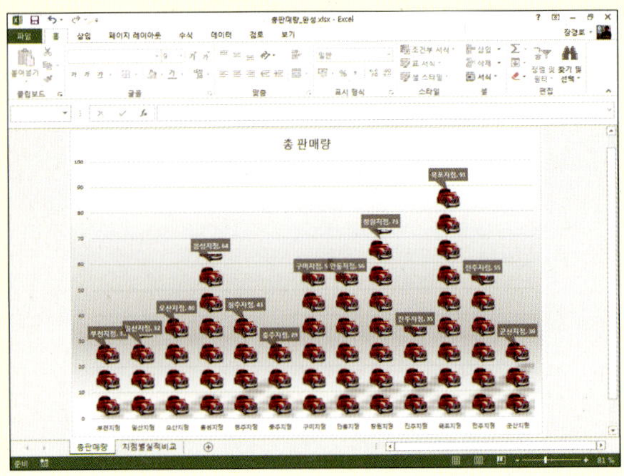

◎ 준비파일 : Part02₩Chapter04₩Check₩년도별매출액현황.xlsx
◎ 완성파일 : Part02₩Chapter04₩Check₩년도별매출액현황_완성.xlsx

엑셀 2013은 콤보 차트 삽입 기능이 존재합니다. 이를 통해 여러 차트가 혼합된 혼합형 차트를 쉽게 만들 수 있습니다. 여기서는 넷북과 노트북으로 막대형 차트를 만들고 합계를 꺾은 선형 차트로 만들어 보세요.

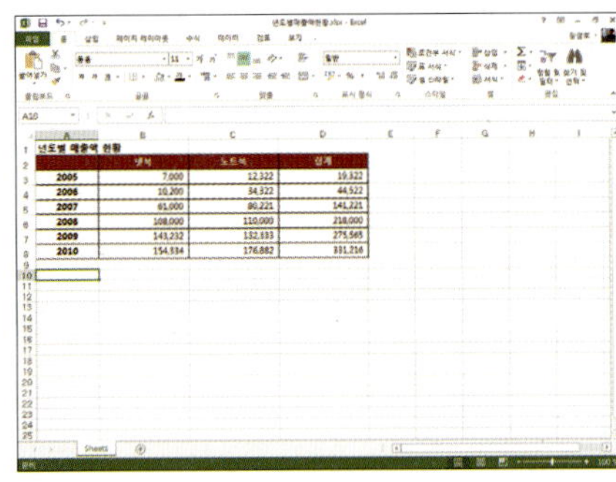

힌트

❶ 차트로 만들 영역을 선택한 후 [삽입] 탭–[차트] 그룹에서 [콤보 차트 삽입]–[사용자 지정 콤보 차트 만들기]를 선택합니다.

❷ [차트 삽입] 대화상자가 나타나면 차트 종류를 선택한 후 [보조 축]에 체크 표시를 합니다.

❸ 실습 따라하기 : 부록CD/Part02/Chapter04/실습14.docx

Section 02

데이터 관리하기

복잡한 데이터를 관리해야 한다면 엑셀의 데이터 관리 기능을 통해 처리할 수 있습니다. 예를 들어 많은 데이터를 원하는 항목으로 정렬하거나, 사용자 지정 필터나 고급 필터를 통해 원하는 항목만 가져올 수 있습니다. 여기서는 복잡한 데이터를 관리하는 방법에 대해서 살펴보도록 하겠습니다.

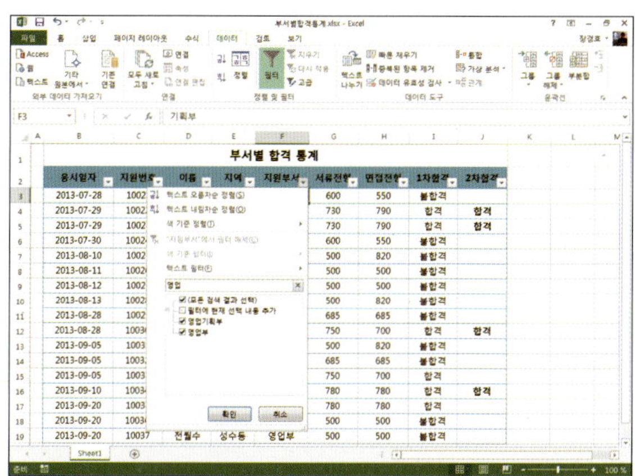

▲ 자동 필터로 데이터 추출하기

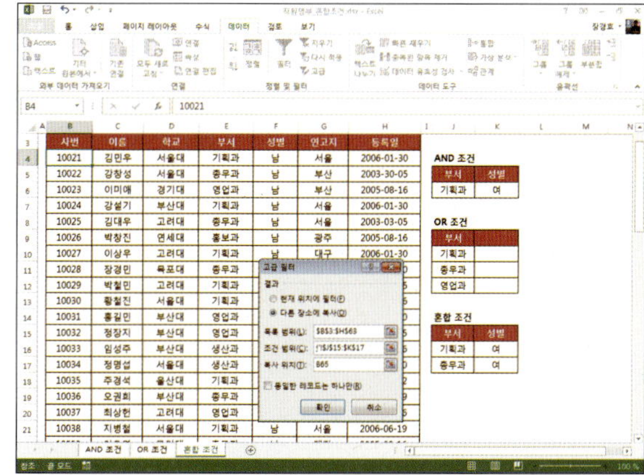

▲ 혼합 조건으로 데이터 추출하기

이번 섹션에서 배울 주요 내용

- 데이터베이스의 구성요소
- 데이터 오름차순으로 정렬하기
- 중복 조건으로 정렬하기
- 사용자 지정 목록으로 데이터 정렬하기
- 자동 필터로 데이터 추출하기
- 셀 서식을 기준으로 정렬하기
- 고급 필터로 레코드 추출하기
- 여러 조건으로 레코드 추출하기
- 혼합 조건으로 데이터 추출하기

방대한 분량의 데이터들을 효과적으로 관리하기 위해서는 먼저 데이터베이스에 대한 기본적인 구성 요소에 대한 이해가 필요합니다.

데이터베이스 구성 요소

데이터베이스를 구성하는 요소에는 필드명(Field Name), 레코드(Record) 그리고 필드(Field)가 있습니다. 데이터베이스를 작성하기 위해서는 일정한 형식에 맞춰서 작성을 해야 합니다.

❶ **필드(Field)** : 데이터베이스를 구성하는 열을 의미합니다.
❷ **필드명(Field Name)** : 각 필드를 구분하는 첫 행의 항목 이름을 의미합니다.
❸ **레코드(Record)** : 하나 이상의 필드로 구성된 행을 의미합니다.

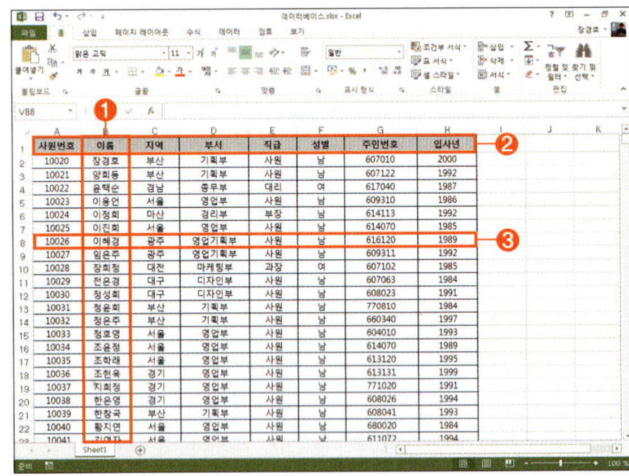

데이터베이스 작성 시 주의사항

데이터베이스로 사용할 데이터는 지켜야 할 규칙이 있습니다. 데이터베이스를 작성하기 위해서는 다음의 사항에 주의해야 합니다.

❶ **제목과 데이터베이스는 붙여 놓지 않는다.**
제목과 데이터베이스를 붙여 놓으면 제목도 데이터베이스로 인식하기 때문에 데이터베이스 기능을 제대로 활용할 수 없습니다.

❷ **필드명은 병합하면 안됩니다.**
필드명은 병합하면 안됩니다. 또한, 필드명이 입력되어 있지 않을 경우에도 데이터 범위를 데이터베이스로 인식하지 못합니다.

❸ **빈 행 또는 빈 열이 있으면 안됩니다.**
빈 행이나 빈 열의 경우 데이터베이스로 인식하지 못합니다. 데이터베이스는 반드시 연속된 행/열만 인식하기 때문에 빈 행이나 빈 열이 없도록 주의합니다.

❹ **하나의 필드에 하나의 필드명이 있어야 합니다.**
하나의 필드에는 반드시 하나의 필드명만 존재해야 합니다. 필드명에 2개 이상의 필드명이 입력되어 있을 경우 데이터를 제대로 정렬, 필터, 추출하지 못합니다.

:: 데이터 오름차순으로 정렬하기

많은 양의 데이터를 한눈에 파악하기 위해서는 일정한 기준에 따라 원하는 순서에 맞게 데이터를 구성하여 효과적으로 관리하는 게 좋습니다.

 준비 파일 Part02₩Chapter04₩Section02₩판매현황.xlsx

 완성 파일 Part02₩Chapter04₩Section02₩판매현황_완성.xlsx

01_ 준비 파일을 엽니다. 먼저, 생산팀을 기준으로 오름차순해 보도록 하겠습니다. '생산팀' 필드 중 임의의 셀을 선택한 후 [데이터] 탭–[정렬 및 필터] 그룹–[텍스트 오름차순 정렬]을 클릭합니다.

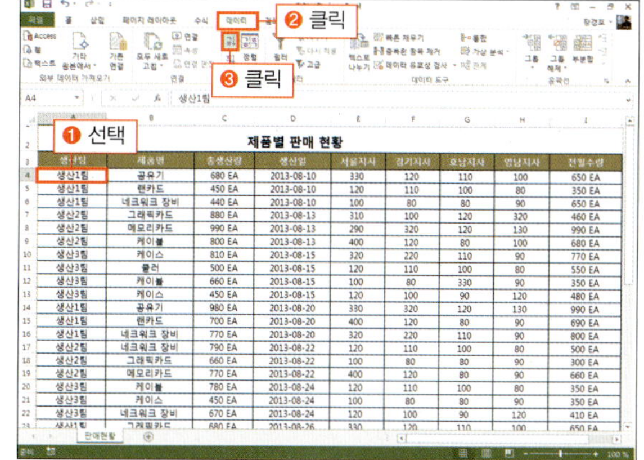

02_ [생산팀] 필드를 기준으로 데이터가 오름차순으로 정렬됩니다.

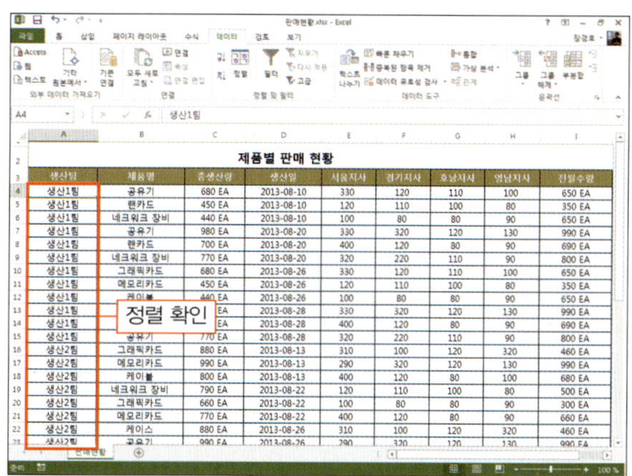

:: 중복 조건으로 정렬하기

데이터는 여러 조건으로 데이터 범위를 정렬할 수 있습니다. 이럴 때는 [정렬] 대화상자를 이용하여
정렬 기준에 따라 오름차순과 내림차순을 선택하여 다중 정렬할 수 있습니다.

01_ 준비 파일을 열거나 이어서 진행합니다. 여러 조건
으로 데이터 범위를 정렬하기 위해 [데이터] 탭–[정렬 및
필터] 그룹–[정렬]을 클릭합니다. [정렬] 대화상자가 나타
납니다. 첫번째 기준은 생산팀을 기준으로 정렬되어 있습
니다. 기준을 추가하기 위해 [기준 추가]를 선택합니다.

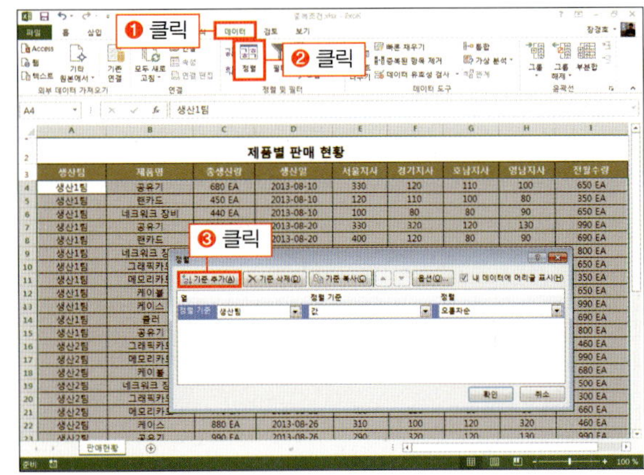

02_ 기준이 추가되면 [다음 기준]에 [제품명]을 선택하고
[정렬]에 [오름차순]으로 지정되어 있는지 확인합니다. 다
시 기준을 추가하기 위해 [기준 추가]를 클릭합니다.

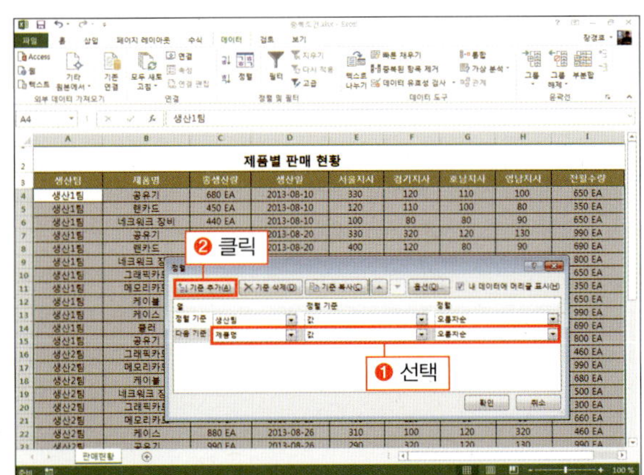

03_ [다음 기준]에 [생산일]을 선택하고 [정렬 기준]에
[오름차순]으로 지정되어 있는지 확인합니다. [확인]을 클
릭합니다.

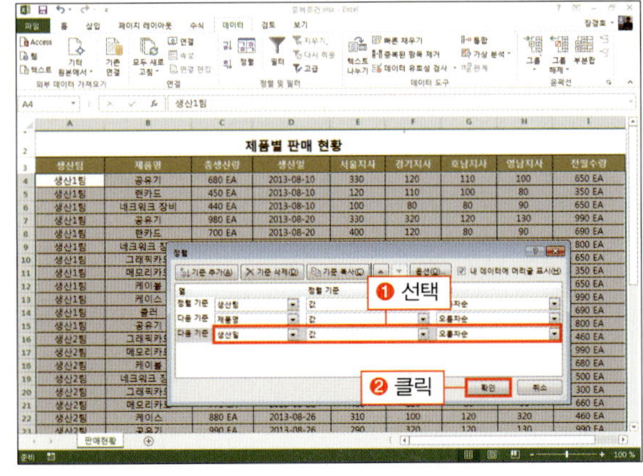

04_ 생산팀, 제품명, 생산일 기준으로 데이터가 정렬됩니다. 생산팀이 같을 경우 제품명을 기준으로 오름차순 정렬되며, 제품명이 같을 경우 생산일을 기준으로 오름차순 정렬됩니다.

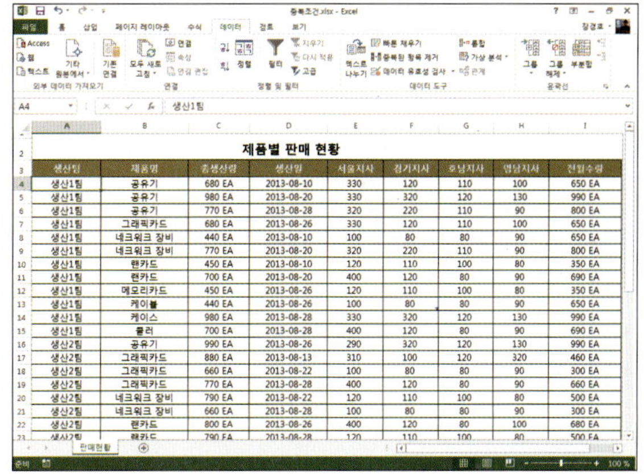

[정렬] 대화상자 이해하기

[정렬] 대화상자를 통해 정렬할 기준을 추가하거나 정렬 순서를 지정할 수 있습니다.

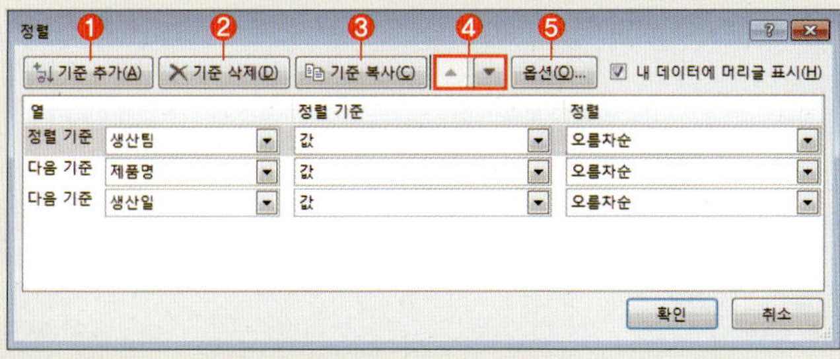

❶ 기준 추가 : 정렬할 기준을 추가할 수 있습니다.

❷ 기준 삭제 : 정렬에 있는 기준을 삭제합니다.

❸ 기준 복사 : 기존 기준을 복사하여 동일하게 추가할 수 있습니다.

❹ 올리기/내리기 : 정렬할 열의 순서를 변경할 수 있습니다.

❺ 옵션 : 정렬하는 방향을 설정합니다.

:: 사용자 지정 목록으로 데이터 정렬하기

가, 나, 다 순으로 정렬하는 일반적인 정렬 뿐 아니라 사용자가 지정한 순으로 데이터를 정렬할 수 있습니다.

 Part02₩Chapter04₩Section02₩사용자지정정렬.xlsx    Part02₩Chapter04₩Section02₩사용자지정정렬_완성.xlsx

01_ 준비 파일을 열거나 이어서 진행합니다. 셀을 하나 선택한 후 [데이터] 탭의 [정렬 및 필터] 그룹—[정렬]을 클릭합니다. [정렬] 대화상자가 나타나면 [제품명] 필드의 [정렬] 화살표를 클릭한 후 [사용자 지정 목록]을 선택합니다. [사용자 지정 목록] 대화상자가 나타나면 [목록 항목]에 『네트워크 장비』, 『케이블』, 『케이스』, 『쿨러』, 『공유기』, 『랜카드』, 『그래픽카드』, 『메모리카드』를 순서대로 입력합니다. [추가]를 선택한 후 [확인]을 클릭합니다. [정렬] 대화상자가 다시 나타나면 [확인]을 클릭합니다.

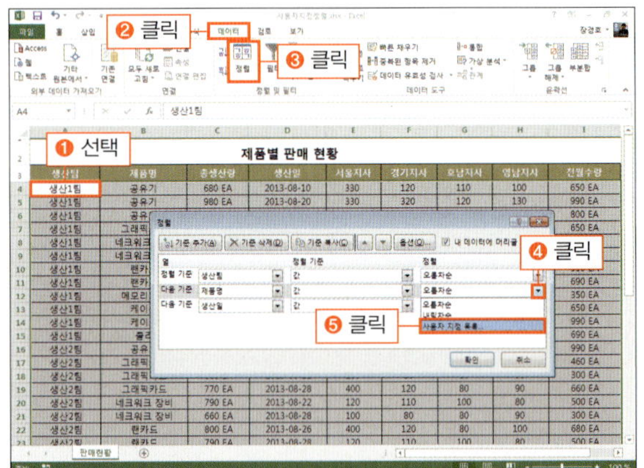
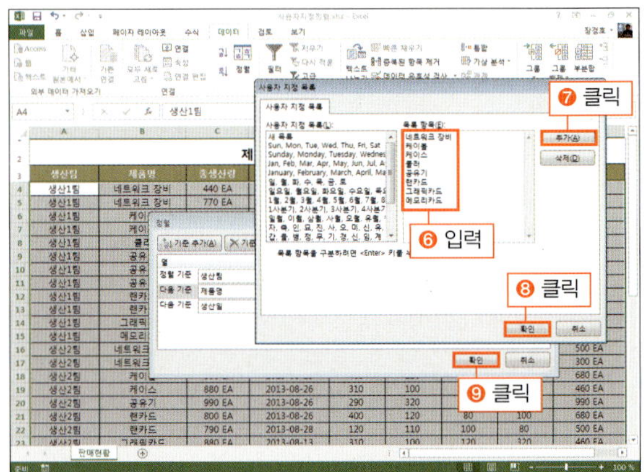

02_ 사용자가 지정한 목록에 맞게 데이터가 정렬됩니다.

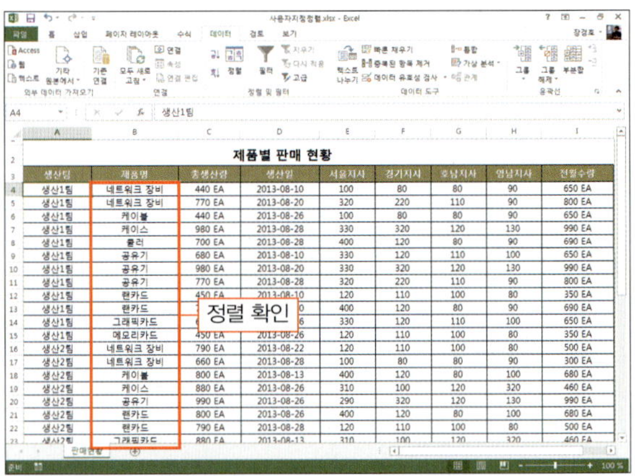

:: 자동 필터로 데이터 추출하기

자동필터는 필터 종류에 따라 값으로 추출하거나 날짜 단위로 추출, 숫자 범위로 추출 또는 사용자 지정을 통하여 원하는 형태로 필터가 가능합니다.

Part02₩Chapter04₩Section02₩부서별합격통계.xlsx

Part02₩Chapter04₩Section02₩부서별합격통계_완성.xlsx

01_ 준비 파일을 엽니다. 필터를 적용하기 위해 셀 하나를 선택한 후 [데이터] 탭-[정렬 및 필터] 그룹에서 [필터]를 선택합니다.

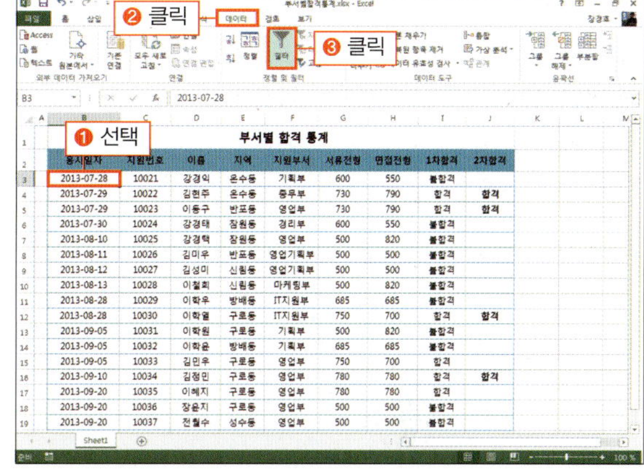

02_ 자동 필터가 적용됩니다. [지원부서] 필드에서 [영업기획부]와 [영업부]만 추출하기 위해 [지원부서] 필드의 필터 단추를 클릭합니다. [(모두 선택)]을 클릭하여 체크 표시를 모두 없앤 다음 [영업기획부], [영업부]만 체크 표시를 한 후 [확인]을 클릭합니다. 또는, [지원부서] 필드의 필터 단추를 클릭한 후 입력란에 『영업』을 입력하고 [확인]을 클릭합니다.

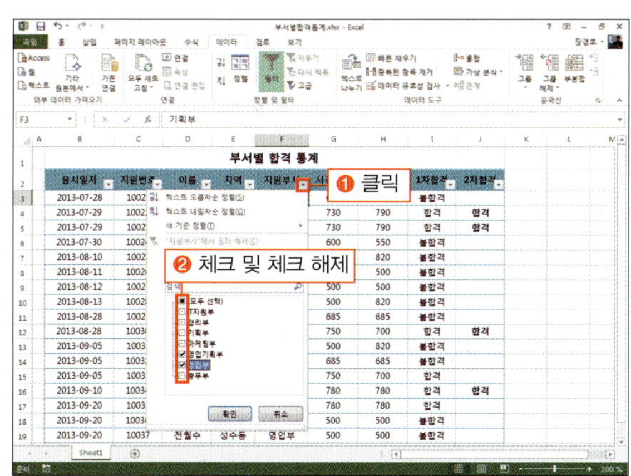

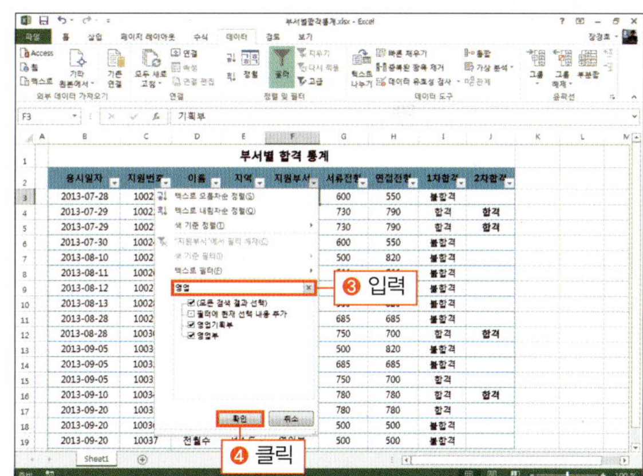

03_ [지원부서] 필드에서 '영업'이 들어간 레코드가 모두 추출됩니다. 이번에는 [서류전형] 필드에서 점수가 700점 이상인 레코드만 추출하기 위해 [서류전형] 필드의 필터 단추를 클릭한 다음 [숫자 필터]–[크거나 같음]을 클릭합니다. [사용자 지정 자동 필터] 대화상자가 나타나면 [서류전형] 입력란에 『700』을 입력한 다음 [확인]을 클릭합니다.

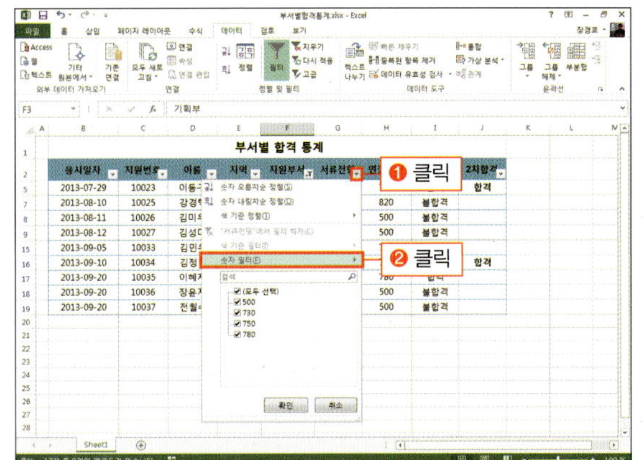

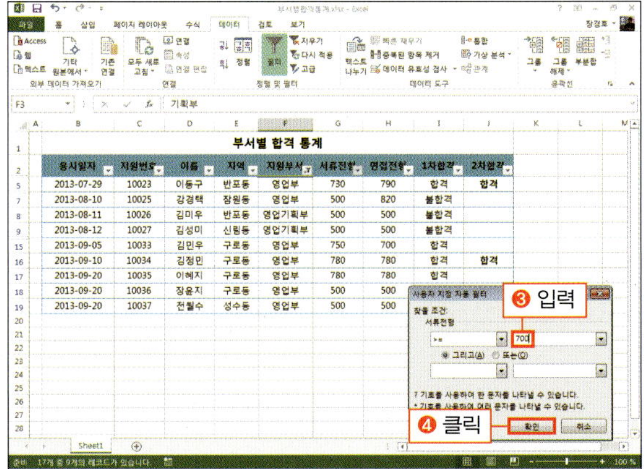

04_ [서류전형] 필드에서 700점 이상인 값이 추출되어 나타납니다. 마지막으로 응시일자가 2013년 9월인 레코드를 추출하기 위해 [응시일자] 필드의 필터 단추를 클릭합니다. [날짜 필터]–[해당 기간의 모든 날짜]를 선택한 후 [9월]을 선택합니다.

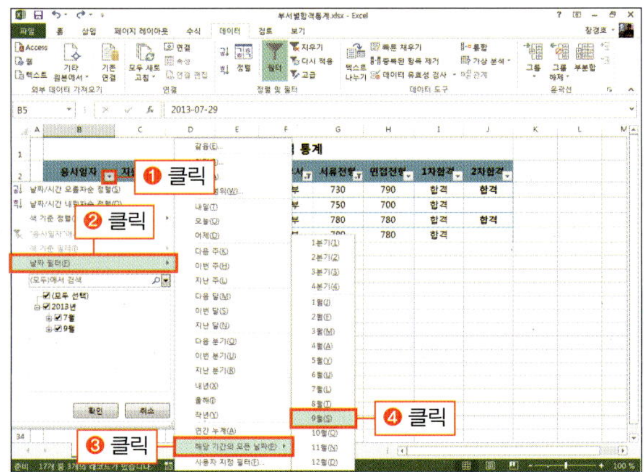

05_ 지원부서에 '영업'이 포함된 부서, 서류전형이 '700' 이상, 그리고 응시일자가 '9월'인 데이터가 추출됩니다.

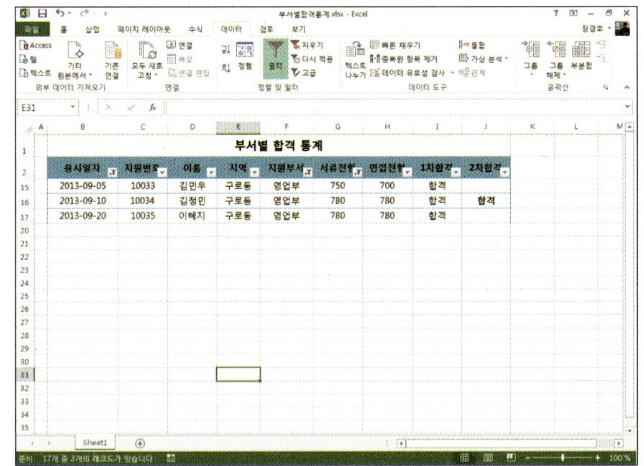

데이터를 정렬하는 경우 오름차순이나 내림차순 뿐 아니라 셀 색상이나 글꼴, 아이콘 등을 이용하여 정렬할 수 있습니다.

준비파일   Part02\Chapter04\Section02\판매율.xlsx

완성파일   Part02\Chapter04\Section02\판매율_완성.xlsx

01_ 준비 파일을 엽니다. 조건부 서식이 지정된 데이터 중 원하는 데이터만 추출해 보도록 하겠습니다. [판매율] 필드의 필터 단추를 클릭한 후 [색 기준 필터]–[셀 아이콘 기준 필터]에서 [별 아이콘(⭐)]을 선택합니다.

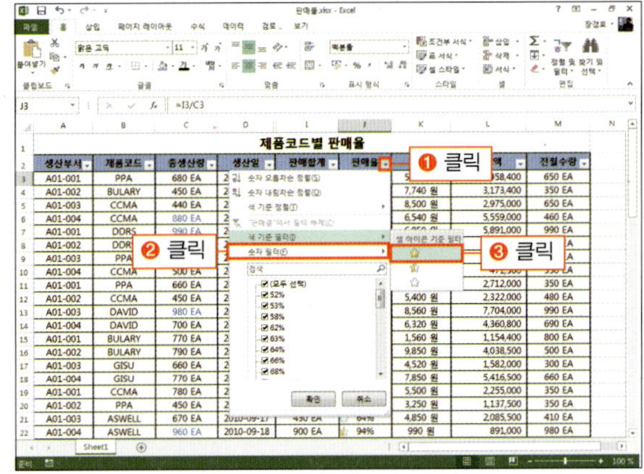

02_ 셀 아이콘 중 별 아이콘(⭐)을 가진 레코드만 필터링됩니다. 이번에는 색상으로 데이터를 추출해 보겠습니다. [총생산량] 필드의 필터 단추를 클릭한 후 [색 기준 필터]–[파랑색]을 선택합니다. [총생산량] 필드에서 파랑색상을 지닌 레코드만 필터링됩니다.

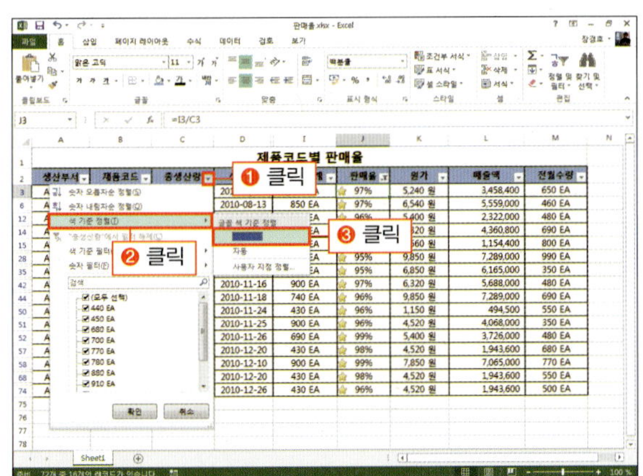

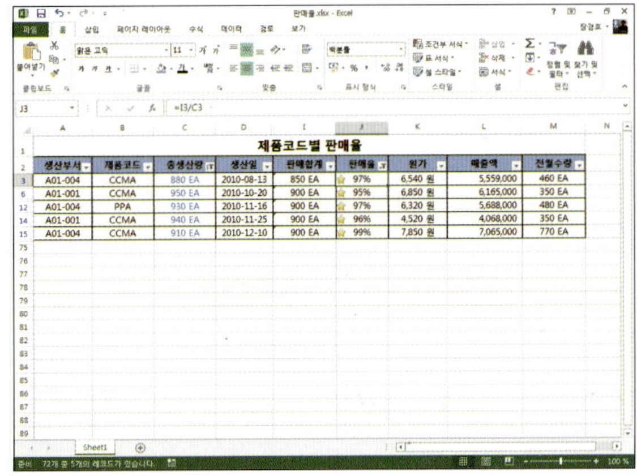

:: 고급 필터로 레코드 추출하기

고급 필터를 통해 다양한 조건과 여러 개의 중복 조건으로 데이터를 필터링할 수 있습니다.

 준비 파일 Part02₩Chapter04₩Section02₩직원명부.xlsx

 완성 파일 Part02₩Chapter04₩Section02₩직원명부_완성.xlsx

01_ 준비 파일을 엽니다. '부서'가 '기획과'이면서, '성별'이 '여'인 경우를 고급 필터로 추출해 보겠습니다. 임의의 셀을 선택한 후 [데이터] 탭-[정렬 및 필터] 그룹-[고급]을 클릭합니다.

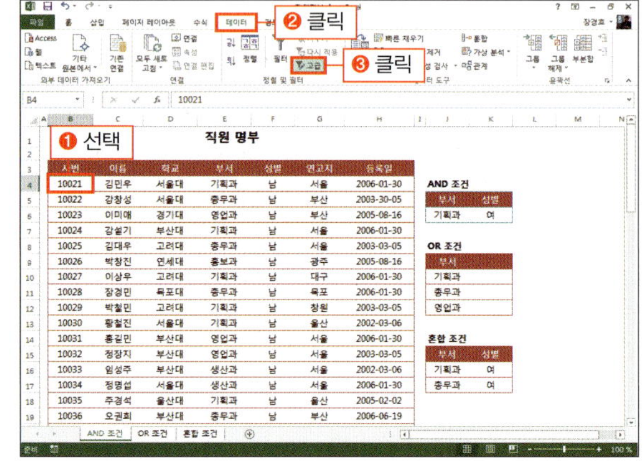

02_ 자동으로 표 영역이 선택됩니다. [고급 필터] 대화상자가 나타나면 [결과]-[현재 위치에 필터]를 선택합니다. [조건 범위]를 클릭한 다음 AND 조건이 포함되어 있는 [J5:K6] 영역을 드래그하여 선택한 다음 [확인]을 클릭합니다. '부서'가 '기획과'이면서 '성별'이 '여'인 조건에 만족하는 필드가 추출됩니다.

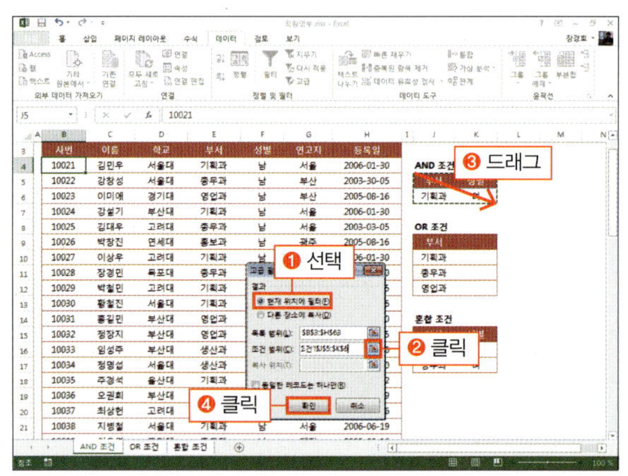

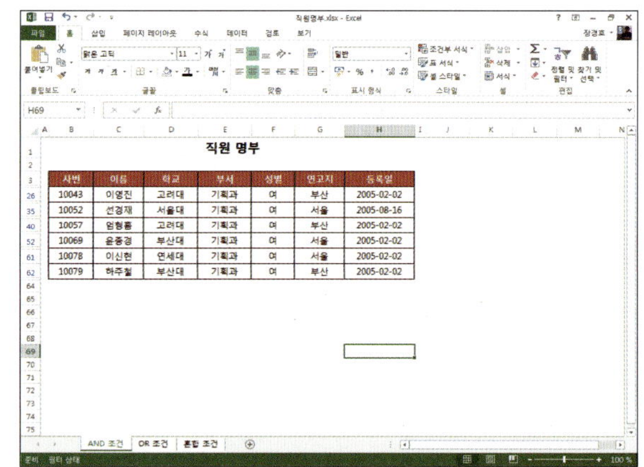

> **TIP**
>
> 모든 조건을 만족하는 레코드를 추출하기 위해서는 AND 조건으로 고급 필터를 지정합니다. AND 조건을 설정하려면 첫 행에는 데이터베이스의 필드명, 그리고 아래에는 조건 값을 입력합니다.

:: 여러 조건으로 레코드 추출하기

자동 필터는 하나의 필드에 2개 이상의 조건을 설정할 수 없지만 고급 필터를 사용하면 AND, OR, 또는 혼합 조건을 이용하여 보다 복잡하고 다양한 조건으로 데이터를 검색할 수 있습니다.

 **준비 파일** Part02₩Chapter04₩Section02₩직원명부_여러조건.xlsx

 **완성 파일** Part02₩Chapter04₩Section02₩직원명부_여러조건_완성.xlsx

01_ 준비 파일을 열거나 이어서 진행합니다. [OR 조건] 시트 탭을 클릭합니다. 임의의 셀을 선택한 후 [데이터] 탭-[정렬 및 필터] 그룹-[고급]을 클릭합니다. [고급 필터] 대화상자가 나타나면 [결과]-[다른 장소에 복사]를 선택합니다. [조건 범위]를 클릭한 다음 [J9:K12] 영역을 드래그하여 선택합니다. [복사 위치]를 선택한 후 입력란에 『B65』를 입력하고 [확인]을 클릭합니다.

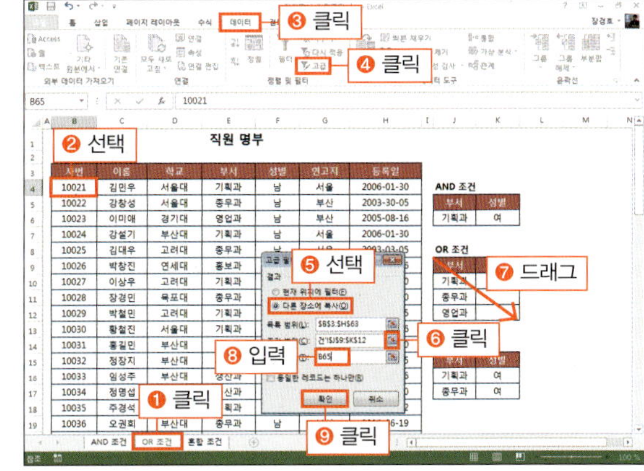

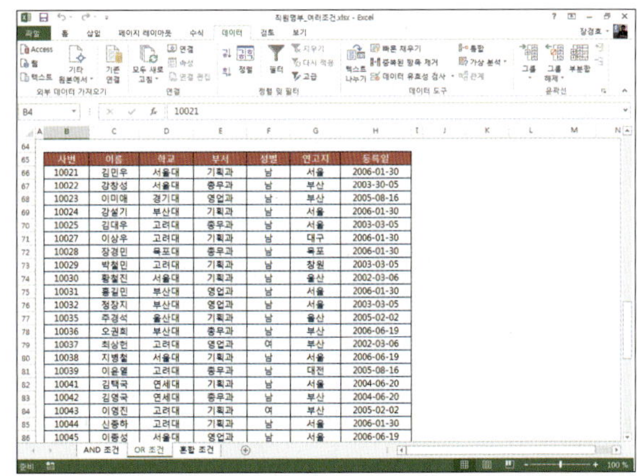

02_ [B65] 셀에 직원 명부의 부서가 기획과, 총무과, 영업과에 해당하는 필터 결과가 나타납니다.

:: 혼합 조건으로 데이터 추출하기

혼합 조건의 경우 AND 조건과 OR 조건을 혼합하여 원하는 데이터를 추출할 수 있는 조건입니다.

 준비
파일   Part02\Chapter04\Section02\직원명부_혼합조건.xlsx

 완성
파일   Part02\Chapter04\Section02\직원명부_혼합조건_완성.xlsx

01_ 준비 파일을 열거나 이어서 진행합니다. 이번에는
AND 조건과 OR 조건을 혼합한 데이터를 추출해 보도
록 하겠습니다. [혼합 조건] 시트 탭을 클릭합니다. 임의
의 셀을 선택한 후 [데이터] 탭-[정렬 및 필터] 그룹-[고
급]을 클릭합니다. [고급 필터] 대화상자가 나타나면 [결
과]-[다른 장소에 복사]를 선택합니다. [조건 범위]를 클
릭한 다음 [J15:K17] 영역을 드래그하여 선택한 다음 [복사
위치]를 선택한 후 입력란에 『B65』를 입력합니다. [확인]
을 클릭합니다.

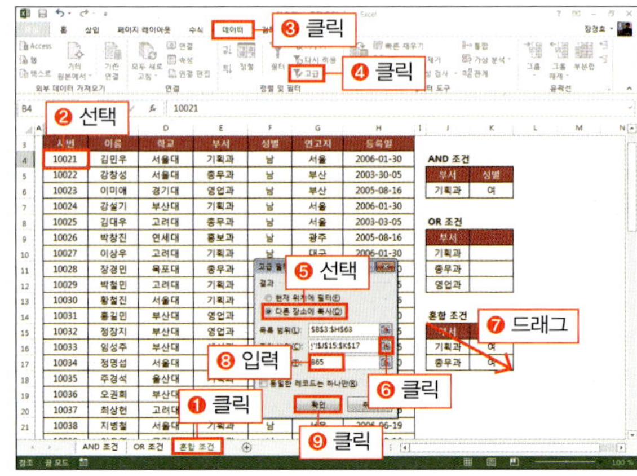

02_ [B65] 셀부터 필터 결과가 나타납니다.

표 서식이 지정된 표를 데이터 추출할 경우 지정된 서
식의 글꼴 색상이 그대로 추출됩니다. 그렇기에 셀마다
다른 색상이 지정되어 있는 표 서식을 사용하거나 글꼴
색상이 다르게 지정되어 있을 경우 하나로 통일하여 추
출하는 게 좋습니다.

고급 필터 지정 조건 살펴보기

자동 필터는 필드의 필터 단추를 클릭한 다음 원하는 항목을 추출하는 방식이라면 고급 필터는 여러가지 복잡한 조건을 지정해 현재 위치나 다른 장소에 결과를 추출할 수 있는 방식입니다.

고급 필터를 통해 조건을 입력할 때에는 같은 행에 입력하는지, 다른 행에 입력하는지에 따라 필터되는 내용이 달라집니다. 즉, AND, OR, 혼합 조건으로 구성된 고급 필터의 지정 조건은 아래의 설명을 참조하기 바랍니다.

1. AND(그리고)

조건을 입력할 때 동일한 행 방향으로 입력된 조건들은 AND 조건으로 추출이 됩니다. 같은 행에 조건이 나란히 입력되어야 하며, 다음의 조건을 모두 만족해야 합니다.

부서	성별
총무부	남

▲ 부서가 '총무부' 이고, 성별이 '남'으로 두 조건을 모두 만족하는 조건

2. OR(또는)

열 방향 혹은 다른 열 방향으로 입력된 조건들은 OR 조건이 됩니다. 필드명을 제외하고 다른 행에 조건이 입력되어야 하며, 하나만 만족되어도 됩니다.

부서	부서	부서
총무부		
	기획부	
		인사부

▲ 부서가 '총무부'이거나 부서가 '기획부'이거나 부서가 '인사부'인 조건

3. AND(그리고)와 OR(또는) 혼합

행과 열 방향에 모두 조건을 입력하면 AND와 OR 조건이 혼합된 조건으로 추출할 수 있습니다. 즉, 조건이 서로 같은 행과 다른 열 방향으로 붙어 있으면 AND와 OR 혼합 조건입니다.

지역	부서
서울	총무부
부산	기획부

▲ 지역이 '서울'이고, 부서가 '총무부'이거나, 지역이 '부산'이고, 부서가 '기획부'인 조건

[고급 필터] 대화상자 살펴보기

고급 필터의 경우 [고급 필터] 대화상자를 통해 위치나 조건 범위 등을 지정할 수 있습니다.

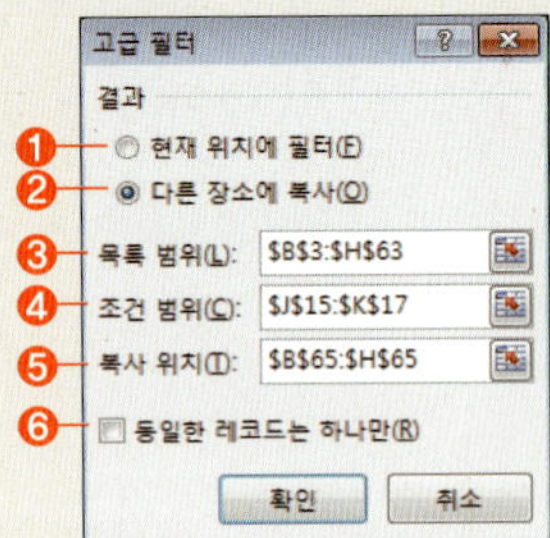

❶ 현재 위치에 필터 : 자동 필터처럼 추출된 결과를 현재의 위치에 표시합니다.

❷ 다른 장소에 복사 : 추출된 결과를 다른 장소에 복사하여 표시합니다.

❸ 목록 범위 : 추출한 데이터의 범위를 지정하며 반드시 항목 이름을 포함합니다.

❹ 조건 범위 : 조건이 입력된 범위를 지정하는 것으로 항목 이름을 포함합니다.

❺ 복사 위치 : '다른 장소에 복사'를 선택하였을 시 복사 위치를 지정

❻ 동일한 레코드는 하나만 : 체크할 경우 중복된 내용을 제거한 후 데이터를 나타낼 수 있습니다.

◎ 준비파일 : Part02\Chapter04\Check\출석부.xlsx

◎ 완성파일 : Part02\Chapter04\Check\출석부_완성.xlsx

고급 필터를 통해 조건에 맞는 데이터를 추출할 수 있습니다. 여기서는 부서가 인사부이면서 직급이 대리인 목록을 고급 필터를 통해 구해 보세요.

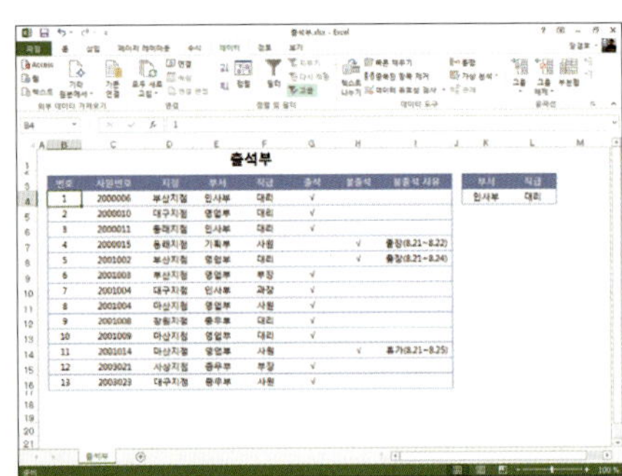
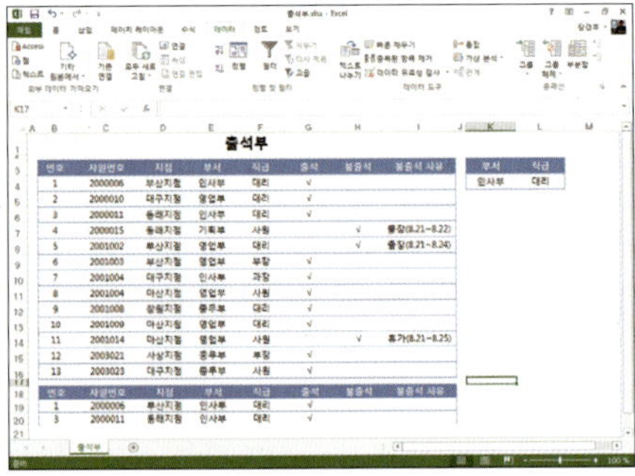

힌트

❶ [데이터] 탭-[정렬 및 필터] 그룹에서 [고급]을 클릭합니다.

❷ [고급 필터] 대화상자에서 목록 범위를 비롯해 조건 범위, 복사 위치를 지정합니다.

❸ 실습 따라하기 : 부록CD/Part02/Chapter04/실습15.docx

데이터 요약하기

엑셀의 데이터를 다루다보면 데이터에 적합한 자료를 분석하거나 요약 보고서를 작성해야 할 경우가 발생합니다. 부분합을 이용하면 데이터를 특성에 맞게 분석할 수 있으며, 피벗 테이블이나 피벗 차트를 이용하면 요약 보고서를 작성할 수 있습니다. 이번 섹션에서는 엑셀의 다양한 데이터 요약 기능에 대해서 살펴보도록 하겠습니다.

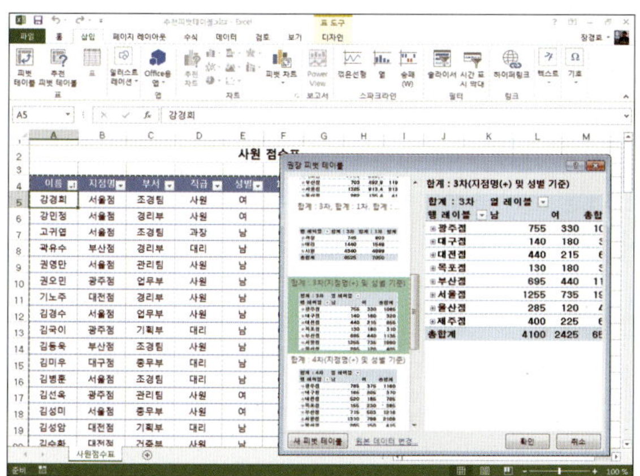

▲ 추천 피벗 테이블 작성하기

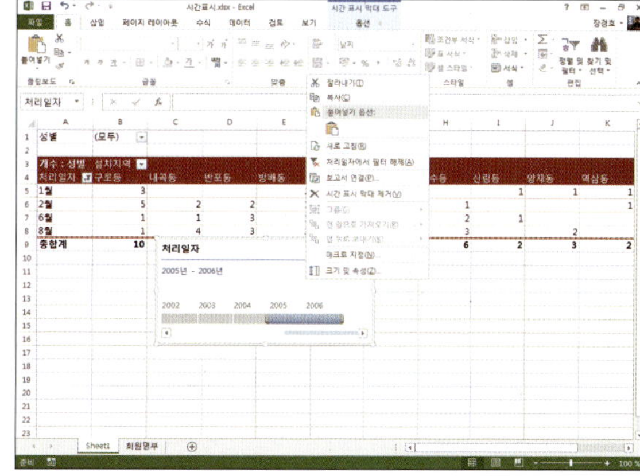

▲ 피벗 테이블에 시간 표시 막대 삽입하기

이번 섹션에서 배울 주요 내용

- 부분합 작성하기
- 부분합 윤곽 조정하기
- 다중 부분합 작성하기
- 추천 피벗 테이블 작성하기
- 피벗 테이블 작성하기
- 필드 그룹 설정하기
- 피벗 테이블 스타일 지정하기
- 피벗 테이블 시간 표시 막대 삽입하기
- 피벗 차트 만들기
- 슬라이서 만들기
- 중복된 항목 제거하기
- 데이터 유효성 검사 설정하기
- 설명 메시지 입력하기
- 오류 메시지 표시하기

:: 부분합 작성하기

부분합은 데이터 범위 중에서 열 방향의 특정 필드로 분류하고 부문별로 합계, 평균, 개수, 최대값, 최소값, 표준 편차, 분산 등을 자동 계산한 후 요약해 주는 기능입니다.

준비 파일 Part02₩Chapter04₩Section03₩거래처.xlsx

완성 파일 Part02₩Chapter04₩Section03₩거래처_완성.xlsx

01_ 준비 파일을 엽니다. 부분합 정렬을 위해 필드를 정렬해야 합니다. [B5] 셀을 선택한 후 [데이터] 탭–[정렬 및 필터] 그룹–[텍스트 오름차순 정렬]을 클릭합니다.

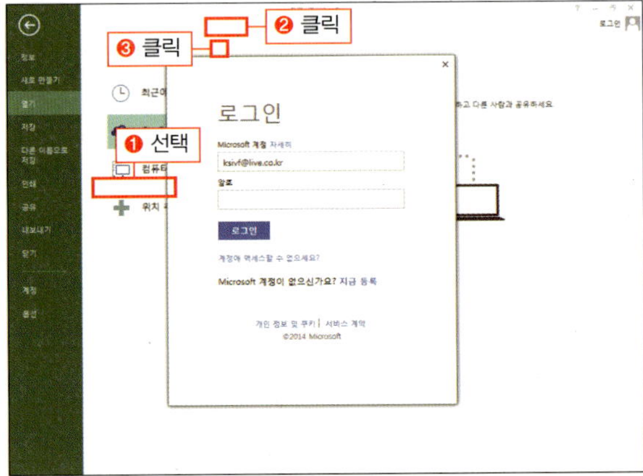

> **TIP** 부분합은 특정 필드를 기준으로 합계나 평균 등의 소계를 자동으로 계산되어 워크시트에 요약하여 표시해 줍니다. 부분합을 구하기 위해서는 먼저 필드가 정렬되어 있어야 합니다.

02_ [데이터] 탭–[윤곽선] 그룹–[부분합]을 클릭합니다. [부분합] 대화상자가 나타나면 [그룹화할 항목]에 [제품명]을 선택하고, [사용할 함수]는 [합계], [부분합 계산 항목]에는 [금액]에 체크 표시를 한 다음 [확인]을 클릭합니다. 부분합이 작성되며 제품명별로 금액 합계가 구해집니다.

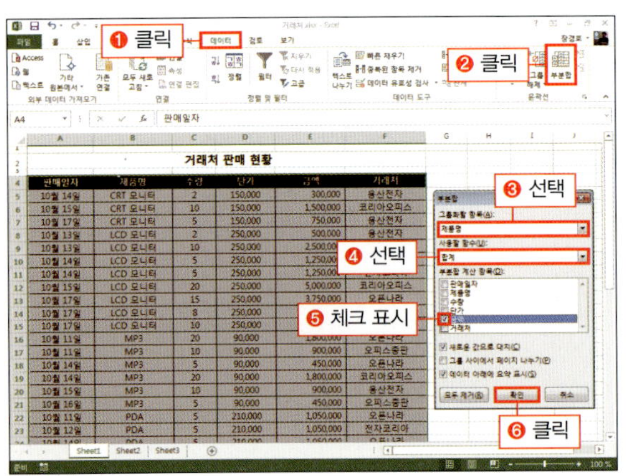

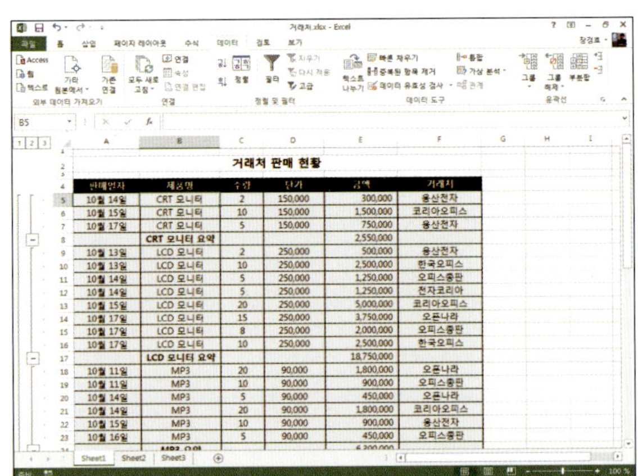

:: 부분합 윤곽 조정하기

윤곽 조절 단추 중 ()을 클릭하면 총 합계만 표시되며, ()을 클릭하면 요약 데이터만 표시되며, (3)을 클릭하면 모든 레코드가 표시됩니다.

<table>
<tr><td>준비
파일</td><td>Part02\Chapter04\Section03\부분합윤곽.xlsx</td><td>완성
파일</td><td>Part02\Chapter04\Section03\부분합윤곽_완성.xlsx</td></tr>
</table>

01_ 준비 파일을 열거나 이어서 진행합니다. 윤곽 조절 단추 중에서 (2)를 클릭합니다. 요약 데이터만 표시됩니다.

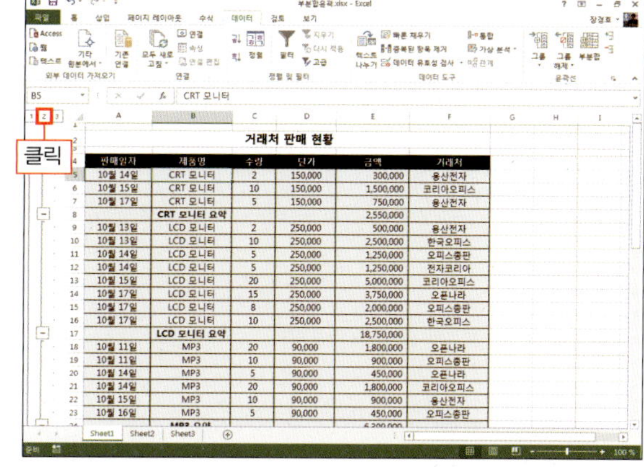

> **TIP**
>
> 윤곽 조절 단추를 통해 총 합계, 부분 합계, 그리고 전체 레코드를 표시하여 데이터를 좀 더 쉽게 요약 및 분석할 수 있습니다. 부분합 데이터를 확장 또는 축소하려면 (+) 및 (-) 기호를 클릭합니다.

02_ 'MP3 요약'의 (+)를 클릭합니다. 동일한 방식으로 각각의 제품명별로 데이터를 요약 및 정리할 수 있습니다.

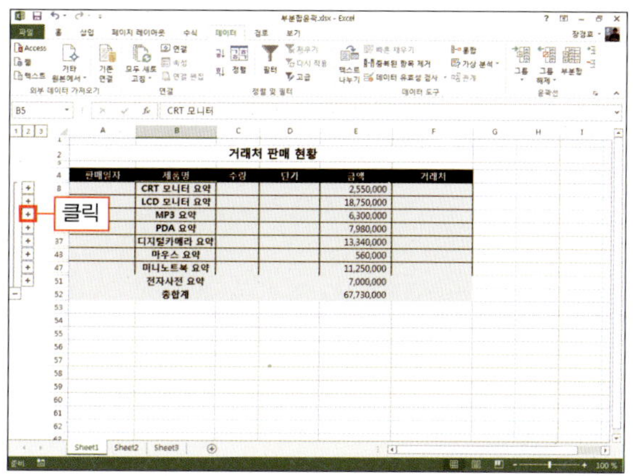

:: 다중 부분합 작성하기

요약 부분합이 구해진 상태에서 평균 함수를 추가하여 다중 부분합을 작성해 보도록 하겠습니다.

준비파일 Part02₩Chapter04₩Section03₩다중부분합.xlsx

완성파일 Part02₩Chapter04₩Section03₩다중부분합_완성.xlsx

01_ 준비 파일을 열거나 이어서 진행합니다. 윤곽 조절 단추 중 (⒊)을 클릭하여 부분합과 관련된 모든 레코드를 표시합니다. [데이터] 탭–[윤곽선] 그룹–[부분합]을 클릭합니다. [부분합] 대화상자가 나타나면 [그룹화할 항목]에 [제품명]을 선택하고, [사용할 함수]는 [평균], [부분합 계산 항목]에는 [금액]에 체크 표시를 합니다. [새로운 값으로 대치]에 체크 표시를 해제한 다음 [확인]을 클릭합니다.

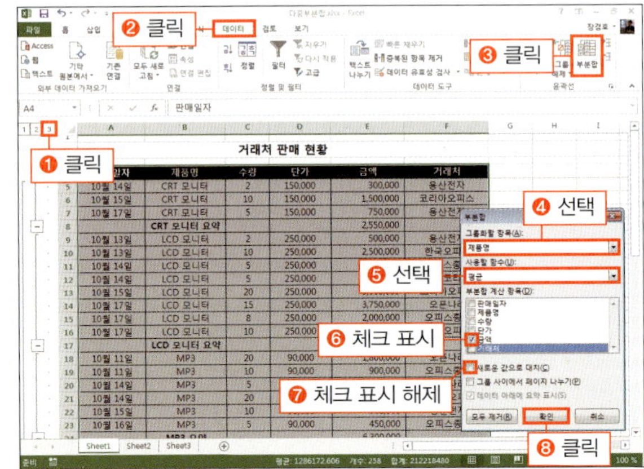

TIP

다중 부분합은 합계를 구한 상태에서 다른 함수를 추가로 구하고 싶을 때 사용할 수 있습니다.

02_ 제품명별로 평균과 요약 부분합이 동시에 구해집니다.

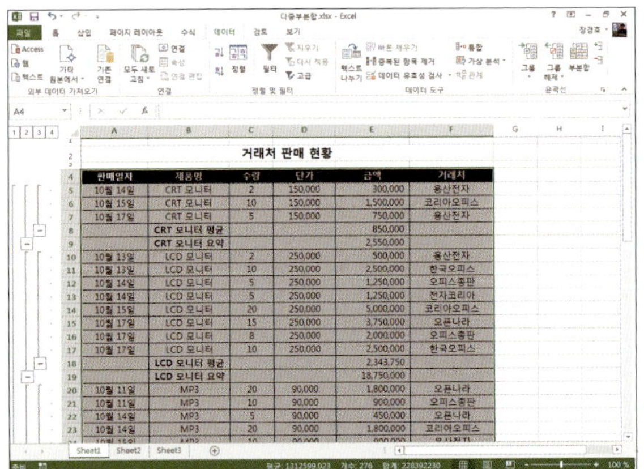

:: 추천 피벗 테이블 작성하기

엑셀 2013에서 새롭게 추가된 추천 피벗 테이블은 지정한 데이터를 토대로 피벗 테이블 보고서 유형을 미리 보여주고 원하는 형식을 직접 선택할 수 있도록 제공되는 기능입니다.

 준비 파일 Part02₩Chapter04₩Section03₩추천피벗테이블.xlsx  완성 파일 Part02₩Chapter04₩Section03₩추천피벗테이블_완성.xlsx

01_ 준비 파일을 엽니다. 임의의 셀을 선택한 후 [삽입] 탭-[표] 그룹-[추천 피벗 테이블]을 클릭합니다. [권장 피벗 테이블] 대화상자가 나타나면 원하는 피벗 테이블을 선택한 후 [확인]을 클릭합니다.

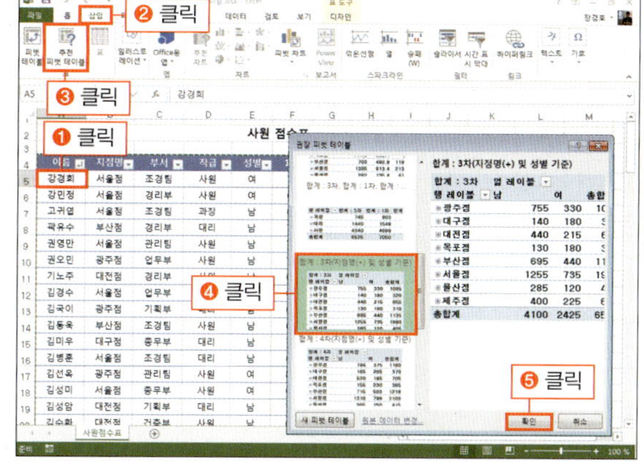

02_ [권장 피벗 테이블] 대화상자에서 선택한 피벗 테이블 보고서가 완성되어 표시됩니다.

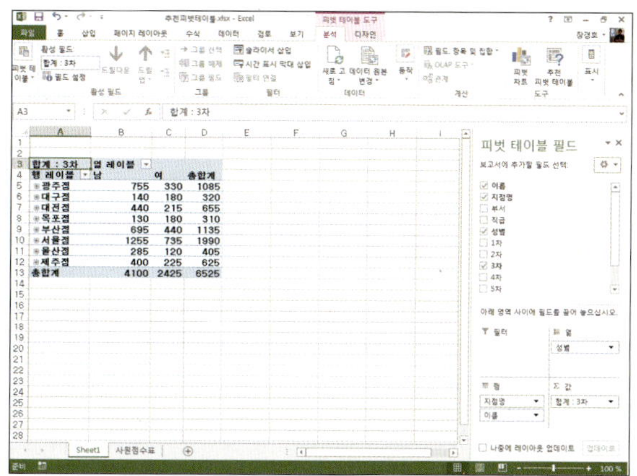

> **TIP**
> 엑셀 2013 이전 버전에서는 피벗 테이블을 지정하기 위해 원하는 필드를 매번 선택해야 했지만 엑셀 2013에서 새로 등장한 추천 피벗 테이블은 지정한 데이터를 토대로 다양한 피벗 테이블 유형을 제공하여 단시간에 피벗 테이블을 구성할 수 있습니다.

:: 피벗 테이블 작성하기

피벗 테이블(Pivot Table)은 행과 열 방향으로 그룹화된 항목을 정렬하거나 요약하여 데이터를 빠르게 분석할 수 있는 기능입니다.

 준비 파일 Part02₩Chapter04₩Section03₩인터넷가입.xlsx

 완성 파일 Part02₩Chapter04₩Section03₩인터넷가입_완성.xlsx

01_ 준비 파일을 엽니다. 임의의 셀을 선택합니다. 피벗 테이블을 작성하기 위해 [삽입] 탭-[표] 그룹-[피벗 테이블]을 클릭합니다. [피벗 테이블 만들기] 대화상자가 나타나면 [표/범위]에 [표1], [피벗 테이블 보고서를 넣을 위치를 선택하십시오.]에 [새 워크시트]가 선택되어 있는 것을 확인한 다음 [확인]을 클릭합니다.

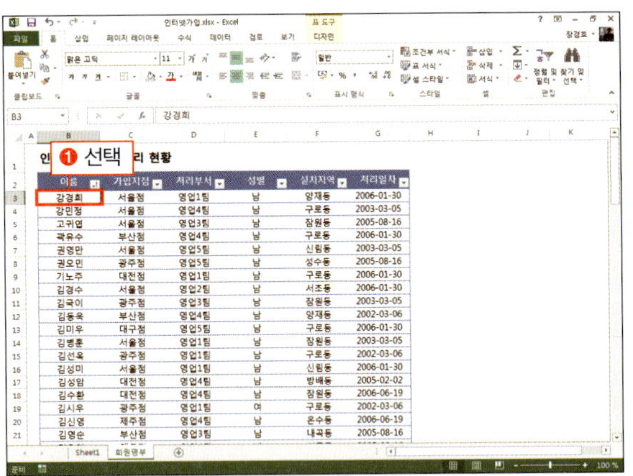

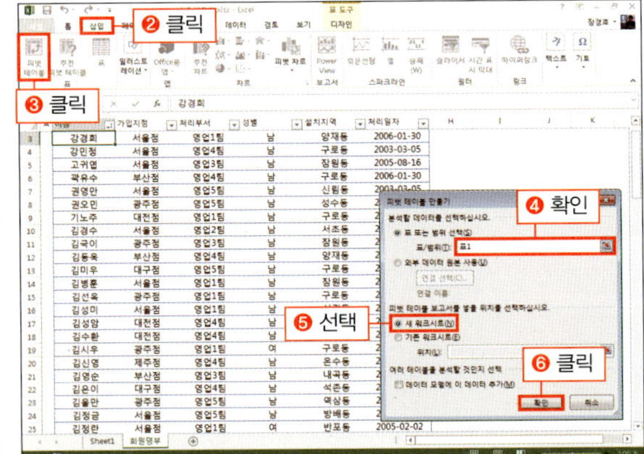

피벗 테이블은 데이터를 요약하고 분석하고 탐색하며 요약 데이터를 제공하는 데 유용한 도구입니다. 피벗 테이블은 [피벗 테이블 만들기] 대화상자를 통해 데이터 범위와 테이블 보고서가 나타날 위치를 지정할 수 있습니다.

02_ 'Sheet1' 워크시트가 추가됩니다. [피벗 테이블 필드] 창에서 [보고서에 추가할 필드 선택]에서 [성별] 필드에 체크 표시를 합니다. [행] 영역에 [성별] 필드가 포함되면 [필터] 영역으로 드래그합니다.

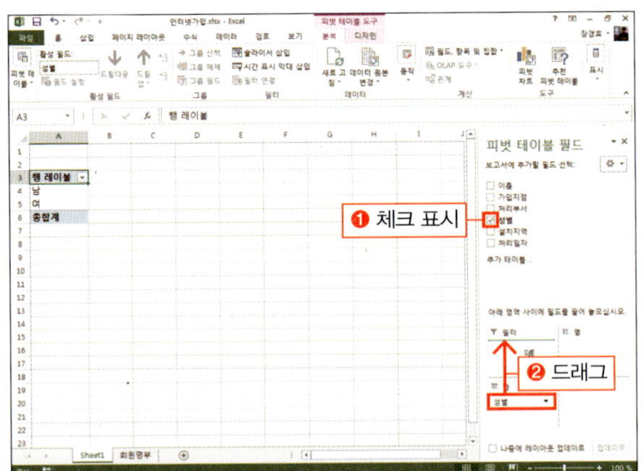

03_ [처리일자] 필드에 체크 표시를 한 후 [행] 영역으로, [설치지역] 필드에 체크 표시를 한 후 [열] 영역으로 드래그합니다.

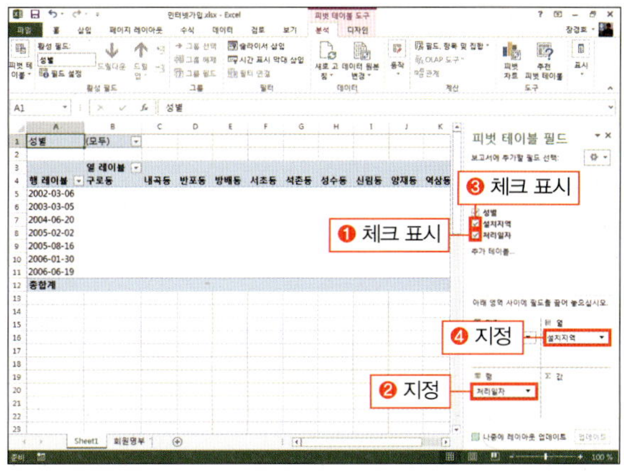

> **TIP**
>
> [피벗 테이블 필드] 창을 통해 보고서에 추가할 필드를 보고서 필터, 열 레이블, 행 레이블, 값 목록 상자로 드래그하여 피벗 테이블 레이아웃을 작성할 수 있습니다.

04_ 동일한 방법으로 [성별] 필드를 [값] 영역으로 드래그합니다. 피벗 테이블이 완성됩니다.

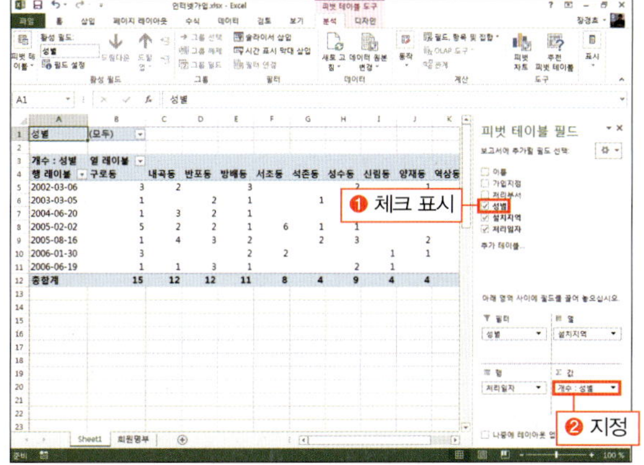

꼭!! 알고가기 — 피벗 테이블 구성 요소 살펴보기

피벗 테이블은 보고서 필터, 열 레이블, 행 레이블, 그리고 Σ 값으로 구성됩니다.

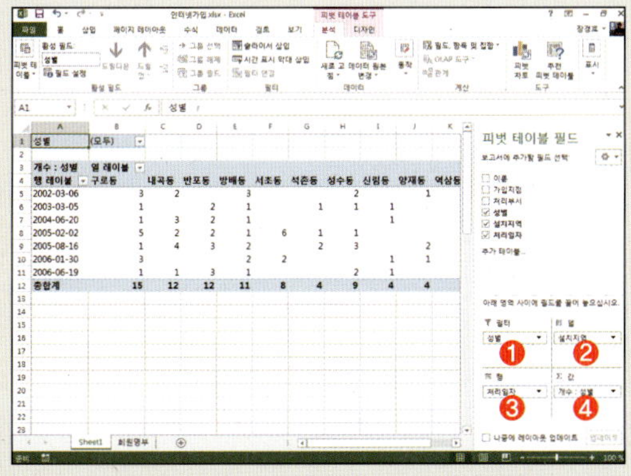

❶ 보고서 필터 : 피벗 테이블 전체에 기준이 되는 필드를 필터링 할 수 있습니다.

❷ 열 레이블 : 열 방향으로 나열할 필드를 적용합니다.

❸ 행 레이블 : 행 방향으로 나열할 필드를 적용합니다.

❹ Σ 값 : 피벗 테이블에 표시할 데이터를 적용합니다.

 ## :: 필드 그룹 설정하기

피벗 테이블에서는 행이나 열에 대해 그룹화를 지정하여 표시할 수 있습니다.

01_ 준비 파일을 열거나 이어서 진행합니다. [A5] 셀을 선택한 후 [피벗 테이블 도구]-[분석] 상황별 탭의 [그룹] 그룹에서 [그룹 필드]를 클릭합니다. [그룹화] 대화상자가 나타나면 [단위]에서 '월'을 선택한 후 [확인]을 클릭합니다.

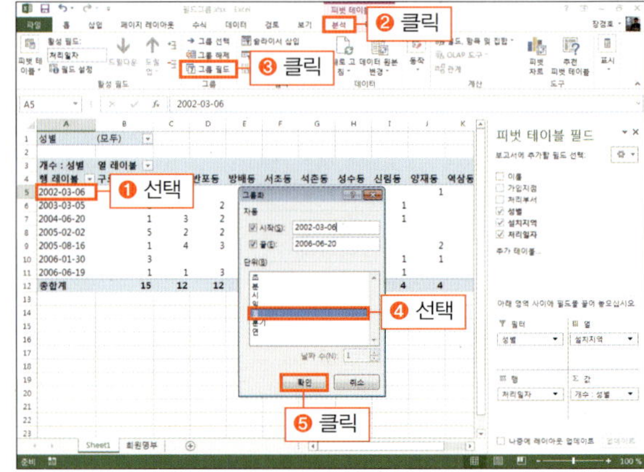

02_ 행 레이블의 가입일이 월 단위로 변경된 것을 확인할 수 있습니다.

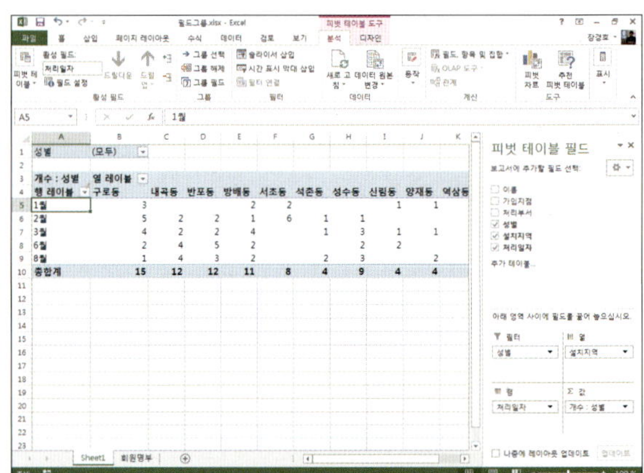

:: 피벗 테이블 스타일 지정하기

피벗 테이블은 스타일을 지정하고 필터를 지정하여 보다 시각적으로 보기 좋은 보고서를 만들 수 있습니다.

 **준비파일** Part02\Chapter04\Section03\필드스타일.xlsx

 **완성파일** Part02\Chapter04\Section03\필드스타일_완성.xlsx

01_ 준비 파일을 열거나 이어서 진행합니다. 피벗 테이블의 셀이 선택된 상태에서 [피벗 테이블 도구]-[디자인] 탭-[레이아웃] 그룹에서 [보고서 레이아웃]을 클릭하고 [테이블 형식으로 표시]를 선택합니다.

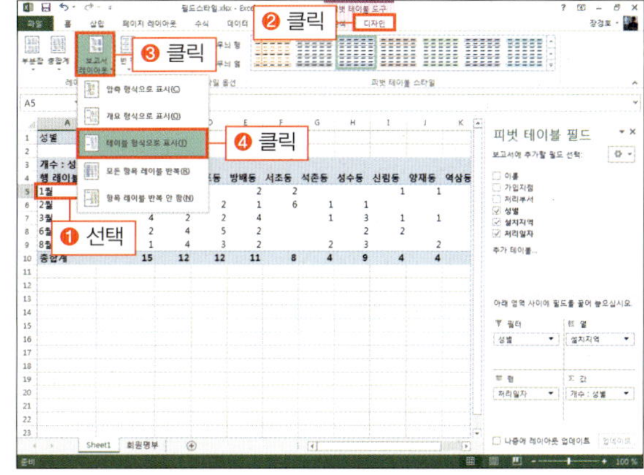

02_ [피벗 테이블 도구]-[디자인] 탭-[피벗 테이블 스타일] 그룹에서 [자세히]를 클릭한 후 원하는 스타일을 선택합니다. 여기서는 '피벗 스타일 보통 3'를 선택합니다. [피벗 테이블 필드] 창의 [닫기]를 클릭합니다.

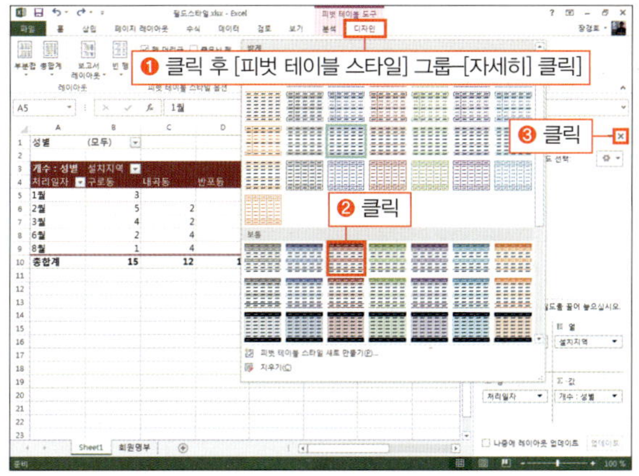

:: 피벗 테이블에 시간 표시 막대 삽입하기

엑셀 2013에는 피벗 테이블에 시간 표시 막대를 삽입하여 날짜나 시간대별로 다양한 분석을 할 수 있습니다.

01_ 준비 파일을 열거나 이어서 진행합니다. [피벗 보고서] 시트에 시간 표시 막대를 추가하기 위해 피벗 테이블을 선택한 후 [분석] 탭—[필터] 그룹—[시간 표시 막대 삽입]을 클릭합니다. [시간 표시 막대 삽입] 대화상자가 나타나면 [처리일자]에 체크 표시를 한 후 [확인]을 클릭합니다.

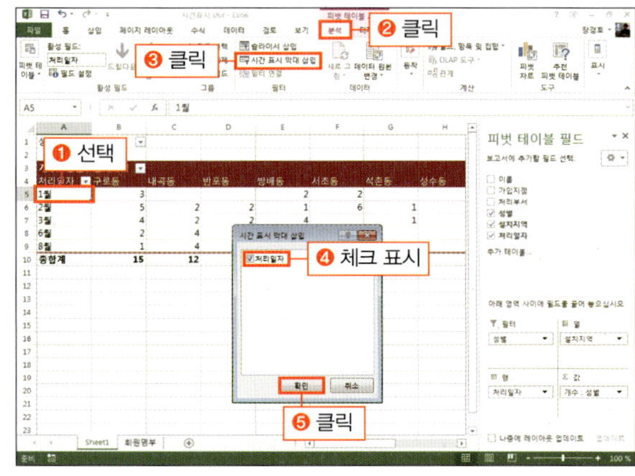

02_ [시간 표시 막대] 창이 나타납니다. [월] 화살표를 클릭한 후 [년]으로 변경합니다.

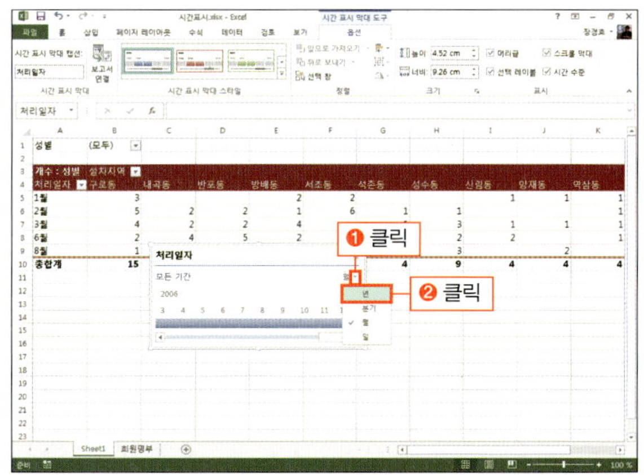

03_ 원하는 기간을 클릭합니다. 여기서는 '2005'와 '2006'을 선택합니다.

> **TIP**
> 시간 표시 막대에 표시되는 영역 조절 핸들을 이용해 기간을 지정할 수 있으며 **Shift**을 누른 채 영역을 선택할 수 있습니다.

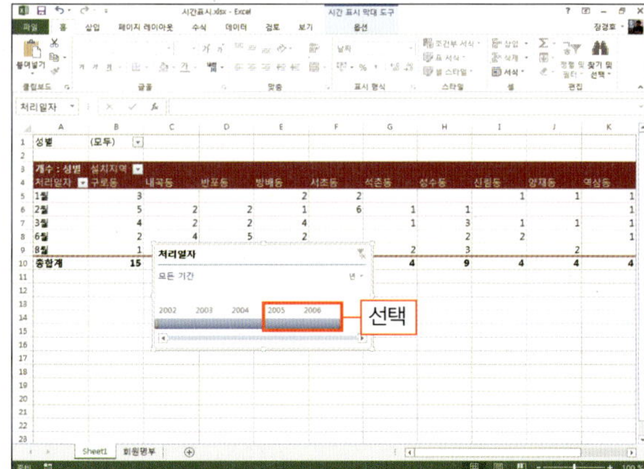

04_ 2005년~2006년에 처리한 내역이 피벗 테이블 보고서에 표시됩니다.

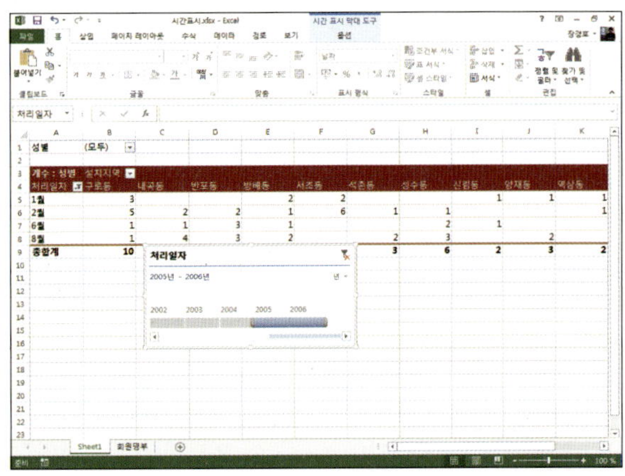

05_ [시간 표시 막대] 창에서 마우스 오른쪽을 눌러 [시간 표시 막대 제거]를 클릭하면 [시간 표시 막대] 창을 제거할 수 있습니다.

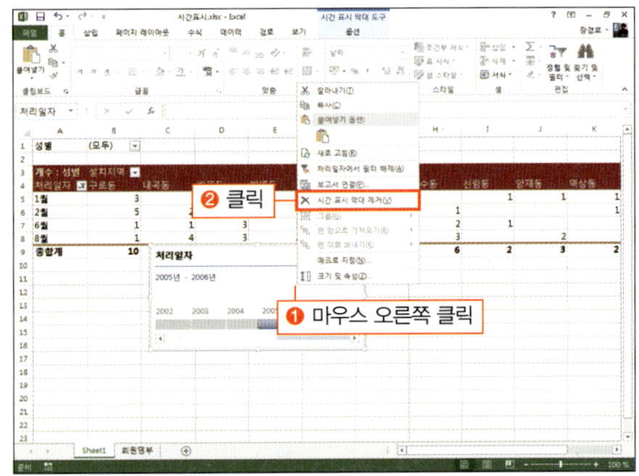

꼭!! 알고가기

레이아웃에 필드 추가와 필드 제거

[피벗 테이블 필드] 창의 [보고서에 추가할 필드]에서 원하는 필드를 선택한 다음 마우스 오른쪽 단추를 클릭하여 보내고 싶은 피벗 테이블 레이아웃 위치를 선택합니다. 또한, 이미 생성된 피벗 테이블의 행/열 레이블을 변경하거나 필드를 제거하려면 필드의 드롭다운 단추를 클릭한 후 [행 레이블로 이동], [열 레이블로 이동], 혹은 [필드 제거]를 선택합니다.

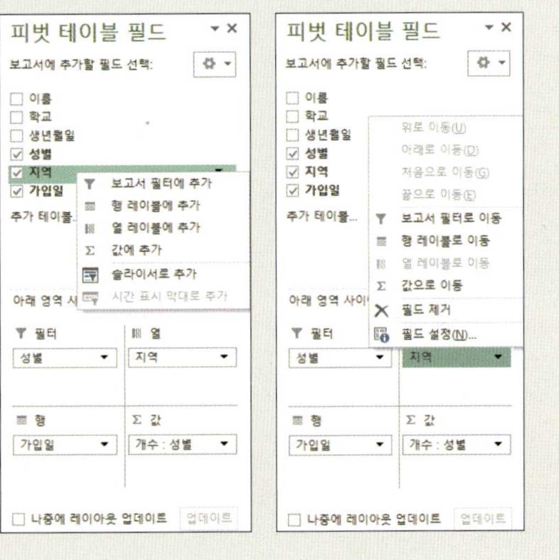

:: 피벗 차트 만들기

피벗 차트를 사용하면 피벗 테이블의 요약 데이터를 시각화하여 데이터를 간편하게 비교할 수 있으며 데이터의 패턴과 추세를 쉽게 파악할 수 있습니다.

01_ 준비 파일을 열거나 이어서 진행합니다. 피벗 테이블의 데이터를 차트로 만들기 위해 피벗 테이블의 임의의 셀을 선택한 후 [피벗 테이블 도구]-[분석] 탭-[도구] 그룹에서 [피벗 차트]를 클릭합니다. [차트 삽입] 대화상자가 나타나면 [세로 막대형]에서 [묶은 세로 막대형]을 선택하고 [확인]을 클릭합니다. 차트가 삽입됩니다.

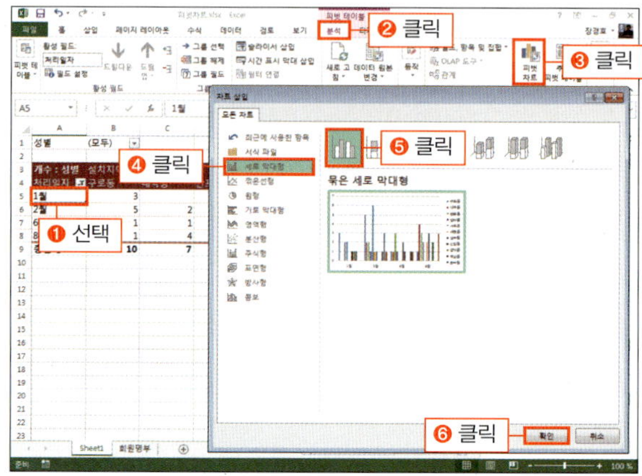

02_ 차트가 삽입됩니다. 차트가 삽입되면 필요 없는 레이블을 삭제할 수 있습니다. [설치지역]의 화살표를 클릭한 후 필요 없는 레이블을 선택하여 체크 표시를 해제하여 완성합니다.

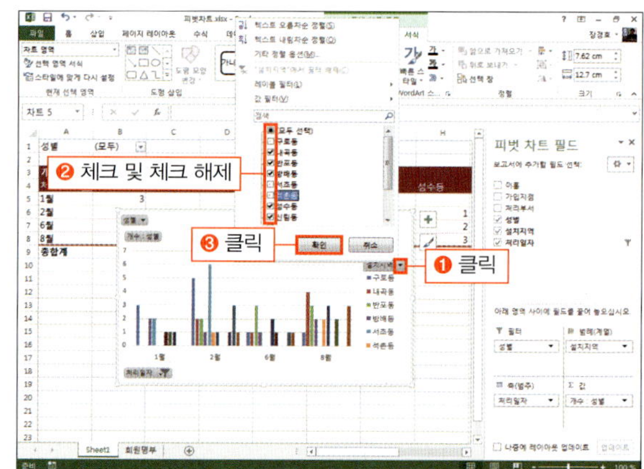

:: 슬라이서 만들기

슬라이서는 피벗 테이블 필드 목록에서 필드별 데이터를 선택하는 것만으로 표시된 데이터를 변경할
수 있습니다.

01_ 준비 파일을 엽니다. 슬라이서로 필터를 적용하기 위해 [Sheet1] 시트 탭에서 [피벗 테이블 도구]-[분석] 탭-[필터] 그룹의 [슬라이서 삽입]을 클릭합니다. [슬라이서 삽입] 대화상자가 나타나면 [지점명], [성별]에 체크 표시한 다음 [확인]을 클릭합니다.

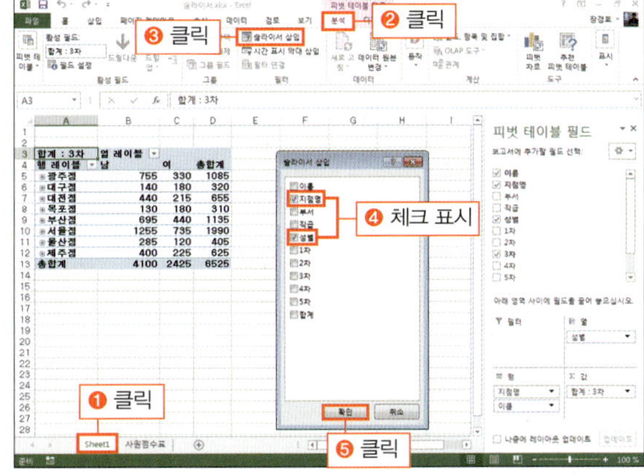

02_ 만들어진 슬라이서는 피벗 테이블과 함께 워크시트에 표시됩니다.

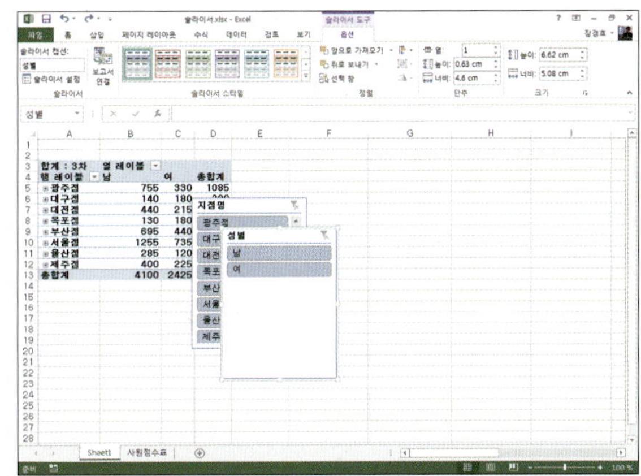

03_ 슬라이서를 드래그하여 위치를 이동합니다. [성별] 슬라이서가 선택된 상태에서 [슬라이서 도구]-[옵션] 상황별 탭에서 [슬라이서 스타일] 그룹의 [자세히]를 클릭하여 원하는 스타일을 선택합니다.

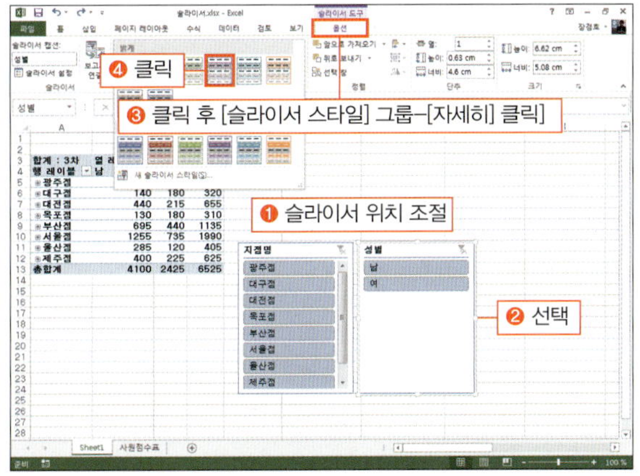

04_ 슬라이서를 통해 데이터를 필터링해 보도록 하겠습니다. [지점명] 슬라이서에서 [광주점]을 클릭합니다. **Ctrl** 를 누른 채 [부산점], [서울점]을 선택합니다.

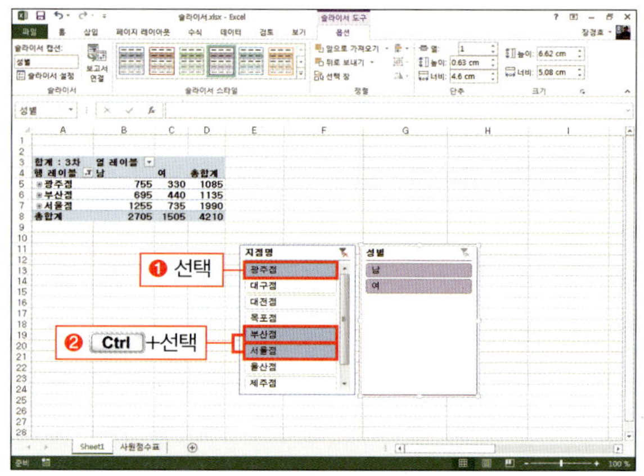

05_ 데이터가 필터링됩니다. 이번에는 슬라이서의 이름을 변경해 보도록 하겠습니다. [지점명] 슬라이서를 선택한 후 [슬라이서 도구]–[옵션] 상황별 탭에서 [슬라이서] 그룹에서 [슬라이서 설정]을 클릭합니다. [슬라이서 설정] 대화상자가 나타나면 [머리글]의 [캡션]에 『전국지점』이라고 입력하고 [항목 정렬 및 필터링]의 [내림차순(사전 역순)]을 선택한 후 [확인]을 클릭합니다.

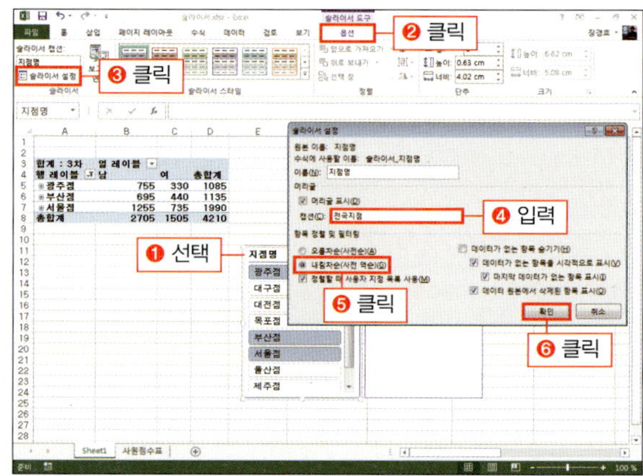

06_ [지점명] 슬라이서의 이름이 [전국지점]으로 변경되며, 내림차순으로 정렬됩니다.

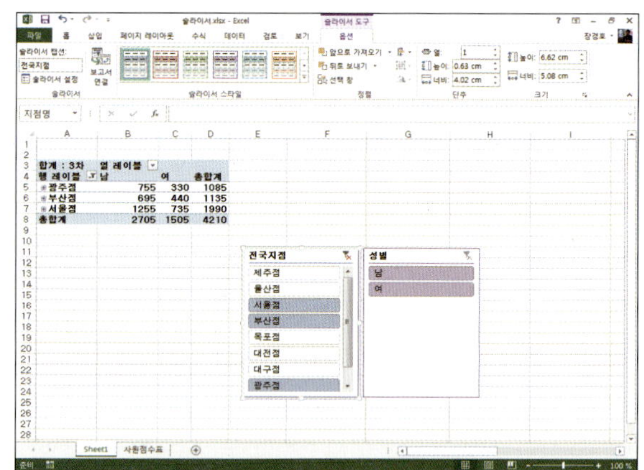

:: 중복된 항목 제거하기

데이터를 입력하다 보면 데이터를 중복하여 입력하는 경우가 있습니다. 이럴 때에는 [중복된 항목 제거]를 통해 중복된 데이터를 제거해 주는 것이 좋습니다.

 준비파일   Part02₩Chapter04₩Section03₩영업목표.xlsx

 완성파일   Part02₩Chapter04₩Section03₩영업목표_완성.xlsx

01_ 준비 파일을 엽니다. 데이터를 작성하다보면 중복 값이 발생할 수 있습니다. 이를 제거하기 위해 [데이터] 탭-[데이터 도구]-[중복된 항목 제거]를 클릭합니다. [중복된 항목 제거] 대화상자가 나타나면 [열]을 모두 선택한 다음 [확인]을 클릭합니다.

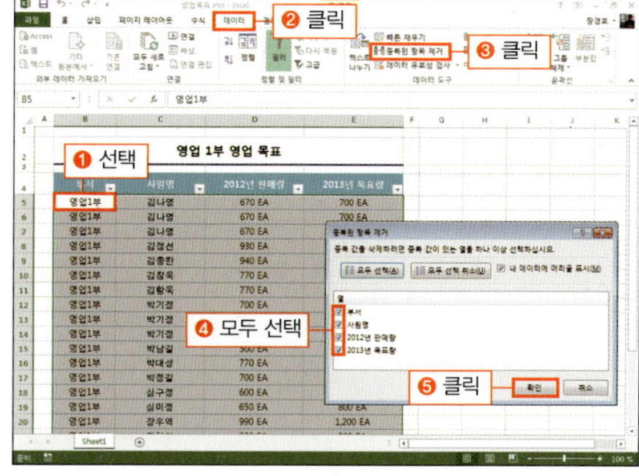

02_ 중복된 값이 검색되어 제거되었다는 창이 나타납니다. [확인]을 클릭합니다.

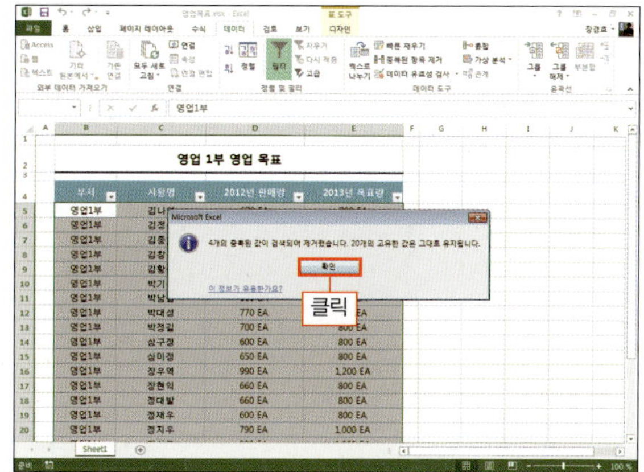

TIP

중복된 항목 제거는 지정된 셀 범위 또는 데이터베이스 범위의 항목만을 제거하기 때문에 일반적인 행 삭제와는 다릅니다.

:: 데이터 유효성 검사 설정하기

데이터 유효성 검사를 통해 사용자가 셀에 입력하는 데이터 또는 값의 유형을 정하거나 특정 셀에 숫자만 입력하게 하거나 텍스트 길이 등을 제어할 수 있습니다.

 준비 파일: Part02₩Chapter04₩Section03₩데이터유효성.xlsx

 완성 파일: Part02₩Chapter04₩Section03₩데이터유효성_완성.xlsx

01_ 준비 파일을 엽니다. [F5:F43] 영역을 마우스로 드래그하여 선택한 후 [데이터] 탭–[데이터 도구] 그룹–[데이터 유효성 검사]를 클릭합니다.

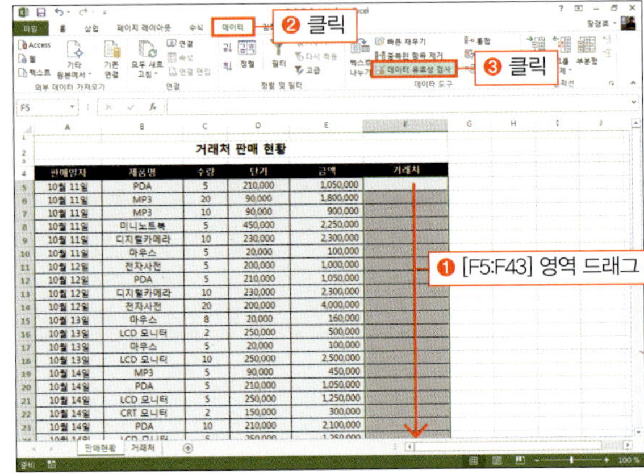

02_ [데이터 유효성] 대화상자가 나타나면 [설정] 탭에서 [제한 대상]의 화살표를 클릭한 후 [목록]을 선택합니다.

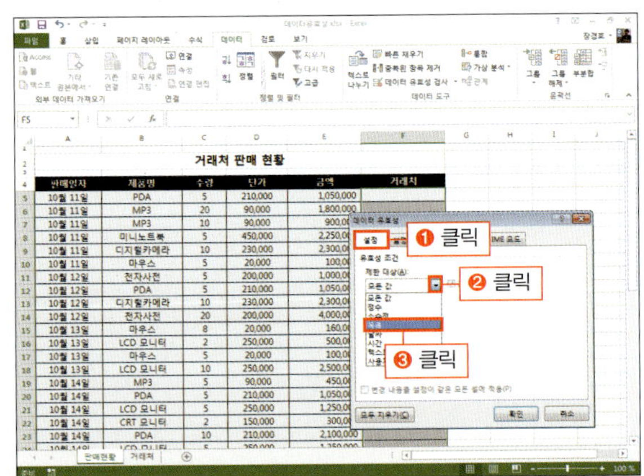

03_ [원본] 입력란을 클릭 후 [거래처] 시트 탭을 선택합니다. [A1:A6] 영역을 마우스로 드래그하여 셀 범위를 지정한 다음 [확인]을 클릭합니다.

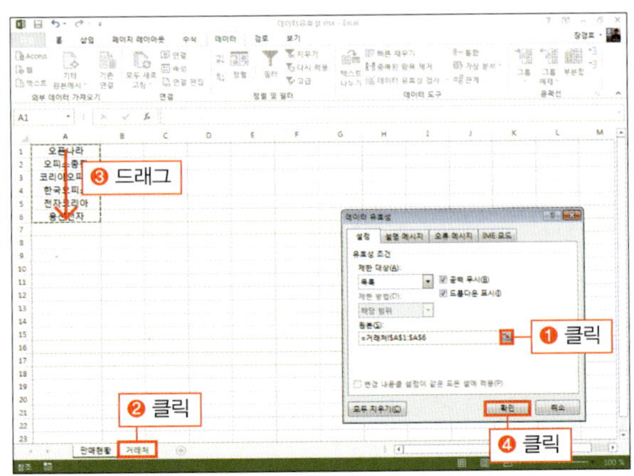

04_ 선택한 영역에 화살표 단추가 표시됩니다. 화살표 단추를 클릭하면 직위 목록이 표시되어 원하는 항목을 쉽게 선택할 수 있습니다. [F5] 셀을 클릭한 후 [화살표]를 클릭합니다. 원하는 거래처를 선택합니다.

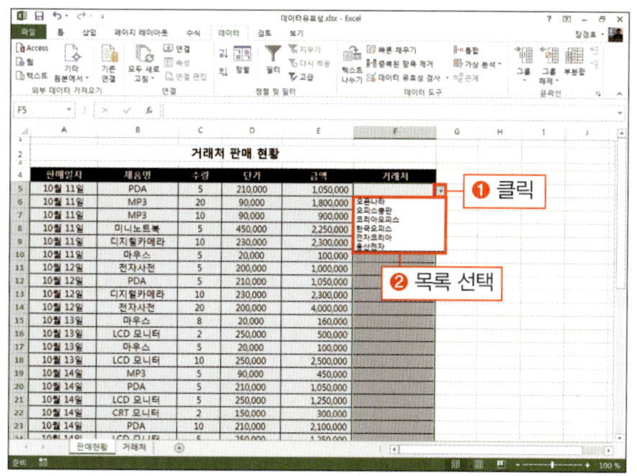

05_ 거래처 이름이 입력됩니다. 동일한 방법으로 나머지 항목에도 거래처 이름을 화살표 단추를 클릭해 입력할 수 있습니다.

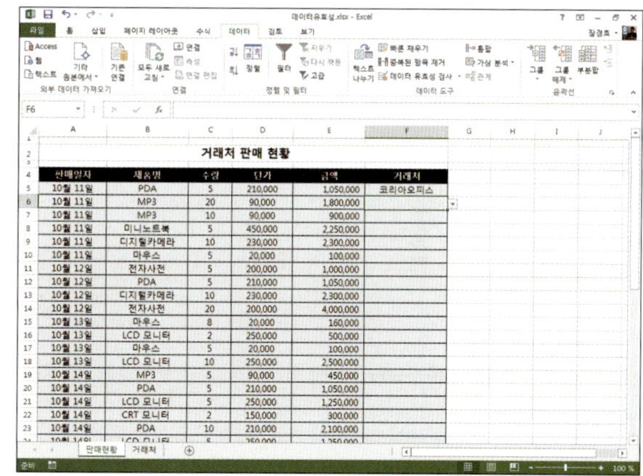

[유효성 검사] 대화상자

데이터 유효성 검사를 통해 사용자가 셀에 입력하는 데이터 또는 값의 유형을 정하거나 특정 셀에 숫자만 입력하게 하거나 텍스트 길이 등을 제어할 수 있습니다. 유효하지 않은 데이터를 입력하지 못하기 때문에 사용자로부터 데이터를 받을 때 유용하게 사용되며, 오류 입력을 사전에 방지할 수 있어서 정확한 데이터를 입력할 수 있습니다.

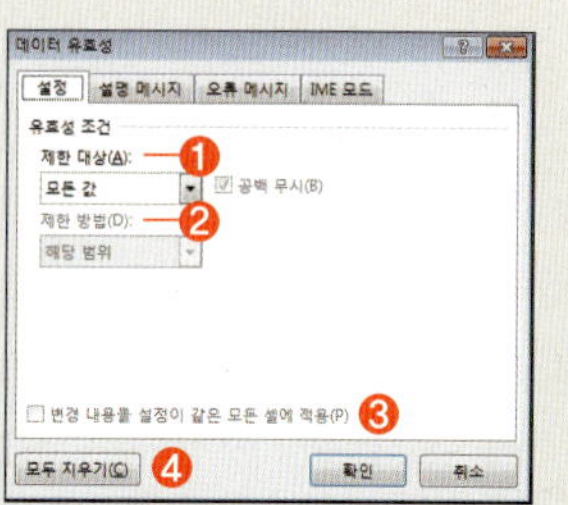

❶ 제한 대상 : 정수, 소수점, 목록, 날짜, 시간, 텍스트 길이, 사용자 지정 중에서 원하는 제한 대상을 설정합니다.

❷ 제한 방법 : 제한 대상에 맞게 제한 방법을 지정합니다.

❸ 옵션 : 선택한 제한 대상에 해당하는 옵션이 나타납니다.

❹ 모두 지우기 : 설정한 유효성 검사 항목을 모두 삭제합니다.

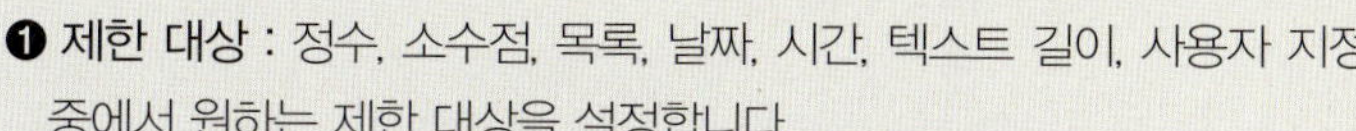

:: 설명 메시지 입력하기

데이터 유효성 검사를 지정하였을 경우 때에 따라서는 제한하는 내용 등을 설명 메시지를 통해 표현해 주는 것이 효과적일 경우가 있습니다.

 준비 파일 Part02\Chapter04\Section03\설명메시지.xlsx

 완성 파일 Part02\Chapter04\Section03\설명메시지_완성.xlsx

01_ 준비 파일을 열거나 이어서 진행합니다. [F5:F43] 영역을 마우스로 드래그하여 선택한 후 [데이터] 탭-[데이터 도구] 그룹-[데이터 유효성 검사]를 클릭합니다. [데이터 유효성] 대화상자가 나타나면 [설명 메시지] 탭의 [제목] 입력란을 클릭한 후 『거래처를 선택해 주세요.』를 입력합니다. [설명 메시지] 입력란을 클릭 후 『셀의 화살표 단추를 클릭해 주세요.』를 입력한 후 [확인]을 클릭합니다.

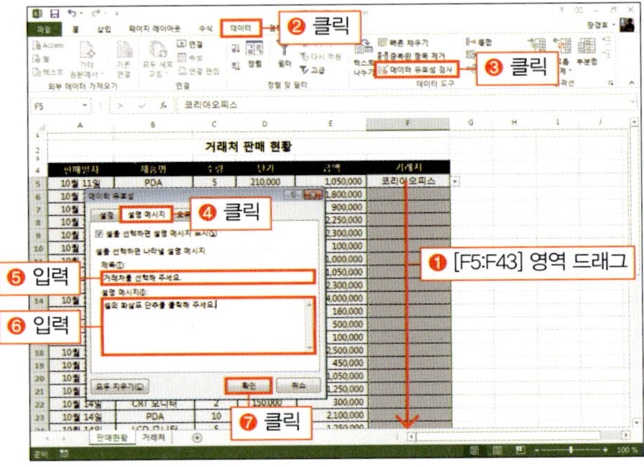

02_ 선택한 영역에 설명 메시지가 나타나는 것을 확인할 수 있습니다.

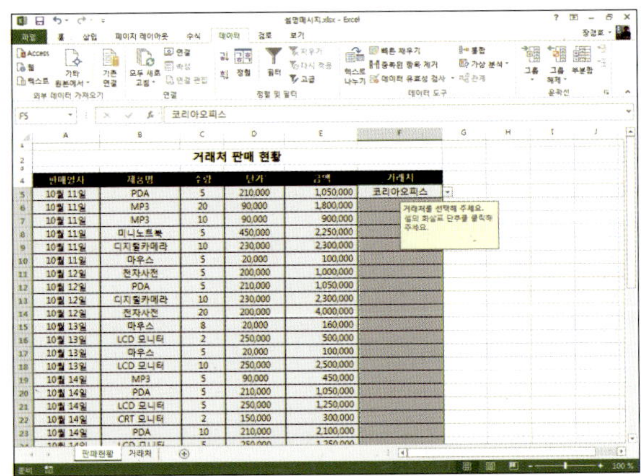

:: 오류 메시지 표시하기

데이터 유효성 검사가 설정된 항목에 다른 데이터를 입력했을 경우 경고창이 뜨면서 오류 메시지를 띄울 수 있습니다.

 준비파일 Part02₩Chapter04₩Section03₩오류메시지.xlsx

 완성파일 Part02₩Chapter04₩Section03₩오류메시지_완성.xlsx

01_ 준비 파일을 열거나 이어서 진행합니다. [F5:F43] 영역을 드래그하여 선택한 후 [데이터] 탭─[데이터 도구] 그룹─[데이터 유효성 검사]를 클릭합니다. [데이터 유효성] 대화상자가 나타나면 [오류 메시지] 탭의 [스타일]의 화살표를 클릭한 후 [경고]를 선택합니다. [제목] 입력란을 클릭한 후 『거래처 오류』를 입력하고 [오류 메시지] 입력란을 클릭한 후 '목록에 없는 거래처입니다.'를 입력한 다음 [확인]을 클릭합니다.

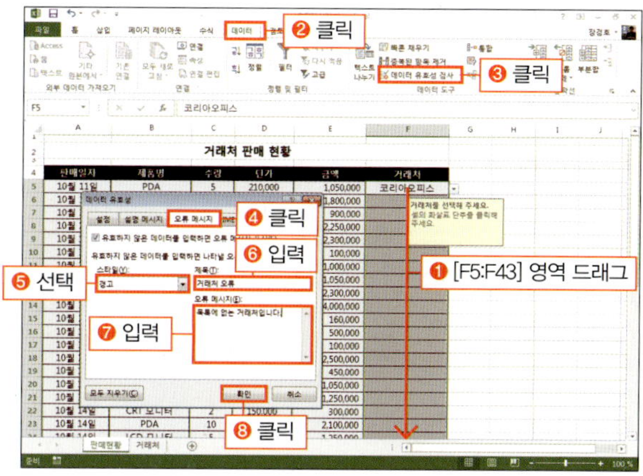

02_ [F6] 셀을 클릭한 후 『디자인향기』라는 상호를 입력합니다. 오류 메시지가 표시됩니다.

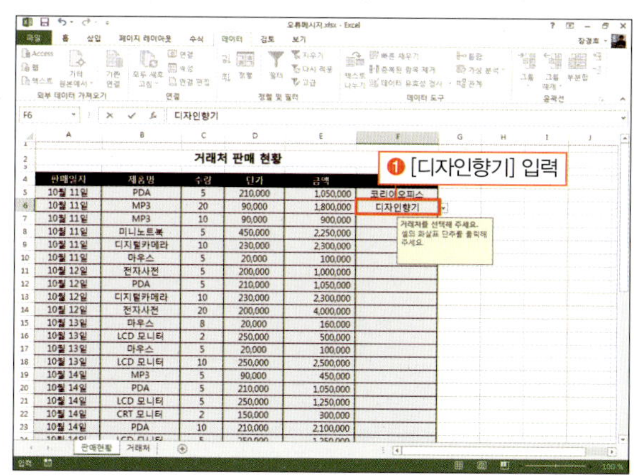

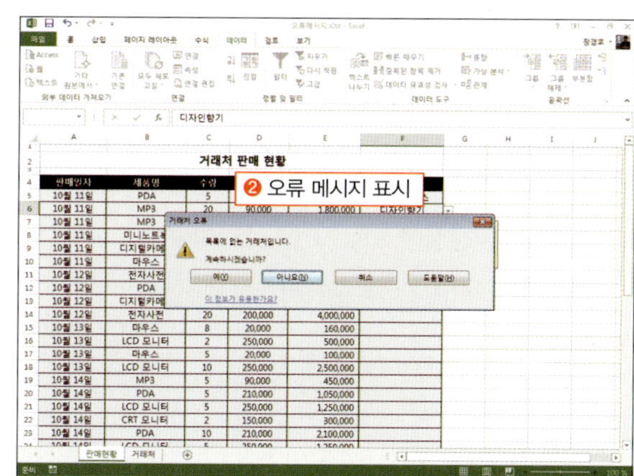

파워뷰 설치하기

파워뷰는 시각적인 보고서를 작성하기 위해 엑셀 2013에 새롭게 등장한 기능으로 Professional Plus 버전에서 사용할 수 있는 추가 기능입니다.

01 엑셀을 실행한 후 [삽입] 탭–[보고서] 그룹–[Power View]를 선택합니다. 경고창이 나타나면 [사용]을 클릭합니다. Silverlight 설치창이 뜨면 [Silverlight 설치]를 클릭하여 실버라이트를 설치합니다. [지금 설치]를 클릭합니다. Silverlight가 컴퓨터에 설치되어 있다면 본 과정은 생략해도 됩니다.

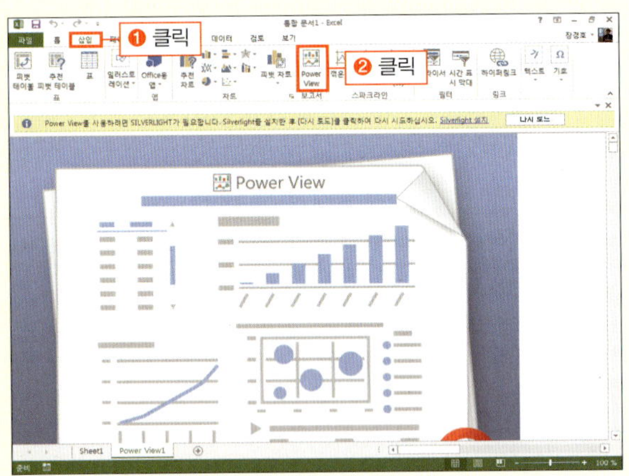

TIP

만일, [Power View 보고서 사용] 창이 뜨면 [계속]을 클릭합니다.

02 설치가 완료되면 엑셀 화면으로 되돌아옵니다. [다시 로드]를 클릭합니다. 리본 메뉴에 [POWERPIVOT] 탭이 생성된 것을 확인할 수 있습니다. 만일, [POWERPIVOT] 탭이 생성되어 있지 않다면 [파일]–[옵션]을 클릭한 후 [Excel 옵션] 대화상자가 나타나면 [리본 사용자 지정]을 클릭하고 [리본 메뉴 사용자 지정]에서 [POWER VIEW], [POWERPIVOT]에 체크 표시를 한 후 [확인]을 클릭합니다.

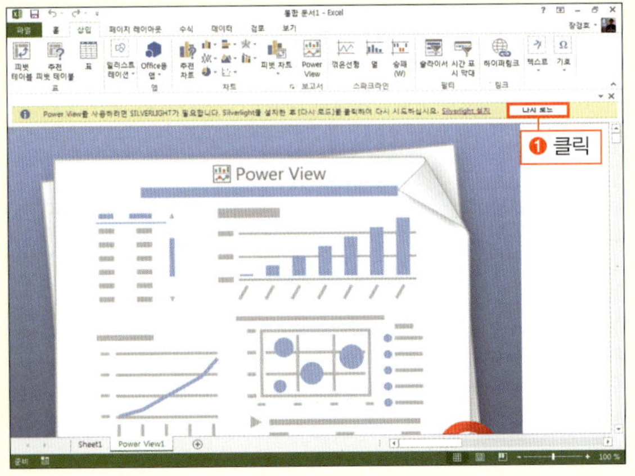

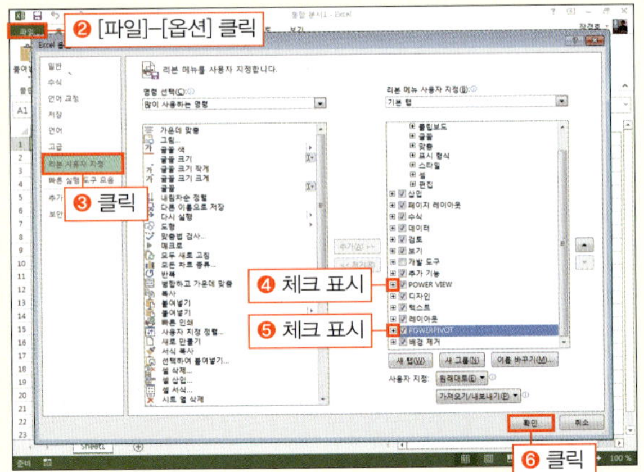

파워뷰로 요약 보고서 만들기

피벗 테이블로 요약 보고서 작성이 어려웠던 사용자라면 파워뷰 기능을 통해 보다 쉽게 요약 보고서를 만들 수 있습니다.

01 준비 파일을 엽니다. [삽입] 탭–[보고서] 그룹에서 [POWER View]를 클릭합니다.

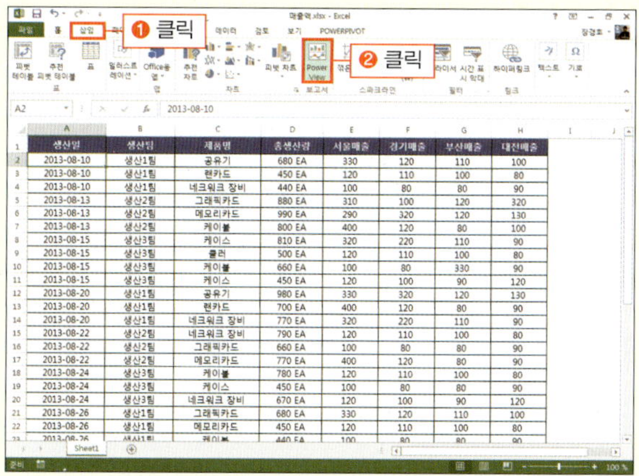

02 [Power View1] 시트가 생성되면서 요약 보고서가 만들어집니다. [Power View 필드] 창에서 [범위] 항목 중 [대전매출], [부산매출]에 체크 표시를 합니다. 요약 보고서의 크기 조절 핸들을 드래그하여 크기를 조절합니다.

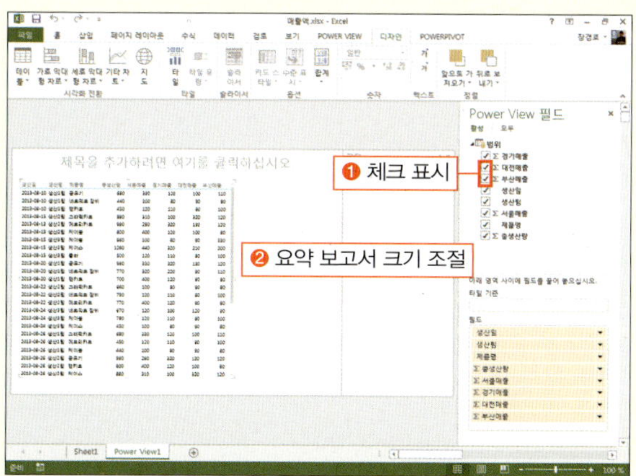

03 새로운 요약 보고서를 추가해 보도록 하겠습니다. 빈 영역을 클릭합니다. [Power View 필드] 창에서 [범위]가 사라집니다. 새로운 요약 보고서를 추가하기 위해 [범위]의 화살표를 클릭한 후 [제품명], [총생산량]에 체크 표시합니다.

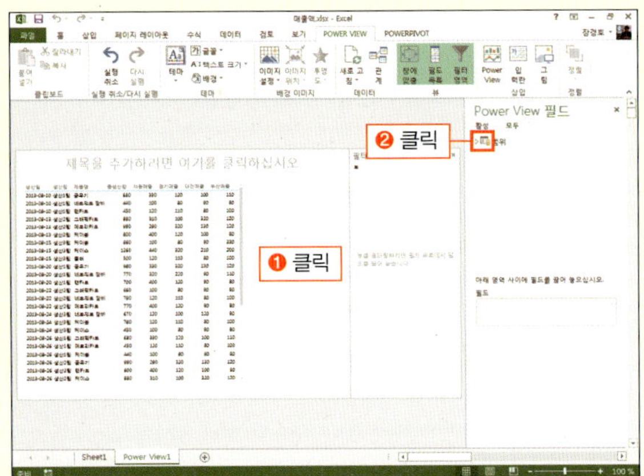

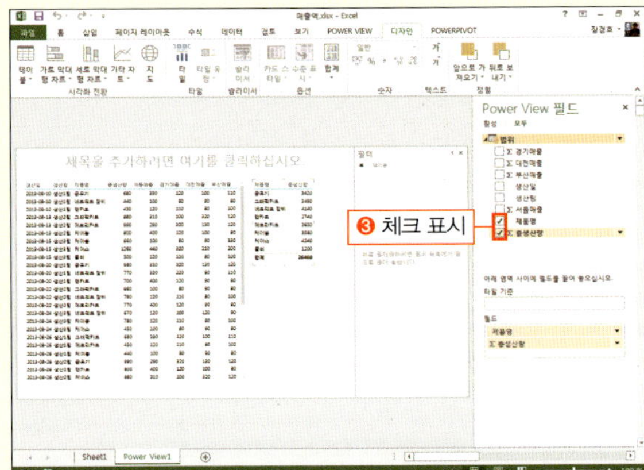

04 새로운 요약 보고서가 표시됩니다. 데이터는 오름차순 혹은 내림차순 정렬할 수 있습니다. [판매] 필드의 머리글 부분을 클릭합니다. 요약 보고서가 오름차순으로 지정됩니다.

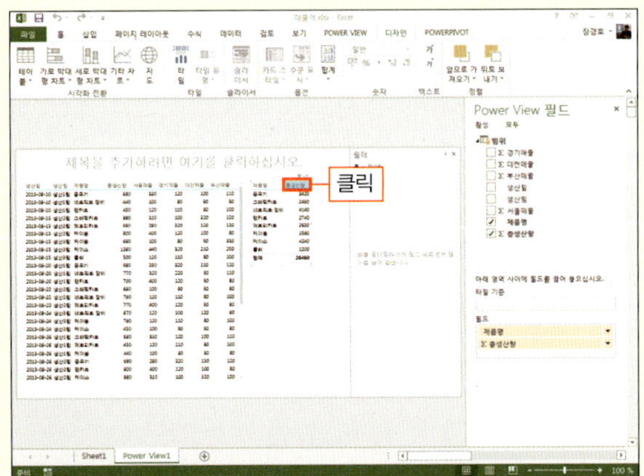

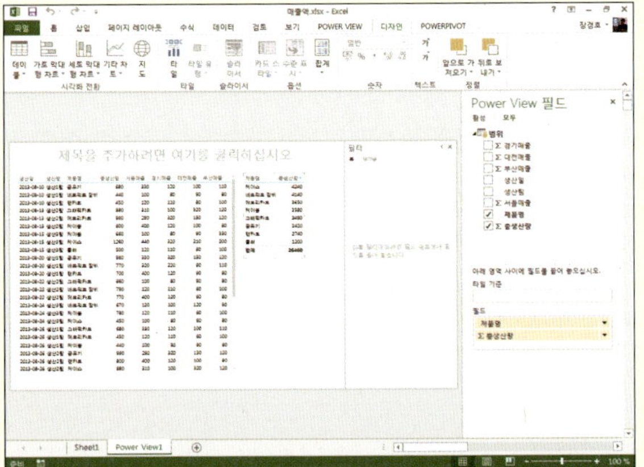

> **TIP**
>
> 파워뷰는 Professional Plus 버전에서 사용할 수 있는 기능으로 다른 버전을 사용 중이라면 사용할 수 없는 기능입니다. 파워뷰는 피벗 테이블이나 피벗 차트에서 벗어나 다양한 대화형 보고서를 작성할 수 있다는 장점이 있습니다.

파워뷰로 요약 차트 만들기

파워뷰 요약 보고서에는 필터를 통해 데이터를 제한하거나 그래프로 시각적인 보고서를 만들 수 있습니다.

준비파일　Part02\Chapter04\Section03\요약차트.xlsx

완성파일　Part02\Chapter04\Section03\요약차트_완성.xlsx

01 준비 파일을 열거나 이어서 진행합니다. [필터] 영역에서 [테이블]을 선택합니다. 나타나는 필드 중에서 [총생산량]을 선택합니다. 막대 모양을 좌우로 드래그하여 원하는 데이터만 추출할 수 있습니다. 막대를 오른쪽으로 드래그합니다. 요약 보고서의 데이터도 함께 변경됩니다.

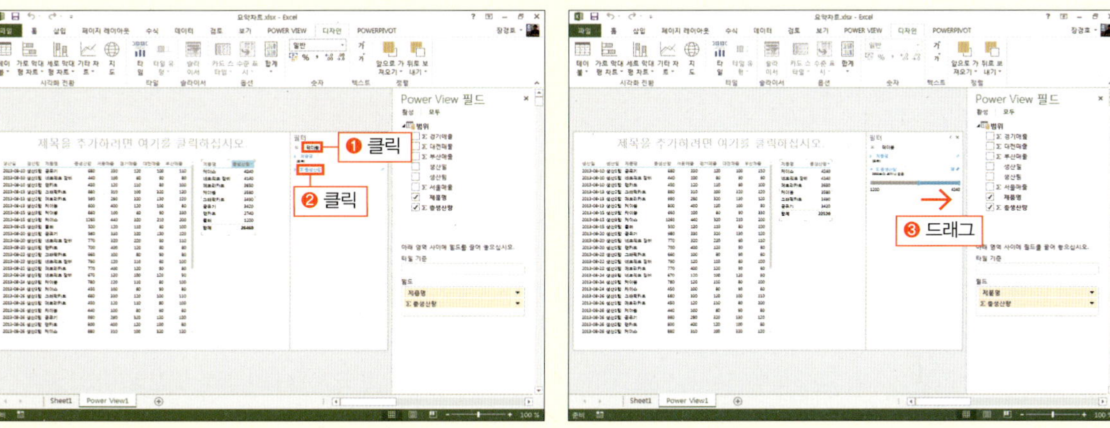

02 이번에는 차트를 만들어 보도록 하겠습니다. [디자인] 탭-[시각화 전환] 그룹에서 [가로 막대형 차트]-[묶은 가로 막대형]을 선택합니다.

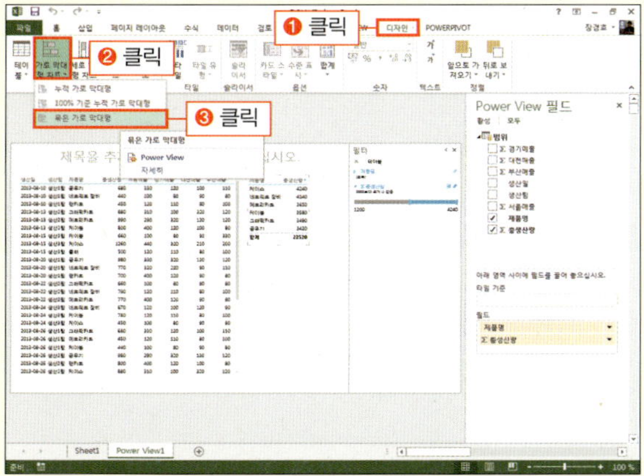

03 세로 막대형 차트가 요약 보고서에 표시됩니다. 필터 영역을 최소화하여 차트를 크게 표시해 보겠습니다. [필터 영역을 최소화합니다.]를 클릭합니다. 필터 영역이 최소화됩니다. 크기 및 위치를 조절하여 완성합니다.

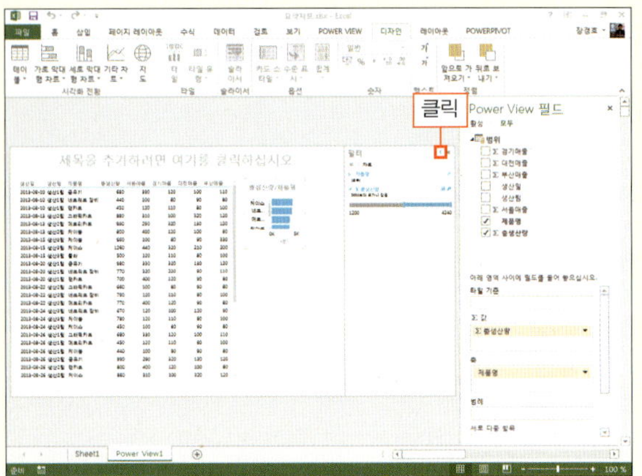
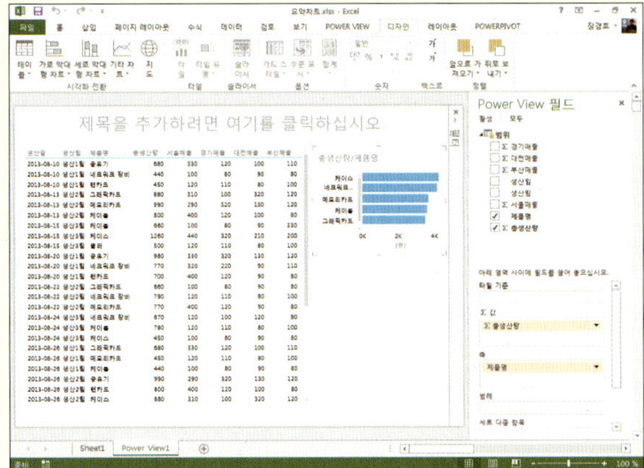

◎ 준비파일 : Part02₩Chapter04₩Check₩판매현황.xlsx
◎ 완성파일 : Part02₩Chapter04₩Check₩판매현황_완성.xlsx

슬라이서는 피벗 테이블 필드 목록에서 필드별 데이터를 선택하는 것만으로 표시된 데이터를 변경할 수 있습니다. 피벗 테이블을 선택한 후 슬라이서를 삽입하여 데이터를 필터링해 보세요.

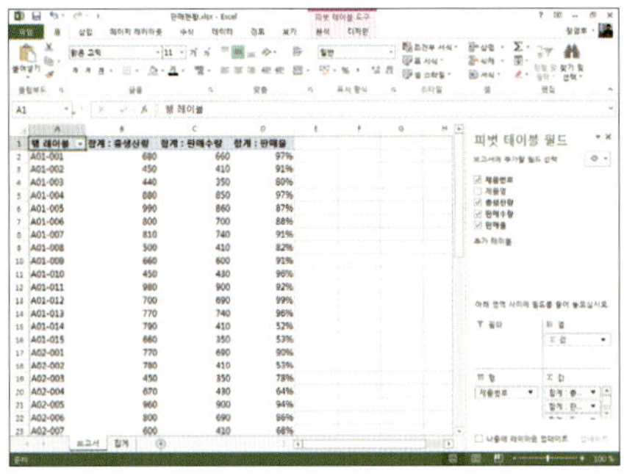
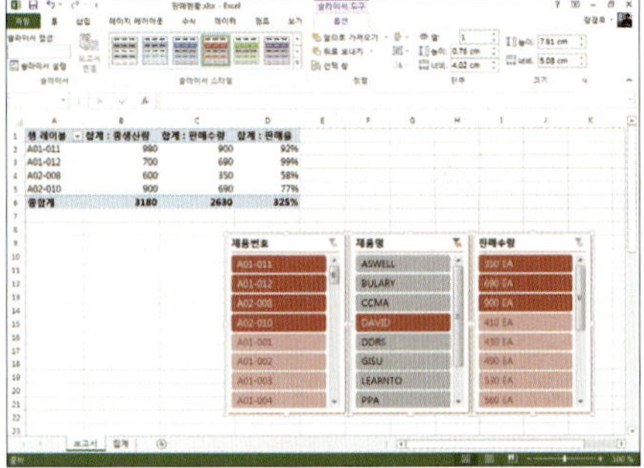

힌트

❶ [피벗 테이블 도구]–[분석] 상황별 탭에서 [필터] 그룹–[슬라이서 삽입]을 클릭합니다.

❷ 원하는 스타일을 지정한 후 데이터를 필터링합니다.

❸ 실습 따라하기 : 부록CD/Part02/Chapter04/실습16.docx

가상 분석과 매크로

엑셀에서 반복적으로 일어나는 작업은 매크로를 통해 한 번에 처리할 수 있습니다. 반복되는 작업을 기록으로 남겨 이를 자동으로 반복해서 실행해 주는 기능이 바로 매크로입니다. 이번 섹션에서는 목표값을 찾거나 시나리오 작성 등 가상 분석 기능을 비롯해 매크로, VBA(Visual Basic for Applications)에 대해서 살펴보도록 하겠습니다.

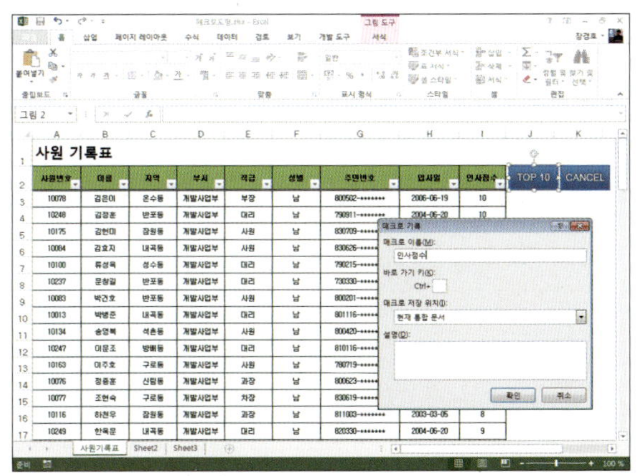
▲ 도형에 매크로 단추 만들기

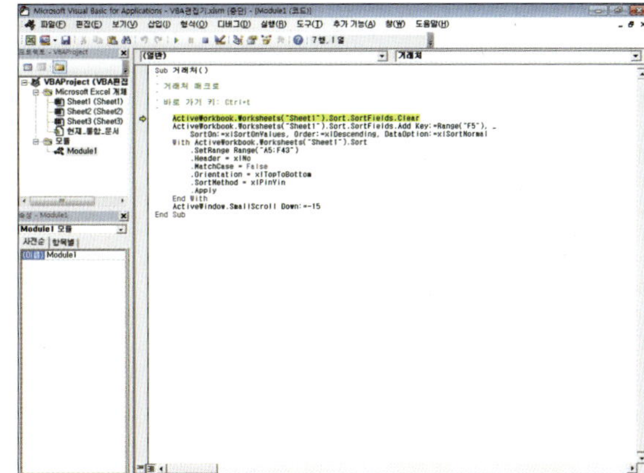
▲ 한 단계씩 코드 실행하기

이번 섹션에서 배울 주요 내용

- 목표값 찾기를 이용하여 데이터 예상하기
- 시나리오를 이용하여 요약 보고서 작성하기
- 숨겨진 [개발 도구] 탭 표시하기
- 매크로 단축키 지정하고 실행하기
- 도형에 매크로 단추 만들기
- 매크로 삭제하기
- VBA 편집기 실행하기
- VBA 편집기로 매크로 수정하기
- 한 단계씩 코드 실행하기

목표값 찾기는 하나의 값을 기준으로 셀의 특정 값을 찾는 기능입니다. 원하는 결과를 얻기 위해 어떤 값을 입력해야 하는지 목표값 찾기를 통해 해결할 수 있습니다.

 준비 파일 Part02₩Chapter04₩Section04₩제품발주현황.xlsx

 완성 파일 Part02₩Chapter04₩Section04₩제품발주현황_완성.xlsx

01_ 준비 파일을 엽니다. 2분기에 예상하는 발주 총액을 3,000,000원으로 조정하기 위해서 가죽케이스를 얼마나 판매를 해야 하는지 살펴보겠습니다. [J16] 셀을 클릭한 다음 [데이터] 탭–[데이터 도구] 그룹–[가상 분석]을 클릭한 다음 [목표값 찾기]를 선택합니다. [목표값 찾기] 대화상자가 나타나면 [수식 셀]은 [J16], 찾는 값은 『3000000』, 값을 바꿀 셀은 [H6] 셀로 지정한 다음 [확인]을 클릭합니다.

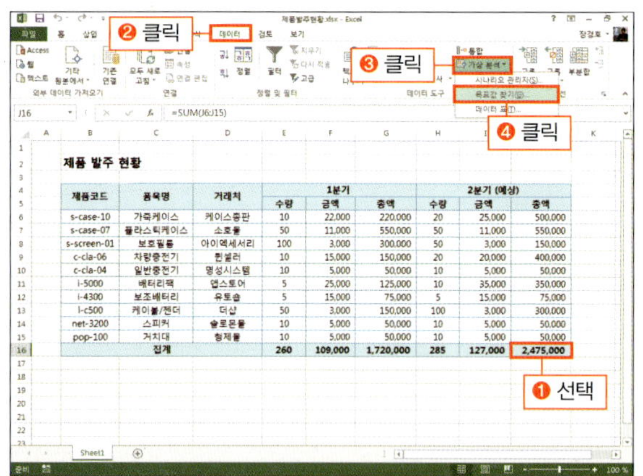

TIP

목표값 찾기는 하나의 값을 기준으로 하여 셀에 대한 특정 값을 찾는 기능입니다. 즉, 수식이 입력되어 있는 셀의 결과를 원하는 값으로 찾기 위해 사용됩니다. [목표값 찾기] 대화상자에서 [값을 바꿀 셀]에 워크시트에서 영역을 지정하면 자동으로 절대 참조가 나타납니다.

02_ [목표값 찾기 상태] 대화상자가 나타나면 [확인]을 클릭합니다. 목표값 결과가 워크시트에 반영됩니다. 2분기에 예상하는 발주 총액을 3,000,000원으로 조정하기 위해서 가죽케이스를 41개 판매해야 함을 알 수 있습니다.

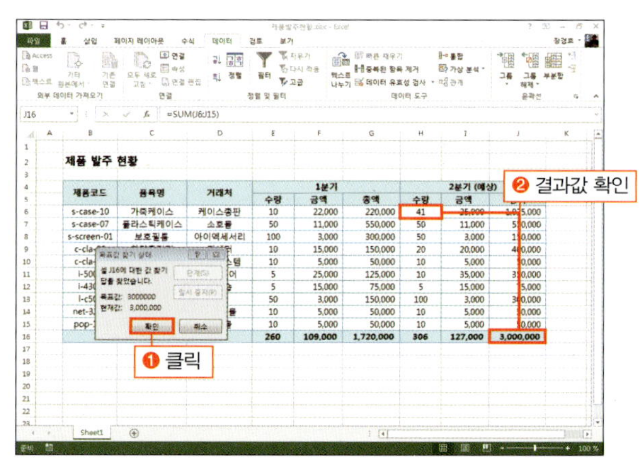

:: 시나리오를 이용하여 요약 보고서 작성하기

시나리오는 입력한 데이터를 바탕으로 여러 가지 상황을 설정해 보고 다양한 결과를 미리 예측해 보는 기능입니다.

 준비 파일 Part02₩Chapter04₩Section04₩시나리오.xlsx

 완성 파일 Part02₩Chapter04₩Section04₩시나리오_완성.xlsx

01_ 준비 파일을 열거나 이어서 진행합니다. 2분기에 예상하는 제품 판매 금액을 여러 각도에서 다르게 분석하기 위해 [데이터] 탭–[데이터 도구] 그룹–[가상 분석]을 클릭한 다음 [시나리오 관리자]를 선택합니다.

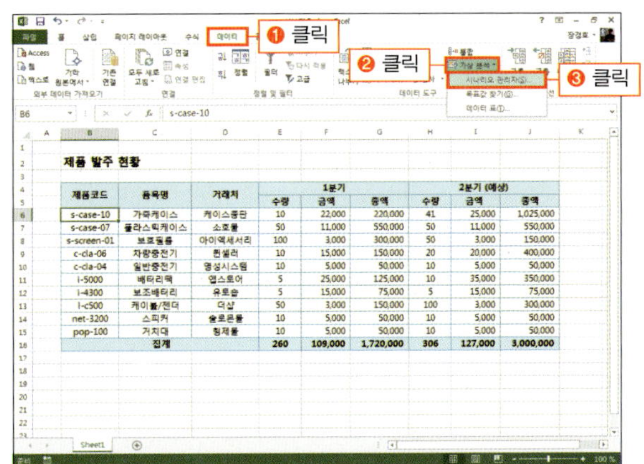

> **TIP**
>
> 시나리오는 입력한 데이터를 바탕으로 여러 변수에 대해 다양한 결과를 미리 예측해 보는 기능입니다.

02_ [시나리오 관리자] 대화상자가 나타나면 [추가]를 클릭합니다.

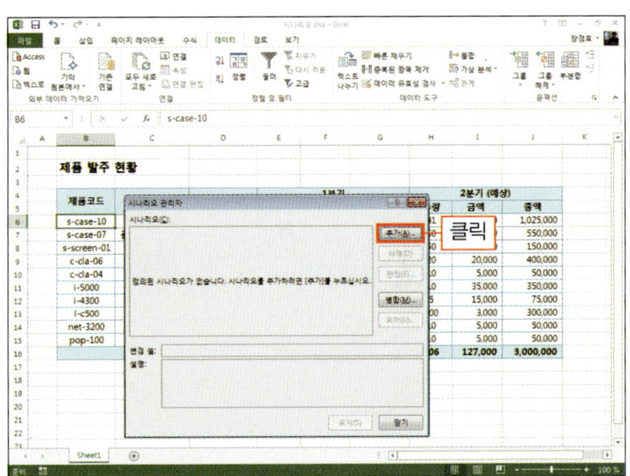

03_ [시나리오 편집] 대화상자가 나타나면 [시나리오 이름]은 『현재가』를 입력하고, [변경 셀]에는 [I6:I15] 영역을 드래그하여 선택합니다. [확인]을 클릭합니다.

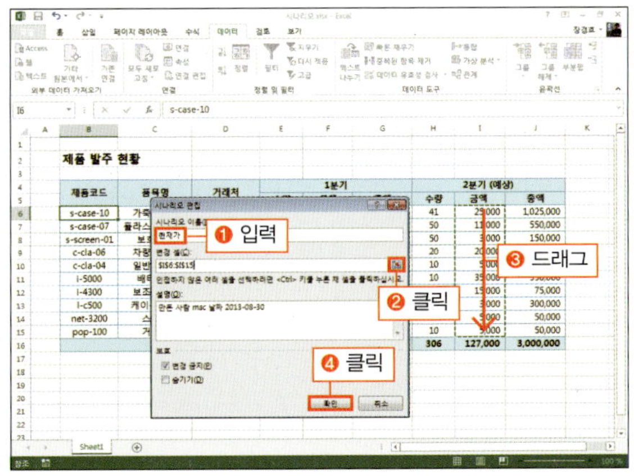

04_ [시나리오 값] 대화상자가 나타나면 각 셀에 해당하는 값이 나타납니다. 원래 값을 그대로 사용하기 위해 [추가]를 클릭합니다.

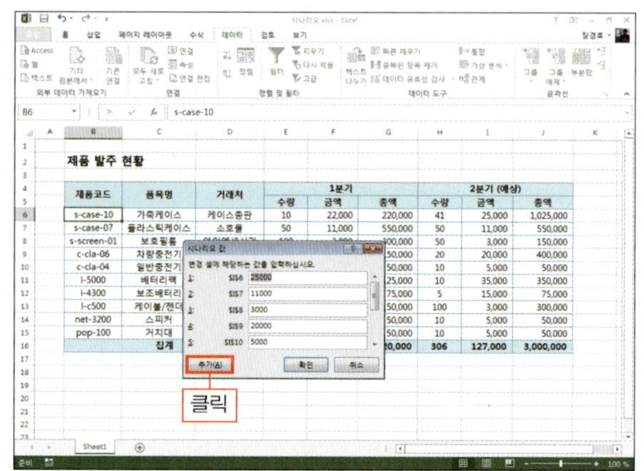

05_ [시나리오 추가] 대화상자가 나타나면 [시나리오 이름]은 『이벤트가』를 입력하고, [변경 셀]에는 [I6:I15] 영역이 입력되어 있는지 확인한 다음 [확인]을 클릭합니다.

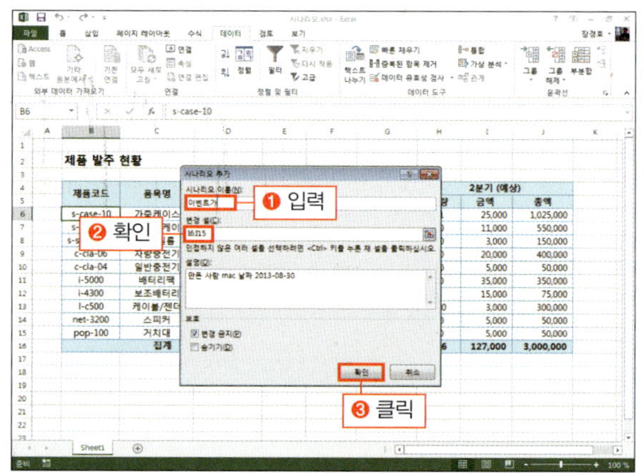

06_ [시나리오 값] 대화상자가 나타나면 각 셀에 해당하는 값을 다음과 같이 변경합니다. [확인]을 클릭합니다.

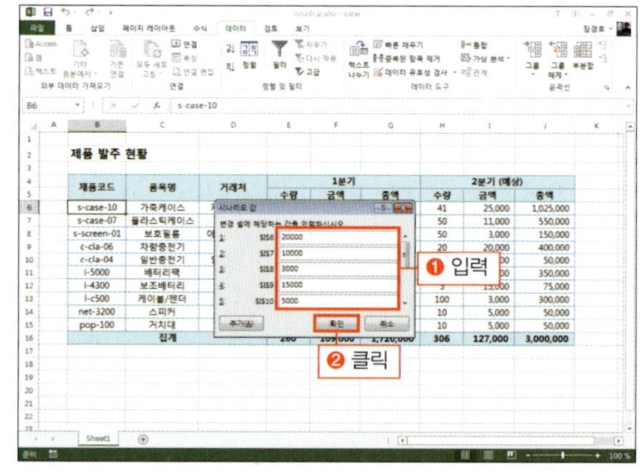

TIP

시나리오를 더 추가하고 싶으면 [시나리오 값] 대화 상자에서 [추가]를 클릭합니다.

07_ [시나리오 관리자] 대화상자가 나타나면 [요약]을 클릭합니다.

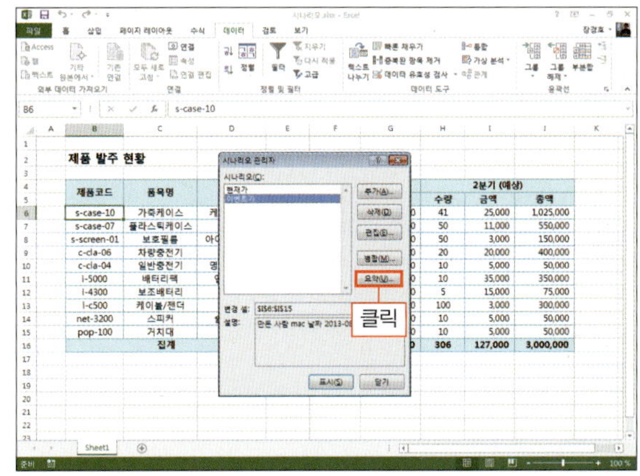

08_ [시나리오 요약] 대화 상자가 나타나면 [보고서 종류]에 [시나리오 요약]을 클릭합니다. [결과 셀]에는 [I16:J16] 영역을 드래그하여 선택한 다음 [확인]을 클릭합니다.

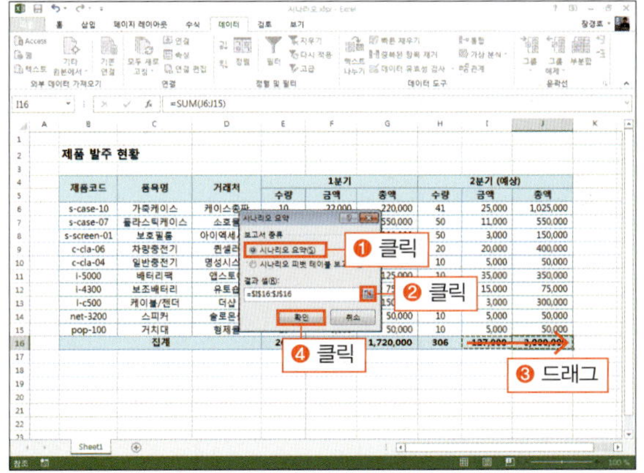

09_ [시나리오 요약] 시트가 추가되면서 시나리오 요약 보고서가 완성됩니다.

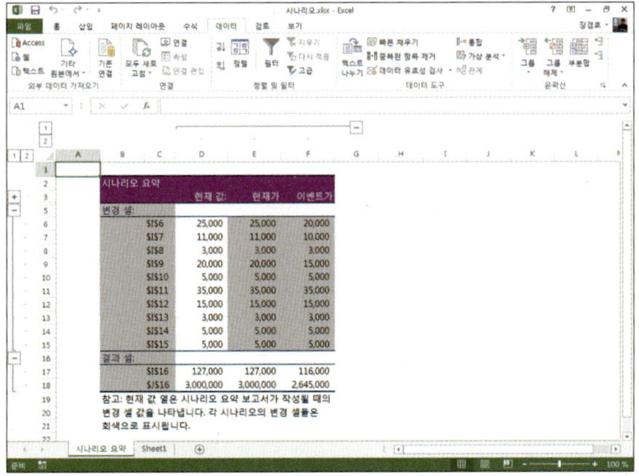

:: 리본 메뉴에 [개발 도구] 탭 표시하기

매크로와 VBA를 활용하기 위해서는 [개발 도구] 탭이 필요합니다. [개발 도구] 탭은 [Excel 옵션] 대화상자를 통해 불러올 수 있습니다.

01_ [파일] 탭을 클릭한 다음 [옵션]을 클릭합니다. [Excel 옵션] 대화상자가 나타나면 [리본 사용자 지정]을 클릭한 다음 [리본 메뉴 사용자 지정]에서 [개발 도구]에 체크 표시한 후 [확인]을 클릭합니다.

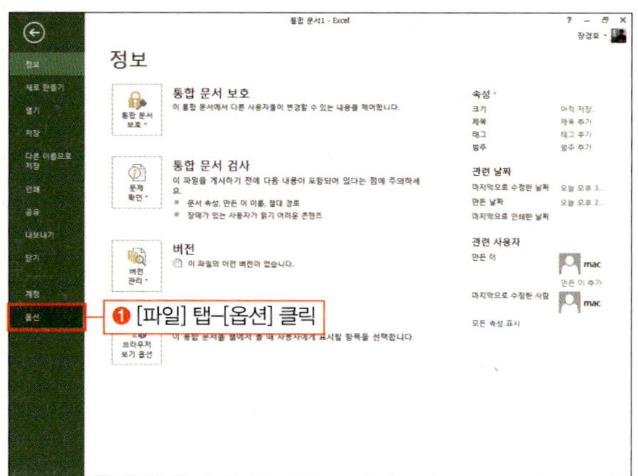
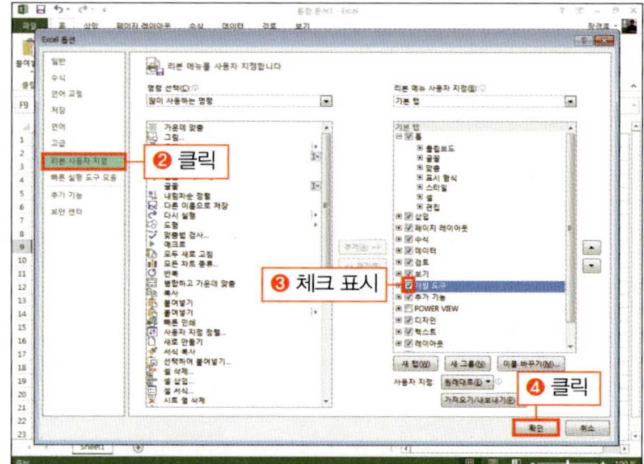

02_ 리본 메뉴에 [개발 도구] 탭이 추가됩니다. [개발 도구] 탭은 코드, 추가 기능, 컨트롤 등의 그룹으로 나눠지며 개발 도구와 관련된 다양한 기능을 실행할 수 있습니다. 또한, 매크로 및 VBA를 만들고 편집할 수 있는 도구들이 제공됩니다.

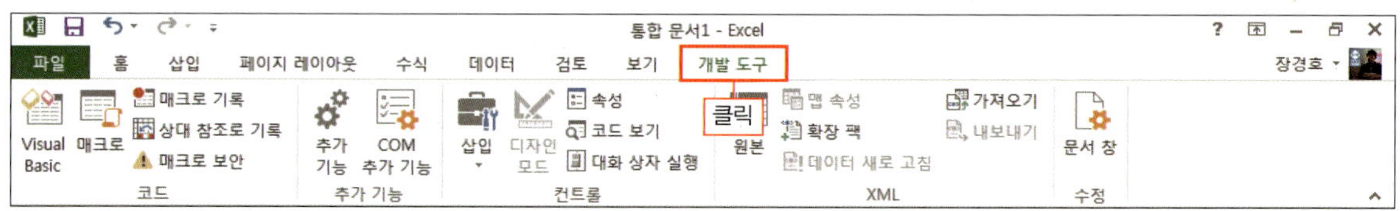

꼭!! 알고가기

[개발 도구] 탭 살펴보기

[개발 도구] 탭은 다른 탭과는 달리 [Excel] 옵션에서 추가해야만 나타나는 탭으로 매크로 기록, 실행, 삭제 등을 활용할 수 있습니다.

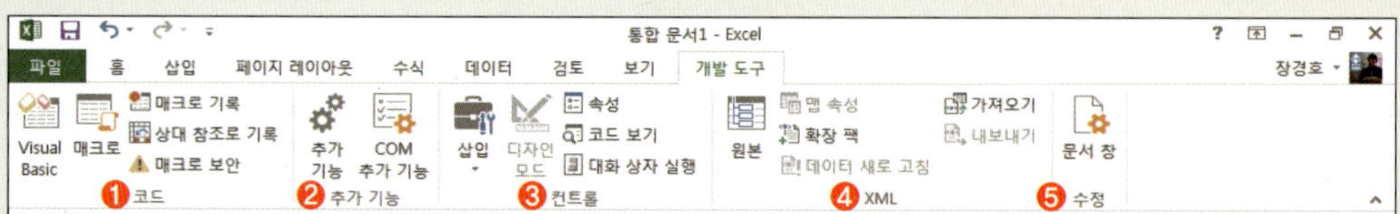

❶ 코드 : 매크로 및 VBA를 작성하고 편집할 수 있습니다.

❷ 추가 기능 : 레이블 인쇄 마법사나 분석 도구, 유로화 도구처럼 다양한 기능을 추가할 수 있습니다.

❸ 컨트롤 : 워크시트에 각종 컨트롤을 삽입하고 정렬하거나, 사용자 지정 대화 상자를 실행할 수 있습니다.

❹ XML : XML 원본 작업창을 열거나 XML 데이터를 가져올 수 있습니다.

❺ 수정 : 문서 정보를 설정할 수 있는 문서 창 기능을 실행할 수 있습니다.

:: 매크로 단축키 지정하고 실행하기

매크로는 반복되는 작업을 단 몇 번의 마우스 클릭만으로 빠르게 처리할 수 있는 편리한 기능입니다.
매크로를 단축키로 지정하고 한 번에 실행할 수 있습니다.

 준비 파일 Part02₩Chapter04₩Section04₩사원기록표.xlsx

 완성 파일 Part02₩Chapter04₩Section04₩사원기록표_매크로.xlsm

01_ 준비 파일을 엽니다. [개발 도구] 탭–[코드] 그룹에
서 [매크로 기록]을 클릭합니다. [매크로 기록] 대화상자
가 나타나면 [매크로 이름] 입력란에 『상위10』을 입력합니
다. [바로 가기 키]의 입력란에 『t』를 입력한 다음 [확인]을
클릭합니다.

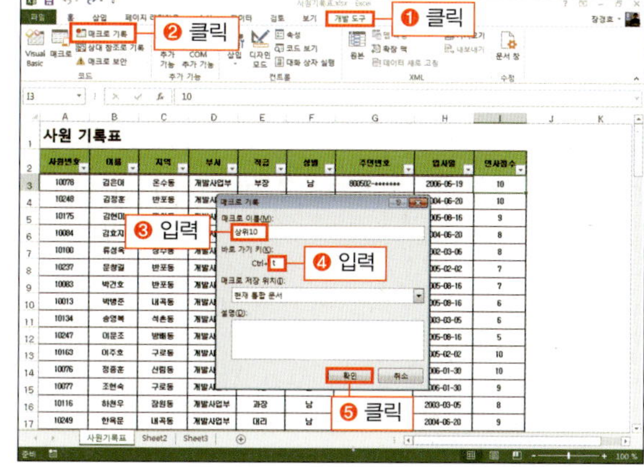

> **TIP**
>
> 자동 매크로를 이용하면 녹화하듯 엑셀의 기능을 반복적으로 실행할 수 있습니다. [개발 도구] 탭이 나타나지 않는다면
> 216 페이지의 '리본 메뉴에 [개발 도구] 탭 추가하기'을 참조하세요.

02_ 매크로 기록이 시작됩니다. [I3:I102] 영역을 드래그
하여 선택한 다음 [홈] 탭–[스타일] 그룹–[조건부 서식]을
클릭한 다음 [상위/하위 규칙]–[상위 10개 항목]을 선택합
니다.

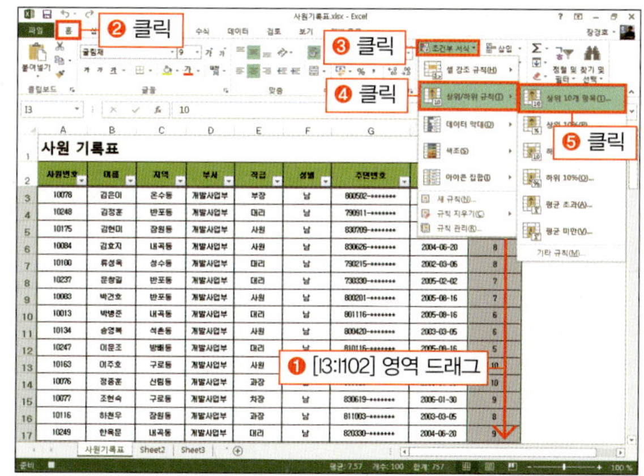

> **TIP**
>
> 매크로 기록이 시작되면 [매크로 기록] 단추가 [기록 중지]로 변경됩니다.

03_ [상위 10개 항목] 대화상자가 나타나면 [적용할 서식]에 [진한 녹색 텍스트가 있는 녹색 채우기]를 선택한 다음 [확인]을 클릭합니다.

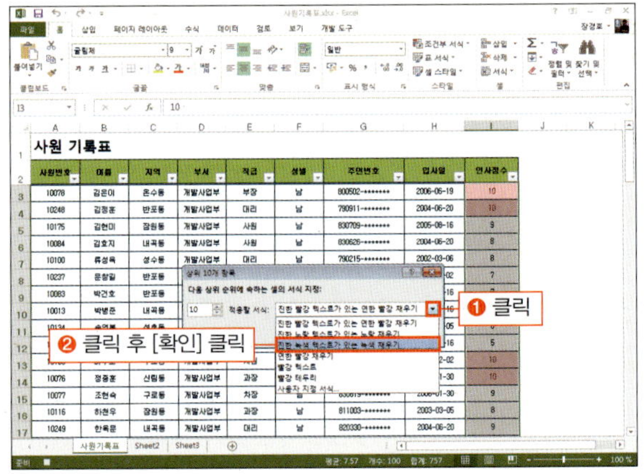

04_ [개발 도구] 탭-[코드] 그룹-[기록 중지]를 클릭하여 매크로 기록을 마칩니다.

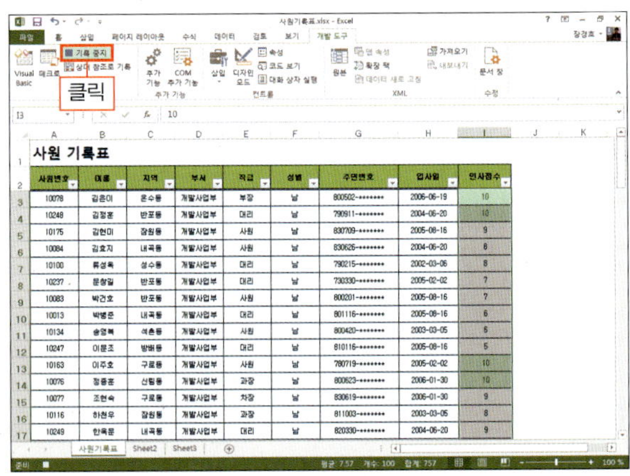

05_ 매크로가 제대로 기록되었는지 확인하기 위해 지정된 조건부 서식을 삭제해 보겠습니다. [홈] 탭-[스타일] 그룹에서 [조건부 서식]-[규칙 지우기]-[선택한 셀의 규칙 지우기]를 선택합니다.

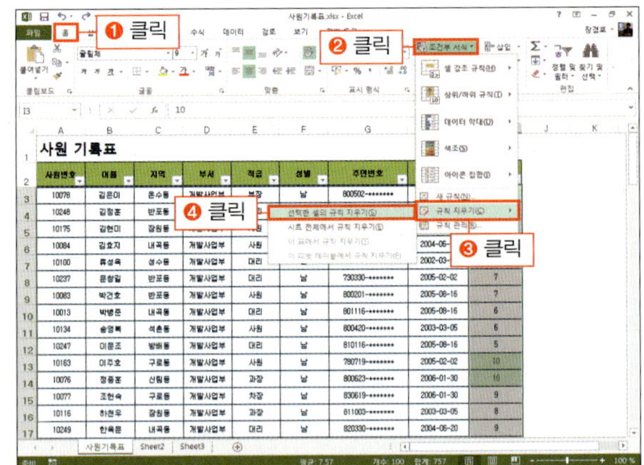

06_ 조건부 서식이 삭제되면 매크로를 위해 지정한 단축
키인 **Ctrl** + **T** 를 누릅니다.

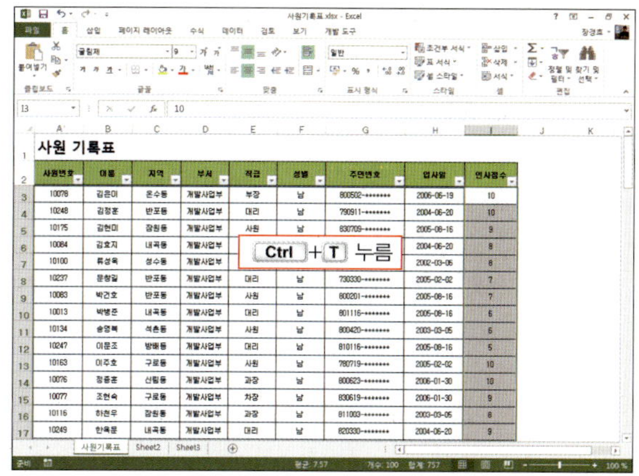

07_ 매크로가 자동 실행됩니다.

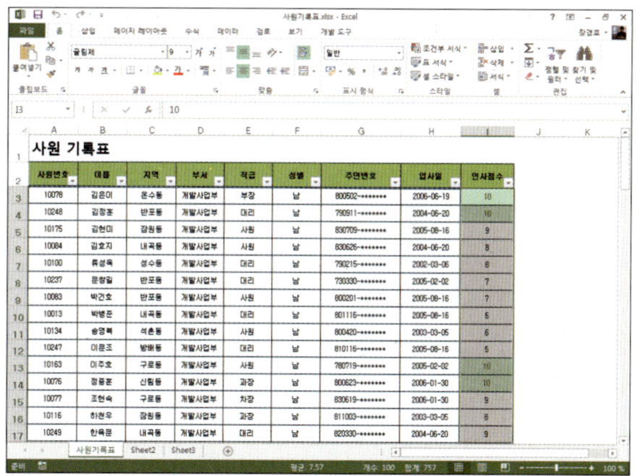

상태 표시줄의 [기록 중지] 단추

매크로 기록이 시작되면 [매크로 기록] 단추가 [기록 중지]로 변경됩니다. 기록을 중지할 때에는 [개발 도구]
탭-[코드] 그룹-[기록 중지]를 클릭하여도 되며, 상태 표시줄의 [기록 중지]를 클릭하여도 됩니다.

15	10077	조현숙	구로동	개발사업부
16	10116	하천우	잠원동	개발사업부
17	10249	한옥문	내곡동	개발사업부

| ◀ ▶ | 사원기록표 | Sheet2 | Sheet3 | ⊕ |

준비

◀ 매크로 기록 전

15	10077	조현숙	구로동	개발사업부
16	10116	하천우	잠원동	개발사업부
17	10249	한옥문	내곡동	개발사업부

| ◀ ▶ | 사원기록표 | Sheet2 | Sheet3 | ⊕ |

준비

◀ 매크로 기록 중

08_ 매크로가 지정된 파일을 저장해 보겠습니다. 매크로가 기록된 문서는 'Excel 통합 문서'로 저장할 수 없습니다. 매크로 문서를 저장하기 위해서는 'Excel 매크로 사용 통합 문서'로 저장하여야 합니다. [파일] 탭–[다른 이름으로 저장]–[컴퓨터]를 선택한 다음 [찾아보기]를 클릭합니다. [다른 이름으로 저장] 대화상자가 나타나면 [파일 이름]에 『사원기록표_매크로』를 입력한 다음 [파일 형식]에 [Excel 매크로 사용 통합 문서 (*.xlsm)]를 선택한 후 [저장]을 클릭합니다.

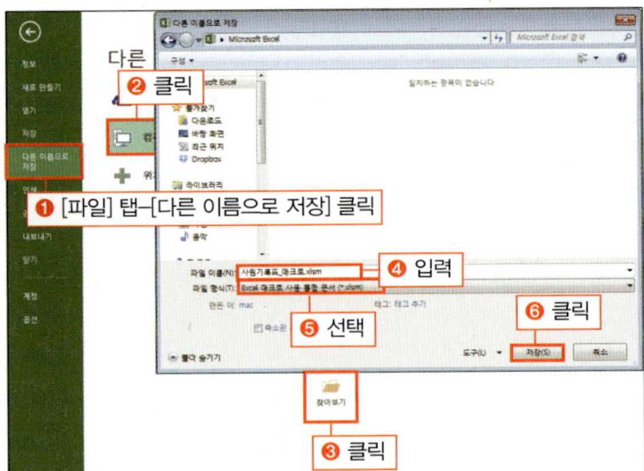

09_ 매크로가 포함된 문서를 열기 위해 엑셀을 종료한 다음 다시 실행합니다. '사원기록표_매크로.xlsm' 파일을 불러 옵니다. [보안 경고] 창이 나타납니다. [콘텐츠 사용]을 클릭합니다.

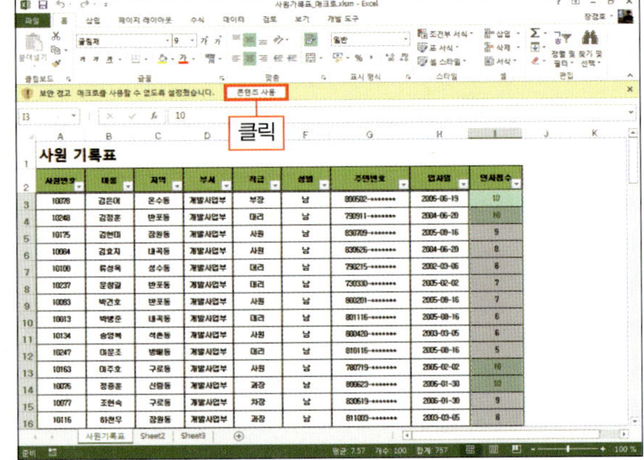

> **TIP**
>
> 매크로가 포함된 문서는 기본적으로 매크로가 차단되었음을 알리는 [보안 경고] 창이 자동으로 표시됩니다.

꼭!! 알고가기 — 매크로와 VBA

매크로는 실무에서 많이 사용하는 고급 기능으로, 반복되는 작업을 기록하였다가 한 번에 처리할 수 있는 편리한 기능입니다. 매크로를 제대로 활용하기 위해서는 VBA 프로그래밍이 가능해야 하지만 간단한 매크로의 경우 양식 컨트롤 등을 활용해 간단하게 설정할 수 있습니다.

❶ 매크로란
매크로는 반복되는 과정을 기록해 놓고 필요할 때 불러와서 사용할 수 있습니다. [매크로] 대화상자를 이용하면 매크로의 기록, 실행, 편집 및 삭제를 진행할 수 있습니다.

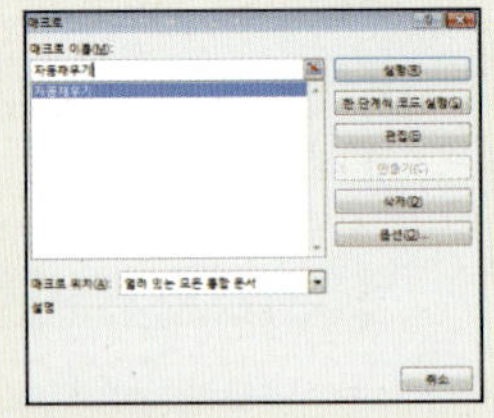

❷ VBA란
VBA(Visual Basic for Application)는 매크로만으로는 해결할 수 없는 복잡한 설정도 가능하게 해주는 엑셀 프로그래밍입니다. Visual Basic이라는 말에서 볼 수 있듯이 비주얼 베이직 프로그래밍을 엑셀에서 진행할 수 있습니다.

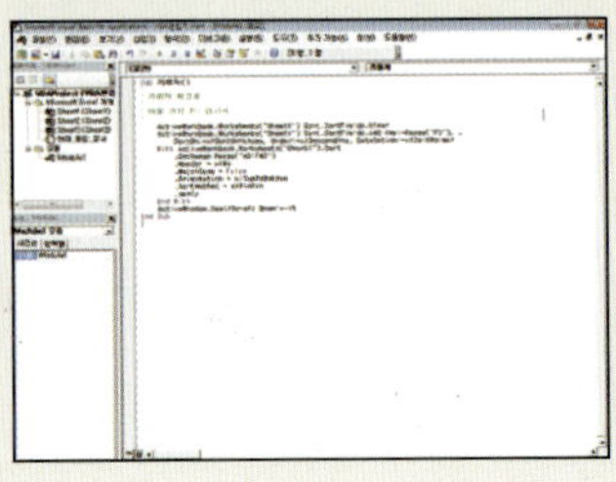

[매크로 기록] 대화상자 살펴보기

[매크로 기록] 대화상자는 [개발 도구] 탭–[코드] 그룹의 [매크로 기록]을 클릭하면 나타나는 대화상자입니다.

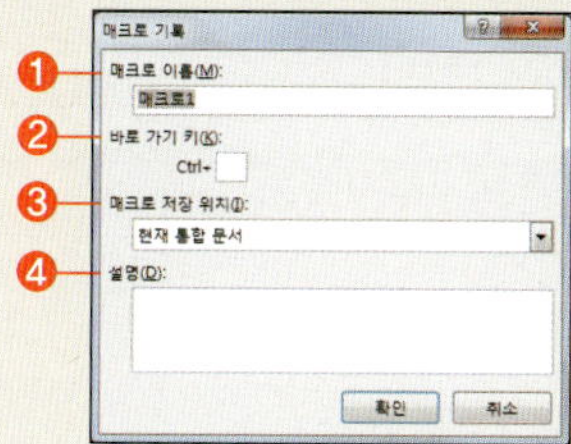

❶ 매크로 이름 : 매크로의 이름을 지정합니다. 반드시 영문이나 한글로 시작해야 하고 이름에는 공백이나 특수 문자를 지정할 수 없습니다.

❷ 바로 가기 키 : 매크로를 단축키로 지정하여 실행할 수 있습니다. 단축키는 영문만 가능하며, 대소문자를 구분합니다.

❸ 매크로 저장 위치 : 개인용 매크로 통합 문서와 새 통합 문서. 현재 통합 문서 중에서 저장 위치를 선택할 수 있습니다.

❹ 설명 : 매크로에 대한 설명을 입력합니다.

매크로 보안 설정하기

매크로를 사용할 경우, 보안 센터에서 매크로를 사용하도록 설정해야 할 필요가 있습니다. 특히 보안 설정이 되어 있으면 매크로가 실행되지 않기 때문에 콘텐츠를 사용하겠다는 동의를 해야만 매크로를 사용할 수 있습니다. 매크로 보안은 [파일] 탭–[옵션]에서 [Excel 옵션] 대화상자에서 설정할 수 있습니다. [보안 센터]의 [보안 센터 설정]을 클릭하고 [보안 센터] 대화상자가 나타나면 [매크로 설정]을 클릭합니다. [매크로 설정] 항목을 통해 매크로 보안을 설정할 수 있습니다.

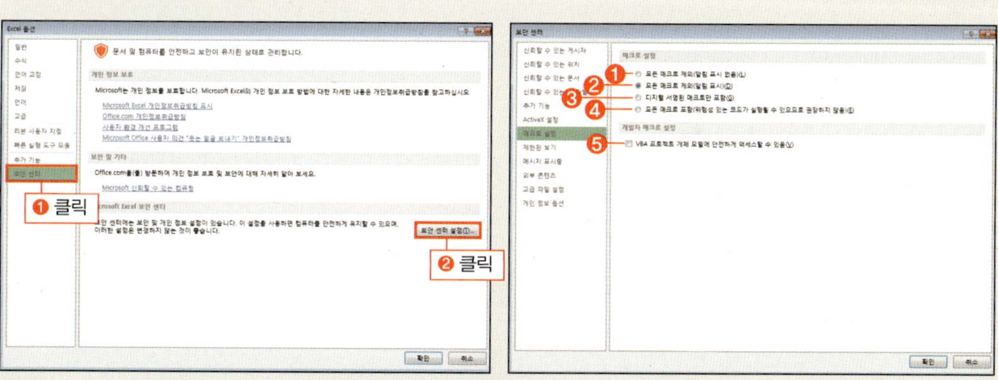

❶ 모든 매크로 제외(알림 표시 없음) : 매크로 및 매크로에 대한 보안 경고를 표시하지 않습니다.

❷ 모든 매크로 제외(알림 표시) : 매크로가 있는 경우 보안 경고가 나타납니다.

❸ 디지털 서명된 매크로만 포함 : 신뢰할 수 있는 게시자가 매크로를 서명한 경우 매크로가 실행됩니다.

❹ 모든 매크로 포함(위험성 있는 코드가 실행될 수 있으므로 권장하지 않음) : 모든 매크로가 실행됩니다. 매크로에는 컴퓨터의 취약점을 이용하여 신뢰할 수 없는 코드 등이 포함될 수 있습니다.

❺ VBA 프로젝트 개체 모델에 안전하게 액세스할 수 있음 : VBA 프로젝트 개체 모델에 사용자가 액세스하려면 체크합니다.

도형을 삽입하여 매크로를 연결하면 보다 깔끔하게 매크로 기능을 이용할 수 있습니다.

01_ 준비 파일을 엽니다. [삽입] 탭─[일러스트레이션] 그룹─[그림]을 클릭합니다. [그림 삽입] 대화상자가 나타나면 부록 CD에 있는 'bar_01.png', 'bar_02.png'를 선택한 다음 [삽입]을 클릭합니다.

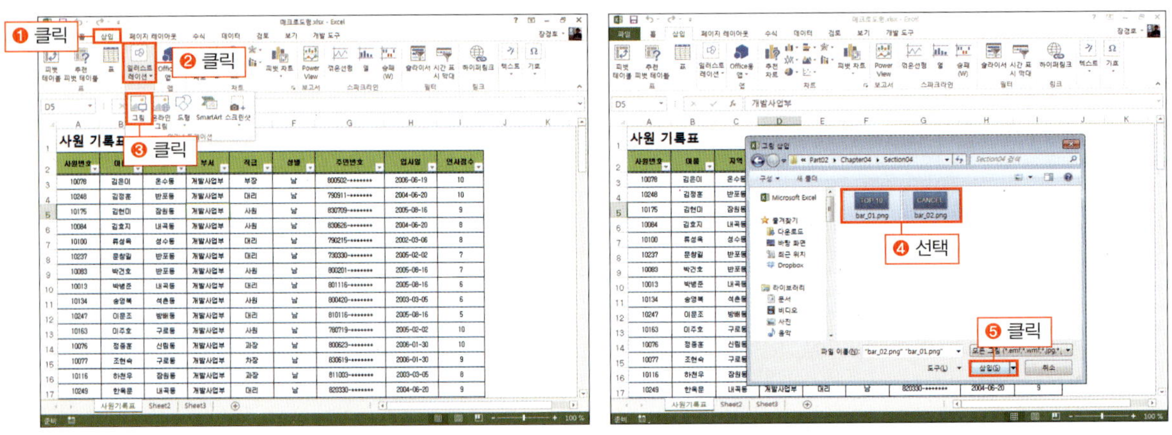

02_ 삽입한 도형의 위치와 크기를 조절한 다음 'TOP 10' 이라고 적힌 도형을 마우스 오른쪽으로 클릭하여 [매크로 지정]을 선택합니다. [매크로 지정] 대화상자가 나타나면 [매크로 이름] 입력란에 『인사점수』를 입력한 후 [기록]을 클릭합니다.

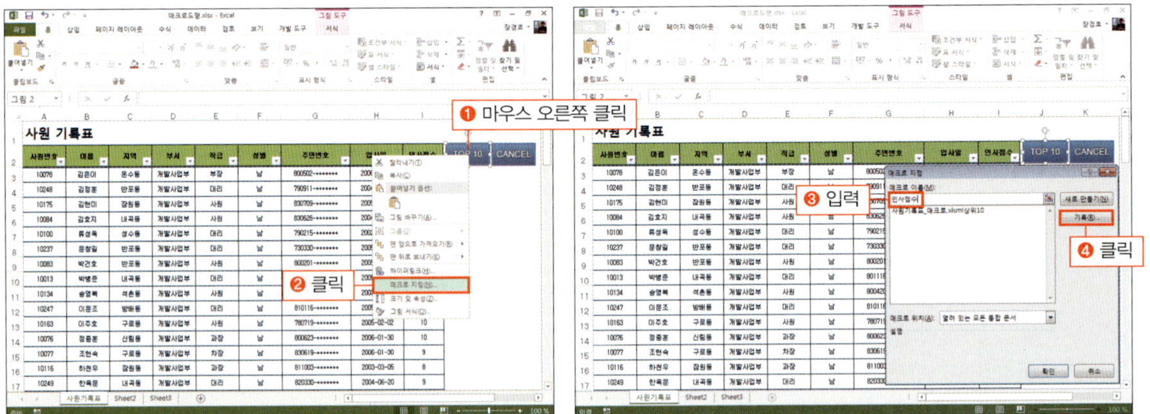

03_ [매크로 기록] 대화상자가 나타나면 [매크로 이름]에 '인사점수'가 입력되어 있는 것을 확인한 후 [확인]을 클릭합니다.

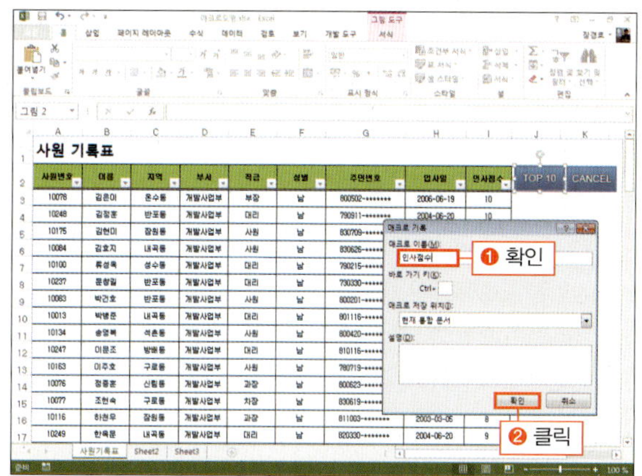

04_ 매크로를 기록하기 위해 [인사점수] 필드의 화살표를 클릭한 후 [숫자 내림차순 정렬]을 클릭합니다.

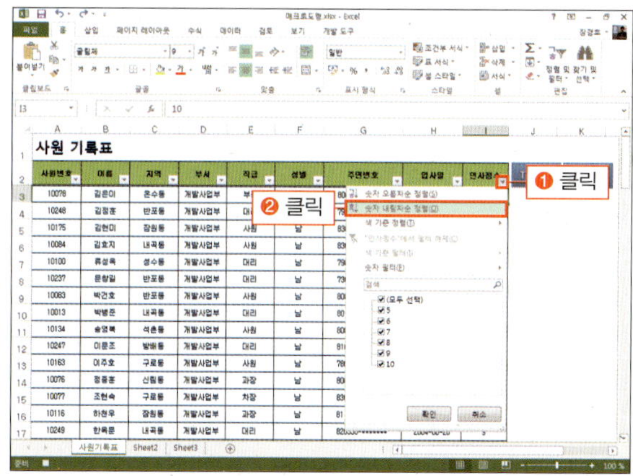

05_ 매크로 기록을 중지하기 위해 상태 표시줄에 [정지] 단추를 클릭합니다.

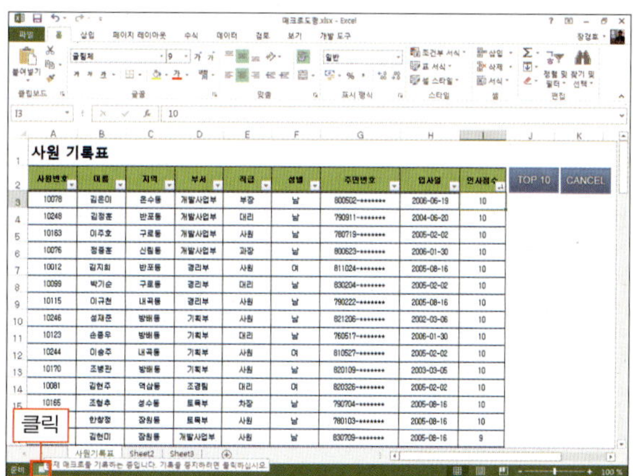

06_ 이번에는 'CANCEL' 이라고 적힌 도형을 마우스 오른쪽으로 클릭하여 [매크로 지정]을 선택합니다. [매크로 지정] 대화상자가 나타나면 [매크로 이름] 입력란에 『취소하기』를 입력한 후 [기록]을 클릭합니다.

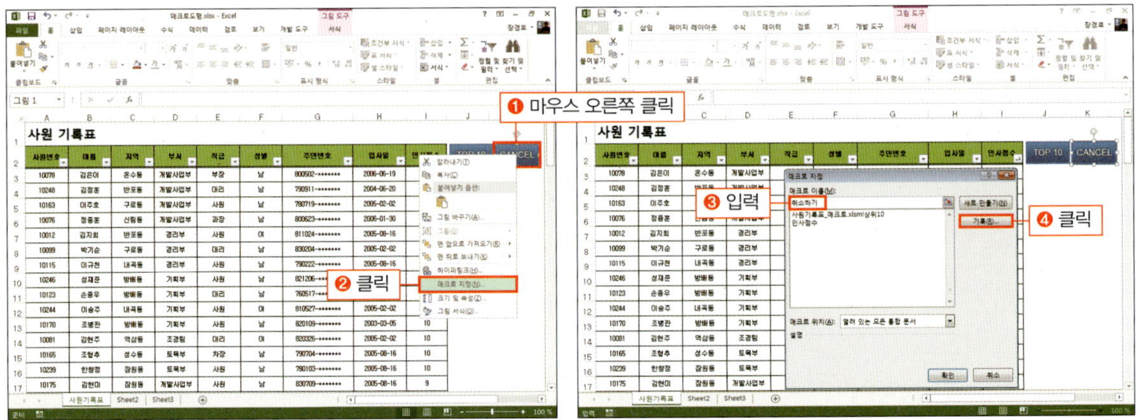

07_ [매크로 기록] 대화상자가 나타나면 [매크로 이름]에 '취소하기'가 입력되어 있는 것을 확인한 후 [확인]을 클릭합니다.

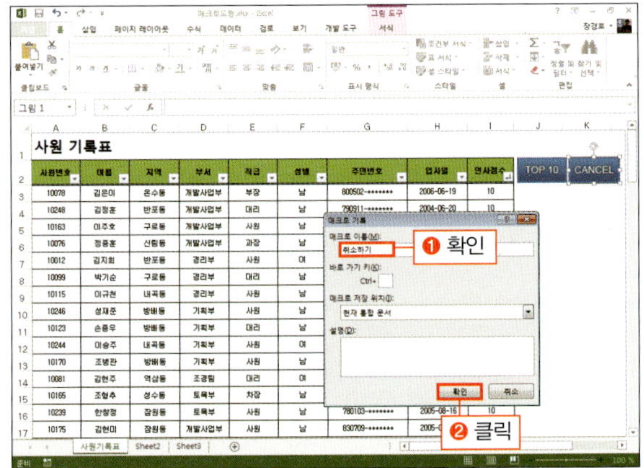

08_ 매크로를 기록하기 위해 [인사점수] 필드의 화살표를 클릭한 후 [숫자 오름차순 정렬]을 클릭합니다.

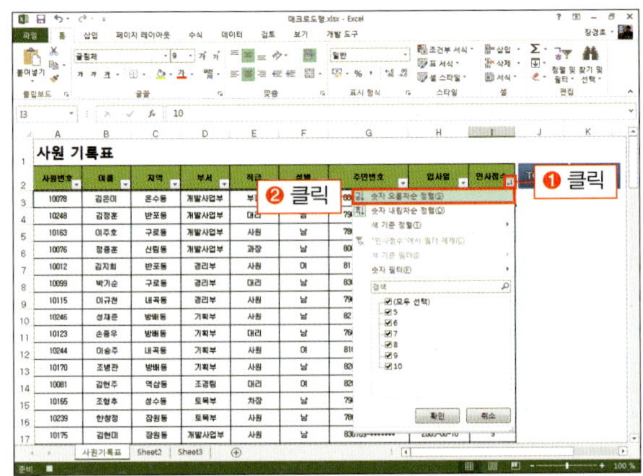

09_ 매크로 기록을 중지하기 위해 상태 표시줄에 [정지] 단추를 클릭합니다.

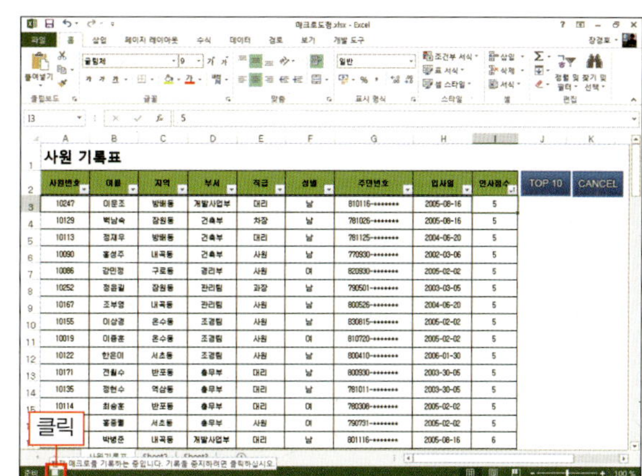

[개발 도구] 탭–[코드] 그룹–[기록 중지]를 클릭하여 매크로 기록을 종료할 수도 있습니다.

10_ 매크로가 제대로 기록되었는지 살펴봅니다. 'TOP 10' 이라고 적힌 도형을 클릭합니다. [인사점수] 필드가 내림차순 정렬됩니다.

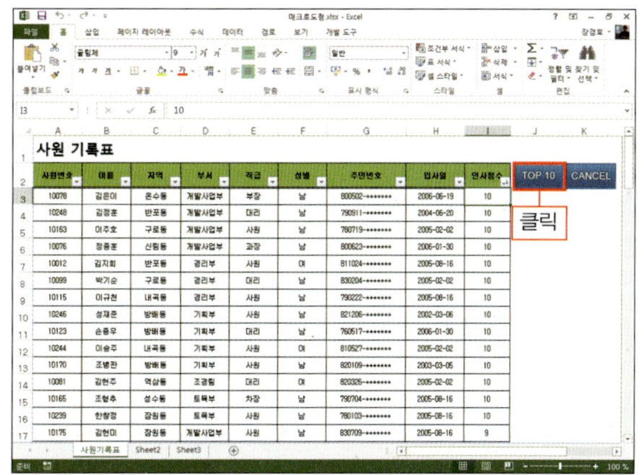

11_ 'CANCEL'이라고 적힌 도형을 클릭합니다. 오름차순 정렬됩니다.

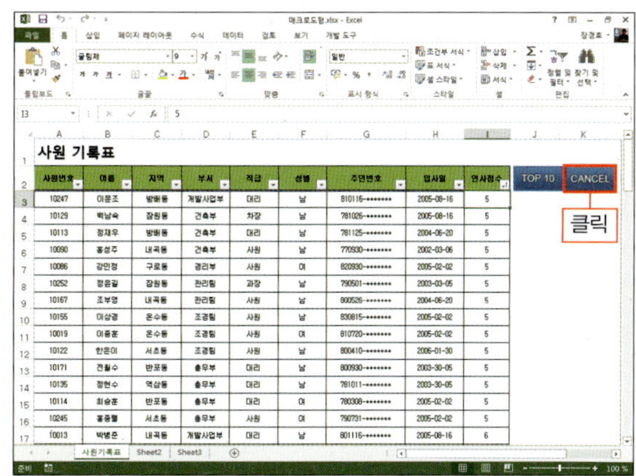

:: 매크로 삭제하기

기록된 매크로는 [개발 도구] 탭-[코드] 그룹-[매크로]를 클릭해 삭제할 수 있습니다.

01_ 준비 파일을 열거나 이어서 진행합니다. [개발 도구] 탭-[코드] 그룹-[매크로]를 클릭합니다. [매크로] 대화상자가 나타나면 [매크로 이름] 목록에서 [인사점수]를 선택합니다. [삭제]를 클릭합니다.

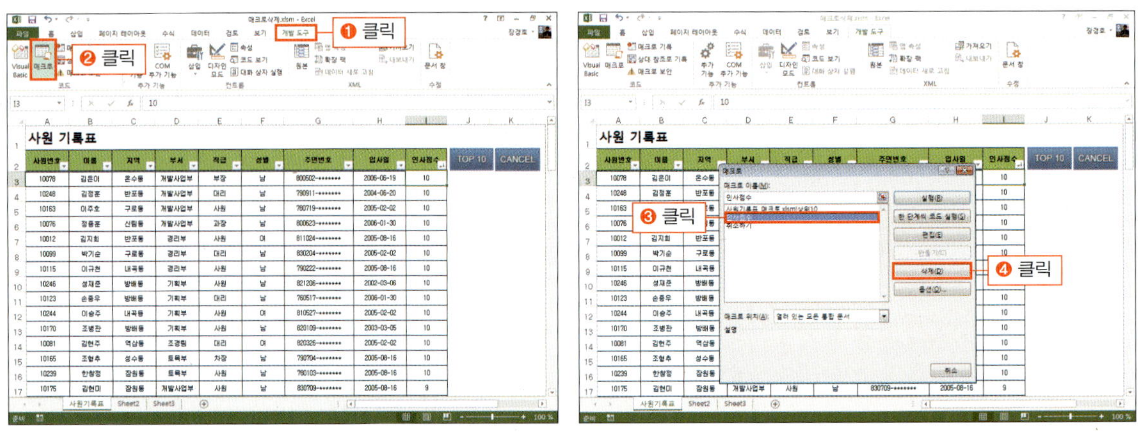

02_ 경고창이 나타나면 [예]를 클릭합니다. 'TOP 10' 을 클릭하면 '매크로를 실행할 수 없습니다.'라는 메시지가 뜨면서 매크로가 실행되지 않습니다.

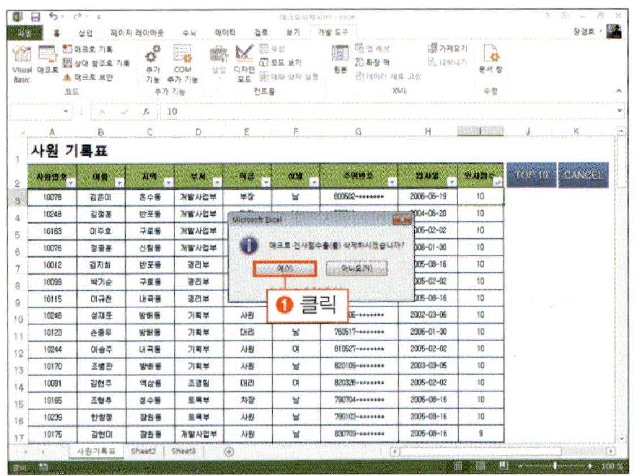

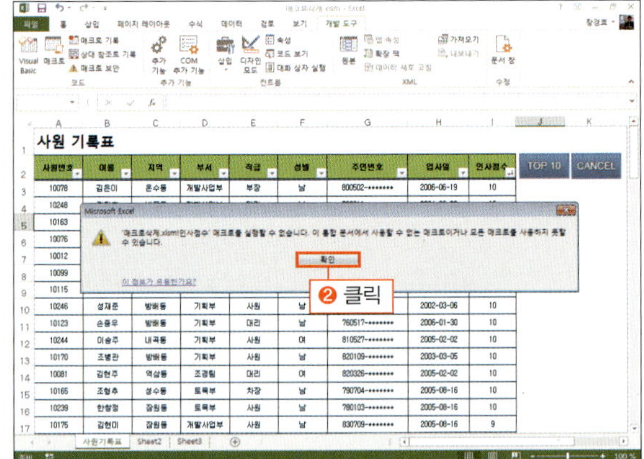

:: VBA 편집기 실행하기

매크로를 기록하면 VBA 편집기를 통해 코드를 확인할 수 있습니다. VBA는 'Visual Basic for Application'의 약어로써 비주얼 베이직 프로그래밍 언어를 활용하여 엑셀에서 미처 다루지 못하는 다양한 프로그래밍이 가능하도록 도와줍니다.

준비파일 Part02₩Chapter04₩Section04₩VBA편집기.xlsm

01_ 준비 파일을 엽니다. [개발 도구] 탭–[코드] 그룹에서 [Visual Basic]을 클릭하여 VBA 편집기를 실행합니다.

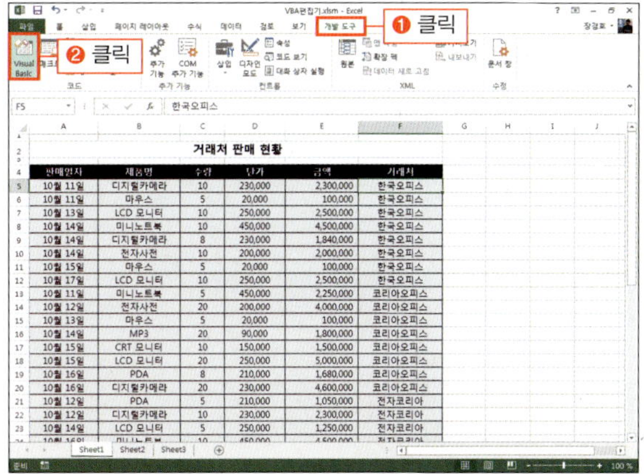

02_ VBA 편집기는 별도의 프로그램이 실행되면서 엑셀 창이 아닌 새 창으로 표시됩니다. 탐색기와 같은 [프로젝트] 창을 비롯해 [속성] 창, [코드] 창 등으로 구성됩니다.

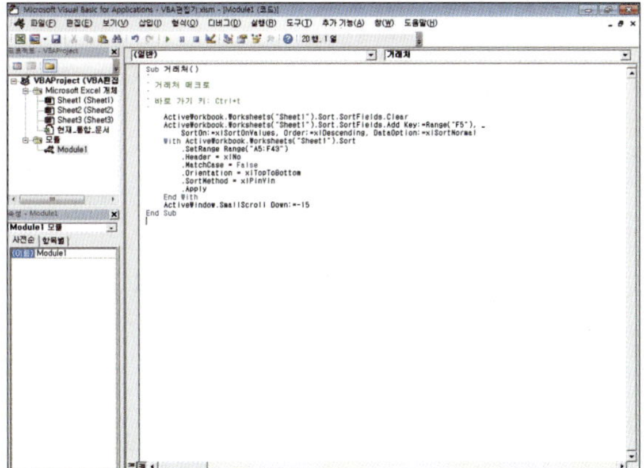

TIP
[파일]–[닫고 Microsoft Excel(으)로 돌아가기] 메뉴를 선택하면 VBA 편집기를 종료하고 엑셀로 돌아갑니다.

:: VBA 편집기로 매크로 수정하기

VBA 편집기를 이용하면 동일한 방식의 매크로를 복사하여 활용하거나 일부만 수정하여 다른 매크로를 생성할 수도 있습니다.

01_ 준비 파일을 열거나 이어서 진행합니다. [개발 도구] 탭-[코드] 그룹에서 [Visual Basic]을 클릭합니다. VBA 편집기가 나타나면 [프로젝트] 창에서 [모듈]의 [Module1]을 선택합니다.

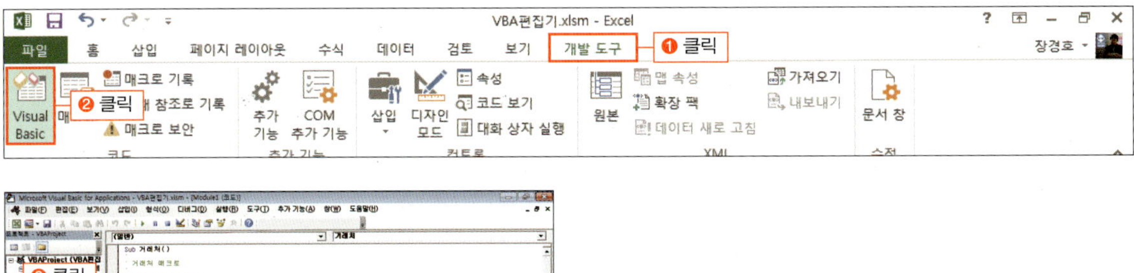

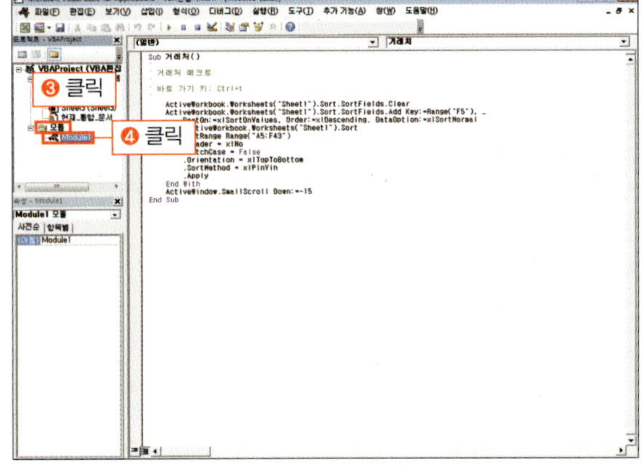

02_ '거래처' 프로시저 전체를 복사하여 아래에 붙여넣기 한 다음 프로시저명을 '거래처2'로 변경한 후 '바로 가기 키: Ctrl+t'를 삭제합니다.

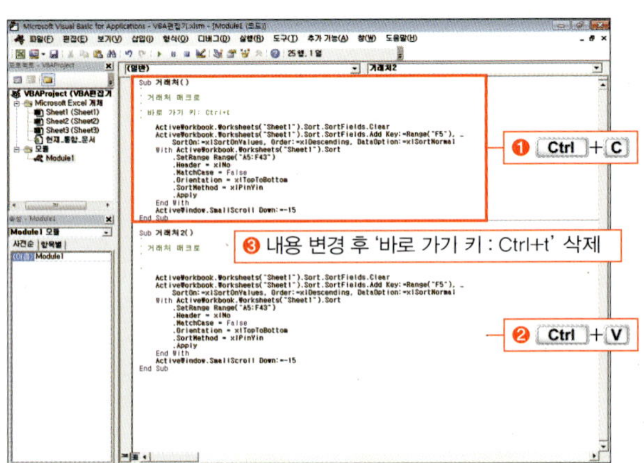

03_ 복사된 코드 중 '=Range("F5")'를 '=Range("E5")'로 변경합니다. [파일]-[닫고 Microsoft Excel(으)로 돌아가기] 메뉴를 선택하여 VBA 편집기를 종료합니다.

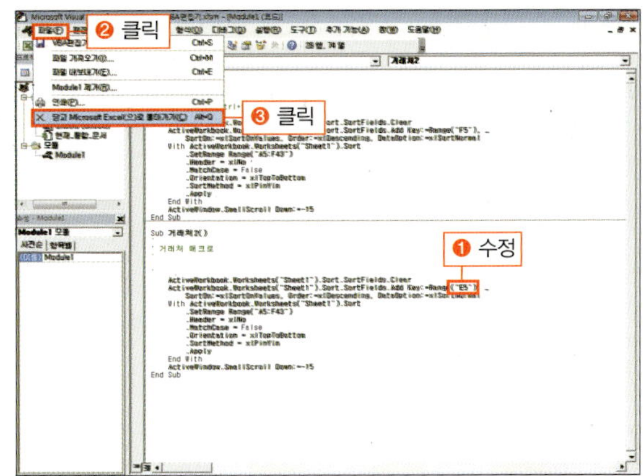

단축키 **Alt** + **Q** 를 눌러도 VBA 편집기를 종료할 수 있습니다.

04_ [개발 도구] 탭-[코드] 그룹에서 [매크로]를 클릭하고 [매크로] 대화상자가 나타나면 [매크로 이름] 목록에 '거래처2'가 추가된 것을 확인할 수 있습니다. [거래처2]를 선택한 후 [실행]을 클릭합니다.

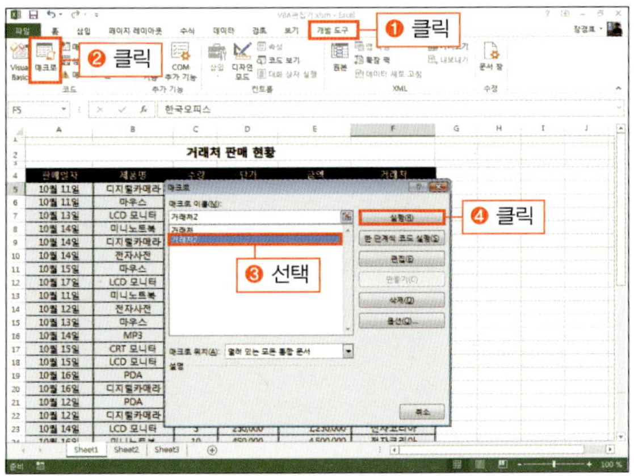

05_ 매크로가 실행되면서 금액이 오름차순으로 정렬되는 것을 확인할 수 있습니다.

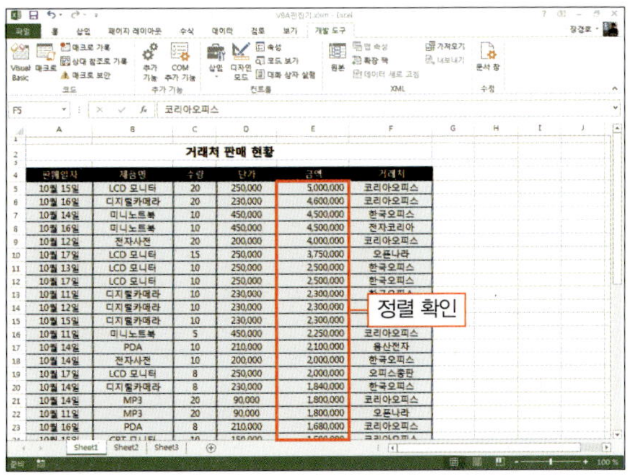

:: 한 단계씩 코드 실행하기

여기서는 VBA 편집기를 열어 한 단계씩 코드를 실행하는 방법에 대해서 살펴보도록 하겠습니다.

01_ 준비 파일을 열거나 이어서 진행합니다. 매크로가 어떻게 실행되는지 알아보기 위해 [개발 도구] 탭-[코드] 그룹에서 [매크로]를 클릭한 후 [매크로] 대화상자가 나타나면 [매크로 이름]에서 [거래처]가 선택된 상태에서 [한 단계씩 코드 실행]을 클릭합니다.

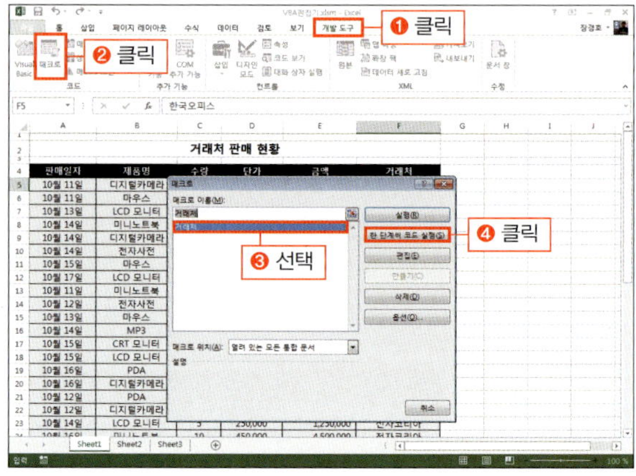

02_ VBA 편집기가 열립니다. 한 단계씩 코드를 실행하고 확인하기 위해 노란색의 음영이 표시됩니다.

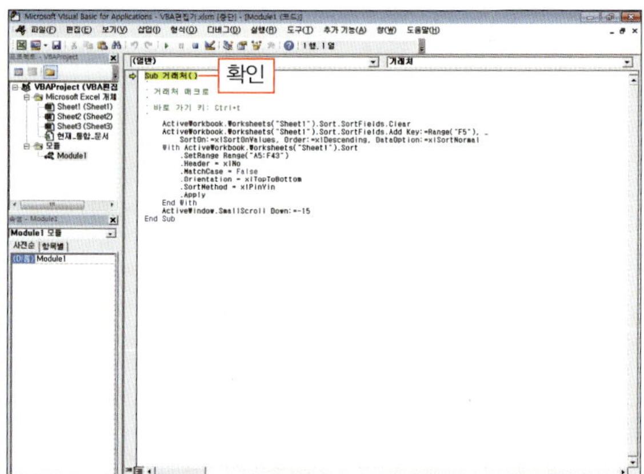

03_ F8 키를 눌러 노란색으로 표시되는 매크로 실행 순서를 확인합니다.

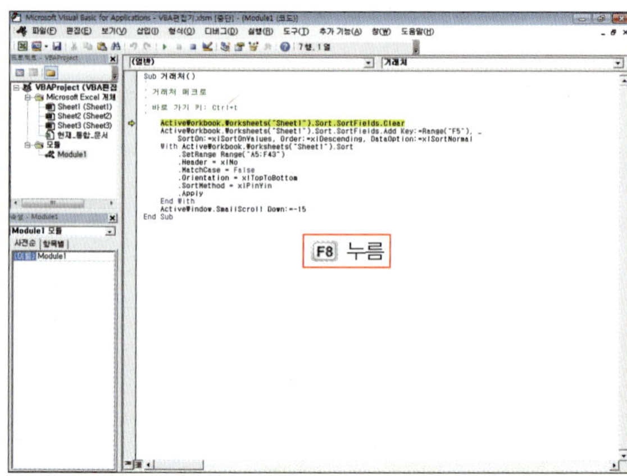

> **TIP**
> 매크로 실행을 중지하려면 VBA 편집기에서 [실행]-[재설정]을 선택한 후 [파일]-[닫고 Microsoft Excel(으)로 돌아가기] 메뉴를 선택합니다.

엑셀 2013 추가 기능 설치하기

엑셀의 기본 기능은 아니지만 추가 기능을 설치하여 다양한 기능을 활용할 수 있습니다. [파일] 탭-[옵션]을 클릭한 후 [Excel 옵션] 대화상자가 나타나면 [추가 기능]을 선택합니다. [관리]의 화살표를 클릭하면 'Excel 추가 기능'을 비롯해 'COM 추가 기능' 등 다양한 추가 기능을 추가할 수 있습니다. 원하는 항목을 선택한 후 [추가 기능] 대화상자가 표시되면 원하는 추가 기능을 체크 표시하여 설치합니다.

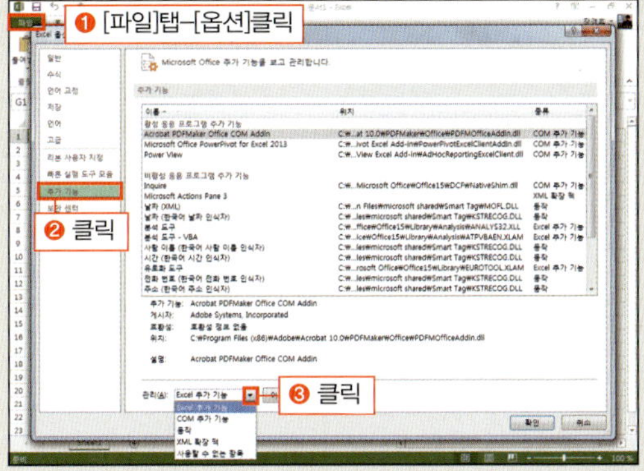

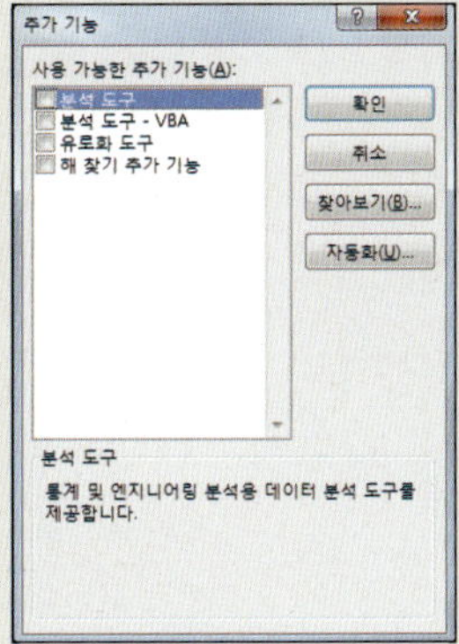

▲ Excel 추가 기능

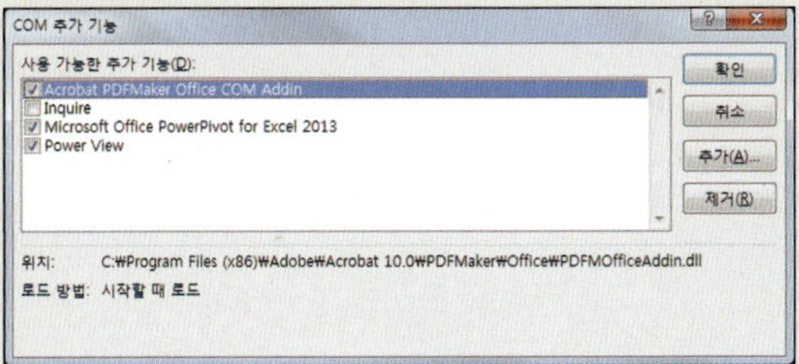

▲ COM 추가 기능

체크 해 봐요

◎ 준비파일 : Part02₩Chapter04₩Check₩등록명부.xlsx

◎ 완성파일 : Part02₩Chapter04₩Check₩등록명부_완성.xlsm

여기서는 매크로를 통해 텍스트 오름차순 정렬을 기록하고 매크로 문서로 저장해 보도록 합니다.

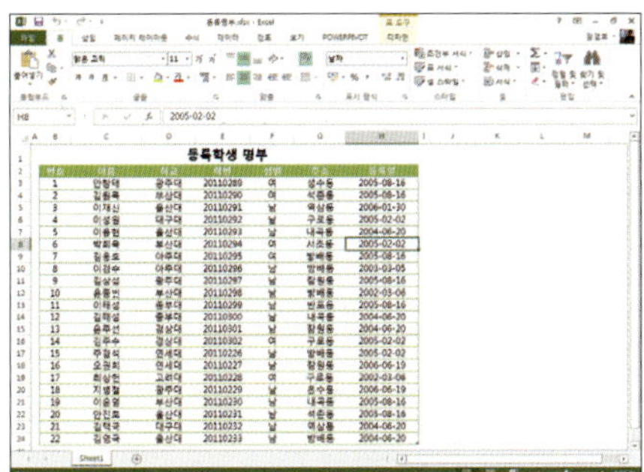

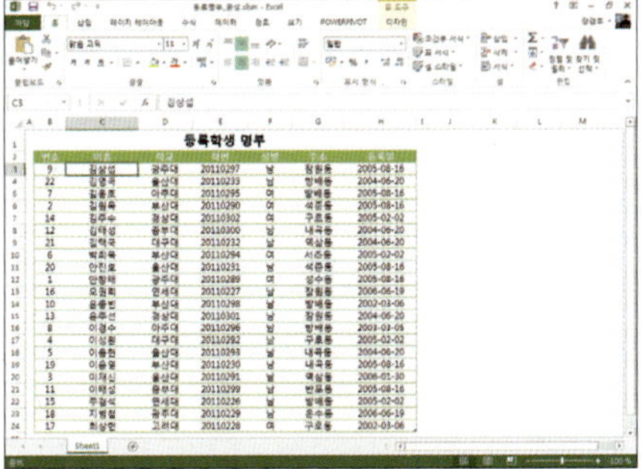

힌트

❶ [개발 도구] 탭에서 [코드] 그룹-[매크로 기록]을 클릭, 매크로 기록 후 [Excel 매크로 사용 통합 문서(*.xlsm)]로 저장합니다.

❷ 실습 따라하기 : 부록CD/Part02/Chapter04/실습17.docx

index

다양한 실무 예제로 배우는
환상의 콤비 엑셀&파워포인트 2013

기초부터 응용까지, 오피스 문시 작업을 위한 실무 노하우를 공개합니다.
다양한 업무에 응용할 수 있는 실무 핵심 예제를 통해 오피스 전문가로 거듭나세요!

영진닷컴 홈페이지(www.youngjin.com)의 [고객센터]−[도서자료실/CD다운로드]
게시판에서 본문 예제 파일 및 완성 파일을 내려받을 수 있습니다.

환상의 콤비
다양한 실무 예제로 배우는
엑셀 & 파워포인트 2013
2013
장경호 지음
파워포인트 2013
YoungJin.com Y.
영진닷컴

Part 03

파워포인트 2013

성공적인 프레젠테이션을 진행하기 위해서 필수적인 프로그램이 바로 파워포인트입니다. 다른 프로그램보다 비교적 쉬운 프로그램이 파워포인트라고 말할 수 있지만 다루면 다룰수록 어려운 프로그램 또한, 파워포인트라고 할 수 있습니다. 이번 파트에서는 파워포인트 2013의 기능 중에서 반드시 알고 있어야 하는 핵심 기능 뿐 아니라 슬라이드 디자인 작업 시에 도움이 될만한 다양한 팁과 테크닉에 대해서 다루어보도록 하겠습니다.

Contents

Chapter 02. 도형과 그래픽 개체 활용하기

Chapter 03. 멀티미디어와 슬라이드 쇼

Chapter 04. 테마 설정하고 인쇄하기

슬라이드 디자인하기

파워포인트는 텍스트를 입력하고 새 슬라이드를 생성하는 과정에서 시작하여 하나의 프레젠테이션이 완성됩니다. 이번 챕터에서는 파워포인트의 다양한 기능을 배우기에 앞서 파워포인트 화면 구성을 비롯해 슬라이드 편집 방법 그리고 텍스트 입력과 관련된 다양한 서식 기능에 대해서 알아보겠습니다.

파워포인트 2013 시작하기

파워포인트를 처음 배우는 분이라면 리본 메뉴를 비롯해 상황별 탭, 그리고 옵션 창이나 대화상자 등에 대해서 먼저 알고 있는 것이 좋습니다. 이번 섹션에서는 파워포인트를 처음 실행하면 나타나는 인트로 화면의 구성을 비롯해 슬라이드를 만드는 방법과 서식을 적용하는 방법 등에 대해서 배워보도록 하겠습니다.

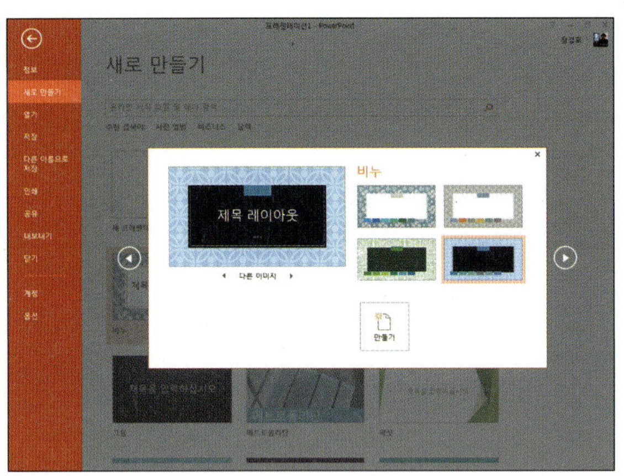

▲ 서식 파일로 새 프레젠테이션 만들기

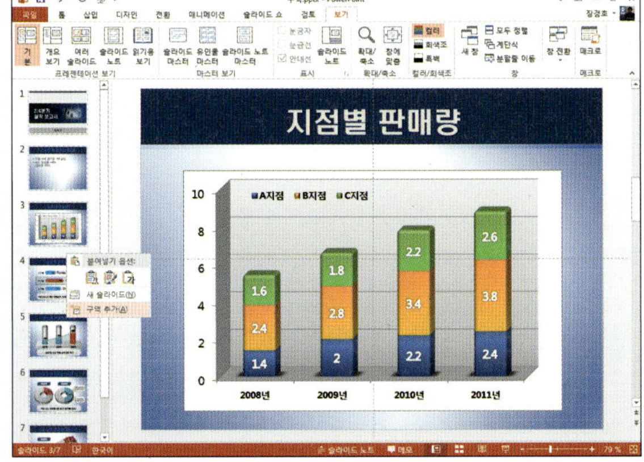

▲ 구역으로 슬라이드 구성하기

:: 파워포인트 2013 화면 구성 살펴보기

파워포인트 2013의 화면 구성은 [파일] 탭을 비롯해 다양한 리본 메뉴, 미리보기 창, 슬라이드 작업 창 등으로 나눌 수 있습니다.

파워포인트 첫 화면 살펴보기

파워포인트를 처음 실행하면 최근에 사용한 항목을 비롯해 서식 파일 검색 창 그리고 주요 테마 화면을 만날 수 있습니다.

❶ **최근에 사용한 항목** : 가장 최근에 열어본 슬라이드 파일부터 차례대로 사용했던 슬라이드 파일이 표시됩니다.

❷ **다른 프레젠테이션 열기** : 내 컴퓨터나 SkyDrive에 저장된 프레젠테이션 목록을 엽니다.

❸ **온라인 서식 파일 및 테마 검색** : Office.com의 다양한 온라인 서식 파일 및 테마를 검색할 수 있습니다.

❹ **이 항목을 목록에 고정** : 목록에 고정 아이콘을 클릭하면 최상단에 슬라이드 파일명이 표시됩니다. 최근에 사용한 항목 리스트가 변경되어도 고정된 목록은 그대로 표시됩니다.

❺ **주요 서식 파일** : 파워포인트 2013에서 추천하는 주요 서식 파일이 표시됩니다.

❻ **로그인 사용자** : 오피스에 로그인하였을 경우 로그인 사용자의 사진과 계정 정보가 표시됩니다.

파워포인트 2013 화면 구성

파워포인트 화면은 제목 표시줄을 비롯해 빠른 실행 도구 모음, 사용자 정보, 리본 메뉴, 옵션 창 등으로 나눌 수 있습니다.

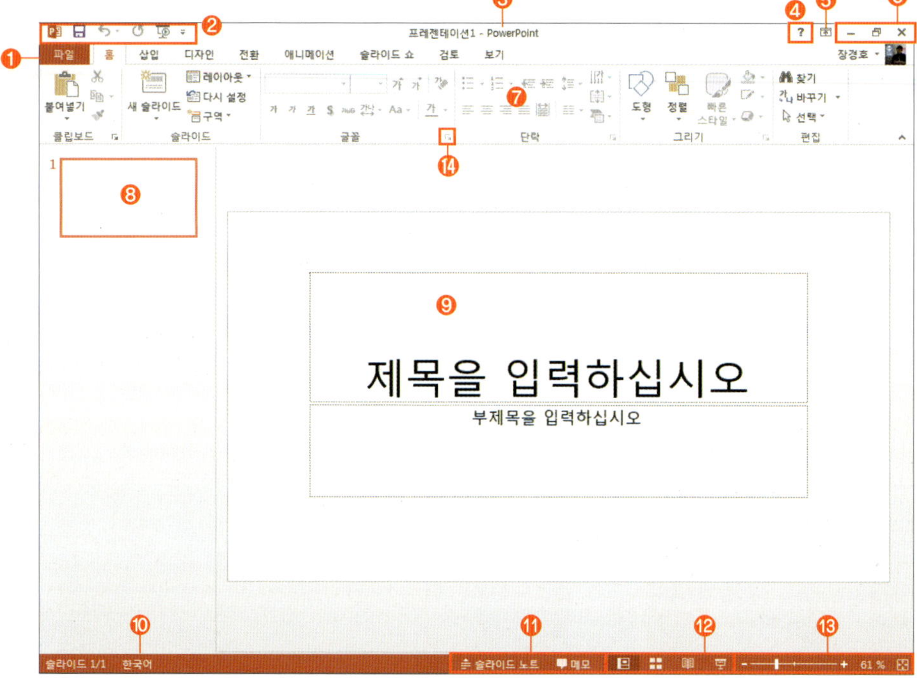

❶ **[파일] 단추** : 클라우드 서비스를 비롯해 새로 만들기, 열기, 저장, 인쇄 등의 기본적인 메뉴와 파워포인트의 다양한 옵션을 지정할 수 있는 [PowerPoint 옵션]을 제공합니다.

❷ **빠른 실행 도구 모음** : 자주 사용하는 기능을 아이콘 형식으로 표시하여 편하게 불러올 수 있습니다.

❸ **제목 표시줄** : 작업 중인 프레젠테이션의 파일명을 표시합니다.

❹ **도움말** : 파워포인트의 기능이나 사용법 등을 매뉴얼 형식으로 표시해 줍니다

❺ **리본 메뉴 표시 옵션** : 슬라이드의 화면 확대 및 축소하거나 슬라이드를 현재 창 크기로 맞출 수 있습니다.

❻ **화면 조절 버튼** : 화면의 크기 조정을 비롯해 파워포인트 프로그램을 종료할 수 있습니다.

❼ **리본 메뉴** : [홈], [삽입], [디자인] 등 유사한 기능이 탭으로 구분되어 있으며, 각각의 탭은 그룹이라는 이름으로 묶여있습니다.

❽ **미리보기 창** : 미리보기 창을 통해 슬라이드 화면을 섬네일로 표시합니다.

❾ **슬라이드 작업 창** : 제목 개체틀, 내용 개체틀을 비롯해 슬라이드 작업을 하는 공간입니다.

❿ **상태 표시줄** : 슬라이드의 번호, 디자인 테마, 언어를 표시합니다.

⓫ **슬라이드 노트 및 메모 단추** : 슬라이드에 대한 시나리오나 간단한 설명 등을 텍스트로 입력할 수 있는 슬라이드 노트 및 여러 사람들과 함께 의견을 나눌 수 있는 메모를 표시합니다.

⓬ **보기 단추** : 기본, 여러 슬라이드, 읽기용 보기, 슬라이드 쇼로 슬라이드를 보는 방법을 선택합니다.

⓭ **확대/축소** : 슬라이드 작업창의 크기를 확대하거나 축소할 수 있습니다.

⓮ **옵션 창** : 선택하는 기능에 따라 다양한 옵션 창이 슬라이드 편집 화면 오른쪽에 나타납니다.

슬라이드 화면의 4가지 작업 영역

슬라이드 화면은 [개요] 창을 비롯해 [슬라이드 미리보기] 창, [슬라이드 편집] 창, [슬라이드 노트] 창
으로 구분지을 수 있습니다.

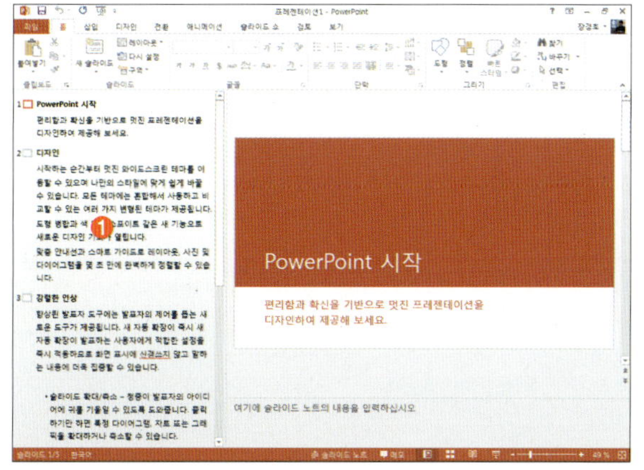

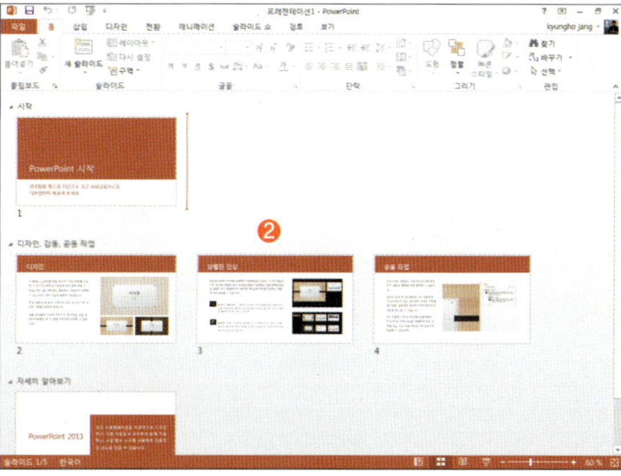

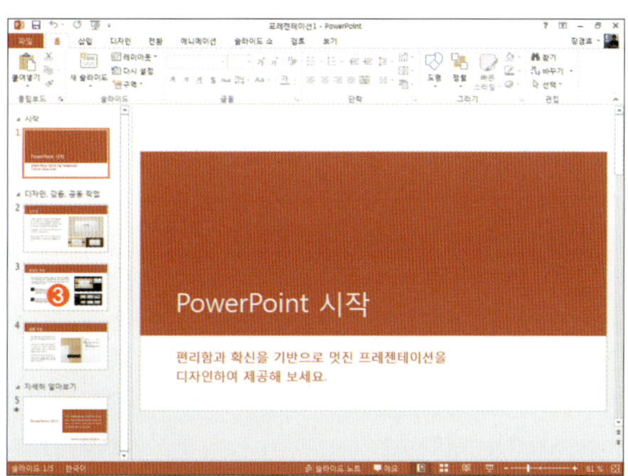

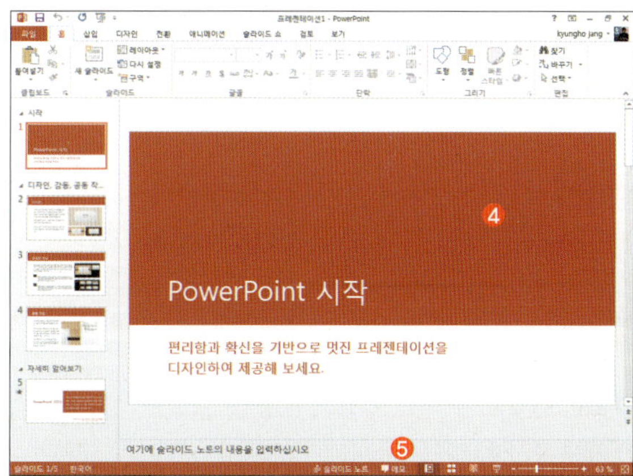

❶ **[개요] 창** : [개요] 창은 슬라이드 텍스트를 개요 형식으로 보여 줍니다. [개요] 창은 상태 표시줄의 [슬라이드 노트] 단추 오른
쪽에 있는 [기본] 단추를 클릭해서 열 수 있습니다.

❷ **[여러 슬라이드 보기] 창** : 전체 슬라이드를 축소판 그림으로 표시합니다.

❸ **[슬라이드 미리보기] 창** : 슬라이드를 축소판 그림으로 표시합니다. 축소판 그림을 사용하면 쉽게 슬라이드의 구성을 확인할
수 있으며, 슬라이드를 정렬할 수 있습니다.

❹ **[슬라이드 편집] 창** : 슬라이드 작업이 실질적으로 이루어지는 공간으로 텍스트를 추가하고, 다양한 멀티미디어 기능 및 개체
를 삽입할 수 있습니다.

❺ **[슬라이드 노트] 창** : [노트] 창에는 현재 슬라이드에 해당하는 내용을 입력할 수 있습니다. [노트] 창을 불러오기 위해서는 상
태 표시줄에서 [슬라이드 노트] 단추를 클릭합니다.

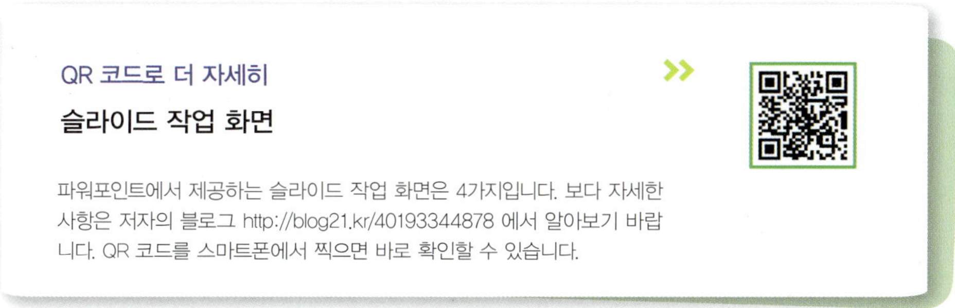

QR 코드로 더 자세히

슬라이드 작업 화면

파워포인트에서 제공하는 슬라이드 작업 화면은 4가지입니다. 보다 자세한
사항은 저자의 블로그 http://blog21.kr/40193344878 에서 알아보기 바랍
니다. QR 코드를 스마트폰에서 찍으면 바로 확인할 수 있습니다.

:: 리본 메뉴와 상황별 탭 살펴보기

리본 메뉴는 홈, 삽입, 디자인, 전환, 애니메이션, 슬라이드 쇼, 검토, 보기 등의 여러가지 탭으로 구성되어 있습니다.

[홈] 탭

기본적인 기능이 포함되어 있는 탭으로 슬라이드 레이아웃이나 글꼴 서식, 그리고 도형 등을 선택할 수 있습니다.

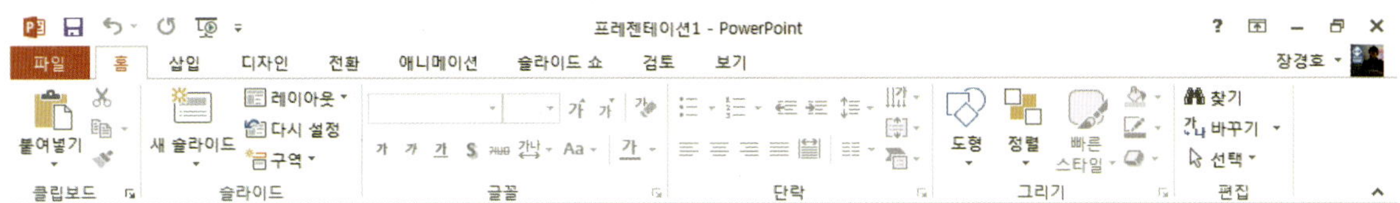

[삽입] 탭

슬라이드에 표나 차트를 삽입하거나 그림이나 온라인 그림 등 다양한 개체를 삽입할 때 사용하는 탭입니다.

[디자인] 탭

[디자인] 탭에서는 테마를 비롯하여 배경, 글꼴의 색 구성 등 전체 슬라이드 디자인을 변경할 수 있습니다.

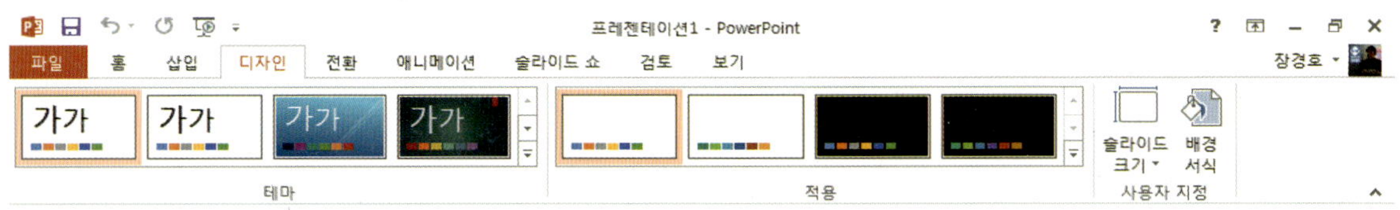

[전환] 탭

슬라이드 화면 전환을 비롯해 화면 전환시 소리, 타이밍 등을 설정할 수 있습니다.

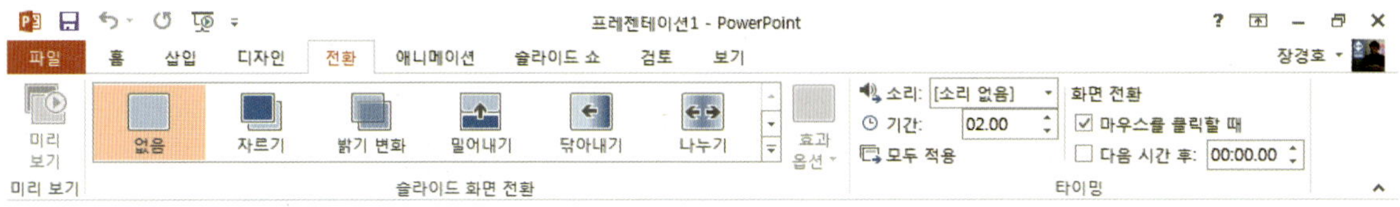

[애니메이션] 탭

사용자 지정 애니메이션 등을 지정하거나 부가적인 애니메이션 옵션을 지정하고 싶을 때 사용합니다.

[슬라이드 쇼] 탭

설명을 녹화하거나 슬라이드 설정, 발표자 도구 등을 선택할 수 있으며 프레젠테이션을 진행하기 위해 슬라이드 쇼를 선택할 수 있습니다.

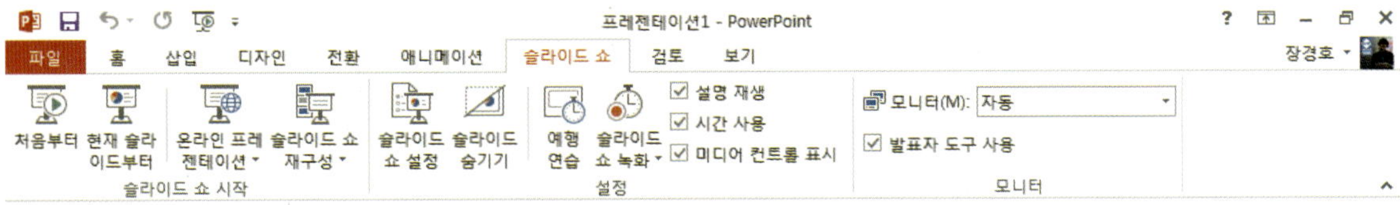

[검토] 탭

언어 교정이나 메모 또는 프레젠테이션 파일의 보호를 위한 기능을 선택할 수 있습니다.

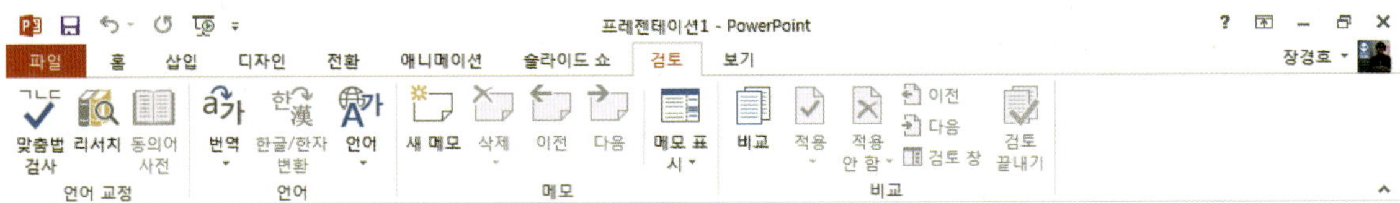

[보기] 탭

여러 슬라이드, 슬라이드 노트, 슬라이드 마스터 보기 등을 선택할 수 있으며, 매크로 기능이나 슬라이드 창의 확대/축소도 할 수 있습니다.

QR 코드로 더 자세히

상황별 탭 살펴보기

리본 메뉴의 [삽입] 탭이나 [애니메이션] 탭을 통해 기능을 선택하면 상황별 탭이 나타납니다. 상황별 탭에 대해서 더 자세히 알고 싶은 분은 저자의 블로그 http://blog21.kr/40193341174 에서 확인할 수 있습니다. QR 코드를 스마트폰에서 찍으면 바로 확인할 수 있습니다.

파워포인트 2013은 새 파일을 만들고 저장할 때 개인 웹하드 성격의 스카이드라이브나 내 컴퓨터에
저장할 수 있습니다.

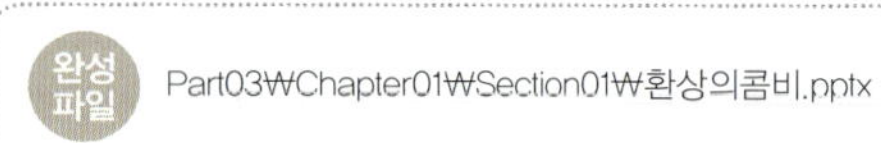

01_ 파워포인트를 처음 실행하면 인트로 페이지가
열립니다. [새 프레젠테이션]을 선택합니다.

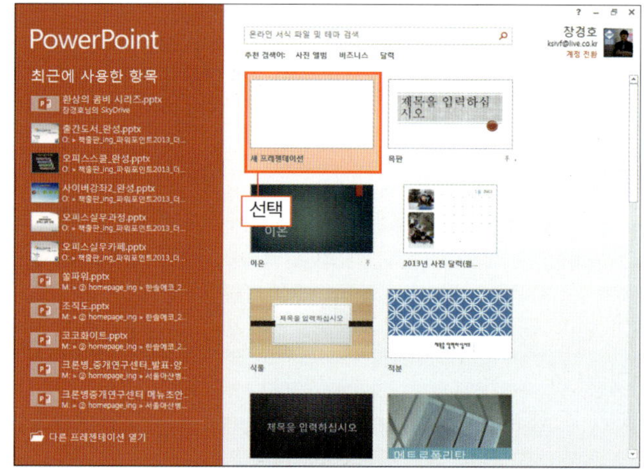

TIP

왼쪽의 최근에 사용한 항목에는 가장 최근에 열
어본 슬라이드 파일부터 차례대로 표시됩니다.
오른쪽의 서식 파일 항목에는 파워포인트가 제
공하는 다양한 서식 파일이 표시됩니다.

02_ 슬라이드 편집 화면이 열리면 '제목을 입력하
십시오'라고 적힌 제목 개체틀을 클릭한 후 『환상의
콤비 파워포인트』라고 내용을 입력합니다.

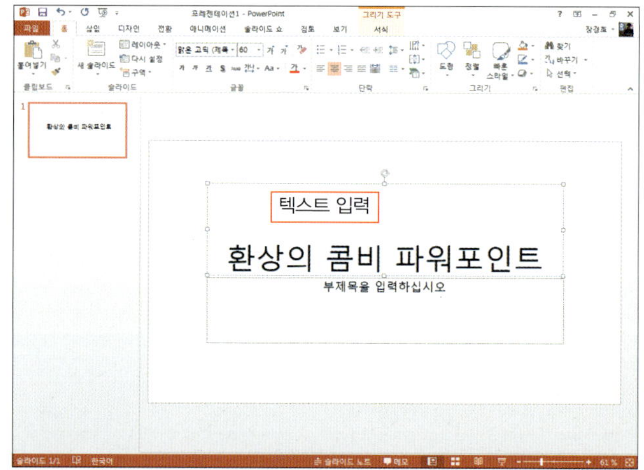

03_ 파워포인트 파일을 저장하기 위해 [파일] 탭을 클릭한 후 [다른 이름으로 저장]을 클릭합니다. [컴퓨터]–[찾아보기]를 선택합니다.

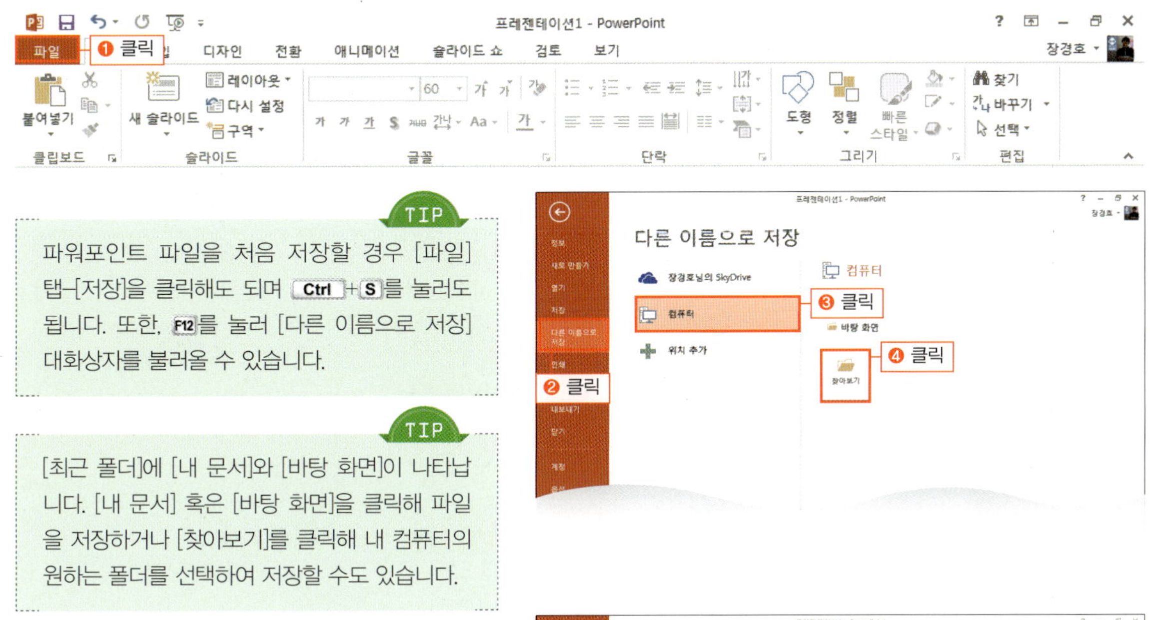

> **TIP**
>
> 파워포인트 파일을 처음 저장할 경우 [파일] 탭–[저장]을 클릭해도 되며 Ctrl + S 를 눌러도 됩니다. 또한, F12 를 눌러 [다른 이름으로 저장] 대화상자를 불러올 수 있습니다.

> **TIP**
>
> [최근 폴더]에 [내 문서]와 [바탕 화면]이 나타납니다. [내 문서] 혹은 [바탕 화면]을 클릭해 파일을 저장하거나 [찾아보기]를 클릭해 내 컴퓨터의 원하는 폴더를 선택하여 저장할 수도 있습니다.

04_ [다른 이름으로 저장] 대화상자가 나타납니다. 원하는 저장 위치를 선택하고, 원하는 파일 이름을 입력한 후 [저장]을 클릭합니다.

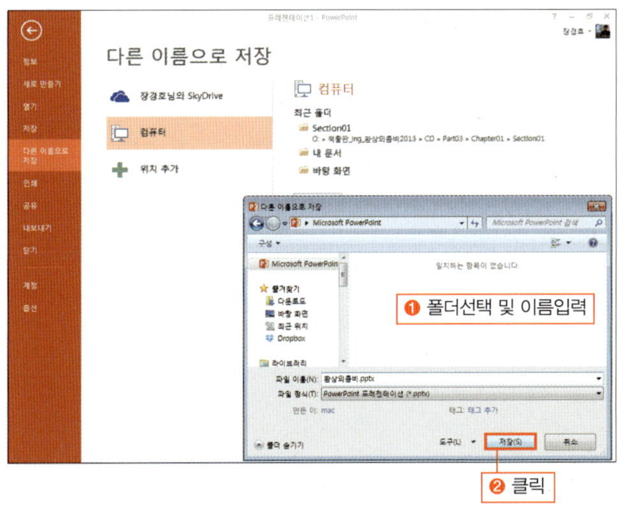

05_ 제목 표시줄에 '환상의 콤비'를 확인합니다.

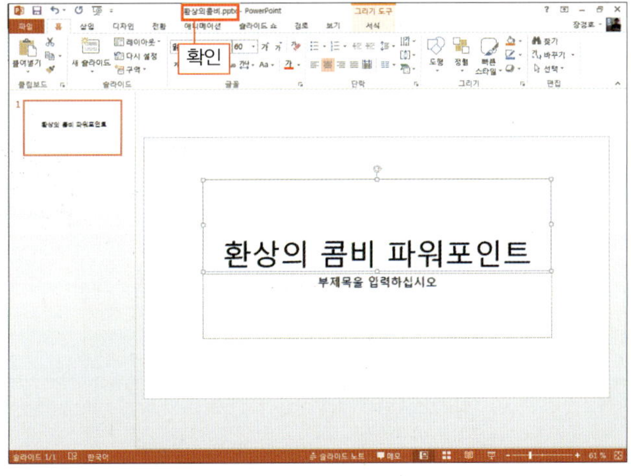

[다른 이름으로 저장] 대화상자의 [도구] 단추 활용하기

[도구] 단추를 클릭하면 저장 옵션 및 사용자 암호 등 다양한 옵션을 지정할 수 있습니다.

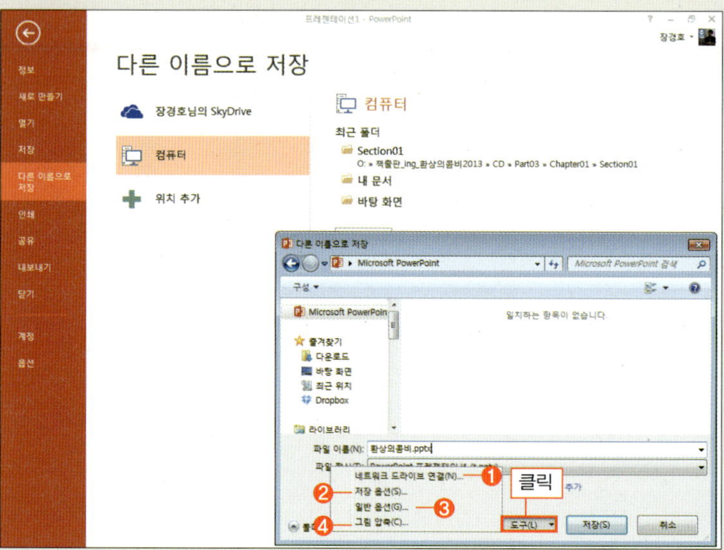

❶ **네트워크 드라이브 연결** : 연결할 네트워크 폴더를 선택해 네트워크 상에 슬라이드 파일을 저장할 수 있습니다.

❷ **저장 옵션** : [PowerPoint 옵션] 대화상자를 통해 여러 가지 저장 옵션을 선택할 수 있습니다.

❸ **일반 옵션** : 열기 암호 및 쓰기 암호를 비롯해 매크로 보안 등을 설정할 수 있습니다.

❹ **그림 압축** : 인쇄(220ppi), 화면(150ppi), 전자 메일(96ppi) 등 원하는 형식으로 그림을 압축할 수 있습니다.

프레젠테이션 도구 사용자 모임

파워포인트를 비롯해 프레지와 키노트 등을 프레젠테이션 도구라고 부릅니다. 이런 프레젠테이션 도구의 사용 방법 및 관련 소식이 궁금하다면 저자가 운영하는 아래 사이트에 접속하여 정보를 얻을 수 있습니다.

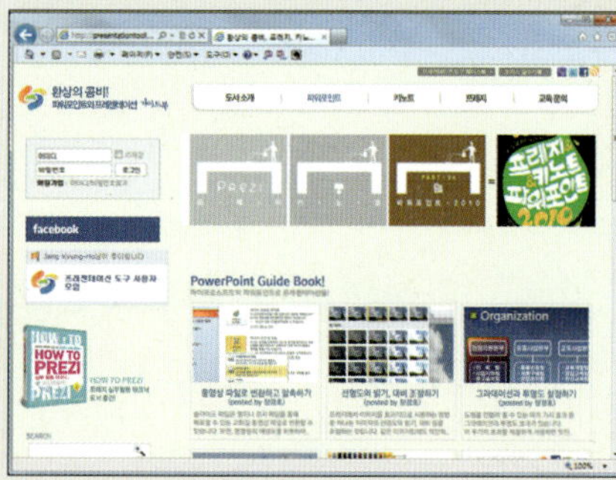

▲ 프레젠테이션 도구 사용자 모임
http://www.presentationtool.co.kr

▲ 프레젠테이션 도구 사용자 모임(페이스북)
http://www.facebook.com/pttool

:: 서식 파일로 새 프레젠테이션 만들기

이미 만들어진 서식 파일을 불러와 슬라이드 작업을 진행해 살펴보겠습니다.

01_ [파일] 탭을 클릭한 후 [새로 만들기]를 선택합
니다. [새로 만들기] 페이지가 열리면 원하는 서식
파일을 클릭합니다. 여기서는 [비누]를 선택합니다.

> **TIP**
> [파일] 탭-[새로 만들기]에 나타나는 서식 파일의
> 순서는 현재 화면과 다를 수 있습니다.

02_ 서식 파일이 새로운 창으로 열립니다. 레이아웃 및 디자인을 미리보기 형식으로 확인할 수 있습니다. 화면의 오른쪽
은 서식 파일의 테마로 같은 디자인이지만 다른 테마를 적용한 슬라이드를 확인할 수 있습니다. 여기서는 네번째 테마를
선택한 후 [만들기]를 선택합니다. 서식 파일이 슬라이드에 적용됩니다.

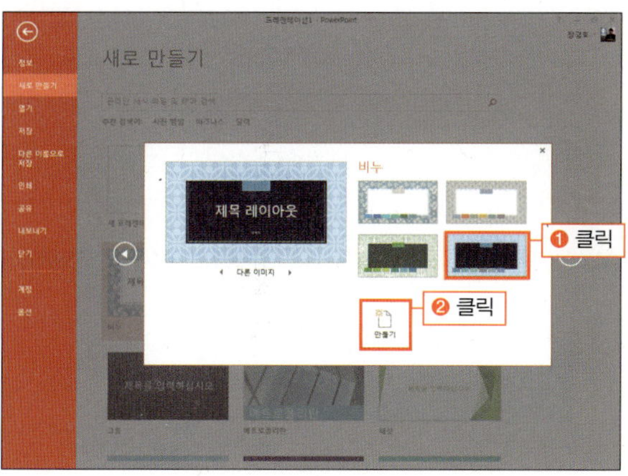

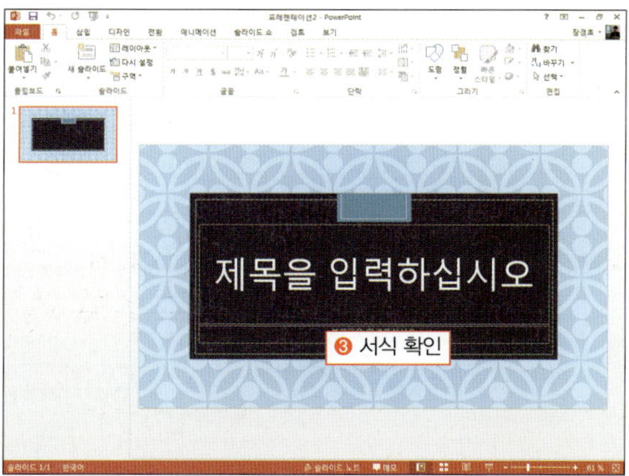

:: 검색어로 새 슬라이드 만들기

원하는 형식의 서식 파일이 없다면 검색어를 입력하여 서식 파일을 찾을 수 있습니다.

01_ [새로 만들기] 페이지 상단의 [온라인 서식 파일 및 테마 검색] 항목에 원하는 키워드나 검색어를 입력합니다. 여기서는 『달력』을 입력한 후 [찾기]를 클릭합니다.

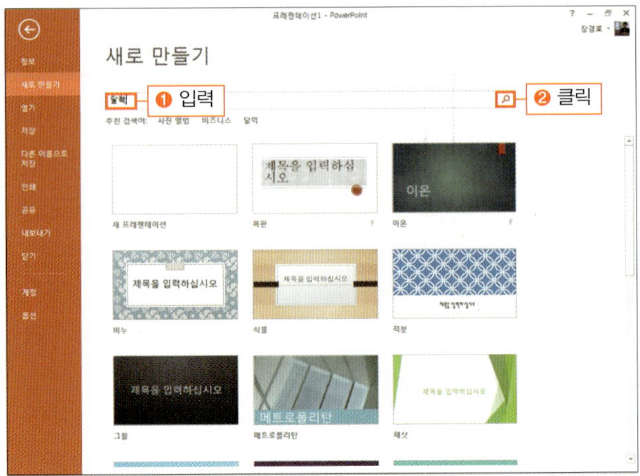

02_ 잠시 후 '달력'과 관련된 다양한 슬라이드 파일이 검색됩니다. 원하는 파일을 클릭하여 미리 보기 화면에서 내용을 확인한 후 [만들기]를 선택합니다.

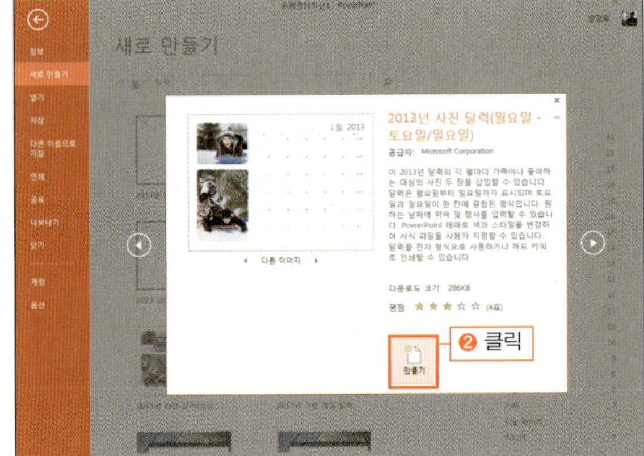

:: 슬라이드 추가하고 레이아웃 변경하기

슬라이드에서 새 슬라이드를 추가해 작성하는 방법에 대해서 살펴보겠습니다.

01_ 준비파일을 엽니다. 새 슬라이드를 삽입하기 위해 1번 슬라이드를 선택한 후 [홈] 탭–[슬라이드] 그룹–[새 슬라이드]의 아랫부분을 클릭합니다. 다양한 슬라이드 레이아웃이 나타나면 원하는 형식의 슬라이드 레이아웃을 선택할 수 있습니다. 여기서는 [구역 머리글] 슬라이드 레이아웃을 선택합니다.

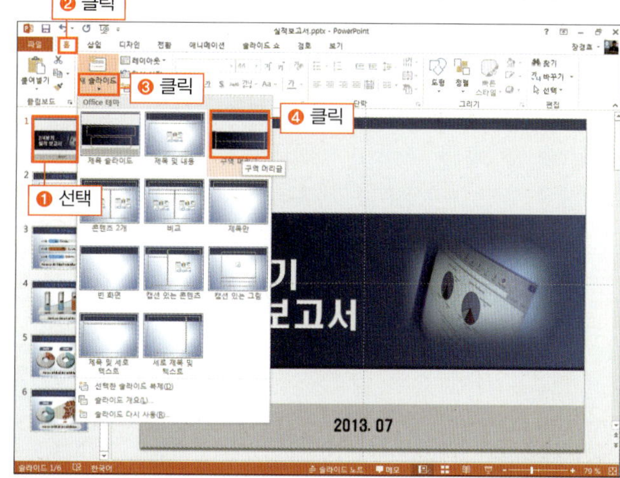

02_ [구역 머리글] 슬라이드 레이아웃이 1번 슬라이드 아래에 추가됩니다. 2번 슬라이드를 선택한 다음 [홈] 탭–[슬라이드] 그룹–[레이아웃]을 클릭합니다. [제목 및 내용] 슬라이드 레이아웃을 선택합니다. [구역 머리글] 레이아웃에서 [제목 및 내용] 레이아웃으로 변경됩니다.

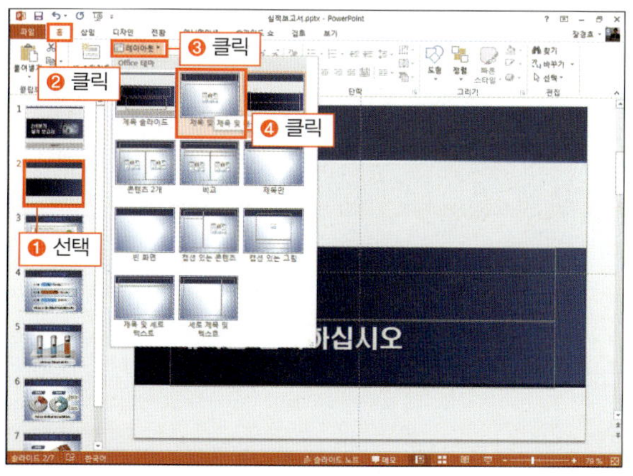

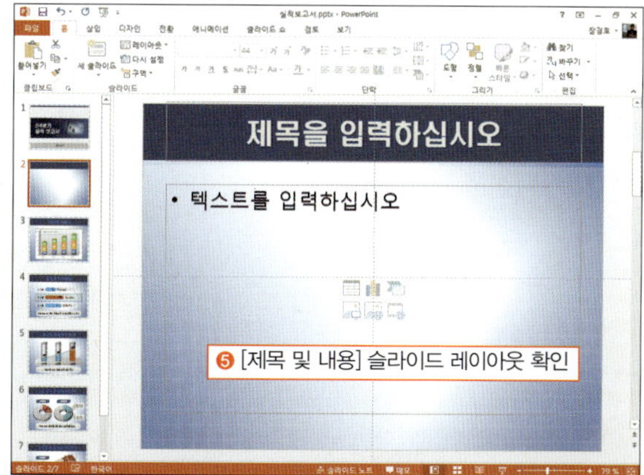

:: 개체 틀에 텍스트 입력하기

빈 화면 슬라이드를 제외한 슬라이드 레이아웃을 삽입하면 개체 틀에 텍스트를 입력할 수 있습니다.

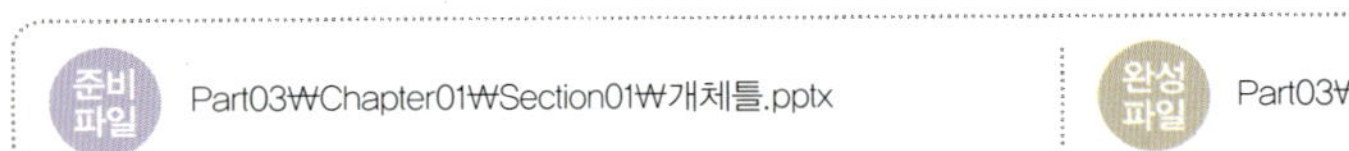

01_ 준비파일을 열거나 이어서 진행합니다. '제목을 입력하십시오'라고 적힌 제목 개체 틀에 『2/4분기 점유율 비교』를 입력한 후 **Enter** 를 누릅니다. '텍스트를 입력하십시오' 라고 적힌 내용 개체 틀을 클릭한 후 『작년 대비 점유율 2배 달성』을 입력합니다. **Enter** 를 누릅니다.

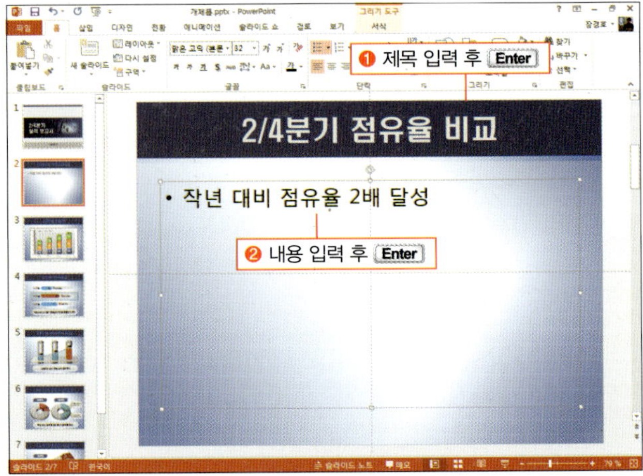

02_ 두 번째 단락으로 이동이 되면 이번에는 『목표 달성률 148%』를 입력한 후 **Shift** + **Enter** 를 눌러 줄 바꿈을 합니다. 줄 바꿈이 되면 『(점유율 50%)』을 입력합니다. 입력 후 다시 **Enter** 를 눌러 단락을 변경합니다.

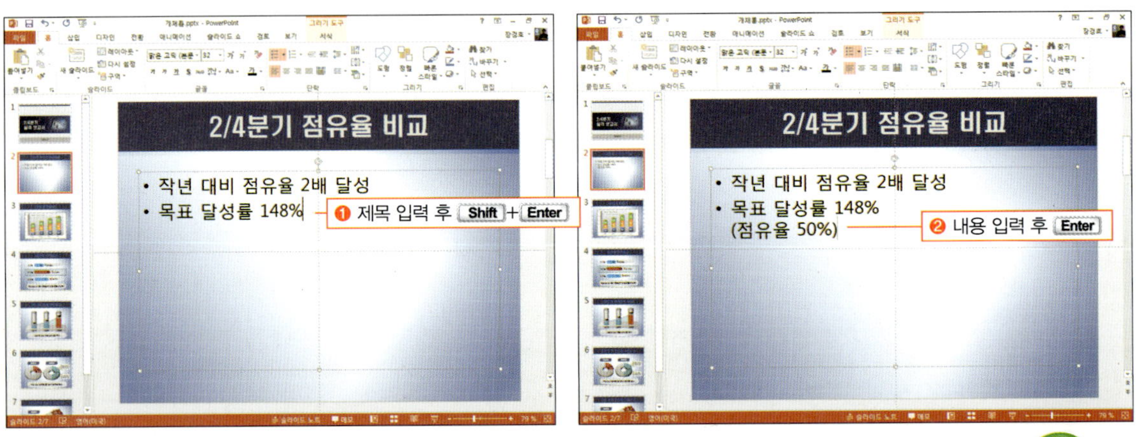

TIP
Enter 를 누르면 단락을 변경할 수 있으며, **Shift** + **Enter** 를 누르면 줄 바꿈을 할 수 있습니다.

:: 원하는 배율로 확대 및 축소하기

슬라이드 작업을 하다보면 슬라이드 편집 창의 크기를 확대하거나 축소할 경우가 발생합니다.

01_ 준비파일을 열거나 이어서 진행합니다. 7번으로 슬라이드를 선택합니다. 확대를 원하는 개체를 선택한 상태에서 [보기] 탭의 [확대/축소] 그룹—[확대/축소]를 클릭한 다음 [확대/축소] 대화상자에서 사용자 지정에 『150』을 입력한 후 [확인]을 클릭합니다.

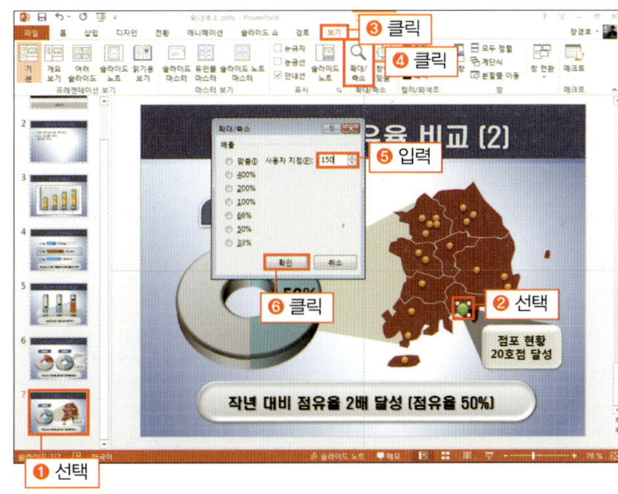

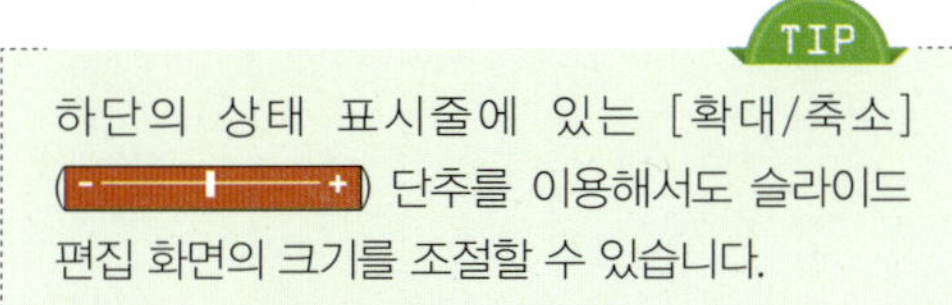

02_ 슬라이드 편집 창이 '150%'으로 확대되어 표시됩니다. 창에 맞게 다시 조절하기 위해 상태 표시줄의 [창에 맞춤](📐)을 클릭합니다. 슬라이드 편집 창이 창에 맞게 재조정됩니다.

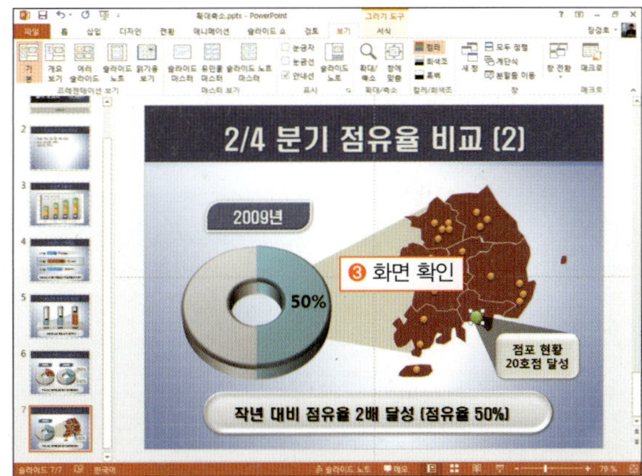

:: 구역으로 슬라이드 구성하기

구역 기능은 폴더를 사용하여 파일을 분류하는 것과 같이 유사한 내용을 서로 분류할 수 있는 기능입니다.

01_ 준비파일을 열거나 이어서 진행합니다. [슬라이드 미리보기] 창에서 3번 슬라이드와 4번 슬라이드 사이를 마우스 오른쪽으로 클릭합니다. [구역 추가]를 선택합니다.

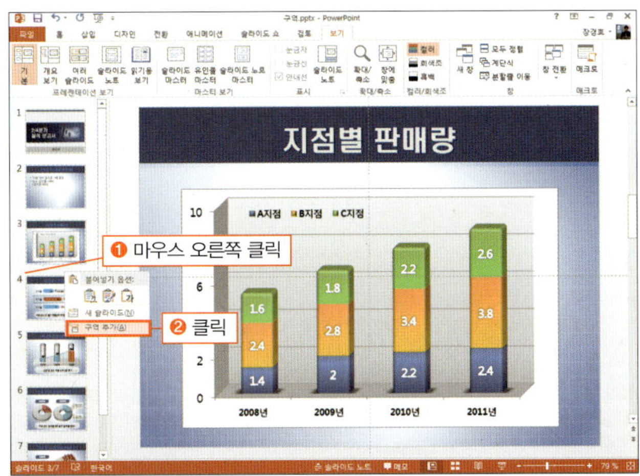

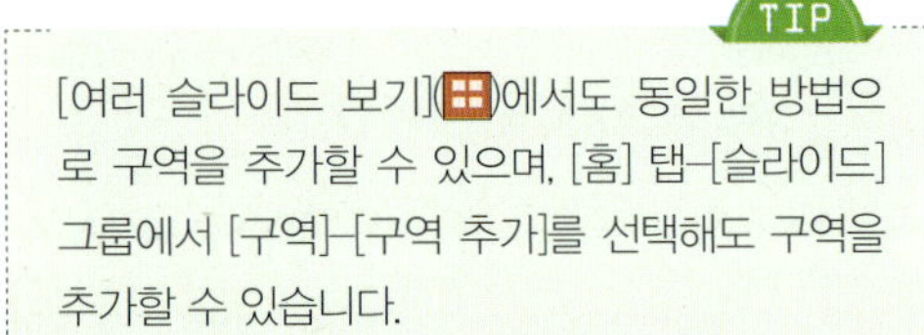

> **TIP**
>
> [여러 슬라이드 보기](田)에서도 동일한 방법으로 구역을 추가할 수 있으며, [홈] 탭–[슬라이드] 그룹에서 [구역]–[구역 추가]를 선택해도 구역을 추가할 수 있습니다.

02_ [제목 없는 구역]이 추가됩니다. 마우스 오른쪽을 클릭하여 [구역 이름 바꾸기]를 선택합니다. [구역 이름 바꾸기] 대화상자가 나타나면 『실적비교』라고 입력한 다음 [이름 바꾸기]를 클릭합니다.

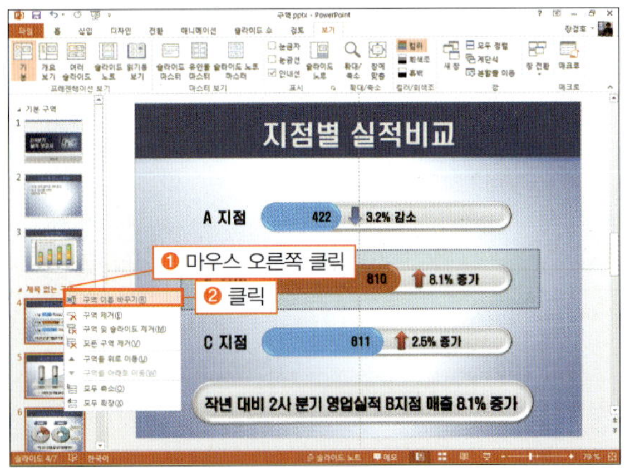

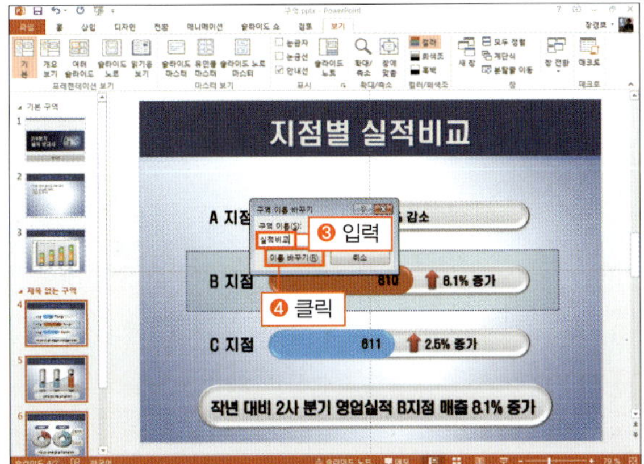

:: 구역 축소 및 확장하기

구역 영역을 축소하거나 확장하여 슬라이드 편집 작업을 용이하게 할 수 있습니다.

01_ 준비파일을 열거나 이어서 진행합니다. [구역 축소(◀)]를 클릭합니다. 구역이 축소되어 표시됩니다.

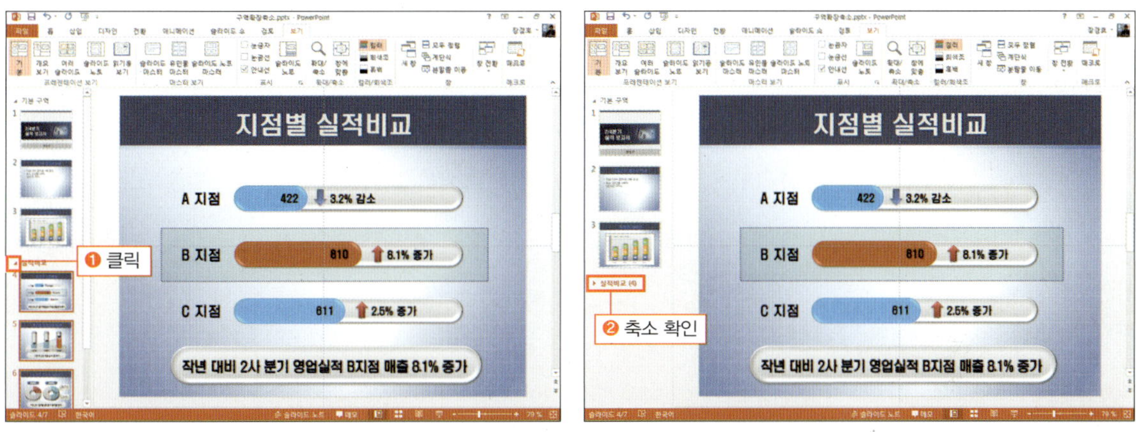

02_ 마우스 오른쪽을 클릭하여 [모두 축소]를 클릭합니다. 구역이 모두 축소되어 표시됩니다.

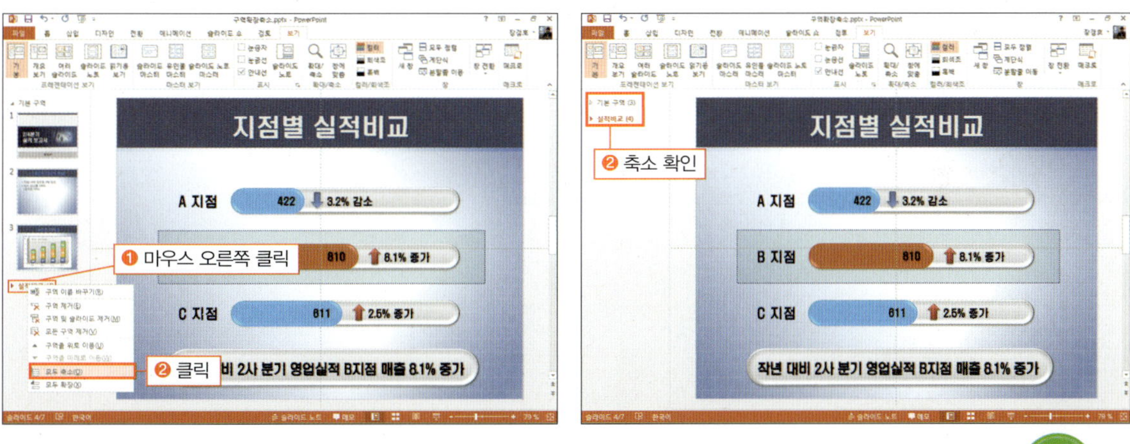

TIP

[모두 확장]을 클릭하면 축소된 영역이 다시 확장됩니다. 구역 모두 축소, 확장하기를 통해 슬라이드를 자유롭게 정리하고 구분지을 수 있습니다.

TIP

구역 지정 후 구역 축소(◀) 혹은 구역 확장(▶)을 클릭하면 구역 영역을 축소 혹은 확장할 수 있습니다. 구역이 많아지면 그만큼 관리해야할 슬라이드 수도 많아지기에 구역 축소 혹은 확장하기 기능을 적절히 사용하는 것이 좋습니다.

표준과 와이드 스크린 전환하기

파워포인트 2013의 슬라이드 기본 크기는 16:9 의 와이드 화면입니다. 하지만, 파워포인트 2007이나 2010처럼 4:3 의 표준 화면으로 변경할 수 있습니다.

준비파일 Part03₩Chapter01₩Section01₩스크린.pptx

완성파일 Part03₩Chapter01₩Section01₩스크린_완성.pptx

01 준비파일을 엽니다. 파워포인트 2013의 슬라이드 기본 크기는 와이드 크기인 16:9 입니다. 이를 표준 크기인 4:3 으로 변경해 보도록 하겠습니다. [디자인] 탭-[사용자 지정] 그룹에서 [슬라이드 크기]를 클릭합니다. [표준 (4:3)]을 선택합니다.

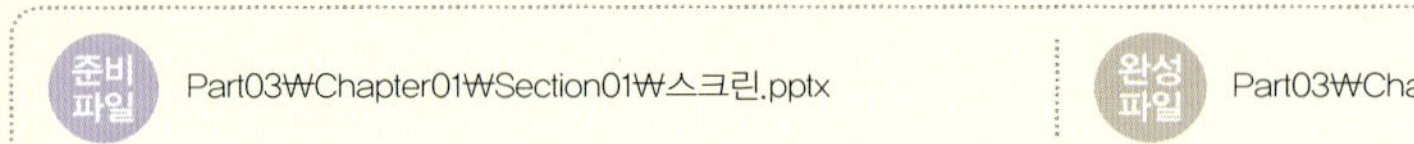
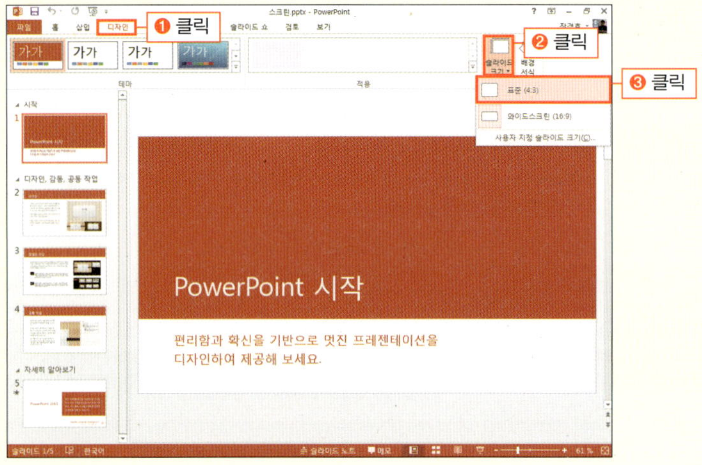

TIP

파워포인트 2007 이나 2010 버전의 슬라이드 크기는 전형적인 4:3 비율을 가지고 있지만 파워포인트 2013은 최근 트렌드에 따라 와이드 스크린과 HD 형식을 채택하고 있습니다. 하지만 와이드 화면이 불편하거나 빔 프로젝터가 와이드를 지원하지 않는다면 슬라이드 화면을 4:3 비율로 변경할 수 있습니다.

02 경고창이 나타납니다. 콘텐츠를 최대 크기로 조정하거나 새 슬라이드에 맞게 크기를 줄일 수 있습니다. [최대화], [맞춤 확인] 중에서 선택할 수 있습니다. 여기서는 [맞춤 확인]을 클릭합니다.

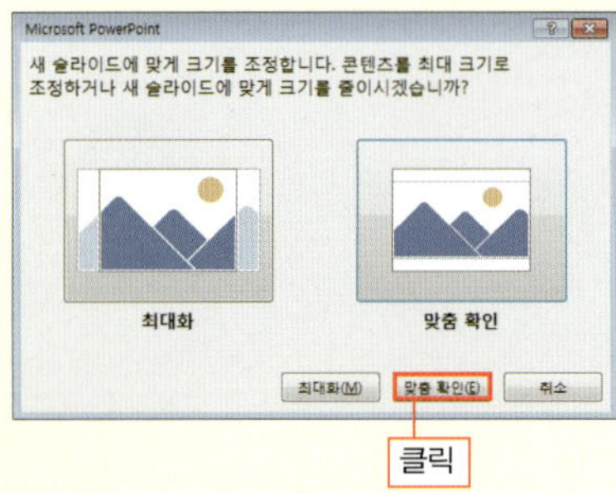

최대화와 맞춤 확인

와이드 슬라이드 크기를 표준 슬라이드 크기로 변경시 [최대화], [맞춤 확인] 중에서 선택할 수 있습니다.

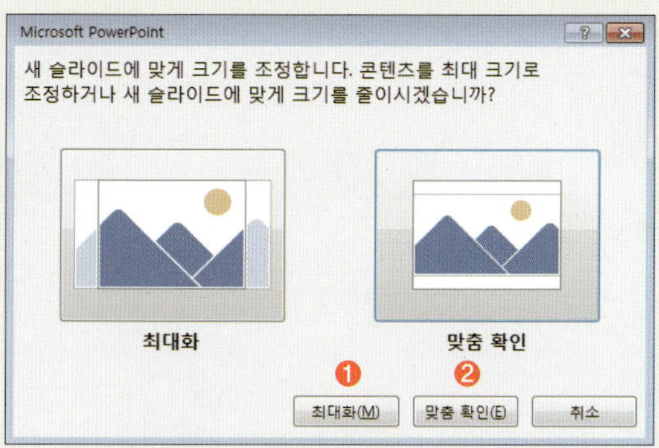

❶ **최대화** : 슬라이드 크기가 4:3 비율을 가진 표준 모드로 변경되면서 축소되지만, 슬라이드에 포함되어 있는 개체는 원래의 크기를 유지합니다.

❷ **맞춤 확인** : 슬라이드 크기가 4:3 비율을 가진 표준 모드로 변경되면서 슬라이드에 포함되어 있는 개체도 함께 축소되어 표시됩니다.

파워포인트는 다른 오피스 프로그램보다 서식 파일이나 이미지 파일을 검색할 경우가 많습니다. 여기서는 프레젠테이션의 인트로 화면을 만들기 위해 커튼 배경이 담긴 서식 파일을 불러와 봅니다.

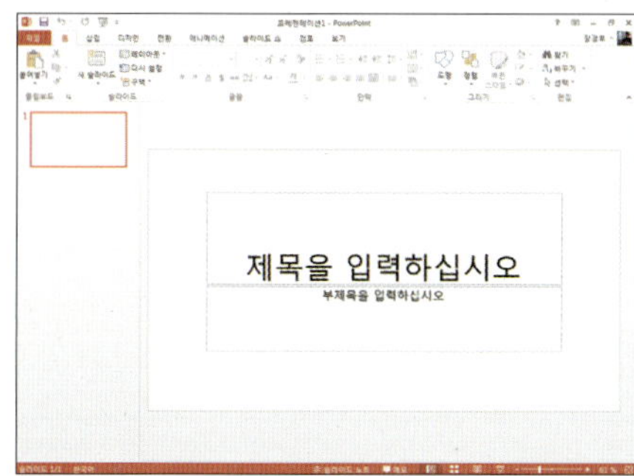
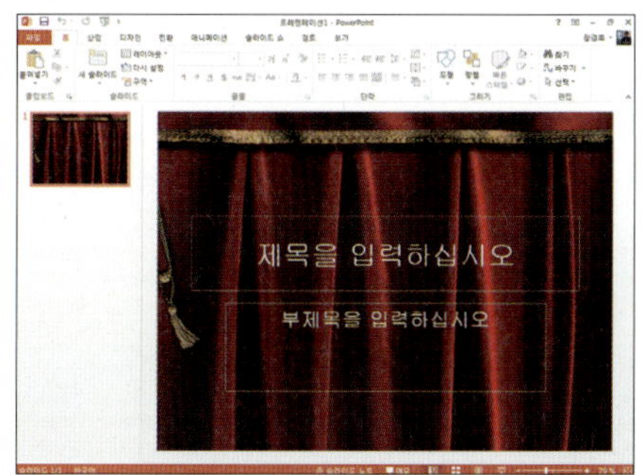

힌트

❶ 파워포인트를 열어 [온라인 서식 파일 및 테마 검색] 검색란에 『커튼』을 입력합니다.

❷ 실습 따라하기 : 부록CD/Part03/Chapter01/실습18.docx

내용 입력하고 편집하기

파워포인트에는 글머리 기호를 비롯해 한자와 특수 문자를 입력할 수 있습니다. 또한, 워드나 한글처럼 줄 간격이나 정렬 등 다양한 텍스트 기능도 사용할 수 있습니다. 여기서는 슬라이드에 텍스트를 입력하고 편집하는 방법에 대해서 살펴보도록 하겠습니다.

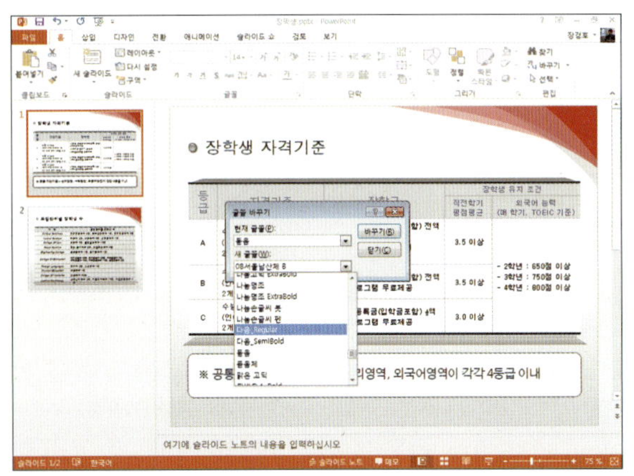

▲ 슬라이드에 입력한 서체 한 번에 변경하기

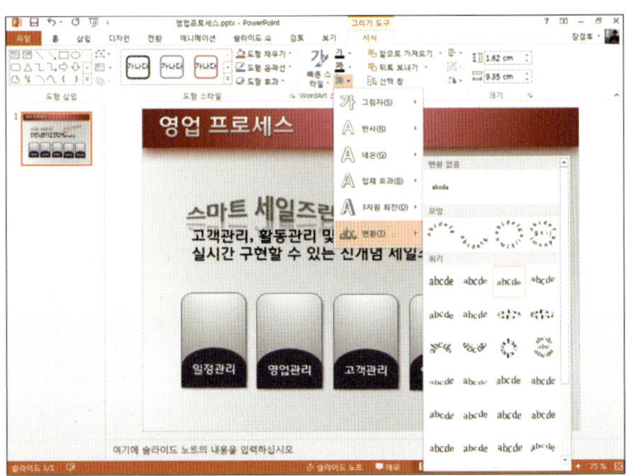

▲ 텍스트를 워드아트로 변환하기

이번 섹션에서 배울 주요 내용

- 네이버 나눔체, 다음체 설치하기
- 슬라이드에 입력한 서체 한 번에 변경하기
- 한자와 특수 문자 입력하기
- 글머리 기호 설정하고 크기 및 색상 조절하기
- 글머리 기호를 그림으로 삽입하기
- 글머리 번호 매기기
- 눈금자로 들여쓰기 내어쓰기 수준 조절하기
- 수식 입력하기
- 텍스트 상자에 텍스트 입력하고 크기 조정하기
- 텍스트 정렬과 줄 간격 조절하기
- 문자 간격 조절하기
- 슬라이드를 2단, 3단 구성하기
- 텍스트를 워드아트로 변환하기

:: 네이버 나눔체, 다음체 설치하기

파워포인트 2013은 기본적으로 맑은 고딕이라는 글꼴이 기본 서체로 지정되어 있습니다. 이를 인터넷 상에서 무료로 배포하는 서체인 네이버 나눔체나 다음체 등으로 변경할 수 있습니다.

01_ 먼저 네이버 나눔체를 설치해 보겠습니다. 웹 브라우저를 열어 'http://hangeul.naver.com' 에 접속합니다. [한글을 나누다]-[나눔글꼴]을 선택한 후 [TTF 윈도우용 나눔글꼴 패키지 설치하기]를 클릭합니다. [실행]을 눌러 서체를 설치합니다.

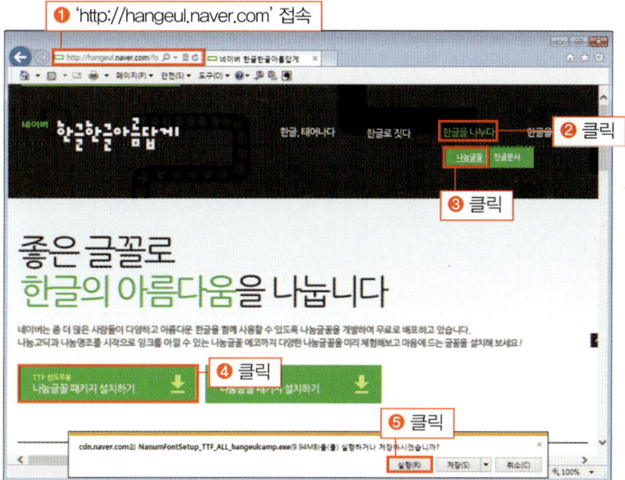

> **TIP**
>
> [OTF 맥용 나눔글꼴 패키지 설치하기]의 경우 매킨토시에서 설치할 수 있는 글꼴입니다.

02_ [나눔글꼴 설치] 설치창이 나타나면 나눔글꼴을 설치합니다.

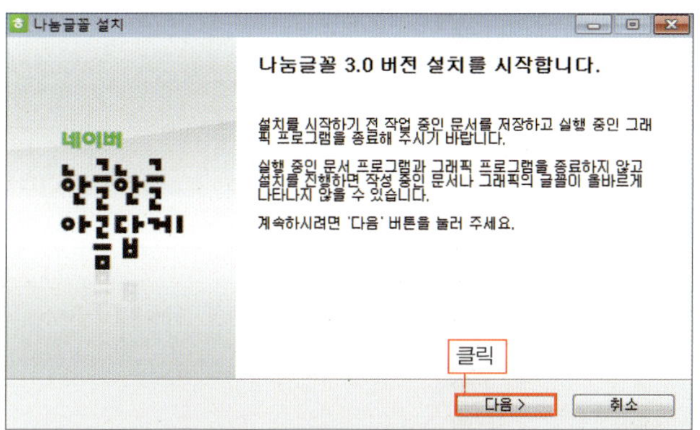

03_ 이번에는 다음에서 제공하는 다음서체를 설치해 보겠습니다. 웹 브라우저를 열어 'http://www.daumcorp.com/about/ci.daum' 에 접속합니다. [Daum체 다운로드]를 클릭하여 서체를 다운로드 받습니다.

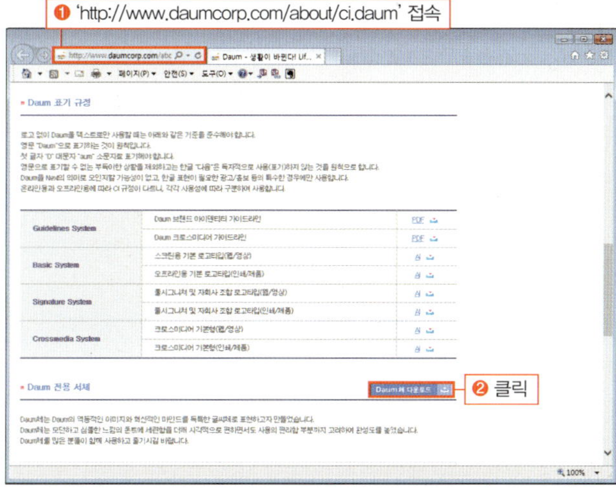

> **TIP**
>
> 다음서체는 네이버 나눔글꼴과 같이 설치 프로그램을 따로 제공하지 않습니다. 이럴 경우 압축을 풀어 '*.TTF' 등의 서체를 내 컴퓨터의 'Fonts' 폴더에 직접 설치해야합니다.

04_ 다운로드 받은 서체 파일을 선택해 압축을 푼 다음 폴더를 엽니다. 두 개의 서체 파일이 나타나면 모두 선택한 후 마우스 오른쪽을 눌러 [설치]를 클릭합니다. 내 컴퓨터에 서체가 자동으로 설치됩니다.

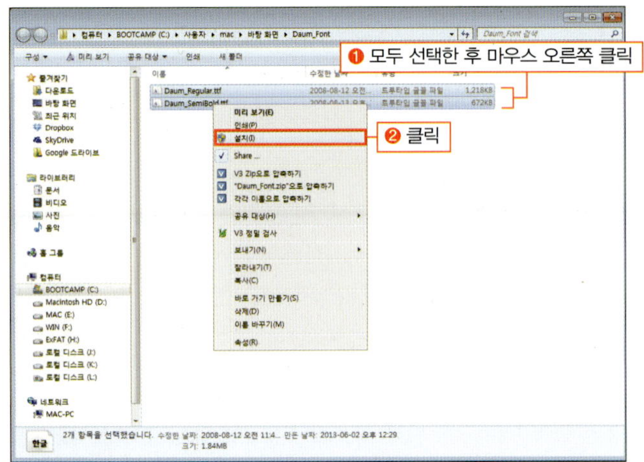

05_ 파워포인트를 종료한 후 다시 엽니다. [홈] 탭-[글꼴] 그룹의 [글꼴] 드롭다운 단추를 클릭해 나눔 서체와 다음체가 제대로 설치되었는지 확인합니다.

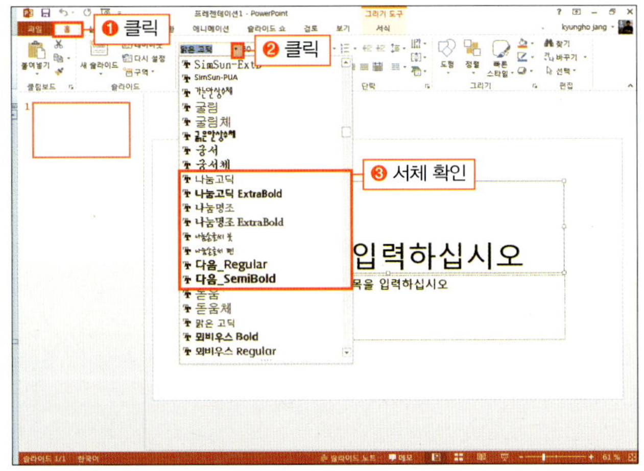

네이버 나눔글꼴이나 다음서체 이외에도 무료로 제공되는 서체는 생각보다 많습니다. 이런 서체를 인터넷 상에서 직접 찾아 다니지 않더라도 네이버 소프트웨어 사이트의 [무료폰트] 페이지를 이용하면 한 번에 확인하고 설치할 수 있습니다.

http://software.naver.com 에서 [무료폰트] 클릭 ▶

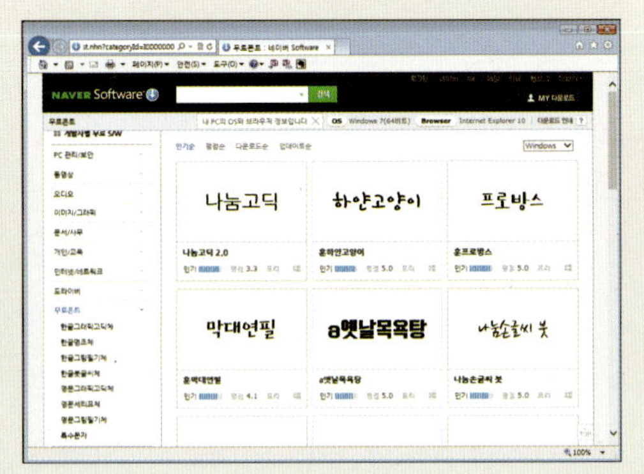

:: 슬라이드에 입력한 서체 한 번에 변경하기

전체 슬라이드에 삽입한 글꼴이 마음에 들지 않을 때 일일이 수정하지 않더라도 글꼴을 한 번에 변경할 수 있습니다.

준비 파일 Part03₩Chapter01₩Section02₩장학생.pptx

완성 파일 Part03₩Chapter01₩Section02₩장학생_완성.pptx

01_ 준비 파일을 엽니다. 현재 슬라이드는 '돋움'이라는 기본 서체로 작성되어 있습니다. 이를 '다음서체'로 변경해 보도록 하겠습니다. [홈] 탭-[편집] 그룹에서 [바꾸기]-[글꼴 바꾸기]를 선택합니다.

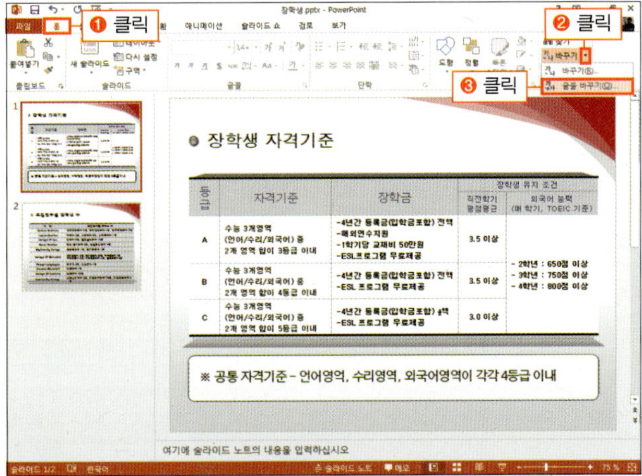

02_ [글꼴 바꾸기] 대화상자가 나타나면 [현재 글꼴]의 화살표를 클릭합니다. 현재 적용된 글꼴이 나타나면 [돋움]을 선택합니다.

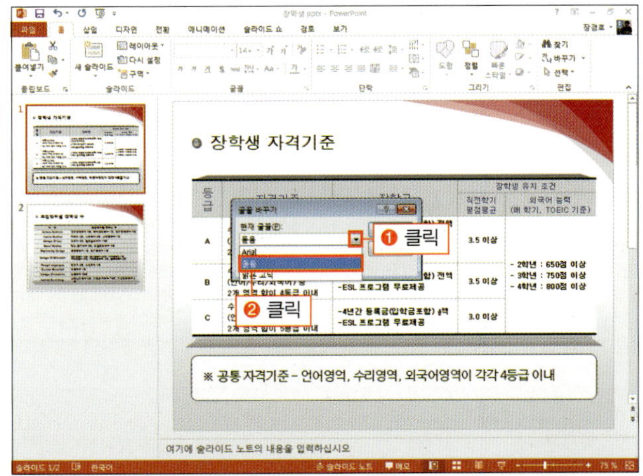

> **TIP**
>
> [글꼴 바꾸기] 대화상자에서 [현재 글꼴]의 화살표를 클릭하면 현재 슬라이드 파일에 적용된 글꼴이 모두 나타납니다. 본 슬라이드 파일에는 'Arial' 글꼴과 '돋움', '맑은 고딕' 글꼴이 적용되어 있습니다.

03_ [새 글꼴]의 화살표를 클릭한 후 새롭게 적용할 글꼴을 선택합니다. 여기서는 [다음_Regular]를 선택한 후 [바꾸기]를 클릭합니다. 글꼴이 적용되면 [닫기]를 클릭합니다.

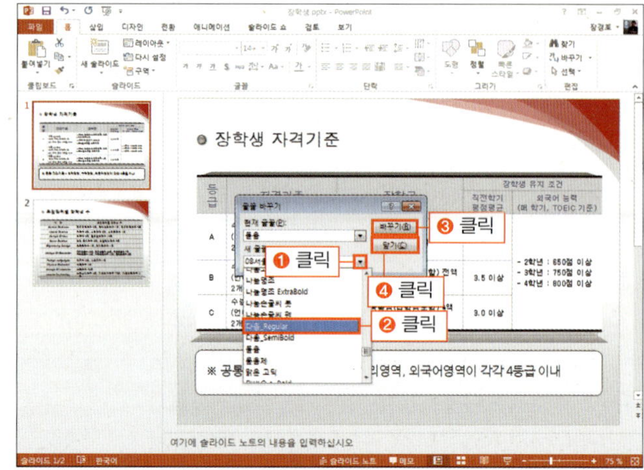

04_ 전체 슬라이드에 [새 글꼴]로 선택한 글꼴로 한 번에 변경됩니다.

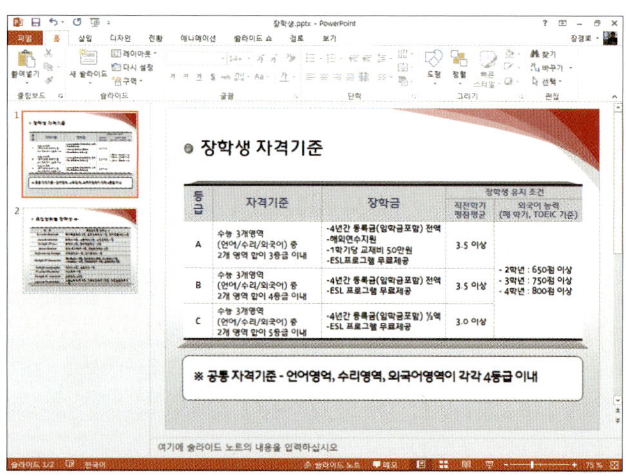

QR 코드로 더 자세히

서체 선택의 중요성과 무료 배포 서체 활용 방법

슬라이드 제작시 가장 고려해야하는 사항이 바로 "가독성"입니다. 서체 선택을 비롯해 서체 활용 방법이 궁금하신 분은 저자의 블로그 http://blog21.kr/40175662311 에서 알아보기 바랍니다. QR 코드를 스마트폰에서 찍으면 바로 확인할 수 있습니다

:: 한자와 특수 문자 입력하기

입력한 한글을 한자로 변환하거나 기호 기능을 통해 특수 문자를 삽입할 수 있습니다.

Part03₩Chapter01₩Section02₩목차.pptx

Part03₩Chapter01₩Section02₩목차_완성.pptx

01_ 준비파일을 엽니다. '목차'라고 적혀있는 글자의 개체 틀을 선택한 후 [검토] 탭-[언어] 그룹의 [한글/한자 변환]을 누릅니다. [한글/한자 변환] 대화상자가 나타나면 변환할 한자를 선택하고 [입력 형태]에서 [한글(漢子)]을 선택하고 [변환]을 클릭합니다.

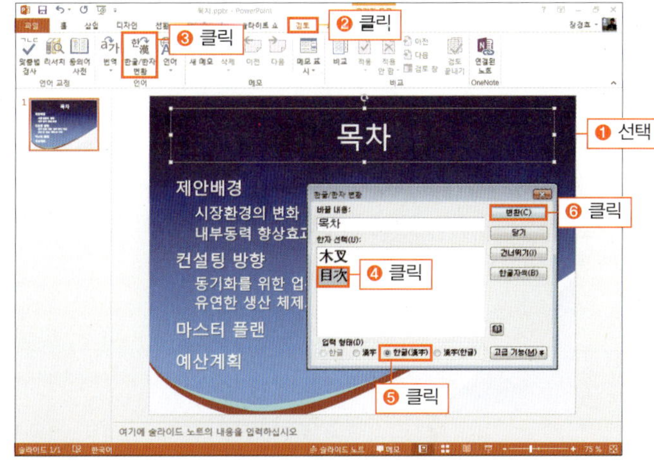

02_ '업무방식' 이라고 적힌 글자 앞에 커서를 둔 다음 [삽입] 탭-[기호] 그룹-[기호]를 선택합니다. [기호] 대화상자가 나타나면 [글꼴]은 [(현재 글꼴)], [하위 집합]은 [기타 기호]를 선택한 다음 '★'를 선택합니다. [삽입]을 클릭합니다. 슬라이드에 '★' 기호가 삽입되면 [닫기]를 클릭합니다.

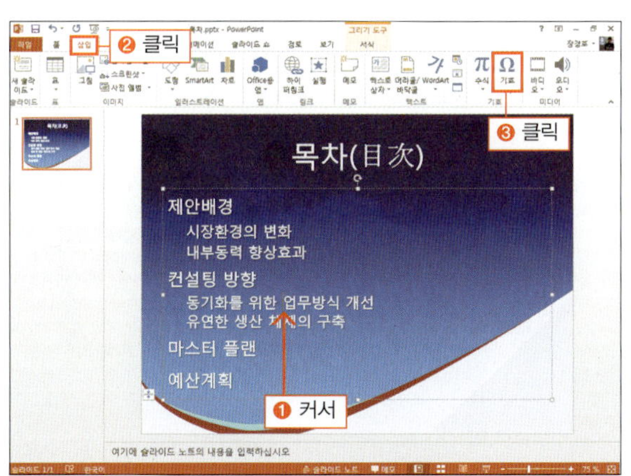

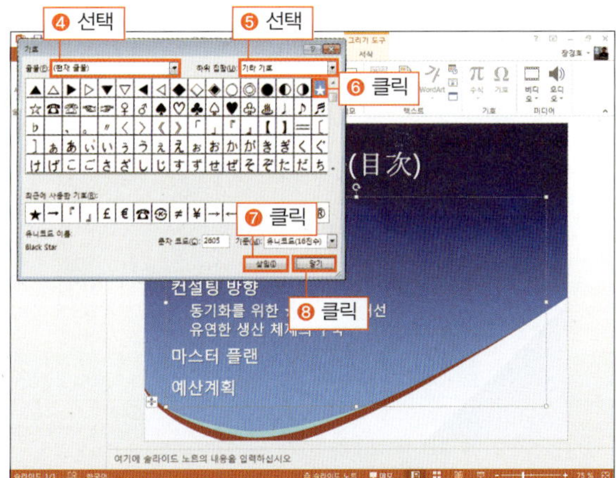

:: 글머리 기호 설정하고 크기 및 색상 조절하기

개체 틀에 텍스트를 입력하면 글머리 기호가 생성됩니다. 만일 글머리 기호가 나타나지 않는다면 [홈] 탭에 있는 [글머리 기호]를 이용하여 생성할 수 있습니다.

01_ 준비 파일을 열거나 이어서 진행합니다. 내용 개체 틀을 선택한 다음 [홈] 탭-[단락] 그룹-[글머리 기호]의 화살표를 클릭합니다. 원하는 글머리 기호를 선택합니다. 글머리 기호의 색상이나 크기를 조정하고 싶다면 [글머리 기호 및 번호 매기기]를 선택합니다.

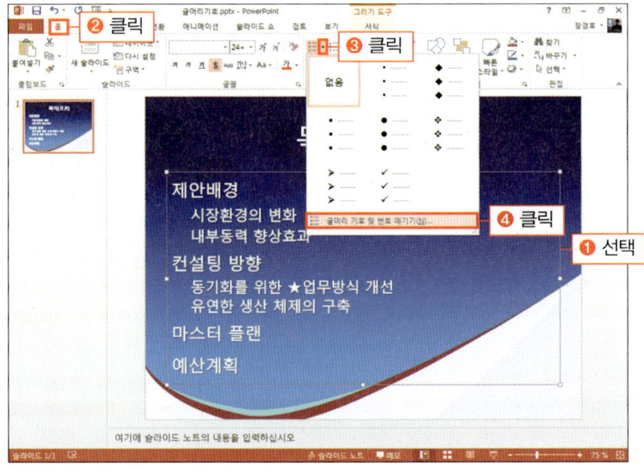

02_ [글머리 기호 및 번호 매기기] 대화상자가 나타나면 [글머리 기호] 탭에서 [속이 찬 큰 둥근 글머리 기호]를 클릭합니다. [텍스트 크기] 입력란에 『80』을 입력한 후 [색]-[노랑]을 선택하고 [확인]을 클릭합니다. 내용 개체 틀에 노란색의 글머리 기호가 삽입됩니다.

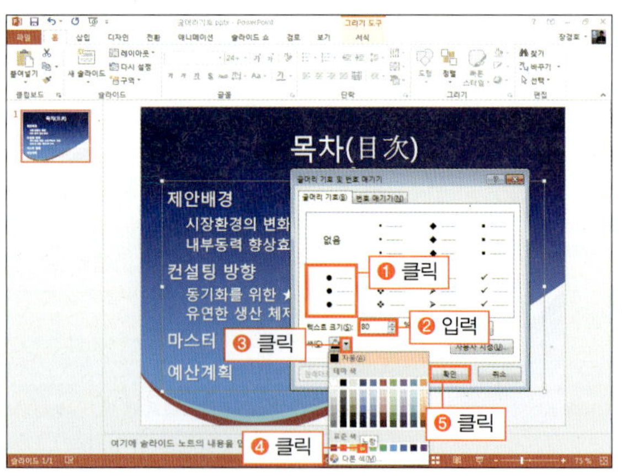

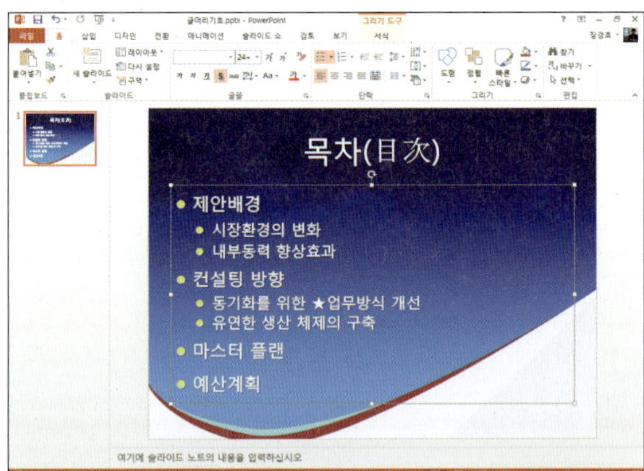

TIP

[기호] 대화상자의 [글꼴]에서 'Wingdings'이나 'Wingdings 2', 'Wingdings 3'를 선택하면 다양한 기호가 지정할 수 있습니다.

:: 글머리 기호를 그림으로 삽입하기

삽입한 글머리 기호는 그림으로 변경할 수 있으며 변경한 글머리 그림의 크기를 원하는 크기로 조정할 수도 있습니다.

Part03₩Chapter01₩Section02₩글머리기호_그림.pptx

Part03₩Chapter01₩Section02₩글머리기호_그림_완성.pptx

01_ 준비 파일을 열거나 이어서 진행합니다. 개체 틀을 선택한 후 [홈] 탭–[단락] 그룹–[글머리 기호]의 화살표를 선택한 후 [글머리 기호 및 번호 매기기]를 선택합니다. [글머리 기호 및 번호 매기기] 대화상자가 나타나면 [그림]을 클릭합니다. [그림 삽입] 창에서 [Office.com 클립 아트]의 입력란에 『bullet』을 입력한 후 [찾기]를 클릭합니다.

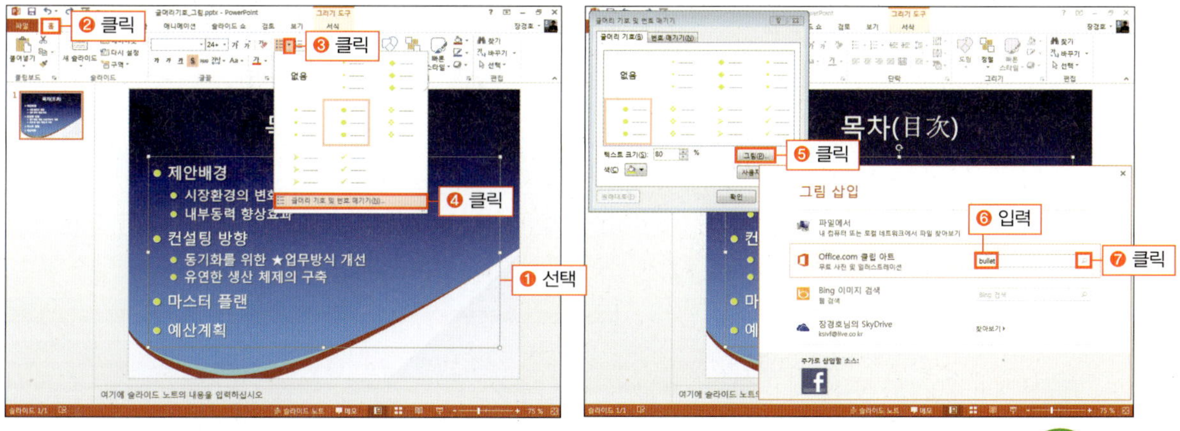

> **TIP**
> [그림 삽입] 창에서 [파일에서]–[찾아보기]를 눌러 내 컴퓨터에 저장되어 있는 글머리 기호를 불러올 수도 있습니다.

02_ 다양한 'bullet' 클립 아트가 검색됩니다. 원하는 클립 아트를 선택한 후 [삽입]을 클릭합니다. 글머리 기호가 그림 기호로 변경됩니다.

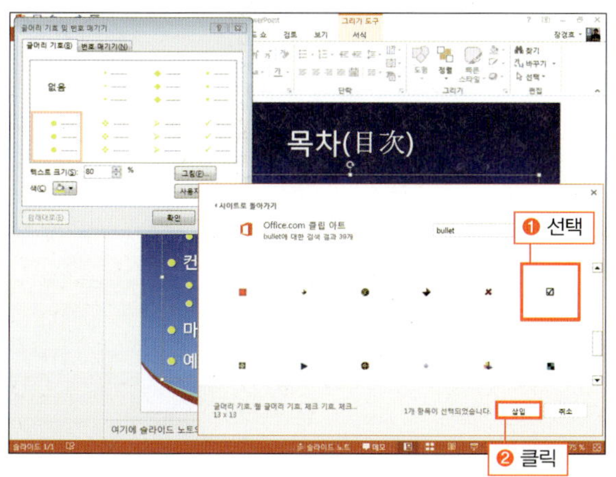

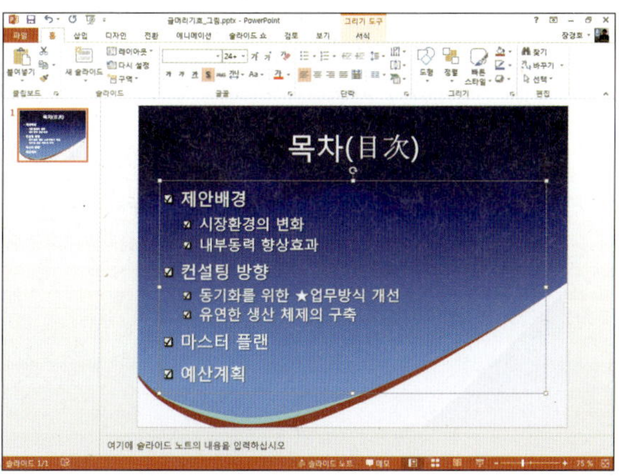

:: 글머리 번호 매기기

텍스트에 삽입한 글머리 기호를 아라비아 숫자나 영어 알파벳 순의 글머리 번호로 변경할 수 있습니다.

01_ 준비 파일을 열거나 이어서 진행합니다. 내용 개체 틀을 선택한 상태에서 [홈] 탭-[단락] 그룹-[번호 매기기]의 화살표를 클릭한 후 [글머리 기호 및 번호 매기기]를 선택합니다.

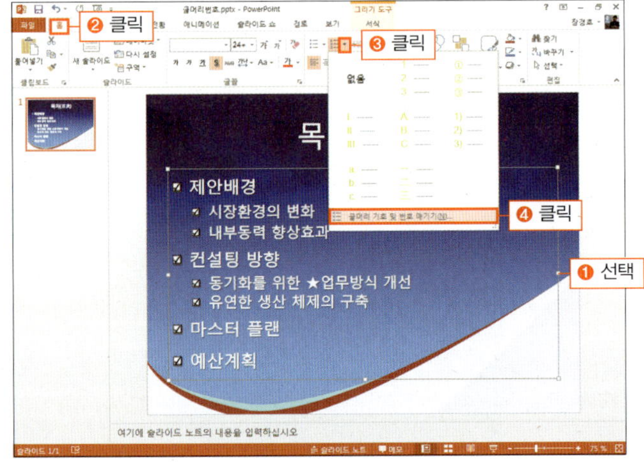

02_ 원하는 글머리 번호를 선택합니다. [텍스트 크기]와 [색]에 원하는 크기와 색상을 지정합니다. 여기서는 [텍스트 크기]에 『100』, [색]에 [검정]을 선택한 후 [확인]을 클릭합니다.

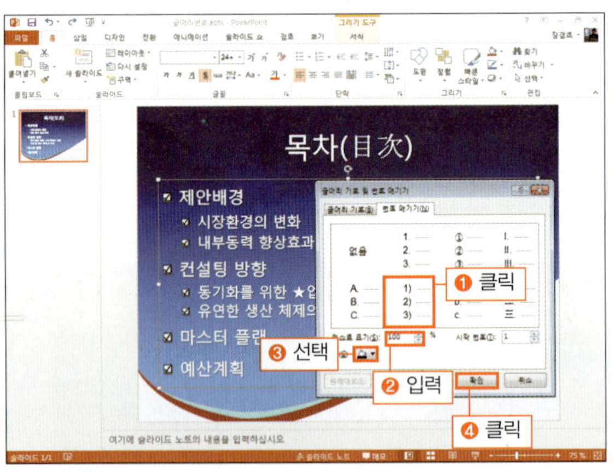

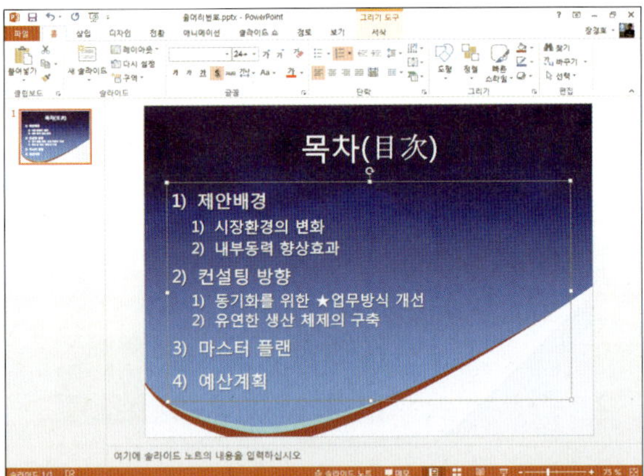

글머리 번호는 '1'부터 번호가 시작되지만 시작 번호를 변경할 수 있습니다. [시작 번호] 입력란에 원하는 번호를 입력합니다.

:: 눈금자로 들여쓰기 내어쓰기 수준 조절하기

눈금자를 표시해서 글머리 기호 또는 번호 매기기 목록의 들여쓰기를 조정할 수 있습니다.

01_ 준비 파일을 열거나 이어서 진행합니다. [보기] 탭-[표시] 그룹의 [눈금자]에 체크 표시를 합니다. 각 수준에 대한 들여쓰기 표식이 눈금자에 표시됩니다. 이를 드래그하여 들여쓰기 수준을 조절할 수 있습니다. 들여쓰기 수준을 조절하기 원하는 텍스트를 드래그하여 선택한 후 눈금자를 드래그합니다.

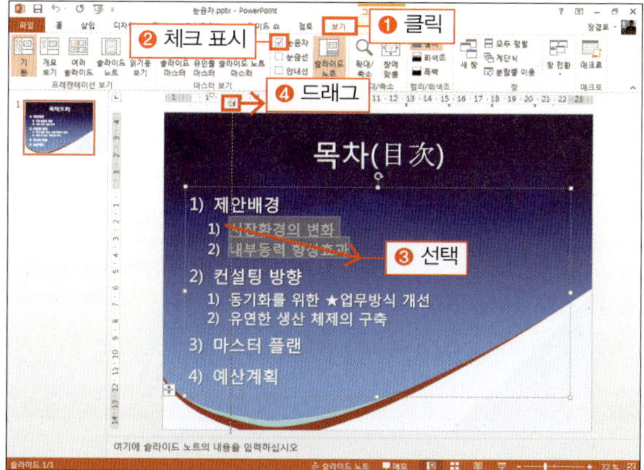

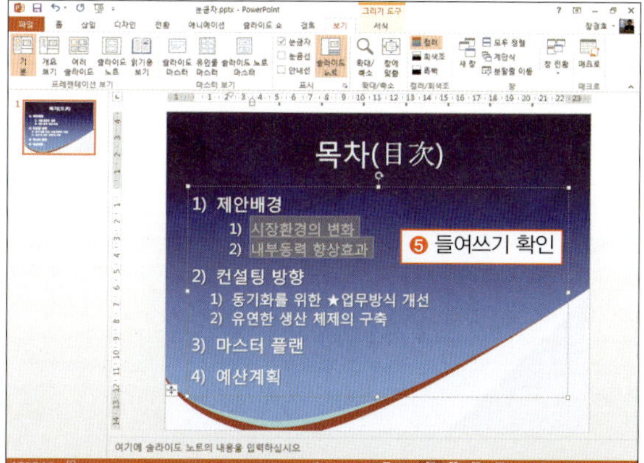

> **TIP** 텍스트에 글머리 기호나 번호 매기기 목록이 두 수준 이상 포함되어 있으면 각 수준에 대한 들여쓰기 표식이 눈금자에 표시됩니다.

02_ 같은 방법으로 간격을 조정할 텍스트를 드래그하여 선택한 후 눈금자를 드래그합니다.

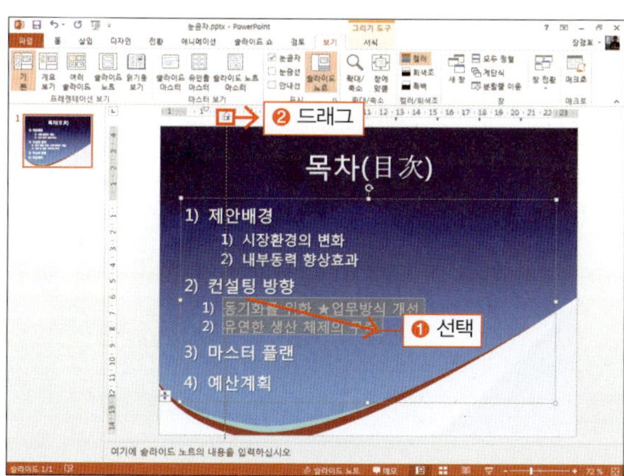

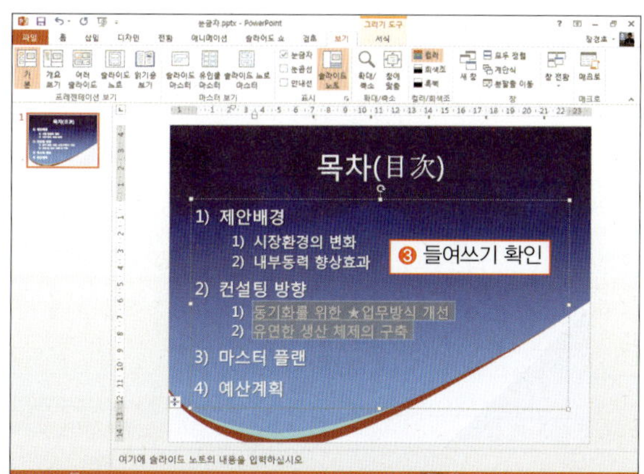

:: 수식 입력하기

수식 입력하기를 통해 원 면적이나 2차 방정식 공식 등 일반 수학 수식을 슬라이드에 추가할 수 있습니다.

Part03₩Chapter01₩Section02₩수식_완성.pptx

01_ 새 슬라이드를 연 다음 빈 화면 슬라이드로 레이아웃을 변경합니다. [삽입] 탭–[기호] 그룹–[수식]의 아랫부분을 클릭합니다. 원하는 수식을 선택합니다.

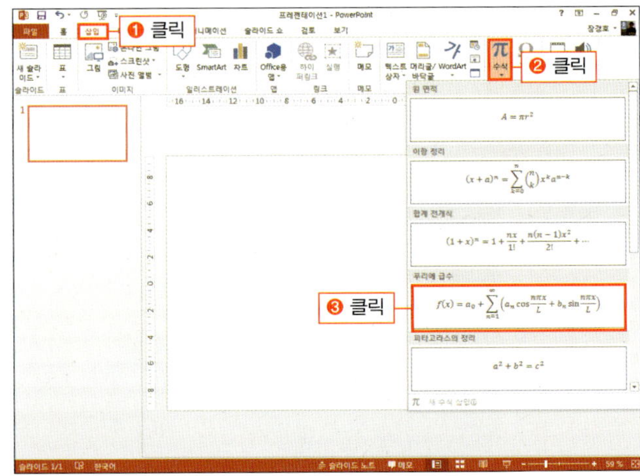

02_ 수식이 삽입되면 각 수식 항목을 클릭해 수정합니다. 만일, 분사나 행렬, 혹은 적분 등의 수식을 삽입하고 싶다면 [수식 도구]–[디자인] 상황별 탭의 [구조] 그룹에서 지정할 수 있습니다.

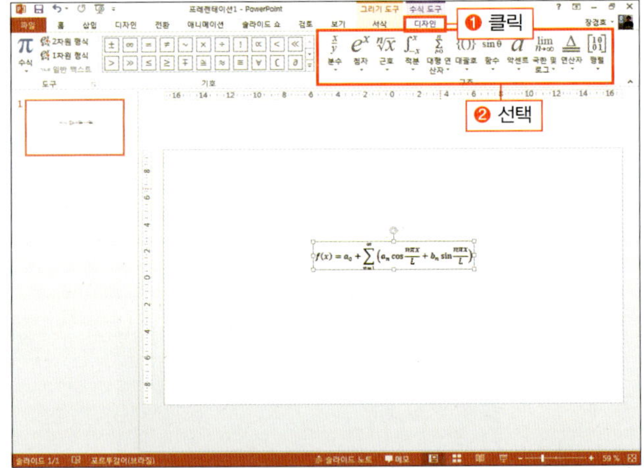

삽입한 수식을 클릭하면 세부 내용을 입력할 수 있는 직사각형이 생성됩니다. 이를 클릭하여 원하는 수식을 입력할 수 있습니다. 또한, 마우스 오른쪽을 클릭한 후 [수학 옵션]을 통해 몇 가지 옵션을 선택할 수 있습니다. Part 02.엑셀 편의 수식 삽입으로 수식 작성하기(103page)를 참조하세요

:: 텍스트 상자에 텍스트 입력하고 크기 조정하기

형식에 구애받지 않고 자유로운 방식으로 텍스트를 입력하고 싶을 경우 텍스트 상자를 이용하여 텍스트를 입력합니다.

01_ 준비파일을 엽니다. 텍스트 개체 틀을 추가하기 위해 [홈] 탭−[그리기] 그룹에서 [도형] 단추를 클릭해 [텍스트 상자]를 클릭합니다.

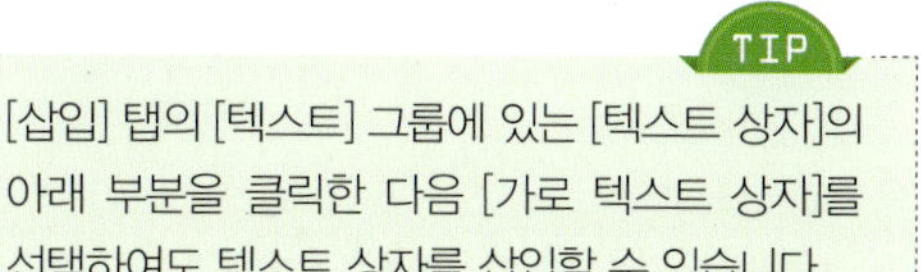

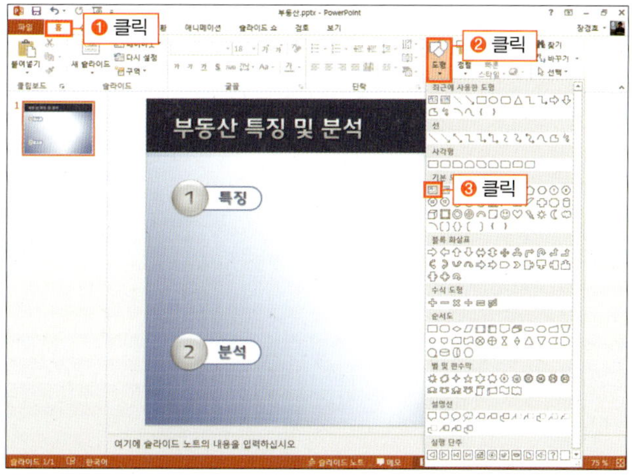

02_ 슬라이드 편집 화면에서 마우스를 클릭하여 텍스트 개체 틀을 추가한 후 텍스트를 입력합니다. 텍스트 개체 틀을 선택한 다음 [홈] 탭−[글꼴] 그룹에서 [크기]를 클릭하고 『22』를 입력하여 텍스트 크기를 조정합니다.

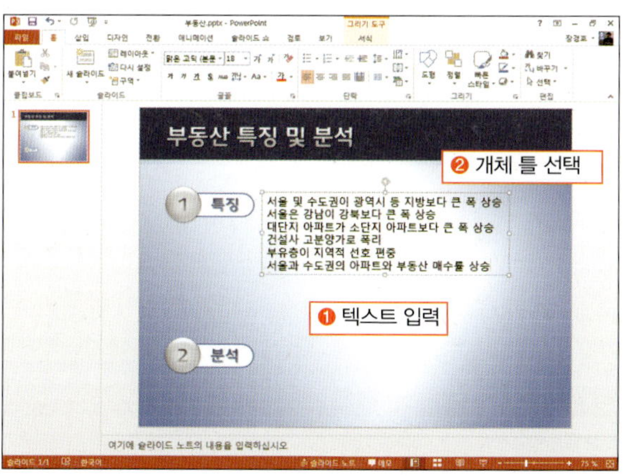

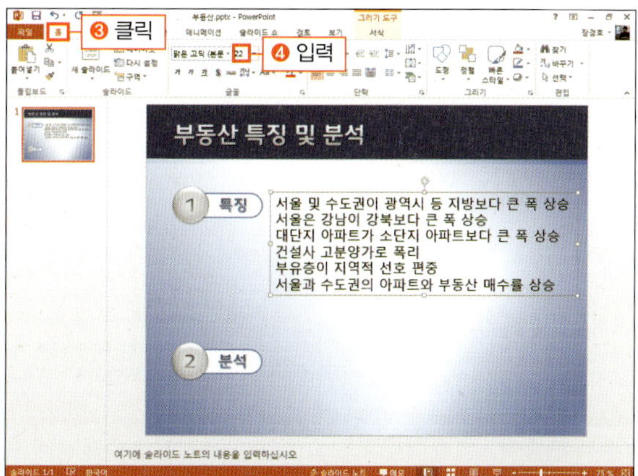

:: 텍스트 정렬과 줄 간격 조절하기

텍스트를 보기 좋게 정렬하기 위해 줄 및 단락 서식을 지정해 보겠습니다.

01_ 준비 파일을 열거나 이어서 진행합니다. 텍스트 개체 틀을 선택한 다음 [홈] 탭→[단락] 그룹에서 [줄 간격]을 클릭한 후 [줄 간격 옵션]을 선택합니다.

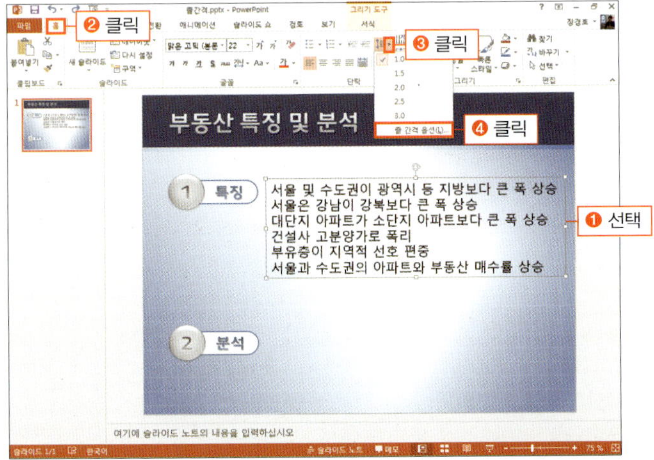

02_ [단락] 대화상자가 나타나면 [들여쓰기 및 간격] 탭에서 [간격]→[줄 간격]에서 [고정]을 선택한 후 [값] 항목에 『40』을 입력한 후 [확인]을 클릭합니다.

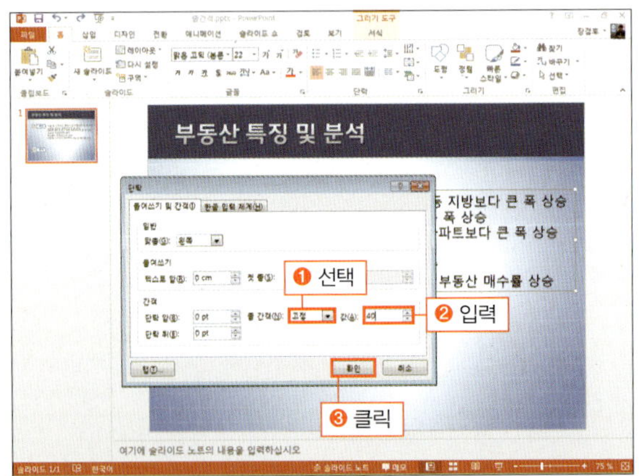

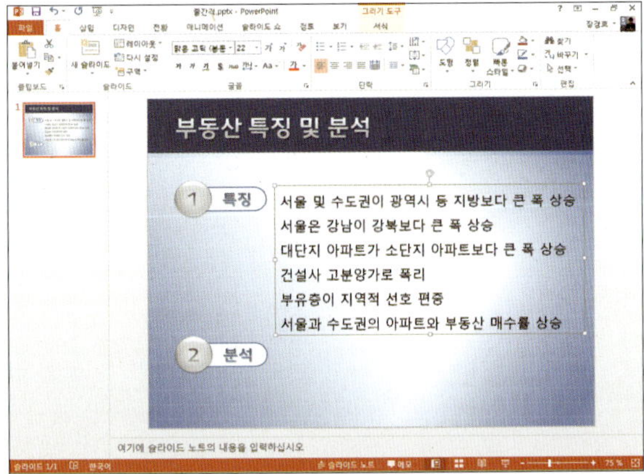

:: 문자 간격 조절하기

[문자 간격]을 이용하면 매우 좁게, 좁게, 표준, 넓게, 매우 넓게로 간격을 조절할 수 있습니다. 그동안 파워포인트의 단점으로 지적되어온 자간 조절이 가능하게 되어 텍스트가 많은 슬라이드나 텍스트 상자의 간격 조절시 편리하게 자간을 조절할 수 있습니다.

 Part03₩Chapter01₩Section02₩문자간격.pptx

 Part03₩Chapter01₩Section02₩문자간격_완성.pptx

01_ 준비 파일을 열거나 이어서 진행합니다. 문자 간격을 조정할 텍스트 개체 틀을 선택한 후 [홈] 탭-[글꼴] 그룹에서 [문자 간격]-[넓게]를 선택합니다. 문자 간격이 넓게 조정되는 것을 확인할 수 있습니다.

TIP

[기타 간격]을 클릭하면 원하는 소수점을 입력하여 보다 세밀하게 조정할 수 있습니다. [기타 간격]을 선택합니다.

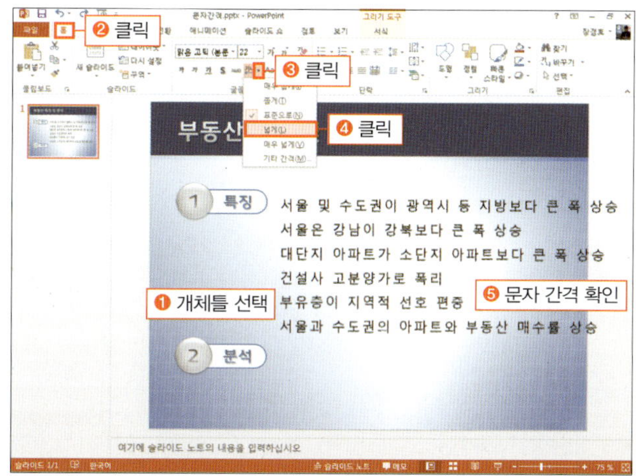

02_ [홈] 탭-[글꼴] 그룹에서 [문자 간격]-[좁게]를 선택합니다. 문자 간격이 좁게 지정됩니다.

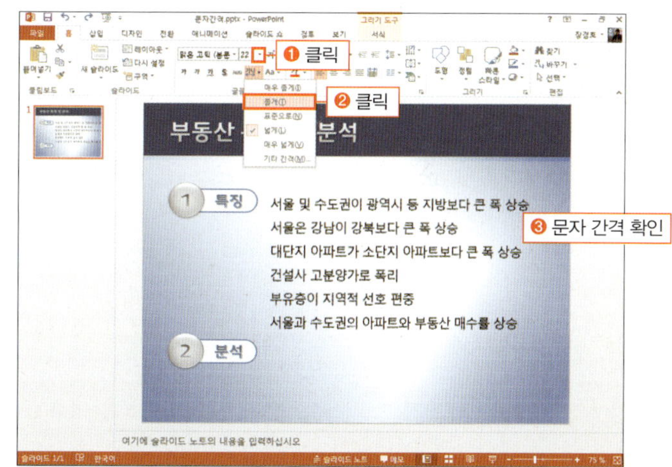

:: 슬라이드를 2단, 3단 구성하기

슬라이드에 많은 내용을 입력해야 하거나 보다 읽기가 편하게 만들기 위해서는 단 조정을 하여 해결할 수 있습니다.

01_ 준비 파일을 엽니다. 준비 파일을 열면 1단으로 구성된 슬라이드 문서가 나타납니다. 2단 구성으로 디자인하기 위해 텍스트가 입력된 개체 틀을 선택한 후 [홈] 탭에 있는 [단락] 그룹에서 [단]을 클릭한 후 [기타 단]을 선택합니다.

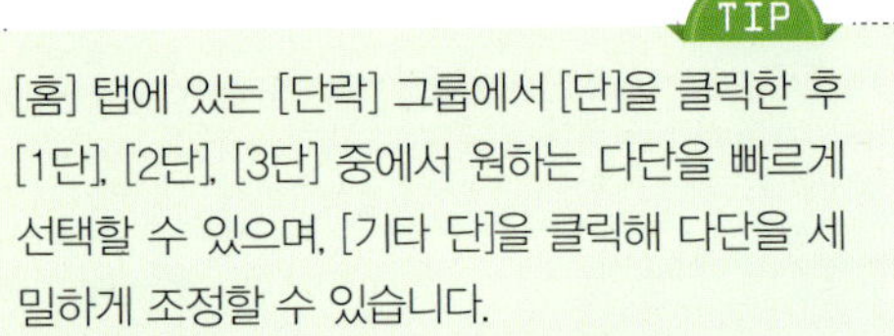

TIP

[홈] 탭에 있는 [단락] 그룹에서 [단]을 클릭한 후 [1단], [2단], [3단] 중에서 원하는 다단을 빠르게 선택할 수 있으며, [기타 단]을 클릭해 다단을 세밀하게 조정할 수 있습니다.

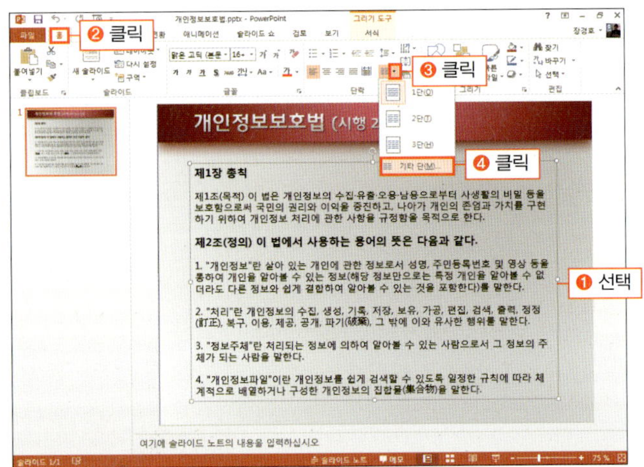

02_ [단] 대화상자가 나타나면 [개수] 항목에 『2』, [간격] 항목에 『1.5』를 입력한 다음 [확인]을 클릭합니다. 1단으로 구성된 슬라이드의 텍스트가 2단으로 변경됩니다. 이처럼 원하는 다단으로 슬라이드 개체 틀을 편집할 수 있습니다.

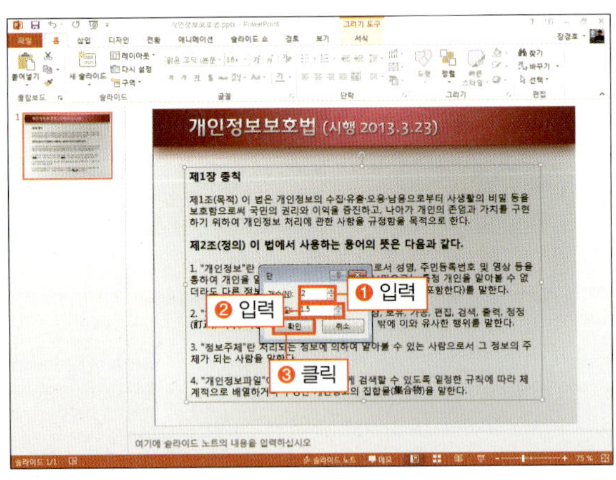

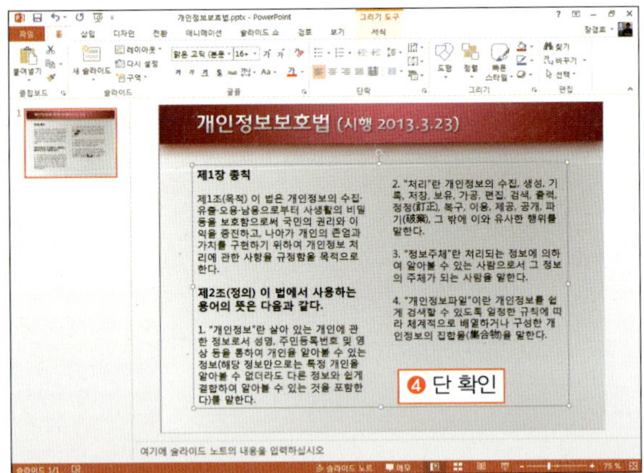

:: 텍스트를 워드아트로 변환하기

기존 텍스트를 WordArt 그래픽으로 변환하여 3차원 효과의 서식이 포함된 텍스트로 만들 수 있습니다.

 **준비 파일** Part03₩Chapter01₩Section02₩영업프로세스.pptx

 **완성 파일** Part03₩Chapter01₩Section02₩영업프로세스_완성.pptx

01_ 준비 파일을 엽니다. 제목 텍스트 개체 틀을 선택한 다음 [그리기 도구]–[서식] 상황별 탭에서 [WordArt 스타일] 그룹–[빠른 스타일]을 클릭한 후 원하는 서식을 선택합니다.

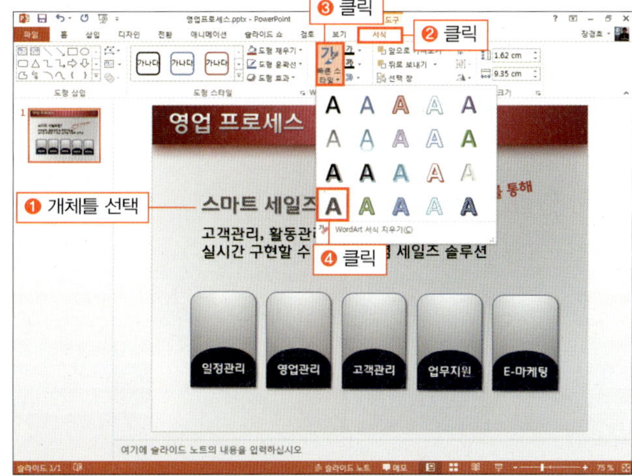

02_ [그리기 도구]–[서식] 상황별 탭에서 [WordArt 스타일] 그룹–[텍스트 효과]–[반사]를 클릭한 후 원하는 반사 스타일을 선택합니다.

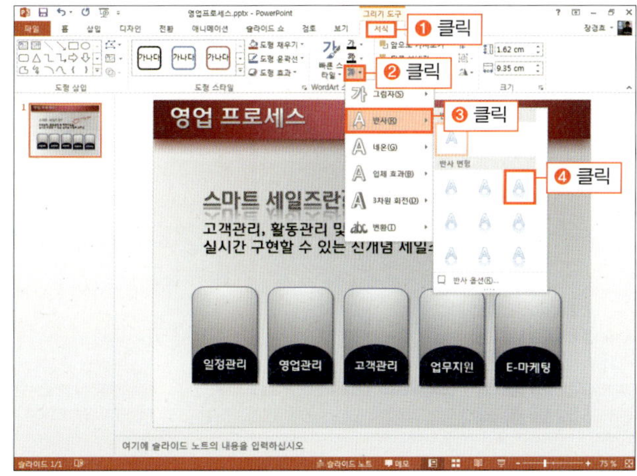

03_ [그리기 도구]–[서식] 상황별 탭에서 [WordArt 스타일] 그룹–[모양 변경]–[변환]–[삼각형]을 선택합니다.

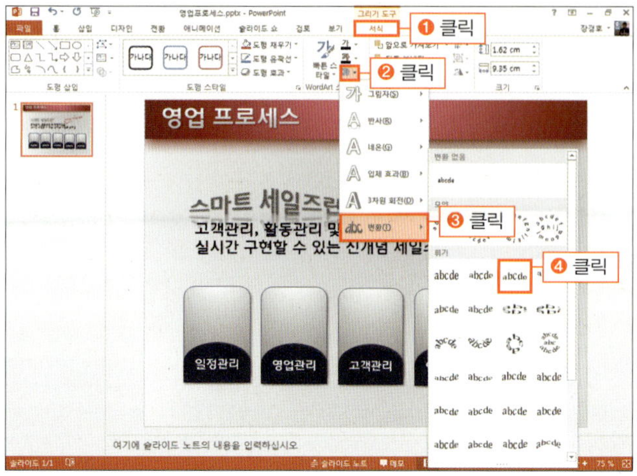

04_ 그림과 같이 선택한 워드아트가 '삼각형' 형태로 변경됩니다. 주황색의 변환 조정 핸들(▣)을 드래그합니다. 워드아트 스타일이 변경됩니다.

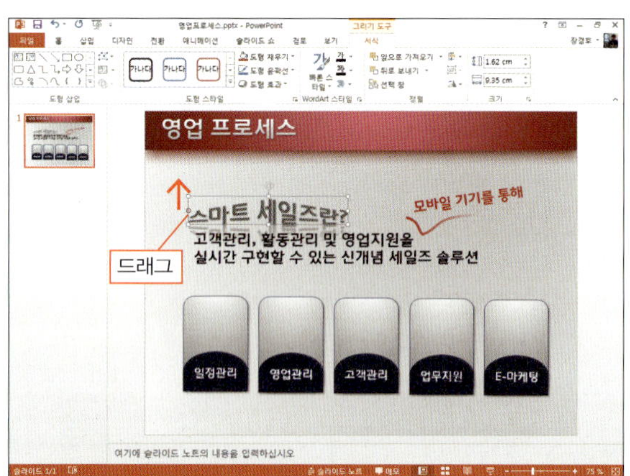

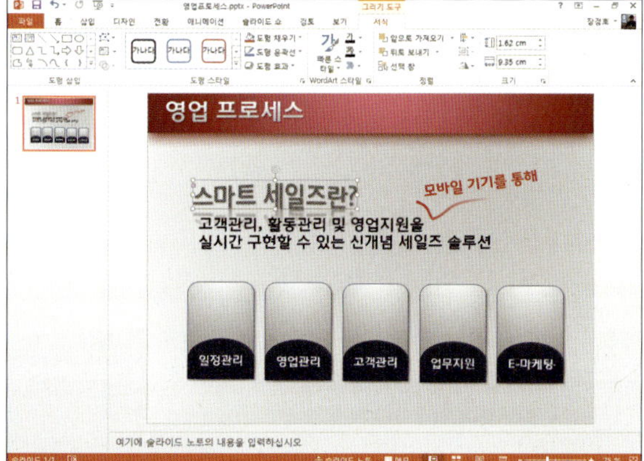

TIP

텍스트에 워드아트 등 다양한 서식을 지정한 후 다시 처음으로 되돌리고 싶을 경우에는 [홈] 탭–[글꼴] 그룹의 [모든 서식 지우기]를 클릭하면 모든 서식이 삭제됩니다. 단축키인 Ctrl + Space Bar 를 눌러도 모든 서식을 지울 수 있습니다.

◎ 준비파일 : Part03₩Chapter01₩Check₩부동산권리분석.pptx

◎ 완성파일 : Part03₩Chapter01₩Check₩부동산권리분석_완성.pptx

텍스트 개체 틀을 하나하나 선택해 서체를 변경할 수 있지만 한번에 모든 서체를 변경할 수도 있습니다. 여기서는 '맑은 글꼴' 서체를 '다음_Regular' 서체로 변경해 보세요. '다음_Regular'가 없다면 인터넷 상으로 다운로드 받아 설치해 보세요.

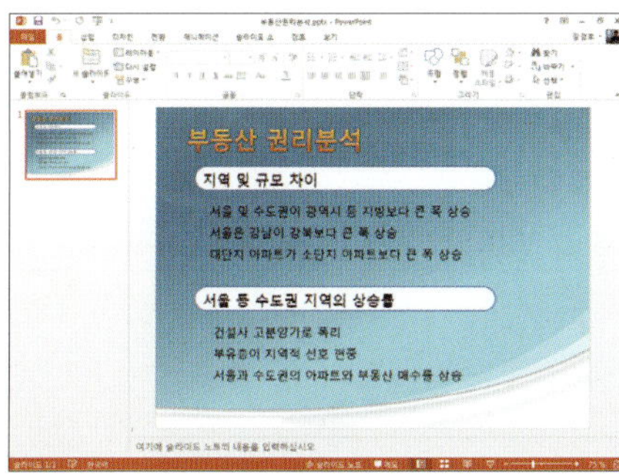
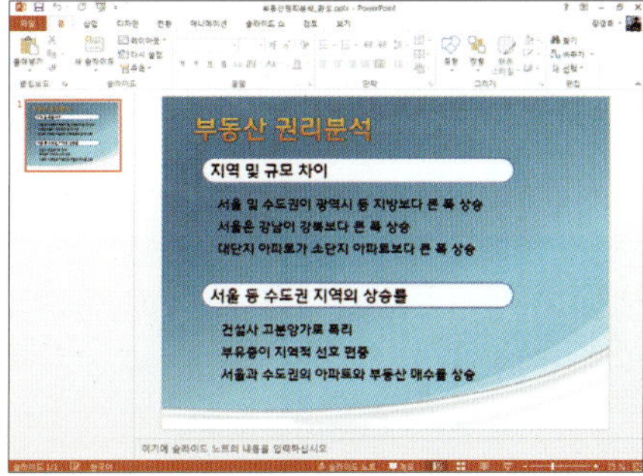

힌트

❶ 'http://www.daumcorp.com/about/ci.daum' 에 접속한 후 [Daum체 다운로드]를 클릭하여 서체를 다운로드 받습니다.

❷ [홈] 탭–[편집] 그룹에서 [바꾸기]–[글꼴 바꾸기]를 선택하여 변경될 서체와 원하는 서체를 선택합니다.

❸ 실습 따라하기 : 부록CD/Part03/Chapter01/실습19.docx

◎ 준비파일 : Part03₩Chapter01₩Check₩환상의콤비.pptx

◎ 완성파일 : Part03₩Chapter01₩Check₩환상의콤비_완성.pptx

슬라이드 크기나 글꼴의 분량에 따라 글꼴의 간격을 조절할 필요가 있습니다. 여기서는 개체 틀을 선택한 후 문자 간격을 조절해 봅니다.

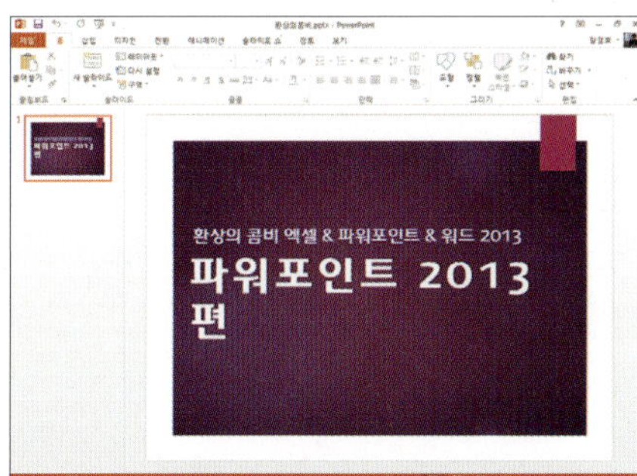

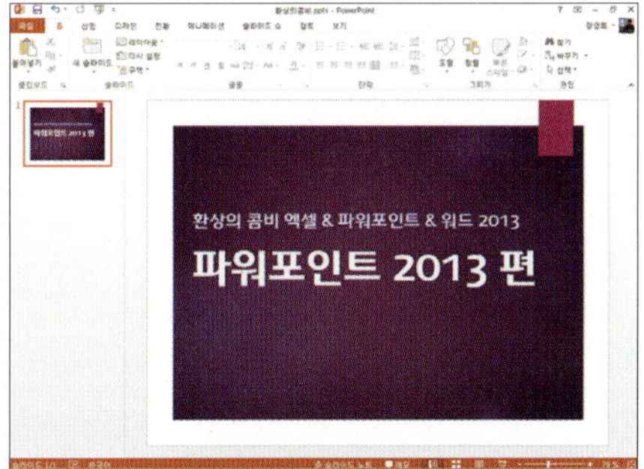

힌트

❶ [홈] 탭–[글꼴] 그룹–[문자 간격]을 클릭한 후 원하는 간격을 선택합니다.

❷ 실습 따라하기 : 부록CD/Part03/Chapter01/실습20.docx

Chapter 2

도형과 그래픽 개체 활용하기

파워포인트 2013에서는 색상을 추출할 수 있는 스포이트 기능을 비롯해 여러 도형을 조합하여 새로운 도형을 만들수 있는 도형 병합 기능 등 다양한 기능이 추가되었습니다. 이번 챕터에서는 도형을 그리는 다양한 방법과 함께 스마트가이드, 반사, 네온, 부드러운 가장자리, 그리고 3차원 회전 등 다양한 그래픽 효과에 대해서도 살펴보도록 하겠습니다.

Section 1. 도형과 그라데이션

Section 2. 그림 삽입과 서식 지정하기

Section 3. 표와 차트 작성하기

도형과 그라데이션

파워포인트에서는 선, 사각형, 기본 도형, 블록 화살표, 별 및 현수막 등 다양한 도형을 그릴 수 있으며 곡선이나 자유형을 이용하여 도형을 직접 만들 수도 있습니다. 또한, 여러 색상이 혼합된 그라데이션을 쉽게 만들 수 있으며, 여러 도형을 세이프 기능으로 병합하여 새로운 도형으로 만들 수도 있습니다.

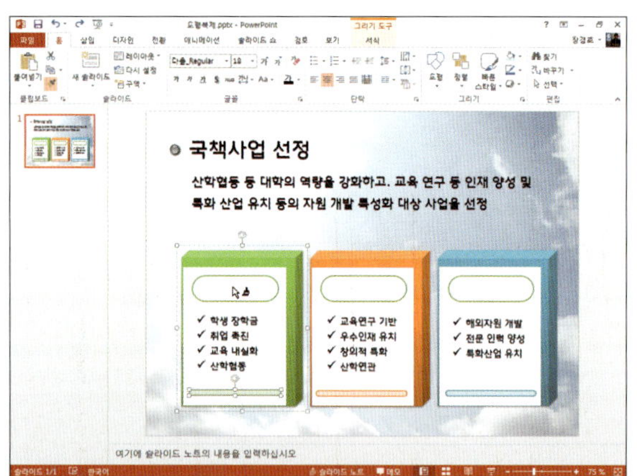

▲ 도형 복제하고 서식 복사하기　　　　　　　　　　▲ 도형에 그라데이션 지정하기

이번 섹션에서 배울 주요 내용

- 드로잉 기본기 익히기
- 스마트 가이드 살펴보기
- 도형 삽입하고 빠른 스타일 적용하기
- 도형 복제하고 서식 복사하기
- 선 개체 삽입하여 연결선 만들기
- 도형에 그라데이션 지정하기
- 그룹 지정하고 그룹 해제하기
- 맞춤과 배분 이용하여 정렬하기

파워포인트에 도형을 삽입하였을 경우 **Shift** 글쇠와 **Ctrl** 글쇠를 통해 도형을 컨트롤할 수 있습니다.

Shift 글쇠로 드로잉 익히기

Shift 글쇠를 누른 채 도형을 드래그하면 수직이나 수평 방향으로만 도형을 이동할 수 있으며, 가로와 세로 비율을 그대로 유지하면서 도형의 크기를 조절하거나 가로, 세로 비율이 1 대 1인 정사각형, 정원형과 같은 정방향의 도형을 그릴 때에도 유용하게 사용할 수 있습니다. 또한, 선을 그릴 때 **Shift** 글쇠를 누른 상태에서 마우스를 드래그하면 45° 간격으로 선의 각도를 조절해서 그릴 수 있습니다. 도형을 회전할 때에도 15° 간격으로 회전시킬 수 있습니다.

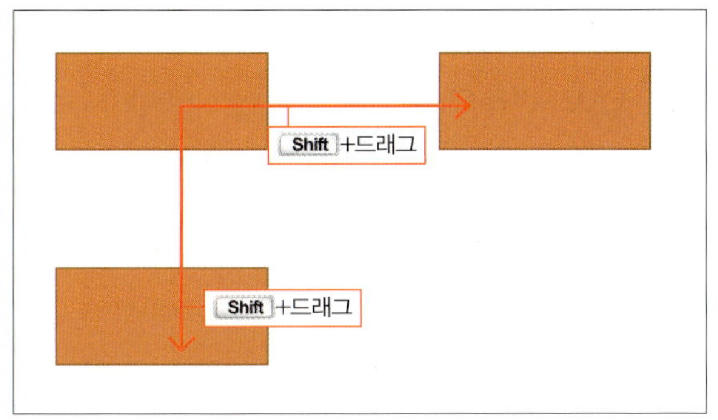

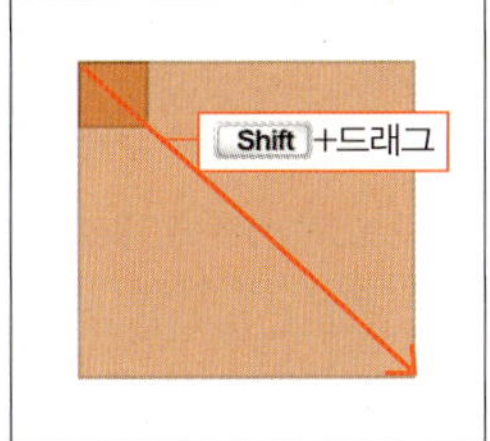

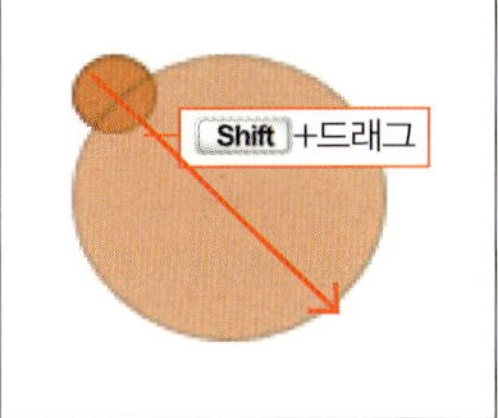

▲ **Shift** 를 누른 채 도형 이동 : 수직이나 수평 방향으로만 도형 이동   ▲ 도형 삽입시 **Shift** 를 누른 채 드래그 : 정방형의 도형 삽입

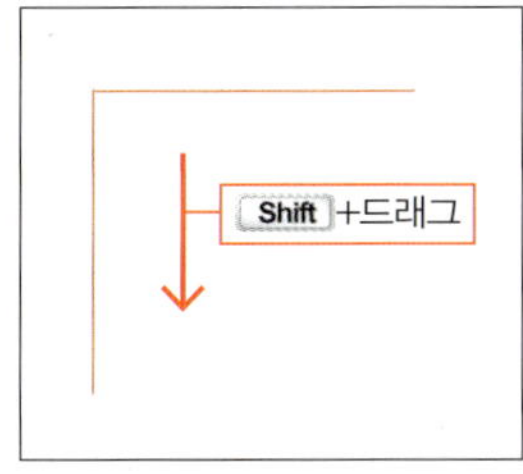

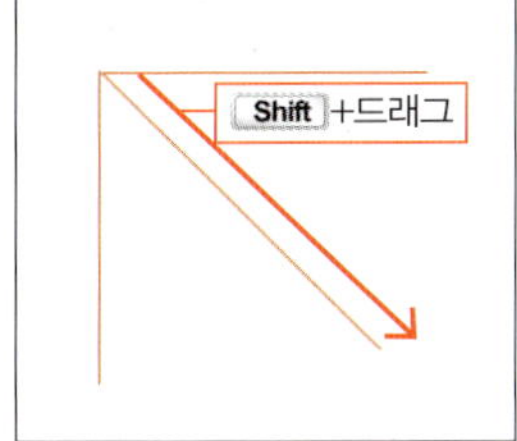

▲ **Shift** 를 누른 채 선 그리기 : 45° 간격으로 선 삽입

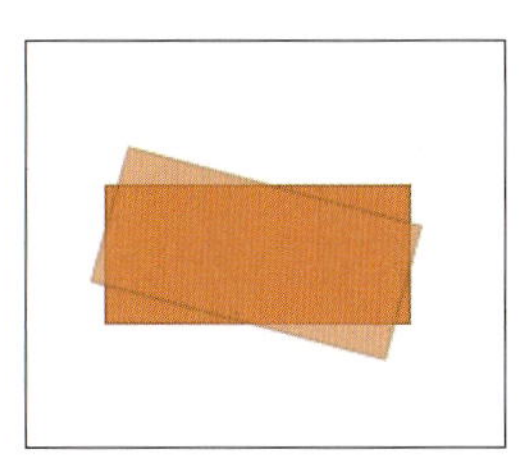

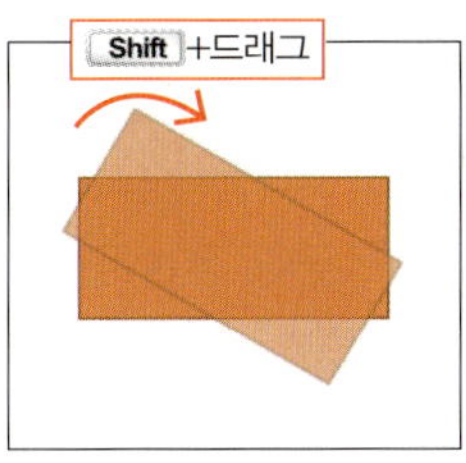

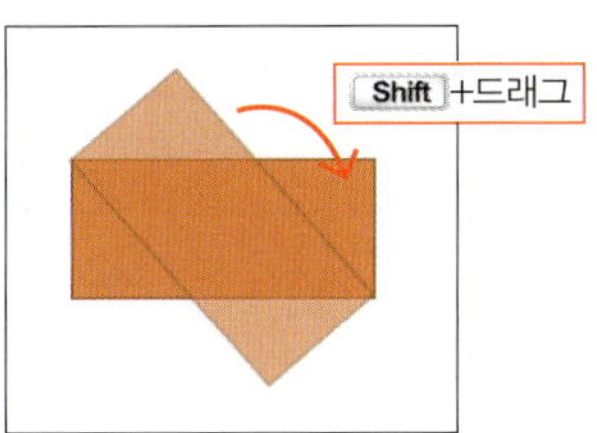

▲ **Shift** 를 누른 채 회전 : 45° 간격으로 회전

Ctrl 글쇠로 드로잉 익히기

Ctrl 를 누른 채 도형을 이동하면 도형이 복사되어 이동되며, 도형의 중심 위치를 고정한 채 도형의 크기를 조정할 수 있습니다. 또한, Ctrl 글쇠를 누른 채 도형을 드래그하면 보다 세밀하게 이동할 수 있습니다.

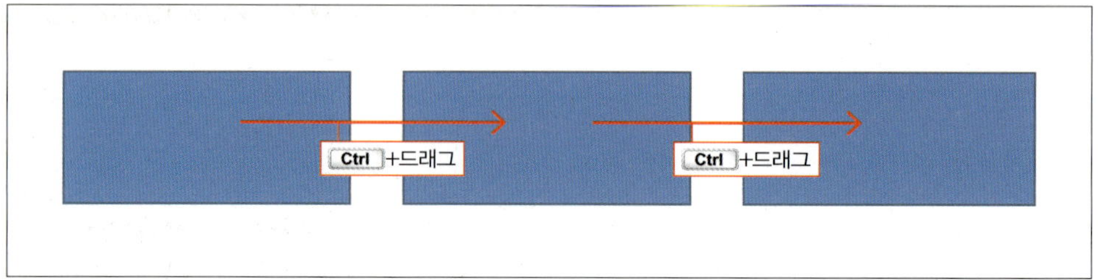

▲ Ctrl 을 누른 채 도형 드래그 : 도형 복사

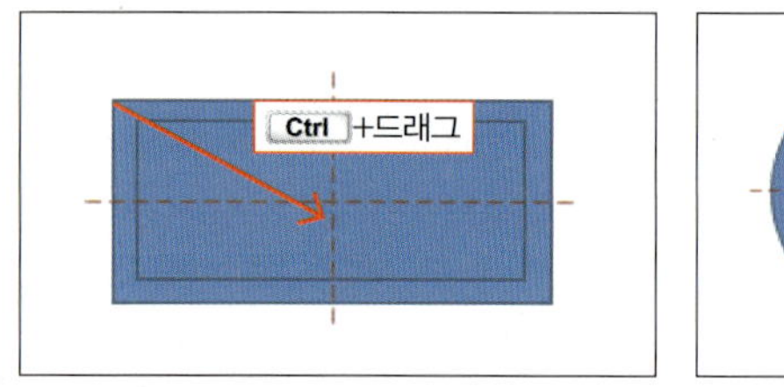

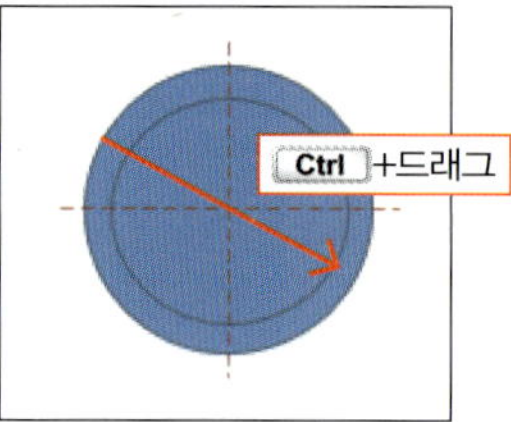

▲ Ctrl 을 누른 채 크기 조정 : 중심 위치를 고정한 채 크기 조정

도형 크기 조절하기

[크기 조정 핸들]은 도형의 모서리에 나타나는 흰색 직사각형( )을 말합니다. 이를 드래그하면 도형의 크기를 변경할 수 있습니다.

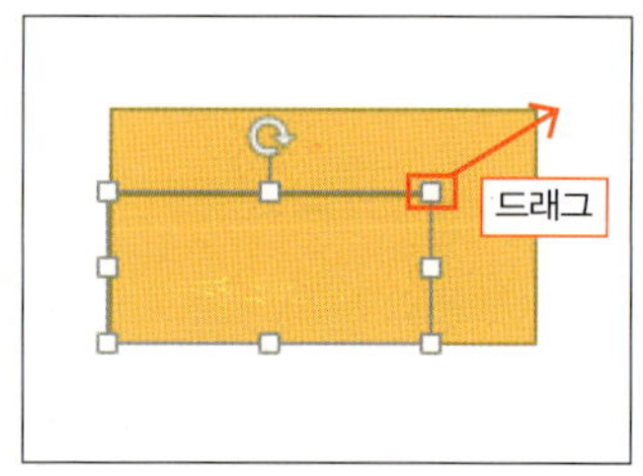

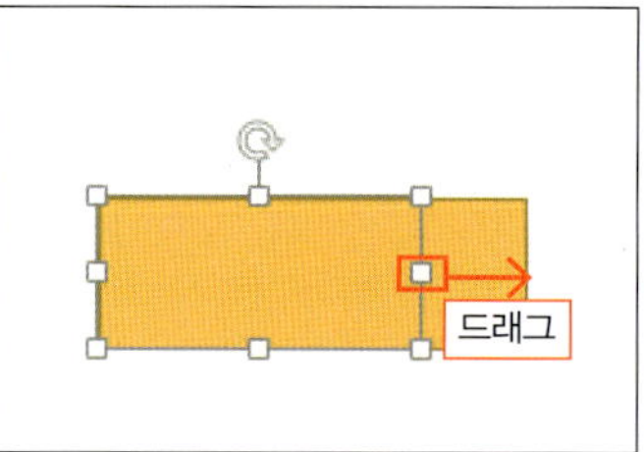

▲ 흰색 직사각형( )을 드래그 : 도형 크기 조정

도형 모양 변경하기

대부분의 도형은 [모양 조정 핸들](🔸)을 이용하여 모양을 변경할 수 있습니다. 도형을 선택했을 때 도형 주위에 노란색의 [모양 조정 핸들](🔸)을 원하는 위치로 드래그하면 도형의 모양이 변경됩니다. 아래의 그림에서 왼쪽은 기본 도형이고 나머지는 [모양 조정 핸들](🔸)을 이용하여 모양을 변경한 도형입니다.

 [모양 조정 핸들](🔸)은 도형에 따라 나타나지 않을 수도 있고, 두 개 또는 세 개의 [모양 조정 핸들](🔸)이 나타나기도 합니다.

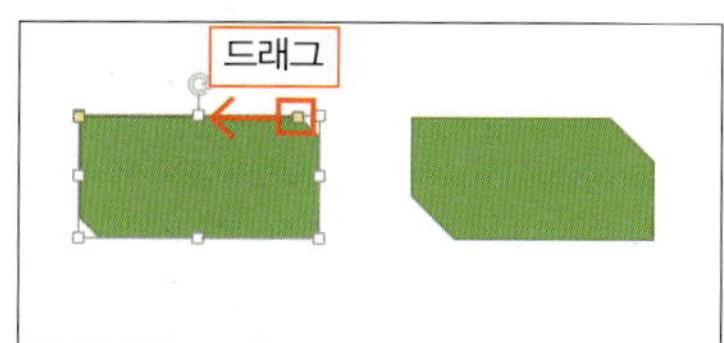

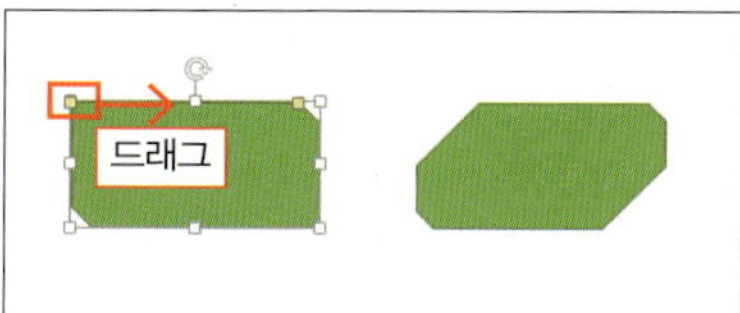

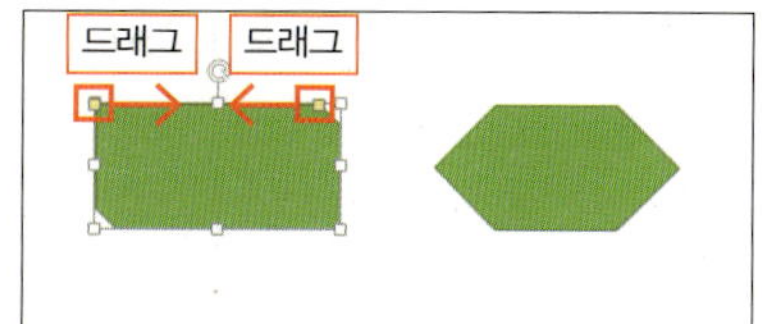

▲ [모양 조정 핸들](🔸) 드래그

도형 회전하기

[회전 핸들]은 도형을 삽입했을 때 나타나는 흰색 원 (🔘)을 말합니다. 이를 회전시킬 방향으로 드래그하면 도형을 회전할 수 있습니다.

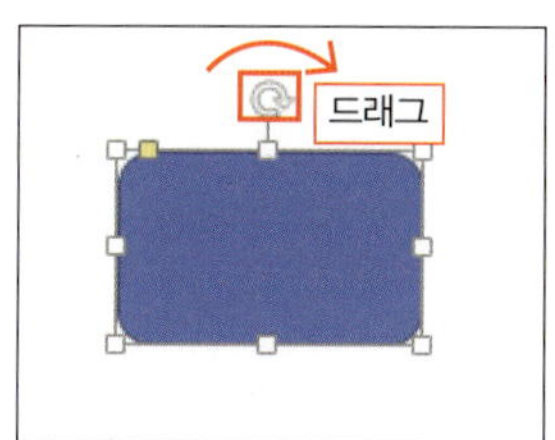

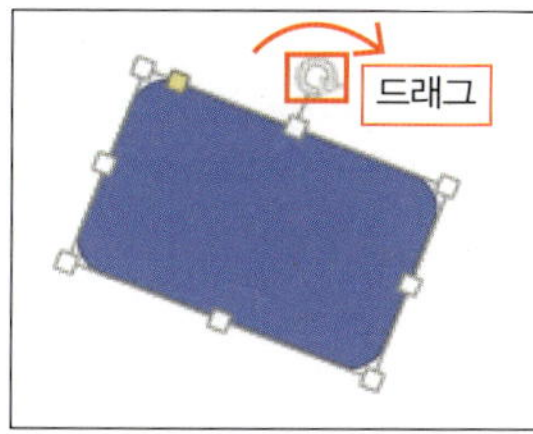

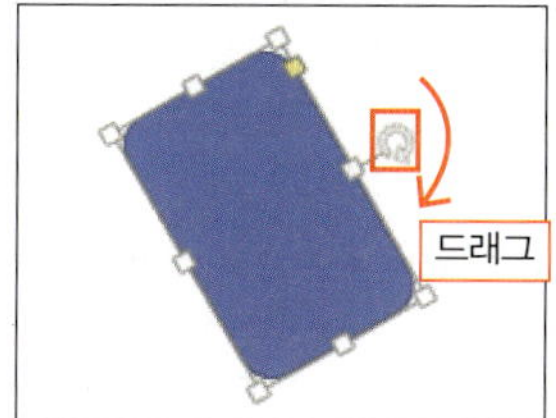

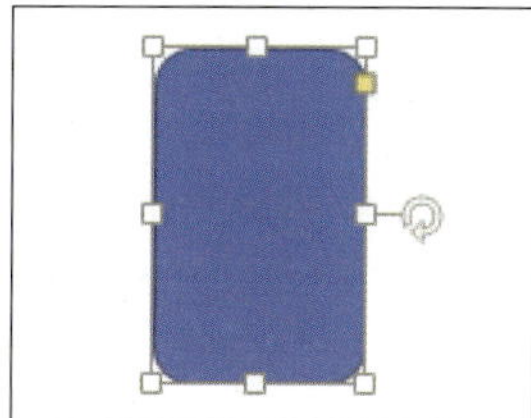

▲ [회전] 핸들 (🔘) 드래그

스마트 가이드로 간격 조정하기

여러개의 도형이나 개체를 추가 한 후 드래그하면 스마트가이드가 나타납니다. 이를 통해 간격 등을 조절할 수 있습니다.

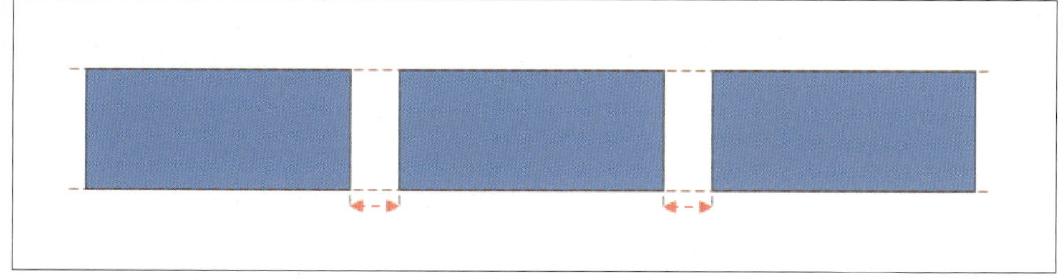

▲ 일정한 간격으로 도형 이동 : 스마트가이드

도형이나 그림 등 슬라이드에 삽입되는 개체를 선택한 후 드래그하면 자동으로 스마트 가이드가 나타납니다.

Part03\Chapter02\Section01\국책사업.pptx

Part03\Chapter02\Section01\국책사업_완성.pptx

01_ 준비 파일을 엽니다. 도형을 일직선 상에 놓기 위해 두 번째 도형을 선택한 후 위치를 이동합니다. 자동으로 스마트 가이드가 나타나며 상, 하 간격을 비롯해 좌, 우 간격을 알려줍니다. 두 번째 도형을 선택한 상태에서 균등한 간격으로 드래그합니다.

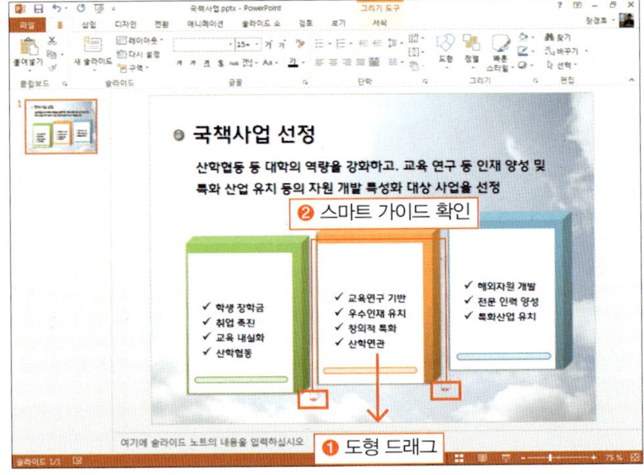

02_ 마찬가지로 세 번째 도형도 선택한 후 드래그합니다. 자동으로 스마트 가이드가 나타나며 개체가 균등한 간격으로 배치되면 알려줍니다.

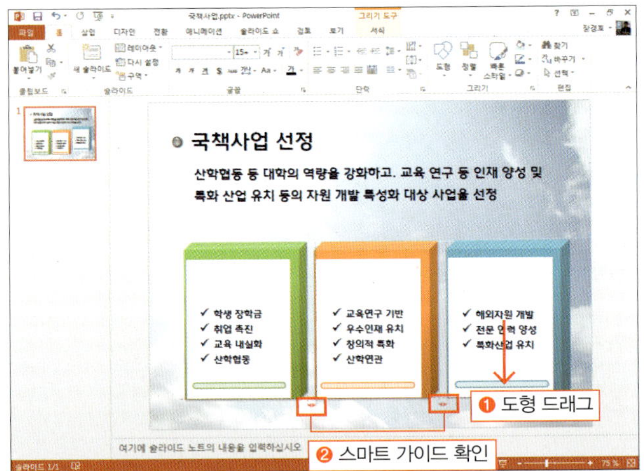

:: 도형 삽입하고 빠른 스타일 적용하기

슬라이드에 도형을 삽입해보고 빠른 스타일을 통해 서식을 적용하는 방법에 대해서 살펴보겠습니다.

 Part03₩Chapter02₩Section01₩도형삽입.pptx

 Part03₩Chapter02₩Section01₩도형삽입_완성.pptx

01_ 준비 파일을 열거나 이어서 진행합니다. 슬라이드에 도형을 하나 추가해 보겠습니다. [홈] 탭–[그리기] 그룹–[도형]을 클릭하여 [모서리가 둥근 직사각형]을 선택합니다.

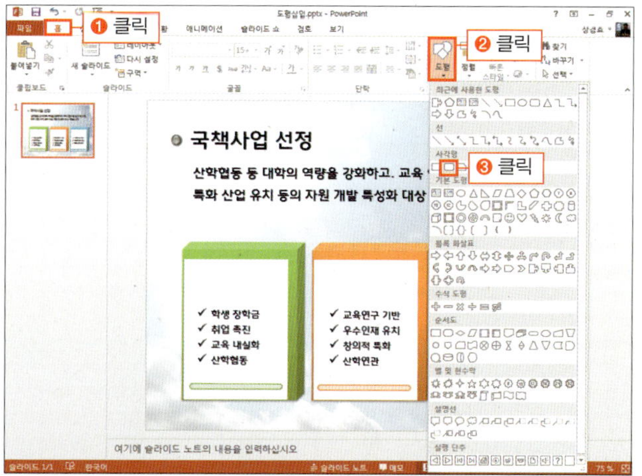

TIP

[도형] 목록 중에서 [최근에 사용한 도형]은 최근에 사용하였던 도형 목록이 나타나게 되어 평소에 즐겨 사용하는 도형을 빨리 선택해서 슬라이드에 추가할 수 있습니다.

02_ 마우스로 드래그하여 도형을 삽입합니다. [모양 조정 핸들]을 오른쪽으로 드래그하여 도형의 모양을 변경합니다. [홈] 탭–[그리기] 그룹의 [빠른 스타일]을 클릭하여 도형의 스타일을 변경합니다.

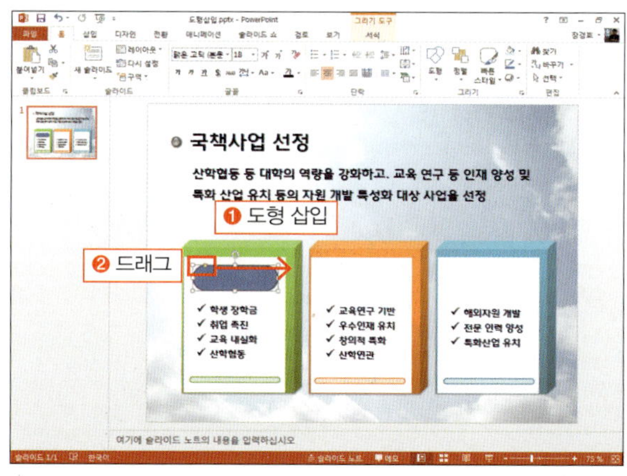

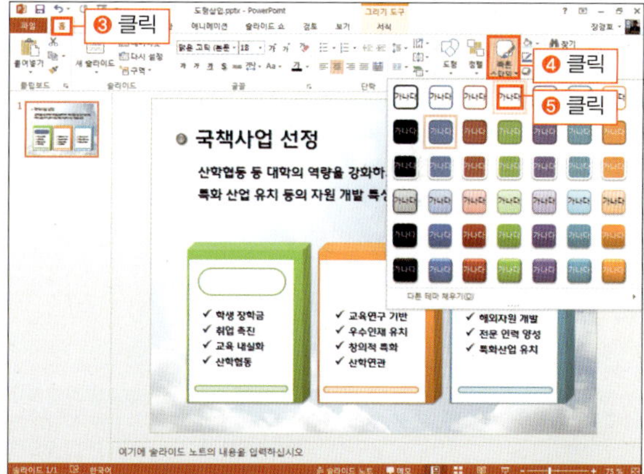

TIP

[모양 조정 핸들]이 나타나는 도형의 경우 핸들을 드래그하여 원하는 모양으로 변경할 수 있습니다.

:: 도형 복제하고 서식 복사하기

도형을 원하는 숫자만큼 복제하고 도형의 지정된 서식까지도 그대로 가져올 수 있습니다.

01_ 준비 파일을 열거나 이어서 진행합니다. 도형을 복제하기 위해 복제할 도형을 선택한 후 **Ctrl** + **D** 를 누릅니다. 도형이 복제됩니다.

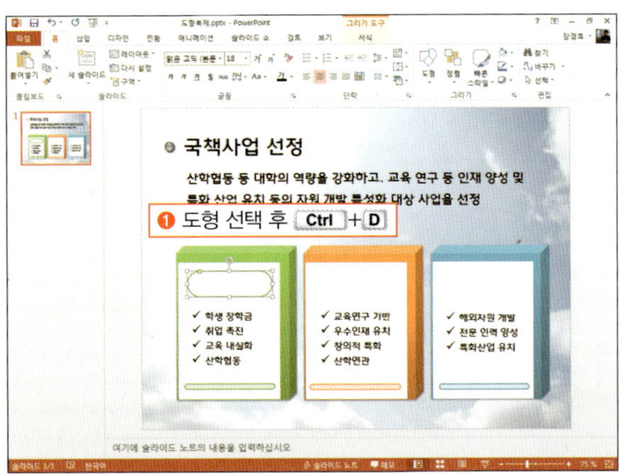

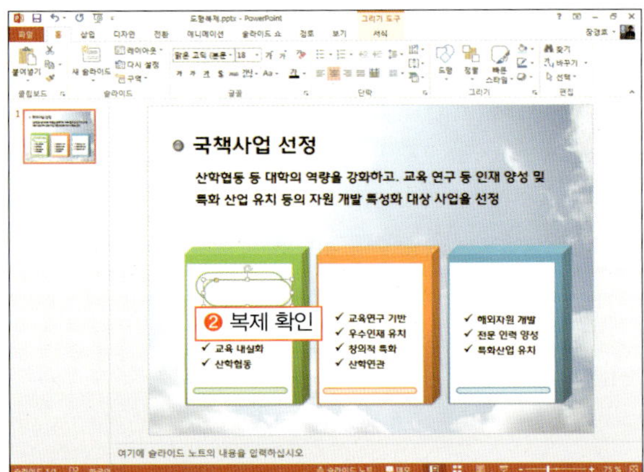

02_ 복제한 도형을 기존 도형에서 오른쪽으로 일정한 간격만큼 띄워놓습니다.

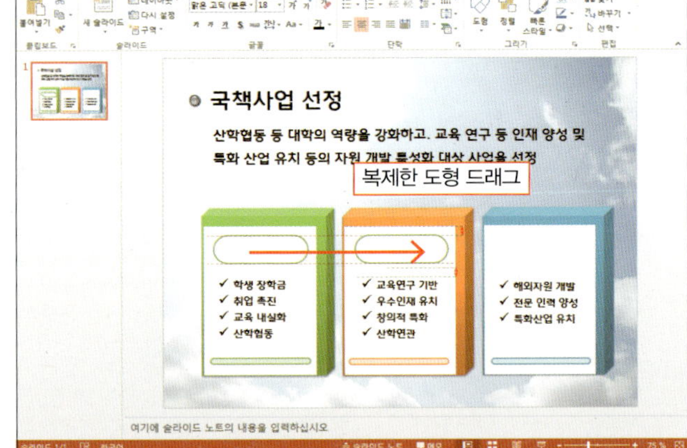

> **TIP**
>
> 도형을 마우스로 드래그하면 스마트 가이드가 자동으로 나타납니다. 이를 통해 도형의 간격을 일정하게 유지하면서 이동할 수 있습니다.

03_ 다시 `Ctrl` + `D` 를 누릅니다. 복제한 도형을 오른쪽으로 띄운만큼의 간격으로 자동으로 위치가 조절됩니다.

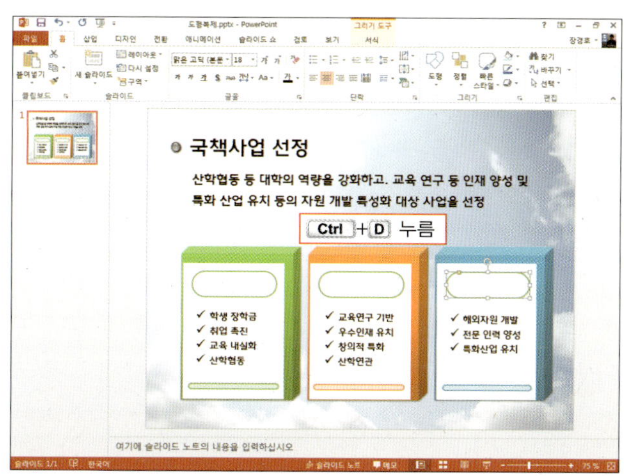

> **TIP**
> 도형을 선택한 후 일정한 간격을 이동하고 `Ctrl` + `D` 를 연속해서 누르면 일정한 간격만큼 계속해서 띄워지면서 복사가 됩니다. 이를 통해 동일한 간격의 도형을 빠르게 만들 수 있습니다.

04_ 이미 서식이 지정된 첫 번째 도형 그룹의 하단에 있는 색상 도형을 선택한 후 [홈] 탭–[클립보드] 그룹의 [서식 복사]를 클릭합니다.

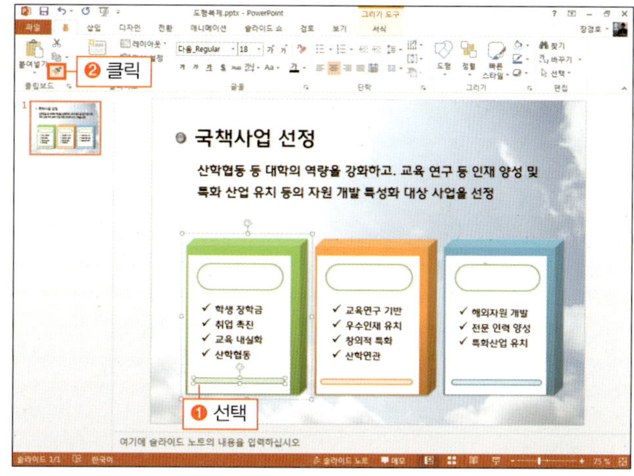

> **TIP**
> 서식이 지정된 도형이 그룹으로 지정되어 있어 선택이 잘 되지 않습니다. 마우스를 두번 클릭해서 선택합니다.

> **TIP**
> [홈] 탭–[클립보드] 그룹의 [서식 복사]를 한번 클릭하면 단 한번만 서식을 복사됩니다. [서식 복사]를 연속으로 두 번 클릭하면 `Esc` 를 누르거나 다시 [홈] 탭–[클립보드] 그룹의 [서식 복사]를 클릭하기 전까지 계속해서 동일한 서식을 복사할 수 있습니다.

05_ 마우스 핸들이 서식 복사 모양으로 변경이 되면 삽입했던 모서리가 둥근 직사각형을 클릭합니다.

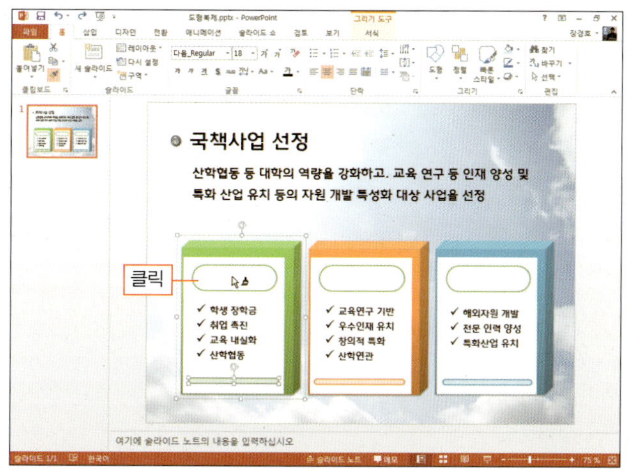

06_ 도형의 서식으로 복사됩니다. 두 번째 도형 그룹의 하단에 있는 색상 도형을 선택한 후 [홈] 탭 – [클립보드] 그룹의 [서식 복사]를 클릭합니다. 두 번째 도형 그룹의 모서리가 둥근 직사각형을 클릭합니다.

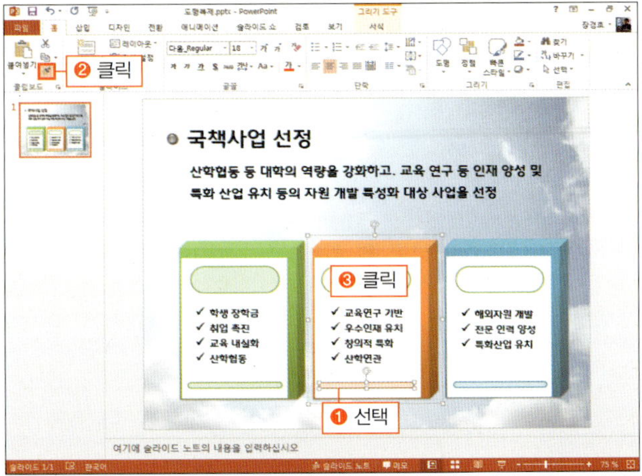

07_ 나머지 도형도 동일한 방법으로 서식을 복사합니다.

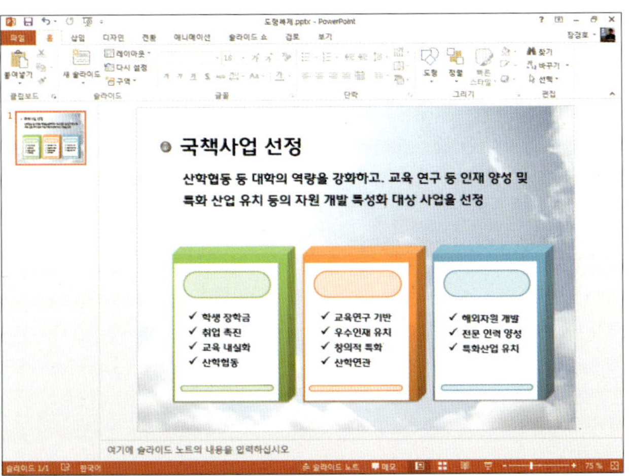

08_ 도형에 텍스트를 입력하여 완성합니다.

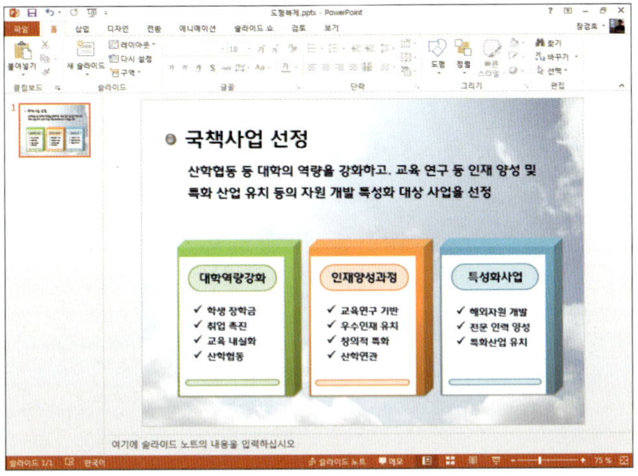

:: 선 개체 삽입하여 연결선 만들기

연결 선을 삽입하여 도형과 도형을 이어주면 하나의 개체로 인식되어 편리하게 작업할 수 있습니다.

01_ 준비 파일을 엽니다. [홈] 탭-[그리기] 그룹-[도형]을 클릭하여 [선]-[선]을 선택합니다.

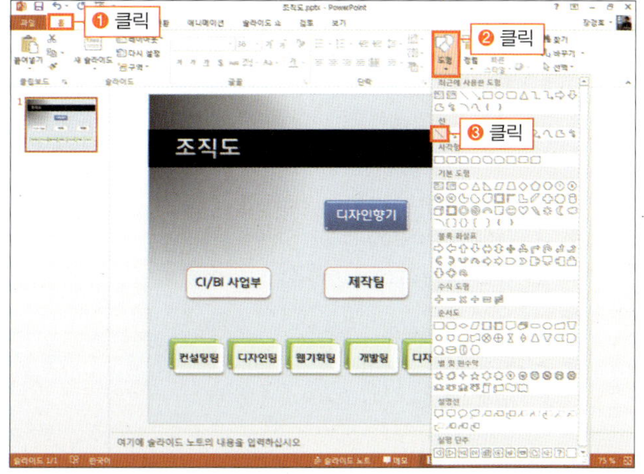

02_ 첫 번째 도형에 마우스를 가져가면 검은 영역이 나타납니다. 이를 드래그하여 도형과 도형을 연결해 줍니다.

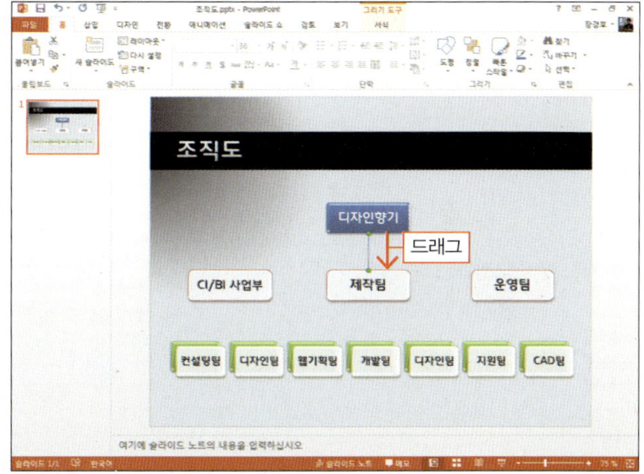

03_ 첫 번째 도형을 드래그합니다. 선까지 함께 함께 이동되는 것을 확인할 수 있습니다.

TIP

선까지 함께 이동되지 않는다면 연결 선으로 지정되지 않았음을 의미합니다. Ctrl + Z 를 눌러 되돌린 후 연결 선을 다시 이어줍니다.

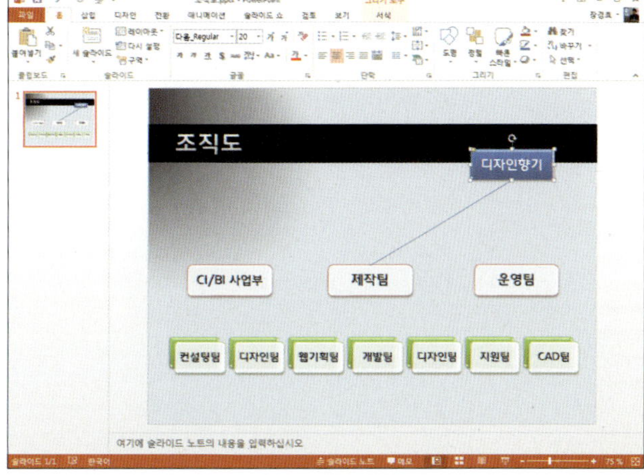

일반 선과 연결 선

파워포인트에 삽입하는 선은 일반 선과 연결 선으로 나눌 수 있습니다. 일반 선은 말그대로 파워포인트에 삽입하는 선을 말합니다. 연결 선은 도형과 도형을 서로 연결해 주는 선으로 연결과 동시에 도형과 하나의 그룹으로 지정됩니다. 장점은, 도형을 이동할 때 함께 이동된다는 점입니다. 하지만 가끔 제대로 연결되지 않는 경우도 발생하는데 이를 확인하는 방법은 선의 선택 핸들의 색상으로 확인할 수 있습니다.

연결 선은 초록색과 흰색으로 구분지을 수 있는데 초록색의 선택 핸들은 연결 선으로 지정된 것을 의미합니다. 도형과 도형 사이의 선이 초록색의 선택 핸들로 나타나면 도형과 연결된 선을 의미하며, 흰색의 선택 핸들로 나타나면 도형과 연결된 선이 아닌 일반 선을 의미합니다.

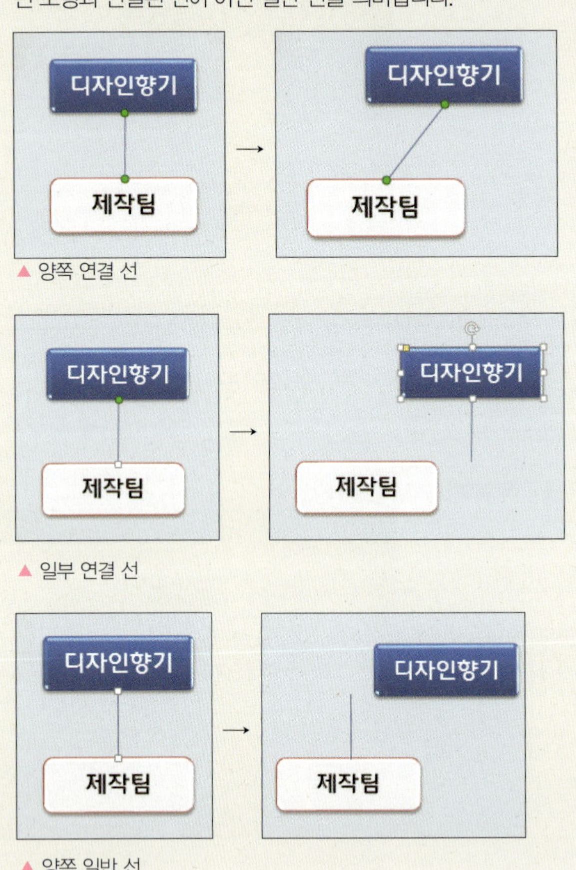

▲ 양쪽 연결 선

▲ 일부 연결 선

▲ 양쪽 일반 선

:: 도형에 그라데이션 지정하기

포토샵 등의 그래픽 프로그램을 이용하면 멋진 그라데이션 도형을 만들 수 있지만 파워포인트를 이용하여도 충분히 만들 수 있습니다.

 **준비 파일** Part03₩Chapter02₩Section01₩정보화시스템.pptx

 **완성 파일** Part03₩Chapter02₩Section01₩정보화시스템_완성.pptx

01_ 준비 파일을 엽니다. 그라데이션을 적용할 첫 번째 도형을 선택한 후 [그리기 도구]–[서식] 상황별 탭의 [도형 스타일] 그룹의 도형 서식 옵션 창을 클릭합니다.

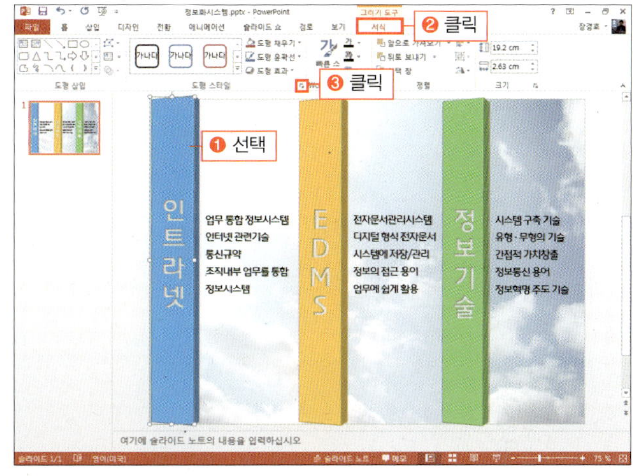

02_ [도형 서식] 창이 나타납니다. 현재 [채우기]–[단색 채우기]로 색상이 지정되어 있습니다. 그라데이션으로 변경하기 위해 [채우기]–[그라데이션 채우기]를 선택합니다. [그라데이션 미리 설정]에서 [가운데 그라데이션 – 강조 5]을 선택합니다.

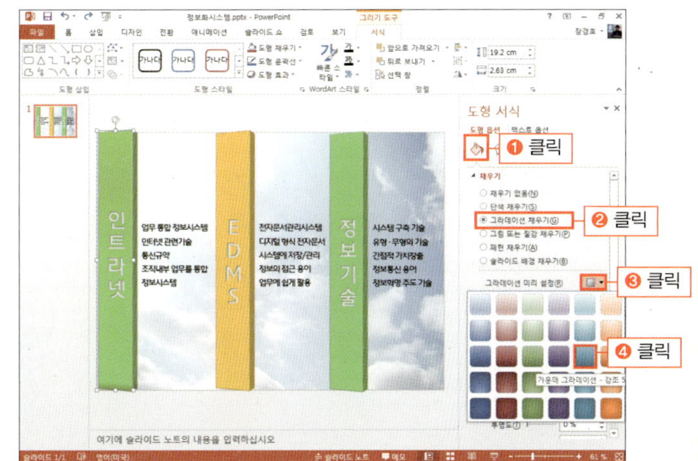

03_ [그라데이션 중지점]에서 첫번째 중지점을 선택합니다. [색]을 클릭한 후 [연한 파랑]을 선택합니다.

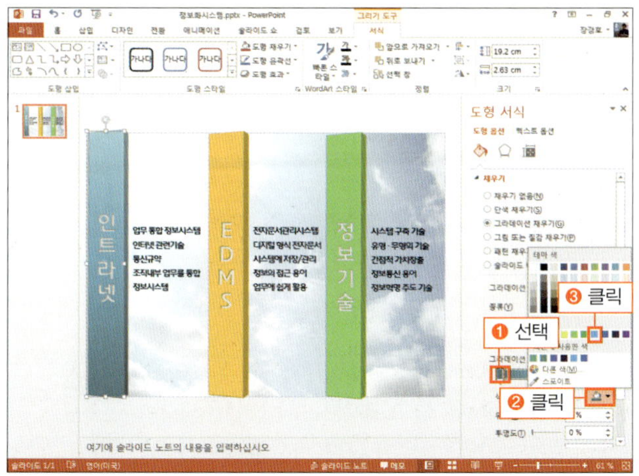

04_ 같은 방법으로 두번째 중지점, 세번째 중지점도 [연한 파랑]으로 색상을 변경합니다.

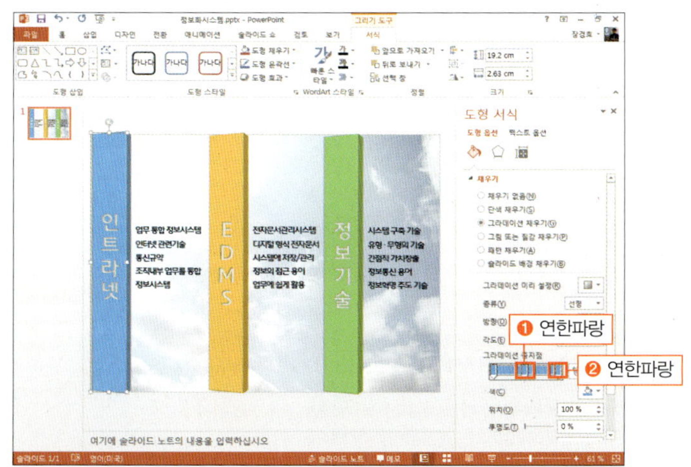

05_ 두번째 중지점을 선택한 후 중지점을 왼쪽으로 조금 드래그합니다. [밝기]에 『20』을 입력하여 그라데이션을 조절합니다. 두번째 도형과 세번째 도형과 동일한 방법으로 그라데이션의 색상을 비롯해 서식을 변경하여 완성합니다. [도형서식]의 [닫기]를 클릭합니다.

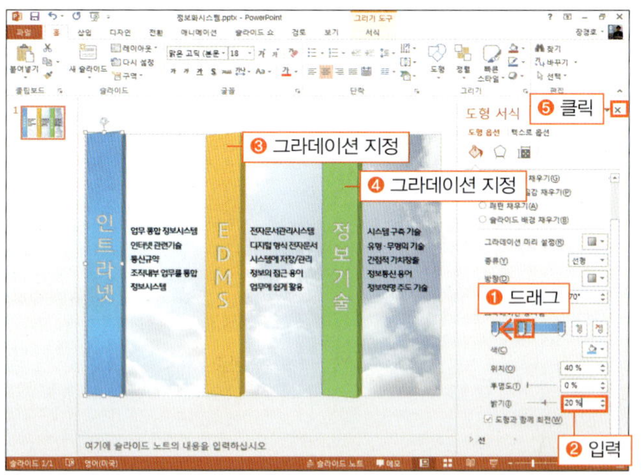

TIP

[그라데이션 중지점]을 살펴보면 여러 가지 중지점이 생성됩니다. 필요없는 중지점은 [삭제]를 클릭해 삭제하고, 중지점을 추가하고 싶다면 [추가]를 클릭해 그라데이션을 만들 수 있습니다. 또한, 중지점의 위치를 드래그하여 조절할 수 있습니다.

:: 그룹 지정하고 그룹 해제하기

도형 등의 개체를 슬라이드에 삽입한 다음 이를 그룹으로 지정해 놓으면 나중에 복제를 하거나 정렬 등 여러 가지 설정을 할 때 편리하게 관리할 수 있습니다.

 Part03₩Chapter02₩Section01₩소셜미디어.pptx    Part03₩Chapter02₩Section01₩소셜미디어_완성.pptx

01_ 준비 파일을 엽니다. 그룹을 지정할 영역을 마우스로 드래그하여 선택한 후 [그림 도구]-[서식] 상황별 탭에서 [정렬] 그룹의 [그룹]-[그룹]을 클릭합니다.

> **TIP**
> 도형 등의 개체에 그룹 설정이나 그룹 해제는 [서식] 탭-[정렬] 그룹-[그룹]을 선택하거나 마우스 오른쪽을 클릭하여 [그룹]-[그룹]을 선택합니다. 해제 역시 동일한 방법으로 선택한 후 [그룹 해제]를 선택합니다.

02_ 여러 개체가 하나의 그룹으로 지정됩니다. 나머지 영역에도 동일한 방법으로 그룹을 지정합니다.

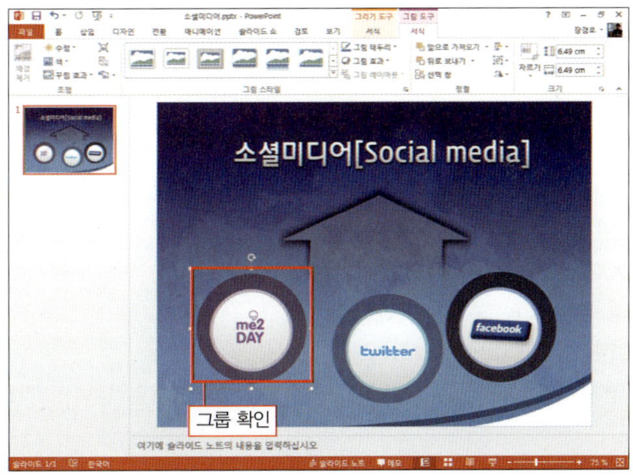

:: 맞춤과 배분 이용하여 정렬하기

그룹으로 지정한 개체를 맞춤과 배분 기능을 이용해 정렬해 보도록 하겠습니다.

01_ 준비 파일을 열거나 이어서 진행합니다. 일정 방향으로 간격을 맞추기 위해 도형을 모두 선택한 다음 [그림 도구]–[서식] 상황별에서 [정렬] 그룹–[개체 맞춤]을 클릭하고 [가로 간격을 동일하게]를 선택합니다.

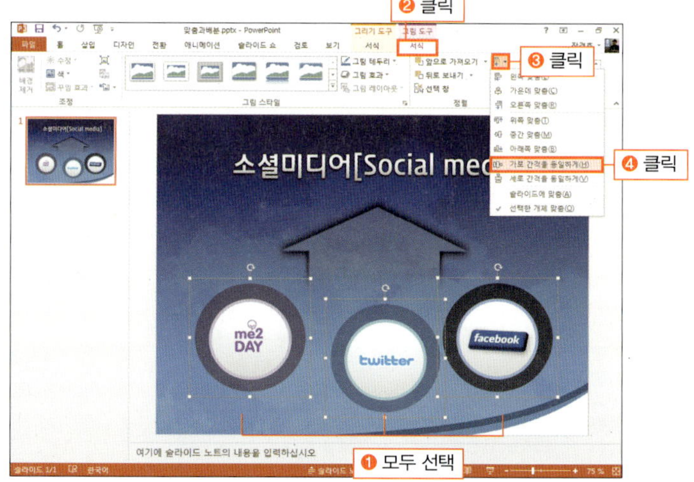

> **TIP**
>
> 정렬이 되어 있지 않는 그림이나 도형, 텍스트 상자 등의 개체를 일직선 상이나 간격을 동일하게 지정하는 등 맞춤 기능을 사용하여 정렬할 수 있습니다.

02_ 가로 간격이 동일하게 정렬됩니다. [서식] 탭–[정렬] 그룹–[맞춤]을 클릭하고 [위쪽 맞춤]을 선택합니다. 도형의 간격이 일정하게 정렬됩니다.

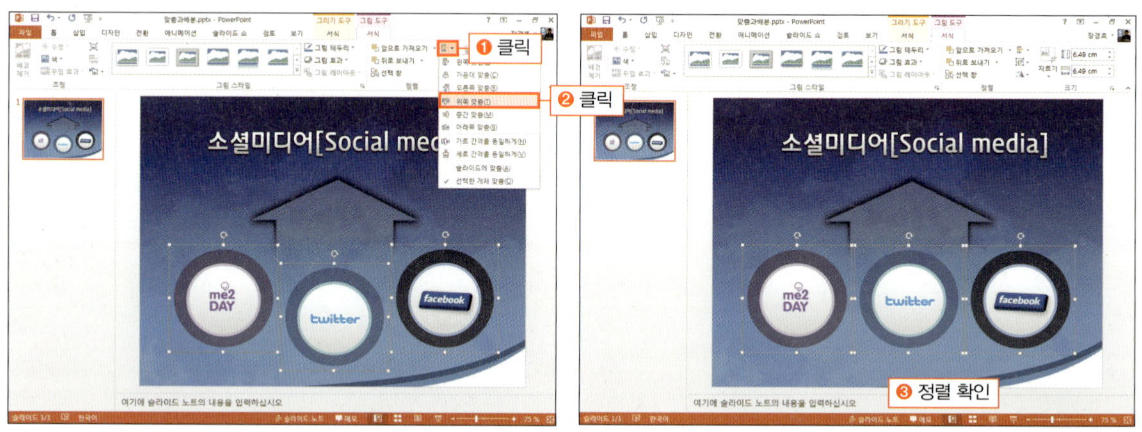

> **TIP**
>
> 개체의 중심을 세로로 맞추려면 가운데 맞춤을 클릭하고, 개체의 중심을 가로로 맞추려면 중간 맞춤을 클릭하여 간격을 일정하게 정렬할 수 있습니다.

세이프 결합, 교차, 병합, 빼기

세이프(Shape)를 이용하면 두 개의 도형을 합치거나 교차되는 부분을 삭제하는 등 파워포인트가 지원하지 않는 다양한 도형을 만들 수 있습니다. 여기서는 세이프(Shape) 기능을 이용하여 파워포인트에서 지원하지 않는 도형을 만들어보도록 하겠습니다.

01 준비 파일을 엽니다. [홈] 탭–[그리기] 그룹에서 [도형]–[도넛]을 클릭한 후 슬라이드에 드래그하여 도넛 모양의 도형을 그려넣습니다.

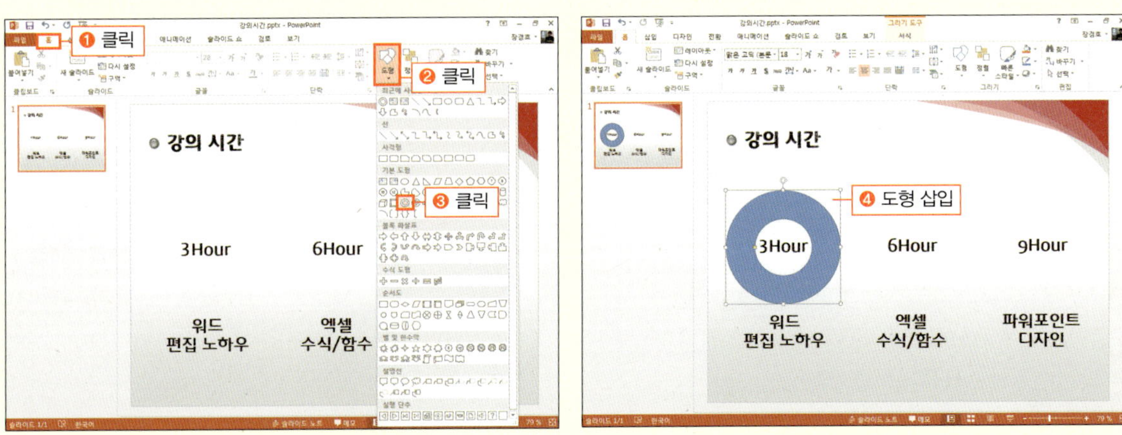

02 '모양 조절 핸들을 드래그하여 모양을 변경합니다. [그리기 도구]–[서식] 상황별 탭에서 [도형 스타일] 그룹의 [자세히]를 클릭한 후 색상을 선택합니다.

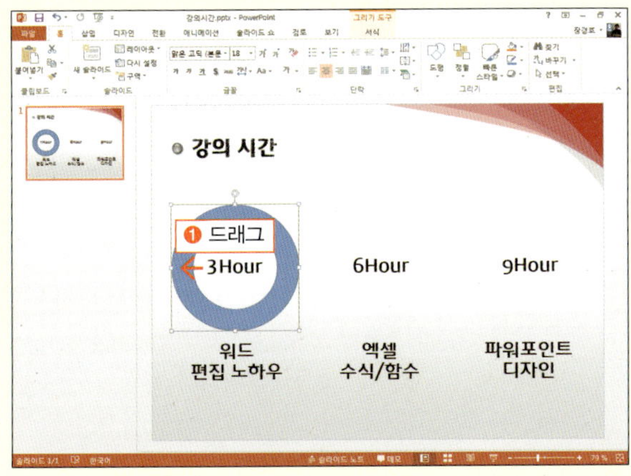

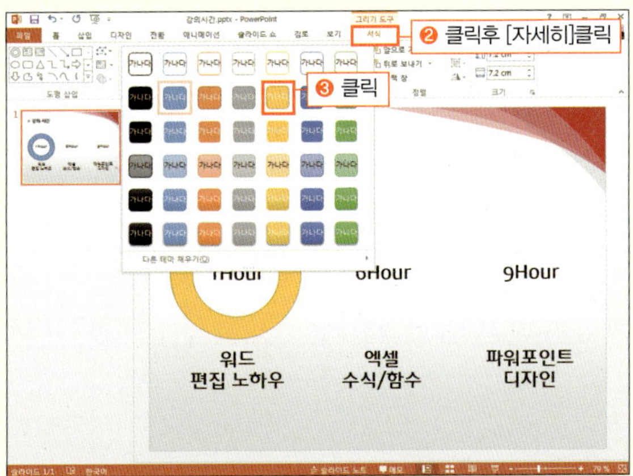

03 `Ctrl` + `D` 를 눌러 도넛 모양을 복제합니다. 세이프로 도형의 모양을 변형하기 위해 [홈] 탭-[그리기] 그룹에서 [도형]-[자유형]을 클릭합니다.

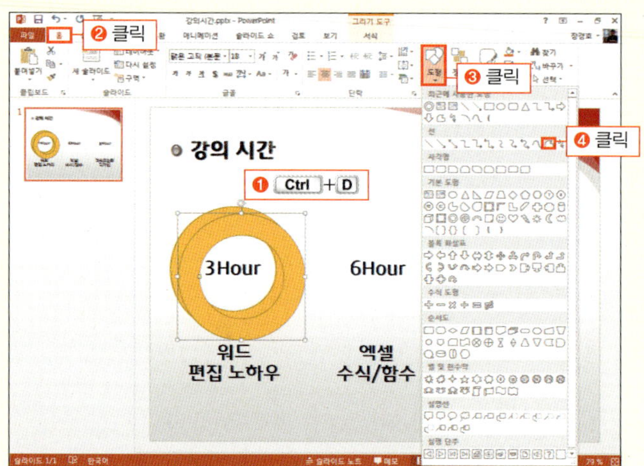

04 자유형 도구는 슬라이드 편집 화면에서 원하는 모양으로 도형을 만들어주는 도구입니다. 드래그하여 그림과 같은 모양의 도형을 그려 넣습니다.

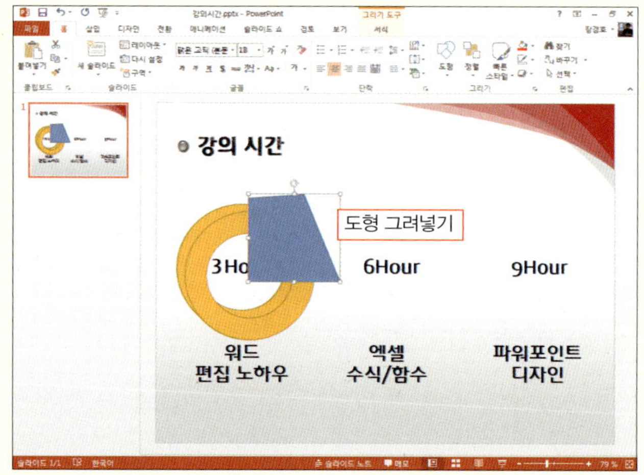

05 자유형 도구로 그린 도형을 선택한 후 `Ctrl` 을 누른 채 도넛 도형을 선택합니다. [그리기 도구]-[서식] 상황별 탭에서 [도형 삽입] 그룹의 [도형 병합]-[교차]를 선택합니다.

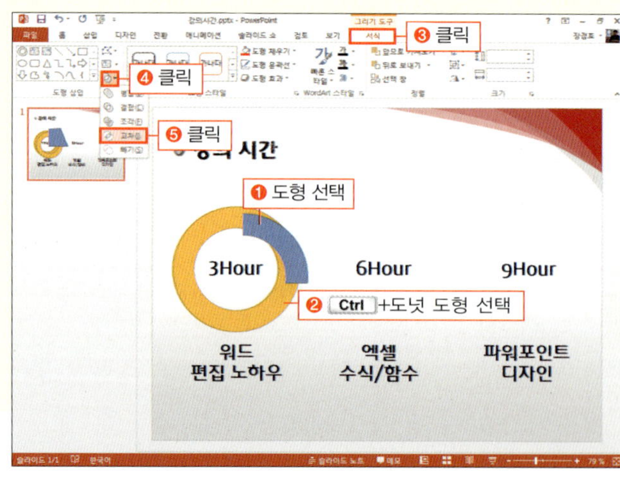

> **TIP**
> 세이프는 첫 번째 선택하는 도형을 기준으로 적용되기에 세이프를 지정할 도형을 먼저 선택해야 합니다.

06 도형이 병합됩니다. 병합된 도형의 위치를 조절한 후 [그리기 도구]–[서식] 상황별 탭에서 [도형 스타일] 그룹의 [도형 채우기]를 클릭한 후 [빨강] 색상을 선택합니다. [도형 윤곽선]를 클릭하여 [윤곽선 없음]을 선택합니다. 나머지 영역에도 ①∼⑥을 반복하여 세이브를 통해 도형을 그려넣고 색상을 지정합니다.

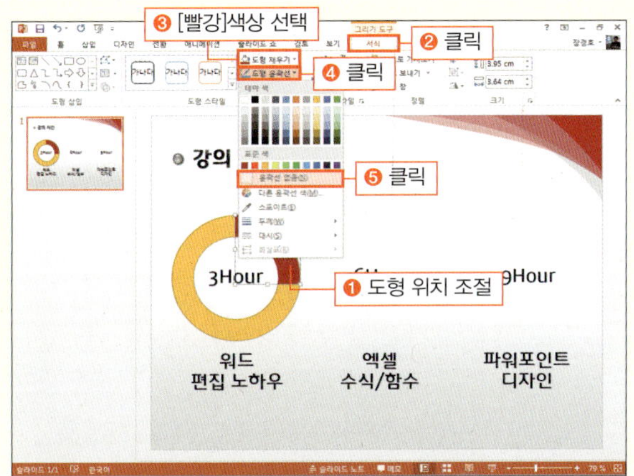

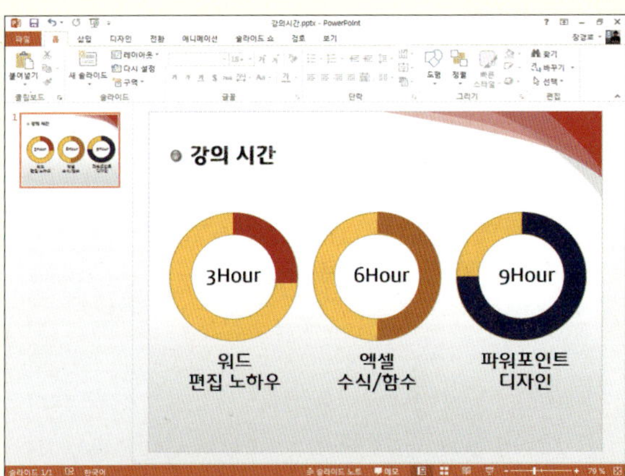

체크 해 봐요

◎ 준비파일 : Part03₩Chapter02₩Check₩오피스세션.pptx

◎ 완성파일 : Part03₩Chapter02₩Check₩오피스세션_완성.pptx

파워포인트의 도형을 활용하면 다양한 모양을 만들 수 있습니다. 여기서는 자유형 도형을 통해 자유롭게 도형을 만들어 슬라이드를 만들어 봅니다.

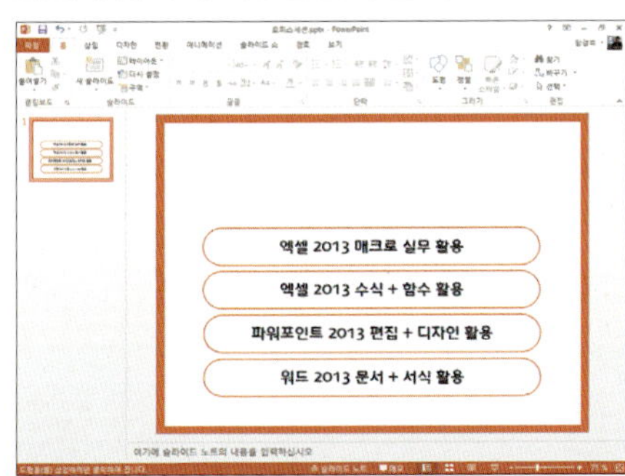

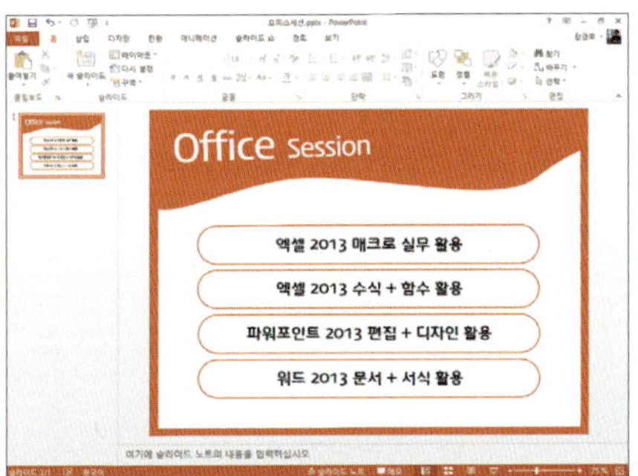

힌트

❶ [홈] 탭–[그리기] 그룹에서 [도형]–[자유형]을 클릭한 후 자유롭게 도형을 만듭니다.

❷ 실습 따라하기 : 부록CD/Part03/Chapter02/실습21.docx

그림 삽입과 서식 지정하기

슬라이드에 그림이나 사진과 같은 이미지 개체를 삽입하면 프레젠테이션의 사실감이나 청중의 이해도를 높일 수 있습니다. 이미지를 삽입하려면 슬라이드의 내용에 적합한 이미지를 삽입해야 하며, 슬라이드의 배경이나 구성에 어울리게 이미지를 편집할 수 있어야 합니다.

▲ 밝기 및 대비, 색상 톤 조정하기

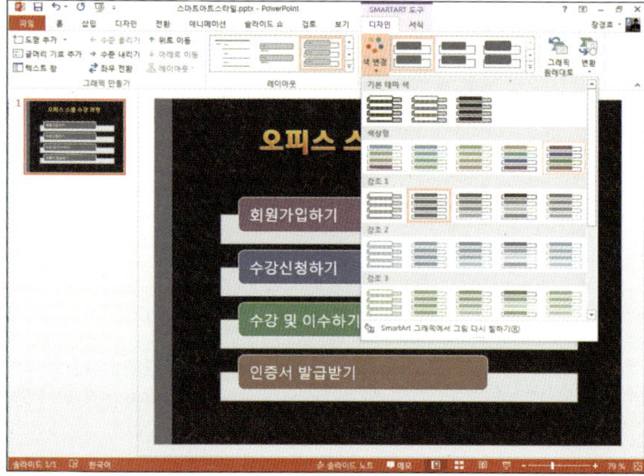

▲ SmartArt 그래픽 색상 및 스타일 변경하기

이번 섹션에서 배울 주요 내용

- 그림 개체 삽입하고 스타일 지정하기
- 온라인 그림 삽입하기
- 그림 배경 삭제하기
- 밝기 및 대비, 색상 톤 조정하기
- 스포이트 기능으로 색상 추출하기
- 이미지 자르고 도형 모양에 맞춰 넣기
- 스크린 샷과 화면 캡처하기
- 사진 앨범으로 사진 불러오기
- SmartArt 그래픽 삽입하기
- SmartArt 그래픽 색상 및 스타일 변경하기
- SmartArt 그래픽을 다른 도형으로 변경하기
- 텍스트를 SmartArt 그래픽으로 변경하기

:: 그림 개체 삽입하고 스타일 지정하기

다양한 종류의 그림 파일을 슬라이드에 삽입할 수 있습니다. [그림 도구]–[서식] 탭을 활용하면 다양한 스타일을 지정할 수 있습니다.

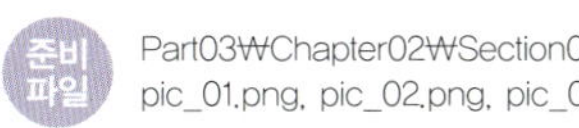
준비
파일
Part03₩Chapter02₩Section02₩그림개체.pptx,
pic_01.png, pic_02.png, pic_03.png

완성
파일
Part03₩Chapter02₩Section02₩그림개체_완성.pptx

01_ 준비파일을 엽니다. [삽입] 탭–[이미지] 그룹에서 [그림]을 클릭합니다. [그림 삽입] 대화상자가 나타나면 CD의 Part 03 폴더에서 '01.jpg', '02.jpg', '03.jpg'을 **Ctrl**을 누른 채 모두 선택한 후 [삽입]을 클릭합니다.

> **TIP**
> .jpg나 .gif는 물론 .emf나 .png, .tif 등의 확장자를 지닌 파일도 삽입할 수 있습니다.

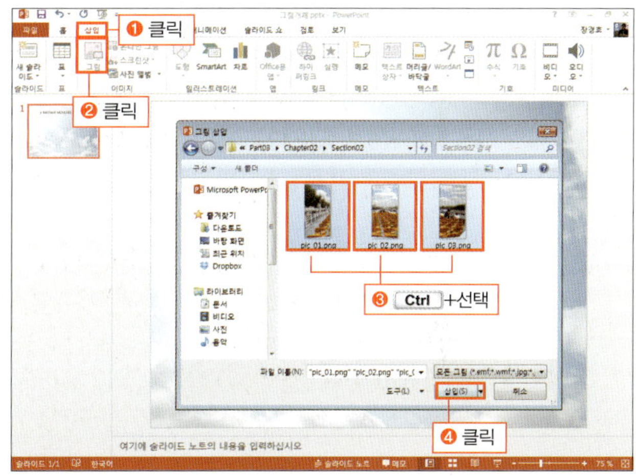

02_ 그림이 삽입되면 그림의 위치를 조정합니다. 스마트 가이드가 나타나면서 간격을 일정하게 조정할 수 있습니다. 그림을 모두 선택한 후 [그림 도구]–[서식] 상황별 탭에서 [그림 스타일] 그룹–[그림 효과]를 클릭한 후 [반사]를 선택하고 원하는 반사 효과를 선택합니다.

> **TIP**
> [그림 스타일] 그룹의 [그림 효과]를 통해 반사 효과를 비롯해 그림자, 네온, 입체 효과, 3차원 회전 등 다양한 효과를 적용할 수 있습니다.

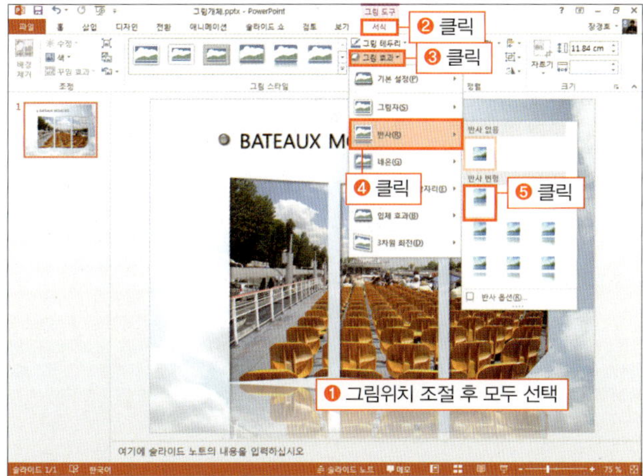

:: 온라인 그림 삽입하기

파워포인트 2013에서는 Office.com 클립 아트나 Bing 사이트의 이미지, 혹은 SkyDrive 계정의 이미지를 삽입할 수 있습니다.

Part03₩Chapter02₩Section02₩온라인그림.pptx

01_ 준비파일을 엽니다. [삽입] 탭–[이미지] 그룹에서 [온라인 그림]을 선택합니다. [그림 삽입] 창이 나타납니다. 여기서는 Office.com 클립 아트를 통해 이미지를 찾아보도록 하겠습니다. [Office.com 클립 아트] 검색 창에 『사람』을 입력한 후 [찾기]를 클릭합니다.

02_ 다양한 이미지가 검색됩니다. 사용하기 원하는 이미지를 클릭합니다. [삽입]을 클릭합니다.

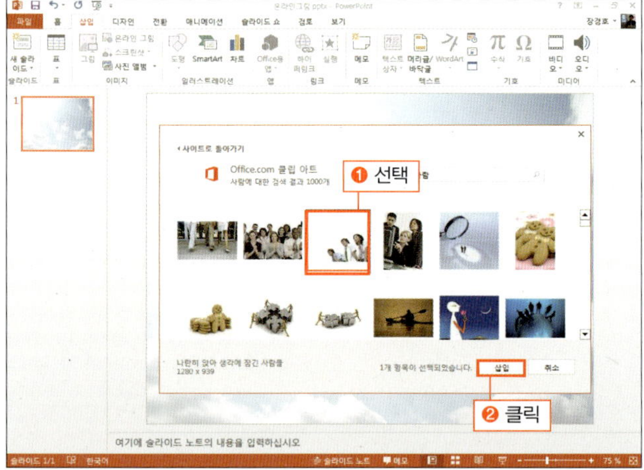

> **TIP**
>
> [확대]를 클릭하면 이미지가 확대되면서 보다 큰 화면으로 이미지를 확인할 수 있습니다.

파워포인트에 삽입한 그림은 그 어떤 그림이라도 배경이나 원하는 부분을 투명하게 없앨 수 있습니다.

01_ 준비파일을 엽니다. 그림의 배경을 삭제하기 위해 그림을 선택합니다 [그림 도구]−[서식] 상황별 탭에서 [조정] 그룹−[색]을 클릭한 후 [투명한 색 설정]을 선택합니다.

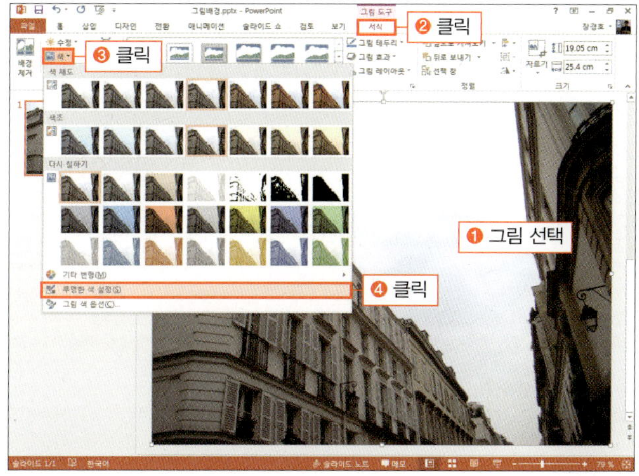

02_ 마우스 커서 모양이 변경됩니다. 투명하게 만들고 싶은 부분을 클릭합니다. 배경이 투명하게 변경됩니다. 보다 정밀하게 배경을 삭제하고 싶을 경우 [조정] 그룹의 [배경 제거]를 통해 삭제할 수 있습니다. [그림 도구]−[서식] 상황별 탭에서 [조정] 그룹의 [배경 제거]를 클릭합니다.

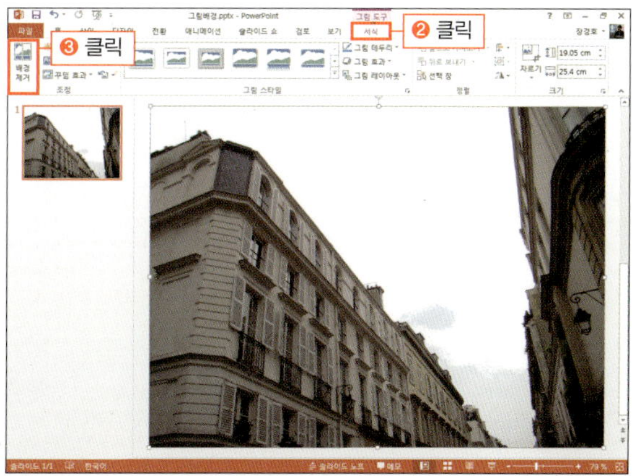

03_ [배경 제거] 탭이 나타나면서 그림의 영역을 보관하거나 제거할 수 있습니다. 그림 영역을 드래그하여 영역을 변경합니다. [배경 제거] 탭–[고급 검색] 그룹에서 [보관할 영역 표시]를 클릭한 다음 마우스로 보관할 영역을 드래그하여 지정합니다. 보관할 영역이 지정되었으면 이번에는 제거할 부분을 지정하기 위해 [배경 제거] 탭–[고급 검색] 그룹–[제거할 영역 표시]를 클릭한 다음 제거할 배경이 포함되어 있는 부분을 드래그하여 지정합니다. [닫기] 그룹의 [변경 내용 유지]를 클릭합니다.

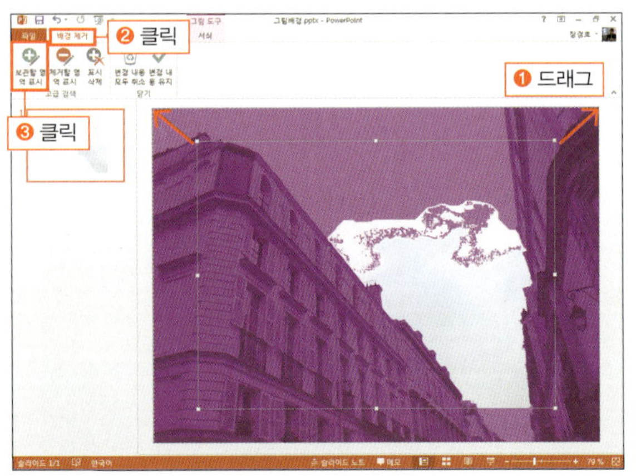

> **TIP**
> [배경 제거] 기능은 [투명한 색 설정하기] 보다 다소 디테일하게 배경을 제거할 수 있으며, 원하는 부분만 남겨놓을 수 있는 기능입니다.

04_ 배경이 제거되며 원하는 부분만 남겨집니다.

> **TIP**
> 배경 제거가 제대로 되지 않는다면 [보관할 영역 표시]와 [제거할 영역 표시]를 수차례 반복합니다.

:: 밝기 및 대비, 색상 톤 조정하기

밝기 및 대비, 색상 톤을 조정하여 포토샵과 같은 프로그램에서 작업하던 것처럼 다양한 효과를 지정할 수 있습니다.

Part03\Chapter02\Section02\일본풍경.pptx

Part03\Chapter02\Section02\일본풍경_완성.pptx

01_ 준비파일을 엽니다. 첫 번째 슬라이드의 수정 후 이미지를 선택합니다. [그림 도구]─[서식] 상황별 탭을 클릭한 다음 [조정] 그룹─[수정]을 클릭한 후 [선명도 조절]─[선명하게 : 50%]를 선택합니다.

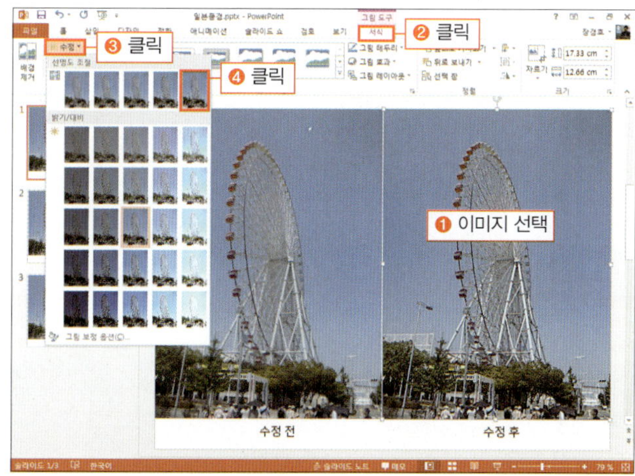

02_ 두 번째 슬라이드를 선택한 후 '수정 후' 이미지를 선택합니다. [그림 도구]─[서식] 상황별 탭에서 [조정] 그룹─[색]을 클릭한 후 [기타 변형]─[노랑]을 선택합니다. 선택한 색상이 반영되어 선택한 이미지에 미리보기됩니다.

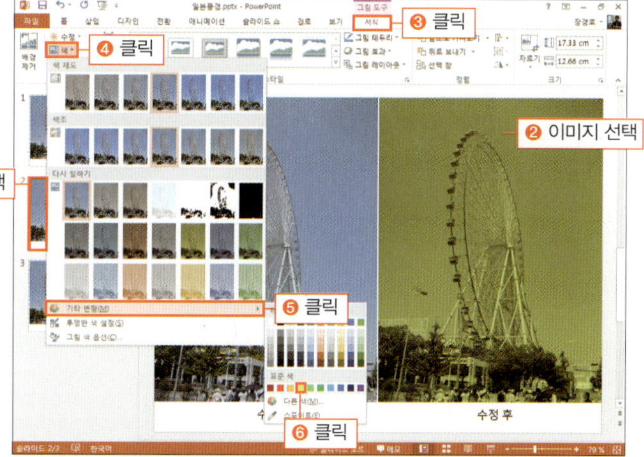

03_ 세 번째 슬라이드를 선택한 후 '수정 후' 이미지를 선택합니다. [그림 도구]–[서식] 상황별 탭에서 [조정] 그룹–[꾸밈 효과]를 클릭한 후 [분필 스케치]를 선택합니다. 선택한 선명도가 반영되어 선택한 이미지에 미리보기됩니다.

04_ 보다 다양한 효과를 지정하고 싶다면 [그림 도구]–[서식] 상황별 탭의 [조정] 그룹에서 [수정]–[그림 보정 옵션]을 선택하거나 [색]–[색 그림 옵션], 혹은 [꾸밈 효과]–[꾸밈 효과 옵션]을 선택합니다.

QR 코드로 더 자세히

포토샵으로 이미지 보정하기

포토샵으로 이미지를 보다 섬세하게 수정할 수 있습니다. 자세한 사항은 저자의 블로그 http://blog21.kr/40190423689 에서 알아보기 바랍니다. QR 코드를 스마트폰에서 찍으면 바로 확인할 수 있습니다

:: 스포이트 기능으로 색상 추출하기

스포이트를 통해 특정 색상을 추출하여 원하는 개체에 똑같이 적용할 수 있습니다. 스포이트로 일치시키려는 색을 클릭하여 선택한 텍스트나 도형에 적용합니다.

 **준비 파일** Part03₩Chapter02₩Section02₩스포이트.pptx

 **완성 파일** Part03₩Chapter02₩Section02₩스포이트_완성.pptx

01_ 준비 파일을 열거나 이어서 진행합니다. 색상을 변경하고 싶은 텍스트를 선택합니다. 여기서는 두 번째 슬라이드를 선택한 후 '수정 후'라고 적힌 텍스트를 선택합니다. [홈] 탭–[글꼴] 그룹에서 [글꼴 색]–[스포이트]를 클릭합니다.

> **TIP**
>
> 텍스트가 아닌 도형의 색상을 스포이트 기능으로 변경하고 싶다면 도형을 선택한 상태에서 [그리기] 도구–[서식] 상황별 탭의 [도형 스타일] 그룹에서 [도형 채우기]–[스포이트]를 선택합니다.

02_ 가져오고 싶은 색상에 마우스 커서를 올리면 스포이트 커서가 나타나면서 색상을 표시해 줍니다. 색상을 클릭하면 스포이트로 지정한 색상이 도형에 적용됩니다.

> **TIP**
>
> 슬라이드 편집 화면 이외의 색을 추출하고 싶다면 스포이트를 클릭한 후 마우스 왼쪽을 클릭한 상태에서 원하는 색상이 있는 곳으로 드래그합니다.

:: 이미지 자르고 도형 모양에 맞춰 넣기

이미지를 삽입한 후 원하는 모양으로 자르거나 둥근 원형이나 별과 같은 도형 모양에 이미지를 맞춰 넣을 수 있습니다.

Part03₩Chapter02₩Section02₩영국풍경.pptx

Part03₩Chapter02₩Section02₩영국풍경_완성.pptx

01_ 준비파일을 엽니다. 삽입된 그림을 선택한 다음 [그림 도구]–[서식] 상황별 탭에서 [크기] 그룹–[자르기] 아랫 부분을 클릭한 후 [자르기]를 선택합니다.

02_ 자르기 핸들이 나타나면 마우스로 드래그하여 원하는 부분만 표시되도록 크기를 조정한 후 [서식] 탭–[크기] 그룹–[자르기] 윗 부분을 클릭하거나 슬라이드 편집 화면의 빈 공간을 클릭합니다. 또는, Esc 를 눌러 자르기를 완성합니다.

□3_ 이번에는 도형 모양에 맞춰 그림을 넣어보도록 하겠습니다. 두 번째 슬라이드의 이미지를 선택한 후 [그림 도구]-[서식] 상황별 탭에서 [크기] 그룹-[자르기] 아랫부분을 클릭한 다음 [도형에 맞춰 자르기]를 선택합니다. 원하는 도형 모양을 클릭합니다.

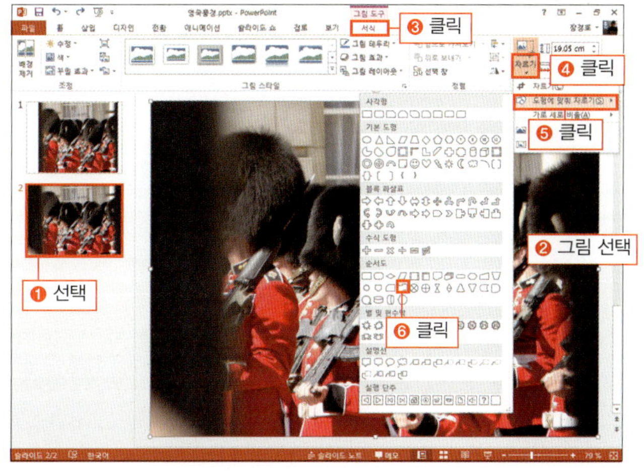

□4_ 도형에 맞춰 그림이 편집됩니다. 그림의 크기 및 위치를 조절한 후 완성합니다.

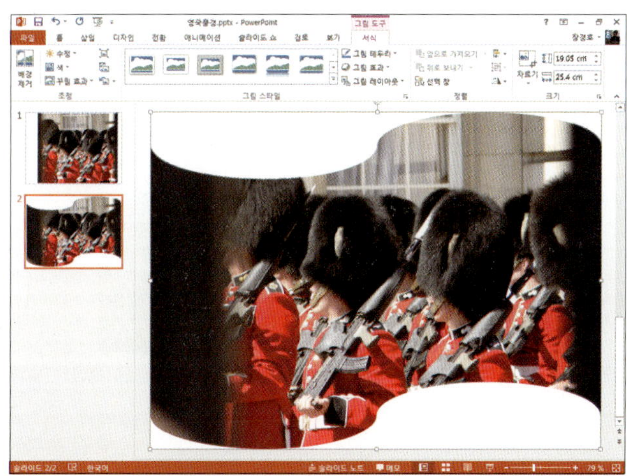

꼭!! 알고가기 — 자르기 옵션 살펴보기

[도구] 단추를 클릭하면 저장 옵션 및 사용자 암호 등 다양한 옵션을 지정할 수 있습니다.

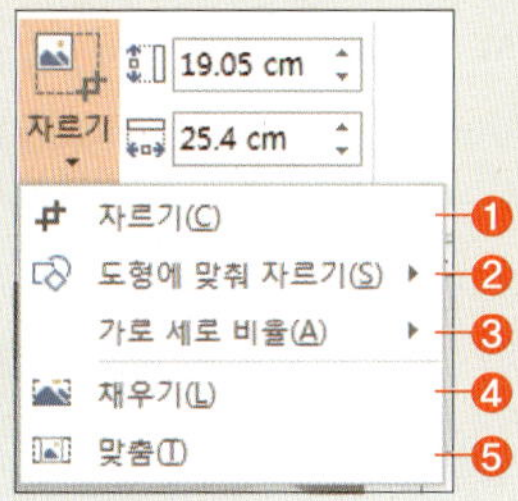

❶ **자르기** : 원하는 가로, 세로 방향으로 그림을 자릅니다.

❷ **도형에 맞춰 자르기** : 직사각형, 원형 등 도형의 모양에 맞춰 그림을 자릅니다.

❸ **가로, 세로 비율** : 1대1, 2대3, 3대4 등 가로, 세로 비율을 유지하면서 그림을 자릅니다.

❹ **채우기** : 자른 그림을 채우기를 통해 이동시킵니다.

❺ **맞춤** : 잘라진 비율에 맞게 그림을 고정시킵니다.

:: 스크린 샷과 화면 캡처하기

스크린 샷이나 화면 캡처 기능을 통해 인터넷 상의 다양한 그림을 캡처하여 슬라이드를 바로 삽입할 수 있습니다.

Part03₩Chapter02₩Section02₩실무카페.pptx

Part03₩Chapter02₩Section02₩실무카페_완성.pptx

01_ 준비파일을 엽니다. 인터넷 브라우저를 실행한 후 스크린 샷 기능으로 파워포인트에 캡처할 'http://cafe.naver.com/ppt' 사이트를 엽니다. 파워포인트로 돌아와서 [삽입] 탭–[스크린 샷]을 클릭하면 내 컴퓨터에 현재 띄워져 있는 창이 나타납니다. 이 중 'http://cafe.naver.cmo/ppt' 사이트 창을 선택합니다.

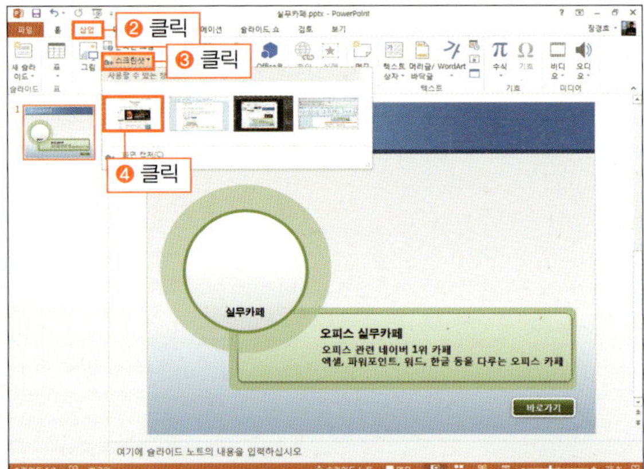

TIP

스크린 샷 기능은 내 컴퓨터에 파워포인트 이외의 다른 프로그램이 실행되어 있을 때 제대로 작동합니다. 본인의 컴퓨터 환경에 따라 스크린 샷에 보이는 화면이 다를 수 있습니다.

02_ 경고창이 뜨면 [예]를 클릭합니다. 이미지가 삽입되면 [그림 도구]–[서식] 상황별 탭의 [크기] 그룹–[자르기]를 통해 필요없는 부분을 삭제한 후 위치 및 크기를 조정합니다.

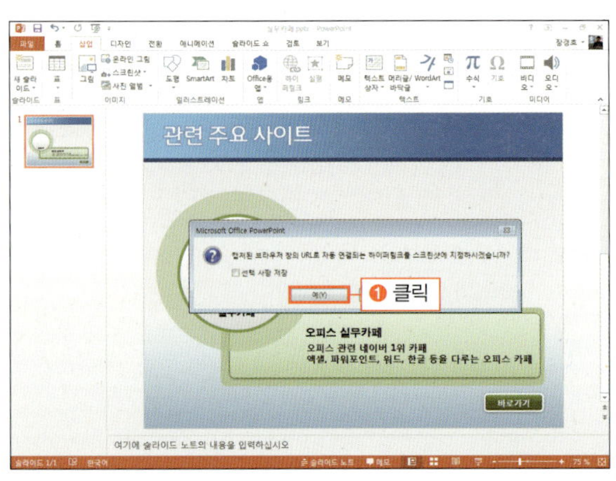

TIP

[캡처된 브라우저 창의 URL로 자동 연결되는 하이퍼링크를 스크린샷에 지정하시겠습니까?] 창은 인터넷 창을 캡처했을 때 나타나는 경고 창으로 [예]를 누르면 슬라이드 쇼 진행시 스크린샷에 하이퍼링크가 자동 연결됩니다.

03_ 이번에는 'http://cafe.naver.com/ppt' 사이트의 로고를 슬라이드에 삽입해 보도록 하겠습니다. 인터넷 창을 통해 'http://cafe.naver.com/ppt' 사이트를 엽니다. 파워포인트로 돌아와 [삽입] 탭–[이미지] 그룹의 [스크린샷]–[화면 캡처]를 클릭합니다.

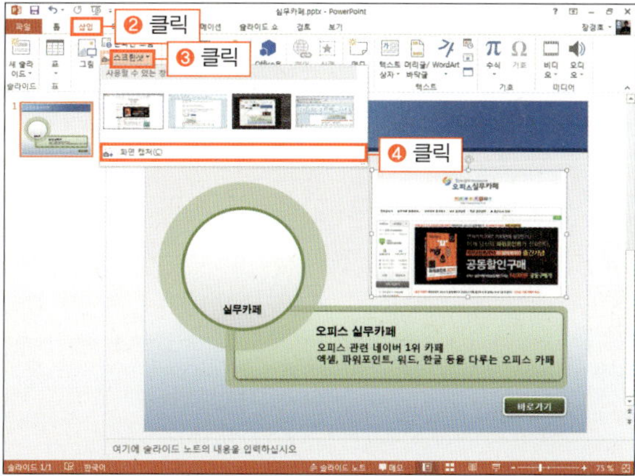

04_ 바로전 실행했던 인터넷 창이 뜹니다. 캡처할 창이 뜹니다. 캡처를 원하는 부분을 마우스로 드래그하여 선택합니다.

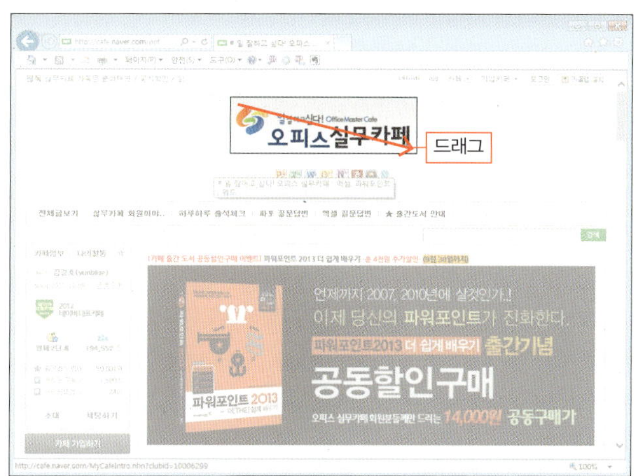

> **TIP**
>
> [화면 캡처] 기능은 바로 전에 실행한 프로그램 화면이 캡처되는 기능입니다. 캡처를 하고 싶은 화면을 먼저 실행한 후 [삽입] 탭–[이미지] 그룹의 [스크린샷]–[화면 캡처]를 선택합니다.

05_ 캡처한 영역이 슬라이드 편집 화면에 나타납니다. 크기 및 위치를 조정하여 완성합니다.

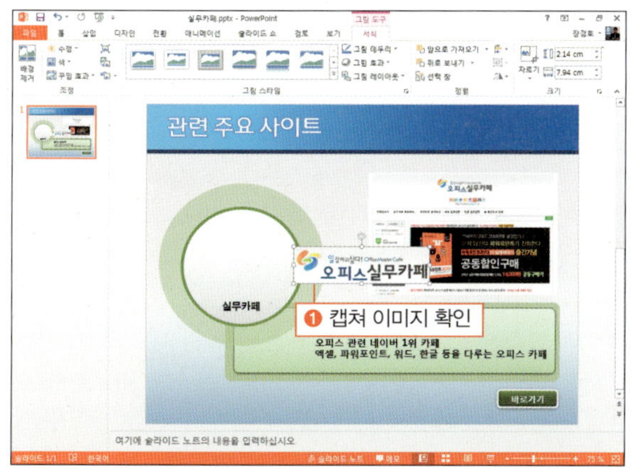

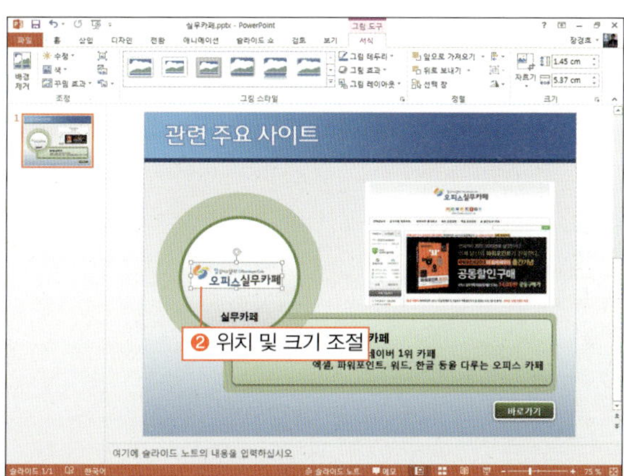

하드 디스크나 디지털 카메라에 담겨 있는 사진을 슬라이드에 삽입하여 캡션을 추가하고, 테마를 적용하여 멋진 앨범을 만들 수 있습니다.

준비 파일 Part03₩Chapter02₩Section02₩album_01.jpg, album_02.jpg, album_03.jpg, album_04.jpg

완성 파일 Part03₩Chapter02₩Section02₩사진앨범_완성.pptx

01_ 새 프레젠테이션을 준비합니다. [삽입] 탭–[이미지] 그룹–[사진 앨범]의–[새 사진 앨범]을 클릭합니다.

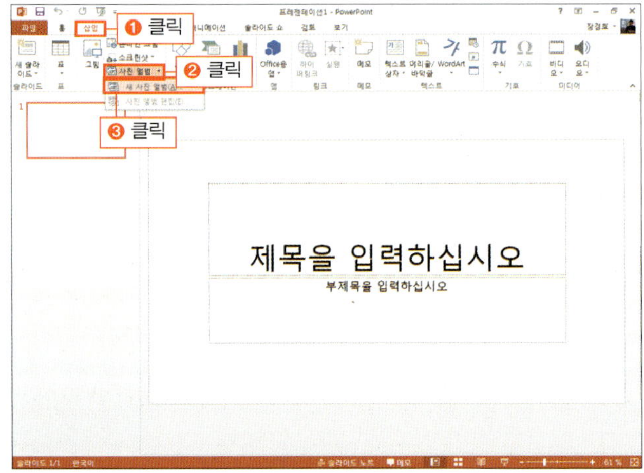

02_ [사진 앨범] 대화상자가 나타나면 [파일/디스크]를 클릭합니다. [새 그림 삽입] 대화상자가 나타나면 'album_01.jpg', 'album_02.jpg', 'album_03.jpg', 'album_04.jpg' 를 **Ctrl** 을 누른 채 선택한 다음 [삽입]을 클릭합니다.

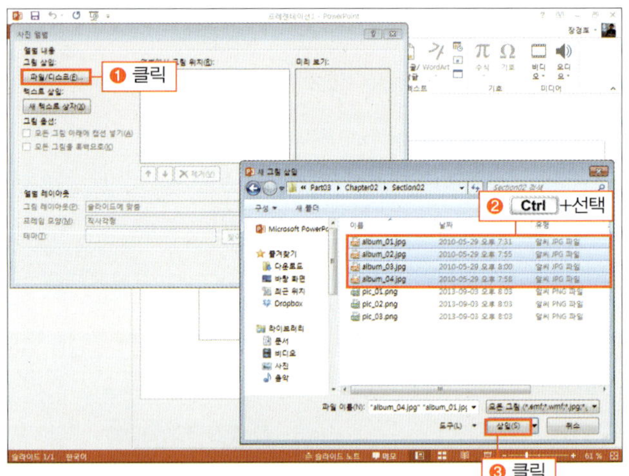

03_ [사진 앨범] 대화상자가 나타나면 [앨범에서 그림 위치]에서 그림의 순서를 조절해 보겠습니다. [앨범에서 그림 위치]에서 'album_04'에 체크 표시를 한 후 [위] 단추를 여러 번 눌러 제일 위로 이동합니다. [그림 레이아웃]에서 [슬라이드에 맞춤]을 선택합니다. [테마]에서 [찾아보기]를 클릭합니다.

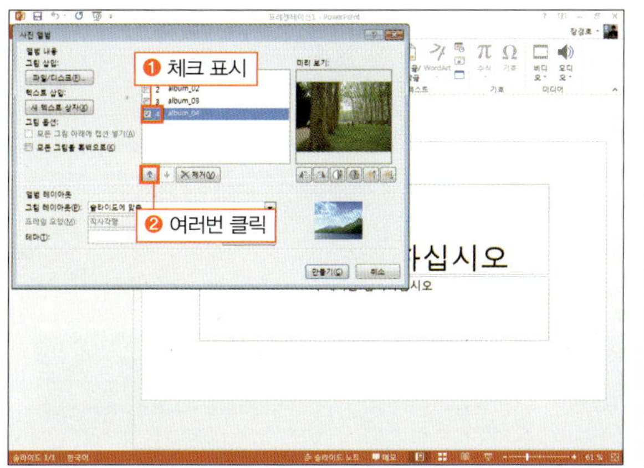

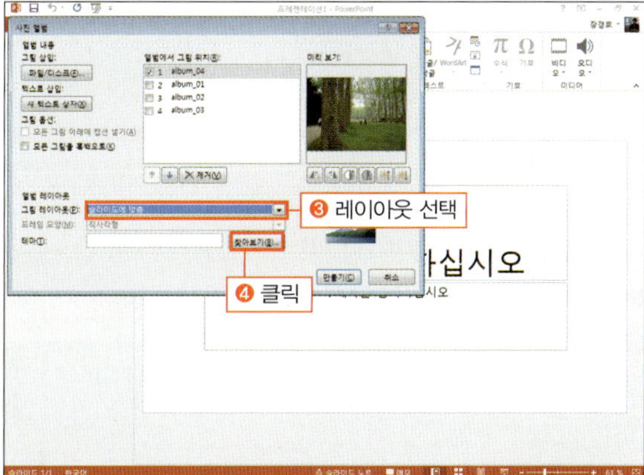

> **TIP**
> 그림의 서식을 변경하려면 [미리 보기] 창의 하단에 있는 밝기 및 대비, 색상 톤 등을 통해 변경할 수 있습니다.

04_ [테마 선택] 대화상자가 나타나면 원하는 테마를 선택한 다음 [선택]을 클릭합니다. [만들기]를 선택합니다.

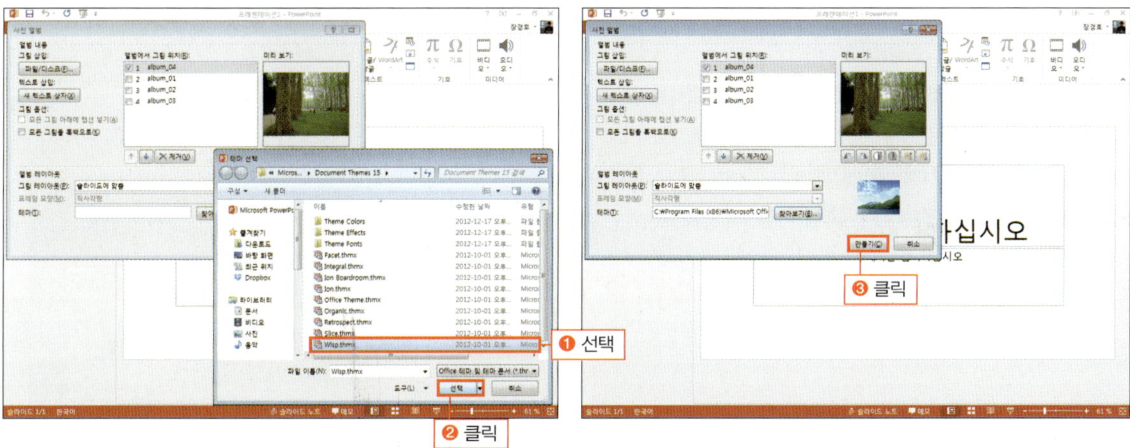

05_ 테마가 적용되면서 사진 앨범이 완성됩니다.

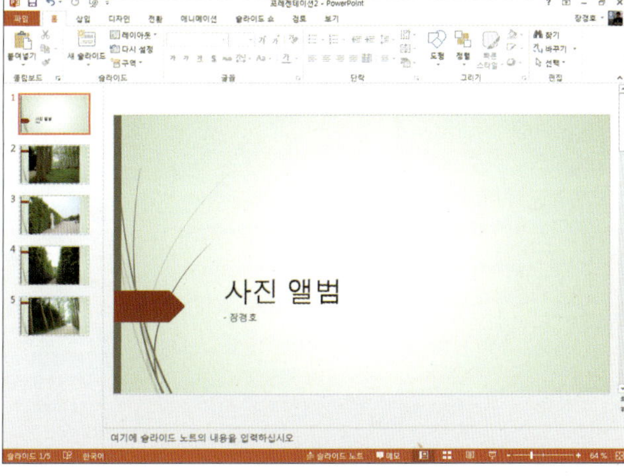

:: SmartArt 그래픽 삽입하기

프레젠테이션을 진행할 때는 텍스트보다 그래픽으로 구성된 슬라이드가 청중들을 설득하는데 있어 더 효과적입니다. 이럴 때 사용할 수 있는 개체가 SmartArt 그래픽입니다.

 준비
파일 Part03₩Chapter02₩Section02₩오피스스쿨.pptx

 완성
파일 Part03₩Chapter02₩Section02₩오피스스쿨_완성.pptx

01_ 준비파일을 엽니다. 스마트아트를 삽입하기 위해 [삽입] 탭–[일러스트레이션] 그룹–[SmartArt]를 클릭합니다. [SmartArt 그래픽 선택] 대화상자가 나타나면 [목록형]–[세로 상자 목록형]을 선택한 후 [확인]을 클릭합니다.

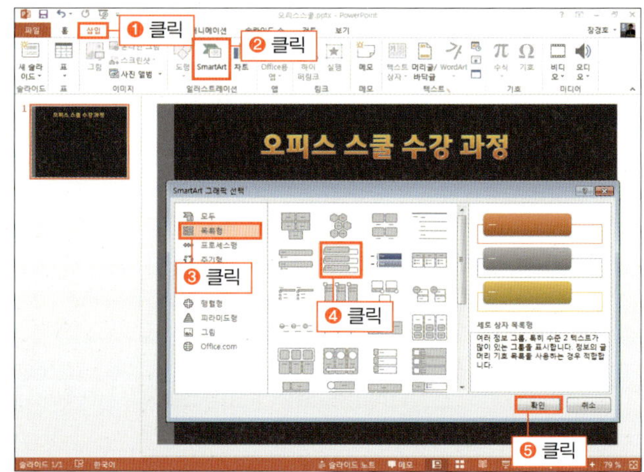

02_ 스마트아트가 슬라이드에 삽입됩니다. 스마트아트의 테두리를 선택한 후 크기와 위치를 조절합니다. 스마트아트와 함께 텍스트 창이 표시됩니다. 만일, 텍스트 창이 표시되지 않는다면 [SMARTART 도구]–[디자인] 상황별 탭에서 [그래픽 만들기] 그룹–[텍스트 창]을 클릭합니다.

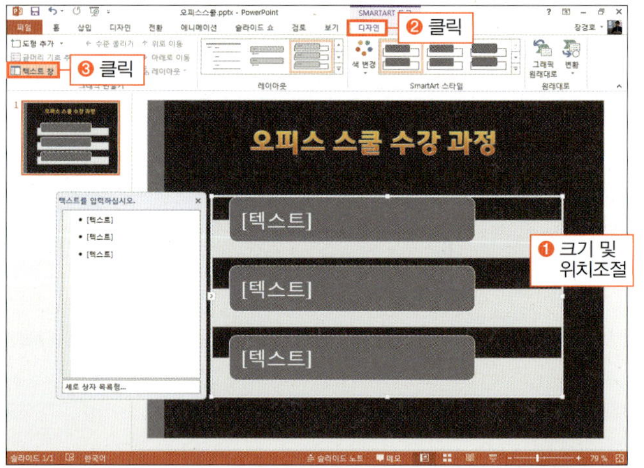

TIP

텍스트 창은 [SMARTART 도구]–[디자인] 탭–[그래픽 만들기] 그룹–[텍스트 창]을 클릭하거나 SmartArt 그래픽의 왼쪽 중앙에 있는 [컨트롤](◀)을 클릭하여 [텍스트 창]을 열거나 닫을 수 있습니다.

03_ [텍스트] 창에 아래와 같이 텍스트를 입력합니다.

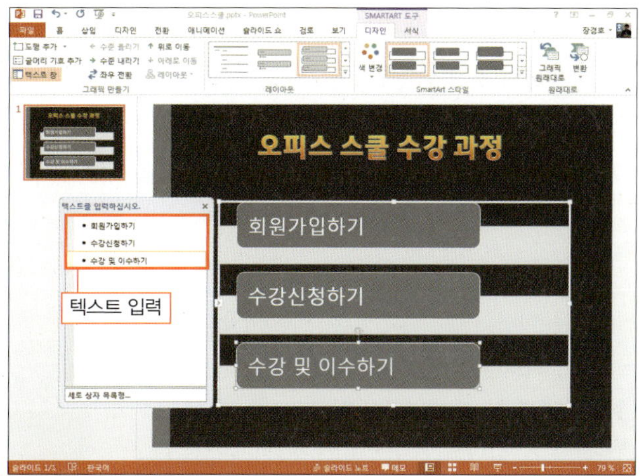

04_ SmartArt 그래픽의 도형을 추가해 보도록 하겠습니다. [SMARTART 도구]–[디자인] 상황별 탭에서 [그래픽 만들기] 그룹–[도형 추가]의 화살표를 클릭한 다음 [뒤에 도형 추가]를 선택합니다.

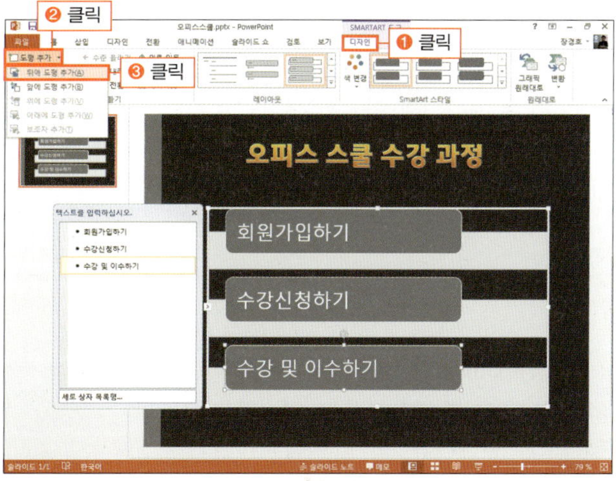

TIP

[텍스트 창]을 이용해서 도형에 텍스트를 입력할 때 커서를 위치시키고 텍스트를 입력하거나 ↓ 를 눌러 아래 단락으로 이동해 텍스트를 입력하여도 됩니다.

05_ 도형이 추가되면 『인증서 발급하기』를 입력합니다. [SmartArt 도구]–[디자인] 상황별 탭에서 [그래픽 만들기] 그룹에서 [텍스트 창]을 클릭하여 [텍스트 창]을 닫습니다.

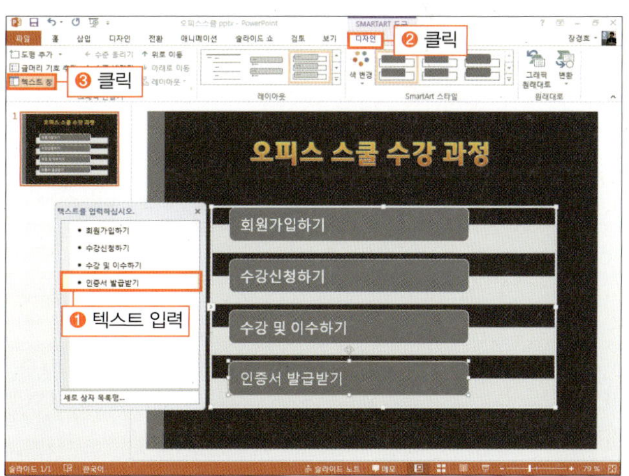

:: SmartArt 그래픽 색상 및 스타일 변경하기

SmartArt 그래픽이 슬라이드에 삽입되면 원하는 색상이나 스타일을 지정할 수 있습니다.

01_ 준비파일을 열거나 이어서 진행합니다. 스마트아트 그래픽의 테두리를 선택합니다. 색상을 변경하기 위해 [SmartArt 도구] 상황별 탭의 [디자인] 탭—[SmartArt 스타일] 그룹—[색 변경]을 클릭합니다. 나타나는 다양한 갤러리 중에서 원하는 색상을 선택합니다.

> **TIP**
>
> 스마트아트 그래픽 도형의 색상을 하나씩 변경하려면 도형을 선택한 다음 [서식] 탭—[도형 스타일]의 [자세히]를 클릭한 후 스타일 갤러리 중에서 원하는 도형 스타일을 선택해 색상을 변경합니다.

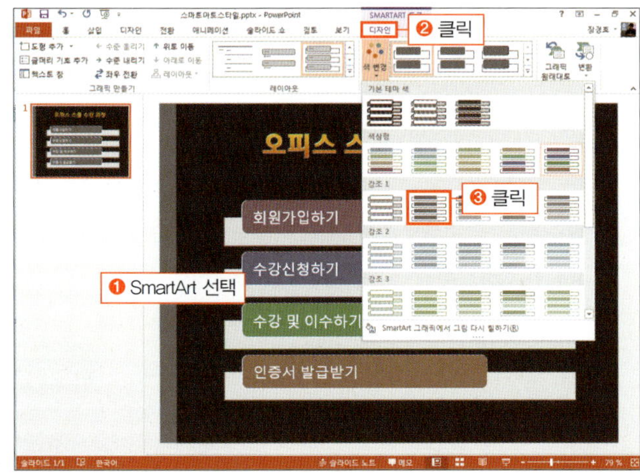

02_ 색상이 변경되면 이번에는 스마트아트 그래픽의 스타일을 변경해 보겠습니다. [SMARTART 도구]—[디자인] 상황별 탭의 [SmartArt 스타일] 그룹—[자세히]를 클릭합니다. 나타나는 다양한 갤러리 중에서 원하는 스타일을 선택합니다. 여기서는 [광택 처리]를 선택합니다.

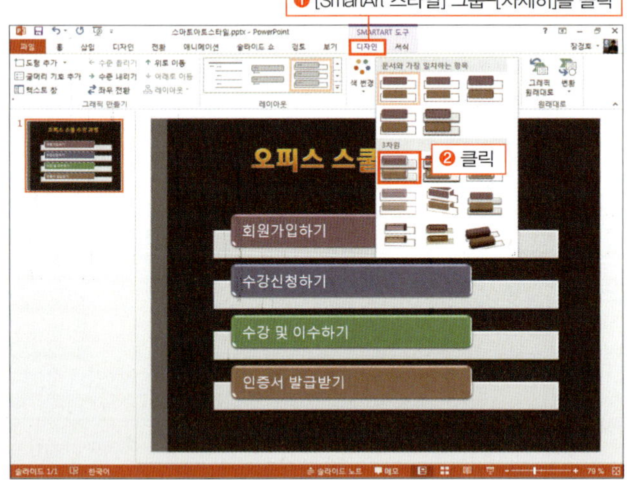

:: SmartArt 그래픽을 다른 도형으로 변경하기

스마트아트(SmartArt)도 사실상 도형의 집합체입니다. 그렇기에 다른 도형으로 얼마든지 변경할 수 있습니다.

준비
파일
Part03₩Chapter02₩Section02₩스마트아트도형.pptx

완성
파일
Part03₩Chapter02₩Section02₩스마트아트도형_완성.pptx

01_ 준비 파일을 열거나 이어서 진행합니다. 스마트아트 그래픽의 테두리를 선택합니다. [SmartArt 도구]-[디자인]상황별 탭-[레이아웃] 그룹-[자세히]를 클릭합니다. 나타나는 다양한 갤러리 중에서 원하는 레이아웃을 선택합니다. 여기서는 [기타 레이아웃]을 선택합니다.

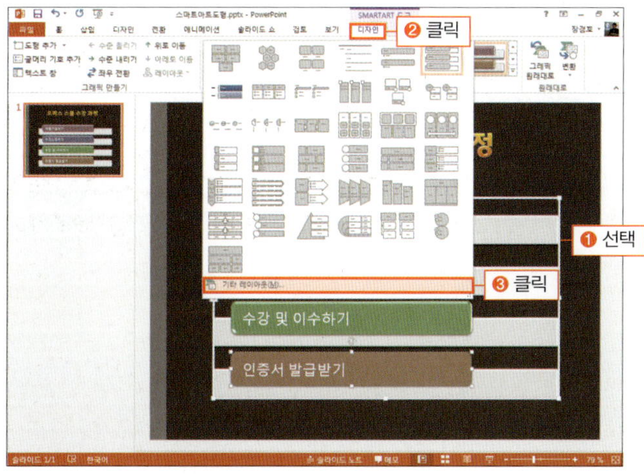

02_ [SmartArt 그래픽 선택] 대화상자가 나타납니다. 변경하고 싶은 스마트아트 그래픽을 선택합니다. 여기서는 [목록형] 항목의 [세로 곡선 목록형]을 선택합니다. [확인]을 클릭합니다. 스마트아트 그래픽 모양이 변경됩니다.

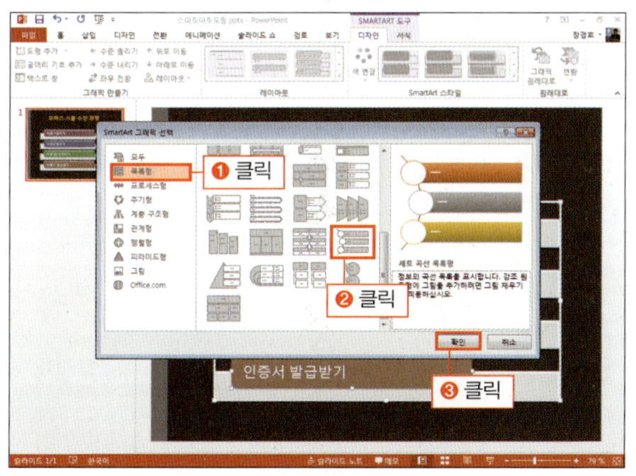

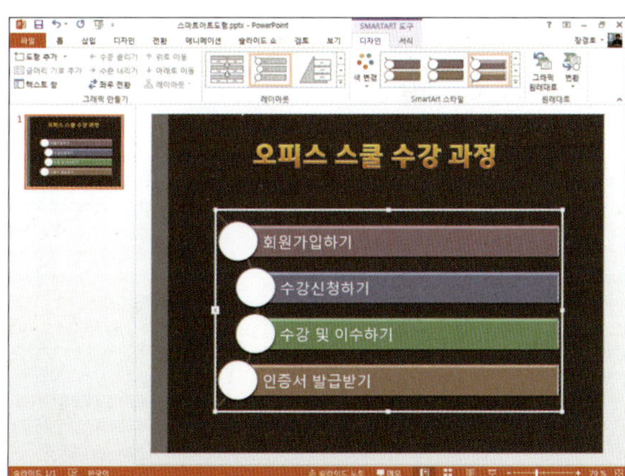

:: 텍스트를 SmartArt 그래픽으로 변경하기

슬라이드에 입력한 텍스트는 스마트아트 그래픽으로 간단히 변경할 수 있습니다. 스마트아트 그래픽
역시 텍스트나 도형으로 간단히 변환할 수 있습니다.

01_ 준비파일을 엽니다. 먼저 텍스트 상자에 작성
되어 있는 개체를 선택해 스마트아트 그래픽으로
변경해 보겠습니다. 텍스트 개체 틀을 선택하고 [홈]
탭−[단락] 그룹−[SmartArt로 변환]을 클릭합니다.
[세로 블록 목록형]을 선택합니다.

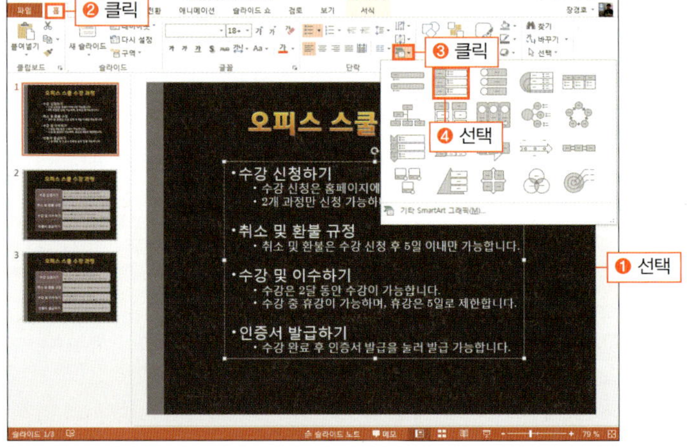

> **TIP**
> 원하는 스마트아트 그래픽이 없다면 [기타
> SmartArt 그래픽]을 선택하여 [SmartArt 그래픽
> 선택] 대화 상자에서 선택합니다.

02_ 텍스트가 세로 분류 목록형으로 변경됩니다. 스마트아트 그래픽의 크기 및 위치를 적절히 조정한 후 [SmartArt 도
구]−[디자인] 상황별 탭의 [SmartArt 스타일] 그룹에서 [색 변경]을 클릭한 후 원하는 색상을 선택합니다. 마찬가지로
[SmartArt 도구]−[디자인] 상황별 탭의 [SmartArt 스타일] 그룹의 [자세히]를 클릭해 원하는 스타일을 선택합니다.

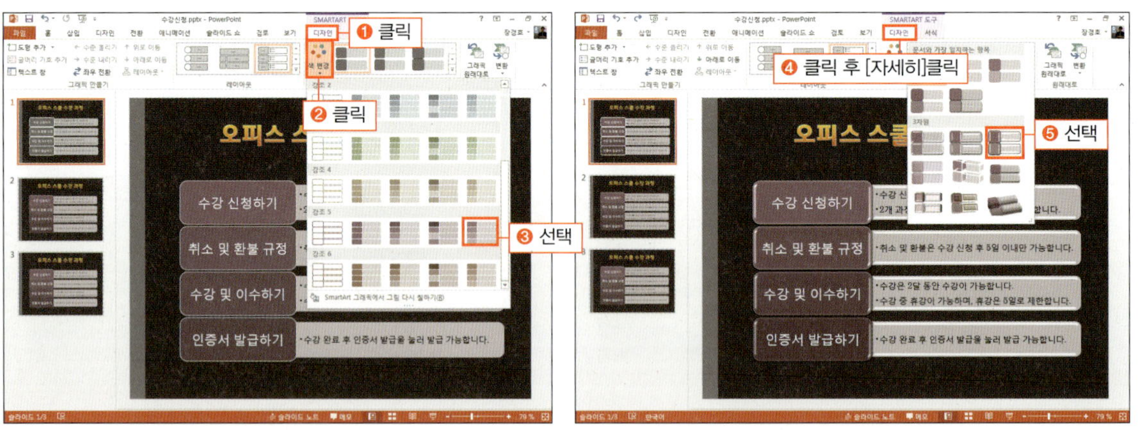

03_ 이번에는 스마트아트 그래픽을 텍스트로 변환해 보겠습니다. 두 번째 슬라이드를 선택합니다. 스마트아트 그래픽을 선택한 상태에서 [SMARTART 도구]–[디자인] 상황별 탭에서 [원래대로] 그룹의 [변환]–[텍스트로 변환]을 선택합니다.

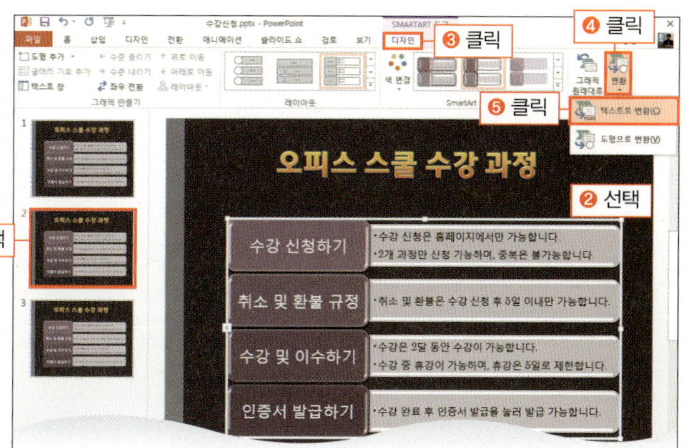

04_ 스마트아트 그래픽이 텍스트로 변경됩니다. 줄 간격을 비롯해 텍스트 개체 틀을 수정합니다. 이번에는 스마트아트 그래픽을 도형 개체로 변경해 보겠습니다. 세 번째 슬라이드를 선택합니다. 스마트아트 그래픽을 선택합니다. [SMARTART 도구]–[디자인] 상황별 탭에서 [원래대로] 그룹의 [변환]–[도형으로 변환]을 선택합니다.

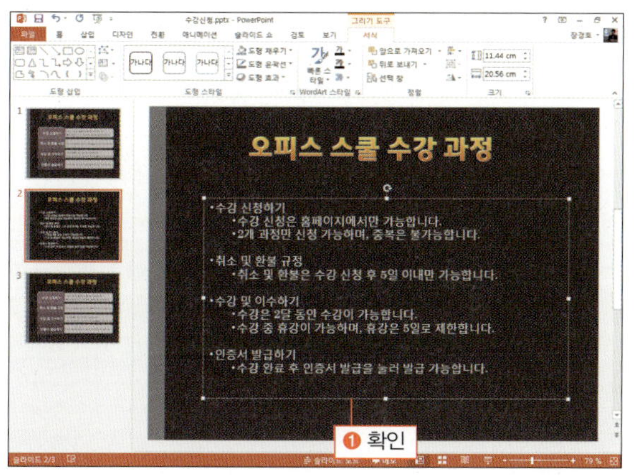

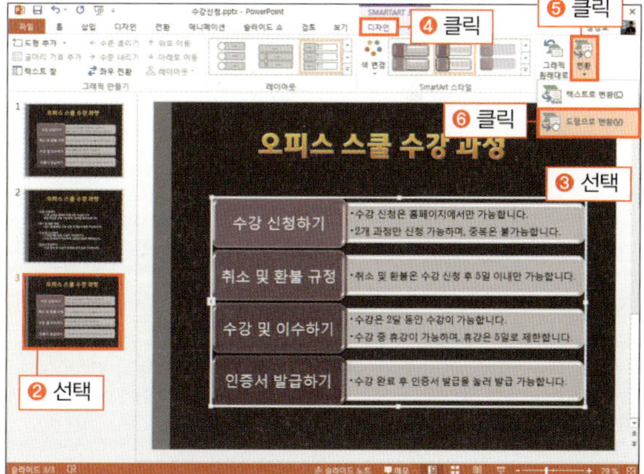

05_ 상황별 탭의 명칭이 [SMARTART 도구]–[디자인] 상황별 탭에서 [그리기 도구]–[서식] 상황별 탭으로 변경된 것을 확인할 수 있습니다. 처음 변환되면 도형이 그룹으로 묶여있기 때문에 그룹 해제가 필요합니다. [그리기 도구]–[서식] 상황별 탭에서 [정렬] 그룹에서 [개체 그룹화]–[그룹 해제]를 선택합니다. 이제 도형의 간격 조정이나 다양한 서식을 적용할 수 있습니다. 도형을 선택해 간격을 비롯해 슬라이드 크기에 맞게 조정합니다.

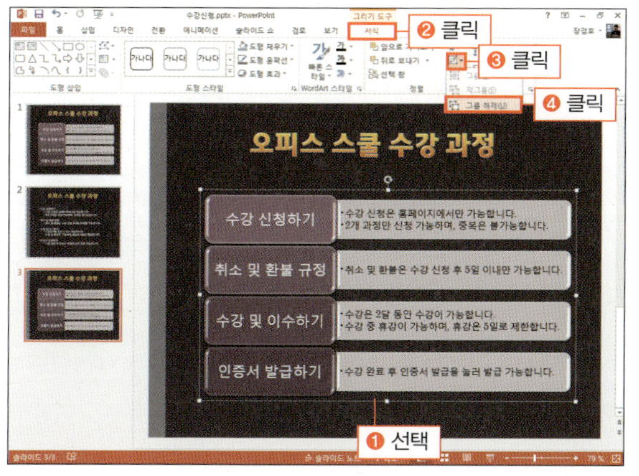

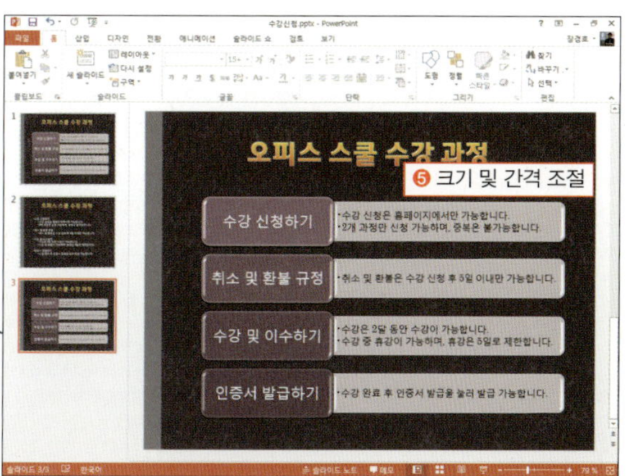

:: 클립 아트 삽입하고 모양 변경하기

파워포인트나 Office Online에서 제공하는 클립 아트의 개수는 9만여 개가 넘습니다. [그림 삽입] 창에서 검색할 대상을 입력하고 검색 위치나 형식 등을 지정하면 효율적으로 클립 아트를 검색할 수 있습니다.

 Part03₩Chapter02₩Section02₩스마트세일즈.pptx

01_ 준비파일을 엽니다. [삽입] 탭―[이미지] 그룹―[온라인 그림]을 클릭합니다. [그림 삽입] 창이 나타나면 [Office.com 클립 아트] 입력란에 『직장인』을 입력합니다. 원하는 클립 아트를 선택한 후 [삽입]을 클릭합니다.

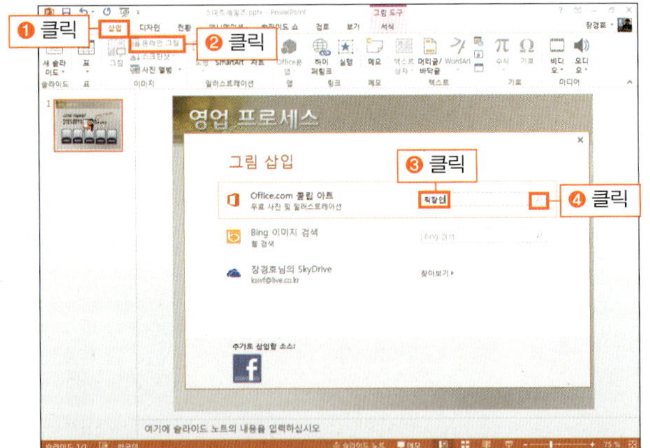
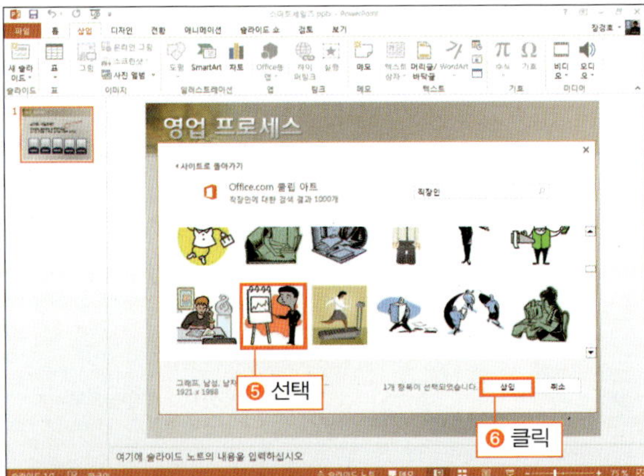

02_ 클립 아트가 삽입되면 클립 아트를 선택한 상태에서 [상태 표시줄]의 [확대] 단추를 여러 번 클릭해 슬라이드 편집 화면의 크기를 확대합니다.

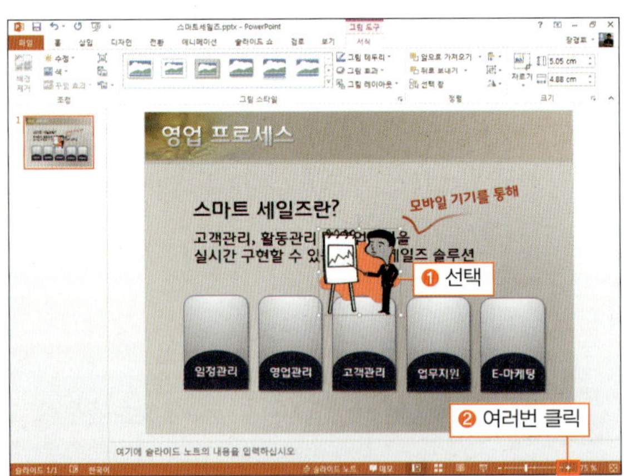

TIP

삽입한 클립 아트가 메타 파일인 .wmf가 아닌 .bmp, .jpg, .gif 또는 .png 파일이면 그룹을 해제하거나, 그리기 개체로 변환할 수가 없습니다.

03_ 그룹 해제하기 위해 [그림 도구]–[서식] 상황
별 탭에서 [정렬] 그룹–[개체 그룹화]를 클릭한 후
[그룹 해제]를 선택합니다. 경고창이 나타나면 [예]
를 클릭합니다.

04_ 클립 아트는 그룹 해제를 두 번 해야 합니다.
[그림 도구]–[서식] 상황별 탭에서 [정렬] 그룹–[개
체 그룹화]를 클릭한 후 다시 [그룹 해제]를 선택합
니다.

> **TIP**
> 마우스 오른쪽 단추를 클릭하여 [그룹]–[그룹 해
> 제]를 선택해도 됩니다.

05_ 클립 아트가 그룹 해제됩니다. 필요없는 부분
을 **Delete** 를 눌러 삭제한 후 완성합니다.

06_ 필요없는 부분을 모두 삭제하였으면 클립 아트를 다음과 같이 다시 드래그하여 선택합니다. [그림 도구]–[서식] 상황별 탭에서 [정렬] 그룹–[개체 그룹화]를 클릭한 후 [그룹]을 선택합니다.

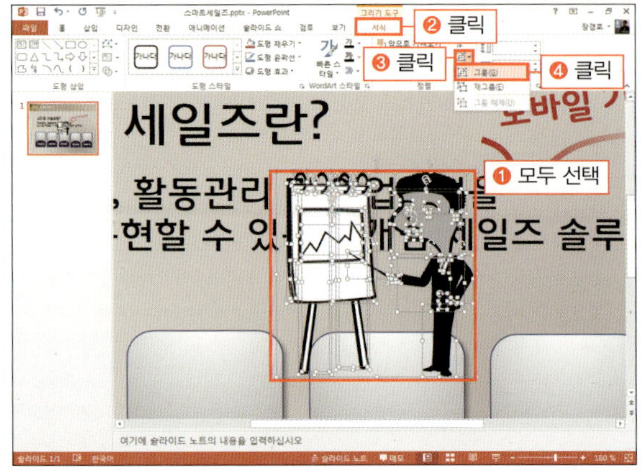

07_ [슬라이드를 현재 창 크기에 맞춥니다.]를 클릭합니다.

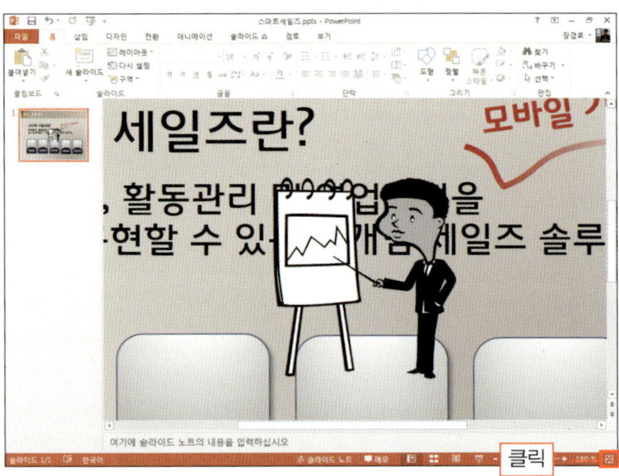

08_ 클립 아트의 크기 및 위치를 조정합니다. 나머지 항목에도 클립 아트를 삽입한 후 조정합니다.

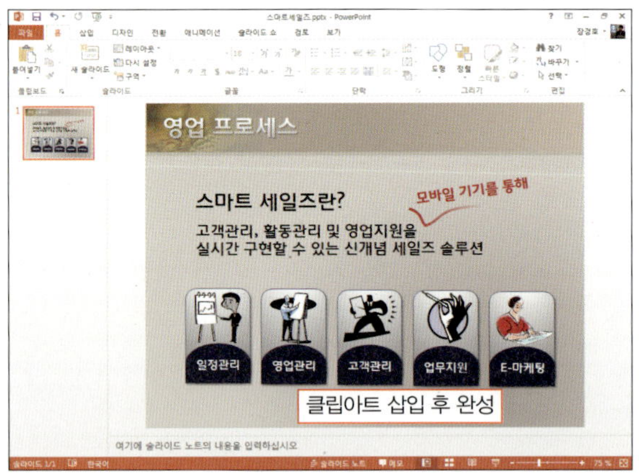

◎ 준비파일 : Part03₩Chapter02₩Check₩사진.pptx

◎ 완성파일 : Part03₩Chapter02₩Check₩사진_완성.pptx

파워포인트에 삽입하는 사진은 원하는 도형 모양으로 변경할 수 있습니다. 여기서는 사진을 별 모양으로 변경해 보세요.

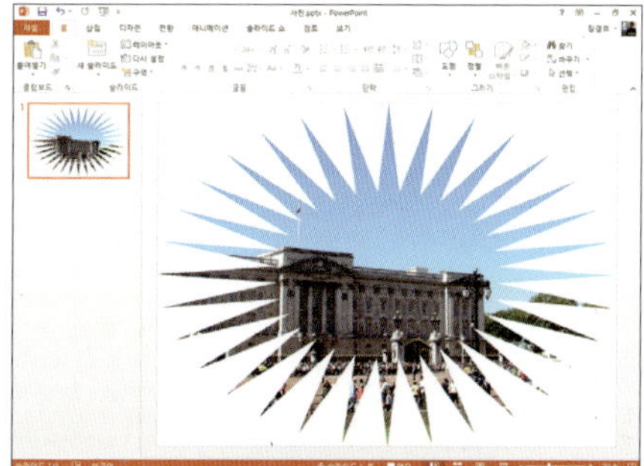

힌트

❶ [그림 도구]–[서식] 상황별 탭에서 [크기] 그룹–[자르기]의 아랫부분을 클릭한 후 [도형에 맞춰 자르기]를 선택한 후 원하는 도형을 선택합니다.

❷ 실습 따라하기 : 부록CD/Part03/Chapter02/실습22.docx

클립 아트를 삽입하면 다양한 형식으로 슬라이드를 꾸밀 수 있습니다. 여기서는 풍경과 가을이라는 단어로 클립 아트를 삽입해 봅니다

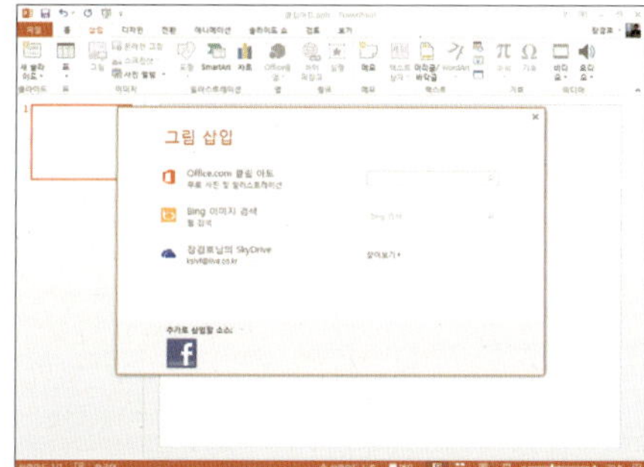

힌트

❶ [삽입] 탭–[이미지] 그룹에서 [온라인 그림]을 클릭한 후 [Office.com 클립 아트] 검색 창에 원하는 키워드를 입력합니다.

❷ 실습 따라하기 : 부록CD/Part03/Chapter02/실습23.docx

표와 차트 작성하기

프레젠테이션에서는 수많은 텍스트와 수치 데이터가 오고 갑니다. 복잡한 텍스트를 표를 이용하여 일목요연하게 작성하고, 보기에도 골치아픈 수치 데이터를 차트를 이용하여 한 눈에 볼 수 있게 작성한다면 파워포인트를 제대로 활용하고 있는 것입니다. 여기서는 표와 차트 기능에 대해서 살펴보도록 하겠습니다.

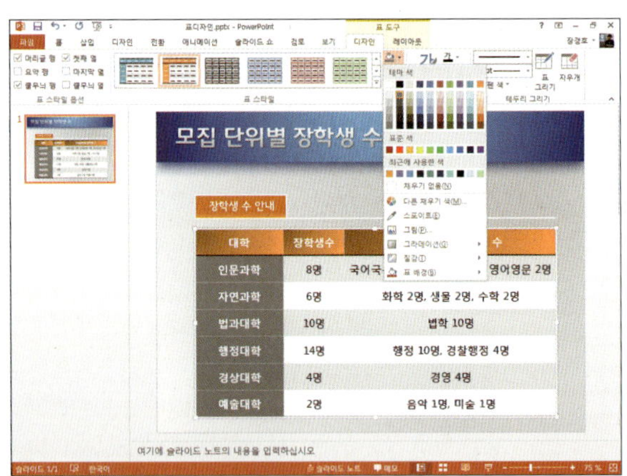

▲ 표 디자인 변경하고 음영 지정하기

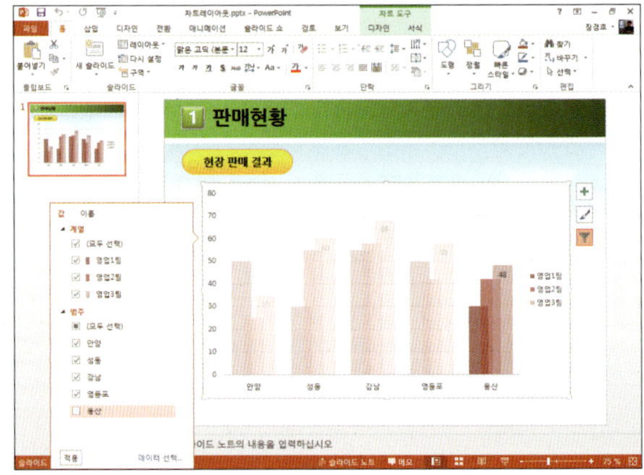

▲ 차트 레이아웃과 데이터 요소

이번 섹션에서 배울 주요 내용

- 표 삽입하고 셀 추가하기
- 표 디자인 변경하고 음영 지정하기
- 엑셀 워크시트를 통해 표 작업하기
- 엑셀 표를 파워포인트에 연동하기
- 차트 삽입하고 데이터 입력하기
- 차트 스타일과 색 변경하기
- 차트 레이아웃과 데이터 요소

:: 표 삽입하고 셀 추가하기

표를 삽입하는 방법은 4가지가 있습니다. 여기서는 가장 흔히 사용하는 [삽입] 탭–[표] 그룹의 [표]를 이용해 삽입하는 방법에 대해서 살펴보겠습니다.

01_ 준비파일을 엽니다. [삽입] 탭의 [표] 그룹에서 [표]를 클릭합니다. 표 삽입 셀이 나타나면 포인터를 이동하여 원하는 가로 및 세로 개수를 드래그하여 선택합니다. 여기서는 가로 3칸, 세로 6칸을 드래그하여 선택합니다.

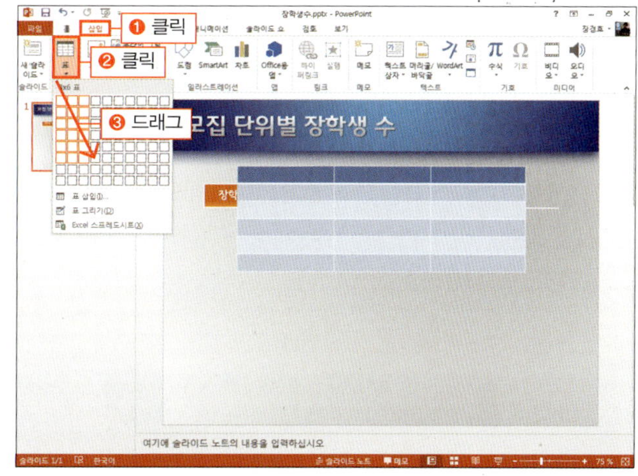

02_ 표 크기 및 위치를 조절합니다. 표에 텍스트를 입력한 후 셀을 추가하고 싶은 부분을 선택합니다. [표 도구]–[레이아웃] 상황별 탭의 [행 및 열] 그룹에서 [아래에 삽입]을 선택합니다.

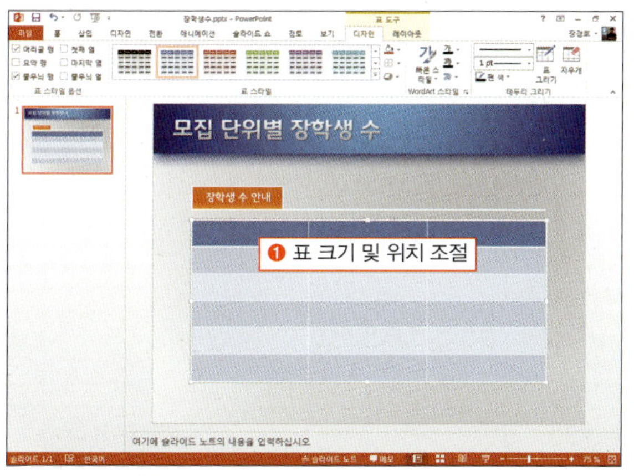

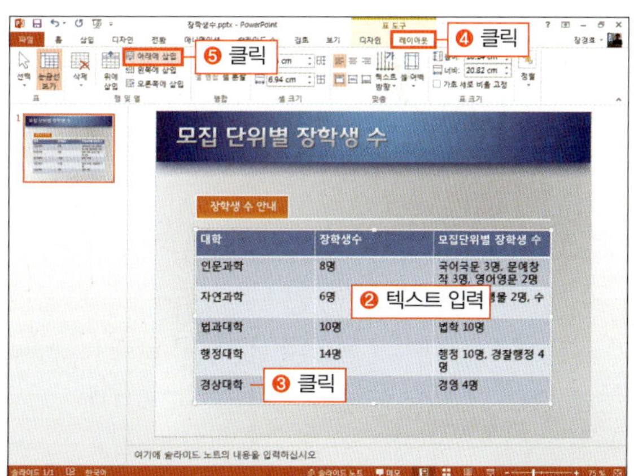

> **TIP**
>
> 표 작업을 하다보면 셀을 추가해야 하는 경우가 발생합니다. [표 도구]–[레이아웃] 상황별 탭의 [행 및 열] 그룹을 이용하거나 셀을 선택한 후 마우스 오른쪽을 클릭하여 [셀 분할]을 선택해 셀을 추가할 수 있습니다.

03_ 표 안에 행이 추가됩니다. 추가된 셀에 텍스트를 입력합니다.

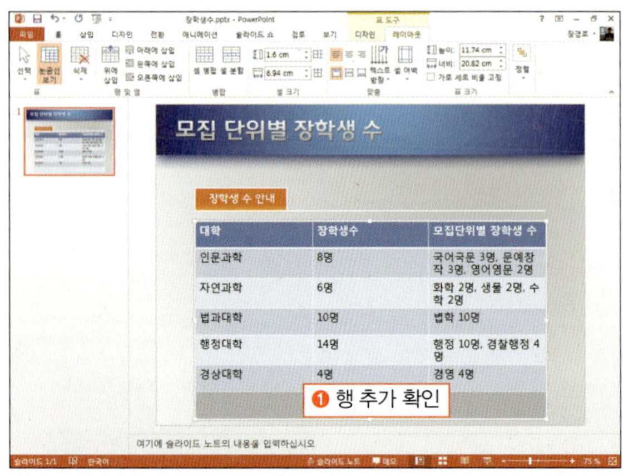

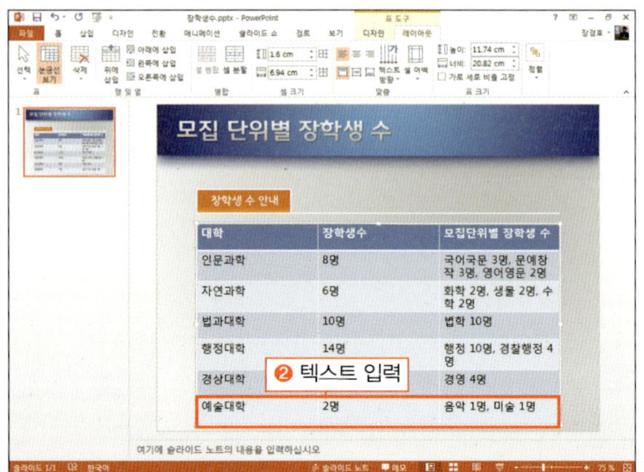

04_ 첫번째 셀을 선택한 후 [표 도구]–[레이아웃] 상황별 탭에서 [셀 크기] 그룹에서 [표 열 너비]의 입력란에 『5』를 입력하여 열 너비를 조절합니다. 나머지 열도 같은 방법으로 너비를 조정합니다.

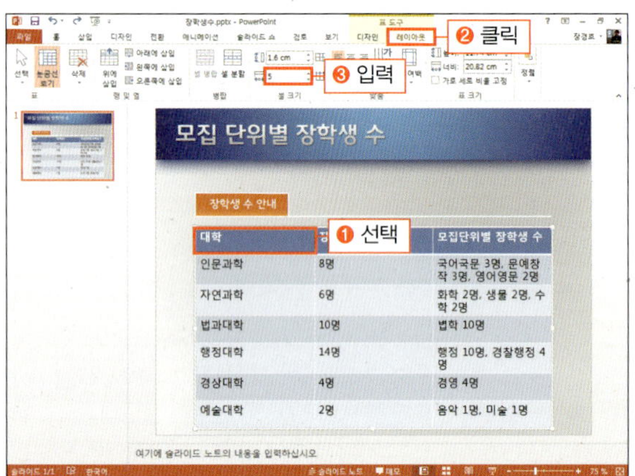

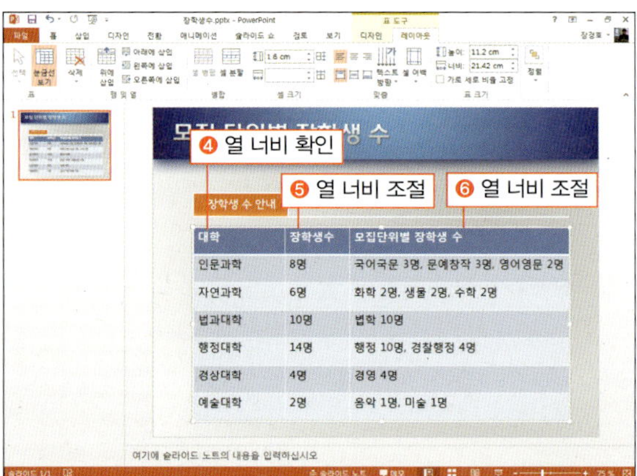

> **TIP**
>
> [표 도구]–[레이아웃] 상황별 탭에서 [셀 크기] 그룹에서 [표 열 너비]의 입력란을 통해 너비를 조절할 수 있지만 표의 셀 테두리를 드래그하여 조절할 수도 있습니다.

05_ 표 안의 텍스트를 맞춤 조정해 보겠습니다. 표 테두리를 선택한 후 [표 도구]–[레이아웃] 상황별 탭에서 [맞춤] 그룹–[가운데 맞춤]과 [세로 가운데 맞춤]을 클릭하여 맞춤 조정합니다.

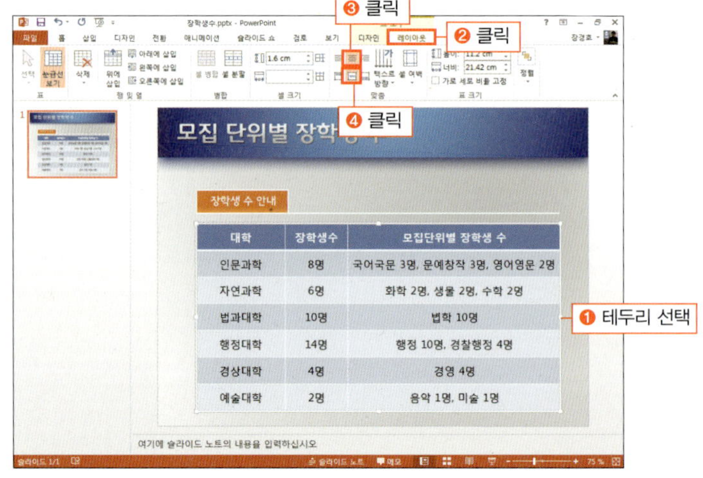

:: 표 디자인 변경하고 음영 지정하기

표 스타일마다 독특한 테두리와 음영을 조합하여 표 모양을 다르게 지정할 수 있습니다.

 준비
파일   Part03₩Chapter02₩Section03₩표디자인.pptx

 완성
파일   Part03₩Chapter02₩Section03₩표디자인_완성.pptx

01_ 준비 파일을 열거나 이어서 진행합니다. 표의 스타일 및 디자인을 변경해 보겠습니다. 표를 선택한 후 [표 도구]—[디자인] 상황별 탭에서 [표 스타일 옵션] 그룹에서 [첫째 열]에 체크 표시를 합니다. [표 스타일] 그룹—[자세히]를 클릭한 후 원하는 표 스타일을 선택합니다.

> **TIP**
> 표 스타일 지정을 해제하려면 [표 도구]—[디자인] 상황별 탭에서 [표 스타일] 그룹의 [자세히]를 클릭한 후 [스타일 없음, 눈금 없음]을 선택합니다.

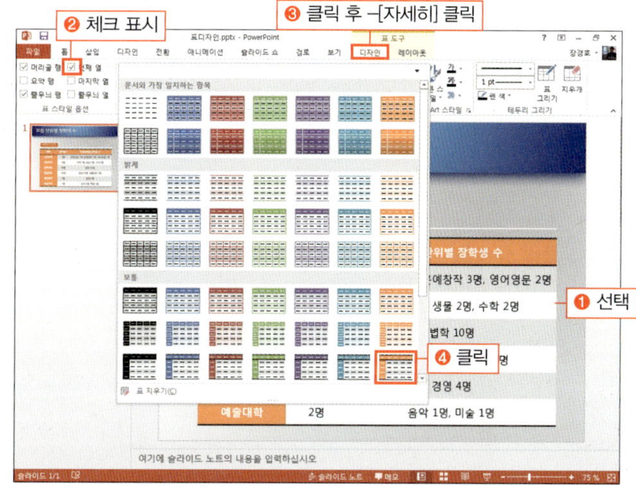

02_ 음영을 지정해 보겠습니다. 첫 번째 행을 드래그하여 선택합니다. [표 도구]—[디자인] 상황별 탭에서 [표 스타일] 그룹—[음영]의 화살표를 클릭한 다음 [그라데이션]을 선택해 원하는 형식을 선택합니다.

> **TIP**
> 표 디자인을 변경하여 원하는 스타일을 선택하여도 그라데이션이나 다른 채우기 색을 통해 표 색상이나 디자인을 변경할 수 있습니다.

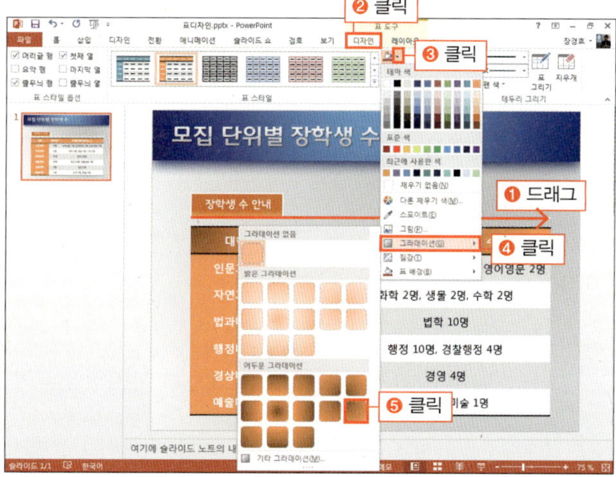

03_ 첫 번째 행에 음영이 지정됩니다. 첫 번째 열에 다른 색상을 지정하기 위해 첫번째 열을 드래그하여 선택합니다. [표 도구]–[디자인] 상황별 탭에서 [표 스타일] 그룹에서 [음영]의 화살표를 클릭한 후 색상을 지정합니다.

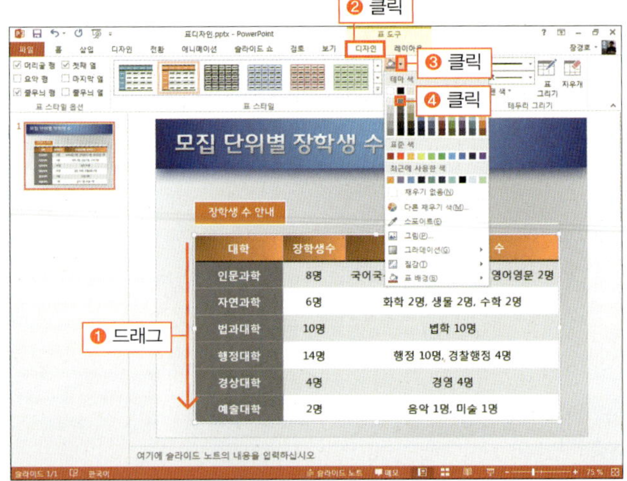

04_ 입체 효과를 주기 위해 표의 테두리를 선택한 후 [표 도구]–[디자인] 상황별 탭에서 [표 스타일] 그룹–[효과]를 클릭합니다. [셀 입체 효과] 중 원하는 스타일을 선택합니다.

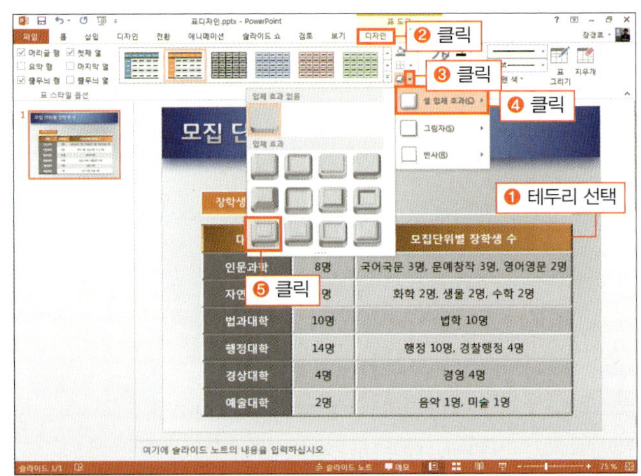

QR 코드로 더 자세히

파워포인트에서 표를 삽입하는 4가지 방법

파워포인트에서 표를 삽입하는 방법에는 4가지가 있습니다. 표를 삽입하는 방법이 더 궁금하신 분은 저자의 블로그 http://blog21.kr/40193537120 에서 알아보기 바랍니다. QR 코드를 스마트폰에서 찍으면 바로 확인할 수 있습니다.

:: 엑셀 워크시트를 통해 표 작업하기

엑셀의 장점은 수식 및 자동 산출이 가능하다는 점이고, 파워포인트의 장점은 개체를 효과적으로 꾸밀 수 있다는 점이므로 이 둘을 잘 활용하는 것이 좋습니다.

준비파일 Part03\Chapter02\Section03\영업망현황.xlsx, 영업망현황.pptx

완성파일 Part03\Chapter02\Section03\영업망현황_완성.pptx

01_ 엑셀 준비 예제 파일을 엽니다. 엑셀 파일이 열리면 셀 영역을 마우스로 드래그한 다음 [홈] 탭-[클립보드] 그룹-[복사]를 클릭합니다. 워크시트의 표가 점선 표시됩니다.

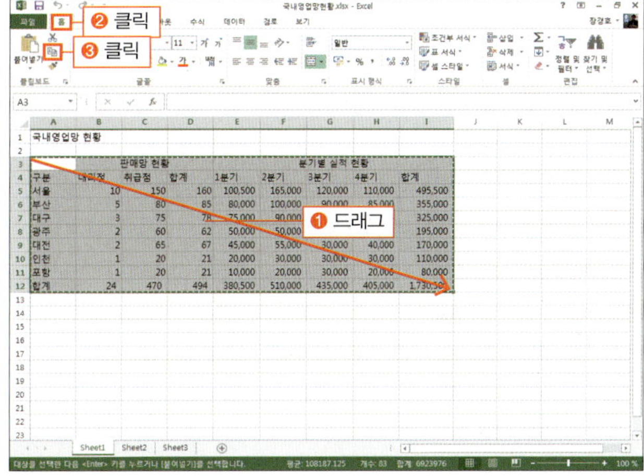

02_ 파워포인트 슬라이드를 엽니다. [홈] 탭-[클립보드] 그룹-[붙여넣기] 아래 부분을 클릭하여 [대상 스타일 사용]을 선택합니다.

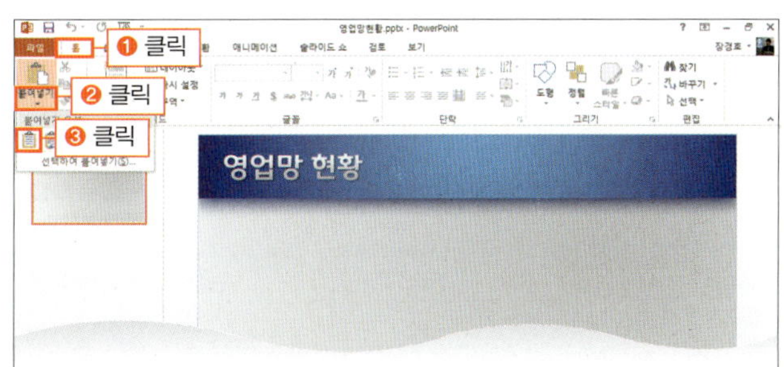

03_ 표가 파워포인트에 붙여넣기 됩니다. 표의 위치를 옮기고 테두리를 드래그하여 크기를 조절합니다. 텍스트 및 텍스트 크기, 서식 등을 수정합니다. 여기서는 [홈] 탭-[글꼴] 그룹에서 [글꼴]-[다음_Regular]을 선택합니다. [글꼴 크기]-[14]를 선택합니다. [단락] 그룹에서 [가운데 맞춤]을 선택합니다.

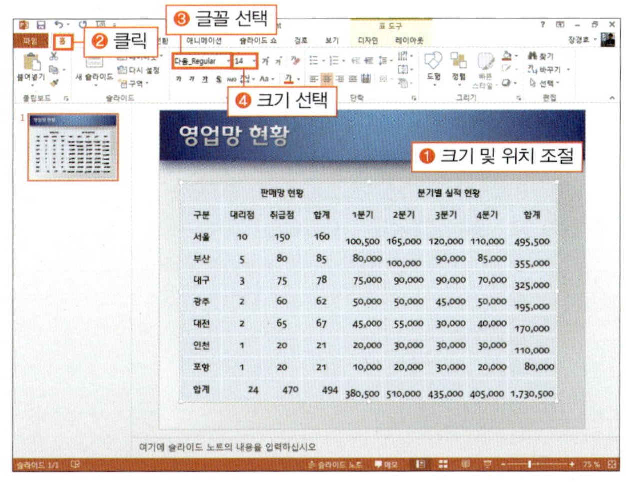

구분	대리점	취급점	합계	1분기	2분기	3분기	4분기	합계
서울	10	150	160	100,500	165,000	120,000	110,000	495,500
부산	5	80	85	80,000	100,000	90,000	85,000	355,000
대구	3	75	78	75,000	90,000	90,000	70,000	325,000
광주	2	60	62	50,000	50,000	45,000	50,000	195,000
대전	2	65	67	45,000	55,000	30,000	40,000	170,000
인천	1	20	21	20,000	30,000	30,000	30,000	110,000
포항	1	20	21	10,000	20,000	30,000	20,000	80,000
합계	24	470	494	380,500	510,000	435,000	405,000	1,730,500

04_ [표 도구]-[디자인] 상황별 탭-[표 스타일 옵션] 그룹에서 [머리글 행], [요약 행], [줄무늬 행]에 체크 표시합니다.

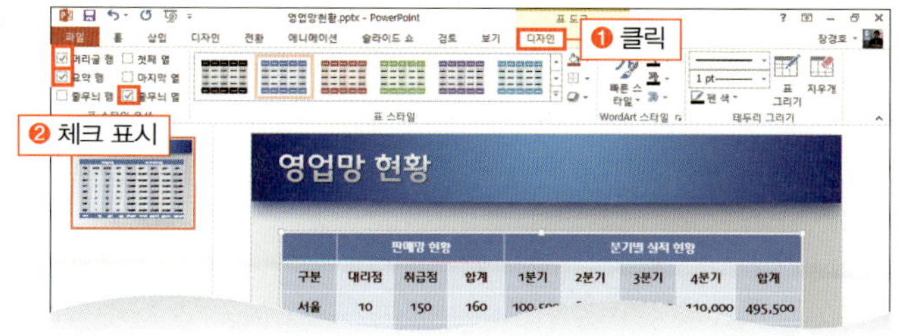

05_ 더 많은 스타일은 [표 도구]-[디자인] 상황별 탭에서 [표 스타일] 그룹의 [자세히]를 클릭하여 표 스타일을 선택합니다.

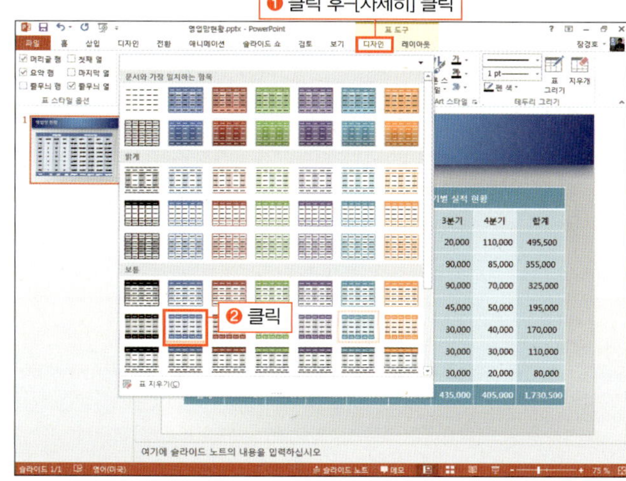

[붙여넣기] 옵션 살펴보기

텍스트, 도형, 스마트아트 등을 Ctrl + C 로 복사한 후 [홈] 탭-[클립보드] 그룹의 [붙여넣기] 아랫부분을 선택하면 붙여넣기 옵션이 나타납니다. 원하는 옵션을 선택해 슬라이드에 붙여넣기할 수 있습니다.

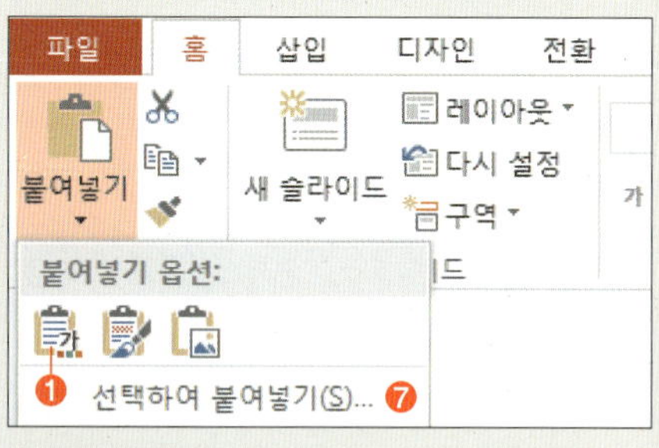

▲ 개체 복사시

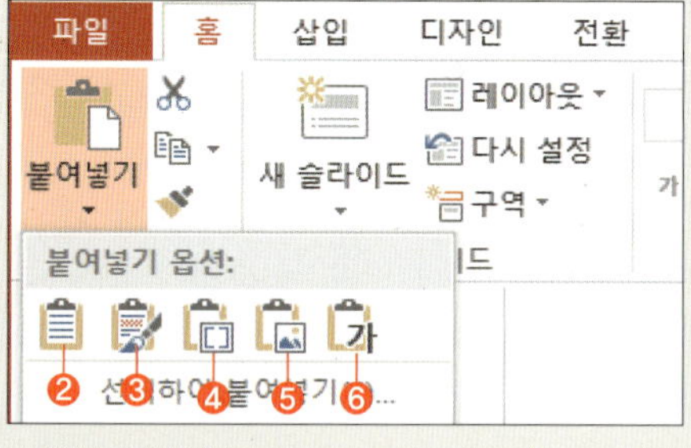

▲ 엑셀 표 복사시

힌트

❶ **대상 테마 사용** : 현재 슬라이드에 적용된 테마를 사용합니다.

❷ **대상 스타일 사용** : 엑셀 데이터만 가져오고 싶을 때 선택합니다.

❸ **원본 서식 유지** : 엑셀에서 지정한 서식을 그대로 가져오고 싶을 때 선택합니다.

❹ **포함** : 엑셀의 수식을 그대로 사용할 수 있도록 엑셀 기능이 슬라이드에 포함됩니다.

❺ **그림** : 엑셀 표가 그림으로 붙여넣기 됩니다.

❻ **텍스트만 유지** : 엑셀 표가 셀이나 서식없이 텍스트만 붙여넣기 됩니다.

❼ **선택하여 붙여넣기** : [선택하여 붙여넣기] 대화상자를 표시합니다.

:: 엑셀 표를 파워포인트에 연동하기

엑셀에서 만든 표를 복사하여 파워포인트와 연동하여 활용할 수 있습니다. 연결하여 붙여넣기를 통해 엑셀의 표 데이터를 수정하면 파워포인트에 연동한 표의 데이터도 함께 수정됩니다.

준비 파일: Part03\Chapter02\Section03\제품발주현황.xlsx, 제품발주현황.pptx

완성 파일: Part03\Chapter02\Section03\제품발주현황_완성.pptx

01_ 엑셀 준비 파일을 엽니다. 엑셀의 워크시트에서 파워포인트로 가져가고 싶은 표를 드래그하여 Ctrl + C 를 눌러 복사하거나 [홈] 탭–[클립보드] 그룹의 [복사]를 클릭하여 복사합니다.

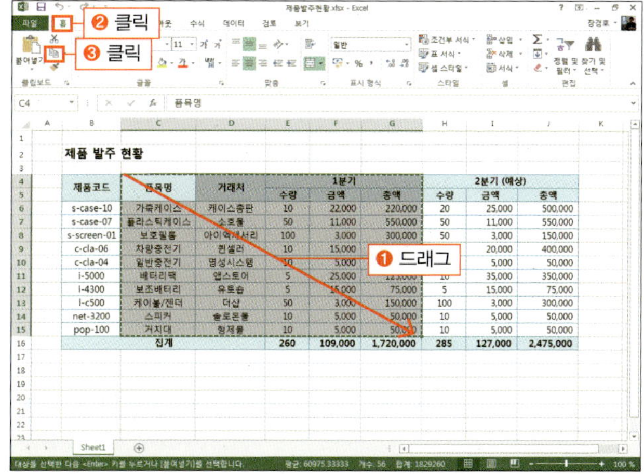

> **TIP** 엑셀 데이터를 파워포인트에 연결하여 붙여넣기를 하면 엑셀 원본 파일이 파워포인트와 연결되어 엑셀 데이터가 변경되면 파워포인트에서도 자동으로 수정되어 나타납니다. 데이터가 종종 변경되거나 방대한 데이터로 작업한 경우 오류를 바로 잡는다는 것은 매우 불편한 일이지만 연결하여 붙여넣기를 통해 엑셀과 파워포인트를 활용하면 아주 간단한 일입니다.

02_ 파워포인트 준비 파일을 엽니다. 파워포인트 슬라이드 편집화면에서 [홈] 탭–[클립보드] 그룹–[붙여넣기]의 아랫 부분을 클릭하여 [선택하여 붙여넣기]를 클릭합니다.

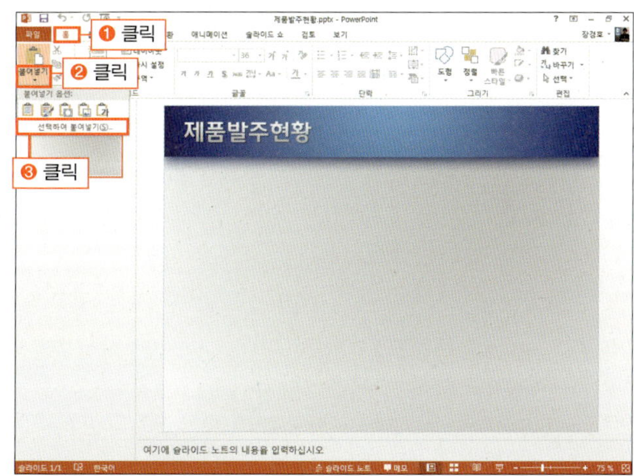

03_ [선택하여 붙여넣기] 대화상자가 나타나면 [연결하여 붙여넣기]를 클릭한 후 [Microsoft Excel 워크시트 개체]를 선택한 다음 [확인]을 누릅니다.

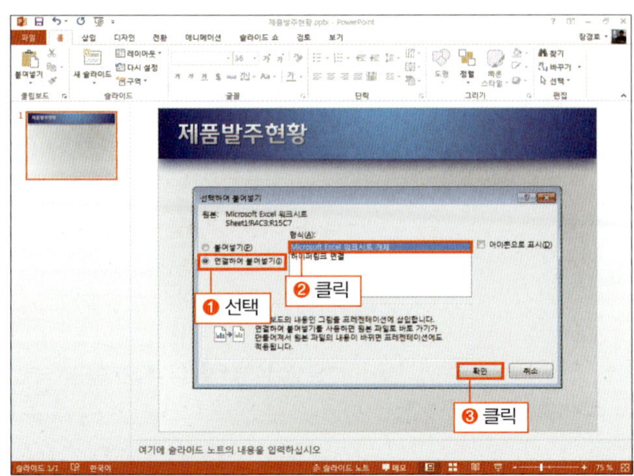

04_ 파워포인트에 엑셀 표가 붙여넣기 됩니다. 표 크기 및 위치를 조정합니다. 이제 엑셀 데이터를 수정해 보겠습니다. 다시 엑셀 파일을 불러온 후 엑셀 워크시트에서 표 내용을 수정합니다.

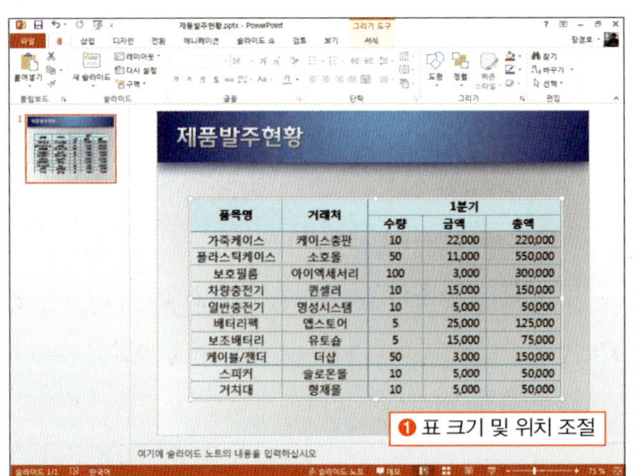

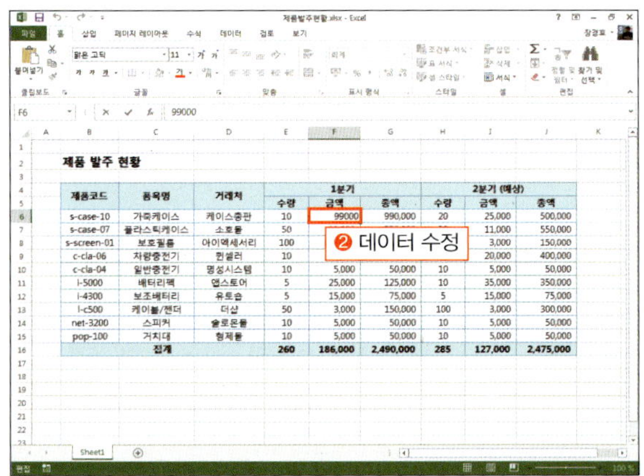

TIP

선택하여 붙여넣기한 엑셀 표는 파워포인트의 [빠른 스타일]이나 [그리기 도구]-[서식] 기능 중 일부를 사용할 수 없습니다. 엑셀 프로그램에서 빠른 스타일이나 서식을 적용한 후 가져오는 방법을 추천합니다.

05_ 파워포인트 표도 함께 수정되는지 확인합니다.

TIP

엑셀 워크시트에서 직접 수정하는 방법 외에도 파워포인트 표를 더블 클릭하거나 마우스 오른쪽을 클릭해 [연결된 워크시트 개체]-[편집]을 눌러 엑셀 표를 수정할 수도 있습니다.

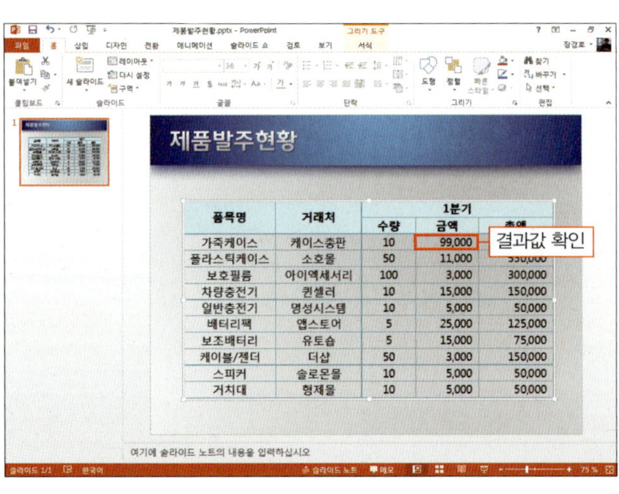

:: 차트 삽입하고 데이터 입력하기

파워포인트에서 비교 대상을 나열할 때는 텍스트보다 차트로 작성하는 것이 효과적입니다. 차트와 같은 그래프 개체는 직관적으로 표현되기에 의사결정을 내리기가 훨씬 용이하기 때문입니다.

준비 파일 Part03₩Chapter02₩Section03₩판매현황.pptx

완성 파일 Part03₩Chapter02₩Section03₩판매현황_완성.pptx

01_ 준비파일을 엽니다. 차트를 삽입하기 위해 [삽입] 탭–[일러스트레이션] 그룹–[차트]를 클릭합니다. [차트 삽입] 대화상자가 나타나면 [세로 막대형] 항목에서 [묶은 세로 막대형]을 선택합니다. [확인]을 클릭합니다.

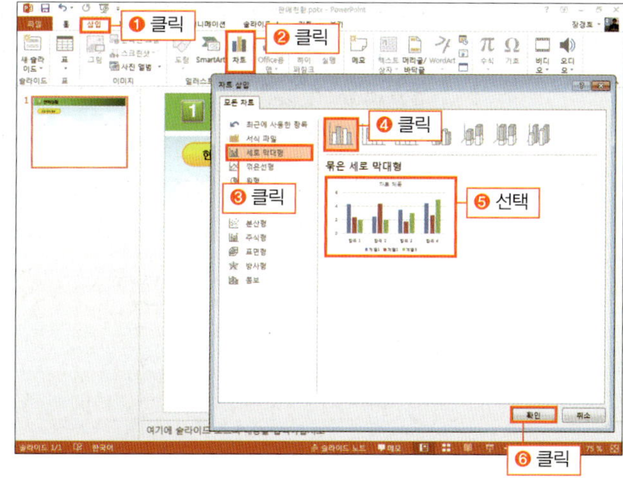

02_ 엑셀 시트 창이 열립니다. 계열이나 항목, 혹은 데이터 범위를 늘리기 위해 조정 핸들을 드래그합니다. 여기서는 보라색 선의 범위 조정 핸들을 아래로 드래그하여 늘린 후 계열을 입력합니다. 데이터를 입력한 후 [닫기]를 클릭합니다.

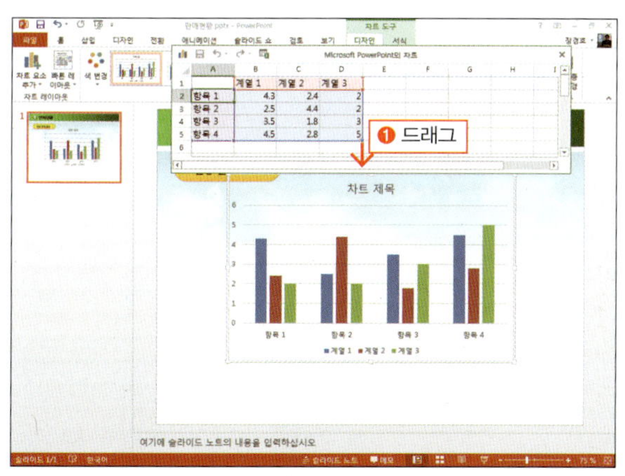

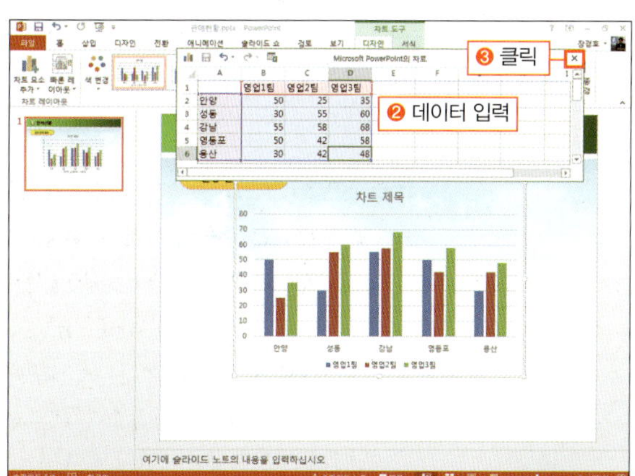

엑셀 시트에는 빨간색, 보라색, 파란색 선이 나타납니다. 이 선은 계열과 항목, 그리고 데이터의 범위를 알려줍니다.

:: 차트 스타일과 색 변경하기

[차트 도구]–[디자인] 상황별 탭의 여러 기능을 이용해 차트 스타일 및 레이아웃을 변경하는 방법에 대해서 살펴보도록 하겠습니다.

Part03₩Chapter02₩Section03₩차트스타일.pptx

Part03₩Chapter02₩Section03₩차트스타일_완성.pptx

01_ 준비 파일을 열거나 이어서 진행합니다. 차트를 선택한 상태에서 크기 및 위치를 조절합니다. [차트 도구]–[디자인] 상황별 탭에서 [차트 스타일] 그룹–[자세히]를 클릭합니다. 원하는 스타일을 선택합니다. 여기서는 [스타일 4]을 선택합니다.

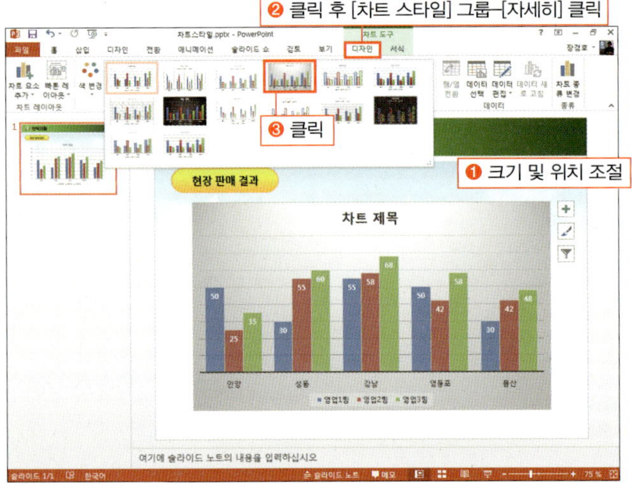

02_ [차트 도구]–[디자인] 상황별 탭에서 [차트 스타일] 그룹의 [색 변경]을 클릭합니다. 다양한 색상 중에 원하는 색상을 선택합니다. 여기서는 [색 6]을 클릭합니다.

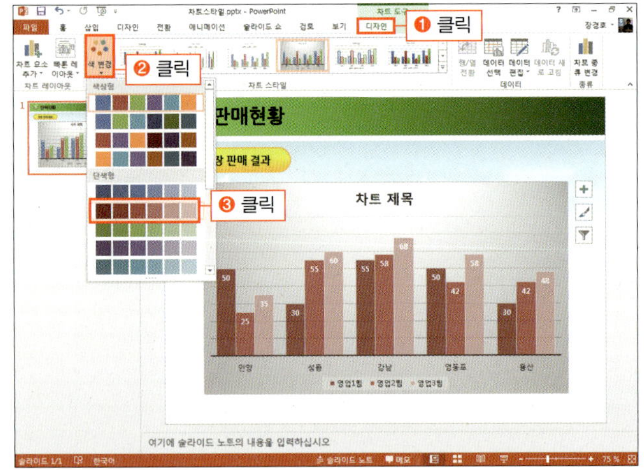

03_ 차트 상단 오른쪽에 있는 아이콘을 통해서도 차트 요소를 비롯해 스타일, 색 등을 변경할 수 있습니다. [차트 요소]를 클릭한 후 [차트 제목]에 체크 표시를 해제합니다.

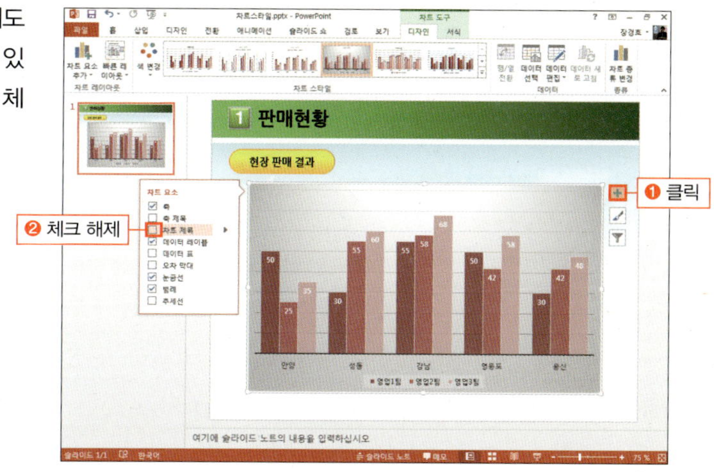

04_ [차트 스타일]을 선택합니다. [차트 스타일]에는 [스타일]과 [색] 중에서 원하는 항목을 선택할 수 있습니다. 여기서는 [스타일]-[스타일 13]을 클릭합니다.

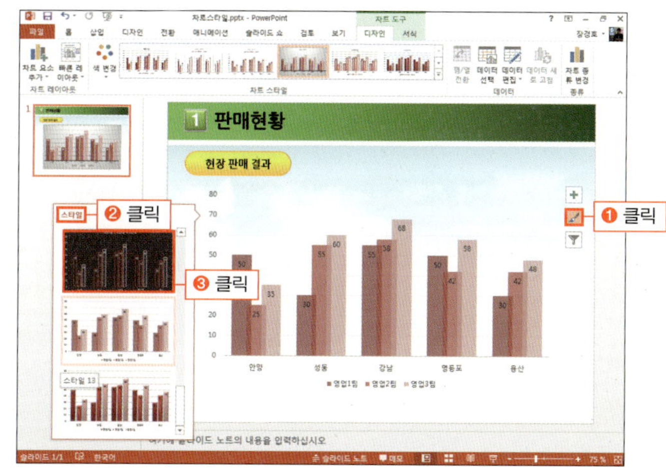

QR 코드로 더 자세히

파워포인트에 삽입할 수 있는 차트 종류 살펴보기

파워포인트에 삽입할 수 있는 차트 종류가 궁금하신 분은 저자의 블로그 http://blog21.kr/40097625750 에서 알아보기 바랍니다. QR 코드를 스마트폰에서 찍으면 바로 확인할 수 있습니다.

:: 차트 레이아웃과 데이터 요소

설정한 차트 모양은 [차트 레이아웃] 그룹을 통해 축 제목이나 차트 제목 등 차트 요소를 추가하거나
다른 레이아웃으로 변경할 수 있습니다. 또한, [차트 필터] 기능을 통해 데이터 요소를 추가하거나 삭
제 및 수정할 수 있습니다.

01_ 준비 파일을 열거나 이어서 진행합니다. 차
트를 선택한 상태에서 [차트 도구]–[디자인] 상황
별 탭에서 [차트 레이아웃] 그룹에서 [차트 요소 추
가]를 선택합니다. 다양한 차트 요소가 나타나면 [범
례]–[오른쪽]을 선택합니다. 범례가 오른쪽으로 이
동됩니다.

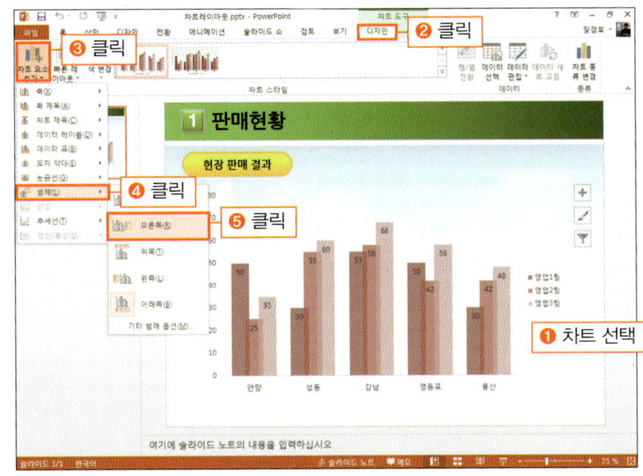

02_ [차트 요소 추가]는 개별적으로 차트 요소를
변경 가능하지만 [차트 레이아웃]은 한 번에 차트
요소를 변경할 수 있습니다. [차트 레이아웃] 그룹
에서 [빠른 레이아웃]를 선택합니다. 다양한 레이
아웃이 나타나면 원하는 레이아웃을 선택합니다.
여기서는 [레이아웃 10]을 선택합니다. 레이아웃이
변경되면 '차트 제목'을 선택한 후 **Delete**을 눌러
삭제합니다.

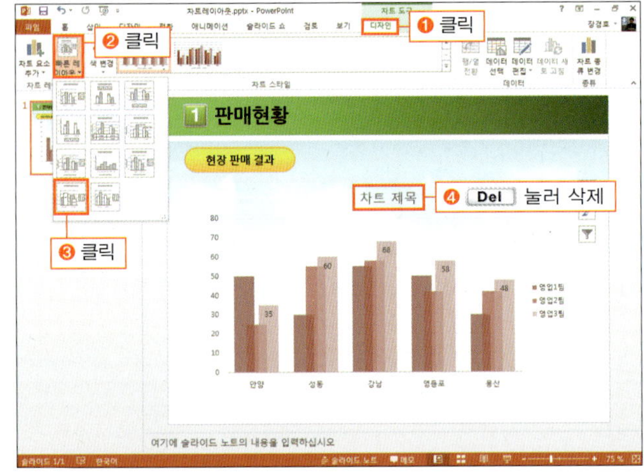

03_ 차트의 상단 오른쪽의 [차트 필터]를 클릭합니다. 차트 왼쪽에 데이터 요소 및 이름이 나타납니다. 차트에서 삭제하고 싶은 항목을 선택해 체크 해제합니다. 여기서는 [용산]의 체크 표시를 해제한 후 [적용]을 클릭합니다.

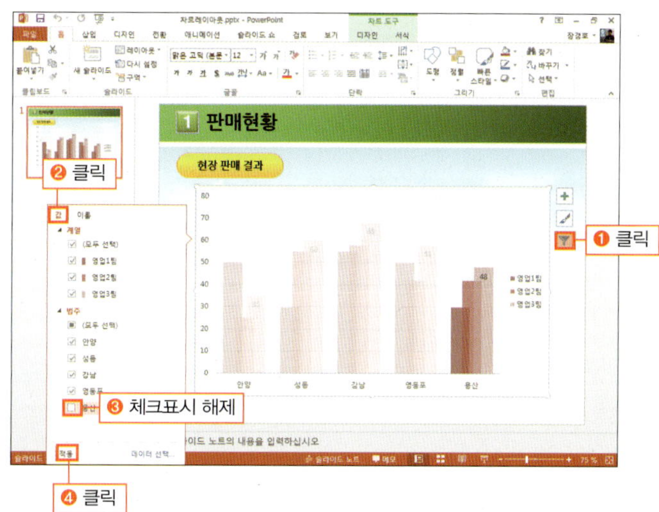

04_ 선택한 범주가 삭제됩니다. 참고로, [이름] 항목에서 계열이나 범주의 이름도 삭제할 수 있으며, 체크 해제된 항목을 다시 체크한 후 [적용]을 클릭하면 원래대로 복원됩니다.

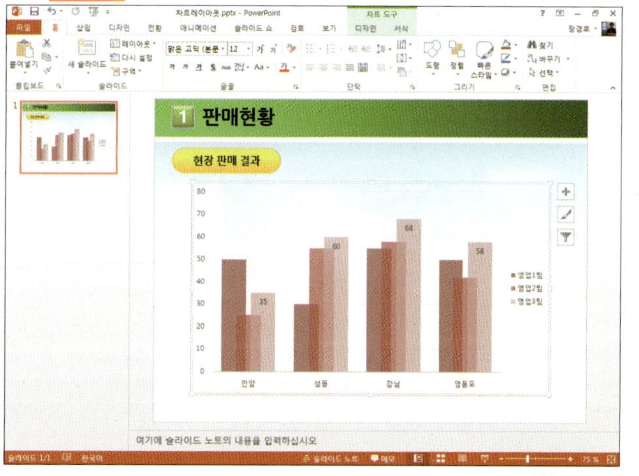

TIP

삽입한 차트는 레이아웃 변경이나 차트 요소 추가 뿐 아니라 혼합(콤보)로 만들거나 데이터 영역에 클립 아트를 삽입하여 강조할 수 있습니다. 차트 기능은 엑셀, 파워포인트, 워드 등 오피스 2013의 공통 기능이므로 더 자세히 알고 싶다면 Part 02 엑셀편의 150페이지를 참조하시기 바랍니다.

표와 차트를 위한 슬라이드 디자인 스킬

프레젠테이션을 위한 표는 문서를 위한 표와 동일하게 취급해서는 안됩니다. 아무리 내용을 요약하고 디자인에 신경을 쓴다고해도 좀처럼 만족스럽지 않은 것이 슬라이드상의 표 디자인입니다. 또한, 차트로 매출 실적이나 영업 현황 등을 작성하려면 좌에서 우로 즉, 왼쪽에서 오른쪽으로 상승하는 느낌으로 작성하는 것이 긍정적인 효과를 연출할 수 있습니다. 여기서는 표와 차트 디자인 노하우를 살펴보도록 하겠습니다.

01 표의 수치는 간소화하며 정렬에 신경쓴다.

모두가 중요한 데이터는 존재하지 않습니다. 강조해야 하는 수치가 있다면 나머지 수치는 간소화하여 한 눈에 들어오게 디자인해야 합니다. 의외로 간단한 부분이지만 알고 모르는 차이는 큽니다. 표는 셀이라는 작은 사각형으로 이루어지는 개체로써 사각형안에는 짧은 문장도, 긴 문장도 들어갈 수 있습니다. 표로 작업하는 텍스트 중 짧은 문장은 가운데 맞춤으로 정렬하고, 긴 문장은 왼쪽 맞춤으로 정렬하면 의외로 깔끔하게 표를 정렬할 수 있습니다. 물론 수치는 가운데 맞춤이 적합합니다.

모집 단위별 장학생 수

대 학	장학생 수	모집단위별 장학생 수
인문과학대학	8명	국어국문학과 3명, 문예창작학과 1명, 영어영문학과 4명
자연과학대학	6명	화학과 2명, 생물학과 3명, 생명공학과 1명
법과대학	18명	법학과 3명, 글로벌법학과 15명
사회과학대학	14명	행정복지학부 10명, 경찰행정학과 4명
경상대학	4명	경영학부 4명
공과대학	2명	토목공학과 1명, 전기공학과 1명
사범대학	84명	국어교육과 18명, 영어교육과 28명, 독어교육과 1명, 특수교육과 7 수학교육과 18명, 과학교육과 10명, 음악교육과 2명
외국어대학	3명	영어과 2명, 일본어과 1명
체육대학	1명	체육학부 1명
의과대학	42명	간호학과 42명
독립학부	86명	상담심리학부 2명, 기초의과학부 75명, 자유전공학부 6명, 군사학부 3명

▲ 파워포인트 표 작업

02 표는 직관적이어야 한다.

그래프는 색상과 도형 개체로 인해 한 눈에 데이터를 표현할 수 있지만 표는 텍스트와 수치로만 구성되기 때문에 한 눈에 데이터를 표현하기 위해 여러모로 신경을 써야 합니다. 만일, 여러 데이터가 표시되는 표라면 강조 부분이나 전달할 부분에 강조색을 적용하여 표시하는 것이 좋습니다. 표 작업을 하다보면 특별히 강조하고 싶은 부분이 발생하게 됩니다.

모집 단위별 장학생 수

대 학	장학생 수	모집단위별 장학생 수
인문과학대학	8명	국어국문학과 3명, 문예창작학과 1명, 영어영문학과 4명
자연과학대학	6명	화학과 2명, 생물학과 3명, 생명공학과 1명
법과대학	18명	법학과 3명, 글로벌법학과 15명
사회과학대학	14명	행정복지학부 10명, 경찰행정학과 4명
경상대학	4명	경영학부 4명
공과대학	2명	토목공학과 1명, 전기공학과 1명
사범대학	84명	국어교육과 18명, 영어교육과 28명, 독어교육과 1명, 특수교육과 7 수학교육과 18명, 과학교육과 10명, 음악교육과 2명
외국어대학	3명	영어과 2명, 일본어과 1명
체육대학	1명	체육학부 1명
의과대학	42명	간호학과 42명
독립학부	86명	상담심리학부 2명, 기초의과학부 75명, 자유전공학부 6명, 군사학부 3명

▲ 중요 부분에 강조색 적용

표 역시 키워드가 존재하기 때문에 중요한 부분은 전체적인 색상 조합을 참조하여 강조색을 사용하면 효과적입니다. 일단 전체적인 배경과 테두리 선을 지정한 다음 중요한 부분에는 강조색을 적용합니다. 이럴 경우 전체적인 색 조합에 신경쓰지 않더라도 자연스럽고 안정적인 색상 조합이 나오게 됩니다. 다만, 타이틀 부분은 진한 색으로, 컨텐츠 부분은 밝은 색으로 설정하는 것이 표 디자인에 효과적입니다.

03 표 작업시 파워포인트 표 기능을 버리자.

엑셀과 연동해서 작업하는 표가 아니라면 파워포인트의 표 기능을 버려야 합니다. 표 기능을 그대로 사용하기 보다는 여러 가지 항목을 줄여 최대한 깔끔하면서도 청중들이 이해하기 쉽도록 작성해야 합니다. 핵심적인 부분은 다른 색상을 지정하는 것이 좋은데 전체적인 색상에 투명도를 주었다면 강조 부분은 투명도를 낮춰 눈에 띄게 하거나 투명도를 주지 않은 표라면 강조 부분의 테두리에 색상과 보색 관계에 있는 색상을 주어 색상을 조절하도록 합니다.

모집 단위별 장학생 수

대 학	장학생 수	모집단위별 장학생 수
인문과학대학	8명	국어국문학과 3명, 문예창작학과 1명, 영어영문학과 4명
자연과학대학	6명	화학과 2명, 생물학과 3명, 생명공학과 1명
법과대학	18명	법학과 3명, 글로벌법학과 15명
사회과학대학	14명	행정복지학부 10명, 경찰행정학과 4명
경상대학	4명	경영학부 4명
공과대학	2명	토목공학과 1명, 전기공학과 1명
사범대학	84명	국어교육과 18명, 영어교육과 28명, 독어교육과 1명, 특수교육과 7 수학교육과 18명, 과학교육과 10명, 음악교육과 2명
외국어대학	3명	영어과 2명, 일본어과 1명
체육대학	1명	체육학부 1명
의과대학	42명	간호학과 42명
독립학부	86명	상담심리학부 2명, 기초의과학부 75명, 자유전공학부 6명, 군사학부 3명

▲ 전체적인 색상에 투명도 조절하여 중요 부분 강조

04 차트에서 시각적인 흐름은 좌에서 우로 진행된다.

시각적인 흐름은 항상 좌에서 우로 진행됩니다. 우리가 자사의 매출 그래프를 그리거나 경쟁사와 비교 그래프를 그린다면 그래프 중 나타내고 싶은 그래프는 항상 오른쪽에 배치하는 것이 좋습니다. 보통 오른쪽 위로 상승하는 모양은 긍정적인 결과를 의미하며, 오른쪽 아래로 하락하는 모양은 부정적인 결과를 의미합니다.

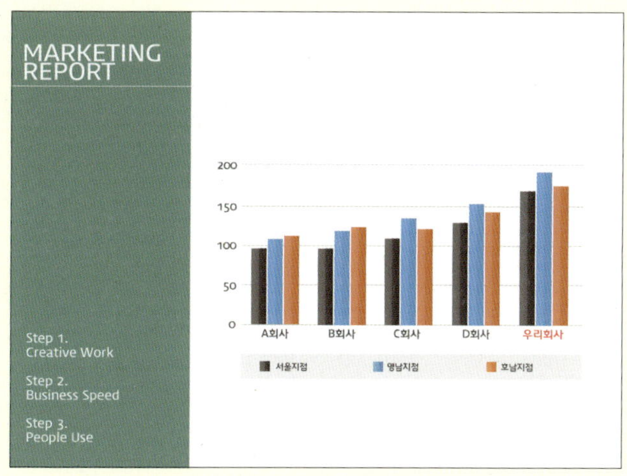

▲ 오른쪽에 자사의 그래프를 위치시켜 긍정적인 결과를 도출

05 차트는 명확히 비교될 수 있도록 그려라.

차트는 항목별로 항상 비교가 되기 마련입니다. 그렇기에 차트를 그릴 때에도 명확히 비교가 될 수 있도록 그리는 것이 좋습니다. 만일 A라는 회사의 매출액이 저조하여 자사와 많은 차이가 난다면 자사의 그래프의 A라는 회사 옆으로 이동시켜 마치 자사의 매출액이 상당히 뛰어난 것처럼 느껴질 수 있도록 그리는 것도 좋은 방법 중 하나입니다.

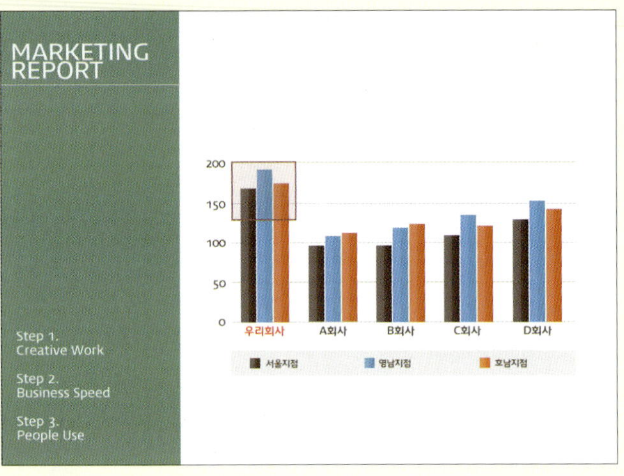

▲ 매출이 저조한 A회사 옆으로 자사의 그래프를 이동시켜 착시효과

06 시각적인 효과를 통해 수치를 부각하라.

자사의 매출액 등 수치를 부각하거나 경쟁사와의 차별화된 차트를 보여주고 싶을 경우 타사의 차트를 연하게 처리하거나 흑백처리하여 자사의 매출액을 효과적으로 보여줄 수 있습니다. 또한, 파워포인트의 애니메이션 효과 등을 활용해 자사의 차트를 부각할 수 있는 것도 좋습니다.

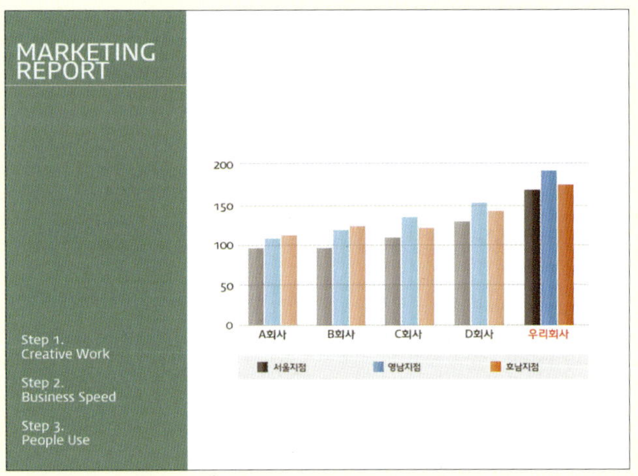

▲ 타사의 데이터를 흐리게 처리하여 자사 부각

◎ 준비파일 : Part03₩Chapter02₩Check₩역량사업.pptx

◎ 완성파일 : Part03₩Chapter02₩Check₩역량사업_완성.pptx

표는 다양한 방법으로 셀을 꾸미고 디자인할 수 있습니다. [표 스타일] 그룹에서 원하는 스타일을 선택하고 여러 셀을 선택해 병합해 보도록 합니다.

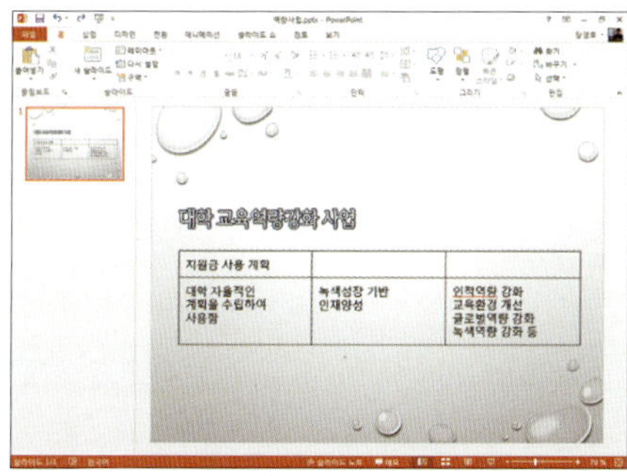
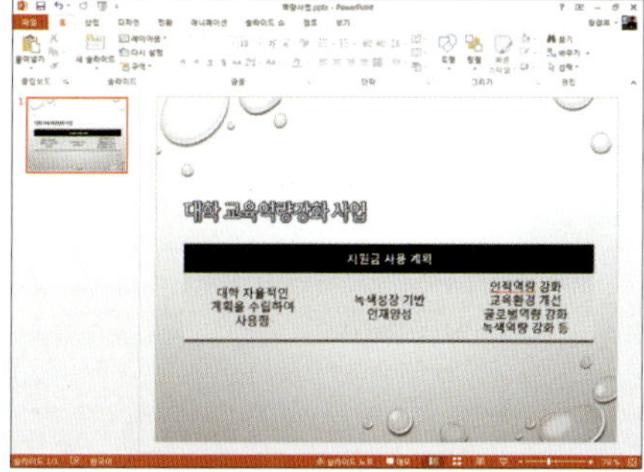

힌트

❶ [표 도구]–[디자인] 상황별 탭에서 [표 스타일] 그룹–[자세히]를 클릭해 원하는 스타일을 선택합니다.

❷ [표 도구]–[레이아웃] 상황별 탭에서 [병합] 그룹에서 [셀 병합]을 클릭합니다.

❸ 실습 따라하기 : 부록CD/Part03/Chapter02/실습24.docx

◎ 준비파일 : Part03₩Chapter02₩Check₩시공실적.pptx

◎ 완성파일 : Part03₩Chapter02₩Check₩시공실적_완성.pptx

한번 삽입한 차트도 얼마든지 다른 차트로 변경할 수 있습니다. 여기서는 세로 막대형 차트를 가로 막대형 차트로 변경하되 3차원 묶은 가로 막대형으로 변경해 보도록 합니다.

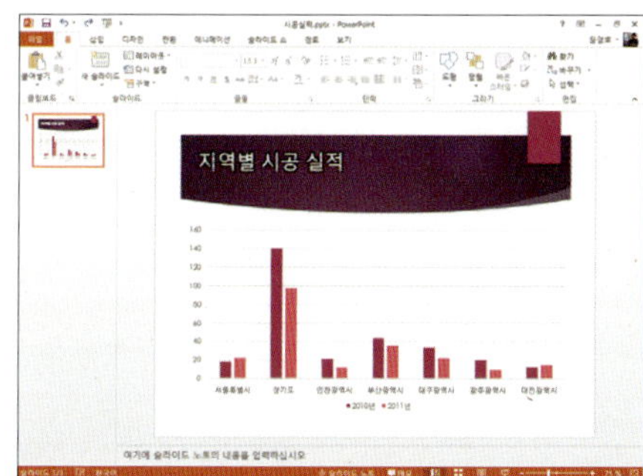
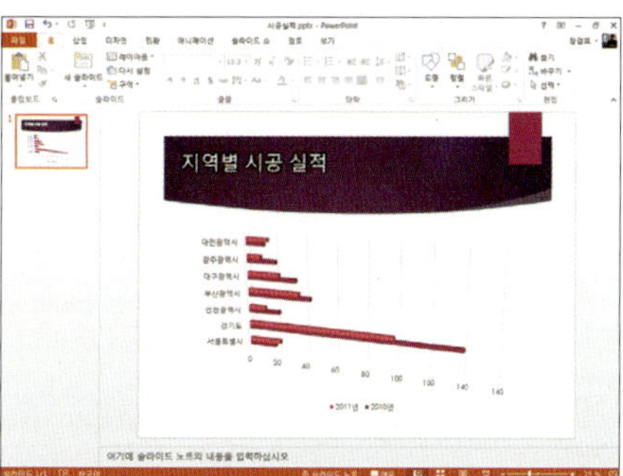

힌트

❶ [차트 도구]–[디자인] 상황별 탭에서 [종류] 그룹–[차트 종류 변경]을 선택합니다.

❷ 실습 따라하기 : 부록CD/Part3/Chapter2/실습25.docx

멀티미디어와 슬라이드 쇼

파워포인트는 다른 오피스 프로그램과 비교했을 때 멀티미디어적인 기능이
많은 편입니다. 기존 영상 편집 프로그램에서나 가능하던 오디오나 비디오
편집 등을 간단히 적용할 수 있으며, 유튜브 등을 연결하여 스트리밍으로 재
생할 수 있습니다. 또한, 애니메이션이나 화면 전환 효과를 통해 다이나믹한
슬라이드를 만들 수도 있습니다.

Section 1. 오디오와 비디오 편집하기

Section 2. 애니메이션과 화면 전환 설정하기

Section 3. 슬라이드 쇼 진행하기

오디오와 비디오 편집하기

파워포인트는 WAV, MID, WMA 뿐만 아니라 MP3 등 다양한 소리 파일을 삽입할 수 있습니다. 또한, AVI, WMV, MP4 등 다양한 동영상 파일을 삽입할 수 있습니다. 여기서는 오디오나 비디오 파일을 삽입하여 가능한 다양한 편집 기능에 대해서 살펴보도록 하겠습니다.

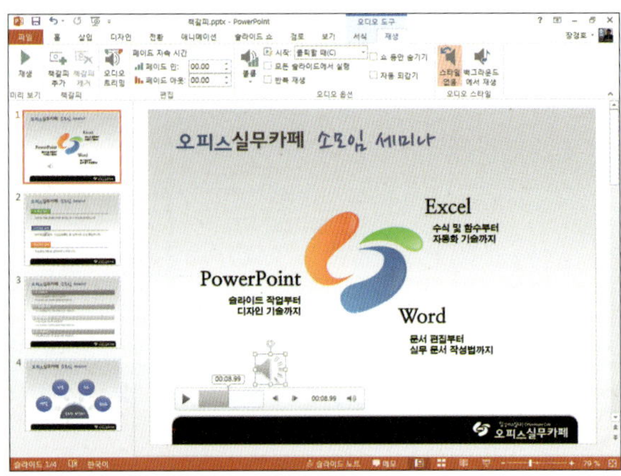

▲ 오디오 책갈피 추가하기

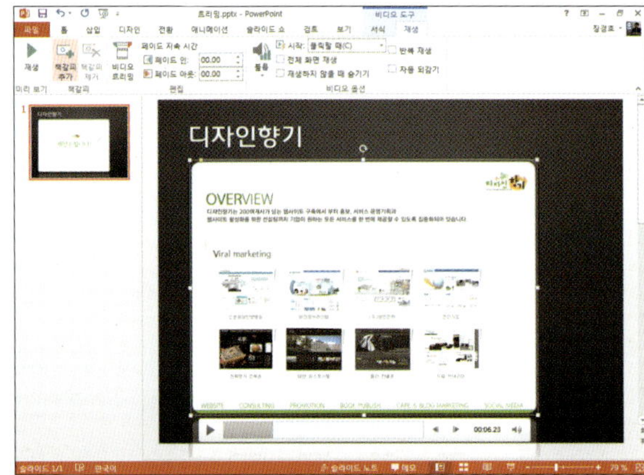

▲ 책갈피 추가하고 트리밍하기

이번 섹션에서 배울 주요 내용

- 오디오 파일 삽입하기
- 오디오 책갈피 추가하기
- 오디오 트리밍하기
- 연속으로 오디오 재생하기
- 비디오 파일 삽입하기
- 비디오 서식 변경하기
- 동영상 표지 만들기
- 책갈피 추가하고 트리밍하기
- 페이드 인과 아웃 설정하기

:: 오디오 파일 삽입하기

오디오 파일을 삽입하면 [오디오 도구]–[재생] 상황별 탭이 생성됩니다. [재생] 탭을 통해 오디오 파일을 다양한 방법으로 컨트롤 할 수 있습니다.

 준비 파일　Part03₩Chapter03₩Section01₩소모임.pptx, music.wmv　　완성 파일　Part03₩Chapter03₩Section01₩소모임_완성.pptx

01_ 준비 파일을 열거나 소리 파일을 삽입하기 위해 [삽입] 탭–[미디어] 그룹–[오디오]를 클릭한 후 [내 PC의 오디오]를 클릭합니다. [오디오 삽입] 대화상자가 나타나면 'music.wav'를 선택한 후 [삽입]을 클릭합니다.

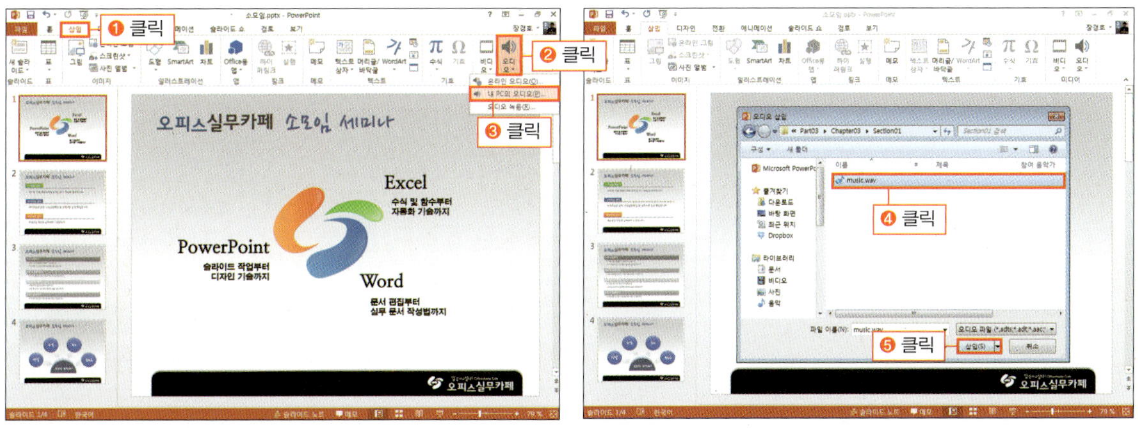

02_ [소리 아이콘]을 마우스로 드래그하여 아이콘 위치를 조절합니다. [소리 아이콘] 아래에 있는 제어판에서 [재생] 단추를 클릭하면 소리 파일을 미리 들어볼 수 있습니다.

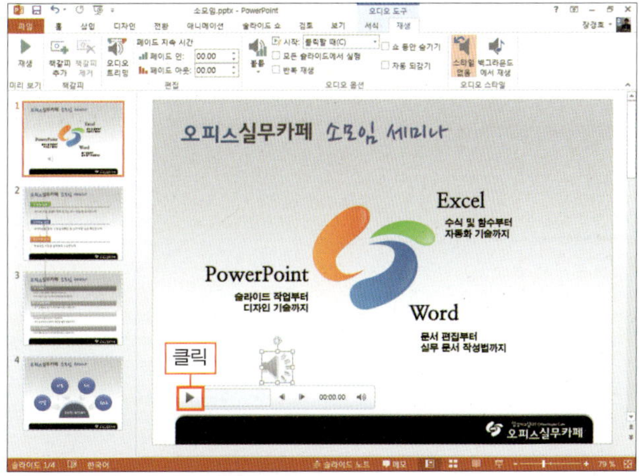

:: 오디오 책갈피 추가하기

책갈피 추가 기능은 오디오 클립의 특정 지점을 빠르게 찾기 위해 사용됩니다. 오디오 재생 시간이 길 경우 책갈피를 추가하여 원하는 지점에 빠르게 접근할 수 있습니다.

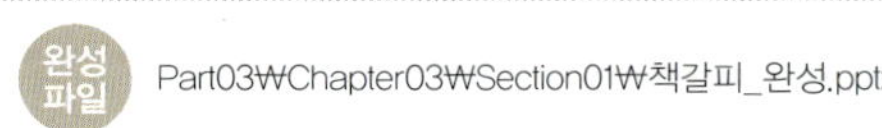

01_ 준비 파일을 열거나 이어서 진행합니다. [소리 아이콘](🔊)을 클릭하면 제어판이 나타납니다. 책갈피를 넣을 부분을 드래그하여 위치를 선택합니다. [오디오 도구]–[재생] 상황별 탭을 클릭한 후 [책갈피] 그룹에서 [책갈피 추가]를 클릭합니다.

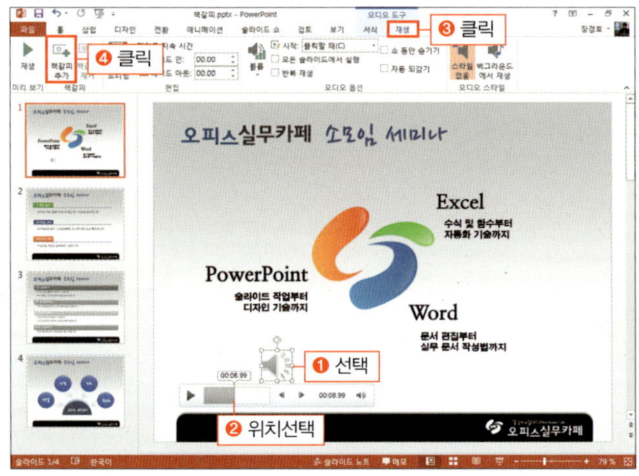

02_ 클릭한 지점에 책갈피가 추가됩니다. F5 를 눌러 슬라이드 쇼를 진행한 다음 오디오 클립 아이콘에 마우스를 가져가면 책갈피가 나타납니다. 추가한 책갈피를 클릭하여 원하는 지점부터 오디오를 재생할 수 있습니다. Esc 를 눌러 슬라이드 쇼를 종료합니다.

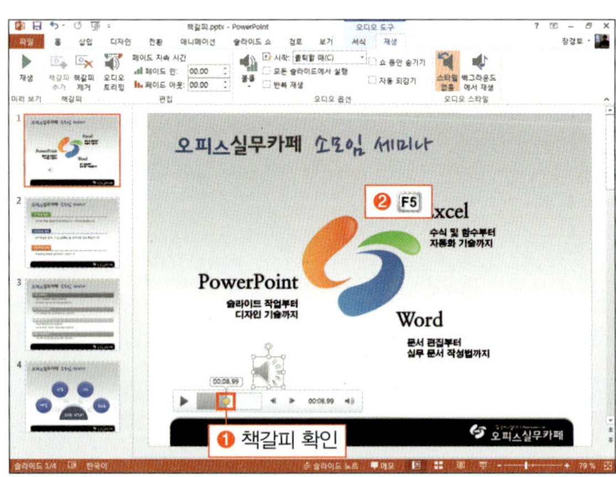

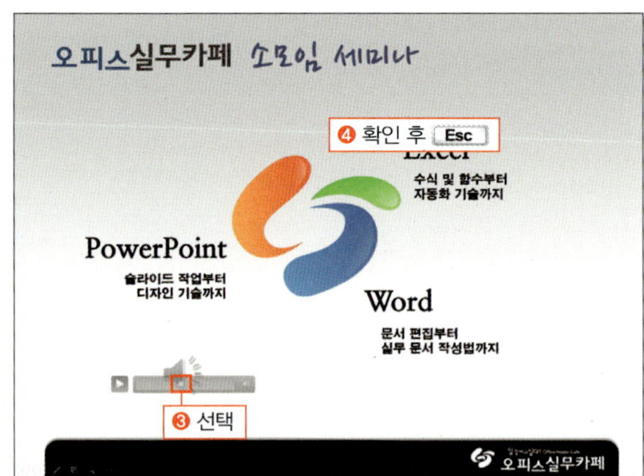

:: 오디오 트리밍하기

트리밍이란 오디오나 비디오의 시작 지점과 끝 지점을 조절하여 원하는 부분만 재생할 수 있는 기능입니다.

준비파일 Part03₩Chapter03₩Section01₩오디오트리밍.pptx

완성파일 Part03₩Chapter03₩Section01₩오디오트리밍_완성.pptx

01_ 준비 파일을 열거나 이어서 진행합니다. [소리 아이콘](◀))을 클릭한 상태에서 [오디오 도구]-[재생] 탭을 선택합니다. [편집] 그룹의 [오디오 트리밍]을 클릭합니다. [오디오 맞추기] 대화상자가 나타나면 녹색( ) 지점을 드래그하여 시작 지점을 선택합니다. 빨간( ) 지점을 드래그하여 끝 지점을 선택합니다. [확인]을 클릭합니다.

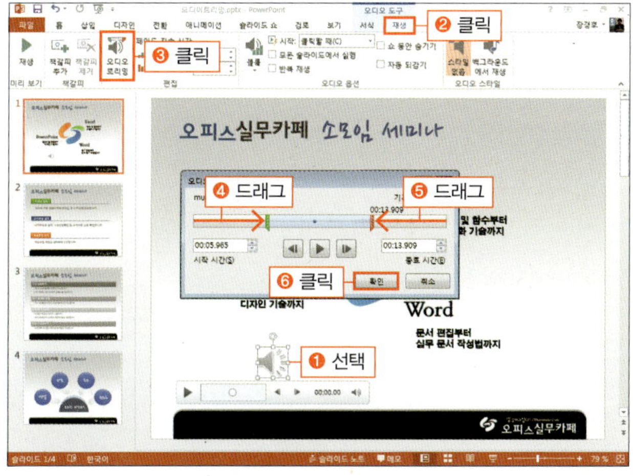

02_ 제어판에서 [재생] 단추를 클릭합니다. [오디오 맞추기] 대화상자에서 지정한 처음과 끝 지점만큼만 재생됩니다.

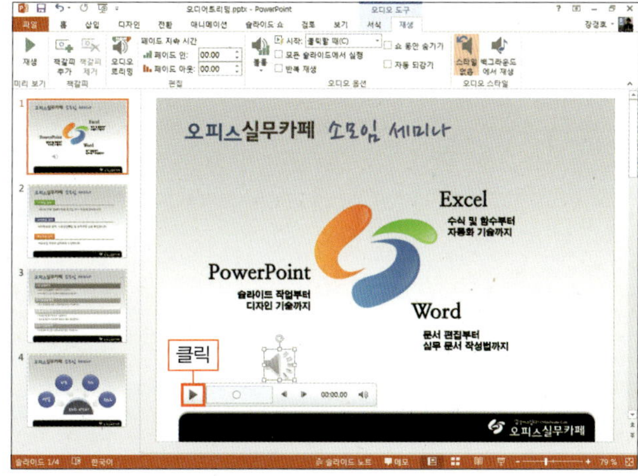

:: 연속으로 오디오 재생하기

특정 슬라이드까지 페이지가 넘어가도 삽입한 음악이 계속 나오게 하고 싶다면 [오디오 재생] 대화상
자에서 지정할 수 있습니다.

01_ 준비 파일을 열거나 이어서 진행합니다. 슬라이드 쇼가 진행되면 자동으로 오디오가 재생되도록 설정해 보겠습니다. [소리 아이콘](🔊)을 클릭한 상태에서 [오디오 도구]–[재생] 상황별 탭을 선택합니다. [오디오 옵션] 그룹–[시작]의 화살표를 클릭하여 [자동 실행]을 선택합니다. F5 를 눌러 슬라이드 쇼를 진행합니다. [자동 실행]을 선택하면 슬라이드 쇼 진행 시 해당 슬라이드에서 오디오가 자동 재생됩니다. Esc 를 눌러 슬라이드 쇼를 종료합니다.

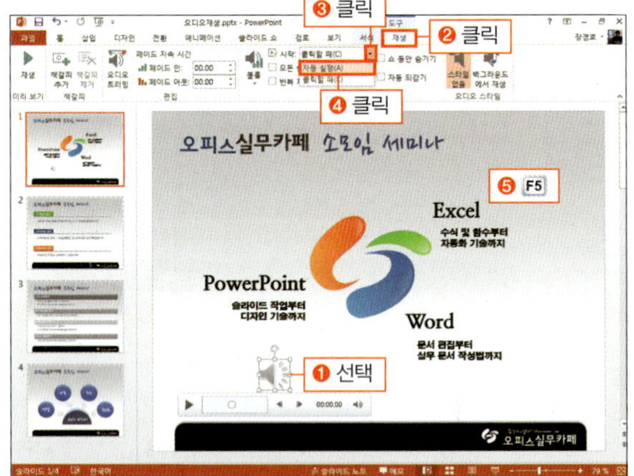

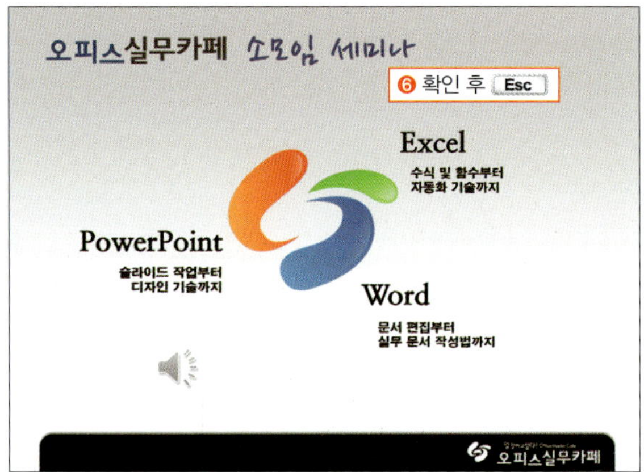

> **TIP** 두 번째 슬라이드로 넘어가면 오디오는 멈추게 됩니다. 이럴 때에는 연속으로 오디오 재생하기를 통해 원하는 슬라이드까지 오디오를 재생하거나 백그라운드에서 재생을 통해 전체 슬라이드에 오디오를 재생합니다.

02_ 1번 슬라이드부터 3번 슬라이드까지 오디오를 연속으로 재생해 보도록 하겠습니다. [소리 아이콘](🔊)을 클릭한 상태에서 [애니메이션] 탭–[애니메이션] 그룹–[추가 효과 옵션 표시] 단추를 클릭합니다. [오디오 재생] 대화상자가 나타나면 [효과] 탭에서 [재생 중지]–[지금부터]를 클릭한 후 『3』을 입력한 후 [확인]을 클릭합니다.

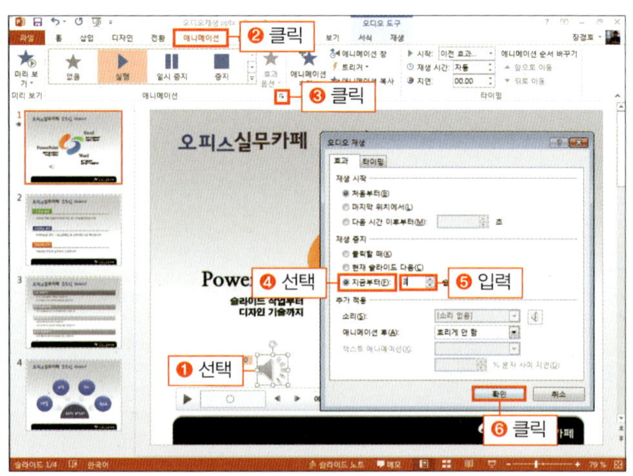

03_ F5 를 눌러 슬라이드 쇼를 진행합니다. 1번 슬라이드부터 3번 슬라이드까지 오디오가 재생되면서 4번 슬라이드에서는 오디오가 중단되는지 확인한 후 Esc 를 누릅니다.

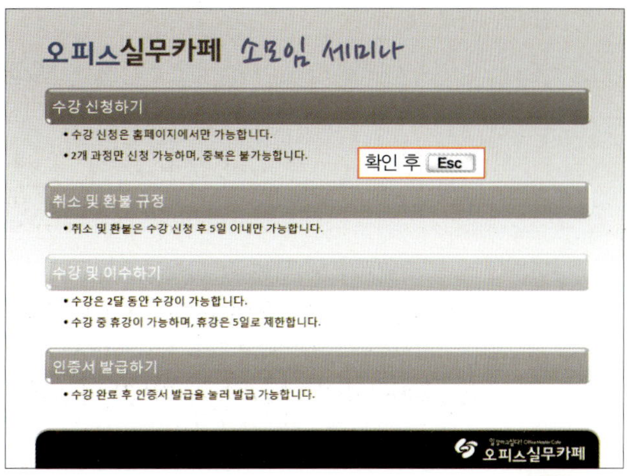

슬라이드에 멋진 음악을 삽입하여 슬라이드 쇼를 진행해 보면 소리는 삽입된 슬라이드에서만 재생되기 때문에 다음 슬라이드로 넘어갈 때 음악은 자동으로 멈추게 됩니다. 하지만 [오디오 재생] 대화상자의 [효과] 탭을 통해 여러 슬라이드에 걸쳐서 연속으로 소리를 재생할 수 있도록 설정할 수 있습니다.

04_ 이번에는 전체 슬라이드에서 오디오를 재생해 보도록 하겠습니다. 첫 번째 슬라이드를 선택한 후 [소리 아이콘]( )을 선택합니다. [오디오 도구]-[재생] 탭에서 [오디오 스타일] 그룹의 [백그라운드에서 재생]을 클릭합니다. F5 를 눌러 슬라이드 쇼를 진행하면 오디오가 전체 슬라이드에서 재생됩니다.

[재생] 탭의 [오디오 옵션] 그룹의 [모든 슬라이드에서 실행]에 체크 표시를 하여도 전체 슬라이드에서 오디오를 재생할 수 있습니다.

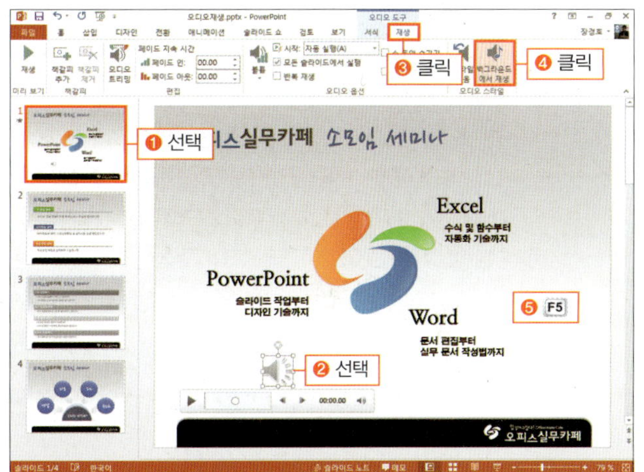

페이드 인과 페이드 아웃

페이드 인과 페이드 아웃 기능을 통해 오디오 클립이 재생될 때 소리의 음향 조절이 자동으로 설정되면서 부드럽게 시작되고 종료되도록 만들 수 있습니다. 오디오 클립을 선택한 상태에서 [오디오 도구]-[재생] 상황별 탭에서 [편집] 그룹-[페이지 인]과 [페이드 아웃] 입력란에 원하는 재생 속도를 입력합니다. 자세한 사항은 동영상 편의 페이드 인과 아웃 설정하기(119page)를 참조하시기 바랍니다.

:: 비디오 파일 삽입하기

비디오 파일을 삽입하면 [비디오 도구]–[재생] 상황별 탭이 생성됩니다. [재생] 탭을 통해 비디오 파일을 다양한 방법으로 컨트롤 할 수 있습니다.

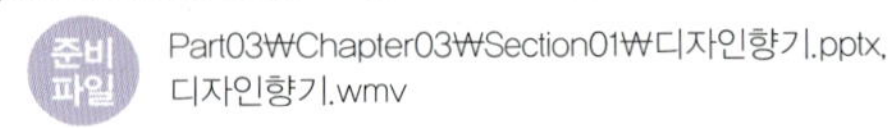

01_ 준비 파일을 엽니다. 동영상 파일을 삽입하기 위해 [삽입] 탭–[미디어] 그룹–[비디오]–[내 PC의 비디오]를 클릭합니다. [동영상 삽입] 대화상자가 나타나면 '디자인향기.wmv' 파일을 선택한 후 [삽입]을 클릭합니다.

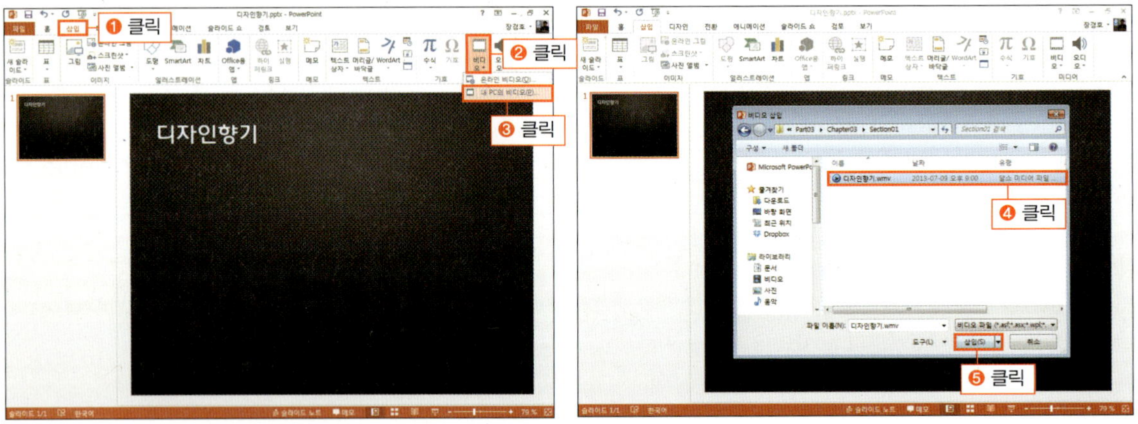

02_ 슬라이드에 동영상이 삽입됩니다. 크기 및 위치를 조정한 후 비디오 클립 아래에 있는 제어판에서 [재생] 단추를 클릭하여 동영상을 확인합니다.

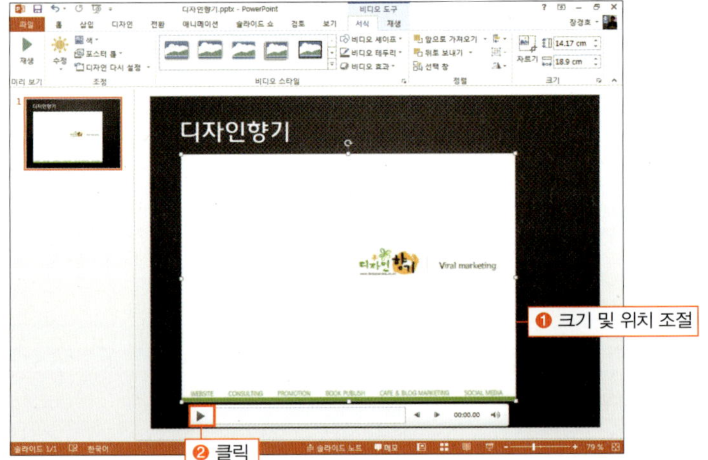

:: 비디오 서식 변경하기

비디오 파일에도 도형이나 이미지처럼 색이나 포스터 틀 등을 적용하여 꾸며줄 수 있습니다.

Part03₩Chapter03₩Section01₩비디오서식.pptx

Part03₩Chapter03₩Section01₩비디오서식_완성.pptx

01_ 준비 파일을 열거나 이어서 진행합니다. 비디오를 선택한 상태에서 [비디오 도구]–[서식] 상황별 탭에서 [비디오 스타일] 그룹에서 [자세히]를 클릭합니다. [반사형 입체, 검정]을 선택합니다.

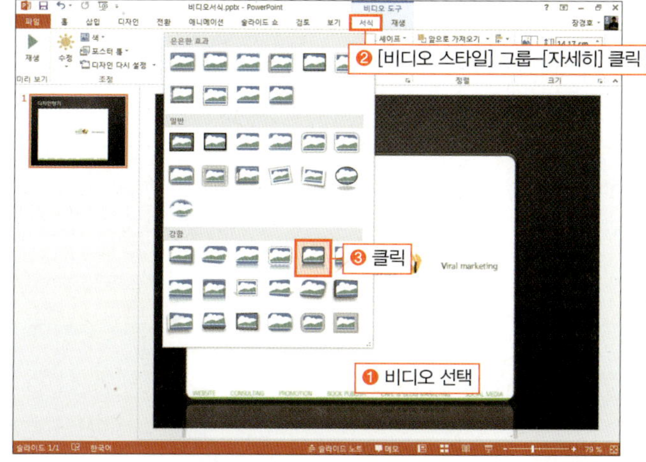

02_ 비디오 클립의 서식이 변경됩니다. 비디오 클립의 색상도 변경할 수 있습니다. [비디오 도구]–[서식] 상황별 탭에서 [조정] 그룹–[색]을 클릭한 후 원하는 색상을 선택하여 변경할 수 있습니다.

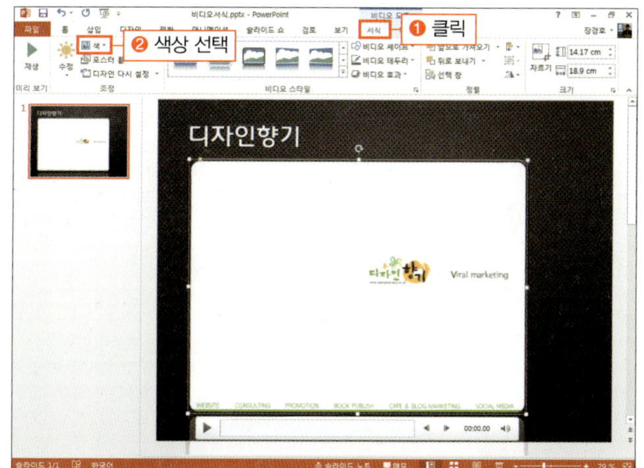

:: 동영상 표지 만들기

동영상을 삽입한 슬라이드에는 검정색이나 무의미한 화면이 표지로 나타납니다. 그렇기에 포스터 틀을 이용하여 동영상 표지를 만들어 주는 것이 좋습니다.

01_ 준비 파일을 열거나 이어서 진행합니다. 동영상을 재생한 후 표지로 사용할 부분을 선택합니다. [비디오 도구]-[서식] 탭에서 [포스터 틀]을 클릭한 후 [현재 틀]을 선택합니다.

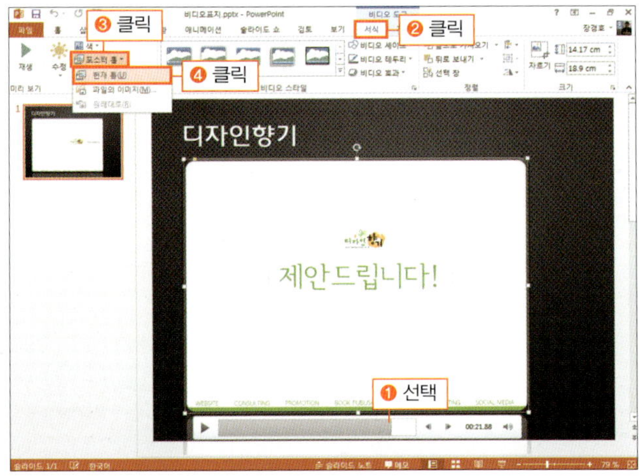

02_ 재생 바에 포스터 틀이 설정되었다는 문구가 나타납니다. F5 를 눌러 슬라이드 쇼를 진행해 봅니다. 현재 틀이 동영상 표지로 지정되어 있는지 확인합니다.

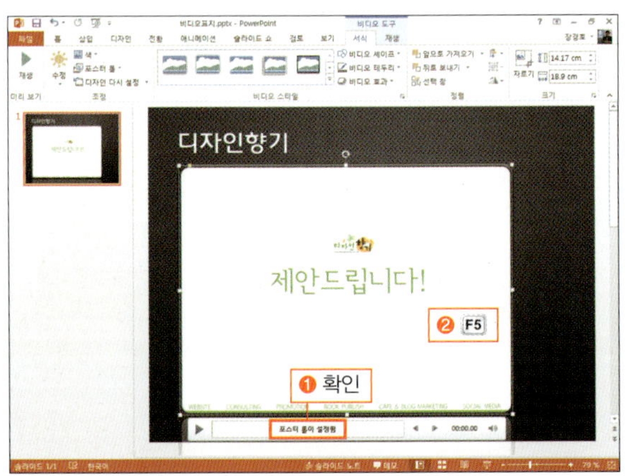

:: 책갈피 추가하고 트리밍하기

오디오 파일과 마찬가지로 책갈피를 추가하고 동영상의 처음과 끝을 편집하는 트리밍을 설정할 수 있습니다.

01_ 준비 파일을 열거나 이어서 진행합니다. 삽입한 비디오 클립에서 원하는 위치에 책갈피를 추가하여 위치를 기록할 수 있습니다. 비디오를 재생한 다음 원하는 위치에서 [비디오 도구]–[재생] 상황별 탭에서 [책갈피] 그룹의 [책갈피 추가]를 선택합니다.

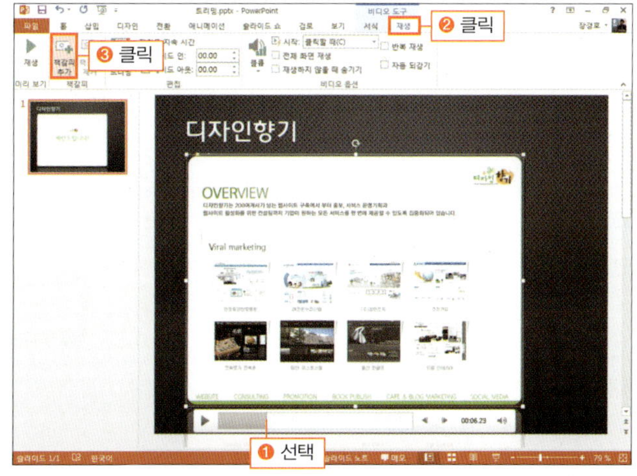

02_ 비디오 재생 바에 책갈피 아이콘이 생성됩니다. 책갈피는 원하는 만큼 생성할 수 있습니다. 다시 동영상을 재생한 후 원하는 지점에 [재생] 탭–[책갈피] 그룹의 [책갈피 추가]를 선택합니다. 비디오 재생 바에 책갈피 아이콘이 추가로 생성됩니다.

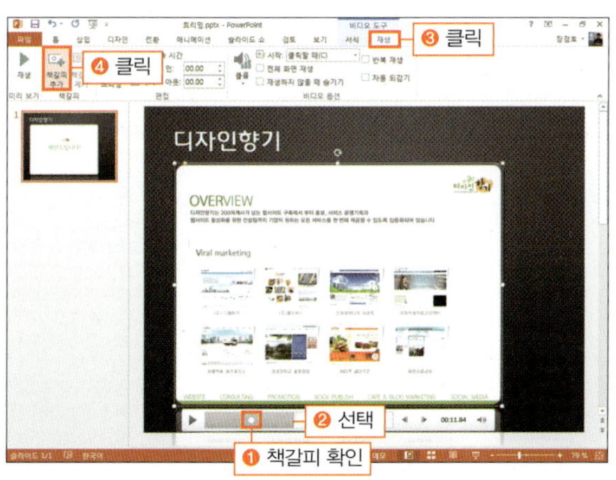

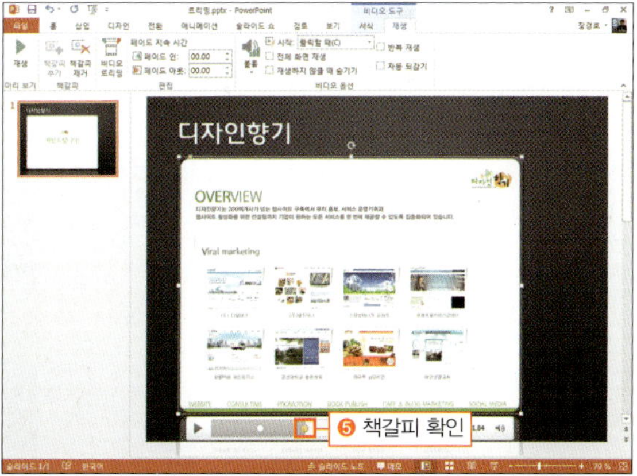

TIP

책갈피가 필요없다면 책갈피 아이콘을 클릭한 후 [재생] 탭–[책갈피] 그룹의 [책갈피 제거]를 선택합니다.

03_ **F5**를 눌러 슬라이드 쇼를 실행시킵니다. 원하는 책갈피를 기억하고 있기에 원하는 위치부터 비디오를 재생할 수 있습니다.

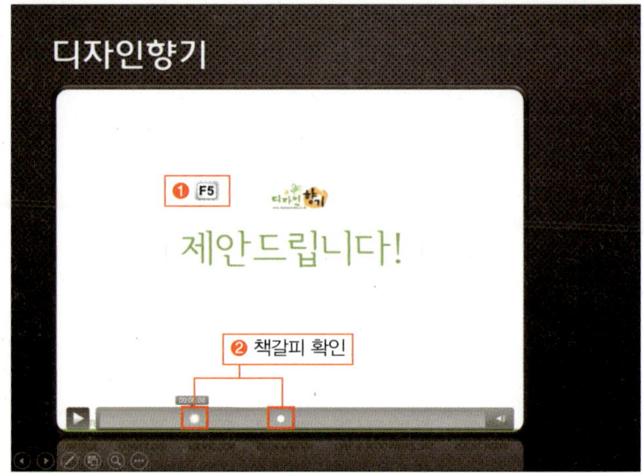

04_ 이번에는 비디오 트리밍을 통해 동영상을 편집해 보겠습니다. [비디오 도구]-[재생] 상황별 탭-[편집] 그룹에서 [비디오 트리밍]을 선택합니다. [비디오 맞추기] 대화상자가 나타나면 녹색() 지점의 위치를 조절한 후 빨간() 지점의 위치를 조절합니다. [확인]을 클릭합니다.

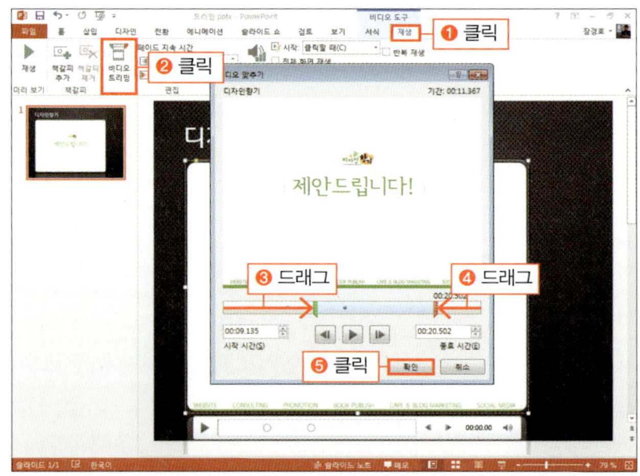

05_ **F5**를 눌러 슬라이드 쇼를 실행시킵니다. 비디오 맞추기를 통해 편집한 부분만 재생되는 지 확인합니다.

:: 페이드 인과 아웃 설정하기

페이드 인은 점점 밝아지는 효과를 말하며, 페이드 아웃은 점점 어두워지는 효과를 말합니다.

 준비 파일 Part03₩Chapter03₩Section01₩페이드인아웃.pptx

 완성 파일 Part03₩Chapter03₩Section01₩페이드인아웃_완성.pptx

01_ 준비 파일을 열거나 이어서 진행합니다. 비디오를 선택한 상태에서 [비디오 도구]-[재생] 상황별 탭에서 [편집] 그룹의 [페이드 인]에 『05.00』을 입력한 다음 [페이드 아웃]에 『05.00』을 입력합니다.

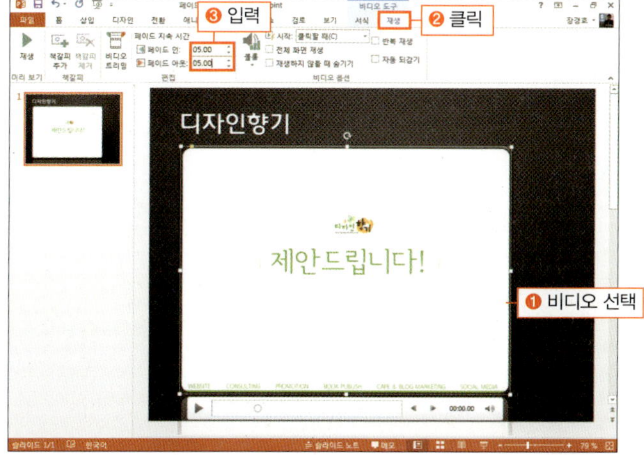

02_ [비디오 도구]-[재생] 상황별 탭에서 [미리 보기] 그룹의 [재생]을 누릅니다. 5초 동안 페이드 인 효과가 지속되며, 동영상의 마지막 부분 중 5초 동안 페이드 아웃 효과가 지속됩니다.

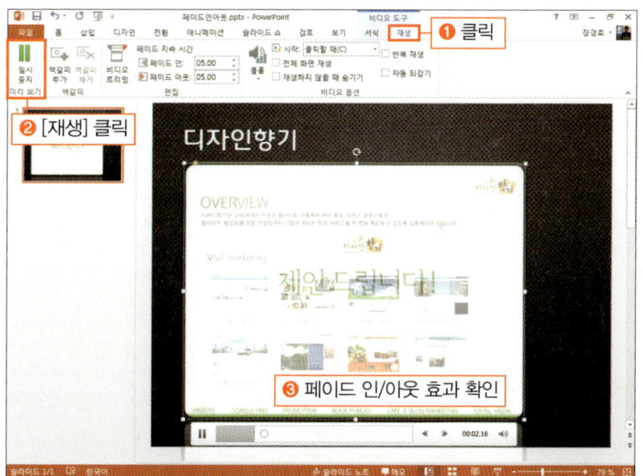

슬라이드를 비디오로 만들기

여러 장의 슬라이드를 웹이나 전자 메일을 통해 배포할 수 있는 고화질 동영상 파일로 변환할 수 있습니다.

01 준비 파일을 엽니다. [파일] 탭-[내보내기]-[비디오 만들기]를 클릭합니다. [컴퓨터 및 HD 디스플레이]를 클릭합니다. 원하는 해상도를 선택합니다. 여기서는 [인터넷 및 DVD]를 선택합니다.

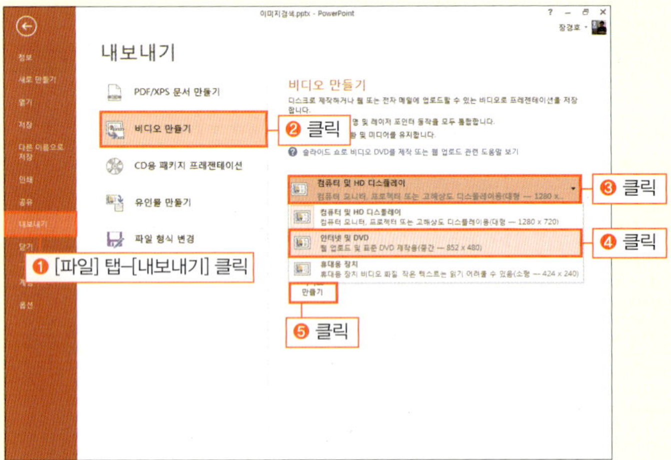

02 [각 슬라이드에 걸리는 시간(초)]에 원하는 시간을 입력한 후 [비디오 만들기]를 클릭합니다.

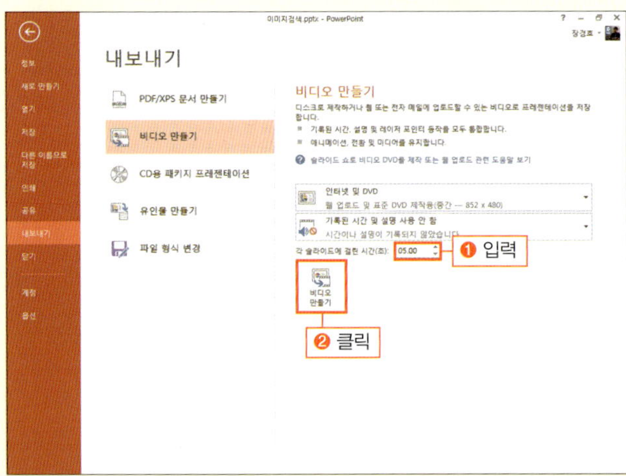

03 [다른 이름으로 저장] 대화상자가 나타나면 [저장 위치]을 선택하고 [파일 이름]을 입력한 후 [저장]을 클릭합니다. 슬라이드가 동영상 파일로 변환됩니다. 저장한 파일을 실행하면 슬라이드가 아닌 동영상 파일이 열립니다.

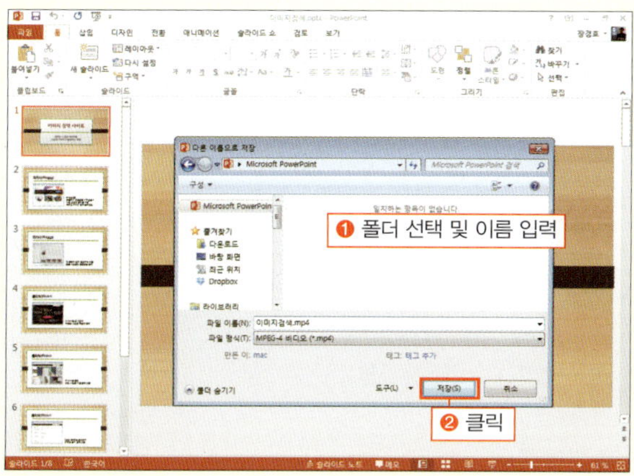

🔒 체 크 해 봐 요

◎ 준비파일 : Part03₩Chapter03₩Check₩동영상.pptx

◎ 완성파일 : Part03₩Chapter03₩Check₩동영상_완성.pptx

슬라이드에 삽입한 동영상은 테두리나 그림자 등 다양한 서식을 지정할 수 있습니다. 여기서는 삽입한 비디오의 스타일을 다른 모양으로 변경해 봅니다.

힌트

❶ [비디오 도구]–[서식] 상황별 탭에서 [비디오 스타일] 그룹의 [자세히]를 클릭해 원하는 스타일을 선택합니다.

❷ 실습 따라하기 : 부록CD/Part03/Chapter03/실습26.docx

애니메이션과 화면 전환 설정하기

청중의 시선을 사로잡는데 효과적인 파워포인트 기능 중 하나가 바로 애니메이션과 화면 전환 효과입니다. 애니메이션과 화면 전환 효과를 통해 슬라이드를 다이나믹하게 만들 수 있습니다. 이번 섹션에서는 애니메이션 효과와 화면 전환을 설정하는 방법에 대해서 살펴보도록 하겠습니다.

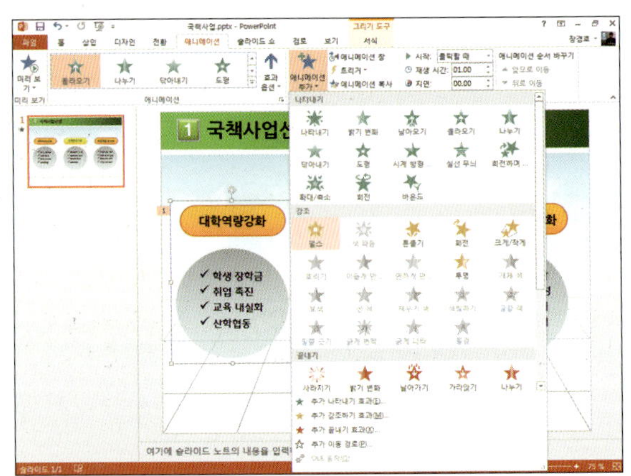

▲ 사용자 지정 애니메이션 지정하기

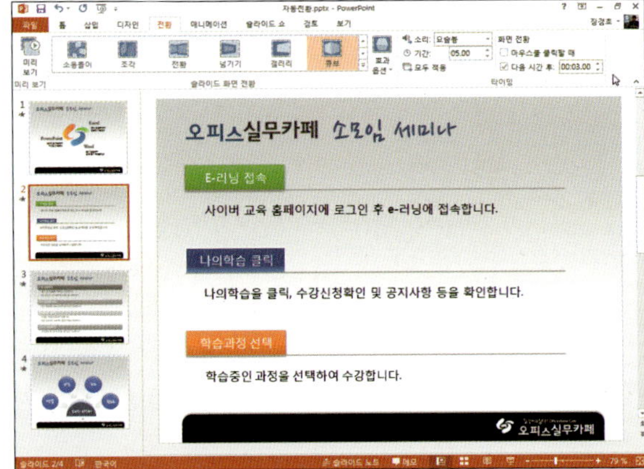

▲ 전체 슬라이드 자동 전환하기

이번 섹션에서 배울 주요 내용

- 사용자 지정 애니메이션 지정하기
- 애니메이션 복사하기
- 사용자 지정 경로 그리기
- 화면 전환 효과 지정하기
- 화면 전환 동작 변경하기
- 전체 슬라이드 자동 전환하기
- 시간 및 소리 설정하기

:: 사용자 지정 애니메이션 지정하기

애니메이션 효과는 나타내기, 강조, 끝내기, 이동 경로 등 총 4개의 영역으로 표시되며, 각각의 영역마다 강조하는 애니메이션 효과가 다릅니다.

01_ 준비 파일을 엽니다. 첫 번째 개체를 선택합니다. [애니메이션] 탭–[애니메이션] 그룹의 [자세히]를 클릭합니다. [나타내기]–[올라오기]를 선택합니다.

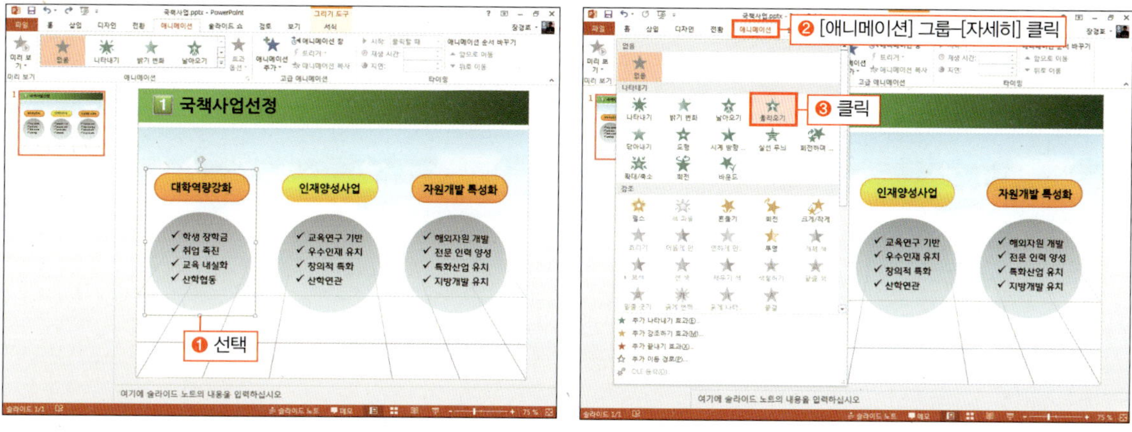

02_ 애니메이션이 적용되면 개체에 번호가 지정됩니다. 하나의 개체에 여러 개의 애니메이션을 중복 적용할 수 있습니다. [애니메이션] 탭–[고급 애니메이션] 그룹–[애니메이션 추가]를 선택합니다. [강조]–[펄스]를 선택합니다. 첫 번째 개체에 1, 2번 번호가 매겨집니다. 이는 개체에 애니메이션이 2개 지정되었다는 것을 의미합니다.

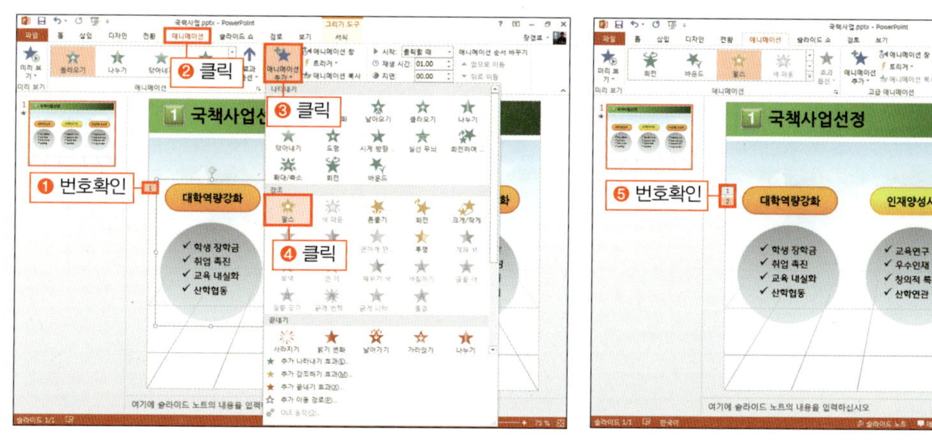

> **TIP**
> 개체 왼쪽에 번호가 매겨진 번호는 애니메이션 효과의 진행 순서를 의미하며, 슬라이드 쇼 화면이나 인쇄 시에는 나타나지 않습니다.

:: 애니메이션 복사하기

[애니메이션] 탭–[애니메이션] 그룹–[애니메이션 복사]를 두 번 클릭하면 여러 번 연속으로 애니메이션을 복사할 수 있습니다.

 준비 파일 Part03₩Chapter03₩Section02₩애니메이션복사.pptx

 완성 파일 Part03₩Chapter03₩Section02₩애니메이션복사_완성.pptx

01_ 준비 파일을 열거나 이어서 진행합니다. 첫 번째 개체에 적용되어 있는 애니메이션 효과를 두 번째, 세 번째 개체에도 적용해 보도록 하겠습니다. 그러기 위해서는 애니메이션을 복사하는 것이 좋습니다. 애니메이션을 복사할 첫 번째 개체를 선택한 다음 [애니메이션] 탭–[애니메이션] 그룹–[애니메이션 복사]를 두 번 연속으로 클릭합니다.

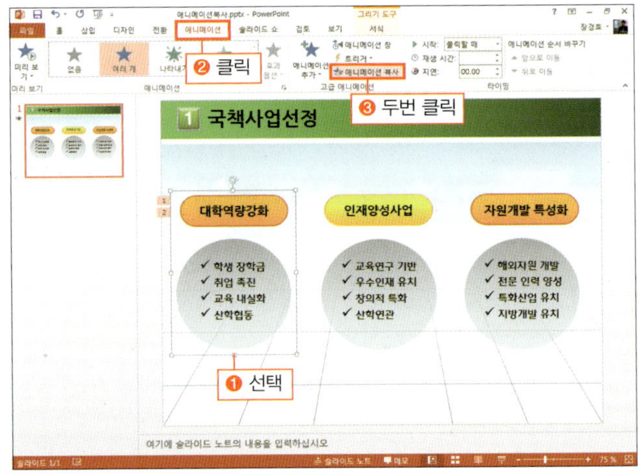

02_ 마우스 커서 모양이 애니메이션 복사 모양의 커서로 변경됩니다. 두 번째 개체를 클릭합니다. 두 번째 개체에 3, 4번 번호가 매겨집니다. 세 번째 개체를 클릭합니다. 애니메이션 지정이 완료되면 [애니메이션 복사]를 다시 클릭하거나 Esc 를 누릅니다.

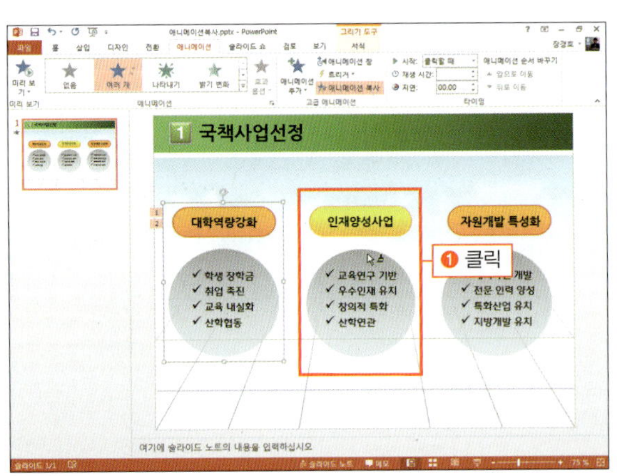

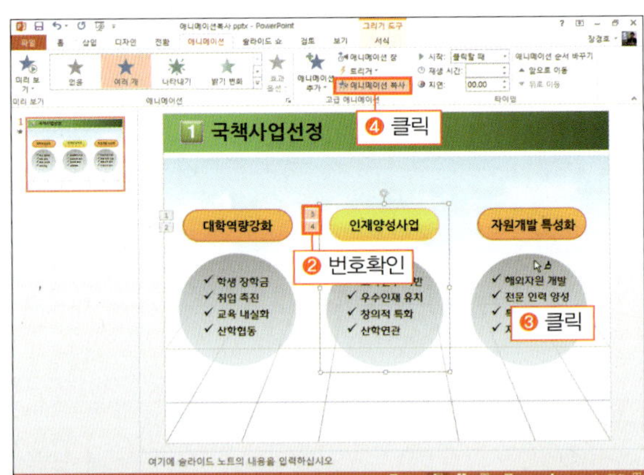

> **TIP**
> [애니메이션 복사]를 한번 클릭한 후 예제를 따라하면 단 1회 복사가 진행됩니다. [애니메이션 복사]를 두 번 클릭한 후 예제를 따라하면 애니메이션을 연속으로 복사할 수 있습니다.

:: 사용자 지정 경로 그리기

사용자 지정 경로 그리기는 사용자가 지정하는 경로대로 애니메이션이 작동하게끔 만드는 작업을 의미합니다.

 **준비 파일** Part03₩Chapter03₩Section02₩사업분야.pptx

 **완성 파일** Part03₩Chapter03₩Section02₩사업분야_완성.pptx

01_ 준비 파일을 엽니다. 중앙에 위치하는 도형을 선택한 후 [애니메이션] 탭-[애니메이션] 그룹의 [자세히]를 클릭한 후 [추가 이동 경로]를 선택합니다.

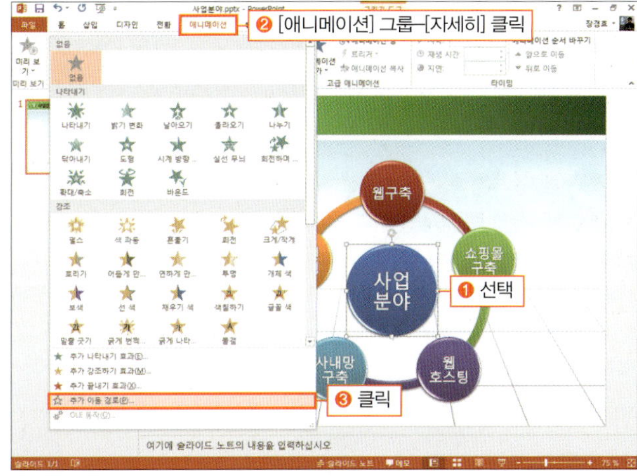

02_ [이동 경로 변경] 창이 나타나면 [기타 경로]-[둥근 X]를 선택한 후 [확인]을 클릭합니다.

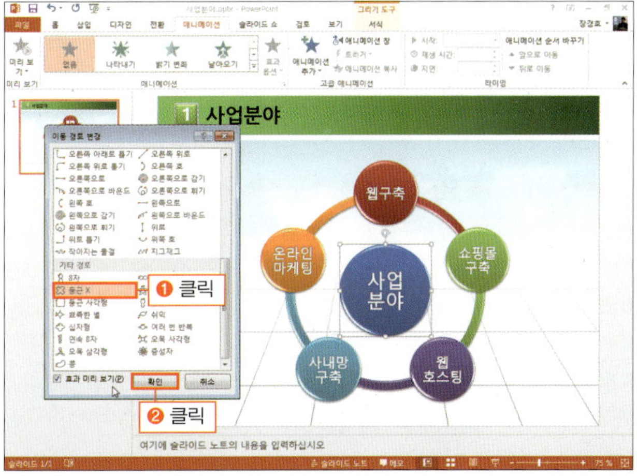

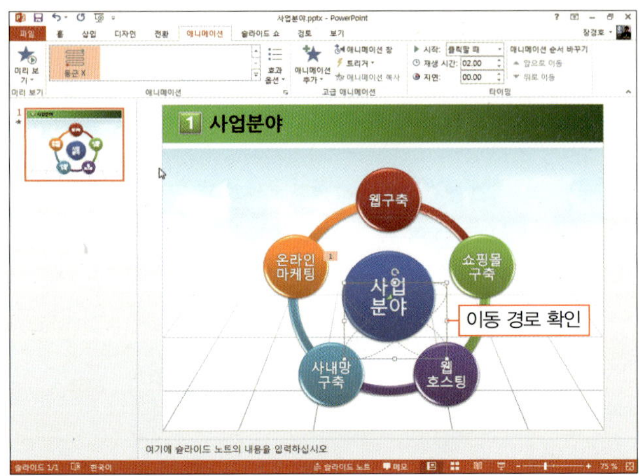

03_ 이동 경로가 지정됩니다. 이동 경로가 슬라이드 편집화면에 표시됩니다.

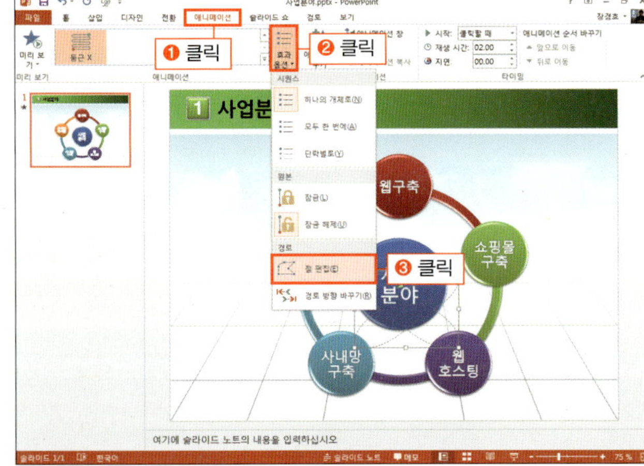

04_ 지정 경로의 선은 점 편집 기능을 통하여 원하는 경로로 변경할 수 있습니다. [애니메이션] 탭-[애니메이션] 그룹에서 [효과 옵션]을 클릭한 후 [경로]-[점 편집]을 선택합니다.

> **TIP**
> 지정 경로 선을 선택한 후 마우스 오른쪽을 클릭하여 [점 편집]을 선택합니다.

05_ 지정한 경로의 점이 편집이 가능한 상태로 열립니다. 마우스로 드래그하여 지정 경로를 변경합니다. Esc 를 눌러 지정 경로를 마무리합니다. [애니메이션] 탭-[미리 보기] 그룹에서 [미리 보기] 윗부분을 클릭하여 애니메이션을 확인합니다.

:: 화면 전환 효과 지정하기

화면 전환 효과는 슬라이드 쇼를 진행할 때 현재 슬라이드에서 다음 슬라이드로 넘어갈 때 작동하는 애니메이션 효과를 말합니다.

01_ 준비 파일을 엽니다. 화면 전환 효과를 지정하기 위해 1번 슬라이드와 2번 슬라이드를 선택한 다음 [전환] 탭-[슬라이드 화면 전환] 그룹-[자세히]를 클릭합니다. 화면 전환 관련 갤러리가 나타나면 [동작 콘텐츠]-[큐브]를 선택합니다.

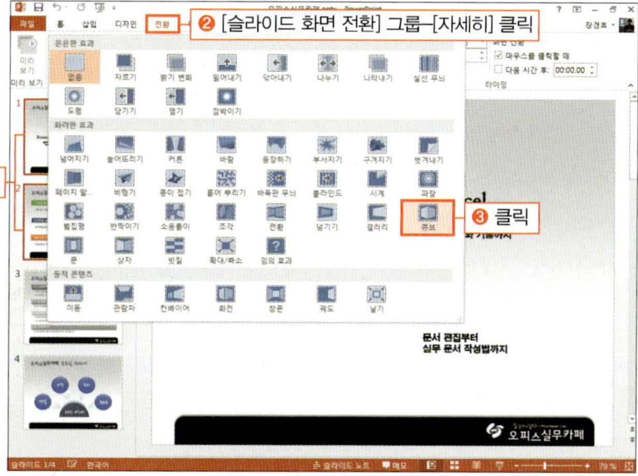

02_ 슬라이드 미리보기 창에 애니메이션 효과 아이콘이 표시됩니다. 두 번째 슬라이드를 선택한 후 [전환] 탭-[미리 보기] 그룹-[미리 보기]를 클릭하여 선택한 화면 전환 효과가 제대로 작동하는지 확인합니다.

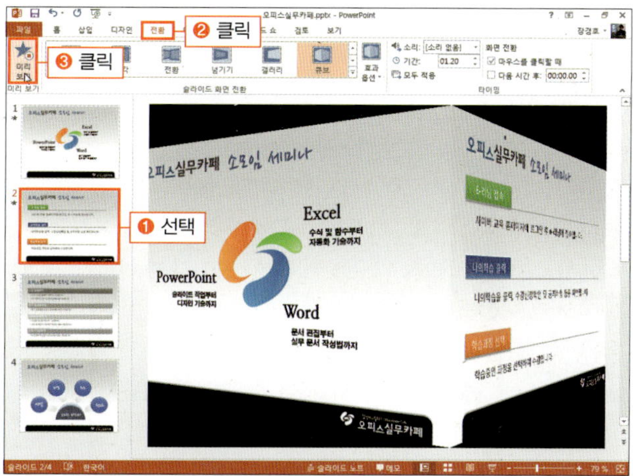

:: 화면 전환 동작 변경하기

적용된 화면 전환 효과는 [효과 옵션]을 통해 진행되는 동작 옵션을 변경할 수 있습니다.

01_ 준비 파일을 열거나 이어서 진행합니다. 두 번째 슬라이드를 선택한 상태에서 [전환] 탭–[슬라이드 화면 전환] 그룹에서 [효과 옵션]–[아래에서]를 클릭합니다.

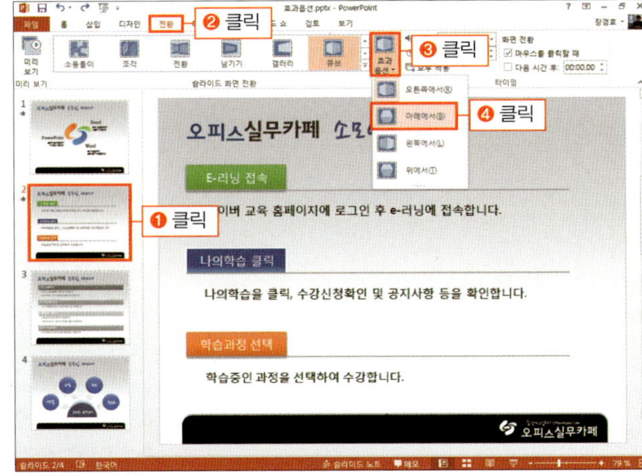

02_ [전환] 탭–[미리 보기] 그룹–[미리 보기]를 클릭하여 선택한 화면 전환 효과가 제대로 작동하는지 확인합니다. 제대로 적용되었으면 이번에는 전체 슬라이드에 동일한 화면 전환 효과를 지정하기 위해 [타이밍] 그룹에서 [모두 적용]을 클릭합니다. 슬라이드 미리보기 화면에 화면 전환 효과 아이콘이 모두 표시됩니다. F5 를 눌러 슬라이드 쇼를 진행해 효과를 확인합니다.

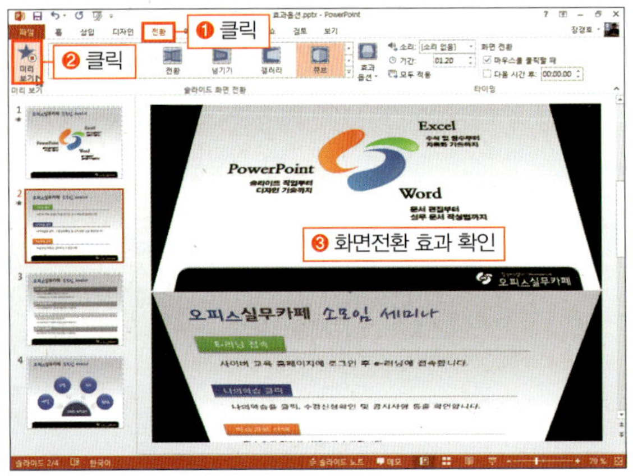

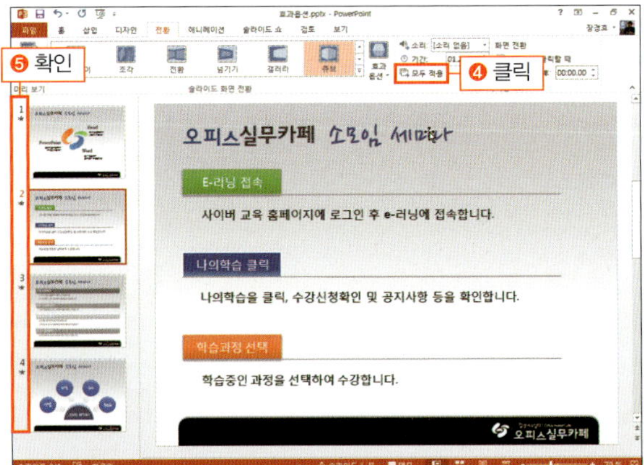

:: 시간 및 소리 설정하기

슬라이드 쇼에서 화면 전환 효과가 진행될 때 시간을 설정하여 화면 전환 속도를 조정할 수 있으며,
전환시 소리를 설정할 수 있습니다.

 **준비 파일** Part03\Chapter03\Section02\시간소리.pptx    **완성 파일** Part03\Chapter03\Section02\시간소리_완성.pptx

01_ 준비 파일을 열거나 이어서 진행합니다. [전환] 탭의 [타이밍] 그룹에서 [기간]의 화살표를 클릭해 화면 전환 속도를 조정합니다. 여기서는 『05.00』을 입력합니다. 모든 슬라이드에 동일한 효과를 적용하기 위해 [모두 적용]을 클릭합니다.

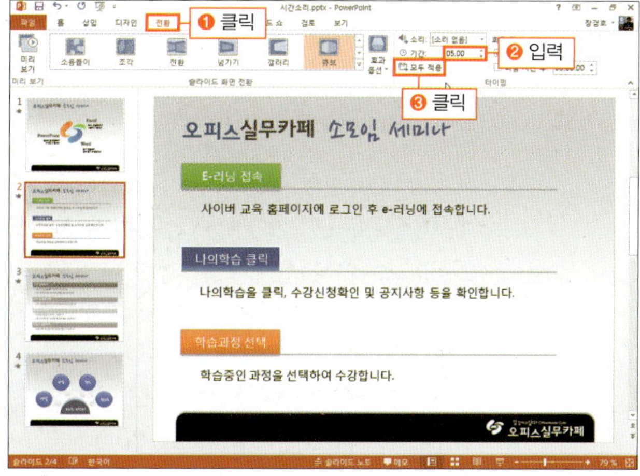

02_ 이번에는 소리를 선택해 보도록 하겠습니다. [소리]의 화살표를 선택하여 나타나는 다양한 소리 중에서 [클릭]을 선택합니다. 모든 슬라이드에 동일한 효과를 적용하기 위해 [모두 적용]을 클릭합니다.

TIP

[소리] 화살표를 클릭한 후 [다른 소리]를 선택하면 내 컴퓨터의 소리 파일을 연결해 화면 전환 소리로 지정할 수 있습니다.

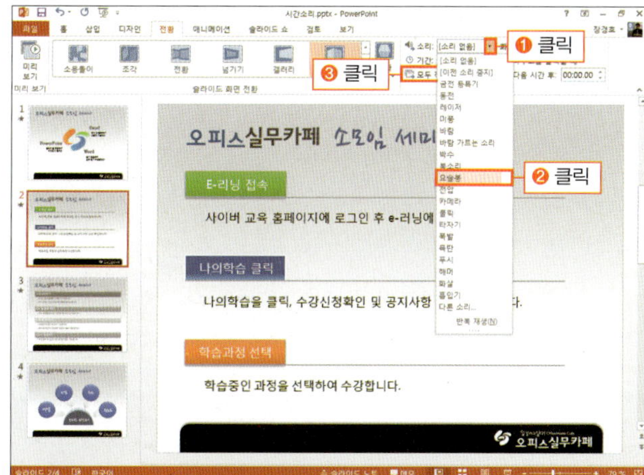

:: 전체 슬라이드 자동 전환하기

슬라이드 화면이 일정 시간 후 자동으로 다음 슬라이드 화면으로 전환되도록 만들 수 있습니다.

Part03₩Chapter03₩Section02₩자동전환.pptx

Part03₩Chapter03₩Section02₩자동전환_완성.pptx

01_ 준비 파일을 열거나 이어서 진행합니다. [전환] 탭-[타이밍] 그룹-[마우스를 클릭할 때]에 체크 표시를 해제한 다음 [다음 시간 후]에 체크 표시를 한 후 『00:03』을 입력한 다음 [모두 적용]을 클릭합니다.

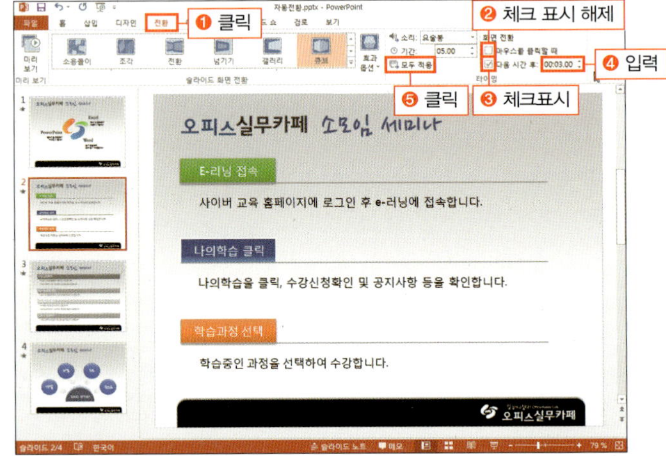

[마우스를 클릭할 때]에 체크 표시가 되어 있으면 슬라이드 쇼 진행시 마우스를 클릭해야만 슬라이드가 다음 슬라이드로 이동되기에 지금처럼 자동 전환으로 슬라이드 쇼를 진행하고 싶다면 [마우스를 클릭할 때]에 체크 표시를 해제한 다음 [다음 시간 후]에 원하는 자동 시간을 입력하는 것이 좋습니다.

02_ 전체 슬라이드에 시간이 제대로 지정되었는지 확인해 보겠습니다. [여러 슬라이드](☰)를 클릭합니다. 여러 슬라이드 보기 화면이 열리면 각 슬라이드의 아래쪽에 화면 전환 아이콘과 시간이 나타납니다.

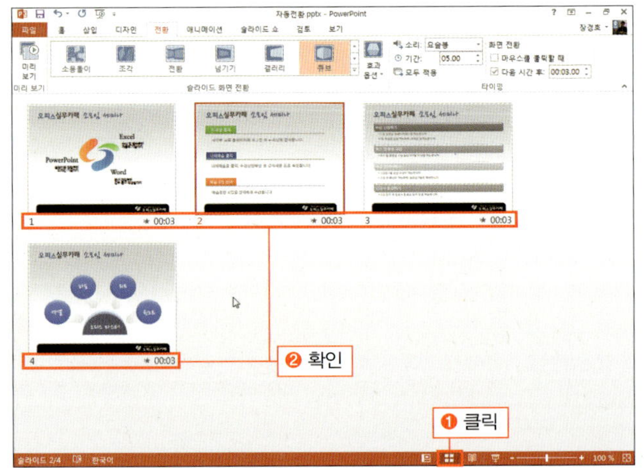

03_ 특정 슬라이드에만 시간을 변경할 수도 있습니다. 세 번째 슬라이드를 선택한 후 [전환] 탭–[타이밍] 그룹의 [다음 시간 후]에 『00:05』를 입력한 후 Enter 를 누릅니다. 세 번째 슬라이드 아래쪽에 시간이 변경되어 표시됩니다. 세 번째 슬라이드가 선택된 상태에서 [미리 보기] 그룹의 [미리 보기]를 클릭하면 특정 슬라이드에만 미리 보기가 실행됩니다.

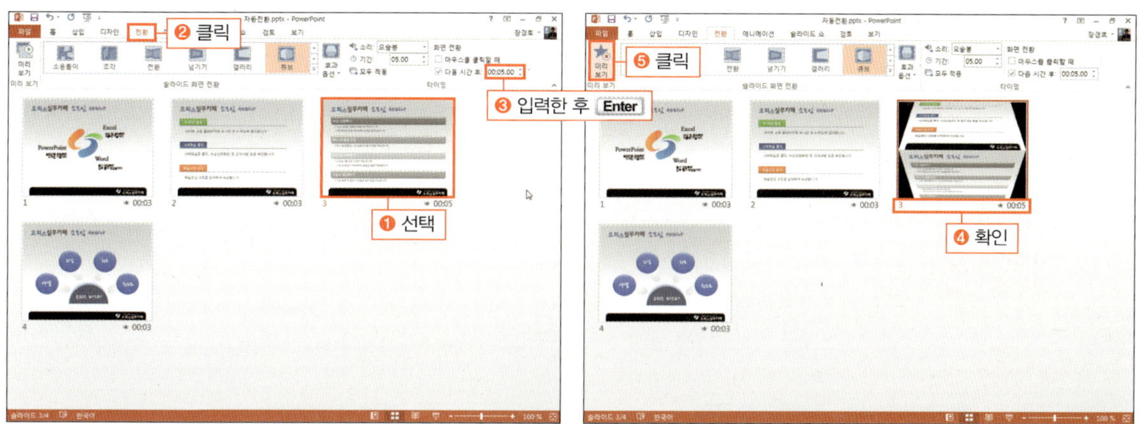

04_ F5 를 눌러 슬라이드 쇼를 진행합니다. '00:03' 초 마다 슬라이드가 자동 전환되며, 세 번째 슬라이드는 '00:05' 초에 슬라이드가 자동 전환됩니다.

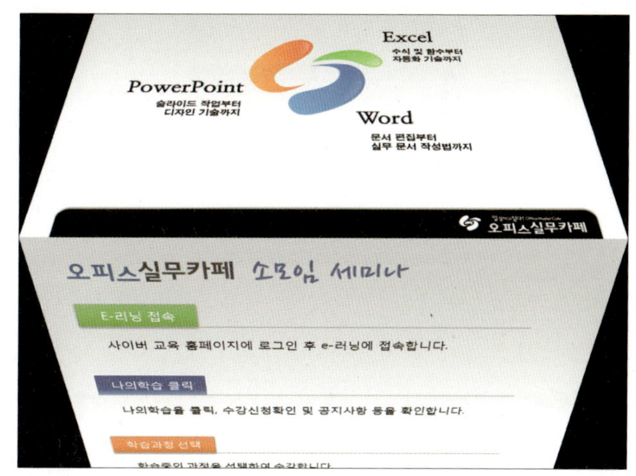

🔒 체크 해 봐요

◎ 준비파일 : Part03₩Chapter03₩Check₩커튼.pptx

인트로 페이지를 설명할 때 커튼이 열리는 것과 같은 효과를 화면 전환을 통해 표현할 수 있습니다. 화면 전환 효과를 통해 커튼이 열리는 것과 같은 효과를 표현해 보세요.

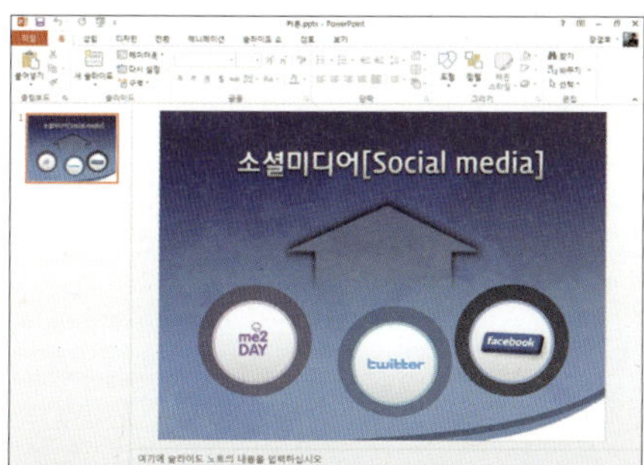

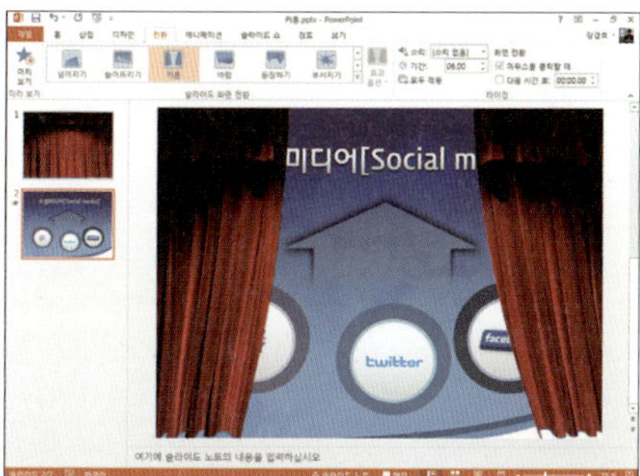

힌트

❶ 이미지를 선택한 후 [전환] 탭–[슬라이드 화면 전환] 그룹에서 [자세히]를 클릭한 후 [커튼]을 선택합니다.

❷ 실습 따라하기 : 부록CD/Part03/Chapter03/실습27.docx

슬라이드 쇼 진행하기

프레젠테이션을 진행할 때에는 슬라이드 쇼 관련 기능을 반드시 숙지하고 있어야 합니다. 아무리 파워포인트의 다양한 기능을 숙지하고 잘 활용한다 하더라도 슬라이드 쇼의 기능을 모른 채 프레젠테이션을 진행할 수는 없습니다. 아무리 좋은 무기를 가지고 있더라도 전시상황에서 다룰 줄 모른다면 결과는 불보듯 뻔할 것입니다.

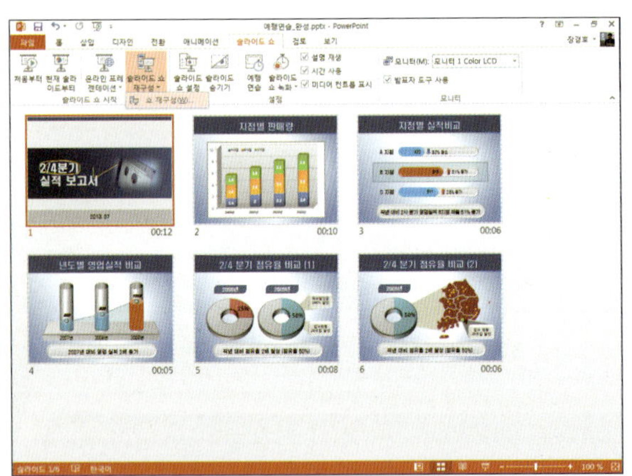

▲ 슬라이드 쇼 재구성하기

▲ 온라인 프레젠테이션 진행하기

이번 섹션에서 배울 주요 내용

- 슬라이드 쇼 진행하기
- 포인트 옵션 적용하기
- 특정 영역 확대하여 쇼하기
- 예행 연습하기
- 슬라이드 쇼 재구성하기
- 필요없는 슬라이드 숨기기
- 온라인 프레젠테이션 진행하기

:: 슬라이드 쇼 진행하기

슬라이드 쇼는 슬라이드 작업의 최종 단계입니다. 프레젠테이션을 진행하기 전에 전체 화면을 확인하는 과정에서도 반드시 거쳐야 하는 단계입니다.

Part03₩Chapter03₩Section03₩보고서.pptx

01_ 준비 파일을 엽니다. 슬라이드 쇼를 처음부터 실행하기 위해 [슬라이드 쇼] 탭─[슬라이드 쇼 시작] 그룹─[처음부터]를 클릭하거나 F5 를 누릅니다.

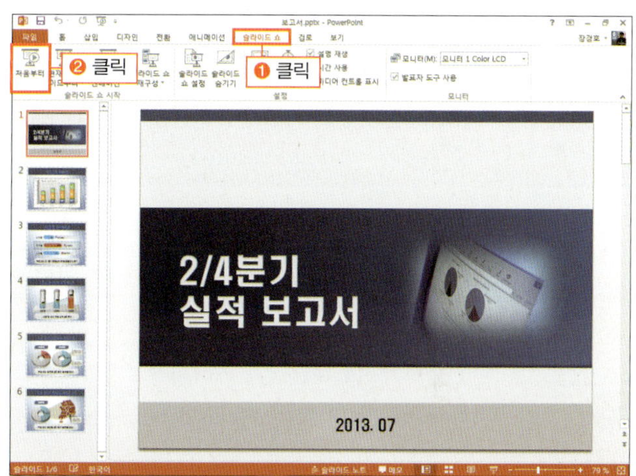

> **TIP**
>
> 특정 슬라이드부터 슬라이드 쇼를 실행하려면 슬라이드 쇼를 시작할 슬라이드를 선택한 다음 [슬라이드 쇼] 탭─[슬라이드 쇼 시작] 그룹─[현재 슬라이드부터]를 클릭하거나 Shift + F5 를 누릅니다.

02_ 슬라이드 쇼로 전환됩니다. 마우스로 화면을 클릭하거나 Enter 혹은 Space Bar 를 눌러 다음 페이지로 이동할 수 있습니다. 슬라이드 쇼에서 마우스 오른쪽을 클릭하여 [모든 슬라이드 보기]를 선택합니다.

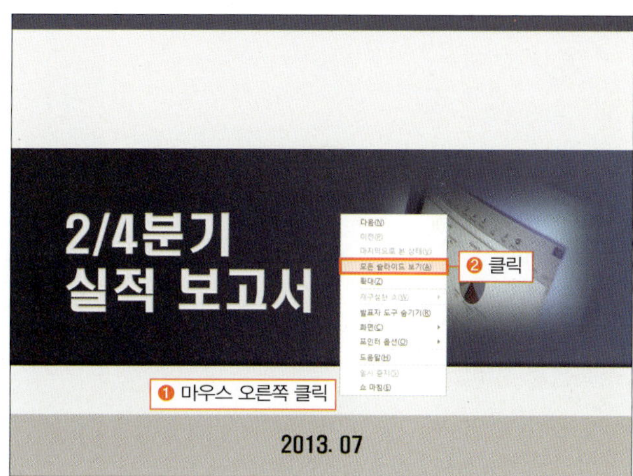

> **TIP**
>
> 슬라이드 쇼에서 왼쪽 하단의 아이콘 중 4번째를 클릭해도 [모든 슬라이드 보기]를 선택할 수 있습니다.

03_ 모든 슬라이드가 슬라이드 쇼 모드에서 열립니다. 화면을 크게 확대하기 위해 [확대/축소] 단추 중 [확대] 단추를 여러 번 클릭합니다. 원하는 슬라이드를 클릭하여 빠르게 넘어갈 수 있습니다. 여기서는 2번 슬라이드를 클릭합니다.

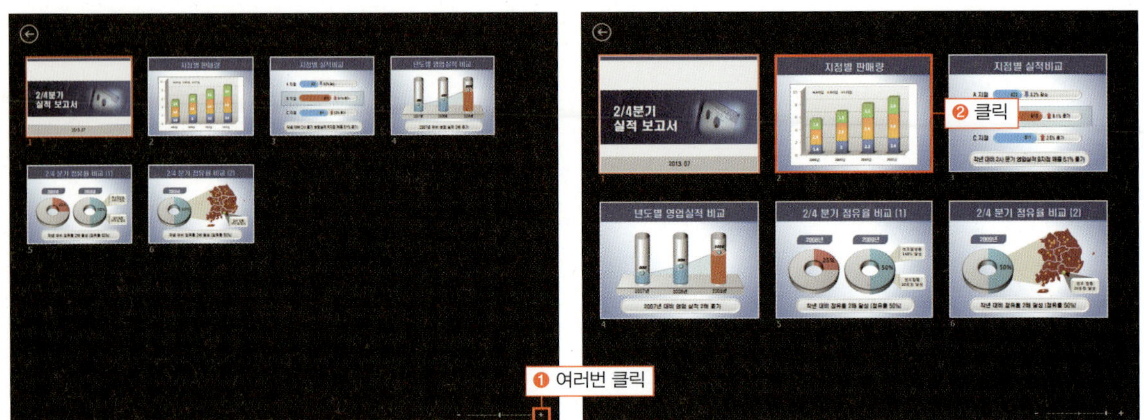

04_ 2번 슬라이드가 슬라이드 쇼로 열립니다. 슬라이드 쇼에서 왼쪽 하단의 아이콘 중 첫 번째, 두 번째 아이콘을 클릭해 이전, 다음 슬라이드로 넘어갈 수 있습니다. 또한, 슬라이드 쇼 화면에서 페이지 번호를 입력한 후 Enter 를 누르면 원하는 슬라이드로 쉽게 이동할 수 있습니다. 여기서는 네 번째 슬라이드로 바로 넘어가기 위해 4 + Enter 를 누릅니다.

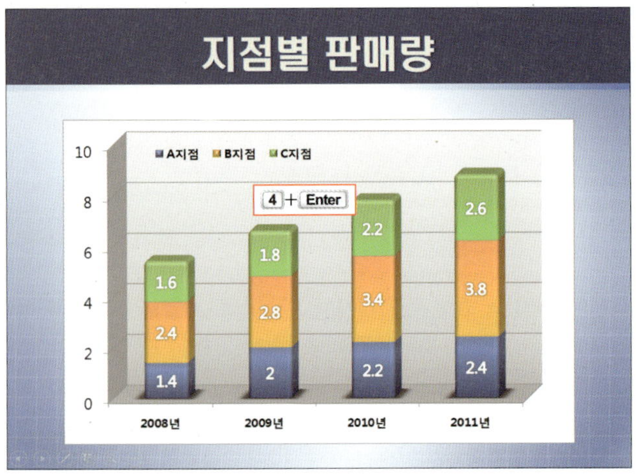

05_ 네 번째 슬라이드로 바로 넘어갑니다. 슬라이드 쇼를 마치고 슬라이드 편집 화면으로 돌아오기 위해 Esc 를 누르거나 마우스 오른쪽을 클릭해 [쇼 마침]을 선택합니다.

:: 포인트 옵션 적용하기

슬라이드 쇼를 진행하는 도중에 청중들에게 중요한 정보나 분위기 전환을 위해 포인트 옵션 기능을
사용할 수 있습니다.

 준비 파일 Part03\Chapter03\Section03\보고서.pptx    완성 파일 Part03\Chapter03\Section03\보고서_완성.pptx

01_ 준비 파일을 열거나 이어서 진행합니다. F5
를 눌러 슬라이드 쇼를 진행한 다음 마우스 오른쪽
단추를 클릭한 후 [포인트 옵션]-[잉크 색]을 선택한
후 원하는 색상을 선택합니다.

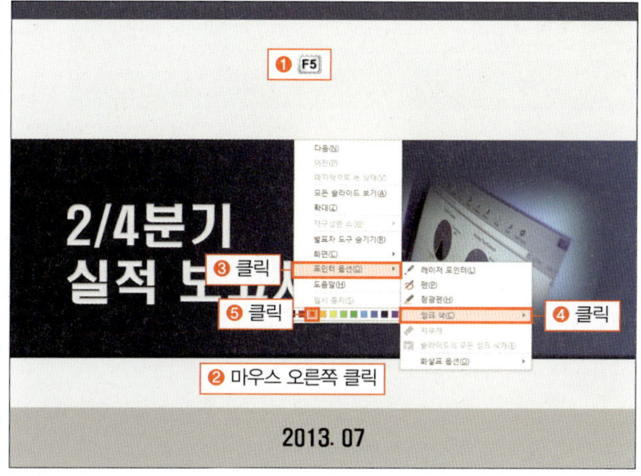

02_ 마우스 포인터 모양이 변경됩니다. 다음과 같
이 마우스로 드래그하여 그려봅니다. 펜 효과가 슬
라이드 쇼에 적용됩니다.

> **TIP**
> Ctrl + P 를 누른 후 마우스를 드래그하여도 동
> 일하게 펜 기능을 실행할 수 있으며, 내용을 삭제
> 하고 싶다면 E 를 누른 후 삭제할 수 있습니다.

> **TIP**
> 슬라이드 쇼에서 왼쪽 하단의 아이콘 중 세 번째 아이콘을 클릭해도 레이저 포인터나 펜, 형광펜 등을 선택해 그려 넣을
> 수 있습니다.

03_ Esc 를 눌러 슬라이드 쇼를 마칩니다. 잉크 주석을 유지하겠냐고 묻는 메시지 창이 나타나면 [예]를 클릭합니다. 슬라이드 편집 화면에 잉크 주석이 유지된 채 저장됩니다. 잉크 주석은 하나의 개체로 인식되기 때문에 삭제를 원할 경우 마우스로 클릭하여 삭제할 수 있습니다.

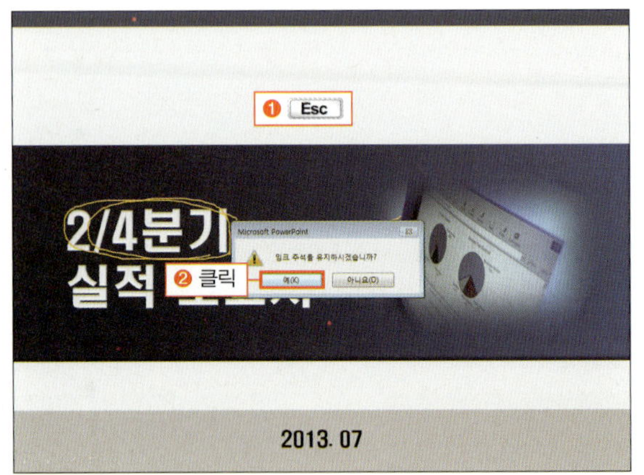

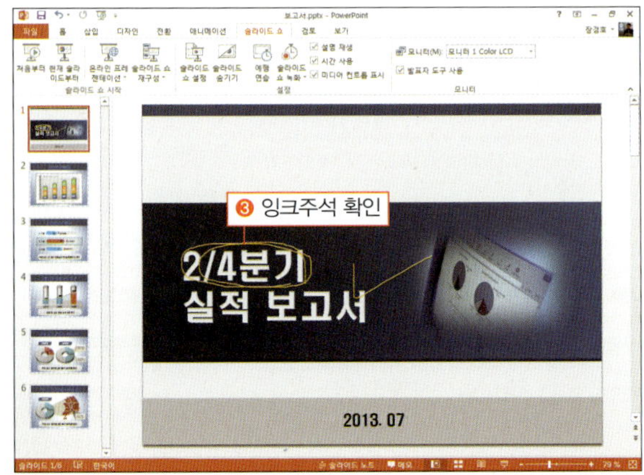

레이저 포인트 표시하기

레이저 빔 없이도 레이저 빔 효과를 적용할 수 있습니다. 슬라이드 쇼를 진행하다 레이저 빔을 사용할 필요가 있을 경우에는 Ctrl 을 누른 채 마우스를 드래그하거나 왼쪽 하단의 아이콘 중 세 번째 아이콘을 클릭해서 레이저 포인터를 선택한 후 레이저 포인트를 표시할 수 있습니다.

포인트 옵션 살펴보기

❶ 이전 슬라이드로 돌아가기

❷ 다음 슬라이드로 넘어가기

❸ 레이저 포인터를 비롯해 펜, 형광펜 표시하기

❹ 썸네일 화면으로 모든 슬라이드 보기

❺ 슬라이드 일부 확대하기

❻ 슬라이드 쇼 옵션 더 보기

:: 특정 영역 확대하여 쇼하기

파워포인트 2013에서는 슬라이드 쇼 진행시 특정 영역을 크게 확대하여 표시할 수 있습니다.

Part03₩Chapter03₩Section03₩특정영역.pptx

01_ 준비 파일을 열거나 이어서 진행합니다. F5 를 눌러 슬라이드 쇼 상태에서 왼쪽 하단의 아이콘 중 돋보기 모양의 다섯 번째 아이콘을 클릭합니다.

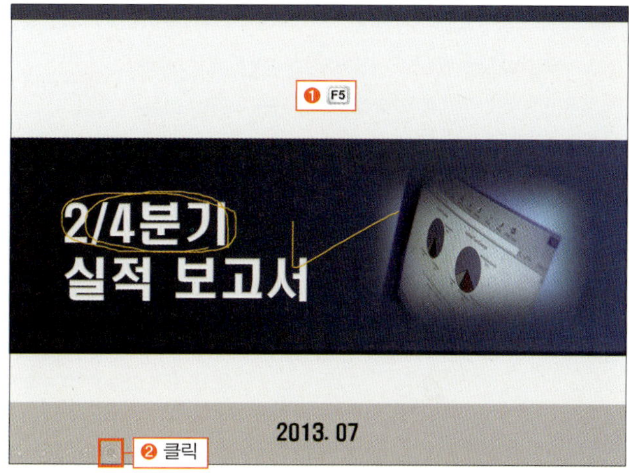

02_ 직사각형 모양의 영역이 표시됩니다. 확대를 원하는 영역을 마우스로 클릭합니다. 원하는 영역이 확대되어 표시됩니다. Esc 를 눌러 확대를 해제합니다.

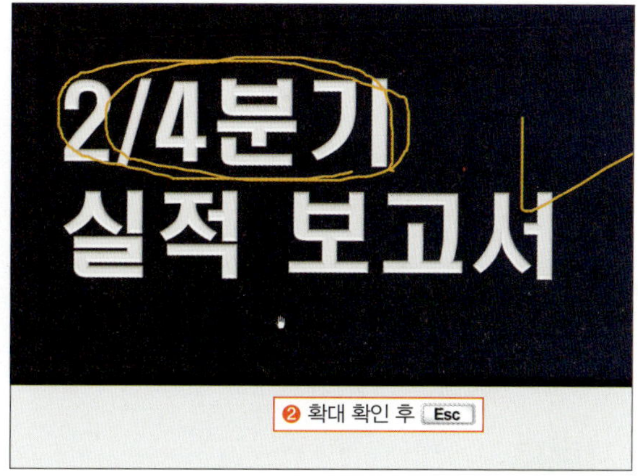

TIP

슬라이드 쇼에서는 슬라이드 쇼 화면을 어둡게 하거나 밝게 만들 수 있습니다. 여섯 번째 아이콘을 클릭한 후 [화면]-[화면 어둡게 하기]를 선택하거나 단축키 B 를 누르면 슬라이드 쇼 화면이 어둡게 변경됩니다. 또한, [화면]-[화면 밝게 하기]를 선택하거나 단축키 W 를 누르면 슬라이드 쇼 화면이 밝게 변경됩니다.

:: 예행 연습하기

예행 연습 기능을 통해 슬라이드에 소요되는 시간 및 전체 슬라이드 쇼를 진행할 때 소요되는 시간을
체크할 수 있습니다.

 Part03₩Chapter03₩Section03₩예행연습.pptx    Part03₩Chapter03₩Section03₩예행연습_완성.pptx

01_ 준비 파일을 열거나 이어서 진행합니다. 예행
연습을 진행하기 위해 [슬라이드 쇼] 탭–[설정] 그룹
에서 [예행 연습]을 클릭합니다.

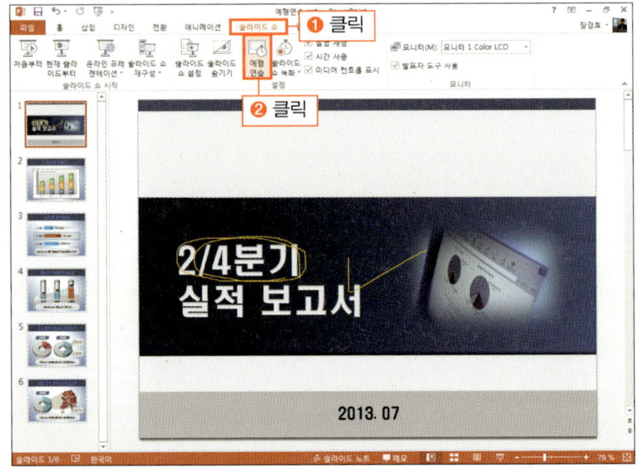

02_ [녹화] 창이 뜨면서 예행 연습이 진행됩니다. 시간을 체크해가며 프레젠테이션을 진행해 봅니다.

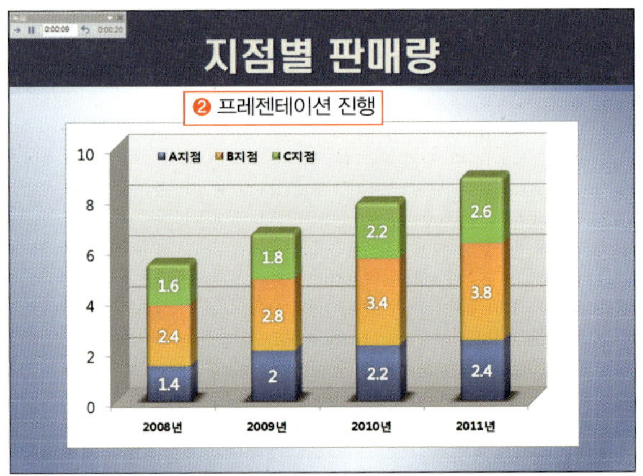

TIP

녹화를 다시 진행하고 싶다면 [되돌리기] 단추를 클릭합니다. 경고창이 뜨면 [녹화 다시 시작]을 클릭합니다.

03_ 전체 슬라이드에 대한 예행 연습이 끝나면 전체 시간을 비롯해 경고창이 나타납니다. 경고 창에서 [예]를 클릭합니다.

04_ [여러 슬라이드]()를 클릭합니다. 각각의 슬라이드 하단에 예행 연습에서 진행된 슬라이드 시간이 표시됩니다.

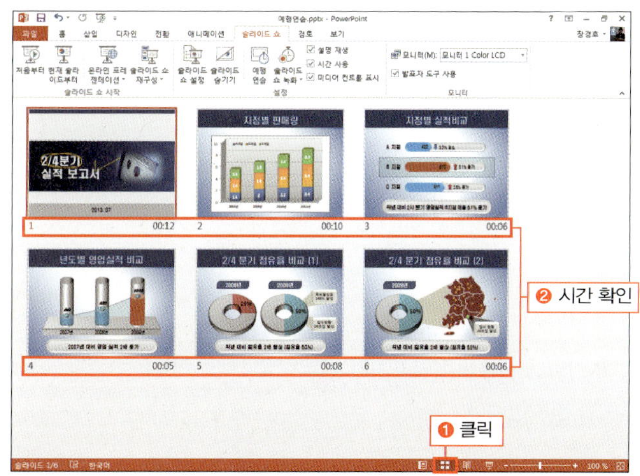

QR 코드로 더 자세히

슬라이드 쇼를 비디오로 녹화하기

외부에 보내기 위한 용도나 예행 연습 용도로 슬라이드 쇼를 비디오로 녹화할 수도 있습니다. 음성이나 레이저 포인터 동작 등이 모두 기록되기에 예행 연습 기능과 동일하게 시간이나 음성 등을 체크할 수 있습니다. 자세한 사항은 저자의 블로그 http://blog21.kr/40193667086에서 알아보기 바랍니다. QR 코드를 스마트폰에서 찍으면 바로 확인할 수 있습니다.

:: 슬라이드 쇼 재구성하기

슬라이드 쇼를 재구성하면 전체 슬라이드 중 몇 몇 슬라이드를 선택하여 슬라이드 쇼를 진행할 수 있습니다.

준비파일 Part03₩Chapter03₩Section03₩재구성.pptx

완성파일 Part03₩Chapter03₩Section03₩재구성_완성.pptx

01_ 준비 파일을 열거나 이어서 진행합니다. 특정 페이지만으로 슬라이드 쇼를 재구성하기 위해 [슬라이드 쇼] 탭-[슬라이드 쇼 시작] 그룹-[슬라이드 쇼 재구성]을 클릭한 후 [쇼 재구성]을 클릭합니다.

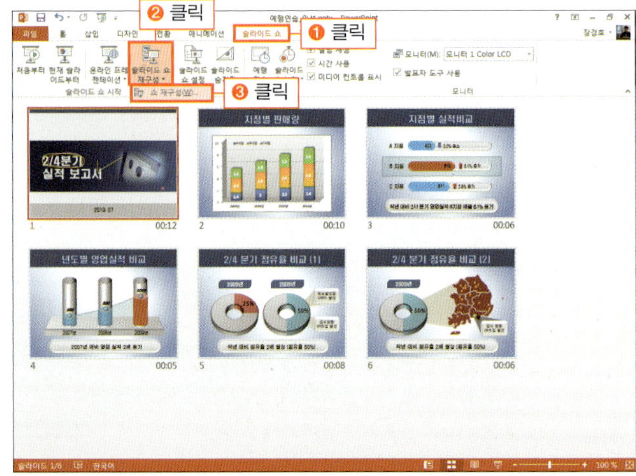

02_ [쇼 재구성] 대화상자가 나타나면 [새로 만들기]를 클릭합니다.

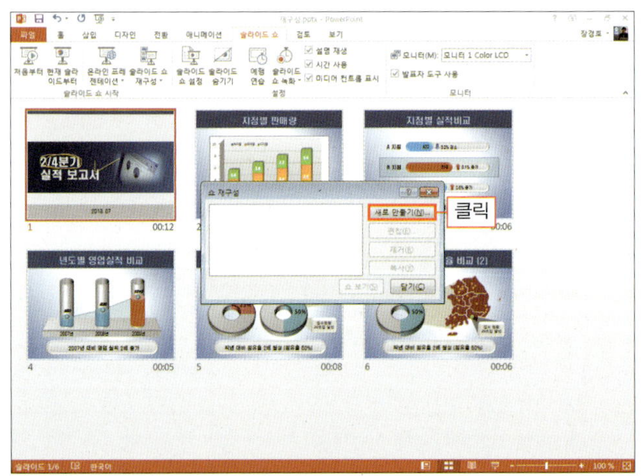

03_ [쇼 재구성하기] 대화상자가 나타나면 [슬라이드 쇼 이름]에 『재구성』을 입력합니다. 재구성할 슬라이드에 체크 표시를 한 후 [추가]를 클릭합니다. [재구성할 쇼에 있는 슬라이드] 목록에 선택한 슬라이드가 표시됩니다. [확인]을 클릭합니다.

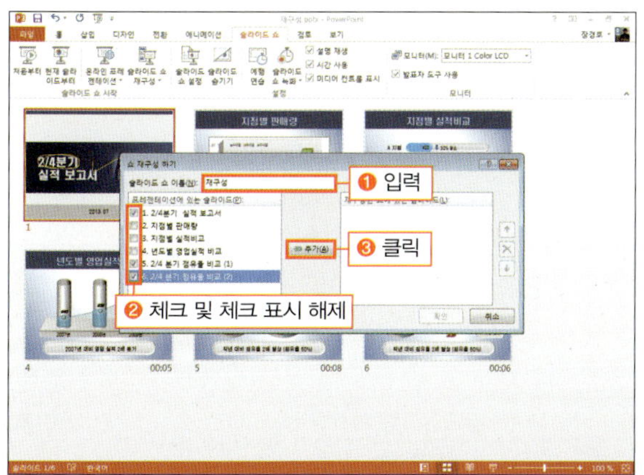

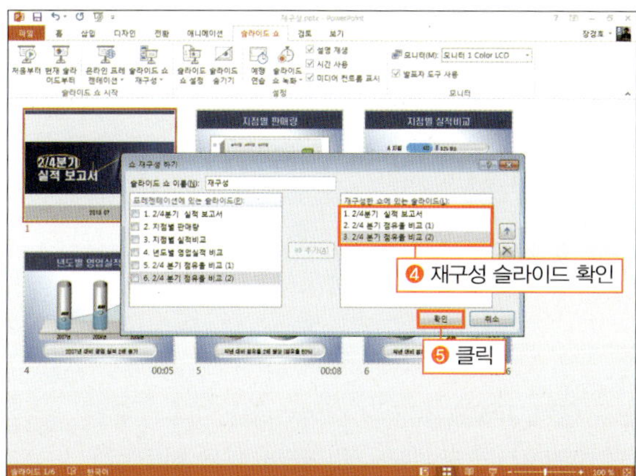

04_ [쇼 재구성] 대화상자가 나타납니다. [쇼 재구성] 목록에 새로 만든 재구성한 슬라이드 쇼가 나타납니다. [쇼 보기]를 클릭합니다. 재구성한 슬라이드 쇼가 진행됩니다. 확인 후 Esc 를 눌러 슬라이드 쇼를 마칩니다.

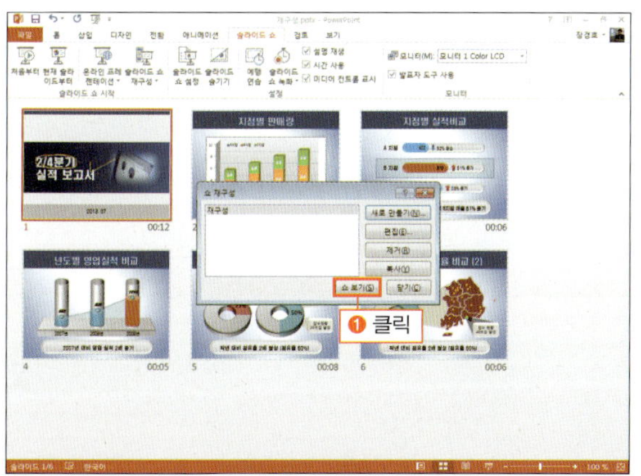

TIP

[쇼 재구성] 대화상자에서 [편집]을 클릭하면 원하는 슬라이드를 다시 재구성할 수 있습니다.

05_ [슬라이드 쇼] 탭-[슬라이드 쇼 시작] 그룹에서 [슬라이드 쇼 재구성]을 클릭하면 '재구성'이라는 슬라이드 쇼 파일이 생성된 것을 확인할 수 있습니다. '재구성'을 클릭하면 재구성한 슬라이드로 슬라이드 쇼를 진행할 수 있으며, [쇼 재구성]을 클릭하면 슬라이드를 다시 구성하거나 추가, 혹은 삭제할 수 있습니다. 여기서는 [쇼 재구성]을 눌러 [쇼 재구성] 대화상자를 다시 불러온 후 '재구성' 슬라이드를 선택한 후 [제거]를 클릭합니다.

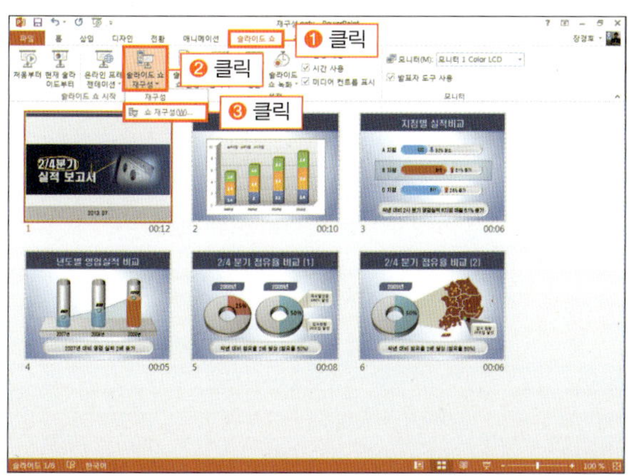

:: 필요없는 슬라이드 숨기기

'슬라이드 쇼 재구성하기'와 비슷한 기능이긴 하지만 슬라이드 쇼 진행시 1회성으로 슬라이드를 숨겨야 할 경우 유용하게 사용됩니다.

 준비 파일 Part03₩Chapter03₩Section03₩숨기기.pptx

 완성 파일 Part03₩Chapter03₩Section03₩숨기기_완성.pptx

01_ 준비 파일을 열거나 이어서 진행합니다. 3번 슬라이드를 숨기기 위해 3번 슬라이드를 선택합니다. [슬라이드 쇼] 탭-[설정] 그룹-[슬라이드 숨기기]를 클릭합니다.

> **TIP**
>
> 슬라이드 쇼를 진행하다보면 시간적인 제약이나 청중들의 스타일에 따라 특정 슬라이드를 보여주지 말아야 할 경우가 생깁니다. [슬라이드 쇼 재구성하기] 기능을 통해서도 가능하지만 [슬라이드 숨기기] 기능을 이용하면 보다 간편하게 슬라이드를 재구성할 수 있습니다.

02_ 3번 슬라이드가 연한 색상으로 변경됩니다. 이 슬라이드는 슬라이드 편집 화면에서는 보이지만 슬라이드 쇼를 진행하면 표시되지 않게 됩니다.

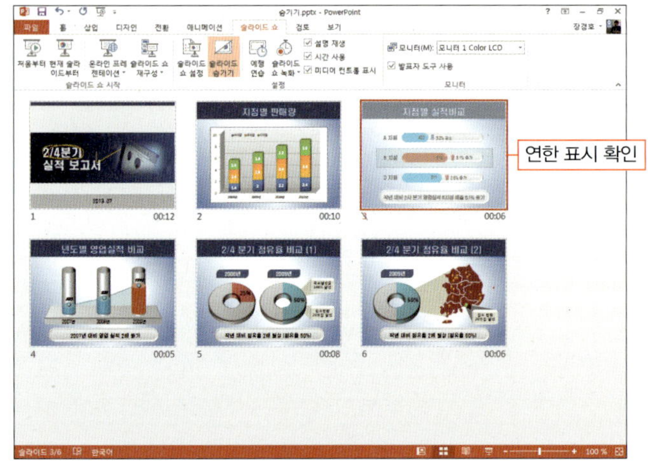

:: 온라인 프레젠테이션 진행하기

Office Presentation Service를 통해 웹 브라우저를 통해 온라인으로 프레젠테이션을 진행할 수 있습니다.

 준비 파일   Part03₩Chapter03₩Section03₩온라인.pptx

 완성 파일   Part03₩Chapter03₩Section03₩온라인_완성.pptx

01_ 준비 파일을 열거나 이어서 진행합니다. [슬라이드 쇼] 탭-[슬라이드 쇼 시작] 그룹에서 [온라인 프레젠테이션] 하단을 클릭한 후 [Office Presentation Service]을 클릭합니다.

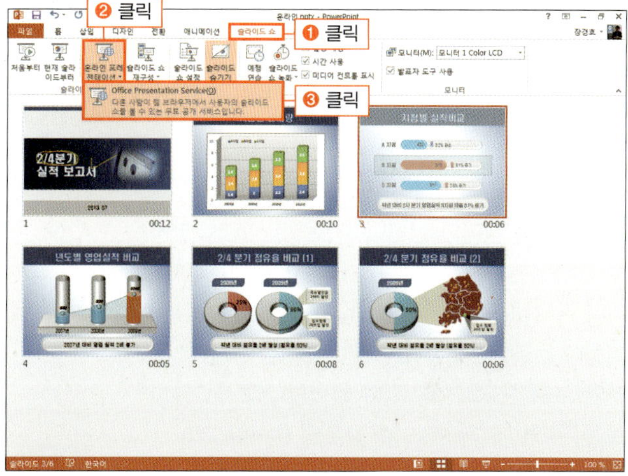

02_ [Office Presentation Service]는 외부의 다른 사람에게 특정 인터넷 주소를 알려주어 웹 브라우저를 통해 프레젠테이션을 진행할 수 있습니다. [온라인 프레젠테이션] 창이 뜨면 [원격으로 보는 사용자에게 프레젠테이션 다운로드 허용]에 체크 표시를 한 후 [연결]을 클릭합니다.

TIP

원격으로 연결되는 사용자에게 프레젠테이션을 다운로드 받도록 허용하려면 [원격으로 보는 사용자에게 프레젠테이션 다운로드 허용]을 클릭합니다.

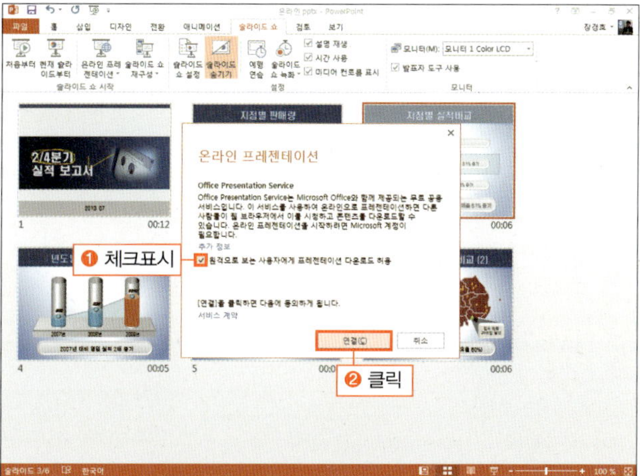

03_ Office Presentation Service에 연결되면 인터넷 주소가 생성됩니다. [링크 복사]를 클릭하거나 [전자 메일로 보내기]를 클릭해 온라인으로 프레젠테이션을 진행할 당사자의 메일이나 채팅 프로그램을 통해 공유합니다. 공유가 완료되면 [프레젠테이션 시작]을 클릭해 프레젠테이션을 진행합니다.

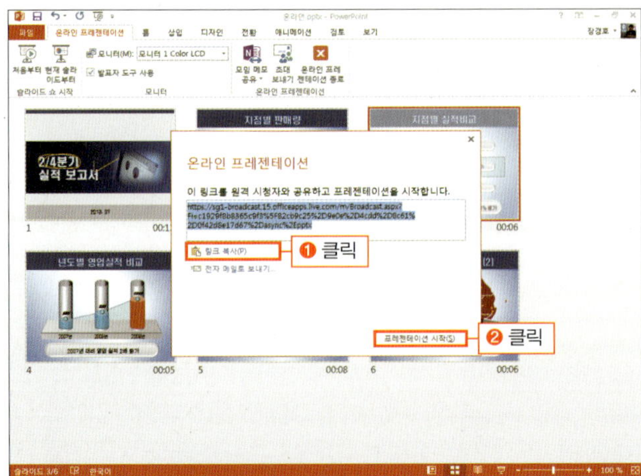

04_ 온라인 프레젠테이션이 진행되면 [온라인 프레젠테이션] 탭이 생성됩니다. [온라인 프레젠테이션] 그룹을 통해 모임 메모를 공유하거나 초대 메일이나 링크를 공유할 수 있습니다. 온라인 프레젠테이션이 완료되면 [온라인 프레젠테이션] 그룹의 [온라인 프레젠테이션 종료]를 클릭합니다. 경고창이 뜨면 [온라인 프레젠테이션 종료]를 클릭합니다.

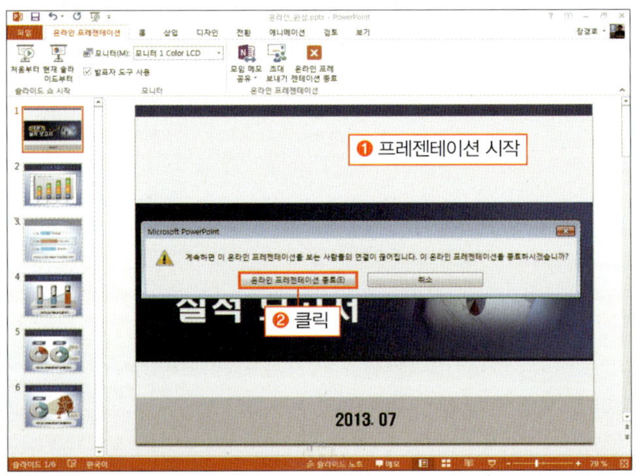

QR 코드로 더 자세히

Lync를 사용해 온라인 프레젠테이션 시작하기

Lync를 사용하여 파워포인트에서 온라인 모임을 미리 예약하거나 시작할 수 있습니다. Lync 기능을 사용하려면 Lync 2013 프로그램이 내 컴퓨터에 미리 설치되어 있어야하며 로그인되어 있어야 합니다. 또한, 모임 참석자는 프레젠테이션을 진행할 수 있도록 컴퓨터에 마이크가 연결하는 등 커뮤니케이션이 가능하도록 준비해야 합니다. 자세한 사항은 저자의 블로그 http://blog21.kr/401936667807에서 알아보기 바랍니다. QR 코드를 스마트폰에서 찍으면 바로 확인할 수 있습니다.

발표자 도구 활용하기

발표자 도구를 사용하면 발표자의 모니터에는 슬라이드 노트를 표시하고, 청중에게는 슬라이드 쇼를 표시할 수 있습니다.

준비 파일 Part03₩Chapter03₩Section03₩발표자도구.pptx

01 준비 파일을 엽니다. [슬라이드 쇼] 탭-[모니터] 그룹의 [발표자 도구 사용]에 체크 표시가 되어 있는지 확인합니다. 체크되어 있지 않다면 체크 표시를 합니다. F5 를 눌러 슬라이드 쇼를 진행합니다.

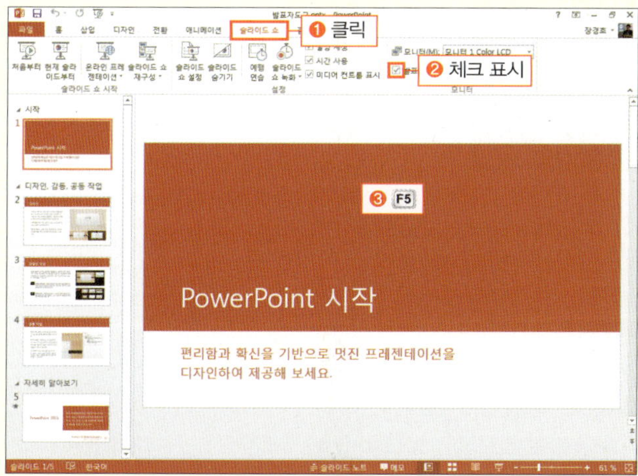

02 만일, 슬라이드 쇼 진행시 발표자 도구가 표시되지 않는다면 마우스 오른쪽을 클릭한 후 [발표자 도구 표시]를 선택합니다. [발표자 보기] 창이 나타나면 발표자 보기는 프레젠테이션을 진행하는 발표자만 볼 수 있으며, 실제 프레젠테이션에서는 슬라이드 쇼가 진행됩니다.

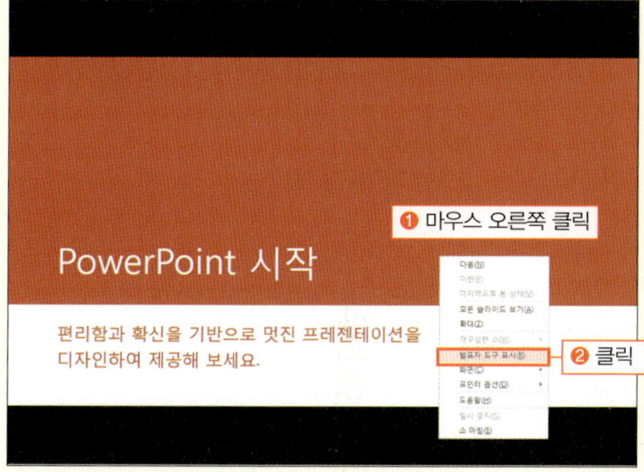

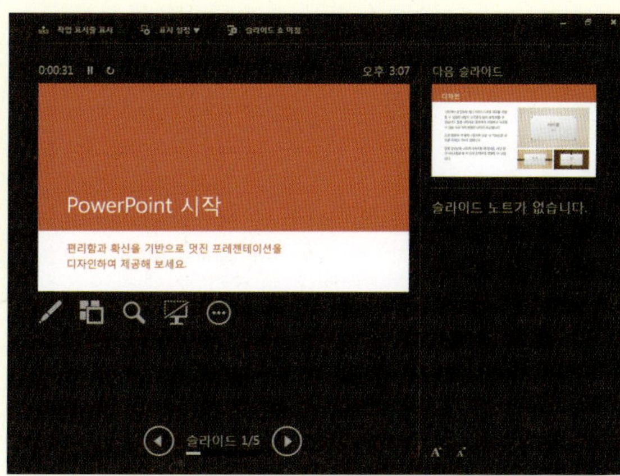

[발표자 보기] 창 살펴보기

파워포인트 2013부터는 모니터가 한 대 뿐이더라도 별도의 설정 없이도 발표자 도구를 사용할 수 있습니다.

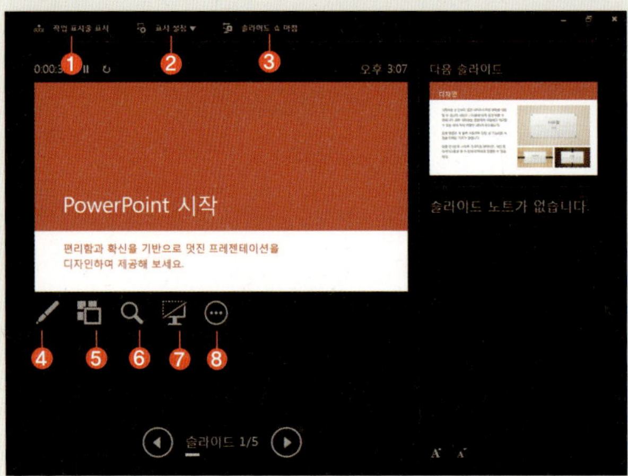

❶ **작업 표시줄 표시** : 하단에 윈도우 작업 표시줄을 표시합니다.

❷ **표시 설정** : 발표자 도구와 슬라이드 쇼 모니터를 서로 변경하거나 같은 화면을 표시합니다.

❸ **슬라이드 쇼 마침** : 슬라이드 쇼를 종료합니다.

❹ **펜 및 레이저 포인터 도구** : 펜과 레이저 포인트를 설정합니다.

❺ **모든 슬라이드 보기** : 모든 슬라이드를 미리 볼 수 있습니다.

❻ **슬라이드 확대** : 슬라이드의 개체나 영역을 확대하여 표시할 수 있습니다.

❼ **슬라이드 쇼를 검정으로 설정/취소** : 슬라이드 쇼 화면을 검정으로 설정하거나 취소합니다.

❽ **슬라이드 쇼 옵션 더 보기** : 슬라이드 쇼와 관련된 옵션을 표시합니다.

◎ 준비파일 : Part03\Chapter03\Check\제안서.pptx

◎ 완성파일 : Part03\Chapter03\Check\제안서_완성.pptx

프레젠테이션을 할 때 필요없는 슬라이드를 삭제하지 않고 숨겨서 청중들에게 보여주지 않을 수 있습니다. 여기서는 슬라이드 숨기기를 통해 슬라이드를 숨겨보세요.

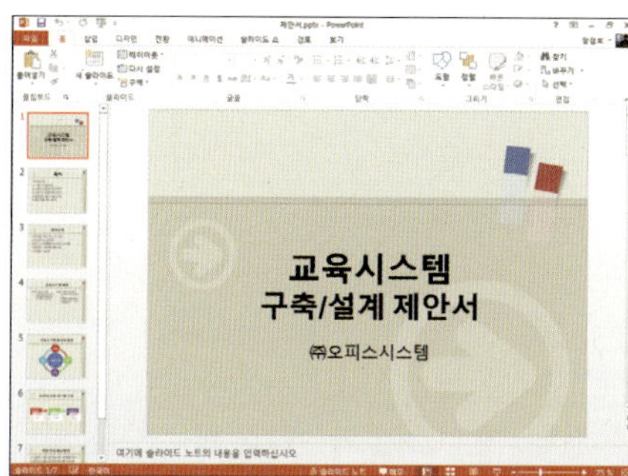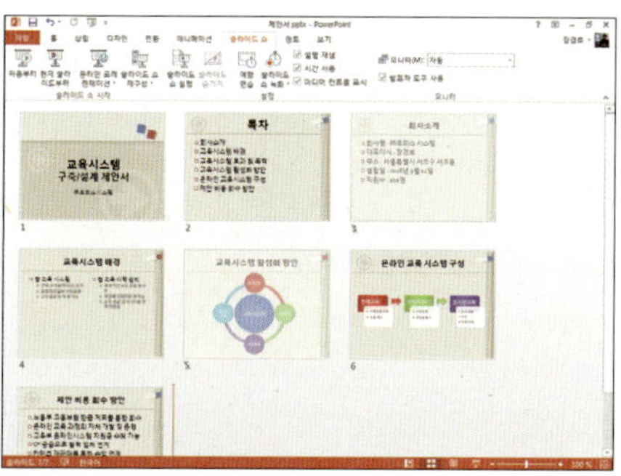

힌트

❶ [슬라이드 쇼] 탭–[설정] 그룹에서 [슬라이드 숨기기]를 클릭합니다.

❷ 실습 따라하기 : 부록CD/Part03/Chapter03/실습28.docx

테마 설정하고
인쇄하기

파워포인트는 테마를 통해 사용자가 원하는 색상이나 글꼴을 전체 슬라이드에 한 번에 적용할 수 있습니다. 원하는 테마를 선택하면 테마 효과에 해당하는 다양한 도형 스타일이나 선 효과가 다양하게 변경됩니다. 여기서는 슬라이드에 테마를 적용하는 방법을 비롯해 슬라이드 검토 기능 및 인쇄 기능에 대해서 살펴보도록 하겠습니다.

Section 1. 테마와 슬라이드 마스터

Section 2. 검토하고 인쇄하기

테마와 슬라이드 마스터

테마는 배경이나 색상 등을 미리 완성해 놓은 스타일 갤러리로 사용자의 취향에 따라 원하는 스타일을 선택할 수 있습니다. 또한, 슬라이드 마스터를 통해 원하는 테마를 사용자가 직접 만들 수도 있습니다. 이번 섹션에서는 테마 기능을 비롯해 슬라이드 마스터에 대해서 살펴보도록 하겠습니다.

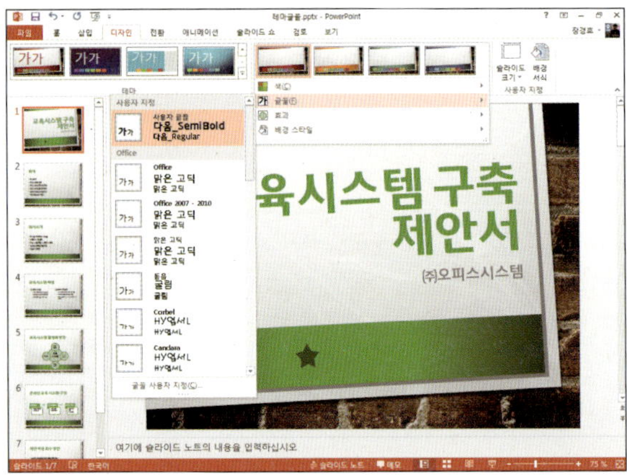

▲ 사용자 테마 글꼴 만들기

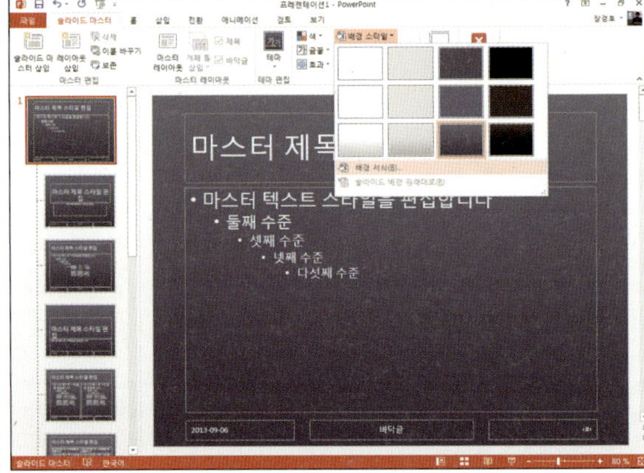

▲ 슬라이드 그림 배경 설정하기

이번 섹션에서 배울 주요 내용

- 테마 적용하기
- 사용자 테마 색 만들기
- 사용자 테마 글꼴 만들기
- 슬라이드 마스터 살펴보기
- 슬라이드 그림 배경 설정하기

:: 테마 적용하기

여기서는 흰색 배경으로 구성된 예제 파일에 테마를 적용해 디자인이 가미된 멋진 슬라이드로 만들어보도록 하겠습니다.

 준비 파일 Part03₩Chapter04₩Section01₩제안서.pptx

 완성 파일 Part03₩Chapter04₩Section01₩제안서_완성.pptx

01_ 준비 파일을 엽니다. [디자인] 탭–[테마] 그룹의 [자세히]를 클릭합니다. 테마 갤러리가 나타납니다. 원하는 테마 스타일을 선택합니다. 여기서는 [주요 이벤트]를 클릭합니다.

TIP

테마 갤러리 위에 마우스를 위치시키면 슬라이드 편집 화면에 선택한 테마가 미리 보기됩니다.

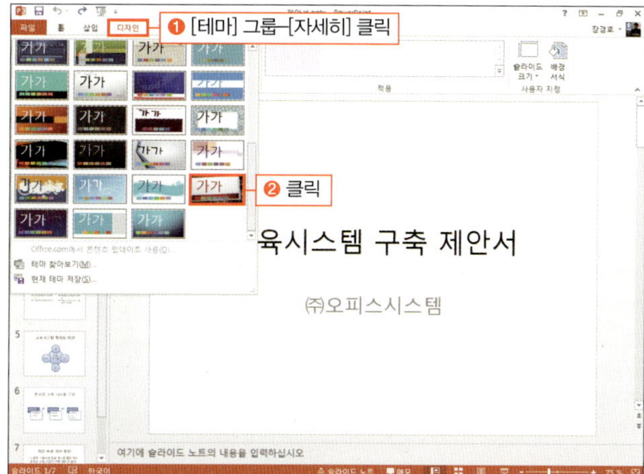

02_ 선택한 테마가 전체 슬라이드에 적용됩니다. 선택한 테마도 다른 색상 및 텍스트 등을 지정할 수 있습니다. [디자인] 탭–[적용] 그룹에서 원하는 색상을 선택합니다. 원하는 색상이 없다면, [자세히]를 클릭한 후 색상을 선택합니다. 여기서는 [녹색]을 클릭합니다.

TIP

[디자인] 탭–[적용] 그룹의 [자세히]를 클릭하면 색상을 비롯해 글꼴이나 효과 등을 적용하여 원하는 스타일로 변경할 수 있습니다.

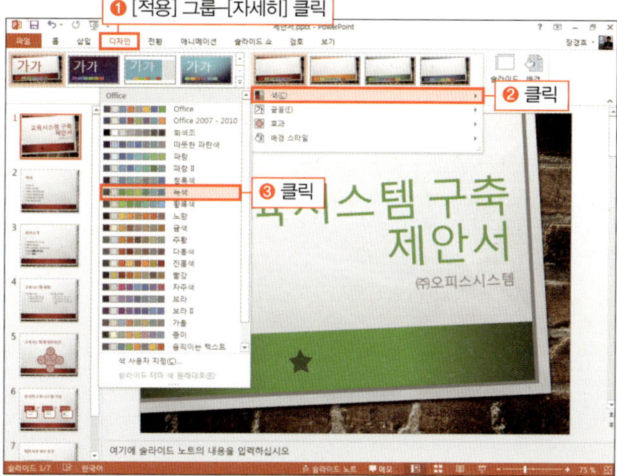

:: 사용자 테마 색 만들기

테마는 배경과 색상, 그리고 글꼴 등 서로 다른 서식이 적용되어 있는 사용자의 취향에 따라 원하는 효과로 변경할 수 있습니다.

준비 파일 : Part03₩Chapter04₩Section01₩테마색.pptx

완성 파일 : Part03₩Chapter04₩Section01₩테마색_완성.pptx

01_ 준비 파일을 열거나 이어서 진행합니다. 테마 색을 변경하기 위해 [디자인] 탭–[적용] 그룹의 [자세히]를 클릭한 다음 [색]–[색 사용자 지정]을 클릭합니다. [새 테마 색 만들기] 대화상자가 나타나면 각각의 색상을 클릭해 원하는 색상을 지정합니다. [이름] 입력란에 『사용자 색상』을 입력한 후 [저장]을 클릭합니다.

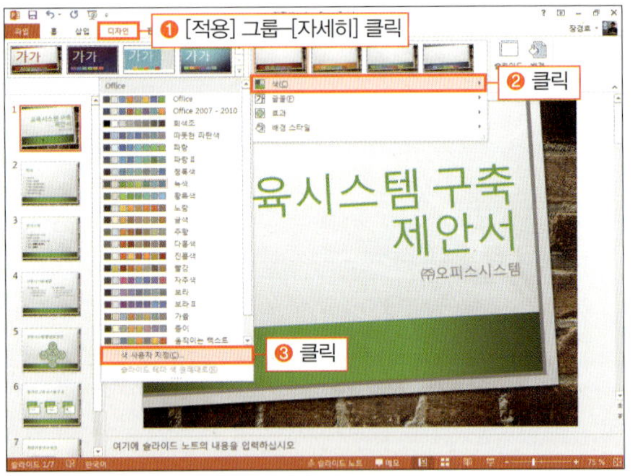

02_ 사용자가 지정한 색상으로 테마 색상이 변경됩니다. [디자인] 탭–[적용] 그룹의 [자세히]를 클릭한 다음 [색]–[사용자 지정]에 새롭게 구성한 사용자 지정 색상을 확인합니다.

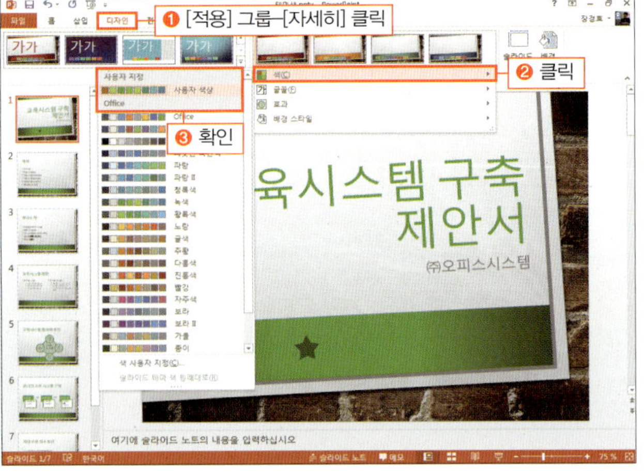

:: 사용자 테마 글꼴 만들기

슬라이드에 테마를 적용하면 모든 레이아웃에 동일한 테마가 적용되며, 선택한 테마 스타일에 따라서 텍스트, 도형 등의 서식에도 변화가 생깁니다.

01_ 준비 파일을 열거나 이어서 진행합니다. 테마 글꼴을 변경하기 위해 [디자인] 탭–[적용] 그룹의 [자세히]를 클릭한 다음 [글꼴]–[글꼴 사용자 지정]을 클릭합니다. [새 테마 글꼴 만들기] 대화상자가 나타나면 [한글 글꼴]–[제목 글꼴(한글)]의 글꼴을 [다음_SemiBold]로 변경합니다. [본문 글꼴(한글)]에는 [다음_Regular]을 선택한 후 [이름] 입력란에 『사용자 글꼴』을 입력합니다. [저장]을 클릭합니다.

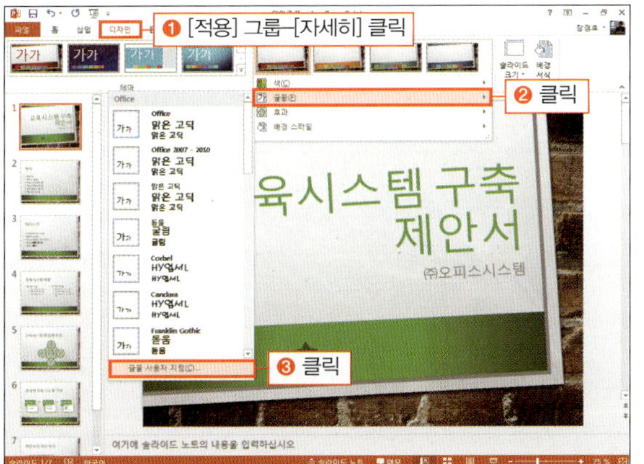

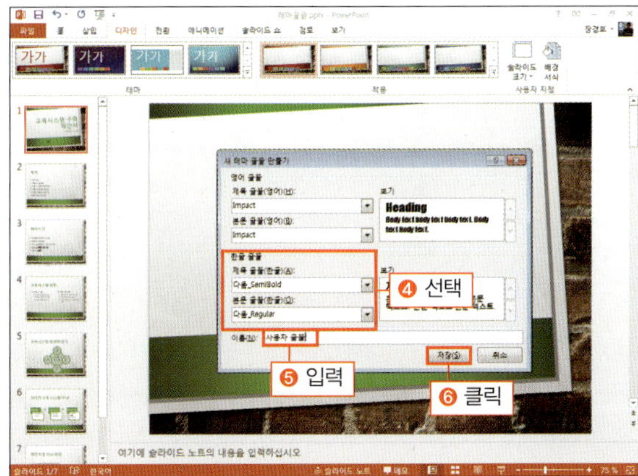

02_ 사용자가 지정한 글꼴로 모두 변경됩니다. [디자인] 탭–[적용] 그룹의 [자세히]를 클릭한 다음 [글꼴]–[사용자 지정]에 새롭게 구성한 사용자 지정 글꼴을 확인합니다.

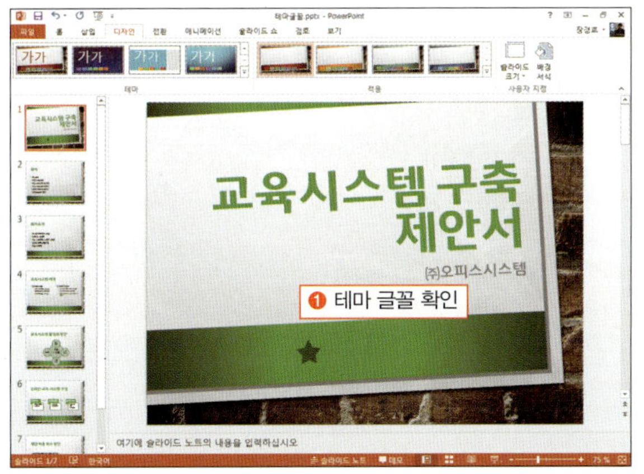

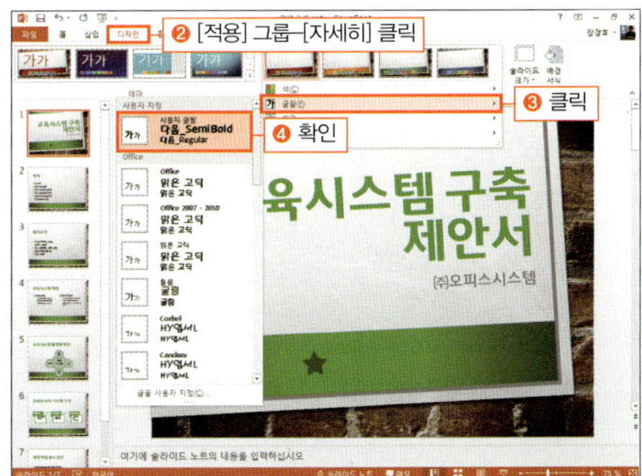

> **TIP**
>
> 사용자 지정한 테마를 삭제하고 싶으면 새롭게 구성한 사용자 지정 글꼴을 마우스 오른쪽으로 클릭하여 [삭제]를 선택합니다.

서식 파일이라는 별도의 파일로 저장해두면 필요할 때마다 불러와 사용할 수 있습니다.

Part03₩Chapter04₩Section01₩서식파일.pptx

Part03₩Chapter04₩Section01₩서식파일_완성.pptx

01_ 준비 파일을 열거나 이어서 진행합니다. [디자인] 탭–[테마] 그룹의 [자세히]를 클릭한 후 [현재 테마 저장]을 선택합니다.

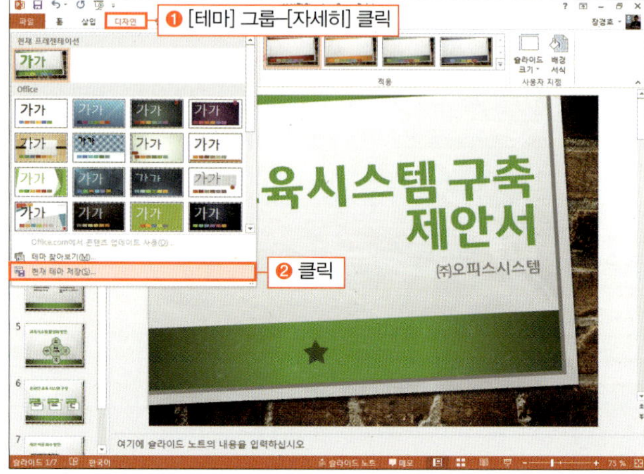

02_ [현재 테마 저장] 대화상자가 나타나면 [파일 이름]에 『테마1.thmx』를 입력하거나 확인한 후 [저장]을 클릭합니다.

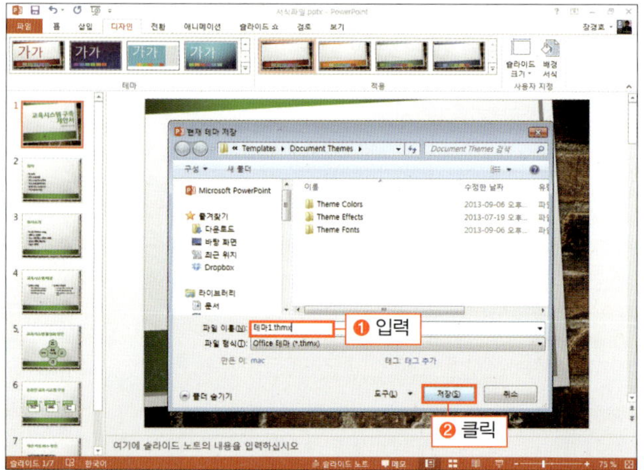

03_ [디자인] 탭-[테마] 그룹의 [자세히]를 클릭합니다. [사용자 지정]에 새로운 테마가 나타납니다. 마우스를 올리면 파일 이름으로 지정한 '테마'이라는 나만의 테마를 확인할 수 있습니다.

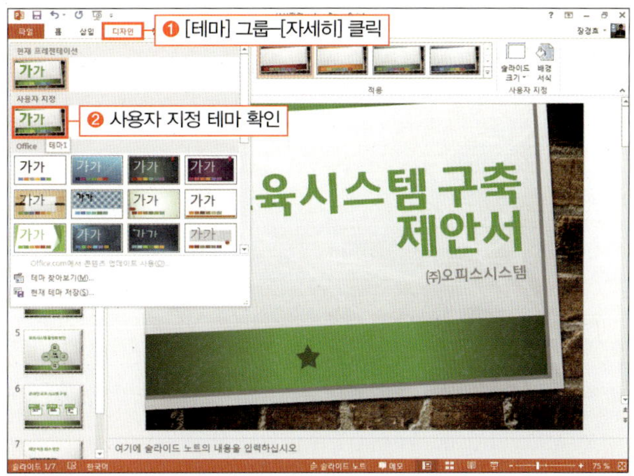

04_ 이제 저장된 테마를 불러오기 위해 새 슬라이드를 엽니다. [디자인] 탭-[테마] 그룹의 [자세히]를 클릭한 후 [사용자 지정]-[테마]를 선택합니다.

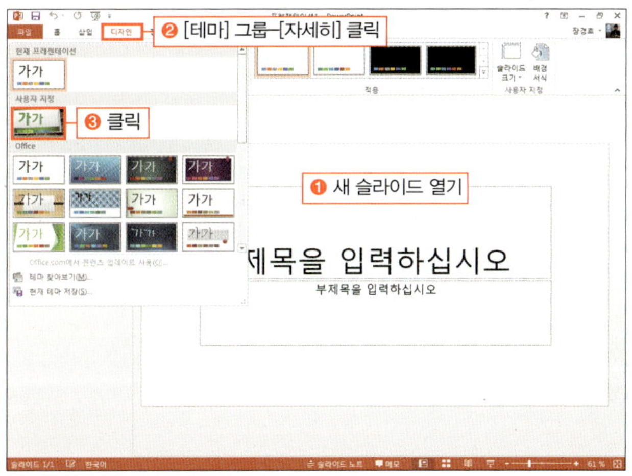

05_ 저장한 테마가 새 슬라이드에 적용되어 나타납니다. 이처럼 사용자 지정 테마 색이나 글꼴을 통해 완성한 슬라이드 테마를 사용자 지정 테마로 저장하여 원할 때마다 언제든지 불러올 수 있습니다.

> **TIP**
> 저장한 테마는 [디자인] 탭-[테마] 그룹의 [자세히]를 클릭한 후 [사용자 지정]-[테마]를 마우스 오른쪽을 눌러 삭제할 수 있습니다.

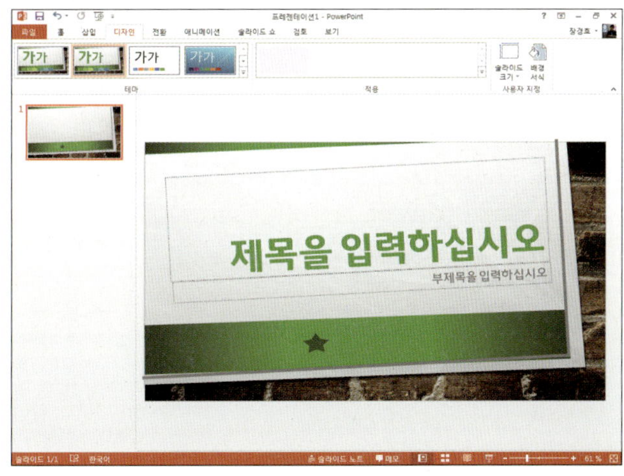

마스터는 그 기능에 따라 슬라이드 마스터, 유인물 마스터, 슬라이드 노트 마스터 등 3가지 종류로 분류됩니다.

마스터 종류

슬라이드 마스터는 일반적으로 슬라이드의 배경과 서식, 머리글과 바닥글, 페이지 번호 등을 설정할 수 있으며, 슬라이드 레이아웃과 모든 테마 정보를 저장하는 슬라이드를 말합니다. 유인물 마스터는 프레젠테이션 인쇄 시 유인물로 인쇄할 경우에 유인물의 배경 등을 지정할 때 사용합니다. 슬라이드 노트 마스터는 프레젠테이션을 슬라이드 노트로 인쇄할 경우에 슬라이드 노트의 머리글이나 날짜 등 서식을 지정할 때 사용합니다.

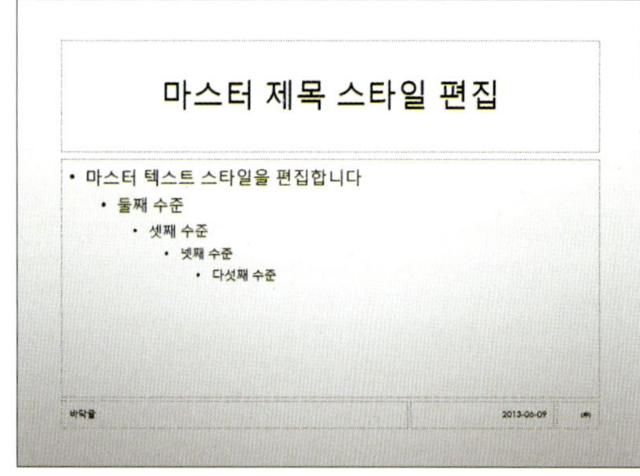

▲ 슬라이드 마스터

▲ 유인물 마스터

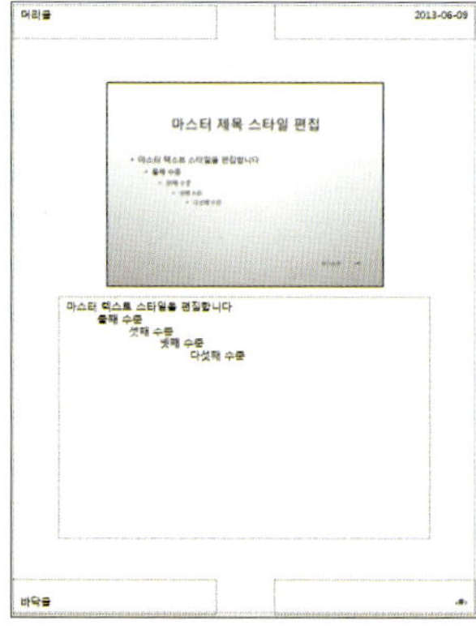

▲ 슬라이드 노트 마스터

슬라이드 마스터와 제목 슬라이드 레이아웃

슬라이드 마스터는 주로 본문과 제목 슬라이드의 서식을 지정할 때 사용됩니다. 모든 프레젠테이션에는 슬라이드 마스터가 하나 이상 포함되어 있으며, 다양한 레이아웃으로 구성되어 있습니다. 필요에 따라서 슬라이드 마스터를 변경할 수 있는데, 슬라이드 마스터를 수정하면 프레젠테이션의 모든 슬라이드의 스타일이 일괄적으로 수정되어 편리하게 프레젠테이션을 관리할 수 있습니다.

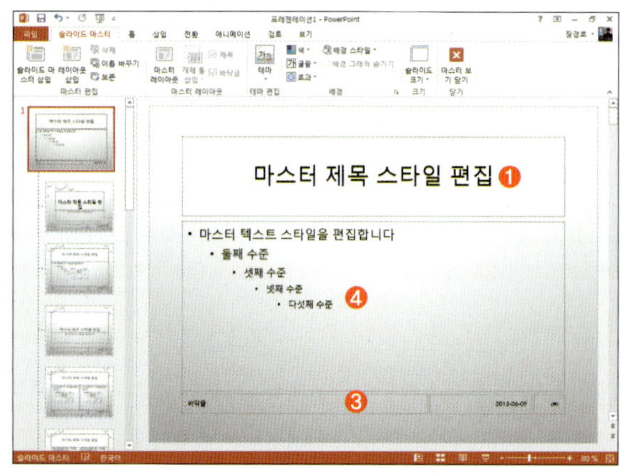

▲ 슬라이드 마스터

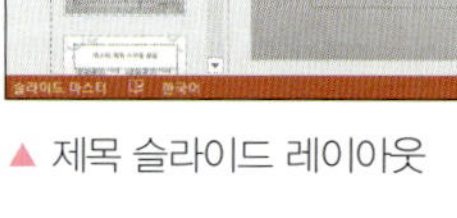

▲ 제목 슬라이드 레이아웃

❶ **제목 영역** : 제목 서식을 작성할 수 있는 영역입니다. 슬라이드의 제목이나 본문 내용의 제목 스타일을 편집합니다.

❷ **부제목 영역** : 부제목 서식을 작성할 수 있는 영역입니다.

❸ **날짜/바닥글/번호 영역** : 슬라이드에 날짜나 바닥글, 번호를 입력할 수 있는 영역으로 내용을 표시할 수도, 표시하지 않을 수도 있습니다.

❹ **본문 영역** : 본문을 입력할 수 있는 영역입니다. 본문에는 글머리 기호나 여러 텍스트 서식을 지정합니다.

:: 슬라이드 그림 배경 설정하기

슬라이드 마스터에서 배경 서식을 지정하면 모든 슬라이드에 동일한 배경이 지정됩니다.

준비 파일   Part03₩Chapter04₩Section01₩bg_01.png, bg_02.png

완성 파일   Part03₩Chapter04₩Section01₩마스터_완성.pptx

01_ 새 슬라이드를 엽니다. [디자인] 탭–[사용자 지정] 그룹에서 [슬라이드 크기]–[표준 (4:3)]을 클릭합니다.

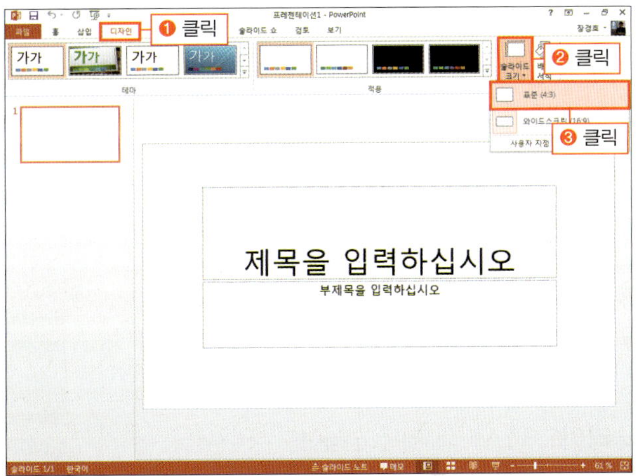

TIP

슬라이드 크기를 '표준 (4:3)'으로 변경하면 슬라이드 편집 화면이 와이드 크기에서 표준 크기로 변경됩니다. [디자인] 탭–[사용자 지정] 그룹의 [슬라이드 크기]와 관련된 사항은 24페이지에서 확인하기 바랍니다.

02_ 슬라이드 편집 화면의 창 크기가 와이드 화면에서 표준 화면으로 변경되면 슬라이드 마스터에서 배경 서식을 지정하기 위해 [보기] 탭–[마스터 보기] 그룹–[슬라이드 마스터]를 클릭합니다.

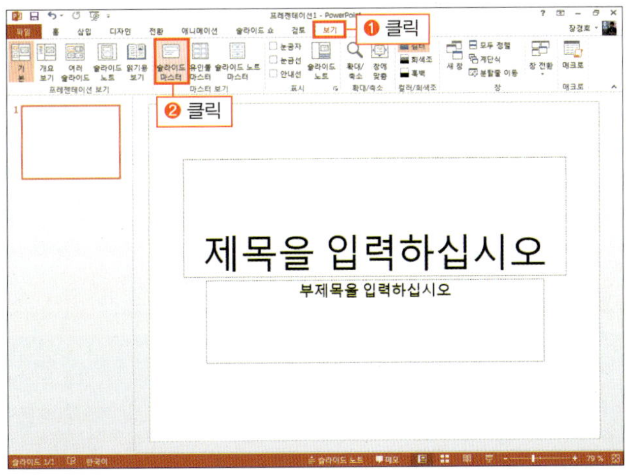

03_ 슬라이드 마스터 화면이 열리면 맨 위에 있는 슬라이드 마스터를 클릭합니다. [슬라이드 마스터] 탭-[배경] 그룹-[배경 스타일]을 클릭한 후 [스타일 11]을 선택합니다.

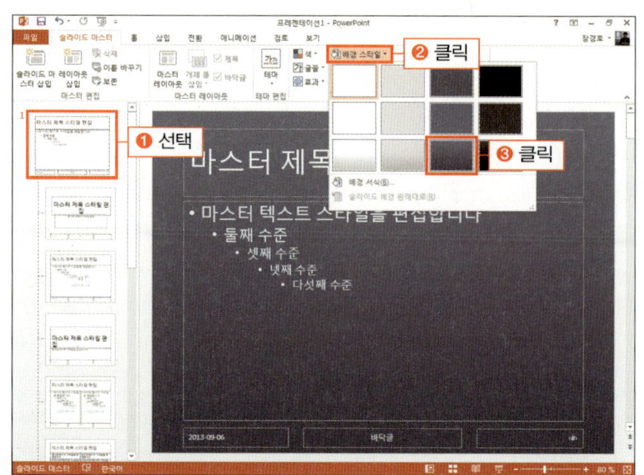

슬라이드 미리보기 화면에 다양한 레이아웃이 나타납니다. 각각의 레이아웃에 다른 서식을 지정할 수도 있지만 제일 위에 있는 슬라이드 마스터에서 한 번에 동일한 서식을 지정하는 것이 가장 효율적입니다. 특정 레이아웃만 서식을 변경하려면 원하는 슬라이드 레이아웃을 선택한 다음 서식을 지정하도록 합니다.

04_ 배경 스타일이 적용됩니다. 배경 서식을 가져와 슬라이드 마스터의 배경으로 지정할 수도 있습니다. [슬라이드 마스터]를 선택하고 [슬라이드 마스터] 탭-[배경] 그룹-[배경 스타일]을 클릭한 후 [배경 서식]을 선택합니다.

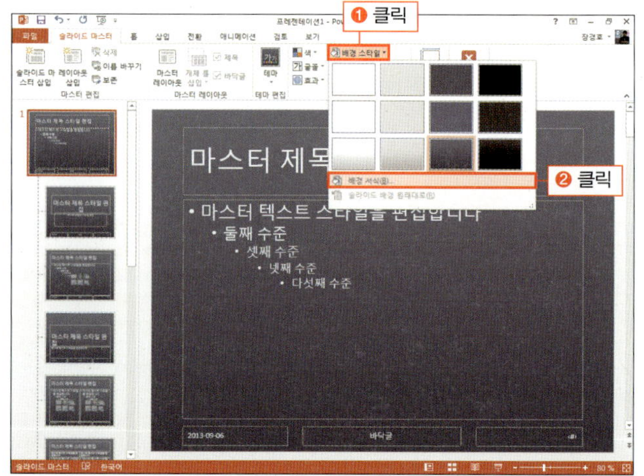

05_ [배경 서식] 창이 나타납니다. [채우기] 항목에서 [그림 또는 질감 채우기]를 선택한 다음 [파일]을 클릭합니다. [그림 삽입] 대화상자가 나타나면 'bg_02.png' 파일을 선택한 다음 [삽입]을 클릭합니다.

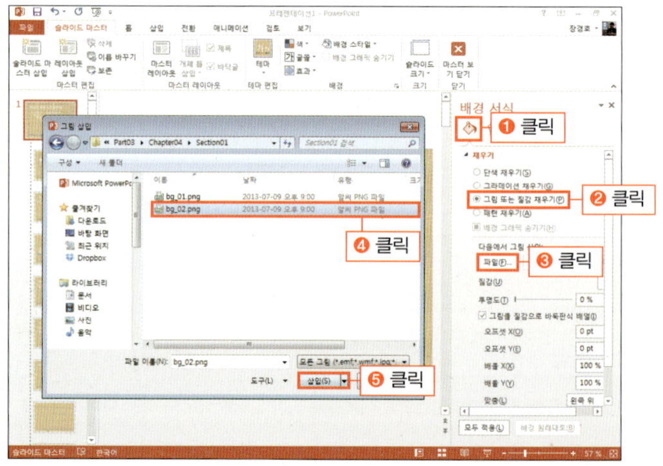

06_ 슬라이드 마스터 편집 화면에 배경 그림이 삽입됩니다. 이번에는 제목 슬라이드에 배경 그림을 삽입해 보겠습니다. 제목 슬라이드 레이아웃을 선택한 후 [파일]을 클릭합니다. [그림 삽입] 대화상자가 나타나면 'bg_01.png' 파일을 선택한 다음 [삽입]을 클릭합니다.

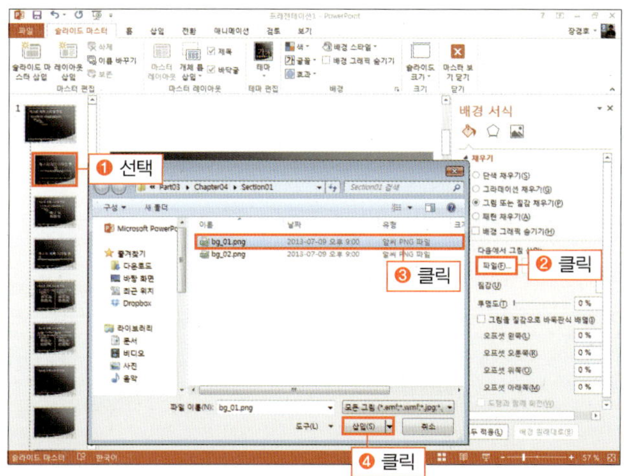

07_ 제목 슬라이드에만 다른 배경 그림이 지정됩니다. [배경 서식] 창의 [닫기]를 클릭한 후 [슬라이드 마스터] 탭의 [닫기] 그룹에서 [마스터 보기 닫기]를 선택합니다.

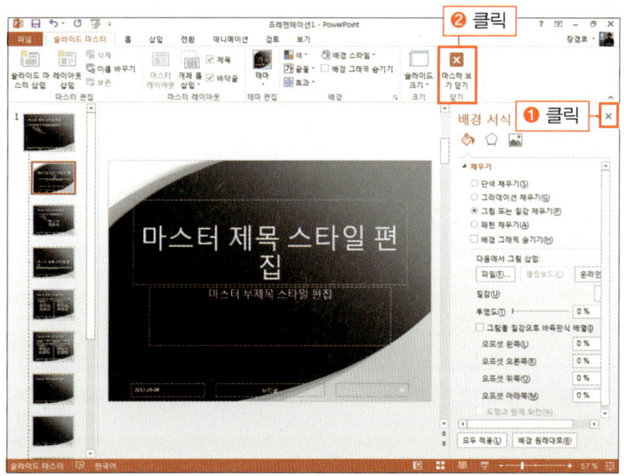

08_ 슬라이드 편집 화면으로 돌아옵니다. 슬라이드 미리보기 화면을 선택한 후 [Shift]+[Enter]를 눌러 새 슬라이드를 추가합니다. 슬라이드 마스터에서 지정한 배경이 적용되는 것을 확인할 수 있습니다.

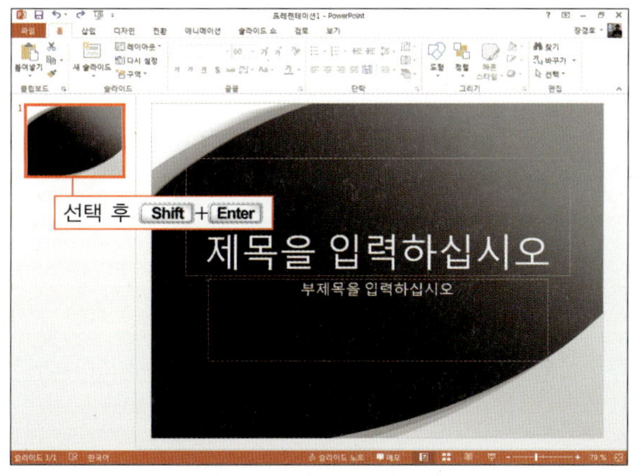

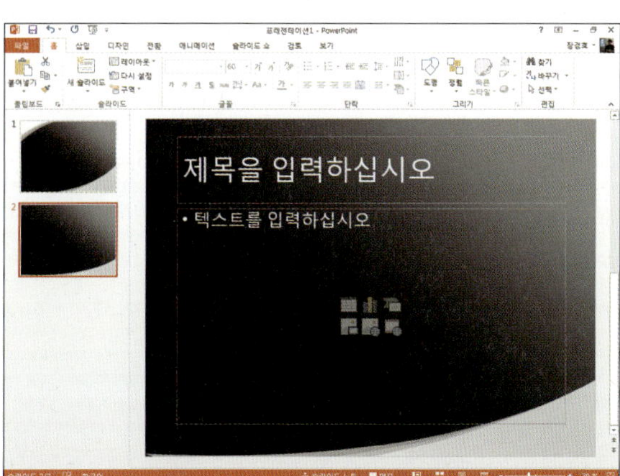

마스터 여러 개 적용하기

슬라이드 마스터는 하나 뿐 아니라 여러 개를 적용할 수 있습니다. 이를 다중 마스터 기능이라고 합니다.

 준비 파일   Part03₩Chapter04₩Section01₩다중마스터.pptx    완성 파일   Part03₩Chapter04₩Section01₩다중마스터_완성.pptx

01 준비 파일을 엽니다. [보기] 탭-[마스터 보기] 그룹에서 [슬라이드 마스터]를 클릭합니다.

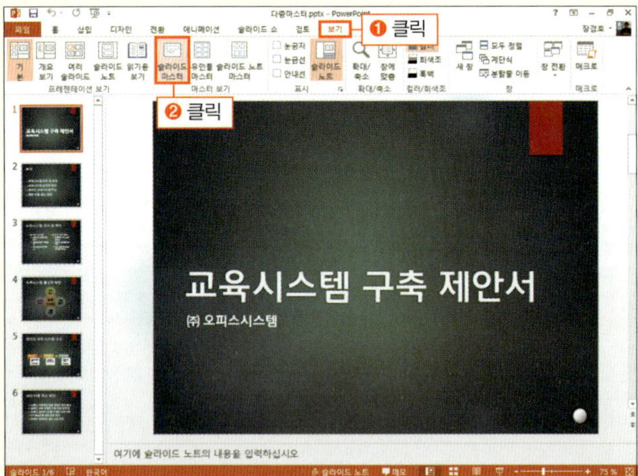

TIP

슬라이드 마스터는 파워포인트 기능 중 다소 고급 기능에 속합니다. 하지만 슬라이드 마스터를 제대로 활용할 수 있다면 슬라이드 작업 시간을 비롯해 다양한 슬라이드도 편하게 취합할 수 있습니다.

02 다중 마스터를 만들기 위해 [슬라이드 마스터]에서 마우스 오른쪽을 클릭한 후 [마스터 유지]를 선택하거나 [마스터 편집] 그룹의 [보존]을 선택합니다.

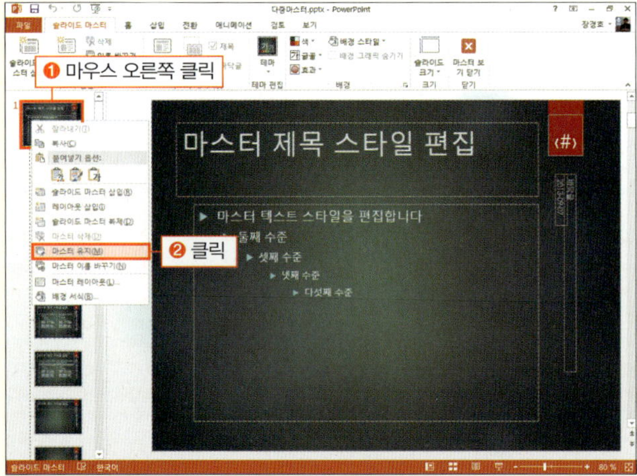

03 슬라이드 마스터에 고정 단추가 생성됩니다. 슬라이드 마스터에서 마우스 오른쪽을 클릭해 [슬라이드 마스터 복제]를 선택합니다. 슬라이드가 복제되면서 하단에 슬라이드 마스터를 비롯해 다중 마스터가 만들어집니다.

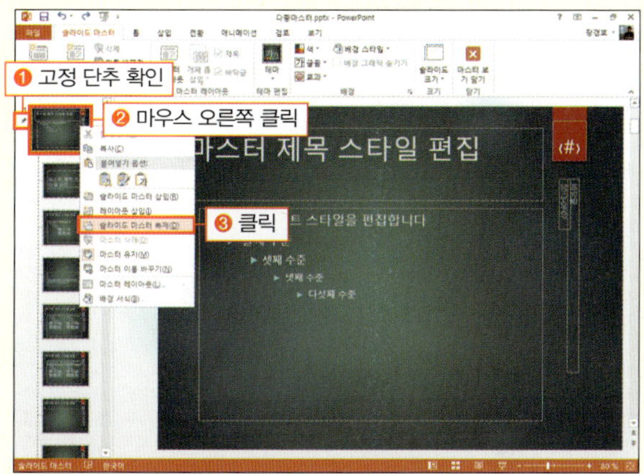

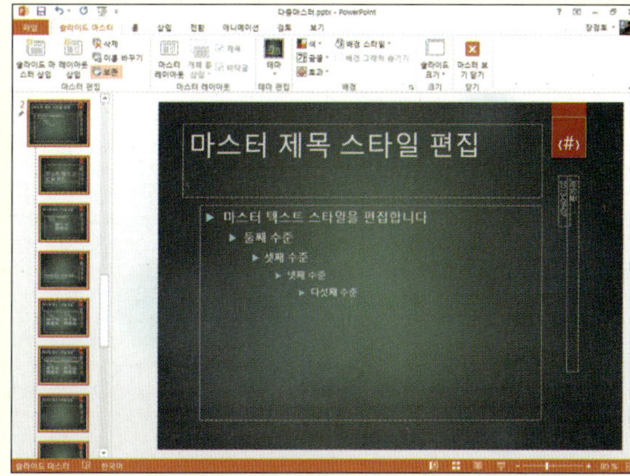

TIP 다중 마스터 기능은 슬라이드 마스터에 여러 개의 슬라이드 마스터를 만들어 놓고 슬라이드 편집 화면에서 슬라이드마다 다른 슬라이드 마스터를 지정할 수 있는 기능입니다.

04 다중 마스터도 기존에 적용한 슬라이드 마스터처럼 원하는 배경 및 서식을 적용할 수 있습니다. 두번째 슬라이드 마스터를 선택합니다. [슬라이드 마스터] 탭에서 [배경] 그룹의 [색]을 클릭한 후 [청록색]을 선택합니다. 다중 마스터가 완성되면 [닫기] 그룹의 [마스터 보기 닫기]를 클릭합니다.

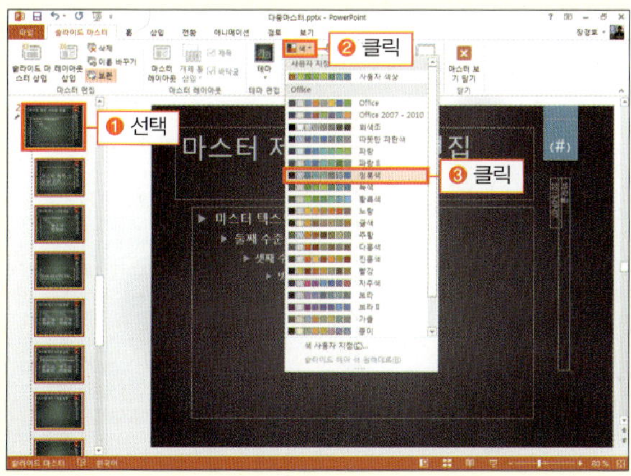

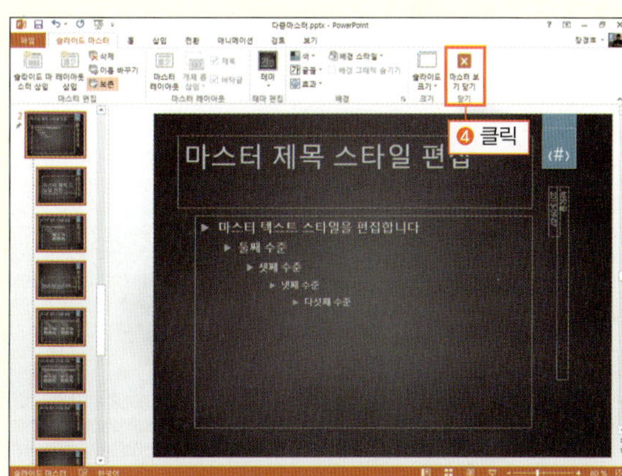

05 [홈] 탭에서 [슬라이드] 그룹에서 [새 슬라이드]의 하단을 클릭합니다. 다중 슬라이드 레이아웃이 적용되어 있는 것을 확인할 수 있습니다. 다중 슬라이드 레이아웃 중 원하는 레이아웃을 선택합니다.

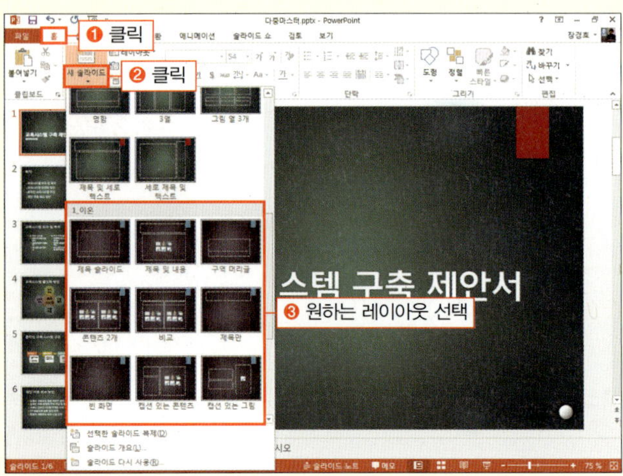

[마스터 편집] 그룹의 [보존]

다중 마스터를 적용할 경우 기존 마스터가 적용 해제될 수 있습니다. 다중 마스터를 지정하기 전에 [마스터 편집] 그룹의 [보존]을 선택하여 기존 마스터를 유지할 수 있습니다. 마우스 오른쪽을 클릭해 [마스터유지]를 선택해도 됩니다. [보존]이나 [마스터유지]를 선택하면 슬라이드 마스터에 [고정] 아이콘 표시가 나타나면서 마스터가 유지됩니다.

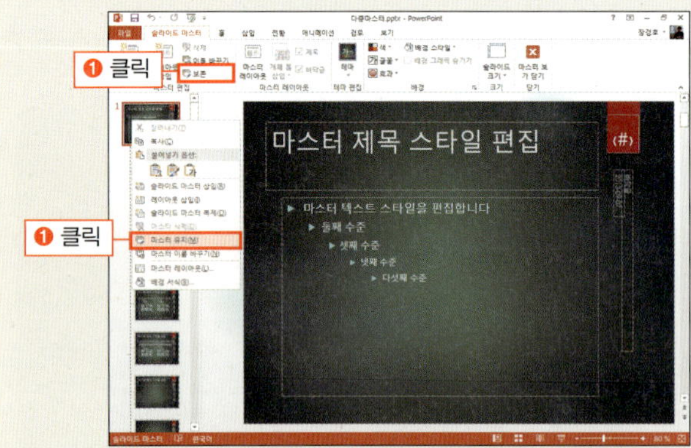

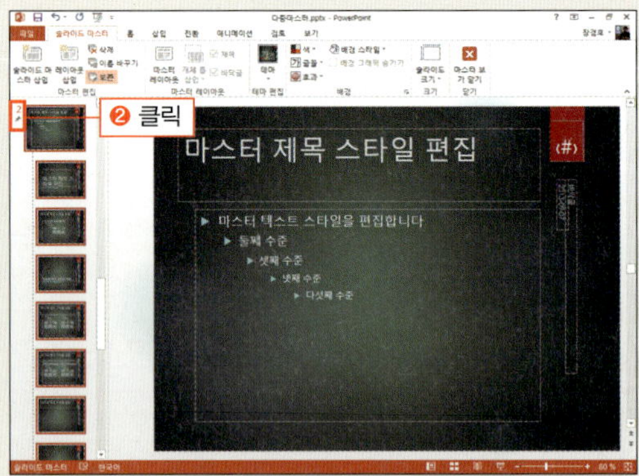

◎ 준비파일 : Part03₩Chapter04₩Check₩다중마스터.pptx

◎ 완성파일 : Part03₩Chapter04₩Check₩다중마스터_완성.pptx

보통 슬라이드 마스터를 적용하면 하나만 적용할 수 있지만 파워포인트 2013은 슬라이드 마스터를 중복해서 적용할 수 있습니다. 즉, 다중 마스터를 적용할 수 있는데 여기서는 슬라이드 마스터를 3개 적용해 보도록 합니다.

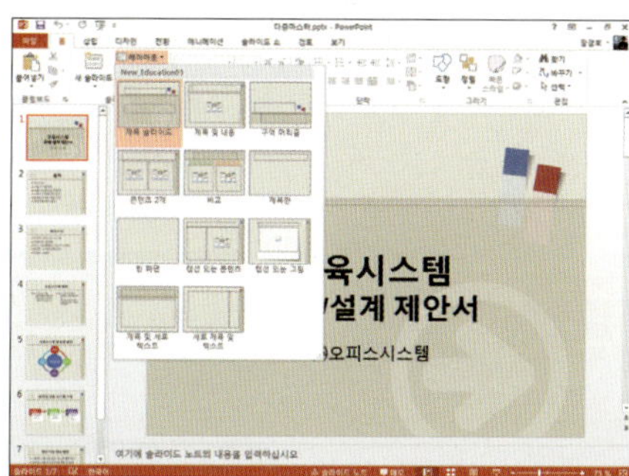
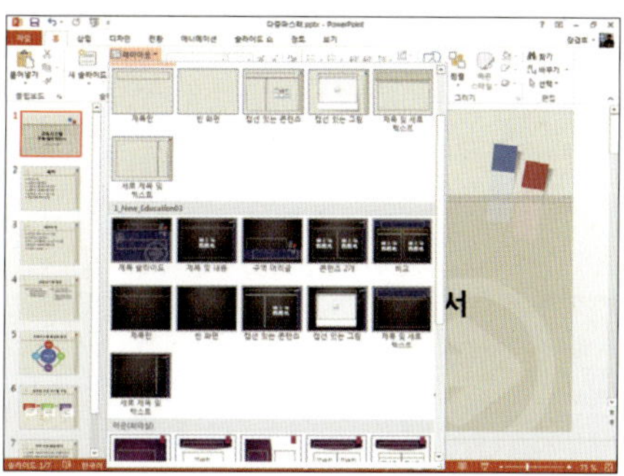

힌트

❶ [보기] 탭–[마스터 보기] 그룹에서 [슬라이드 마스터]를 클릭합니다.

❷ 슬라이드 마스터를 마우스 오른쪽으로 클릭한 후 [슬라이드 마스터 복제]를 선택합니다.

❸ 실습 따라하기 : 부록CD/Part03/Chapter04/실습29.docx

검토하고 인쇄하기

슬라이드 작업 후 혹시나 모를 오타에 대비해 맞춤법 검사를 진행하는 것이 좋습니다. 또한, 문서에 암호를 지정하여 보안을 강조할 수도 있습니다. 이번 섹션에서는 슬라이드 문서를 검토하는 방법을 비롯해 슬라이드를 인쇄하는 방법에 대해서 살펴보도록 하겠습니다.

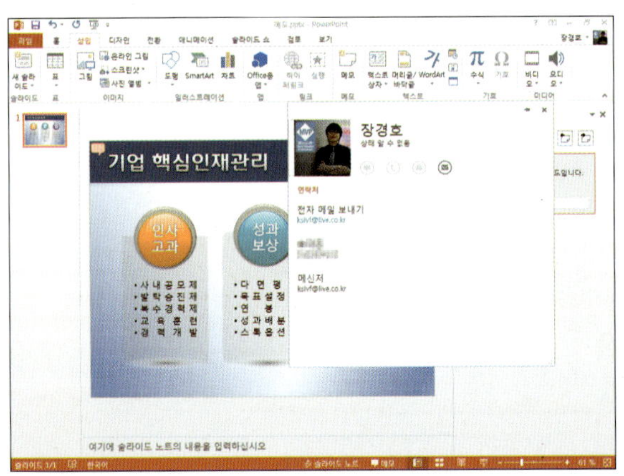

▲ 메모 활용하기

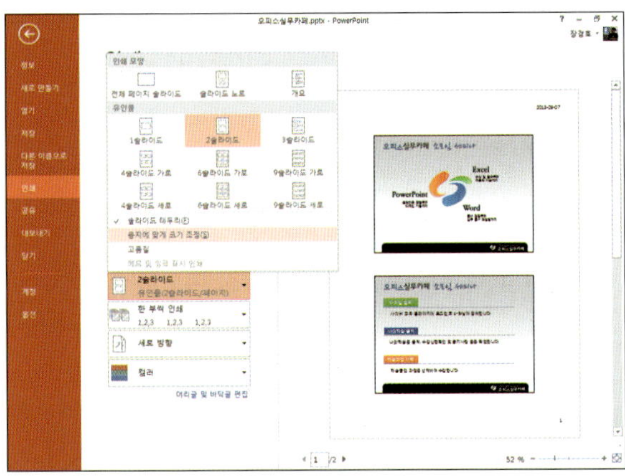

▲ 한 페이지에 여러 슬라이드 인쇄하기

이번 섹션에서 배울 주요 내용

- 맞춤법 검사하기
- 메모 활용하기
- 프레젠테이션 보호 및 암호 설정하기
- 하이퍼링크 지정하기
- 슬라이드 인쇄하기
- 한 페이지에 여러 슬라이드 인쇄하기
- 흑백이나 회색조로 인쇄하기

:: 맞춤법 검사하기

맞춤법 검사를 통해 오타나 잘못 표기된 단어를 맞춤법에 맞도록 변경할 수 있습니다.

01_ 준비 파일을 엽니다. [검토] 탭−[언어 교정] 그룹−[맞춤법 검사]를 클릭합니다. 슬라이드 화면에 오류가 있는 글자가 블록 설정되면서 [맞춤법 검사] 창이 나타납니다. 맞춤법이 맞는 단어를 선택한 후 [변경]을 클릭합니다.

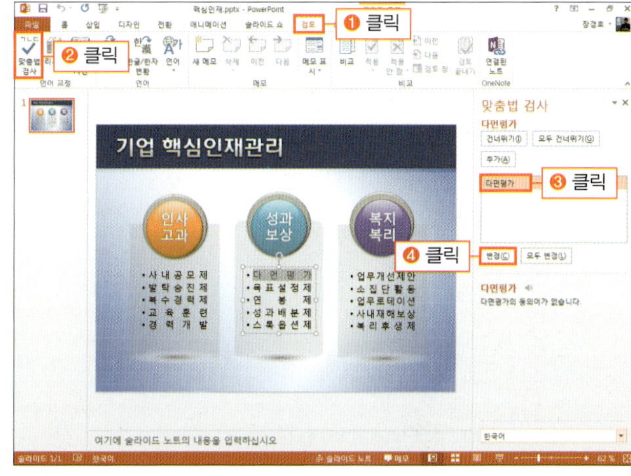

02_ 바른 맞춤법이 표기되며 [맞춤법 검사가 끝났습니다.] 창이 나타납니다. [확인]을 클릭합니다.

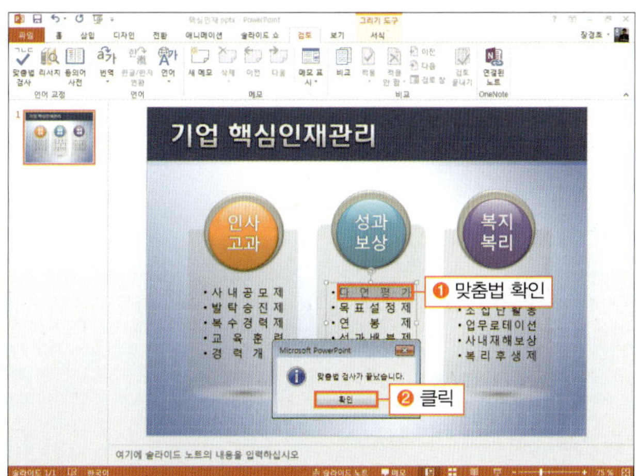

:: 메모 활용하기

슬라이드에 포스트 잇처럼 메모를 붙여 협업하는 사용자들에게 공유할 수 있습니다.

준비파일   Part03₩Chapter04₩Section02₩메모.pptx

완성파일   Part03₩Chapter04₩Section02₩메모_완성.pptx

01_ 준비 파일을 열거나 이어서 진행합니다. [삽입] 탭–[메모] 그룹의 [메모]를 클릭합니다. 메모를 추가할 텍스트나 개체에 주황색의 메모 아이콘이 생성되며 [메모] 창이 나타납니다. 입력란에 메모를 입력합니다. 입력을 완료하면 메모 상자의 바깥쪽을 클릭하거나 Tab 을 누릅니다.

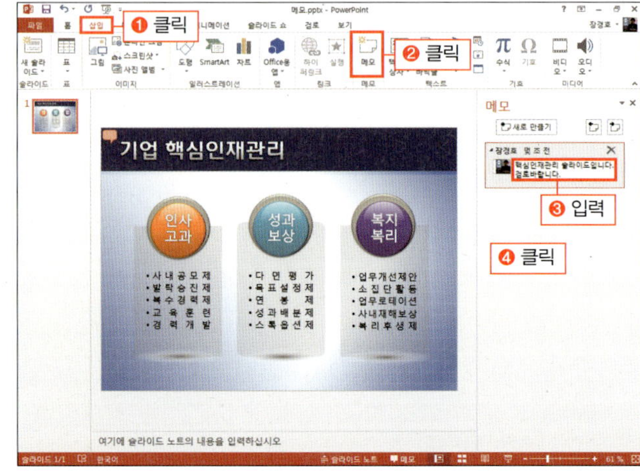

02_ [메모] 창의 사진을 더블 클릭하면 메모를 남긴 상대방에게 메일이나 메신저 채팅도 실시간 진행할 수 있습니다. 이를 클릭해 메모를 확인할 수 있습니다.

> **TIP**
>
> 입력한 메모를 더블 클릭하면 입력한 메모 내용을 수정할 수 있습니다. 또한, 상대방이 남긴 메모의 [회신] 입력란에 내용을 입력해 메모를 회신할 수 있습니다.

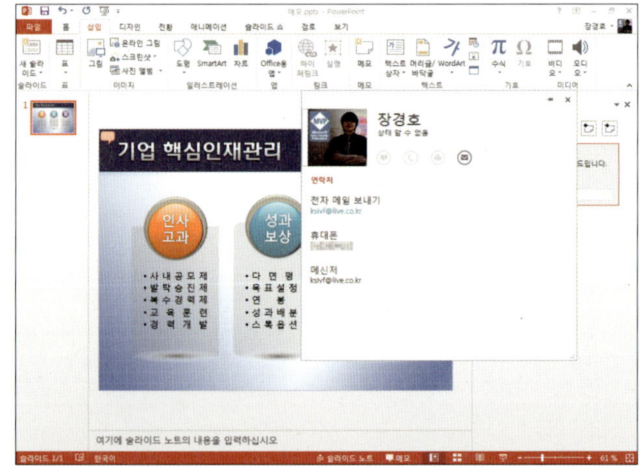

:: 프레젠테이션 보호 및 암호 설정하기

문서에 암호를 지정하여 보안을 설정할 수 있습니다. 암호를 분실하면 슬라이드를 열 수 없기 때문에
신중하게 암호를 지정하는 것이 좋습니다.

 Part03₩Chapter04₩Section02₩암호.pptx

 Part03₩Chapter04₩Section02₩암호_완성.pptx

01_ 준비 파일을 엽니다. [파일] 탭-[정보]를 클릭
한 다음 [프레젠테이션 보호]를 클릭하여 [암호 설
정]을 선택합니다.

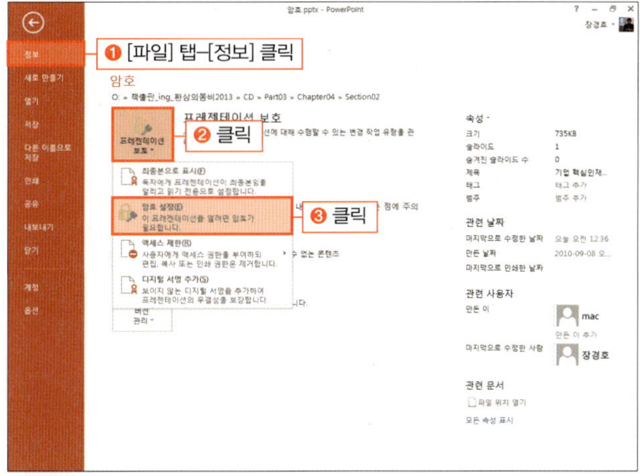

02_ [문서 암호화] 대화상자가 나타나면 암호를 입
력합니다. 여기서는 『1234』를 입력합니다. [확인]을
클릭합니다.

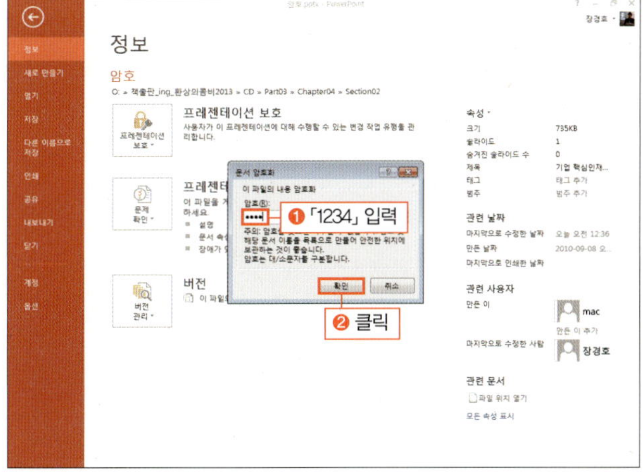

03_ [암호 확인] 대화 상자가 나타나면 다시 한번 암호를 입력합니다. [확인]을 클릭합니다.

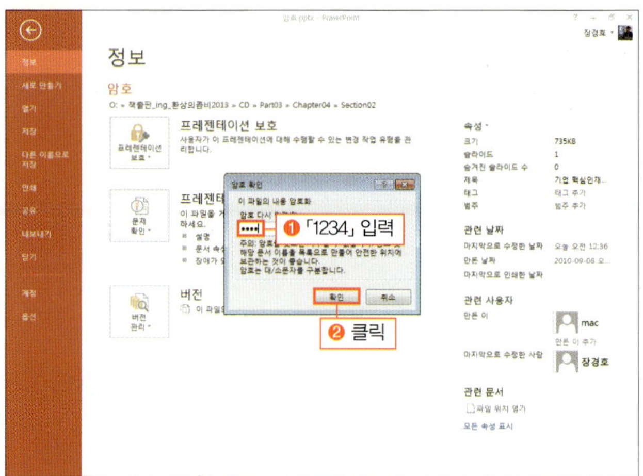

04_ [정보]–[프레젠테이션 보호]에 사용 권한이 지정됩니다. 이제 문서를 열 때에는 저장한 암호를 입력해야만 문서를 열 수 있습니다. [다른 이름으로 저장]을 클릭해 원하는 폴더에 문서를 저장합니다.

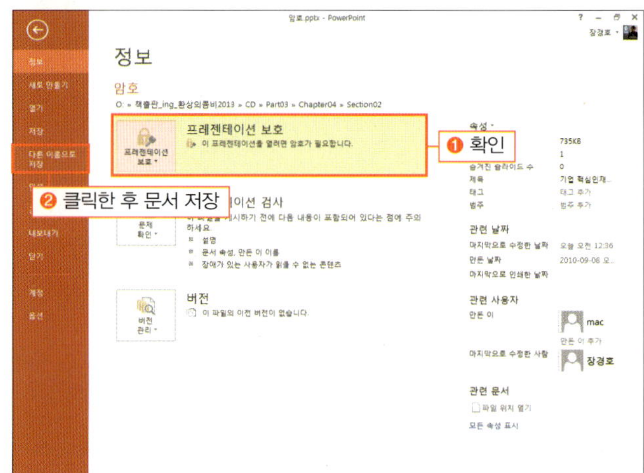

05_ 저장한 문서를 다시 열어봅니다. [암호] 입력 창이 나타나는지 확인합니다. 암호를 입력합니다. 여기서는 『1234』를 입력한 후 [확인]을 클릭합니다.

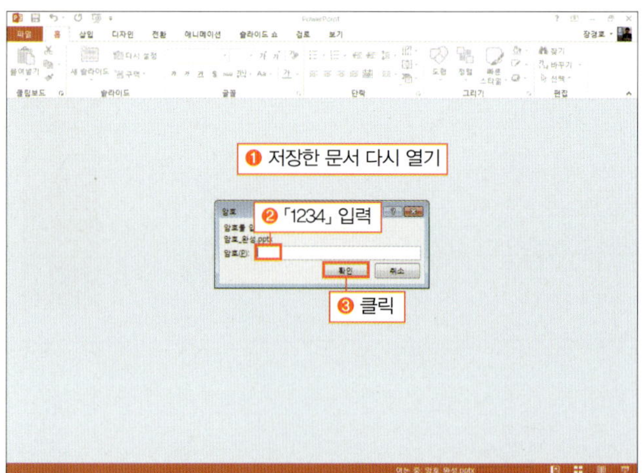

:: 하이퍼링크 지정하기

프레젠테이션의 다른 슬라이드에 연결하거나 다른 프레젠테이션의 슬라이드, 혹은 메일 주소 등을
하이퍼링크로 연결할 수 있습니다.

01_ 준비 파일을 엽니다. 두 번째 슬라이드를 선택
합니다. '제안 비용 회수 방안'이라고 적힌 텍스트를
선택한 다음 [삽입] 탭의 [링크] 그룹에서 [하이퍼링
크]를 클릭합니다. [하이퍼링크 삽입] 대화상자가 나
타나면 [연결 대상]에서 [현재 문서]를 클릭합니다.
[이 문서에서 위치 선택]에서 '6. 제안 비용 회수 방
안'을 선택합니다. [확인]을 클릭합니다.

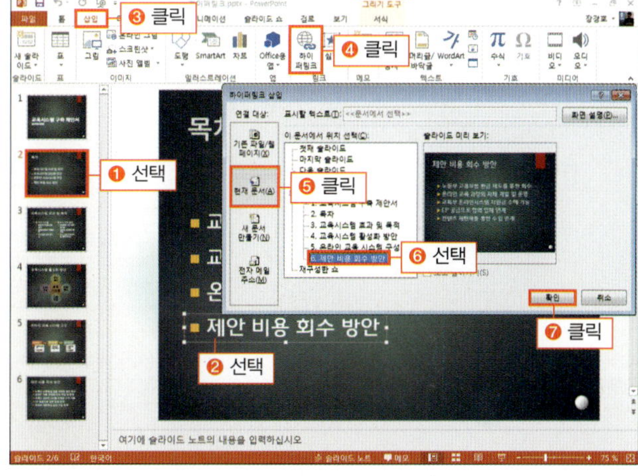

02_ 하이퍼링크가 제대로 작동하는 지 확인하기 위해 [Shift]+[F5]를 누릅니다. 목차 슬라이드에서 '제안 비용 회수 방안'
에 마우스를 가져갑니다. 마우스 모양이 화살표에서 손 모양으로 변경되면 하이퍼링크가 걸려 있는 개체로 판단할 수 있
습니다. '제안 비용 회수 방안'을 클릭합니다. 6번 슬라이드로 넘어갑니다.

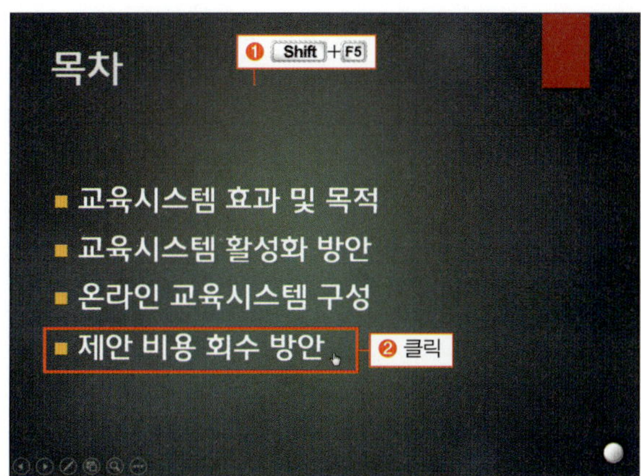

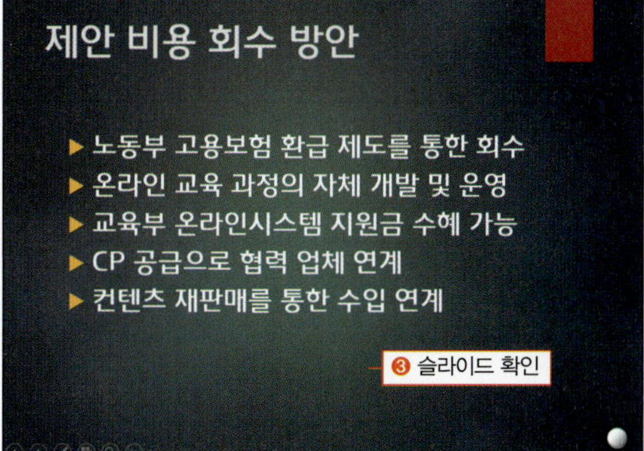

> **TIP**
>
> 하이퍼링크를 걸 때 슬라이드 뿐 아니라 인터넷 주소나 전자 메일 주소도 걸 수가 있습니다. [삽입] 탭–[링크] 그룹의 [하
> 이퍼링크]에서 [연결 대상]–[기존 파일/웹 페이지]의 [주소]에 인터넷 주소를 입력하거나 [연결 대상]–[전자 메일 주소]에서
> 메일 주소를 입력합니다.

:: 슬라이드 인쇄하기

[파일] 탭–[인쇄]를 클릭하면 슬라이드 미리 보기 화면을 비롯하여 인쇄할 슬라이드 수, 인쇄 모양과 유인물, 컬러/회색조/흑백 등 다양한 옵션을 통해 인쇄를 진행할 수 있습니다.

Part03₩Chapter04₩Section02₩오피스실무카페.pptx

01_ 준비 파일을 엽니다. [파일] 탭을 클릭하여 [인쇄]를 선택하거나 Ctrl + P 를 누릅니다.

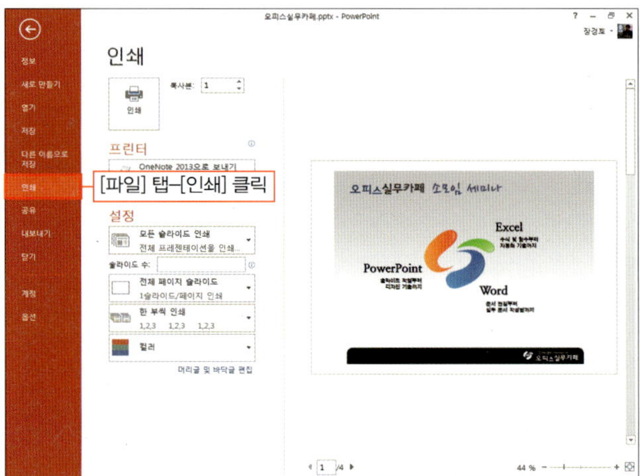

02_ 인쇄와 관련된 설정 옵션이 나타납니다. 오른쪽 미리 보기 화면을 통해 인쇄될 화면을 미리 확인할 수 있습니다. [다음 페이지]를 클릭하여 인쇄될 페이지를 확인합니다. [프린터]를 클릭하여 프린터를 선택한 후 [인쇄]를 클릭합니다.

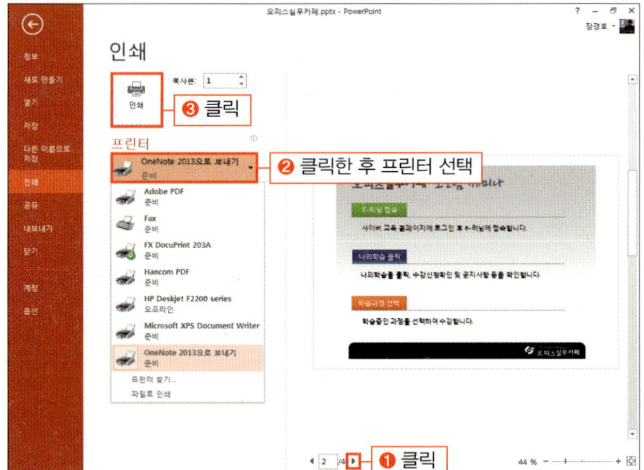

:: 한 페이지에 여러 슬라이드 인쇄하기

검토용으로 슬라이드를 인쇄하거나 유인물 형태에 인쇄를 하기 위해서는 한 페이지에 여러 슬라이드
를 인쇄하는 것이 효율적입니다.

준비
파일

Part03₩Chapter04₩Section02₩오피스실무카페.pptx

01_ 준비 파일을 열거나 이어서 진행합니다. [파일] 탭–[인쇄]를 클릭한 후 한 페이지에 두 개의 슬라이드를 인쇄하기 위해 [설정]–[전체 페이지 슬라이드]를 클릭한 다음 [2슬라이드]를 선택합니다.

> **TIP**
> 한 페이지에 여러 장의 슬라이드를 인쇄하는 것을 유인물 인쇄라고 하며, 유인물로 먼저 설정이 되어야 한 페이지에 넣을 페이지 수를 지정할 수 있습니다.

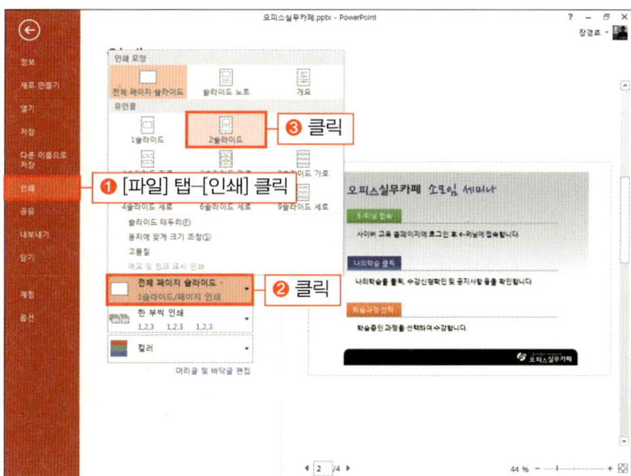

02_ 하나의 페이지에 두 장의 슬라이드가 표시됩니다. 용지에 맞게 크기를 조정하기 위해 [용지에 맞게 크기 조정]을 클릭합니다.

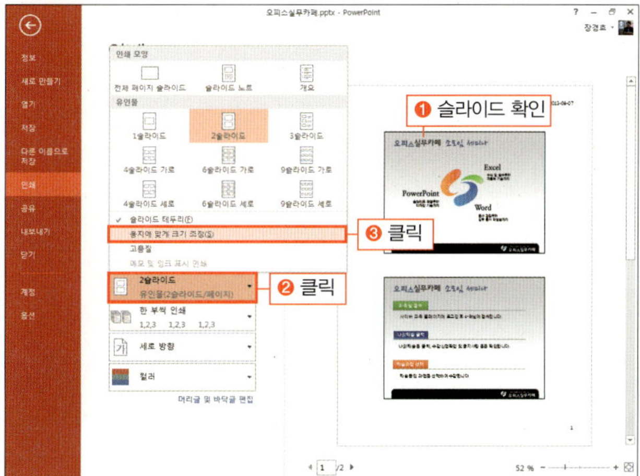

:: 흑백이나 회색조로 인쇄하기

파워포인트는 컬러 인쇄 뿐 아니라 회색조나 흑백으로 인쇄할 수 있습니다.

Part03₩Chapter04₩Section02₩오피스실무카페.pptx

01_ 준비 파일을 열거나 이어서 진행합니다. [파일] 탭–[인쇄]를 클릭한 후 [컬러]에서 [회색조]를 선택합니다.

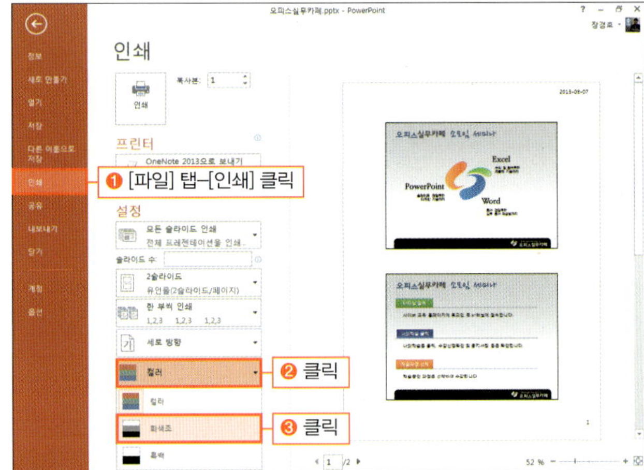

02_ 컬러에서 회색조로 변경됩니다.

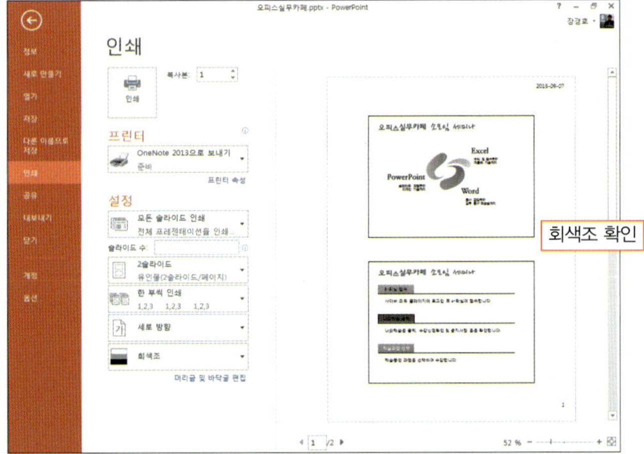

TIP

회색조나 흑백으로 인쇄시 이미지나 텍스트가 자동으로 회색조와 흑백으로 전환되어 표시됩니다. 만일, 그라데이션 색상이나 다른 프로그램에서 만든 이미지나 아이콘의 경우 제대로 표시되지 않을 수 있습니다.

슬라이드를 PDF나 XPS 파일로 변환하기

PDF(Portable Document Format) 파일은 전자문서 파일 형식을 말하고, XPS(XML, Paper Specification)은 MS에서 제공하는 PDF와 유사한 전자문서 파일 형식입니다. 어떤 운영체제에서도 전송과 읽기가 가능해 문서를 출판할 때 주로 사용하는 형태로 변환 전의 파일보다 용량을 많이 줄여주고 뷰어 프로그램만 있어도 내용을 볼 수 있어 많이 사용하고 있습니다.

준비파일 Part03\Chapter04\Section02\오피스실무카페.pptx   완성파일 Part03\Chapter04\Section02\오피스실무카페.pdf

01 [파일]-[내보내기]-[PDF/XPS 문서 만들기]를 클릭한 다음 [PDF/XPS 만들기]를 선택합니다.

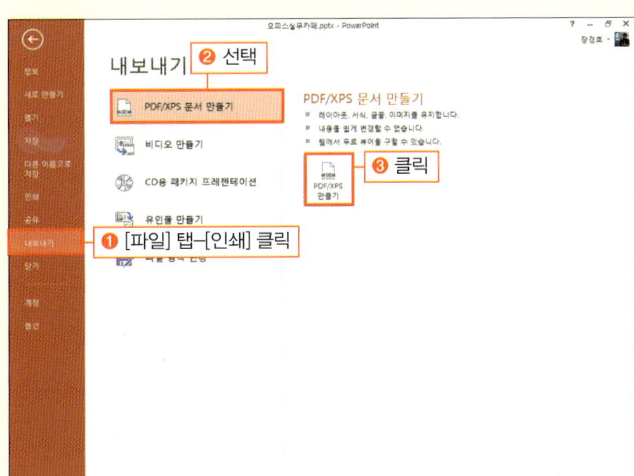

02 [PDF 또는 XPS로 게시] 대화상자가 나타나면 원하는 폴더를 선택한 다음 [파일 이름]에 이름을 입력한 후 [게시]를 클릭합니다.

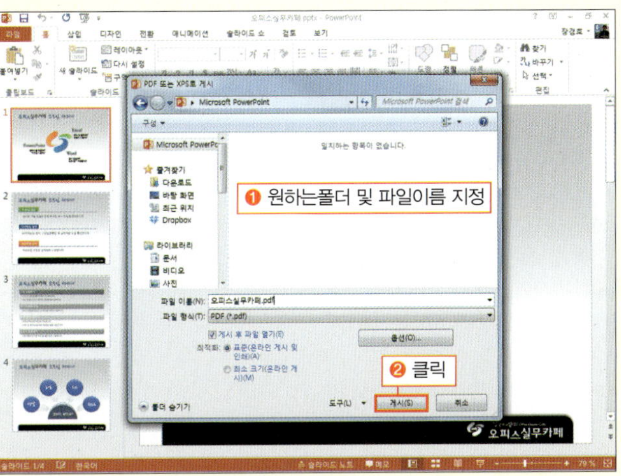

TIP

컴퓨터에 따라서 PDF 프로그램이 설치되어 있지 않을 수 있습니다. 설치되어 있지 않다면 http://www.adobe.com/downloads.html?promoid=KAWQL 에서 무료로 PDF Reader를 다운받아 설치합니다.

환상의 콤비
엑셀&파워포인트 2013

1판 1쇄 발행 2014년 3월 25일

저　　자 | 장경호
발 행 인 | 김길수
발 행 처 | (주)영진닷컴
주　　소 | (우)153-803 서울특별시 금천구 가산동 664번지 대륭테크노타운
　　　　　13차 10층
대표전화 | 1588-0789
등　　록 | 2007. 4. 27. 제16-4189호

가격 15,000원

ⓒ2014. (주)영진닷컴

ISBN | 978-89-314-4606-7

이 책에 실린 내용의 무단 전재 및 무단 복제를 금합니다.

도서문의처 | http://www.youngjin.com

YoungJin.com **Y.**
영진닷컴